三足乌文库

富育光口述满族说部"乌勒本"系列

阿布卡赫赫赐给我金子一样的嘴,
我心里装着的是世界上所有的男人女人,
他们的忧伤、他们的喜怒、他们的情爱、他们的挣扎……
悉数都在我朱伯西的心上。

要宽恕我只有一张嘴,
把千头万绪的生活乱麻,一丝丝、一宗宗捋清楚,
还要靠我巧妙的口舌,一件件讲给您听。

乌勒本:满族民间口述史
朱伯西:满语讲述者

三足乌文库
富育光口述满族说部
"乌勒本"系列

群芳谱

（上）

富育光 口述 绘画
安紫波 记录 整理

学苑出版社

《三足乌文库·富育光口述满族说部"乌勒本"系列》

总　序

富育光

　　我自幼深受家父满汉语庭训，并长期受阖族长辈古风古俗熏陶，可以说是在"唱根子""说乌勒本""勤黾好求、不堕锐志"的浓厚氛围中长大的，对"说部"有着天然的钟爱深情。我一向认为，唐宋元以来，汉族书场艺术从来蜚声中外，有独到的精髓和特技，很值得各族汲取学习，以繁荣发展日益增长的活跃民族民间文化生活的精神需要。

　　三年前，适逢巧识年轻的安紫波，他因满族说部"乌勒本"拜识陋舍，谈吐间欣悉他有一段令我欣慰的书场经历，曾入全国闻名评书大家单田芳先生门下受业。紫波酷爱书艺，并有志同我共展满族传统说部重任，真可谓天生有缘，越说越融洽。借国家和省非遗部门录制我为国家级传承人的经历与成就的返回故乡之机，紫波祭祖拜师，成为我满族富察氏十五代"乌勒本"传人。安紫波的入宗，真是天佑我如虎添翼，满族传统说部将会有崭新的雄姿面世。

　　我虽居耄耋之年，但仍以记忆涛涛、思路敏睿为乐，乐而忘知疲也。从寒冷的冬日到灼热的夏阳，在那一间小小的陋室里，我们师徒说讲乌勒本，克服重重困难，默默前行。集四载之功，我们完峻了满族传统说部"乌勒本"《群芳谱》《亦失哈秘传》《铁担缘》《西离妈妈》《离恨天》等作品，近300万字。

这上述乌勒本，与已经出版的24部满族传统说部从内容到形式完全是一脉相承的，并有所拓展和延续。它们完全忠实于满族世代传承下来的本氏族哈拉所虔诚崇拜的自然神祇、祖先神祇，是对天地的崇拜、对自然的崇拜、对先民也就是对英雄的崇拜，彰显了满族特有的数千年来传袭不衰的"乌勒本"神圣崇拜观念和古风。它们的宗旨与主题依然是抒发关于对满族清前史、民族边疆史、民族兴衰史、民族英雄史血泪坎坷窘境的系统整理和阐说。它们是满族"乌勒本"民间说部另一不可忘却的重要有机组成部分。在此，我要强调一点，在此次乌勒本说部的出版之际，我们由衷地感谢满族说部前三批主编已逝谷老（吉林省委原副书记谷长春）的热心支持和审校，养病中到我家里，依然仔细认真地提示我："《萨哈连老船王》《兴安野叟传》中故事确实很好，但感到尚有许多你作为讲述人还需深思熟虑的细节，有待发掘、丰富和补充。"另外，我还要感谢吉林省民间文艺家协会主席曹保明先生的热心整理和贡献。

值得强调的是：此次几部满族说部"乌勒本"，潜心总结了以前讲述说部的利与弊，力求动情、力求恸心、力求烙印感、力求启迪力，从内容和形式上都有较大的提升和突破。在讲述整理过程中，一改过去平淡繁琐的语言，更加力求直抒胸臆，把故事讲活、讲透、讲细，力求讲得感人、让人入迷。我们特别吸收了中国传统评书中所蕴涵的手眼身法步等一些技法、技巧与心法，力求让乌勒本具有更鲜活的渗透力和生命力，使一段段满族故事更加趣味无穷。另外，在讲述形式上，我们既遵循数百年来讲述传统乌勒本需原汁原味、不造作、配手鼓、彩石等和谐自然讲唱的艺术特点，又在形式和创作上有很多的微妙变化。

如：安紫波在讲述《群芳谱》时，增加了对人物鲜活特征的描述，改变了满族乌勒本讲述时比较死板、单调的状态。比如，对妙手回春长臂猿、一阵风小豆子、爱绅泰等人物的描述，惟妙惟肖、活灵活现。在讲述《亦失哈秘传》时，更显出了安紫波受师传的功底，口才和表演技法倍受赞服。

早年，讲演传统乌勒本靠听众以敬慕神灵的心情来维系秩序，加入了评书声形并茂的技巧后，形象地模仿和表演出了人物内心非常微妙的心理情态变化，让人物情感格外细腻动情，大大增加了乌勒本的魅力。

《离恨天》，是以20世纪70年代我和一些考察者在数次乌拉街民间考察中所获得的"离恨天"口碑资料为母本提炼而成的。1978年秋我到乌拉街一带考察满族民间习俗的蕴藏情况，受到原乌拉街镇镇长关晓彦同志的周到接待。他本人就是满族，是该镇张老村人，著名的"乌拉通"。在他的热心帮助下，我们连续住在该镇一个半月，收获很大。我们先在镇内考察民俗、经济和历史约半个月，后到旧街（原为乌拉部宫城地）住了半个月，又在韩屯和北兰住了半个月，结交了很多好朋友，了解和熟悉了乌拉街和明清以来的乌拉部的兴衰史。"离恨天"，又称"母子恨"或"母子泪"，讲述明代乌拉部部主、满泰女儿阿巴亥可歌可泣的故事和悲怆史。这个故事来源于吉林省乌拉街满族镇，是早年乌拉街民间深受妇孺老幼喜爱传诵的皇妃奇闻。

我与紫波在整理后续的满族乌勒本中，想到了"离恨天"这部遗存，深感应该保存下来。因为无论大小，乌拉镇每一个村屯都知道这段痛史，这个故事因为出在乌拉街，又成了这里的人们感觉很荣耀的一桩往事。说起"离恨天"这个传说，不要忘却乌拉街曾有一群可敬的故事家。他们是乌拉镇旧街村赵文金、燕德林、许明达。

赵文金是满族故事家，住后街，是大队饲养员。他本家祖上就是乌拉部的后人，他聪明好学，当时的乌拉街有个"白花点将台"，他小时候常在白花点将台上玩，当时点将台上有圆通楼，有供娘娘的三霄殿，圆通楼上有许多"吉林三杰"写的楹联，他都能背诵下来。他只读过小学，他的文才是完全自学的。燕德林也是位"乌拉通"，他祖上是山东人，但他生在乌拉街，对乌拉历史通晓，能讲述许多乌拉部的早年故事，而且自己就能创作故事，在当时的吉林省《民间故事》刊物上常有燕德林和赵文金发表的故事，在省内有影响。乌拉街的大秀才许明达，算是乌拉街的著名人物，他是汉族，从小在当地参加"土改",后来参军又回到了故乡,在旧街大队当党支部书记,一直干了30多年,他对乌拉街的建设和文化保护做出了许多贡献。他为了发动群众,自学东北大鼓,嗓音又好,又会编故事,"离恨天"这个词就是他编出来的。他经常用东北大鼓唱《离恨天》,所以当地人都知道阿巴亥,阿巴亥的故事由此传了下来。许明达还有几个战友也是讲述阿巴亥故事的。

另外,北兰的罗汝通、关世英、罗玉林,这三位也是当地著名的故事家,还是秧歌队的领队人。罗汝通在部队当过兵,在北兰当过书记。关世英善讲乌拉部的故事,善讲满泰和布占泰不和的故事。罗玉林是卖豆腐的师傅,自称满族祖上罗关人,土生土长,善讲乌拉部故事。他们几个心心相印,合在一起就把乌拉部的"离恨天"越讲越有意思,越传越远,听说渐渐就讲到了七十里外的吉林市。后来,在吉林省许多地方都听说过"离恨天"的故事,要是溯源的话,都离不开他们几位的功劳。讲"离恨天"的故事,是民间的天才口碑艺术,其中既有历史,又有一些民间传说。我们整理的民间故事《离恨天》就是根据他们讲述的源流复原的。

满族传统说部《西离妈妈》,她是继《天宫大战》《乌布西奔妈妈》之后,又一部脍炙人口的满族创世神话长歌"给孙乌春乌勒本"。

《西离妈妈》其神话故事主要唱咏的是:藤子女神西离妈妈受阿布卡赫赫之命,速降人间,在长白山率领原始部落兄妹们一起开拓生存领域,与恶魔耶鲁里不断斗争,战胜种种磨难,英勇不屈,最终为长白山氏族繁衍兴旺而献身。其故事情节迭宕起伏,雄浑壮阔,激昂心魄,充满美妙的神话艺术魅力。与《天宫大战》等均属同一时代。

《铁担缘》,特别突出了故事中的"缘情"。主人公既有明朝镇守辽东的名将,又有元末降明的万户太尉讷哈出及其男女护从,还有辽东开原海西女真原住民,人物活动充满着爱、恨和情缘,层层矛盾盘根错节,人物心理活动复杂细腻。它的内容、情节及讲述者的功力,决定着本部故事的成败、吸引力和诱人力,这些都需要讲述者自己反复地深入摸索,这些安紫波都做到了。

此外,本系列乌勒本在结集出版时,第一个特点就是力争做到图文并茂。以图解文、以图释文、以图说文,让读者更加简易地洞察到整个历史故事的原貌场景,看图入境、看图入情。这些做法沿续中国宋元以来民众喜闻乐见绣像小说的传统构图技法,尽量仿效学习,继承和弘扬。

第二个特点就是更加注重了说部的"活态"传承与展现,就是以文入史、以形写声、入心抓魂、化语为境。安紫波通过三四年的学习,曾把这门口口相传的说部艺术归纳为四个字:观、看、表、相。我非常同意他的观点。观,就是要善于观察。朱伯西(说书人)不但要学会跳进整个历史故事中去观察,还要学会跳出整个历史故事以外来观察,同时,还应当学会站在第三者的视角来观察。看,就是要看到,不但让讲述者自己能看到,而且力求让受众准确地看到,做到如临其境、如看其人。表,就是表演,表演者要眼中有物、物中有情、情中有神、入情入境、神形交融。相,就是真相。通过"观、看、表"这三个环节,最终让受众感受到整个历史故事的真相所在。

朱伯西(说书人)的讲述是要"抓心"的,讲到人们心里去的,故此,他必须要以心会心、以心交心、以心印心,不能背书,不能背死书,要真正体悟到满族说部的"抓骨、入心、葡萄蔓"的真谛。这五部满族说部乌勒本的"活态"表现技法,有安紫波师承单田芳先生对其传授传统评书的技巧,但它已经有了质的飞跃,绝不是早期评书的复演。它仍然是满族说部的本相和灵魂,绝不是评书化的满族说部,而是满族说部"活态"的传承与发展,是秉承"锤炼天赐金子一样的嘴"的祖训血脉的延续。

总之,上述几部满族说部乌勒本,看点多,形象生动,为讲好中华民族满族民间故事做出了应有的贡献。

2019 年 4 月 28 日于长春

目录

（上）

重要人物表

部分满语注解

1	雅鲁逊（引子）
11	第一章　父子荣归
77	第二章　洛古河巡狩
131	第三章　智夺铁甲船
185	第四章　迷离谍争
231	第五章　"万谷仓"
287	第六章　硕鼠归笼

（下）

349	第七章　大丘坟
403	第八章　瑷珲三拳

451	第九章　吉尔洪额续任
485	第十章　老将军离世
511	第十一章　迎迓贵客
559	第十二章　秋亭遗恨

601	后记
604	富育光小传
606	安紫波自述小传

重要人物表
（按出场排序）

乌齐格里·倭仁：清大学士、同治帝师

吉庆：黑龙江将军衙门副都统

富察·发福凌阿：清咸丰帝御前侍卫

富察·依郎阿：瑷珲副都统衙门佐领衔委哨官

陶果洛·琪任格：格格，依郎阿妻室

富察·德禄：大五家子托克索富氏家族穆昆达

来顺儿：大五家子托克索富氏家族家奴

关保：瑷珲副都统衙门副都统

爱绅泰：瑷珲三拳之一，瑷珲副都统

常喜：瑷珲副都统衙门参领

乌凌阿：瑷珲副都统衙门管库佐七爷

帕尔根：瑷珲阔商

柳莎：帕尔根之俄妻

米拉爷爷：帕尔根家厨，俄国人

德芮娜：俄国驻北京公使的夫人

妮娜克娃：德芮娜的女秘书、关特格列四夫人，俄国人

巴尔钦克诺夫：俄国铁甲船大副

奕山：黑龙江将军、宗室

关特格列：瑷珲世袭显贵，瓜尔佳哈喇多罗贝勒

关特格恩、关特格林：关特格列之弟

王氏夫人：关特格列大夫人

关泰、关福：王氏夫人之子

刘翠霞：关特格列二夫人

关震臣：刘翠霞之子

徐彩芬：关特格列三夫人

关林、关河、关川：徐彩芬之子

特普钦：张姓陈汉军、黑龙江将军

张宝铁、丘嘉臣、柳文顺：助瑷珲城兴旺的三贤

穆拉维约夫伯爵：俄国东西伯利亚总督

贯一禅师：军机处延请之少林武僧

小豆（窦）子：绰号一阵风，京师健锐营侍卫

长臂猿（袁）：绰号妙手回春，京师健锐营侍卫

万事缘（袁）：绰号独臂疯僧，京师健锐营侍卫

李金镛：漠河大清金矿四品总协办

小樊、小梅：李金镛的随从

奕山、特普钦、德英

部分满语注解

（按汉语拼音排序）

阿达力克：讲述
阿浑德：兄弟
阿济哥：小的意思
爱新各色：像金子一样的
安巴乌勒滚：大喜的事
安克白他：永远记住
安克何毕：永远传颂
安克何莫：永远流传
昂嘎：嘴
巴图鲁：英雄
白他：事情
毕：我
多罗西：有礼
额布：名字
富察哈拉：富察氏
各凌：各位
给苏勒勒：虔诚讲述
给逊何敦：说话
固出：朋友
妈妈：奶奶

玛发：爷爷
莫都力：像海一样的胸怀
莫林：马
木都力：龙
讷讷赫玛发：祖先
讷讷赫其：虔诚
萨比：学生
萨拥：好
沙音沙比：吉祥
赊夫：师傅
苏阿：您们
苏克敦：家族
图门忽突离爱新太菲：万福金安
温廓罗阔：前世不忘，后事之师
窝林霍逊：精神
窝西浑：尊敬的
乌拉德克：遥远的
乌勒本：满族民间口述史
乌讷给：认真的
依：的

雅鲁逊(引子)

落花残蕊霜如雪,北雁翔飞唤鸣啼。
千家万户御冬裘,塞北寒村垒新泥。
尤笑童儿踢毽趣,逗惹群翁乐颔髯。
苍茫龙水多锦绣,岂允鬼魅窥宝疾。

雅鲁逊（引子）

说来，此七言小诗可真来头不小。这可是大清国咸丰末年到同治十年间一位德高望重、官居大学士的乌齐格里·倭仁即兴而作。

倭仁大人

乌齐格里·倭仁，字艮峰，晚清大臣、理学家。祖上原属鄂伦春和鄂温克人，乾隆初统属蒙八旗正红旗。道光九年进士，选庶吉士，授编修、侍读。曾任副都统、工部尚书、文渊阁大学士，兼做同治皇上的师傅，以道、咸、同三朝元老身份，参与朝政，是当朝中甚有地位和影响的重要朝臣。

§

倭仁大学士在咸丰年初亲访咱瑷珲城大五家子托克索（满语：村庄），可轰动了漠北北疆黑龙江省将军衙门和瑷珲副都统衙门的上下大小官员。

瑷珲城大五家子托克索曾受康熙爷钦赐赏银，因钦旨擢升黑龙江首任将军萨布素率宁古塔、吉林各路北成瑷珲八旗劲旅与眷属，速抚生计，不误延兵进额苏里，铸建御罗刹南进铁障有功。黑龙江天堑眼下成为江右江左的一大屏障，严重影响正在江东即江右的抗俄八旗劲旅与朝廷的十万火急文书的及时陈奏事宜，特奉旨在江西适宜之地速建黑龙江将军衙门行在所驻之地，不可迟误。萨布素受命便选定江左对岸原达斡尔人托尔佳古城遗址处，率领众将士星夜平整残垣，就地策划，迅及筑建一座崭新的黑龙江将军衙门，原来的托尔佳古城在明末就被俄人放火焚毁，久已荒芜一片，少有人迹。如今新城高耸，虽不如前壮阔，总算初具规模，引来周围的达斡尔人等各部族仰恭和祝贺，托尔佳古城又招来许多做生意的棚帐，人越聚越多，瞬间就焕发了生机。此后，随雅克萨战役的胜利，在托尔佳古城遗址上，瑷珲新城日趋扬名，史称黑龙江江城。萨布素建城后，便与本族商定在瑷珲新城南四十五里的太阳河西岸托坯建起"朝胡鲁托克索"，汉译"骏马之乡"，也就是现在的"大五家子"。

乍开始，不少旗兵认为抗击罗刹胜利后，他们就该返回故乡呢！但是他们哪承想，雅克萨战役后，萨布素传达圣命：还要固守瑷珲前哨，瑷珲就是咱们世代的家啊！人人听后都说圣命英明，誓死守疆。建新屯时，最初仅是满洲吴、富、关、祁、何五大姓，所以又称大五家子托克索。都传说，大五家子托克索这里是块风水宝地，它背靠黑龙江，风光秀丽，宜耕牧宜渔猎，故此，后来从外面迁居于此的住户是越来越多。

作为大五家子托克索的五大姓之一的富察氏家族，从来都低调处世而闻名百年，而且祖上族规甚严，苛于律己。富察氏家族的人对于新来的居户，不管是汉人还是周围少数民族兄弟，都是一律好心接待。富察氏家族的穆昆达们常教育族人说："大家难得凑合一起，这就是缘分！不要显摆，以谦恭虚己，恭亲礼让为本。"

雅鲁逊（引子）

§

还是朱伯西我来敬告众位，咱这北疆边塞瑷珲，别看远离京都，气候恶劣，各方面条件远逊内陆，但这里远非寻常之地，而是防御外贼窃窥且妄图肆意入侵的险要门户要塞。正因如此，也不乏时有朝中重臣莅临瑷珲，巡视北疆，并造访咱这小小托克索大五家子。其中，乾隆年间富察·傅恒，字春和，清高宗孝贤纯皇后之弟，任户部尚书、军机大臣等要职，就到过瑷珲和大五家子托克索。后来，傅恒的儿子、朝中大臣福长安也曾来访。

话说回来。这次来造访的名人是倭仁大学士。他此时来北疆，正逢北地初秋，寒气袭人，京师来的人到此必会骤感不适。还是黑龙江将军衙门副都统吉庆想得周到，忙让护拥他的瑷珲副都统衙门官员们为倭仁大人取来一袭貂皮寒衣，给倭仁大人备用着，当披挂。开始倭仁大人听了还甚觉惊愕，心想：这时候穿这个干什么呀？一再推托，觉得过于骄奢，此举有些不合时宜吧。可当船只靠岸，船板搭好，倭仁大人走出船舱门的那一刹那，"呜——嗞"，迎面吹来强劲的萨哈连江风，忽然一下子噎得他竟然张口喘不上气来，连眼睛都睁不开，江风似乎要把皮肤撕裂一样！倭仁这才真正意识到域北瑷珲的天气变化，的确是非同一般。他不由得想起许多京官们常窃窃私语的一句话，"谁去瑷珲谁遭罪"，这话并不夸张。

这时，一群走上船的大五家子托克索众噶珊达们向倭仁大人围拢上来，倭仁知道这一准儿是上船迎接自己的。众人大声唱诵着满语"哈番玛发尼亚玛，沙音沙音！"汉话就是"官爷爷大人好！"

与此同时，一行人纷纷打千儿叩头施礼。倭仁看罢，快走几步，也是打千还礼，"艮峰在此还礼了。"话音未落，众迎宾人群中急忙站起一位长者。

只见这位长者，提前襟疾步走上前非常谦恭地搀扶着倭仁大人，"倭大人快快请起。闲居老叟发福凌阿岂能担当得起啊！"

"老哥哥，艮峰想死你啦。你身体还好吧？"

"好，好得很啊。每天我还骑着黑铁骊'大青'跑二三十圈呢。好了，不说了，咱们到家中再好好聊吧。"

这位说话的长者是谁啊？正在大家子富察氏家族的老额真（满语：主子、爷）发福凌阿。发福凌阿和倭仁手挽着手，缓缓地踏着船板，下船登岸。

§

此时，只见岸上前来迎接贵客的满族族人们，跪了一江岸，红男绿女，好不艳丽。男哈哈（满语：小男孩）一个个上身穿琵琶襟儿镶豹花纹的大坎肩，下身穿蓝地红缎子透龙纹、镶银边儿的巴图鲁满洲长袍，腰中系着一条条金黄色长穗儿的绸带。女赫赫（满语：小女孩）一个个头戴银凤含珠展翅冠，上身穿彩凤鸣春小金丝彩绣大朵红牡丹的七纽金花边儿小坎肩，下身穿一色儿喜鹊登梅的粉白透黄的彩缎旗袍，脚蹬黑边红面儿的高跟儿踢花寸子鞋，步履摇摇，款款而行，右手执绢，循循下拜，仿若神女下凡，缤纷夺目。

岸上众多男女老幼，早已换上秋装，有穿皮袄的、有穿狍子腿儿靴的、有穿鱼皮达哈的，等等，乡土风情十分别样，奇装异服非常的扎眼。还有很多特意赶来凑热闹看望倭仁大人的，一个个喜笑颜开，跪地叩首，声声问安，此起彼伏，不绝于耳。倭仁看了这番场景，不由心绪澎湃，激动不已，频频颔首示意，大五家子托克索忒好客了。

倭仁清楚记得，他乍进塞北瑷珲古城，就给他留下难忘的印象。嫩江

大五家子托克索跪迎倭仁大人

渔歌悦耳，牛羊遍野，牧场骏马、骆驼成群，仿若进入了一个兴旺的天堂世界。随处可见孩童们聚群儿踢毽子，嬉笑间逗乐了一旁众多老者，子孙聪健，其乐融融，好一派漠北风情。若说不甚尽善的地方，唯独觉得老天赐给这里的气候也太令外客惧缩了。京师与瑷珲虽相隔千余里，气温相比真是悬殊惊人啊！尽管如此，耳闻目睹，亲见亲为，还是让倭仁心情无比畅快，事事物物，令他觉得处处都与京师迥别。

今天，倭仁大人果真体验到了北疆瑷珲来得过早的秋天。

此时虽逢九月晚期，但这里的早晚已见霜冻，北雁南翔，江风寒气阵阵。倭仁不由得触景生情，心里更是无比的感慨：这与自己在京师府上犹能见到的簇簇盛开的牡丹相比，真乃是绝然不同的渔村秋景。同时，深感皇恩浩荡，百姓蒙福，大五家子托克索的确是一块美丽富庶的宝地。瑷珲，这个塞北区区小镇万不可小觑啊！

倭仁在慨然兴叹间，不由脱口而咏唱出八句抒怀的诗句。有道是：说者无心,听者有意。也不知是哪位有心人,竟偷偷地将倭仁大学士诵唱的诗句给默记下来,后来这段往事在瑷珲古镇被传为了美谈。

§

今天,在这吉祥的日子里,朱伯西我向众位妈妈、玛发、色夫、阿古打千儿问候啦,恭祝各凌安巴乌勒滚、沙音沙比、图门忽突离艾新太菲!

这些满语说的是啥意思呢?翻译过来就是说,在这吉祥的日子里,说书人我向各位奶奶、爷爷、师傅、阿哥们谦恭地打千儿问安啦!恭祝各位大喜、吉祥、万福金安!

方才,我也借用了倭仁老大人诵唱的小诗做全书开场小段。这诗写得好啊,生动感人地描绘出了倭仁大学士初到瑷珲大五家子时的晚秋景象。这样壮阔优美的大清北疆,怎能容鬼魅来猖狂窥窃宝藏呢?!全诗充满了作者对北疆瑷珲乡土人情的厚爱,更脉脉含情地倾泻出深厚的爱国情怀和对罗刹企图窃掠黄金宝藏的切齿痛恨。

满族传统说部《群芳谱》细细说讲开来,这部书却非平凡之书。《群芳谱》乃是我富察氏家族传讲近百年的口碑"乌勒本",深受族人和北方各族群众的敬仰和尊崇。自瑷珲副都统衙门初建,直到后来的坎坷发展与变迁,时时处处都记挂在富察氏家族族人们的心上。她像自己血汗栽培的花朵,她像自己日夜守护着的圣地,记载和铭刻着祖先们的英雄足迹和多少不可忘怀的英雄赞歌,以及永远刻骨铭心的屈辱血泪恨。

请众位边品香茶,边安稳好身板坐好吧,朱伯西我现在把鼓咚咚一敲,抖抖精气神,头聪目明,热血涌上心田,专讲一段咸丰末期至光绪年间咱瑷珲副都统衙门里的往昔故事。

雅鲁逊（引子）

正所谓：前事不忘，后事之师。

一位位、一群群慷慨昂扬、洪音笑貌陡然间都出现在学生朱伯西我的眼前，催动我浑身充满了敬崇、智慧和力量，记忆的闸门"哗"地一泻千里。《群芳谱》乌勒本呵，朱伯西我遵照老规矩，口若悬河，这就开始滔滔讲诵起来。

第一章　父子荣归

尊敬的奶奶、爷爷、师傅、兄弟、朋友，各位好！
我有金子一样的嘴，我有龙马精神，
我有海一样的胸怀，
我把遥远祖先的英雄名字、勋业永远记住。
前事不忘，后事之师。
我现在以虔诚之心，
把感人的富察氏家族的说部，给您讲述出来。
我恭恭敬敬地讲啊，您耐心地听吧。
小学生我有礼了，
各位大喜，吉祥，万福金安！

第一章　父子荣归

俗话说：水有源，树有根。说起《群芳谱》这部大书，还得先从当地名门望族富察哈拉家老额真发福凌阿荣归，奉旨为小额真依郎阿操办大婚为引子唠起。富察哈拉家族小额真依郎阿大婚这件事，对于整个漠北寒域的瑷珲来说，可以说是，多少年来瑷珲从未遇上过的一桩盛大的喜事啦！这桩喜事里面，所包含的事情可大了。此事，还真需要朱伯西我慢慢地说起。

§

单说这一天，正逢大清国同治二年（1863），也就是癸亥年旧历五月初五，这可是钦定的吉日良辰啊！按照瑷珲当地的民间土俗，凡是一年中的新年除夕、五月节、八月节、九九重阳节、冬至节等大节，大户人家都有"节头三日忙"的老习俗。

早年间讲究几代同堂，老少几辈儿住在一处，长辈中由一位总穆昆达（满语：大族长）掌管全家上下老小的生产生活，衣食住行，等等。规矩大、讲究多。人口多的，通常会分有多少支，吃的用的都有花销账簿，均由管事分支穆昆统筹安排。所以每逢节日，大户人家必须早早做筹划，不能临时抱佛脚。特别是节日里多有送往迎来的琐事，摆宴、迎宾、请客，更是少不了的烦琐应酬。各式名贵的备筵用物，如海参、燕窝、鱼翅、熊掌、鹿脯、猴头、飞龙等名贵的食材，都需进省城卜奎（现在的齐齐哈尔）赶早订货采购，以防商家货罄婉拒，必须及早安排。

过五月端午节时，最紧要的稀罕物那要数粽叶、红枣和江米了，但这三种物品，漠北瑷珲当地都不产，包括省城卜奎也是稀罕物，从来都是年年专有商家从关内千里迢迢贩运而来。故此，买这三种东西都是很费银子的。多少穷苦人家无钱买，只是将当地出产的黏谷儿碾成黄米，熬做粥饭而已；稍富有的农户，只是在黄米饭中加上些红枣，进行一下点缀，便增加了过节的喜庆之意。

§

富察氏家族自清康熙二十二年（1683），因抵御沙俄南侵，其先人奉旨随本姓同宗，著名抗俄名将、首任黑龙江将军萨布素，由宁古塔（宁安）移驻我国北疆瑷珲，至今已整整在此居住了180年，传承到了今天的富察第十代人发福凌阿身上。富察氏先人们起初来到此地时，是先在黑龙江畔达斡尔村屯和大漠荒芜之野，劈林铺路，筑建江左之额苏里城，参加了保卫雅克萨之战，又在江左（今俄境）创建瑷珲城，后移江右，重建瑷珲新城，即今日之扬名中外的瑷珲古城。他们沿江修船坞，辟牧场，立寨屯田，永戍瑷珲。满族诸姓家族，从康熙朝以来，不仅开拓了黑龙江数百里沿江田陌，更开拓了黑龙江对岸（江东或称江左）精奇里江流域的广袤沃土，但是在俄人的不断蚕食下，由于清政府的腐败无能，逐渐缩居成了当前的"江东六十四屯"，其中小北岔和小南沟，均为富察氏家族开垦之域。时至今日，桦树林仍有富察家族的田舍、马场、铁匠铺，海兰泡有绢布店，有先世骨坟、辫坟和萨满祭坛。另外，自康熙三十八年（1699）萨布素授散秩大臣进京，带走部分丁口，从此，在京师西山区亦有富察氏田舍。富察氏望族在瑷珲、海兰泡、江东六十四屯、京师，当时均有田舍，而以大五家子屯为本族的中心。人口繁衍至道咸两朝时，亲族人口竟达2000多，并有阿哈与汉人师匠扈从等千口之多。亲眷、等序、田庄、廊舍、宴乐，不亚于京师的"大观园"，尤添漠北之风。

§

俗话说：将门出虎子，爵府多犬儒。

第一章　父子荣归

富察氏家族的后人们一直遵循萨布素将军当年对本姓族人所立苛约，勿贪勿惰，严教子嗣，规定六龄童必入家族自设蒙学就习，"六令即应习文武，且不可溺懈""子嗣勿成耳聩目瞽，务通俄语为国效力"。富察氏家族从将军在任时起，族中延请流人与尼堪色夫（汉师，又称南师），厚养舍中，拨暖房与侍者殷勤款待，教习汉学和武技。当时有文色夫（文师）与武色夫房，不与旗人同处，为使其自便。大儒吴兆骞公，便是萨氏当年挚友与蒙师。在齐齐哈尔将军任上，萨氏曾习书法，挥就"育英融漠"条幅传世。富察氏族人，后因萨氏遭遣，贬官，到又入京任散秩大臣。瑷珲富氏家族顿时哑寂，至乾隆间敕修盛京通志时位列名宦，称其有"文武干济之才"。富氏子弟亦相继在盛京、京师得以复出。乾隆和嘉庆年间，族中有官居将军、内大臣、统领重职者。老额真发福凌阿的阿玛（父亲）西林保，就是一位了不起的武将。

富察·西林保生于乾隆四十八年（1783）。他在嘉庆十七年（1812）春，江南平乱时有功，直接调入京师健锐营。嘉庆皇帝检阅营兵武技时，由于西林保在健锐营里武技超群，当即受到了嘉庆皇帝的嘉奖，并提升为江南八旗营备御之职。到了第二年，也就是嘉庆十八年（1813），西林保又奉旨平定河南教乱，历时五个多月，彻底把教乱平息，又直接被提升为参领，并在军机处上行走。

然而，富察家族在道光和咸丰二帝后得以中兴，主要还是凝聚自强，子孙勤勉，族人多皆碑发福凌阿良苦之功。这里咱有必要简单介绍一下发福凌阿这个人。

§

发福凌阿，原讳吉屯保，清嘉庆七年（1802）生于承德鹿园。发福凌阿从小就聪敏好学，记忆超人。他秉承祖规，奉父命，于清嘉庆十五年至十七年（1810—1812），少年时由乳母陪同，回原籍瑷珲对岸满洲屯（今俄境）同当地俄儿学说"老羌话"，通晓俄语。他回京后又在理藩院汉军徐大人门下续读。发福凌阿自幼就有着超人的勇力，并随叔父阿克果南征北战，长于马背之上。年仅17岁时（清嘉庆二十四年），因其擅用八石铁弩，箭法高超，艺精无敌，便由噶布什先（前锋）直接举荐入选到了京师健锐营。京师健锐营乃为皇家御营，将勇皆诸旗德艺精优的出类拔萃者，常得皇上的御阅。发福凌阿在精练武功的同时，更是充分利用自己在宫廷行走的机会，结交了许多皇帝侍读的业师，濡染儒风，喜读经史，满汉文齐精。

古往今来，有道是：千里马常有而伯乐不常有。即使你是一个难得的人才，关键还得有赏识你、提拔你、点拨你的贵人。

发福凌阿在道光帝登位之年，当时他名叫吉屯保，在仕宦中并无名气，但是他非常注重脚踏实地地习文练武，从不偷奸耍滑。发福凌阿被召入健锐营后，就引起一个人的注意。这人是谁啊？就是卓特氏·富俊。卓特氏·富俊也就是后来的吉林将军，道光七年（1827），任协办大学士，道光十年（1830）调工部尚书、拜东阁大学士。富俊非常爱惜人才，他把发福凌阿引荐给了当时已居高位之礼部尚书玛拉特氏·松筠麾下。再加上松筠与左都御史（相当于今日的国家纪检委书记。在清朝官职中，左为大、右为小）阿克果交情谊甚厚，17岁的发福凌阿就引起了他们的注意。故此，从嘉庆二十四年（1819）春四月中旬，发福凌阿就在内大臣松筠门下行走，并一直跟随他左右。

发福凌阿借此机会，是到处拜访名师。道光元年（1821），索绰络·英和升任军机大臣。发福凌阿知道英和大人文才盖世，便毛遂自荐，三入其门拜师。当英阁老英和得悉发福凌阿是萨布素的后裔，又是先朝太子太保、内大臣阿克果之侄，爱其年轻好学之志，便把他收为自己府上的"斋友"。此事，在当时的京城朝野也被人们传为佳话。让英和万万没想到是，他交的这个小自己整整一轮的"斋友",后来却帮了他的大忙。索绰络·英和,满洲旗人,《清史稿》有传。道光七年(1827)因"家人私议增租"被降职,外放热河都统。次年,授宁夏将军,以病为由请求解职,获得批准。不久,因之前监修之宣宗陵寝地宫浸水,被重责,本拟处死,幸有太后说情,后被贬戍遣黑龙江充当苦差。有道是:墙倒众人推。但在英和大人落难之时,他却得到发福凌阿的暗助,并在瑷珲大五家子还住了很长的时间。后来,英和解送回京,病卒。至此,发福凌阿才和英和大人结束了这段特殊的"斋友"之交。

§

有道是:是金子到哪都会发光的。发福凌阿真正发迹于道光年间。

到了道光十年(1830)时,已年29岁的发福凌阿在当年三月份的一次御旨晒鹰营大阅八旗官兵时,发福凌阿脱颖而出,骑射有功,受到了道光皇上的嘉奖,提升为御前侍卫,后又晋升为防御、护军参领、统领之职。因为发福凌阿为人刚正忠厚,深蒙道光帝嘉许。咸丰帝奕詝为皇子时,命其侍读走。咸丰帝继大统后,发福凌阿就直接担任护銮武职,护卫咸丰皇帝左右。咸丰帝赐名吉屯保"发福凌阿"(汉意为"庄肃")。

发福凌阿还真如其名一样,以其老成谦和、律己修身的品格,尤蒙咸丰奕詝宠信而无骄态。咸丰元年(辛亥,1851),咸丰帝下旨奖发福凌阿率兵剿匪之功,赐黄马褂(已第三个黄马褂)。咸丰二年(壬子,1852),春三月,发福凌阿进内宫受皇帝召见,征求军策。五月,发福凌阿奉旨盛京尚武营统领,与盛京将军交好。发福凌阿秉承家族祖训无时无刻不在严束子孙,乐善助危,深得满汉旗员仰敬。其谦恭好学,《富氏家乘》中皆有载述。发福凌阿常训教其子依郎阿和姊妹:淡梳妆,粗茶饭,养内秀;满招损,谦招益;万祸生于财,万害生于惰,等等。其子依郎阿已长到18岁了,升至京旗兰翎侍卫了,有一次,发福凌阿命依郎阿背诵《富氏家乘》中祖先名讳,依郎阿开始没有介意,所以在背诵到一半时忘记了,再加上他沉吟嬉笑,这下可把发福凌阿气坏了,二话没说,当着众侄儿的面,让依郎阿脱衣,笞责了十鞭,毫不宽宥。依郎阿直到晚年时,还向自己的子女德连姊妹讲述父祖育子之严。

同治朝时,发福凌阿蒙慈禧皇太后信爱,年逾六旬,且长年征战伤病忧困,仍敬为勋臣。同治二年(1863)仲春,发福凌阿病入沉疴,恩准返瑷珲籍休养。行前懿旨降恩,慈禧皇太后将贴身侍丫头陶果罗氏琪任格格格,为赐亲福晋,下嫁发福凌阿的长子依郎阿为妻。

§

你说,当今慈禧太后亲自懿旨琪任格格格下嫁到富察氏家族小额真(满语:小主子)依郎阿成亲,这是富察氏家族何等的大事啊!

由于老额真发福凌阿刚回到老家,再加上身体不适,所以,此件大事就落到了本族"德"字辈排行孙儿的富察·德禄总穆昆(满语:族长)身上,并由他来全权统筹。其实,富察·德禄早在数月前就忙得不可开交了。依郎阿按辈分"安(阿)"字辈第十一代,他是发福凌阿的长子,族里的最小哈哈济(满语:小小子)。遵照家族规矩,"老疙瘩大婚吉祥如意",就是说老额真惦记的儿子成婚大事,一切顺遂吉祥,就等着"祭锁线"要孙子啦!

大约就是在这头三天吧,总穆昆富察·德禄,奉老额真发福凌阿之命,在瑷珲城大五家子托克索北坡老将军碑(萨布素将军的墓碑)前鸣锣宣布,名门望族富察氏家族要在端午节奉旨举办婚礼。喜事偏偏赶上了一年中的端午佳节,更是热闹异常,阖族上下,岂能不破例地隆隆重重操办好这个喜节呢!众位管事都在自己的管辖内旁无暇顾地忙碌着,出出进进,迎来送往,一个个都是笑容满面,手脚麻利,好不热闹!富察氏阖府上下欢天

第一章 父子荣归

喜地、张灯结彩的这股子隆重气氛一时也惊动了四方八野，真好像举国上下都是春菊初绽、喜鹊咏梅、百蝠翔飞、喜上加喜、福上加福的景象，似乎福禄寿喜全降到了富察氏家族，沙音沙比（吉祥）！

再加上，发福凌阿是咸丰皇上御前二等侍卫，人到晚年蒙太皇太后懿旨皇恩告老还乡，从京城衣锦荣归，又带来给小额真依郎阿将军偕宫中福晋琪任格格回府奉旨完婚的礼部官诰。可是这依郎阿像天上的风筝整天是满天飞，老额真发福凌阿根本抓不着影儿，气得急得，似那陀螺一个劲地干转，想发脾气又见不到人影，整天个摇头叹息，奈何不得。

身为全族总穆昆达的富察·德禄，既受老额真之命，又为阖族喜办隆重的大婚，能不格外尽心吗？所以不管小叔依郎阿怎么阻挡，仍然让各房的分支穆昆抓紧准备，分工细腻，各有专责。作为二百多号人口的大户家族，千头万绪，总揽一人。最忙的地方还是要数全托克索唯独拥有一棵百余年老榆神树的旗下大院，这里是富察氏家族的中心。院里十间大正房，德禄坐拥中厅三间，正厅陈挂着萨布素老将军在世时，嵩山少林名僧住持赠送的一幅手绘之高大的达摩祖师面壁像，东西两室为迎宾和接待旗人族众的客厅，另外两厢为大柜（总账房）达爷色楞泰玛发的屋舍和库房了。这里可算是全族的大脑中枢，一切号令、财源出入，总之所有富察氏家族的信息与举措，盖发于此。它像晴雨表，族人和世人没有不关注这拥有大榆树的院落的。此刻，大柜达爷色楞泰玛发遵德禄之命，备好"银锞子"，按各房分支穆昆呈送的购单批拨银锭若干，然后各房分枝穆昆再按所批银额数目，派下人去购买节日所需一应物品。达爷色楞泰玛发还忙着派家奴来顺儿赶车去瑷珲城玉和成商号里买棕子叶、大红枣和江米，男女奴婢们由主事妈妈们领着各有分工，有的去拾掇老少主家夫妇或少爷、格格居室；有的在灶房杀鸡、杀猪；有的去江边鱼房子选购各种鲜鱼……不大工夫，来顺儿买回江米，还抱着一大抱清香的新鲜棕叶，恭恭敬敬交给管事妈妈。管事妈妈这可忙起来，立即唤来众奴婢，在灶房里泡江米，淘江米。来顺儿如数交给达爷色楞泰玛发余下的银两,色楞泰玛发可是忒认真的管家财神,一天进多少银子,花多少银子,他老人家不用看账簿,就能给主子说得清清楚楚,未曾含糊过。所以上上下下没有敢跟他打马虎眼的,没有不敬重老色夫(满语:探子)的。

小马思主

来顺儿交完了账,便转身去马圈给老额真发福凌阿最疼爱的黑铁骊"大青"马刷洗身子和梳理鬃毛。发福凌阿在京师时每日黎明即起,骑上他心爱的黑铁骊"大青"到健锐营的跑马场上猛劲儿跑上几圈,直到他和马都热汗淋漓,才拍拍黑铁骊"大青"说:"老伙计,咱们该回啦,填肚子啦!"自从返回瑷珲故里,虽然他身体稍有不适,但一直也没有改变这一习

第一章 父子荣归

大五家子祖宅南暖阁(发福凌阿、依郎阿曾在此居住)

富察氏老宅(富育光儿时曾居住过)

惯。要说黑铁骊"大青"还是发福凌阿在咸丰六年(1856)因受命参与侦悉太平天国洪秀全、韦昌辉、石达开、秦日纲发生内争大案有功,回到京师后,咸丰帝将御马厩中心爱的一匹由盛京将军奉献皇上的黑铁骊"大青"马赏赐给了他。发福凌阿珍爱黑铁骊"大青",那真是睹物思主,敬若神明,每日都去看望黑铁骊"大青",也要给它喂上些草料,梳理下鬃毛,和老朋友唠上几句,生怕有丝毫的照料不周而委屈了它。

现在大五家子托克索的男男女女、老老少少在依郎阿的婚事问题上,也都是同情老额真发福凌阿,怨依郎阿太固执了。因为有太皇太后圣命,又有发福凌阿往昔在咸丰帝身边的荣耀和声望。平素里老额真为人就好,不论穷富一样礼遇,平日又多有善举,很多乡邻们也都念念不忘老额真给予的好处。这次乃是富察氏阖族千载难逢的数喜盈门,大办端阳佳节的日子。所以,瑷珲地方上下官员、乡绅富户和众乡邻,闻知此事,无不夸口称赞,令人仰慕,明里暗里勤打听着,不想错过这个机会,期盼着随份厚礼前去祝贺。就连盛京、沈阳和吉林乌拉的将军府邸也都老早派人骑马护送喜帐和金银书函等,府上也是好一番设宴迎送。

在早最讲究"喜帖"了,那可不是什么金纸银纸写的,而是写在专用的大幅金丝绢织物上,织物又薄又透明、上织有彩凤双翔、琴瑟和美等花纹图案。上款郑重书写大婚人男女名讳、大礼举行月日时辰、喜房地址,下款上方恭恭敬敬写有受邀贵宾的名讳。用彩绢包好,彩绢外面系有由香脂浸泡过的绢花。"喜帖"分地传送,附近村屯由族中聪明伶俐的报喜童子飞马送;外省州邑则由驿站传递。

新婚大礼莫过于新房的装点与陈饰,要专门由儿女双全的得意老妈妈为总管,带心灵手巧的侍女和机敏勤快的哈哈济若干,共为喜房金童玉女,同心协力、一心一意装点新房。

§

说来,小额真依郎阿为操办大婚一事与老额真还曾闹过几次口角了,他不同意大操大办婚事,觉得不合时宜。老额真执意不允,骂道:"咕噜马浑哇扎嘎(小兔羔子),离开京城你就变卦啦?这可是圣命难违啊!承蒙皇上恩典，专赐佐领官衔。又蒙天恩，赐嫁琪任格格格，你可真是身在福中不知福，愚顽到家啦！"

依郎阿是一位头脑清醒、谨言慎行，也最重孝道的人，向来尊崇父命，此时诸般违拗，还是有些缘由的。为什么呢？因为就在前几天，依郎阿收到瑷珲当地朝中著名遗老、原黑龙江将军奕山叔弟、多罗贝勒关特格列的"喜帖"回执，说来令他大为不悦。那一天，来顺儿接到"喜帖"回执后，不敢怠慢，速速回禀，呈与依郎阿。依郎阿见来顺儿神色匆忙，大概猜出与贝勒府的"喜帖"有关，怕来顺儿说话声音高，惊动了一旁的老额真。老额真一生耿直，从来不在什么权贵面前说句软话。

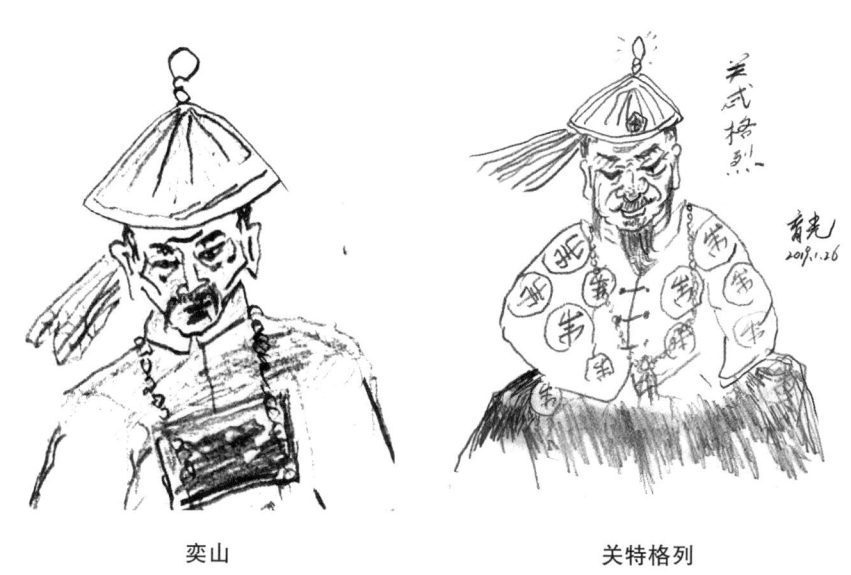

奕山　　　　　　　关特格列

他们父子俩回到故乡，多少人家都是亲去探望，唯独没有去瑷珲城有名的贝勒府。那可是在北疆一跺脚，能地动山摇的望族豪门。这府中人氏，就是瓜尔佳哈喇多罗贝勒关特格列，其祖上本是盛京人氏，康熙年因其祖参与抗敌罗刹，在雅克萨战役中冒着罗刹炮火率先冲入敌阵，奋勇杀敌，俘虏了俄酋（俄军首领）。后来在入关参与平息苗族叛乱中不幸战死，赐享黄马褂，降旨谥封多罗贝勒爵位，世袭罔替。关特格列之婶母辈，在嘉庆朝被皇上纳为储秀宫妃子，与皇族爱新觉罗氏联上姻亲关系。自此，瓜尔佳哈喇声名鹊起。

但是到了关特格列这代，居功自傲，唯利是图，趋炎献媚于沙俄，与皇室奕山关系甚密。奕山擢任黑龙江将军后，关系更笃，常为奕山府里的座上客。奕山在与俄交涉边疆割让谈判时，俄人威逼欺诈无所不用其极，奕山则被谓之奸人之雄，关特格列贝勒为谋，沆瀣一气，结果丧权辱国签订了《瑷珲条约》，奕山被朝廷革职。

§

民间都传讲，"两个混蛋凑一块儿，大清国还能有好？"

多罗贝勒也就更让人瞧不起了，人们在背后指着脊梁骨骂他。所以，老额真发福凌阿开始执意不让理他，还是依郎阿偷偷让来顺儿送的"喜帖"。

为什么呢？因为还有另外一个重要原因，依郎阿的生母，就是瓜尔佳氏。

俗话说：乡里乡亲的，宁可落一群不能落一人啊。何况亲戚套亲戚，还有亲属关系呢？依郎阿是从大局上考虑的，但是关特格列的做法却让他始料未及，而且还惹了一肚子的气。关特格列的回执不仅无贺礼，而且言辞苛厉，传告："奕山为国事革职，一波未平，又惹是生非，张罗什么大婚？不合时宜，添乱！"

听听，这帽子扣得多大！如此大办婚事，势必被关特格列贝勒视若眼中钉，不能不防啊。

故此，依郎阿坚决不同意为自己婚事大操大办，就觉得太不合时宜。

第一章 父子荣归

再说，当下国情不允许片刻迟钝，同仇敌忾，一致保家卫国乃是重中之重的要事！依郎阿自从返回故里后，马上就随着瑷珲副都统关保大人巡视了演兵场、习武厅、驯马棚、水师营，观摩了众营兵勇的演武操练和沿江等处的周密布防。这偌大而闻名的北疆锁钥，京师全仰仗着瑷珲为御北前哨，时刻聆听和关注漠北民众的抗俄实效与众志成城的步履。依郎阿每当想起：如何在时刻防御罗刹偷窥和染指之事，心中就不由肃然起敬，如不是自己身临其境，耳闻目睹，岂知朝中军机大人未雨绸缪的良苦用心啊！

依郎阿经过数日的忙碌，很快就了解和掌握了许多原在京师军机处尚难掌控的北疆御俄实力与实况，以及罗刹嚣张侵犯的秘密动向等机密情报。知晓瑷珲现实之军力战备，仅有虚名而已，当下必须为应战，充实再充实军备实力不可。依郎阿此时的心情是万分的焦虑，瑷珲尚未准备好，难当慑敌之中流砥柱啊。他的心思全用在这方面了，就把自己的婚姻大事抛在脑后了。

依郎阿记得清清楚楚，他在初离京师时，军机处大人为依郎阿返故乡任佐领衔哨官之职时，由老大人亲写手谕，命依郎阿面呈黑龙江将军固山额真特普钦，手谕明示："鉴罗刹日嚣，妄图一洗圣祖皇爷钦命数代不可改变的《尼布楚条约》文本。兹命依郎阿赴任始，率实防备，瑷珲专设委哨官职。哨官增补三至五名，且考勤其能，优者升劣者下，随时有事互补，不使防务空虚，酿成后患。紧严兵防，居安思危，防患未然，切不可徜徉疏怠，有辱皇恩。"

特普钦看手谕之后，对依郎阿也是格外地重视，并亲笔给瑷珲副都统关保大人写了一封信，叮嘱再三。

依郎阿回到瑷珲后，没有敢耽误半点工夫，就直接去拜见了瑷珲副都统衙门梅勒章京关保大人。

§

关保，扎拉里氏，满洲正黄旗人，66岁，因有肺之痨疾，终日咳喘不宁，渐入初秋，咳疾亦是日甚一日。他对依郎阿的到访非常兴奋，再加上有黑龙江将军特普钦的亲笔书信，所以，关保大人就给依郎阿详细地介绍了本衙门兵、户、刑、工、堂五司的掌印官，特别着重介绍了兵司的众位武官。固山达协领鄂德臣，鄂伦春人。此外，还介绍牛录章京佐领数名，苏喇章京防御数名，苏德拨什库骁骑校多名。在这些人当中，与依郎阿联系最多的最密切的武官要数常喜苏喇章京了。从副都统关保大人口中得悉，当下瑷珲一切不如墨尔根等副都统衙门，经费拮据，人员空隙，不少急办的事只能互相拆解着替用。

关保大人

第一章　父子荣归

从咸丰年因俄人屡屡进犯，抢夺民财、奸淫妇女、掠劫人畜，闹得各地人心惶惶，四处逃避，终日来瑷珲副都统衙门哭救求生的各地山野民众，是数不胜数。瑷珲副都统衙门被此事纠缠得也是焦头烂额，乱了阵脚。依郎阿便与关保将军大人呈请，"将军大人，卑职认为：瑷珲首务之急，唯民众生计之事必排首任，其他杂务皆可滞待，一一安抚。如有迟延伤民心者则必严惩不贷。"

"依大人所言极是，此事就交由你来督办吧。"

"感谢将军大人抬爱，依郎阿必竭尽为人。"

依郎阿接受此项重任后，当天就投入全部的精力驱赶俄患，又要进山慰民、救民、寻民和抚民，还要竭力抓紧时间充实瑷珲衙门的武备，修整一切御敌设施。

时不我待，只争朝夕。依郎阿一门心思、紧锣密鼓地筹谋于守备御敌，尽量减少民众积怨为上，哪有时间顾及个人的婚姻大事啊！

依郎阿深知老阿玛发福凌阿通达情理，只因退隐回乡，不参与政事，不知实情，时常跟自己发发脾气也是常理。

今天发福凌阿看到依郎阿接到来顺儿递上的"喜帖"回执，脸色不怎么好看，就问："你最近都在忙些什么？天天都不着家。这是谁的回执啊？"

依郎阿一看纸里终究包不住火，就把瑷珲副都统所面临军备实情和当前首当其冲要抓的事，一五一十地向阿玛述说了一遍，而后又把自己手里的"喜帖"回执递到发福凌阿的面前，说："这个回执，是多罗贝勒爷的。"

发福凌阿对多罗贝勒关特格列从心眼里就瞧不起，所以，他也不想看"喜帖"回执，就问依郎阿："不是没让你通知他吗？他怎么知道了。他回执上说些什么呀？"

"他说奕山为国事革职，一波未平，又惹是生非，张罗什么大婚？不合时宜，添乱！阿玛，我刚瑷珲委哨官任上，许多工作还尚未打开局面，多罗贝勒府还对此有看法。为了稳妥起见，我看孩儿的婚事是不是往后推迟一下，待我把安民、备御的任务完成之后，届时成婚也不为迟啊。望阿玛恩准。"

有道是："知子莫若父，知臣莫若君。"其实，发福凌阿一回到瑷珲，就知道依郎阿的心思，所以，他听到依郎阿借机狡辩后，脸"吧嗒"一下子就撂下来了，非常生气地说："什么？贝勒爷，他们丧权辱国，献媚罗刹被革职，与咱何干？不必在意他！至于瑷珲现状嘛，一直如此，岂非一朝一夕就能安顿妥当的？你该办事则办事，家里事宜由为父安排，只是大婚一日安能缺了你？哈哈济呀，无碍的！"

说完，老额真发福凌阿坐在那里闭目不语。依郎阿一看傻眼了！只好无奈地摇摇头，走了。依郎阿怎能甘心啊，他心想：唉！也真难为阿玛的一番苦心啦，看来这几日他也没少动心思啊。这可不成，自己该细细斟酌一番，下步该怎么办？

依郎阿沉思良久，突然灵机一动，就有了主意，心说：老骥伏枥，壮心不已。阿玛虽远离政务，却也心系国事，威武尚在，睿智不减。如能说服阿玛为吾辈谋士，出谋献策，安能心存旁骛？再者说了，倭仁大学士此次前来，阿玛肯定不愿慢待老友，只是他一时又不便说出口罢了。我何不利用倭仁大学士前来贺喜之际，如此这般这般如此呢。对，就这么办！

想到这，依郎阿精神不禁为之一振。

§

第二天，依郎阿依旧在清晨到江岸跑步十里。归来，依郎阿见老阿玛发福凌阿骑着黑铁骊"大青"也刚从练马场归来，父子俩刚好打了一个照面。依郎阿恭敬地站在道旁，疾步弯腰打千儿问安："阿玛，您老早晨好。天尚凉，尤其是早晨不比京里，您老人家还请小心为是，别出汗着了凉。"

发福凌阿看看自己引以为傲的儿子，笑声道："哈哈济啊，人啊可惯不得，我结实着呐，扛磨炼，你不用担心！方才大青驮我跑了二十八圈儿呢，我仍觉得没有过瘾，可我心疼大青啊，这不回家来啦。"

"阿玛还是小心为是。"

"好啊，阿玛知道你有这份孝心，会小心的。"

父子俩有说有笑，忘记了昨日的嫌隙。

依郎阿

在京师他们父子二人都是皇上非常看重的佐臣，父发福凌阿为皇上的贴身侍卫，子依郎阿为京师皇家健锐营中的佼佼者。依郎阿不仅马术、拳法、谋略皆技压群雄，而且少林功夫也深得真传，像潜水、蝎子倒爬墙，尤其是在高空树枝上仰睡一个时辰都摔不下来，堪称一绝。依郎阿聪颖卓绝，精通北方六七个民族及部落的语言和习俗，堪称当朝中的一位难得的人才，未来前程无量。发福凌阿和依郎阿父子也深得咸丰皇上宠爱，可叹皇上天寿不永，于承德避暑山庄驾崩。父子俩哀哭了数月，至今仍在戴孝吃斋，时过境迁，依旧如是，谁劝也不听。

今天发福凌阿早看出儿子是特意在此恭候自己，不为别的，还是他大婚一事想和自己再谈谈。发福凌阿昨天一夜也是辗转难眠，思绪万千。老人家知道儿子是以国事为重的人，和自己一个脾气，考虑啥事都在自己心里。但是家族大事上，发福凌阿并不糊涂。他能不思考吗？再说了，犬子大婚之事的"喜帖"都发下去了，再加上倭仁老友专程的到来，发福凌阿心想：倭仁老友，人家可是当朝的文渊阁大学士，主管兵、刑、吏三部要差，能亲临北疆实属对自己的厚谊深情，我岂能说把犬子的婚事延迟就延迟呢？至于卜奎省府衙门的其他文武官员皆好应酬答对，唯有这位倭仁大学士如何以礼敬待，着实还没有稳妥主意。

依郎阿跟随阿玛一路上边走边唠，还真让依郎阿猜对了。发福凌阿的想法与儿子如出一辙，便命依郎阿到他屋里去详谈。

依郎阿跟随阿玛进了老人的卧室，侍人小突文儿（汉语：万儿）见老少两位主子笑呵呵的，搀扶着走进屋来，他也非常有眼力见儿，赶忙献上龙井香茶，而后非常知趣地躬身退下。

鹦鹉

第一章 父子荣归

"万福金安！万福金安！"这时，一对精灵的虎头鹦鹉在笼子里见到老主人发福凌阿回来了，连连蹦跳着，高声问安。逗得父子俩不约而同地走到鹦鹉笼子前齐声应和："啫、啫，万福金安！啫、啫，万福金安！"两只鹦鹉听了后，跳得更欢实了，"喝茶！喝茶！"

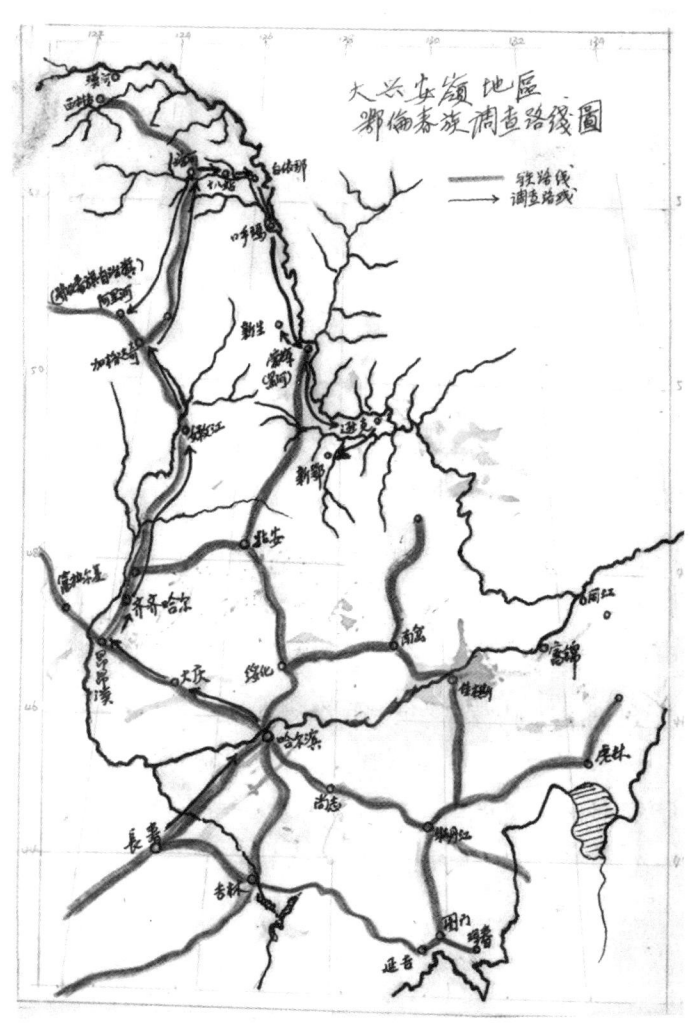

大兴安岭鄂伦春调查路线图

§

这两只虎头鹦鹉是老额真发福凌阿早年陪皇上去热河（即承德避暑山庄）离宫时，他去普宁寺，临别时老方丈送给他的礼物。发福凌阿一直养着，回到漠北也跟随他来了，朝夕相处，形影不离。如今，发福凌阿的心思也完全顺过来了，觉得儿子是比自己考虑得周全：是啊，为官一任，必须心无旁骛，得全身心地投入本职，这才真是不辜负圣恩。何况，此番依郎阿回到瑷珲是要独树一帜，在副都统衙门中成立一彪劲军，专门对付罗刹的渗透和侵犯，官名为哨官，此职虽在清康熙年间亦设立，但是那时它仅附于骑营兵勇之间，如今专设立此任，尤显重视。

哨官，通常是从马甲优异者中遴选出来的，其首领曰"委哨官"，顾名思义，朝廷委以特任，负有勘察掌控有碍于国运重务之官职。彪军牛录级，多为协领或佐领衔，即五品至四品衔。职任非同一般，承担管理烽台、哨卡、驿站、驿路之车马舟船之兵员补给与忠勤考核诸事，事杂繁苦、脏累、捆人。担当此任者，往往都畏之苦、之艰。它像根树桩子一样永钉在一地，不可躲避偷闲，而是始终要忠诚尽守。另外，哨官差使为防察便利，均不穿官服，不报真实出身，平日如平庸百姓一般。思致含蓄深远，不露锋芒，洞悉秋毫；见什么人能说什么话，尤其是对北疆各民族部落的语言习俗，越熟悉越融洽，融如一家人越好，精技更甚者能使陌生人分辨不出接触他的人究竟是哪个民族的人，最好。只有如此的"万事通"，才算是一名合格的哨官。

依郎阿在京师军机处，就是专研这方面的名操手，多次机谋过人，而获比武褒赏。发福凌阿想到这些，也就不约而同跟着儿子依郎阿一样，心绪紧张焦虑起来，心想：对呀，大婚是皇命，但是依郎阿组建哨官彪军，亦是皇家圣旨啊！而且更比婚事当务之急。依郎阿应着手培训年轻有为、得力能干的助手，迫在眉睫。可是，京师倭仁老大人亲来道贺，怎能慢待呢？

第一章　父子荣归

§

说到这，朱伯西我向众位讲一段很有趣儿的往事。

前书表过，这倭仁文武全才，曾在道光朝时他刚从副都统升任礼部尚书，受命随军督办赴古北口外剿灭一伙有数百号人的反清顽匪。鏖战数日未果，清军前敌都统嘎哈纳又心生傲气，没把这帮匪徒放在眼里。结果，他被其匪首"一绺儿毛"诱骗，佯装降清，一时麻痹，其实也是他急盼着早早班师回朝，就轻信了"一绺儿毛"的花言巧语。当时，礼部尚书倭仁见状，一再劝阻嘎哈纳："勿生速战速决之心，切莫轻信匪人之言，以免上当，中了诡计。"

此时的都统嘎哈纳怎么能听得进倭仁的劝诫。结果正如倭仁所言，他上了大当，清军除指挥都统嘎哈纳未被擒外，礼部尚书倭仁等上下四十余臣将，都成"一绺儿毛"的阶下囚。嘎哈纳星夜回京师奏报军情，请求援兵。军机处请旨，皇上钦命二等御前侍卫发福陵阿率兵援救被贼人擒捉的倭仁等人。

发福陵阿与倭仁早就相交莫逆，平时也素有往来。倭仁素知发福陵阿是京中颇有名气的马枪营统领，马术和枪法无人能敌，得咸丰皇上宠爱，每有出巡或郊猎，发福陵阿总左右不离。这次，发福陵阿亲率马队星夜赶赴古北口，沿途之上，是马不停蹄、人不解甲。"一绺儿毛"等匪徒做梦都没想到京城的援军来得如此之快，他们尚在熟睡之梦，堡垒就被发福凌阿攻破。发福凌阿率领着这支精骑马队犹如虎入羊群一般，众匪的头颅早被大砍刀像砍西瓜似的滚落满地。一顿血战，发福凌阿救出了倭仁等众清军将佐，平息了古北口之乱。自此，倭仁大人更加尊敬和感激发福陵阿，总想寻个时机回报千里救命之恩。

真巧得很，倭仁在京师时就认识琪任格格，说句实话，太皇太后赏

遥望江东心欲碎

赐贴身得意小答应,以福晋身份降嫁给依郎阿。这个主意还真是倭仁大学士系念发福凌阿的恩情,明里暗里在太皇太后面前循循美言,以表忠良,促成了这一桩美事。

此时,倭仁大学士为同治皇上的帝师,又是当朝重臣,日理万机,确实无有闲空儿分身,可是,他接到发福凌阿发派人送来的"喜帖"后,没有半刻犹豫,便奏禀太皇太后慈禧和皇上,匆忙辞掉一应朝务,万里迢迢乘车轿来到了漠北瑷珲。如此看来,身为当朝大学士的倭仁大人确是一位重情重义的名臣、大儒。

时间过得飞快,转眼间,京城大学士倭仁一路奔波,就来到了久负盛名的瑷珲古城,并受到发福凌阿父子和黑龙江地方大小官员以及当地百姓们的盛情接待。正如开篇《引子》中所说场景,让倭仁大人也算是大开了眼界,甚感不枉此行。

翌日清晨,倭仁在驿馆早早起身,在窗前踱着方步思忖,昨日屡见老

第一章　父子荣归

额真发福凌阿欲言又止,似乎有难为的隐情,碍于其口。思来想去,倭仁不由得信步来至江滨,但是当他看到咸丰十年(1860)时,时任黑龙江将军奕山为取媚俄人,为迎接俄国东西伯利亚总督穆拉维约夫来瑷珲城,而专门命瑷珲副都统衙门修葺、铺设的石阶以及沿江两岸新栽植的、绿叶茂盛的小杨树刚有一拳粗,心中"咯噔"一下,像是瞬间打翻了五味瓶,酸甜苦辣咸什么滋味都有。倭仁再看看远处江中俄船冒着浓烟,鸣着长笛"呜——",往来穿梭。而在远处的江弯里,隐隐闪现着一艘两根桅杆的、半张开着的船篷。不用想便知,这是大清国的民用帆船,怕被俄船撞碎,沿岸避让着拉纤前行。

"往昔,一望万顷的黑水呀,只见簇簇黄龙旗迎风飘扬,往来渔船间号子声声,渔歌互答。曾几何时,沙俄帝国的双头鹰旗帜闪耀在黑龙江浪波之上,耀武扬威,招摇过市,大有独占吾北疆鳌头之势!此乃吾大清国北疆之悲哉?"倭仁大学士睹望江景,想到此处不由得老泪盈眶,颓然坐在石阶上,久久凝望着、思索着。

§

再说发福凌阿,他确实牵挂着老朋友倭仁大学士,怕大婚简办、草率从事,对不住贵客远来北疆而大失所望,总觉得不近人情、礼貌不周,与老友几次欲言又止。辗转一夜,遂想亲自把与儿子谈妥之事,原原本本地禀告倭仁大人,以得谅解。

清晨一大早,发福凌阿满怀愧疚去拜见倭仁,听家奴来顺儿说大学士已早早起来,去江边漫步了,发福凌阿便要去江边寻找。谁想倭仁也惦念着发福凌阿,已匆匆折返归来。老友见面,相互牵着手来到倭仁房中。看其来意大学士倭仁早猜透了几分,未等发福凌阿开口呢,倭仁就慢悠悠、乐呵呵地从炕案上拿起一张早已书写好的便笺,递给了发福凌阿。发福凌阿虽然略感吃惊，但是他还是忙把便笺接在手上，双手展开仔细过目，原来倭仁用毛笔工工整整地写了一首五言绝句，整篇诗文是笔走龙蛇，豪放潇洒，一下子倭仁的情怀和寄语都跃然于纸上：

万壑树声满，千崖秋气高。

浮舟出城郭，别酒寄江涛。

良会安复有，此生何太劳。

恩公奇勇智，斩盗安康笑。

秋江古城聚，宴俭品自高。

黑水逐寒鸦，枕戈震狼嚎。

倭仁大学士以杜少陵之诗韵，反其意诵起《奉酬发福凌阿宴宾之作——抒怀》，表述了倭仁感慨瑷珲主人的一片盛情和对未来瑷珲勇御外敌的深切寄望。老额真发福凌阿看了不禁心胸豁达，万分敬慕，倭仁大人真乃皇上恩师也，事事皆在大学士心中。

只听倭仁说道："我们的巴图鲁啊，这些日子我也走了几个地方，见了诸多村屯的噶珊（满语：村屯）首领，这里细情尽知。太为难你们了，一挑担子都担在老英雄肩上了，北疆苦哇，要急办的事太多了，我真怕压垮了老哥哥啊！"

发福凌阿感动得老泪盈眶，隐忍在心里的话，一股脑地全都倾诉于老友。倭仁含着眼泪频频颔首，最后挥手示意："老哥哥，不必说了。你的苦衷，我明白，心领了。相信太皇太后和皇上也会心领的。你们做得对，完全是明智之举，我等钦佩不及啊。"

说到这，倭仁突然调转了话题。

倭仁这次来到瑷珲还没有见到琪任格福晋呢，乍来不好意思问，现在倭仁挑理了，说："老哥哥，要说你们失礼的话，我至今还没有享受到依郎阿和琪任格前来拜谢我这个月下老人呐！"

发福凌阿忙起身，连连作揖赔不是，说："中堂大人，失礼了、失礼

第一章 父子荣归

了，敬望大人莫怪，全是我一时忙糊涂给忘啦啊！我现在就让人把他们叫过来。"

"算了、算了，老哥哥！我开句玩笑，你还当真了。大喜之日，让他们小两口多敬我几杯就行了。"

"一定、一定！到时我也多陪你喝几杯。"

"老哥哥，咱们一言为定。明天方是大婚之日，那今天咱们先上哪转转呢？"

"中堂大人，我听说三架山近几年新修缮的关帝庙不错，虽然我回来有些日子了，光忙着犬子的婚事了，也没抽时间去看看。今天正好借中堂大人的光，我也去上上香，求个好兆头。"

"好吧。客随主便。"

老额真发福凌阿马上把此事吩咐下去，简单地吃了一口早餐后，父子二人先陪着倭仁大学士等众官员乘船到三架山，弃船上岸，又乘坐着现做的四十副南方抬轿，像长蛇阵似的逶迤攀山就到了三架山中的一架山上，特意拜谒新修竣工的红墙、牌楼、双狮、黄顶、蓝瓦的关帝庙。

§

这座北国关帝庙在松林掩映、群鸦翱翔中确有一番派势。那大雄宝殿建得更是非常的宏伟，前廊九柱盘龙，殿前悬挂的金匾之上，刚劲有力地书写四个大字"义薄云天"，人离老远就能看得一清二楚。一进入正殿，正当中高高塑立着一座金身坐像的关帝。单看眼前的这位关帝，是丹凤眼、卧蚕眉，昂首挺胸，右手轻捋美髯，浑身上下散发着一种凛然正气。关帝像的左右两边分别站立佩剑的关平和手握青龙偃月刀的周仓。而关帝胯下的赤兔马，则专在另一间的偏殿之中。整个大雄宝殿的塑像，个个都栩栩如生，令人敬慕神驰。据说，这些塑像都是由山西晋州延请来的名匠师塑造的。此座关帝庙自建立之日起,就日夜香烟笼罩,络绎不绝的善男信女们都叩跪在山门内外。乾隆年间,关帝庙没有这么宏大的规模,仅是一幢小庙,只是到了咸丰年后,由民众自发集资是越修越气派,越建越壮观。这才发展到当今的这个宏大规模。

满族人家敬奉关公为关玛发,都说他十分灵验。自从有了关公神庙,崎岖难登的三座高山,不论春秋冬夏,山路上的车马通过,如履平地,一路吉祥顺利。

众宾客拜谒完关帝庙后,倭仁等人又跟随着依郎阿来到了山下的依拉哈网房子,亲眼看着大扎卡船进入黑龙江江心围捕鳇鱼。也该着这帮人走时气,头一网刚下去,就打上来一条巨大的鳇鱼。渔工把这条巨大的鳇鱼送到江岸之上,是破腹、取籽、切块、下锅,工夫不大,一桌丰盛的鳇鱼大餐就呈现在人们面前。大家就在网房子席地而坐,酌饮美酒,品尝江水煮鳇鱼。

陪倭仁大学士同来的京师官员们今天算是开了眼界了,众人一边品尝着鲜美的鳇鱼大餐,一边无不感叹地说道:"我们有生以来,还是头一遭享受如此罕有的北疆风情呢。新郎官,我们能否在依拉哈网房子与渔民多住些时日,即使天天风雨寒江,也能吃上清水烹鲜鱼,当年陶公在世亦不过如此也!"

"诸位大人,只要你们愿意,我依郎阿正求之不得呢。"

"好!咱们一言为定。"

几杯美酒下肚之后,跟随倭仁大学士来的一名武官非常直爽,以前也跟依郎阿打过交道,他直言不讳地讲:"依大人,你是从健锐营出来的,虽然你到瑷珲来提升任委哨官之职,但是我感觉你还是吃亏。你听我良言相劝,等到你完成懿旨大婚之后,还是想办法早日离开瑷珲,回到京师为好。有道是:宰相门前三品官。在瑷珲副都统衙门这块,干得再好,你再升,才是几品啊?何况你身为京师人,对瑷珲边陲军情也不太熟悉,更是难上

第一章　父子荣归

回难啊！依大人，今天我借句酒话，你还是早日调回京师为好。"

倭仁大学士坐在宴席中间，再加上他和发福凌阿私交深厚，也不好说什么。但是，黑龙江副都统吉庆马上不干了，站起来说："大人所言差矣。依大人虽然出生于京师府邸西山小红阁，但是他六岁起就受老将军之命，由乳娘陪同，返回瑷珲家乡入族内，蒙学塾习满语文。依大人可以说是从小耳濡目染家乡的山川地貌和民俗风情。他长至十多岁时，就成了我们瑷珲当地著名的'神童'。11岁时，他为替乳娘报仇，单骑怒砍俄匪奇洛甫。14岁时，他校阅场夺魁，至今整个北疆还流传着'少年郎陈词难奕山'的美谈。如果你不相信，可以马上问一下老将军，以证真假。"

"噢？还有事啊？老将军，这到底是怎么回事啊？说来也让我们长长见识。"

"对！我们也想听一下。"

发福凌阿一看满席的文武大员都是和自己要好多年的挚友，也没有外人，就笑着把依郎阿少年时期的成长情况，给大家做一个简单的介绍，是怎么怎么一回事。众人听完之后，顿时对依郎阿是从心里往外的佩服，"这真是英雄出少年啊！"

§

这到底是怎么一回事啊？朱伯西我还真有必要重点介绍一下依郎阿这个人。

依郎阿，为发福凌阿的长子，生母为瓜尔佳氏，清道光二十四年（1844）五月初五，生于京师府邸西山小红阁。京师府邸西山小红阁，为一处杭州园林式建筑，光楼阁就有十间，非常的阔气，是道光帝赐建之地，京师人皆知西山"小红阁"门前有上马石、下马石。故此，京师里的许多文武大员对"小红阁"这栋建筑的主人也是刮目相看。发福凌阿（19岁）

依郎阿生母瓜尔佳氏

和大夫人瓜尔佳氏（21岁）虽然在嘉庆二十五年（1820）就结婚了，但是他们算是中年得子。依郎阿出生时，发福凌阿是43岁、瓜尔佳氏是45岁的高龄产妇了。瓜尔佳氏忠厚贤惠，为人和善，常不在丈夫身边，住大五家子时治家勤勉有方。她生子时才被接到京师。毕竟是高龄产妇了，发福凌阿怕出现意外，特请技艺高超的稳婆（接生婆）不离左右，以防闪失。所以，当依郎阿出生后，全家为他举办了轰轰烈烈庆祝宴。要说依郎阿是含着金钥匙降生的，那可一点都不假。但是，青少年时代的依郎阿恰逢整个大清朝国势日微，外患频发的这么一个时期。特别是此时沙俄炮舰已常在黑龙江上犯边滋衅。

依郎阿五岁前住在京师。按富察家族惯例和其父发福凌阿之命，等到依郎阿长到六岁这年，也就是道光二十九年（1849），便由依郎阿的乳娘、山西人张妈陪送，回到了故乡瑷珲入族蒙学塾习满语文。当时，京中满语已经极少听到了，而故乡大五家子托克索一带均用满语交际。发

第一章 父子荣归

福凌阿对子女教育进学严苛,他的口头禅是"京中出浪子。我富察氏家族的子弟,就应该遵祖训,到最艰苦的地方去锻炼"。故此,两年后,发福凌阿又将依郎阿的六岁弟弟西朗阿送回大五家子故居,交其弟久屯保夫妻管养。

§

有道是:宝剑锋从磨砺出,梅花香自苦寒来。

在故乡瑷珲这种特殊的苦寒环境的历练下,再加上依郎阿敏而好学,11岁时他便成为当地著名的骑手,不用马鞍镫辔,攀高崖,渡黑水,总在同龄人之前。更让人感到惊奇的是,小依郎阿有非常强的语言天赋,他不仅能说流利的满语,连北方少数民族索伦、栖林、达呼尔话,甚至俄语都难不住他,而且胆气超人。有一天,他竟然骗过疼爱和关心备至的奶娘张妈,偷偷跟着打鹰的大轮车去了趟黑龙江以北千里远的亨滚河。这下,吓得奶娘张妈哭了十来天,心说:万一小额真在千里之外出现个闪失,我可怎么向老额真和大奶奶交代啊!如果小额真真有个三长两短,我也不活了。呜——

小依郎阿从小就由奶娘张妈带大的,感情早已如同亲生母子一般。家族的人劝说张妈说:"别哭了。依郎阿随着本屯本乡打鹰的老猎手去的,平时和咱们富察氏家族就有来往,他们肯定会照顾小额真的。你就把心放肚子里吧。"

"真的?"

"那当然了。我都问清楚了。"

"好吧。但愿观音菩萨保佑吧!"

此次北上打鹰足足有两个月的时间,奶娘张妈妈像盼星星盼月亮似的,终于把依郎阿盼回来了。张妈也舍不得打呀,只是抱着依郎阿哭了半天,然后,边擦眼泪边瞅瞅这瞅瞅那,发现依郎阿离开自己两个月,是个儿也长了，身体也壮实了，而且还会射铁弩弓了。这下，可把奶娘张妈乐坏了，她赶紧跑进堂子给祖宗神龛，焚香磕头。

依郎阿的乳母张氏也是一位苦命人。她是因山西灾荒逃到京畿的，当时她的老母饿死，丈夫病死，只剩下她和怀中的小儿子，幸好被发福凌阿的兄弟救下。当时张氏才30来岁，为报富察氏救命之恩，情愿留在府内做用人，终身不嫁。至今已有30来年了，她与富家情同一家一姓，为富氏主人共侍奉了老少三代人。依郎阿起小便是在张氏襁褓中长大的。离京前，张氏的儿子虽然已升为汉军正红旗副统领，镇守天水城，也想把她接走颐养天年，但是张氏实在舍不得六岁的依郎阿北上，就断然拒绝了亲生儿子的好意，一心陪着依郎阿就来到塞北瑷珲大五家子。依郎阿也一时离不了奶娘张氏，恩过生母。

可是，到了清咸丰五年（1866）秋天的时候，不幸的事情还是发生了。这天，69岁的奶娘张妈去江边洗衣服。13岁的依郎阿学完功课后，在家感觉没意思，就帮着家里牛倌放牛也到了江边。突然，一艘俄国火轮船由下游马场逆水而来，然后，俄国人停船靠岸。从俄国火轮船上下来十多个俄兵，要廉价牵牛。江边打鱼的五大家子人直接用俄语说："太便宜了，不卖！"

"不行！我们必须牵走！不卖也得卖。闪开！"

俄兵就先动手，五大家子人能闪开吗？于是，双方就发生了械斗。一个沙俄醉鬼奇洛甫，突然把挂在腰里的大手枪给拽出来，随手就扣动了扳机，"啪！"奇洛甫本想开枪示警，不巧的是，他这一枪正好射中了正在河边低头洗衣的奶娘张妈。

"不好啦！老毛子打死人啦！"

和奶娘张妈一起洗衣服的几个妇女一哭喊，这股俄匪一看惹事了，马上上舰，开动机器顺江而逃。此时，岸上是哭喊一片。

第一章　父子荣归

§

当依郎阿闻听奶娘张氏命丧黑水之时，他心如刀剜一般，拼命要报仇，众乡民和家奴苦苦相拦。依郎阿此时就像疯了一般，他摆脱开众人的搂抱，不顾大人们的喊叫，光身（当地土语：不带钱财和武器）跳上一匹枣红马，沿江岸拼命驰骋追俄船，一直追出二十里地。此时，天就黑了，俄舰隐入黑龙江对岸的柳林丛中就停了下来。依郎阿是飞身跳下马来，泅渡黑龙江。此处的黑龙江江面足有二里多地宽，是水深浪高。依郎阿是一点都没害怕，悄悄地潜水上岸。

依郎阿利用岸边树丛和水草的掩护，发现几个俄兵正燃着篝火烧烤食物呢。在篝火火焰的映射下，依郎阿一眼就看到那个醉汉俄兵奇洛甫了。奇洛甫正在仰天喝瓶中酒呢，另一只手里还拿着一支烤好的羊腿，是连喊带跳，早忘掉了自己刚才犯下的罪孽了。依郎阿强忍着悲痛，像猫一样从蒿草中人不知鬼不觉地就爬到了奇洛甫身后的草窠里。也该着出事，几个俄兵酒喝得差不多了，转身到不远的树窠前撒尿，唯独就留下了奇洛甫一个人在那还喝呢。

依郎阿一看，此时不出手，等待何时啊！只见依郎阿起身抓起奇洛甫放在地上的大砍刀，二话没说，抡圆了大砍刀"呜"带着风就劈下来了。奇洛甫做梦也没想到有人偷袭他，他还一手攥着酒瓶，一手抓着羊腿，迈着醉步狂舞呢，依郎阿的大砍刀就到了。

奇洛甫就感觉侧面刀光一闪，心说怎么回事？他下意识地往旁边一闪，命算保住了，但是他也为自己的罪孽付出了一定的代价，就听"咔嚓"一声，依郎阿这一刀，一下子就把奇洛甫的左侧大半个胳膊给砍下来了。

"哎呀！疼死我啦！"

本来依郎阿想上前再补一刀，要了奇洛甫的命。但是，奇洛甫这一喊叫，一下子就惊动了那几位撒尿的俄国大兵。他们几个人提着裤子，转身边往回跑边问怎么回事。

依郎阿灵机一动，猫着腰，就把大砍刀"嗖"一下扔进了黑龙江里。然后，他人却转身反向"刺溜"一下，就窜到了柳树丛内的水泡子里，绕了一个大圈，又潜回江中。几个俄兵开枪，哇哇乱喊一通，也没见到人影，心里都画魂：不知是什么东西吃掉了奇洛甫的左胳膊。

有人提议，说："袭击奇洛甫的东西没找到，咱们赶快救人吧。"大家七手八脚，是止血的止血、包扎的包扎，这边暂且不说。

§

单说依郎阿，是拼尽全身的力气，一口气就浮回到了大五家子。等到依郎阿一上岸，族人们才发现依郎阿的下身被刮得条条伤痕，血淋淋的，让人看着都心疼，依郎阿反而像没事人似的。

当时，瑷珲副都统衙门哨官总领是魁福。魁福是达斡尔人，吴扎拉氏。祖居小五家子，自康熙年以来已100余年。魁福的妻子为富察氏族女，故此，他和依郎阿家是有亲缘关系的。魁福得知此事后，十分夸赞依郎阿的勇敢无畏。有道是：祸兮福之所倚，福兮祸之所伏。依郎阿在痛失奶娘张氏的同时，却得到了哨官总领魁福的帮助，哨官衙门准予年仅13岁的依郎阿，为西丹巡逻营上学习行走。这在瑷珲副都统衙门内是非常罕见的。哨官衙门是干什么的呢？它是专事黑龙江千余里的巡察，并由上游额尔古纳河，顺流直至出海口，并经布列亚河、精奇里江进入亨滚河河源流域。黑龙江北岸千余平方千米土地，留下过巡逻哨官们的足迹。俄人南侵后，清巡察哨卡旗兵也经常背着口粮齐装秘行，爬山卧雪，探路而进，危及生命，伤亡甚巨，为瑷珲诸路旗兵中生涯最苦、减员最频的秘密劲旅。

此时，正当边事日紧，用人之际，依郎阿虽然年少，但他自强刻苦，

第一章　父子荣归

聪明伶俐，将沿江地貌和明暗 5000 多个哨卡，几日就背熟了，而且还超过了许多老哨兵。魁福大人对于依郎阿的这种表现是惊叹不已，连连称赞他为"神童"。一传十、十传百，很快整个瑷珲都知晓了。

到了咸丰八年（1858）春，15 岁时依郎阿破例由西丹升任哨管披甲，又因其马技夺魁，特受到副都统的奖赏。16 岁时又破格升任哨管前锋。正当依郎阿干得起劲的时候，瑷珲和他家里先后出事了。先是瑷珲，出什么事了呢？

§

咸丰八年四月（1858 年 5 月），黑龙江将军奕山竟然与俄国东西伯利亚总督穆拉维约夫私下签订了一份中俄《瑷珲条约》。这份公文中，奕山竟然极为武断地把中国黑龙江以北 60 多万平方千米的土地割让给了俄国，只余下江东六十四屯为中国所有。

你说，身为黑龙江将军的奕山为什么敢冒天下之大不韪，竟然做出这种丧权辱国的蠢事呢？

说白了，奕山就是仗着自己贵为圣祖康熙帝十四子爱新觉罗·胤禵玄孙，道光帝族侄的皇家宗室身份。另外，奕山这个人非常骄纵跋扈、刚愎自用。他仗着自己曾在伊犁任上与俄人有过往，就在朝廷众文武大臣面前夸下海口，说"我有御俄高策。我到黑龙江将军任上之后，不出两三年肯定能把沙俄人摆平，从此两国永世睦邻友好。"

现在奕山在任也快三年了，为了自圆其说，他竟然干出这样伤天害理的事情。

当奕山自咸丰五年（1855）到任以来，发现俄势极其威猛就心生怯念。另外，俄罗斯东西伯利亚总督穆拉维约夫也不是一个好东西，他以"助华防英"为由与奕山谈判，"中俄必须沿黑龙江、乌苏里江划界"。更以"最

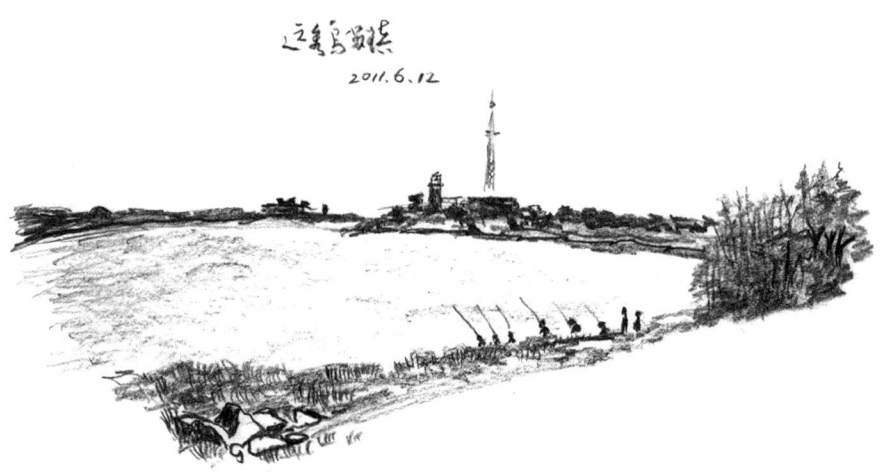

远看乌苏镇

乌苏里江口

后通牒的方式",用武力威胁,在黑龙江沿岸不断用炮火示威。同时,他还允诺奕山,"如果此事事成,我们将给你一笔天文数字的卢布,并保证两国从此睦邻友好。现在只要你奕山睁一眼闭一眼做个和事佬就行了。另外,声言疾病缠身,当今朝廷也岂奈尔何?"

奕山本身就是欺软怕硬的主,他一看自己还有好处,就采取了"抑己媚俄"的策略,以不愿轻启边关战端为借口,他也没有请求朝廷批准,就私下与俄国东西伯利亚总督穆拉维约夫签订了这份条约。奕山对陪同的所有人都是三令五申:"此事绝不能乱,我会向当今皇上上奏折详细汇报的。如果让我发现谁要是把此份条约公文私自露出去,我会重重的惩罚。"

你看奕山在俄国人面前,特别是在态度非常强硬的东西伯利亚总督穆拉维约夫面前像个哈巴狗一样,摇头摆尾的阿谀谄媚,但是他转过身来面对大清国的官员和臣民时,像换了个人似的,满脸的官威,比秃尾巴狗还横,极为嚣张跋扈。

§

就拿前任瑷珲副都统的魁福来说吧。奕山在黑龙江将军府一上任,魁福当时深知俄患之危,又曾任过巡防哨官,所以,他几次疏陈"俄志在此进,抚安必表此土"。奕山哪听得进魁福的忠言良策啊。后来奕山决定采取"抑己媚俄"的策略后,首先先把魁福这块"绊脚石"给搬走了,调迁到墨尔根等处。让魁福你不在其位不谋其政。但是奕山哪能想到啊,螳螂捕蝉,黄雀在后。虽然魁福被调走了,但是他瑷珲副都统衙门和哨官衙门的人却在奕山集团背后布下了一招"神仙棋"。

这招"神仙棋",直到奕山被朝廷革职了,他都没反应过来。实施这招"神仙棋"的人,不是旁人,正是小小的依郎阿。

其实,奕山在与穆拉维约夫私下签订这份中俄《瑷珲条约》之前,中俄双方已经谈判过好几次了。穆拉维约夫的步步逼让，奕山的步步妥协，许多人都看在眼里、记在心上。俗话说：冰冻三尺非一日寒。关于瑷珲边疆划界问题，必须离不开瑷珲哨官衙门的人，因为它就是专门负责巡察边界的。所以，当魁福和瑷珲哨官衙门的人，发现奕山要有妥协的迹象后，就特意派最不引起人们注意的依郎阿专门盯紧奕山的异常举动，特别是奕山府上的公文来往。

依郎阿怎么做的呢？他更是神奇。他没有自己出面，而是只派出了一条看似极为普通的黑毛犬。但是依郎阿对外公开说这条赖赖吧唧的黑毛犬是他半道捡来的，说瞧见它无人照料怪可怜的，喂三两天胖一胖就放它走。

其实啊，这条黑毛犬可是价值连城，非同一般。这条黑毛犬的家在俄国，是顿河闻名的探犬。依郎阿是经过父亲发福凌阿在清朝驻俄罗斯领事馆的十几位俄国朋友帮助，才高价辗转购到的。你别看这条赖赖吧唧的黑毛犬其貌不扬，但是它非常的机敏、无畏，而且跑起来火车、快马都追不上，更主要的是它特别擅于隐蔽，能通人语，能模仿各种声音。最让人意想不到的是，这条黑毛犬的那一双毛茸茸的大黑耳朵，能够包住整个粗壮的头，再经过探犬家一番手术后，黑犬的左右内耳皮毛中被分离出一层薄薄的肉囊，这是专门为传递情报用的。除犬主外，任何外界人概不知晓。黑毛犬一旦感觉自己被别人发现了这个秘密，训练有素的黑犬就会拼命咬死对手。亲俄派奕山怎么会想到小小的依郎阿会用这招呢。要不说，这是一招"神仙棋"呢！

§

其实，奕山与俄人联络时也是非常小心的，自己不出面，私下派心腹交涉和传报。奕山感觉自己做的事是神不知鬼不觉的，但是他的什么事情

第一章　父子荣归

都瞒不过依郎阿的"眼睛"。依郎阿有黑毛犬报信，马上就给黑毛犬下指令，让它打滚弄得一身灰土，像个流浪野犬，谁见谁躲着。在奕山府外忽隐忽现，奕山派出去的人也认为这是条野狗，不会在意野犬的。黑毛犬隐在暗中紧盯住奕山派出去的人，凡回府带着公文包的，一定给咬伤，叼着公文包就跑。结果，奕山与俄国签订的《瑷珲条约》，真让黑毛犬截住了。

开始，当奕山听下人禀报一条脏兮兮的黑毛犬截走了这份重要的公文后，气得他是指着这帮贴身心腹的鼻子破口大骂，说："你们这帮狗奴才，简直一群废物！饭桶！真是连一条狗都不如。你们还站着干什么！还不赶快派人给我找去！找到这条黑毛犬则罢了，如果找不到它，你们每个人都要重重处罚。"

奕山派出的这帮人到处寻找黑毛犬的时候，小依郎阿看到这份秘密公文，马上命令黑毛犬把这份密件送到千里之外的京师军机处。以前老额真发福凌阿专门对依郎阿交代过。所以，奕山派出再多的人也根本找不到啊！一连几天，将军府的人也没有找到这条黑毛犬。开始，奕山还提心吊胆好几天，后来没有听到市面上有任何的风吹草动，他悬着的那颗心慢慢就放下了，以为这事到此算不了了之了呢。可是过了一段时间之后，整个京城都在议论和痛骂奕山与穆拉维约夫签订的这份《瑷珲条约》的事，痛骂奕山是卖国贼。有道是好事不出门，坏事传千里。没过几天，整个黑龙江和瑷珲大街小巷也都知道这事了。瑷珲的老百姓也无不在背后痛骂奕山。

§

其实在京城刚有对奕山不利的议论时，他就得到准确情报，说京师军机处已经得到了他与穆拉维约夫签订的《瑷珲条约》公文并上报咸丰帝了，而且以桂良和倭仁为首的大学士们，力主咸丰帝罢免黑龙江将军奕山，交宗人府重重处罚。

尼古拉·穆拉维约夫

奕山得到这个消息后,站在将军府里对着京师方向是跳着脚地骂呀,说:"桂良、倭仁,你们这帮老不死的,躲在京城享清福得了。如果我要是不和穆拉维约夫签订这份协议,两国就会发生战争。现在大清朝国库虚空,哪有钱打仗啊!你们知道俄国人枪炮的厉害不?我这么做,叫识时务者为俊杰,你们懂个什么屁呀!"

奕山骂完了,冷静下来一想,知道坏事了。所以,他马上派人把自己身边最重要的幕僚军师多罗贝勒关特格列请来出谋划策。

奕山把这事跟关特格列一说,关特格列当时也蒙了,坐在那里百思不得其解,说:"这份密件公文,怎么就到了京师军机处手里去了呢?是哪个缺德带冒烟的家伙,把它给捅到军机处的呢?我们要是查出,非扒他的皮、吃他的肉、喝他的血不可!"

奕山说:"你现在别再追究是谁把这份密件送军机处去的了,你现在主要是帮我想办法是怎么样的补救。"

"将军大人，我看咱们应该在皇上没有下圣旨之前，必须要不惜重金进行打点。我和桂良大学士都是瓜尔佳氏家族的，虽然平时很少来往，但是我这次拉下老脸求他，他也能赏几分的薄面。同时，将军大人您马上给皇上上书一份奏折，陈述沙俄逼迫您签约的种种蛮横行径，写得越详细越好，尽量求得皇上的谅解。再加您宗室族亲的压力，我看此事还是有转机的。"

"好吧！现在咱们也只能如此啦。"

§

这真是：有钱能使鬼推磨。

黑龙江将军奕山马上派人到京师花重金在皇族宗室和朝廷文武重臣中进行打点。朝廷文武重臣和皇族宗室中就有人收到奕山的钱财后，替奕山说话了。但是大学士桂良根本就没有给关特格列面子，还是和倭仁一样，力主把奕山革职查办。

从咸丰八年（1858）五月二十八日黑龙江将军奕山与俄国东西伯利亚总督穆拉维约夫签订的《瑷珲条约》算起，到咸丰九年（1859）五月奕山被咸丰帝先革职留任，再到当年八月奕山被召回北京，从这一年多的时间段上来看，在大清国朝廷内部的激烈斗争中，最后还是以桂良和倭仁大学士等人为首的正义派终于战胜了以奕山为首的妥协派。

就在朝廷内部进行着激烈的政见博弈的时候，黑龙江将军奕山为了表现对外抗俄的决心，安定北方多年俄侵大患。这一天，他专门来到瑷珲副都统衙门校阅场，检阅瑷珲著名的"蹚子马队"。

"蹚子马"系旗人马上战术，曾在康熙年雅克萨战役中立过功业。瑷珲满洲富察氏、吴扎拉氏、瓜尔佳氏等诸姓后裔，都谙熟此战法。奕山在华盖下校阅马队，他的重要谋士多罗贝勒关特格列在旁边陪同，瑷珲副都统衙门的文武官员也在两侧相陪。

这时，奕山突然发现队列中有个衣着打扮不同的英俊少年，忙命人唤来，让众兵后退，单独查看他的操马技能。只见这位英俊少年是不慌不忙，表演上马技、下马技、立马技、滚马技、板桥、过梭，纯熟利索，如贴在马身一般，随行者皆忘情称赞。奕山坐在华盖之下，也是不住的喝彩，说："我不服老不行了。这真是英雄出少年。"

奕山又亲自为这位英俊少年增加了考核难度，派人把他叫到自己跟前，考核他的马上擒敌战法。俗话说：单丝不成线，独木不成林。你一个人浑身是铁，能打几颗钉？打仗讲究的是集体作战，不是单打独斗。瑷珲副都统衙门的人也为这位英俊少年捏了一把汗。

只见这位英俊少年是面不改色心不跳，非常沉稳、娴熟、准确地讲述了蹽子马队中"三马同击"的战法：一马佯攻，是怎么攻；两马驰攻，是怎么两翼空降，使敌人猝不及防，即使敌人提前在正面设计好尖锐的器物阻拦，也难防两翼蹽子马的迂回突击。这位英俊少年不但将传统的"三马同击"战法，讲解演示清楚，而且他还巧妙地将"三马同击"战法演绎成了虚中有实、实中有虚、虚虚实实、真真假假的三连环战法。

奕山听完之后，不由得拍案大笑，当众夸赞这位英俊少年，说："汝子皆有诸葛之才，守我清土，老羌何惧！啊！哈——"

随行众官也都无不笑声响应。反观这位英俊少年听到众人的称赞之声，不但没有面带喜色，反而是眉头紧皱。突然，他毫无惧色立马，说道："将军大人，江东数千里，有我祖鹰场、围场、木场、貂场，溪河无数，山岭数千，埋我民百代魂骨，将军可知否？今日校阅场，谈何守土而失大块疆域呢？"

"嗯！这个……"

第一章　父子荣归

§

众官闻听少年口出此言，也都是惊呆不已。黑龙江将军奕山张着嘴半天也没说出话，只是变颜微恼，没有训斥这位英俊少年。为什么啊？其实，在这位英俊少年刚一出场，多罗贝勒关特格列就把这位英俊少年的底细详细地告诉了奕山。

"这孩子不是别人，他乃本朝重臣、咸丰帝御前侍卫发福凌阿之子依郎阿。"

"噢！我说呢。原来是三朝功勋之后，可喜可贺啊。"

现在依郎阿突然让奕山下不来台了，坐在旁边的多罗贝勒关特格列马上站起来了，对依郎阿训斥："小兔崽子，你怎么和将军大人说话呢？啊！不看在你额娘和你阿玛的份上，我今天非替你额娘教训你不可。"

"我？"依郎阿还想对关特格列辩驳几句，但是关特格列马上把依郎阿给制止住了，并不住地给依郎阿使眼色，说："你说什么？还不给我退下去。"

依郎阿多聪明一个人啊，刚才他主要是看不惯黑龙江将军奕山和那些趋炎附势官员的嘴脸，所以才突然质问奕山。其实，依郎阿说完这话也有点后悔了，因为今天出门病中生母瓜尔佳氏还特意交代，"校阅场好好表现，但不能惹是非，少说话。"

多罗贝勒关特格列从生母瓜尔佳氏的宗亲论，属于依郎阿的亲娘舅。依郎阿心想：自己如果再不给关特格列面子，他真跑到额娘那里告状，额娘肯定会在祖宗神龛前罚跪。所以，依郎阿只好显露少年无知的豁达情志，梗梗脖子，拨转马头，退回马队之中。

此时，奕山正在走败势呢，心里非常清楚，不能树敌太多。因此他不但没罚罪依郎阿，反而借校阅之名，通好发福凌阿，从而彰显他大度和坦

53

荡的胸怀。

但是奕山的这种雕虫小技，并没能平息沿江旗屯怒火。不仅是富氏家族，还有众多满洲和达呼尔众姓，他们在黑龙江对岸有几代人开闯的家业，岂能让奕山就这么白白送给俄人呢？而且这些满族诸旗，在京师皆有任官者。奕山是犯了众怒之罪，京师大理寺劾奏奕山。

奕山在多方活动下，咸丰九年（1859）五月开始被革职暂时留任，到了咸丰九年八月召回京师。从此，"少年郎陈词难奕山"，就成了富氏族中美谈。

§

等到发福凌阿给倭仁大学士和各位大人讲完"少年郎陈词难奕山"这个故事，人们还没听够，还有人在刨根问底，问："老将军，那后来依郎阿又怎么去的京城啊？"

发福凌阿哀叹一声，说道："咸丰九年（1859）十月，依郎阿多年长卧病榻的生母瓜尔佳福晋病逝。我让他处理额娘丧事后，就叫他回京了。其实，主要是我怕他在瑷珲家乡惹生事端。因他户籍在京，再加我的名仕，当年十二月就直接被召入健锐营升任三等侍卫，后又升为二等侍卫街上行走，又晋二等侍卫，赐兰翎，后来又曾护驾承德。其间，这小子还发生许多事，反正没少让我费心。"

这时，依郎阿看着阿玛发福凌阿没有停止的意思，就借着给大学士倭仁倒酒的机会，拽了拽倭仁大学士的衣襟，又指了指自己的阿玛。倭仁大学士马上就明白了依郎阿的意思，"哼"，他咳嗽了一声，举着酒杯就站起来了。

发福凌阿一看倭仁站起来了，就把话题撂下了，说："中堂大人，你？"

"我说老哥哥，明天就是新郎官大喜的日子，你就少说一点那些陈年烂谷子的旧事吧，要说就说点高兴的。咱们做长辈的怎么也得给新郎官留点面子吧。对吧。喝酒，喝酒！"

倭仁大学士侧着脸给发福凌阿一使眼色，发福凌阿一下子就明白了，端起杯中酒就干了，而后发下酒杯，非常感叹地说："中堂大人，我今天看到你也是高兴，再加上近些年身体不好，我们父子二人这么多年的话，全让我今天说了。我这也是高兴啊。等到明天他结婚后，我把家族的大权一交，以后啊，他愿咋折腾，我都不管了。我呀，就省下心来颐养天年，等着抱孙子啦。要是他额娘能看到她的小哈哈济大婚，该多好啊！"

说到这，发福凌阿鼻子一酸，眼圈就红了。

"好了，老哥哥！佛爷老太后亲自懿旨将琪任格格格下嫁到你们富察氏家族，那是多大的荣耀啊！你就知足吧。"

哎！倭仁大学士一提到新娘子琪任格格格，有人突然来了好奇之心："老额真！老将军！我们从心眼里就好奇，咱们富察家族的小额真是怎么让佛爷老太后相中的？你讲讲呗。我们到现在心里都在画魂。"

老额真发福凌阿一听佛爷太后懿旨下嫁这事，马上又来了精神，他把自己的身子正了正，说道："要说起这事来，纯粹是天巧之合。"于是，怎么怎么回事讲了一番。

众人听完之后，无不感叹：时也，运也，命也！人不但要有真本领，还得要走时气。依郎阿两者全占了。

这到底是怎么一回事呢？

§

依郎阿被召入京师健锐营之后，表现得非常出色，在清同治元年至二年（1862—1863）冬春，依郎阿率部击溃河北滦县至张家口一带的、以绰号"白风"为首的匪乱有功，直接被晋升为护军参领。后来，"白风"这伙残匪偷偷地潜入到北疆漠河，与俄国淘金匪帮相合。依郎阿因晓俄语，再加上他在黑龙江沿线巡防过，就请命返籍。慈禧太后当即批准。也该着依郎阿露脸，他率领的御林兵巡边北疆，"白风"残匪怎能是依郎阿的对手。

　　一次正面追剿，"白风"大牤子身负重伤，好在他身边的几名悍匪是誓死冲杀，才得以侥幸逃走。依郎阿率兵在后就追，一口气就追到了洛古河口。突然，依郎阿发现有零星星的血迹直接进入到了茂盛的树林之中。依郎阿马上把手下的精兵分成两支进山分队从两翼成口袋状，从远向近进行地毯搜山。而依郎阿独自一人在洛古河口的这个环形口袋包围圈的领口处，先选择在一棵古树的后面静等漏网残匪的出现。依郎阿万万没想到，他等来的不是漏网的残匪，而是两只凶猛的山虎。

　　这两只山虎是受到御林军的驱赶惊吓而跑过来，山虎发现洛古河口的一处古树的下面就隐藏着依郎阿一个人，它们心里高兴了，说："哎！这里怎么落下一个人呢？兄弟，这帮人以多欺少把咱俩赶出来了，他们在这儿留一个，正好咱哥俩合起来欺负欺负他得了，最后，再把他吃了，也算报仇了。"

　　"啊喔！我看行。"

　　人有人言，兽有兽语。

　　这两只山虎发现依郎阿后，是二话没说，一前一后就直奔依郎阿扑来。要说依郎阿不害怕那绝对是假的。但是，依郎阿面临危境是从容应对。

　　他往前一踏步，在左手抽弓的同时，右手就迅速从箭囊内拔出两只雕翎箭，是搭箭、拉弓，斜身站位，"啪啪"就是两箭。跑在最前面的这只老虎可惨了，这两只箭是不偏不歪，正好射进它的两只眼睛里，就听得这只头虎"吼"的一声，就地打滚。老虎尾巴抽打得树木和山石"啪啪"直响。后面的这只猛虎也吓得够呛，它往旁边一跳，转身再想攻击依郎阿时，依郎阿的后两只箭"嗖、嗖"就到了。这只猛虎虽然躲开第一箭，但是没有躲开第二箭。这第二箭"嘭"一下就射在了这只老虎的脖子上。

但这只虎能干吗,它是吼叫一声,心说:我非吃了你不可!瞬间,就向依郎阿猛扑过来。

依郎阿顺手抄起身边的铁棍,展身形,把手中的铁棍抡圆了,"呜——"照着老虎的顶梁门打来。"啪!"这只猛虎在空中再想躲闪可来不及了,又实打实地挨了依郎阿一棍。

依郎阿这一棍用的力气太大了,直接把这只猛虎打出去一丈多远。这只猛虎在地上打了几个滚,一晃脑袋还想再爬起来的时候,依郎阿的第二棍、第三棍又到了。

"我让你给我在这吧!给我在这吧!"

"啪!啪!"后一只虎比前一只虎还要惨,直接被依郎阿活活打晕死过去。

依郎阿拿出"乾坤绳",三下五除二,就把后一只猛虎给制服、捆绑起来了。然后,依郎阿没敢大意,是提棍再战那只被他射瞎的山虎。这只瞎虎早已失去了它强大的攻击力,所以,依郎阿没几个回合就把它也打晕死过去,也拿"乾坤绳"给死死地捆绑起来了。

等到两翼包抄的御林军和几名俄国猎手闻声赶到的时候,依郎阿凭着自己的超人胆识和精湛的箭法,早已力擒双虎。几名俄国猎手对依郎阿独自一人力擒双虎,也感到非常的惊奇,冲着依郎阿直竖大拇指头,"你是真正的山林之王!我们敬服你!"

§

依郎阿洛古河口力擒双虎这事,他根本就没有上报,是先名扬海外后,从沙俄境内传回到京师的。慈禧皇太后因喜欢护驾先帝老臣发福凌阿,闻听此事后是爱屋及乌,在同治二年(1863)召见发福凌阿时,特懿旨要见见这个"小红阁"的打虎小英雄——满洲有为的后生。

当慈禧太后看着眼前这位身穿坎肩虎衣（按满洲习俗，身上所穿坎肩虎衣均为自己所获猎物之精选品制成）、身戴豹虎饰的依郎阿时，顿时感觉这位"小红阁"的后生，犹有"祖风在世"。要说依郎阿有祖先之风，是因为萨布素年轻时能捕虎，到龙江后，捕虎豹之技，富察家族代代有英雄涌现。发福凌阿就是一位著名猎手巴图鲁（满语：英雄）。他几次到北海（鄂霍茨科海）以北，到极地打捕雪豹、雪狐以及捕捉海东青。依郎阿自懂事起，就年年相随。依郎阿是十三岁能捕鹞鹰，十五岁擒虎豹，二十岁以后年年有所斩获，在族中甚有名气。

慈禧太后的心情今天是格外好。她一见跪在地上的英俊依郎阿，嗔爱地笑道："啫，啫，这就是当年敢跟奕山辩嘴的孩子吧？"

发福凌阿闻听此言，赶紧俯首敬禀说："训子疏惰，奴才之过。"

"发福凌阿，我说你要是再好好训教一番，我看北疆的虎都得被他给打光了。此次北疆洛古河口力擒双虎，扬我国威，你们父子都起来吧。"

慈禧皇太后又把依郎阿叫到近前问话，问：黑龙江水多宽多深啊？水里出什么鱼啊？山上都长什么花啊？老羌（指俄国人）的房舍跟咱大清国有啥不一样啊？等等。

依郎阿是不慌不忙，不卑不亢，有问必答。慈禧皇太后越看依郎阿越顺眼，就说："听说你射法出众，今儿个就给我表演一下'穿花箭'吧。"

"穿花箭"——满洲古俗，箭在十射之外，在百花空隙中穿过。要求箭法纯熟有力，穿花叶不穿花瓣。一射，为十步，十射为百步远。

"琪任格啊，由你来陪射吧。"

"奴才依郎阿接旨。"

"奴才琪任格接旨。"

依郎阿和琪任格二人，一个主射，一个陪射，下去准备了。

第一章 父子荣归

§

借这个功夫,朱伯西我不得不多赘述几句,简单介绍一下琪任格的身世。

琪任格生于武将之家,父亲叫陶霍罗氏巴图善。她自幼就能习文习武,耳濡目染自小就懂得马上功夫和马下箭法。琪任格长到五岁那年(1848),琪任格和她的双胞胎姐姐随父猎游在京郊,其实陶霍罗氏巴图善主要是为护卫道光帝四太子奕詝(未来的咸丰皇帝)狩猎春游,中途,遇游贼。陶霍罗氏巴图善为保太子身亡,琪任格的姐姐在兵乱中丢了,而琪任格有幸在乱军中被救出来,抱回皇太子奕詝的府邸。皇太子奕詝因感激其父救主捐躯之勇,特厚待这个孤女。太子岁年才十七岁,是个少年王爷,因聪慧过人,武功又好,深得道光皇帝——他父王的器重,府内生活条件极为优厚豪华。小姑娘被太子专命人找来的奶娘(满语叫嬷嬷)喂养。琪任格很有福气,从此过上了犹如金枝玉叶的日子。

道光三十年(1850),道光皇帝驾崩,时年二十岁的四皇子奕詝继皇帝位,次年为咸丰元年。有道是:一人得道,鸡犬升天。太子登极大宝,太子身边的人和太子府邸的男女臣仆,也因主子当了皇帝,随驾入宫。

四太子奕詝特别喜爱的小琪任格,此时长得又白又胖、聪明伶俐、能歌能舞,自然也随主子一步登入青云,随之进宫。

别看小琪任格时年虽然才只有七岁(虚岁八岁),但是她什么都懂了,也越来越惹人喜欢了。小琪任格在太子府邸时,奶嬷嬷经太子同意,在她右肩上按了一个小"太阳"红痣,像只小蝴蝶的花纹,因此,就给她起名叫"郡郡"。"郡郡"为满语,意思是飞来的小花蝴蝶。

小琪任格在太子府内长至五岁后,就入"女红科"学文学唱学舞。入宫后,她仍入"女红科",专心习文习书习画。咸丰六年(1856)冬,慈禧懿妃因生太子爱新觉罗·载淳（也就是后来的同治皇帝）受宠。

这一天，在"女红科"送侍女时，咸丰帝正陪同慈禧母子二人在玉翠湖赏荷花呢。正巧小郡郡在一帮侍女之中，咸丰帝一眼就认出小郡郡，就把她推荐给了慈禧。咸丰帝特意又把小郡郡的身世给慈禧详细交代了一遍。慈禧因咸丰帝对小郡郡亲如骨肉，又是自幼在皇上身边长大的，所以也是爱屋及乌，又因小郡郡也非常讨慈禧懿妃的喜欢。故此，慈禧二话没说，就马上同意把小郡郡收入宫中为贴身侍女，并正式给她起名叫"琪任格"。

琪任格是满语。慈禧信佛，因而起了一个含有仁慈、慈爱、大慈大悲的意思的名字，是佛家语。琪任格与慈禧名字同一个含义，都是仁爱于人、慈祥于人、慈渡一生的偈语。这自然也讨得了咸丰的喜爱。因唯有琪任格一人名讳同娘娘一样，这在当时宫中已经是对她另眼看待了。琪任格当时并不懂她名字中的含义，后来长成人之后，她越来越感激慈禧太后对她的知遇之恩。当时，琪任格只是心里更贴近慈禧，二人就自然形成了一种互相怜爱的特殊关系。

说白了吧，这种特殊关系的前因是，琪任格正由于从小得咸丰帝垂怜喜爱娇养，后才得到慈禧的喜爱和信任的。慈禧也很会来事，为讨皇帝对自己一人的临幸喜爱，也要善待皇帝养育宠爱的小孤女。这关系微妙复杂。琪任格虽知皇帝喜欢自己，但也知道皇帝在宫中最宠爱慈禧贵妃，因为慈禧贵妃给咸丰帝生了一位太子，一定还要被加封，荣华富贵享不尽，讨好贵妃，才不辜负皇帝对自己的怜爱，不能惹皇帝生气，就更不能惹慈禧贵妃讨厌，是自己前途生命攸关的事。

琪任格从小虽然没有人特意教她，但她会很机灵地处理和维系这种关系，而且处理得还非常适度得当。咸丰帝和慈禧都喜欢她，这是相当不容易的。后来，琪任格跟慈禧关系融洽到什么程度？就连慈禧在入宫前的身事与生活，琪任格都知道不少（这在清史上都不许记载公开的）。慈禧不少贴心话都给小她十岁的琪任格讲，也把琪任格看成了自己的骨肉。

第一章 父子荣归

其实慈禧不像有一些人讲的那样昏庸无度、一无是处,非也。慈禧也很爱习武功,也习箭法,故而文武与姿貌诸条件皆佳,才赢得咸丰帝的垂爱。你说咸丰帝皇宫有那么多美女呢,为什么非选她呀!这说明慈禧必然有其超人之处。慈禧身边最贴近的侍卫侍女均会武功,慈禧最不喜欢弱不禁风之淑女,美才兼备者为入选的首要条件。慈禧本身就是以精明、聪颖、机智而出名的。

§

朱伯西我给大家举一个简单例子。

慈禧虽是安徽宁池广太道(官职名)叶赫那拉·惠征之女,名门闺秀,但她从小生性好闯,像个男儿,帮母亲管理家事,卖过桑葚、桑茧,官都不敢欺,很泼辣,有主见。选秀女时,她对答如流,难倒了府衙考官。她进宫后,主动以吴歌为美,赢得咸丰帝另眼相识。吴歌是吴语方言地区广大民众的口头文学创作,发源于江苏省东南部,苏州地区是吴歌产生发展的中心地区。吴歌口口相传,代代相袭,具有浓厚的地方特色,有温柔敦厚、含蓄缠绵、隐喻曲折、吟诵性强的特点。它和唐诗、宋词、元曲并列于文学之林,在中国文学史上占有一席地位,在明代曾被称为"一绝"。

据讲,当时正逢盛夏,蝉声叽叽聒耳。咸丰帝在太监们簇拥下要经过石山过石桥而走。其他新入宫秀女一见皇帝来了,都吓得躲避起来,而唯独慈禧毫无惧色。她心想:皇帝走了,错过今天这个机会,何时再能见到啊?

于是,慈禧就提前站在石山槐树下,正堵住咸丰皇帝的去路。等到咸丰帝迎面走之时,她是叩头施礼,并说:"万岁爷炎热难耐,我们改天换地在树荫对吴歌,请皇上听听消闲解闷。"

慈禧的从容、大胆、莺歌、美貌,倒把咸丰帝给惊愣住了,他长这么大还从没有见到过这样毛遂自荐的秀女呢。好奇心反使咸丰帝不走了，而是笑看慈禧。

咸丰帝身边的太监马上禀报："皇上，她是新选入宫中的一名秀女。"

"噢！"咸丰帝点了点头，但眼睛始终盯着慈禧问："你有何长处，为我解热？"

"皇上，难道您不知道吴歌能医百症吗？"

"好一个'吴歌医百症'！我倒是第一次听这话。那你就唱来，朕倒要当场检验一下它的解热效果如何。"

"遵旨！"

于是，慈禧连唱了吴歌三阙，是句句打动咸丰帝的心。

后来，咸丰帝常召慈禧入觐，听吴歌，听谜词掌故，夜幸宫中得宠，天助有孕生龙种，从而使慈禧一步青云。

据说，当年由安徽入召秀女除慈禧外，另外还有一位美女，吴歌唱来尤秀于群姝，然而可惜的是，她腼腆，没有慈禧的聪慧机智。后来，她在宫中十一年，终未蒙皇帝临幸，仍以宫人最低名分郁郁而终。这不得不是她的人生悲摧。

§

单就这事，慈禧曾对琪任格非常坦诚地说过。慈禧太后也承认自己当时没有这位秀女长得更俊俏美貌，会唱的吴歌多数还是在闺阁中跟她学的呢。结果，她们一同被选入宫，一个登天、一个入地。这难道是命吗？慈禧从来说自己命硬，谁都能克住，但没有人能克住她。所以，慈禧无论到什么时候都仰头走路，从不唉声叹气。慈禧有一句常说的老话，叫"老鸨子要抱崽子，自己去筑窝"。

正是由于慈禧的独特性格，所以她身边的侍女都是她看中的人才。内宫常有文赛（诗文书画赛）、武赛（骑、箭赛），也常有特召的御前侍卫（男）被召入内廷，为皇帝和太后进行御赏比赛。女官骑术与箭法略简单于男侍卫。如女人弓力多在八十斤左右，箭靶多在五射之内（一入射十步，五射为十步远）。而男侍卫弓力多为二百至五百斤，身程为百步、百五十步、二百步不等。琪任格可用百斤至百二十斤弓，可达五射。故此，以前依郎阿健锐营曾三次被召入宫射鹄子，皆由琪任格被慈禧懿旨陪射。这被多心的慈禧早偷偷看到了。

慈禧为人很独断，她让谁干什么，只能按她意思老老实实去做，不可东观西望，不准轻慢淑女之风，心中只能有主子，不能有别人。琪任格曾在陪射箭时，偷着向依郎阿笑。慈禧不满琪任格违犯她的禁命。虽然慈禧心上非常不高兴，但她嘴上没有讲。

为什么呢？因为从咸丰六年（1856）至同治二年（1863）的这八年时间里，她们主仆二人是朝夕与共、亲密相处。琪任格已从十三岁的小姑娘长成一位芳龄二十一岁的落落大方、聪慧贤淑的漂亮格格。慈禧既是其主子，实际又像她的亲母长姊一般。这八年来，琪任格在宫中始终是慈禧的贴心人，内库银两，慈禧用膳、用药、选侍女答应等，都是琪任格出面来办慈禧才放心。哪个太监好坏、哪个门子请调授，慈禧也多听琪任格的意思。甚至慈禧夜里睡觉做噩梦，都非得找琪任格陪御床睡。陪慈禧皇太后御床共睡，这对一名宫内侍女而言，是最最难得的殊荣。有多少宫中侍女一生只在宫外转，连太后的脸都没见过的，多了去了。

§

朱伯西我话归前言。

满洲古俗"穿花箭"摆好之后，只见依郎阿背对百花花束，往前足足走了150步后，突然一回身，是抽弓拉箭，来了一个"犀牛望月"。

"给我着！"只见依郎阿射出的这支箭是单穿花叶而过，其他花瓣是丝毫未动，在场之人无不对依郎阿纯熟有力的箭法叫好，慈禧皇太后也非常高兴。但是陪射的琪任格快步来到慈禧面前说道："佛爷太后，琪任格认为此局不应该算数。我作为陪射还没有到位呢，他就放箭了，我认为他有作弊的嫌疑。我要给他增加难度，再考考他。"

"噢！你怎么个增加难度啊？"慈禧本身就爱射箭，更爱变着花样来玩，所以，她明知琪任格是在逗依郎阿，但是她还是默许了琪任格的想法。

"佛爷太后，我想把头上的这一朵簪花用一根丝线拴好，然后，我用嘴咬住丝线的另一端，在十射外随便转动十圈，如果他能在我转动的十圈内把丝线射断，我甘愿把这朵簪花送给他，算他赢；如果他射不断丝线，就算他输，同时，得把他的虎皮坎肩留在宫中。"

"噢！我看这个玩法还算公平，不知道我们的打虎小英雄敢不敢挑战了？"

"佛爷太后，依郎阿愿意挑战。"

其实，琪任格是一眼看中依郎阿身上穿得那件虎皮做的坎肩了，所以，她马上追问依郎阿："愿赌服输？"

"愿赌服输！"

二人分开各自准备，一切准备就绪后，琪任格在十射外开始上下随意转动起来。琪任格为了赢，她就在丝线的长度上做了手脚了，这朵簪花距离她的嘴唇只有这么一拃远，别说动，就是不动，健锐营的射手都难把它射断。所以，就连发福凌阿这么著名的射手都在替依郎阿捏把汗。另一名侍女在琪任格旁边，查着数，"一圈、二圈、三圈、四圈、五圈、六圈、七圈、八圈、九圈！"

马上还有一圈，就要结束比赛了，琪任格用眼睛的余光一看十射外的依郎阿，还没有搭箭呢。琪任格心里这个气啊，心想：你依郎阿甘愿输给我一件漂亮的虎坎肩，不射箭，不是戏耍我吗？好！这一圈，我让你输得心服口服。

想到这,琪任格二话没说,猛一转身,就想快速把这一圈转完,从而结束这场比赛。众人抬起手来,也想为琪任格鼓掌叫好。但是就在这时,依郎阿突然利用琪任格猛力转身的这一刹那,他是抬弓搭箭"嗖"就是一箭。琪任格转过身来,嘴里的丝线与簪花刚要一露头的这个时机,依郎阿射出去的这支箭也到了。琪任格感觉到嘴唇边上突然一阵凉风,是箭到、线断,簪花落地。

"啊!"琪任格稍一惊讶之余,回头一看十射外的依郎阿还保持着原来的样子呢。

这下她对这位打虎小英雄是从心往外的,心服口服外佩服。琪任格当然是愿赌服输,她二话没说,弯身把地上的簪花捡起来,把拴在上面的那节丝线解掉,单手托着,就来了依郎阿的面前,"愿赌服输,我输了,这朵簪花就是你的啦,拿着吧。"

§

说完,琪任格格格是双手送到了依郎阿的面前。你别看依郎阿他箭法如此出众,突遇山虎他心都没慌,但是今天他站在漂亮美丽的琪任格面前时,不知道心里为什么像揣个兔子似的是"突突突"直跳。他看看漂亮的琪任格,又看她双手那朵做工精致的簪花,又扭头看看不远处的慈禧皇太后,不知道自己是拿好呀还是不拿为好。

"拿着吧,不愧是我们满洲有为的后生,就算你俩的定亲之物吧。"慈禧说完此话,第一个反应过来的不是依郎阿,而是慈禧身旁的发福凌阿。

发福凌阿马上躬身问:"佛爷太后,不知这个定亲之物又是如何说起啊?"

"有道是:男大当婚,女大当嫁。富察氏家族的这位打虎小英雄不是尚未结婚，我身边的琪任格正巧待嫁，他们俩郎才女貌是天生的一对、地造的一双。今日，我就成人之美，成全他俩的这段姻缘，赐嫁给我们富察氏家族的这位哈哈济依郎阿。"其实，慈禧早就看出来了，依郎阿和琪任格是一个有情、一个有意。

慈禧心想："我喜爱琪任格不假，但是好女不能总守在自己身边啊。今日，琪任格遇到了自己钟爱之人，我就忍痛割爱把她赐嫁给依郎阿为妻吧。"

发福凌阿当然高兴了，马上命令依郎阿说道："依郎阿还不跪下，跪谢佛爷太后的赐婚之恩。"

"依郎阿，跪谢佛爷太后赐嫁之恩。"

"琪任格，跪谢佛爷太后。"

琪任格虽然心里非常中意眼前的这位如意郎君，但是她当着这么多人的面，谈论她的嫁事，也羞得脸蛋红红的，把自己手中的簪花，递到依郎阿的手中，就快速地躲到慈禧太后的身后去了。慈禧命他们当即在这里定亲。依郎阿把自己喜爱的虎坎肩真送给琪任格做定亲物了。

慈禧皇太后迅即懿旨发福凌阿，因他近年身体多有疾病，允其回瑷珲老家休养天年。慈禧皇太后又问依郎阿的出生年月。因为依郎阿是甲辰年五月初五出生，和琪任格同年所生，而且他们俩八字又极为相合，于是，慈禧当机立断，为他俩钦定下五月初五为大婚之日。同时，慈禧与身边的王公大臣商量，北疆边事日紧，命黑龙江将军特普钦竞勤巡防，依郎阿南勇斡练（斡，古同"管"，主管、掌管），依需充任。

§

发福凌阿和依郎阿父子二人领懿旨，返回西山"小红阁"，进行了简单的准备就返回老家瑷珲，赶紧命富察氏家族的总穆昆达德禄张罗此事。这其中,依郎阿谨遵父命,忠勤职守,虚怀若谷,外出轻车简行,对族内向不申扬有帝亲殊荣。富察氏族人仆奴到现在也多有不知。

眼看大婚之日就要到了,当朝大学士倭仁推掉许多要事,专程从京师来到瑷珲参加老朋友发福凌阿之子依郎阿的喜宴。其实,倭仁这次特意来到三架山拜关帝庙不假,但是他关注的还是北疆防务和瑷珲的实际军备情况。当倭仁听完发福凌阿亲口讲述完慈禧皇太后懿旨琪任格下嫁依郎阿的这段传奇姻缘故事之后,一看今天酒到半酣,就不让大家再喝了,让下人把酒席撤下,转身对依郎阿说:"贤侄,瑷珲防务究竟如何呀?你且实情说来无妨。"

依郎阿如实禀报:"各位大人,近些年来,罗刹太猖獗了,边民各族逐遭他们掠夺,有些女子被他们罗刹强行占为妻室,生子后均入斯拉夫籍。罗刹用心就是要借此扩土扩人蚕食我大清疆域。而我国人仍不知居安思危,犹在自鸣得意,竞比豪富,享乐绵绵,终日不忧国难,无所用心,岂不痛哉。"

依郎阿短短几句话,就让在场的倭仁大学士和省城及各地官员大人们一下子就尽晓了瑷珲前哨目前少银无防之苦之艰之急之危。

倭仁与黑龙江将军衙门户司、兵司、工司官员心里就清楚了。所以,他们又重点询问了瑷珲船坞里防务快船的基本现状。依郎阿也是一一做了汇报。

瑷珲副都统衙门的防务快船,俗称"快马子",实际就是能坐三五人的威虎船,用绳索扯在江岸林阴树中,目前其中两只尚可能用,另外两只早已腐朽不堪了。

依郎阿说:"现在我们哨官衙门的兵在巡逻江上时,需要行走百里、二百里、三百里不等,全靠人力划行,漏水威虎船最易伤人。据我所知,从咸丰年至今已有十三年之久,这种'快马子'已经在搜索藏匿罗刹谍人入境者的过程中,造成我官兵死亡已达近百余名。而罗刹兵有铁制的带甲板

俄国铁甲船

的火轮船，船上专有技师掌舵和发动，发动机马力足有五百马力、一千马力不等。这种大型铁甲船上能乘载十至二十多人不等的哥萨克兵，他们可在船上自由行走，机动作战。反观我大清国水师营哪有这些先进装备，全靠人力划行，在江河的浪涛中仅能与波浪搏斗，毫无能力抵御敌船装备，犹如以卵击石。因此，罗刹兵大举进犯黑龙江和松花江，耀武扬威，畅行无阻。"

依郎阿又向倭仁大学士和众位大人简单介绍了几户惧惮罗刹蹂躏，从江东逃回大五家子托克索避难百姓的亲身事例，让倭仁和众位大人也是极为愤慨。

发福凌阿一看依郎阿所汇报之事都差不多，就插言道："今日难得出来一次野游，我看天色不早，咱们就原道返回吧。有什么话，咱们回家再说。"

第一章 父子荣归

"好吧!"大家知道明天正式大婚,还有许多事要做,所以,都各自登船返回到了大五家子休息。

§

一夜无话,转眼就到了第二天,也是同治二年旧历五月初五,阖族为依郎阿和琪任格举办了隆重的婚礼。良辰吉时,喜锣一响,唢呐悦耳,四位头戴牡丹大镜冠,身穿粉红色上绣东珠、挂香粉荷包的旗袍,脚上穿着玉兔金丝鞋的送喜花娘,前后簇拥,左右搀扶着一位头蒙红盖头的贵夫人缓缓地走出了闺房。司仪妈妈口唱:"出福门,步步登高""跨马鞍,万事平安""迈火盆,红红火火""一拜天地,二拜高堂,夫妻对拜,送入洞房"。

婚礼仪式节毕,新郎依郎阿拉着新娘琪任格就要往婚房里走,可是有人就不让了,说:"新郎官,我们大老远从外地来的,下午就走了,你好歹让我们看看宫里格格的样子,我们回去也好对外人说啊。"

"对!我们也是这个意思。"

倭仁大学士和省内外嘉宾百人出席,前来祝贺的人更是人山人海,他们也都争着抢着想看一看富察氏家族迎来皇太后御赐的、从京师宫中来的秀女琪任格福晋,她到底长的、穿的、做派都是啥模样?好奇得很呐!

新郎官依郎阿也是盛情难却,就说:"好吧。丑媳妇早晚都要见公婆。我就提前做主了。"

说着,依郎阿当着众人的面,把琪任格头上的红盖头就揭开了。就在依郎阿揭开琪任格红盖头的那一刹那,许多人都异口同声地、惊奇地叫了起来,"怎么原来竟是她!?"

原来,琪任格格格深受深宫教养、谙习礼仪,为人彬彬有礼、谦逊平和,自到瑷珲大五家子托克索后,马上换上平民女服,与全家族中的老少婢女，有说有笑，跟随众女婢们担水、刷地、下江里洗衣涮锅盆等，都挺麻溜利索。不少女奴婢们还以为是新挑进府来的哪房的使唤丫头呢。

只是此时的琪任格福晋换上了太皇太后赐给她的大婚礼妆，艳丽夺目，香气满室，满身的珠翠盈盈。人们的眼睛都看呆了，一个个啧啧赞叹，"咱们的小额真真有福分，貌美绝伦的琪任格像天仙一般降到了咱富察氏家族，也给咱大五家子托克索添彩啦"。

此次婚礼共设大宴百余桌，大五家子托克索百年来第一次宴席摆了半村寨，各族男女老幼全入席。

各位，依郎阿大喜之事不夸大其说，有多么的热烈，但是在瑷珲大五家子这个地方可算是破了天荒了。众宾客在和依郎阿说说笑笑之时，老额真发福凌阿自己却在一旁喝着闷酒，总觉得缺个当地大人物没有光临，是没给富察氏家族面子，脸上总有点挂不住。这个当地的大人物是谁啊？不是旁人，正是多罗贝勒府的关特格列。

其实，大学士倭仁早就觉察到了，连他两到瑷珲，人家关特格列也是没有理会他，只是倭仁自己不当回事罢了。倭仁端着酒杯，会意地看了看老友发福凌阿，说："老哥哥，那多罗贝勒爷乃是圣祖爷后裔，皇上亦敬畏三分。此遭奕山出事革职，回到京里，照样享王爷俸禄。多罗贝勒仗他的虎威，不泯于人。我两访瑷珲，其亦无闻无视，可见他与我积怨尤甚。你看，奕山与沙俄签订卖国丧权的《瑷珲条约》，国人上下激愤难平，怨声载道。他们则将此事的罪责竟然推诿于桂良和吾等头上，岂非荒谬至之！我听人说这个多罗贝勒还妄言，说是吾等谗言圣上，罪责查办奕山。我也未去拜会他，怨也无妨！以他行径所示，凡取悦与依附于沙俄之行径者，其甚欢颜，其不是外强之走狗乎？此等奴颜婢膝之人，唾之不及，吾等气又何来呢？"

"嗨！艮峰老弟啊，你是有所不知啊。关特格列因为'依郎阿陈词难奕山'这事发生之后，紧接着就是奕山被革职查办，所以，他和奕山都怀疑是我始终在此事中做的手脚。关特格列还到京师西山'小红阁'来当面质问过我，说我不应该这么干。我当时就把他顶回去了，说皇恩浩荡，大清国法典律例在那立着呢，谁触犯了它，必然要受到惩罚。关于奕山被革职查办之事，我无可奉告，你愿怎么怀疑就怎么怀疑，我一概不管，你请回吧。后来有人给我回报，说奕山接到罢免的圣旨后，还专门找过关特格列，并一再叮嘱他不要在省城卜魁住了，搬回老家瑷珲吧，尽量少出头的为好。这不，我们为此事不是也结下梁子了吗？"

"噢！原来如此啊。"

"老哥哥，这事都过去，他们算是罪有应得。大喜的日子，咱们不谈这晦气事，喝酒！"

"好，喝酒！"

§

关特格列为什么要到京师西山"小红阁"去当面质问发福凌阿呢？这到底又是怎么回事呢？书中代言。

奕山接到咸丰帝革职暂时留任的圣旨后不久，他接到了咸丰帝的第二道圣旨，让他马上回京师接受大理寺查办。奕山就知道自己这次彻底翻船了，他马上派贴身奴才急急忙忙去多罗贝勒府上，把关特格列叫来了。关特格列听完奕山所言之后，脸都吓绿了，腿肚子都转筋了，说："将军大人，这可如何是好啊？"

关特格列像一只无头的苍蝇一样，在整个书屋里转了十多圈，也没想出办法来。奕山摇了摇头说："我此次回京师肯定是凶多吉少。签订此条约这事，虽然是你我二人同谋，如今此事败露，就由我一人来承担吧。毕竟，我乃当今天子的宗室胞弟，皇上不看僧面看佛面，他看在本族宗室的面上，也会给我一条活路。我走后，你就不要在省城住了，先搬回老家瑷珲城，避避风头去吧。"

"将军大人，我、我舍不得你走。我要联合将军衙门里的所有官员和旗民写血书，为将军您请愿。"说完，关特格列还流下了几点鳄鱼的眼泪。

"免了吧，这一切都没用了。我就不远送了。"

关特格列一看奕山都送客了，他也非常知趣地退出书房，出了将军府，坐着凉轿，三拐两拐就回到了自己的多罗贝勒府。等到关特格列回到自己的书房之后，仆人们赶紧给他换上了一套便服，他坐在安乐椅上就翻江倒海地追查起来了，怎么想也想不明白，这份公文是怎么飞到京城、飞到皇上书案上去的。关特格列的头都涨成这么大个了，也没想出个子丑寅卯来。关特格列一看天色不早了，就躺在安乐椅上喊了一嗓子，"妮娜啊，妮娜！"

"哎！"随着一声清脆的声音，一个漂亮的俄国大妞，就走到了关特格列的身边。

只见这位俄国大妞是满头的银发，在左右肩头两边各搭着一条长辫子，中等身材，长得是既丰满又妩媚动人，特别是她那一双蓝眼睛闪闪发光，更显得美丽迷人。这个俄国大妞是谁啊？非是旁人，正是前不久黑龙江将军奕山暗自许配给他的义女，也就是关特格列对外从没有公开身份的秘密四夫人妮娜克娃。

"都准备好了吗？"

"回爷的话，都准备好了。"

"好！来！"关特格列一伸手，妮娜克娃赶紧把他搀扶起来，二人就进了西暖阁。

关特格列住的这间西暖阁极为豪华，整个屋子里的家具都是上等花梨紫檀的，靠近窗户那块，放着一张玳瑁床，床上铺着一张全虎皮，地上铺着厚厚的波斯地毯。整个屋子装饰的富丽堂皇，可以说是奢侈糜烂。你想想，这可是多罗贝勒府啊。

妮娜克娃扶着关特格列躺在玳瑁床上，她转身从旁边的间隔里，取出一个方盘，方盘里有烟枪、烟灯和大烟膏。妮娜克娃把烟枪拿起来，非常熟练地把烟灯点着，大烟泡装好了，轻轻地递给关特格列。再看关特格列拿过烟枪，弓着背、蜷着腿，对着烟灯就抽上了，"咝——哈！咝——哈！"关特格列顿时感觉自己飘飘荡荡，非常的舒坦。

等到关特格列两个大烟泡都抽完了，再看他背也不驼了，腿也不弯了，脸上横纹也舒展红润了。妮娜克娃始终坐在旁伺候他。突然间，关特格列的那双三角眼睁开了，像一只捕捉到食物的猎豹一样，死死地盯在了妮娜克娃的身上，先看看脸蛋，再看看丰满的胸部，再看看修长的大腿。妮娜克娃看到关特格列这种可怕的眼神，心里不由得"咯噔"一下，心说：难道这个老东西发现了我的真实身份？我每时每刻都在小心谨慎行事，不可能啊！

就在妮娜克娃内心忐忑不安之时，关特格列突然发出了一阵冷笑，"哼哼哼哼！难道会是他！"

妮娜克娃一看关特格列说的不是自己，马上把刚才悬着的那颗心放下了，问道："王爷，你说的这个他，到底是谁啊？"

"还能是谁啊，不就是富察氏家族的依郎阿吗？"

"那依郎阿又怎么啦？"

"行了，你不要问了。你赶紧吩咐人给我备轿，我马上再去将军府一趟。"

"王爷，天色这么晚了，有什么事，明天再说不成吗？"

"让你备轿，你就备轿。别再问了。"

"哎！"

剪短截说，等到关特格列二次来到奕山将军府，说自己怀疑的泄密人是依郎阿时，开始奕山把脑袋摇得像拨浪鼓似的，说："不可能。关特格列啊，你怎么怀疑到他的身上了呢？"

"嘿嘿！我的将军大人呀！你冷静想想，在咱们黑龙江将军衙门管辖

73

内，除了富察氏家族外，还有哪个姓氏望族敢跟你做对，敢冒死向皇上进谏呢？再说了，这依郎阿敢在校阅场陈词于你，绝非一时的冲动。"

"嗯！你如此说来，也确实有一定的道理。"这时，奕山也开始半信半疑了。

"将军大人，不如这样，我亲自到京师西山'小红阁'，当面试探发福凌阿一次，不就真相大白了吗？"

"嗯！就按你想的去做吧。如此看来，关特格列你也不愧我这么多年来对你的关照，足矣啊。"

后来，关特格列虽然亲自到京师西山"小红阁"与发福凌阿当面试探也没有什么结果，还吃了一个烧鸡大窝脖，但是关特格列和奕山从此对发福凌阿心里就存了芥蒂之心了。

关特格列和奕山光想着自己的个人恩怨了，但他们忘了这个丧权辱国的《瑷珲条约》却给整个大清国和瑷珲带来了一场不可躲避的灾难。到了咸丰十年（1860），沙皇俄国逼迫大清国签订了《北京续订条约》。尤其更令人气愤悲痛的是，沙俄多次申明大清朝必须认同奕山之前私自签订的《瑷珲条约》合法，一切按先前的条约办事。俄国哥萨克兵长驱直入，一连两年每天不停地大举进入黑龙江，士兵分散开大肆喊叫："我大俄罗斯早就应该占据这里，让你们清朝给耽误多少代了！"

当时的瑷珲城的官员被这些俄国哥萨克兵弄得相当被动，甚至是狼狈不堪。瑷珲副都统衙门是兵少船缺，就连"小威虎"（小船）都奇缺无比，只能是乌龟垫床脚——硬撑，王八撞桥桩——暗气暗憋。这是往事，暂且不提。

§

话题再次回归依郎阿大婚喜宴。这场宴席是五月初五从卯时（早五至七时）锣鼓、唢呐、"给都罕"（二弦琴）响起，"乌勒本"《萨大人传》说唱和歌舞开场。未时（下午一点至三点）家奴来顺儿又点燃放起了从瑷珲城聚福祥购来的、天津卫出产的百种式样的烟花。

嗵、嗵、嗵、嗵、嗵！嘣、嘣、嘣、嘣、嘣！噼里啪啦、噼里啪啦、噼里啪啦！

刹那间，整个大五家子上空随着震耳欲聋、响彻云霄的烟花爆炸之声，人们眼前出现了一幅幅五彩纷呈、璀璨夺目、万紫千红、火树银花、千娇百媚的画面。什么"孔雀开屏""万福临门""百鸟鸣春"，等等，真乃是良辰美景，奇花竞艳，美不胜收。

也该着出事。正在大五家子和所有前来贺喜的官员宾客欣赏着这一朵朵精彩烟花美景时，突然从人群外慌慌张张跑进一位瑷珲副都统衙门中哨官色克（即探子），附在委哨官依郎阿的耳边，急促地说："依大人，大事不好了。我们洛古河的旗民出大事啦！"

"你不要着急，到底是怎么回事？"

依大人，是这么这么回事。

原来住在黑龙江上游洛古河与额尔古纳河相交汇河口地方的附近民居，刚刚发生了罗刹兵入室杀人抢劫的血案。有六户30余口大清国人，有老有小，被罗刹劫掠或被杀害，罗刹还放火烧了三座牧场，火这会儿还在烧着，情况十分危急。

说到这，朱伯西我要简单介绍一下"洛古河"。

黑龙江是由南源大兴安岭西坡的额尔古纳河与北源蒙古肯特山的石勒喀河汇合而成，黑龙江的源头洛古河长200多千米，沿江两岸风光宁静秀丽。这洛古河，发源于大兴安岭主山脉北麓，为黑龙江最上游的一条小水支流，全长22千米，源出北流。在漠河县洛古河村附近注入黑龙江。这里设有一个重要哨卡，有卡官和五名巴雅喇（满语：办事员）管理。附近巴雅喇们建起几幢木草房居住。据传，洛古河原称"洛鳌河"。村民们认为不好听，遂改称"洛古河"。

洛古河村北面跨过黑龙江就是俄罗斯。河上没有桥，到了每年冬季，河面结冰后，对岸的俄罗斯的木头就通过冰面运过来，路边一个小小的绿色罐头房，就是边境检查站了。

依郎阿闻听洛古河发生了惨案，看来自己不能过新婚之夜了，必须辞别倭仁大学士，马上着手参与副都统衙门赈恤民瘼之事，率兵勇奔赴洛古河驱罗刹入侵之敌。

洛古河是黑龙江的最上游，离瑷珲水路有近千里地，因是上水，必须要有质量好的大帆船，由精明的老舵手掌舵，最快也要走上四五十天呢！

倭仁大学士听得清清楚楚，他本来还有许多话语要对依郎阿说，可见洛古河发生了如此重大的血案，自己也不能再添乱了，一摆手把依郎阿叫到跟前，说道："贤侄，瑷珲状况吾悉知于心，回京之后吾必会实情禀奏，其物资匮乏，补苴罅漏，亟待完备。另外，罗刹鬼魅，征伐艰险，还望贤侄好自为之，多多保重。"

"请大人放心！只要有恒毅在北疆一天，定会尽犬马之劳效忠朝廷，拒罗刹国门之外。今日洛古河突发血案，恕晚辈不能奉陪，就此告辞了。"

依郎阿，字恒毅。依郎阿急匆匆跟着报事的哨兵走后，倭仁大学士和将军衙门吉庆等来贺喜的众位首领也提出告别。发福凌阿虽然是诚意相留，但是倭仁和吉庆等人都讲："客走主人安。我们还有别的事就先走了。"

"好吧。那我就送送你们吧。"

发福凌阿这一送，就送了二十多里地，这才一一叩谢、抱别。

第二章　洛古河巡狩

尊敬的奶奶、爷爷、师傅、兄弟、朋友，各位好！
我有金子一样的嘴，我有龙马精神，
我有海一样的胸怀，
我把遥远祖先的英雄名字、勋业永远记住。
前事不忘，后事之师。
我现在以虔诚之心，
把感人的富察氏家族的说部，给您讲述出来。
我恭恭敬敬地讲啊，您耐心地听吧。
小学生我有礼了，
各位大喜，吉祥，万福金安！

第二章　洛古河巡狩

等到发福凌阿返回府上，忙命德禄、色楞泰率来顺等众奴婢快快拾掇大宴后满街桌椅碗碟，随后帮助依郎阿备办出征所需用物。发福凌阿最着急的是，怎能就这样放儿子领兵西行呢？没有闹洞房，小夫妻俩没有喜度洞房夜就双双别离，不知几时回返，让贤德聪慧的琪任格福晋一个人在新婚第一夜就空守洞房，作为公爹阿玛都甚感过意不去。所以，老额真发福凌阿想亲自劝说一下依郎阿："军务再紧，不妨大军先行，更何况随行副将哨官常喜参领早已是衙门的老人，有领兵经验。你待过新婚大喜之夜，明日起早骑快马也能追上的。"

依郎阿倔强，别人话他不听，但是阿玛的话，他还是听得进的！所以，发福凌阿急匆匆来到江边，在船库找到了依郎阿，见他正与众船工在查验船只，挑选好船，全都是"快马子"，最好些的木船宽大一些，坐的人多点，有根桅杆，可扯上帆篷，可避风雨。再大一些的帆船，不仅有帆篷，其后部设有小船舱，可进舱做饭、歇息。但是，此时的瑷珲副都统衙门如此上好的帆船真是凤毛麟角，仅有一只是乾隆末年京师因功赏赐的，也已弃用经年不能再参战御敌了。至今再无有别的新船增补。

依郎阿正在焦虑中呢，一回头，瞥见老阿玛发福凌阿匆忙赶来了，未及发福凌阿开口呢，依郎阿马上迎了上去，抢先说："阿玛，您老人家替我向琪任格和众位族人道个过吧，实在无法脱身，兵贵神速，您老也看见了，真像个老乌龟活活给憋在窝里啦，真急死人，全都是陈放八载、十几载的老朽船，个个漏水动弹不了。我们骑马先行，可二十多人的口粮、给养等必须依赖木船运送。今夜，我们这帮人要抓紧修复能用的船只，至关重要，阿玛请多多体谅吧！"

发福凌阿看得真切，想好的话几次都到嘴边了，想开口又都被打回去了，最后，只能是不停地摇头无言、垂眉叹息，"嗨，好吧！事已至此，你还是快去快回吧。"

发福凌阿转身，步履蹒跚而去，到这个时候了，他也是没有了办法。

水师营船坞佐七爷乌凌阿

苏德拨什库（分管军事的会计）常喜按依郎阿的吩咐，去找船库官佐七爷乌凌阿，让他尽量把积藏在船库中能用的绳索、铁锚和锤镐等物件都找出来。这次进兵洛古河，远离瑷珲基地，还不知半路会出现什么闪失，一旦有事行船抛锚事小，误了救人御敌事大！

瑷珲副都统衙门水师营库官佐七爷乌凌阿那是老保管了，阅历广、经验丰，管事有年头了，是位"百事通"。早些年依郎阿就知道他，乌凌阿也是久仰依郎阿的大名，只是他们没有直接联系。佐七爷乌凌阿和常喜把许多生锈的备品全找出来，一起背到修船的地方。

佐七爷远远看到大伙粗手笨脚的，气就不打一处来，吼道："这得干到啥工夫啊！等你们赶到洛古河不得牛年马月啦！"

说话间他放下背着的绳索，夺下兵丁手里的铁锤，一边叮叮当当地修补，一边自顾无奈地说："咱衙门从来最穷，咸丰末年调来副都统协领固山达

第二章 洛古河巡狩

佐七爷修船舵

为了连任洛古河发现的隐患，帮尔根坎助佐七爷马凌泰修理船坞里陈就多年的船舵

育克
2019.7.6

（官职名）图尔库察，那可算个干将，只可惜去了趟两淮，平息太平军，两膀子受了刀伤，至今还躺在炕上动弹不得。唉！没有正经管事的人啊，弄不到银子，都让卜奎、墨尔根两处得去啦，当头的无心顾及，咱也没办法呀！"

依郎阿知道瑷珲副都统大人的重要助手是协领固山达图尔库察，来到瑷珲后就去拜望了他。图尔库察对依郎阿被调来专任委哨官，也由衷高兴，叮嘱他多辛苦、多承担，为瑷珲出力。眼下哪有闲工夫听佐七爷他老人家磨豆腐，就说："七爷，往常遇上这事儿可咋办？"

佐七爷说："这事说好办也好办，只要去找三间房克拉沁的帕尔根玛发准能办成。人家有钱有势。他还有一圈好马，管理着十几条扎卡大帆船，还专备有在水上买卖往来的船只。帕尔根是你走后才回来的,你肯定不知道他。以往,咱们没有大船,也常租用他的马和船。只要有银子,什么都好说。没银子,根本就办不了。"说着,佐七爷停下手里的活,审视地望向依郎阿。

依郎阿思忖片刻,脸露悦色说:"哎!你还别说,这还真是个应急良策,看这修船的工作量和进度都不可能马上顺利完成,佐七爷的招儿还是可取的。"

常喜忙接过话茬说:"依大人,咱们库里早没啥银子了,帕尔根可不讲情面。没银子在他那可是万万行不通的……"

常喜话还没说完,就被依郎阿挥手打断了,"众位放宽心,我去张罗银子。七爷领我去见见这位克拉沁的帕尔根。"

"依大人,这租船的银子可不是小数目啊,你可想好了。"

佐七爷乌凌阿和众人是面面相觑、相互迟疑地望着依郎阿。

依郎阿不容置疑地说:"大家回营抓紧时间休息,等我军令就马上出发,可不准再拖后腿了,战机上我们已经吃了大亏。银子的事,大家就不用管了。"

众人看依郎阿势在必得的口吻,便应声离去,都回去准备了。

§

佐七爷随依郎阿径直返回府上。依郎阿见阿玛那屋的灯烛熄灭了,老人想必已入睡,唯有新房明灯通亮,该是琪任格还在等新郎官依郎阿吧!那只懂事的大黄狗见主人回府,悄悄跑来,不住地摆着尾巴,顾盼着偎依在依郎阿左右。依郎阿爱抚不及,拍了拍大黄狗,便悄声快步走进自家的客厅,取出自存的白银五千两,包好了,匆忙着欲转身出府,旋即想到既然回府,就该去看看新婚妻子琪任格福晋才是,想到这儿,他就缓步走进了自己的新房。

第二章　洛古河巡狩

琪任格福晋这时正坐在炕桌旁饮茶静思，忽见自己惦记的畏根（满语：丈夫）回来了，乐得忙下炕给依郎阿倒了杯热茶，待他坐稳后说："方才阿玛过来看望我，好言再三宽慰我了。"

依郎阿看了看漂亮的琪任格，非常歉意地说："到了塞北穷乡僻壤，委屈了你，你是从天上一下子掉到了冰窟窿里，我们全家怎敢承担啊！"

琪任格当时就是一愣，但是她马上回复："冰窟窿是水结成的，那我也是鱼归江海啦。知你心里有我，我就心满意足了。我知道你有紧急军务要忙，不在军营，咋又回来了呢？"

依郎阿看到自己的新婚妻子琪任格如此理解支持自己，就将烦琐诸事重述了一遍，是怎么怎么一回事，"我回家来是为了取些银子为副都统衙门租战船。"

琪任格听罢，二话没说，转身上炕，取来她从京里带来的两件烫金的百宝匣，里面全装着内务府大人和宫中姊妹送给她的小金元宝、银锭子、银锞子和玉石珠翠等稀罕物，说："既然是为衙门租船的大事儿，也应该算我一份儿，我捐五千两白银，不够我还愿意捐，放着我也花销不上。"

琪任格这种突然义举，让依郎阿是猝不及防，他在暗自感动的同时，心中不由地感慨：这真是不是一家人不进一家门，确是我的贤内助。

依郎阿于是起身，连声道谢。他知道要重建瑷珲水师，需要打造实力相当的水师和哨官劲军，那所需花销的银子多着呐，仅凭一己和妻子之力远远不够，还是要极力筹集的！依郎阿心里哪能不急呢。

依郎阿和琪任格在新婚夫妻第一夜只是深情互望一下，一切尽在不言中，就此辞别，而后是急匆匆地找佐七爷去了。他对琪任格的一肚子话，也只能都等到回来说了。

§

依郎阿奉命率兵要去的黑龙江上游洛古河，沿江上溯距瑷珲九百余里，顶水船全靠拉纤，耗时太长，所以擅使马队。但是马队穿行密林中，沿江而行，没有正式山路，完全凭记忆在林间寻道行进。最怕阴雨天，林中山路逶迤，道滑难行，一不小心就滚落下江崖，死于非命，真是险象环生，惊心动魄！清朝以来不知有多少巡哨丁勇留下英魂于此，民间流传"洛古河丢魂儿坡，小命儿玩完剩寡妇"的哀谣。

说来令人愤慨，我大清北方疆域并不在黑龙江流域。早在清康熙二十八年（1689）大清国和俄罗斯帝国签订第一份边界条约。清、俄两国在今俄罗斯涅尔琴斯克的尼布楚会谈。清朝使团重要成员有领侍卫内大臣索额图、都统一等公佟国纲等，俄罗斯使团由御前大臣戈洛文、伊拉托木斯克总督符拉索夫率领。1689年9月7日（康熙二十八年七月十四日），清政府全权使臣索额图和俄罗斯帝国全权使臣戈洛文在尼布楚签订中俄《尼布楚条约》。条约内容以满、俄和拉丁文三种文字签订。条约明确划分了中俄两国东西边界，从法律上确立黑龙江和乌苏里江流域包括库页岛在内的广大地区属于中国领土，清政府同意把贝加尔湖以东的尼布楚之地划归俄罗斯。后来，沙皇俄国趁西方列强入侵大清，以新西伯利亚土地开发者名义得寸进尺，完全否定和撕毁了清康熙朝所签订之《尼布楚条约》（《尼布楚议界条约》），进犯我大清领土，乘势力逼与我清政府连续签订不平等条约。

说来，侵吞我大清国黑龙江地区，夺取通往太平洋的出海口，是《尼布楚条约》签订以后历代俄刹帝国耿耿于怀，一贯图谋。鸦片战争之后，俄刹成立了"黑龙江问题特别委员会"，加紧对我黑龙江的侵略。从道光二十九年（1849）至咸丰三年（1853），俄罗斯海军军官涅维尔斯科依带领武装人员，侵入黑龙江下游，建立侵略据点。随后，在东西伯利亚总督穆拉维约夫的指挥下，大批俄罗斯侵略军闯入黑龙江，对中上游北岸和下游两岸实行军事占领。咸丰七年（1857）12月29日，英法联军攻占广州。沙俄得悉这一情况，迅即采纳了穆拉维约夫继续向黑龙江"移民"的计划，

第二章 洛古河巡狩

并以武力为后盾，与清政府外交谈判，通知清政府，由穆拉维约夫为全权代表受命谈判中俄边界问题。穆拉维约夫在两艘炮舰护送下，来到瑷珲城内与大清国黑龙江将军奕山会晤、谈判。奕山，满洲镶蓝旗人，道光弟侄，侍卫出身，道光二十一年（1832）赴广州督师，同年五月，英军围困广州城，奕山向英军乞降，签订了丧权辱国的《广州和约》。

鸦片战争后，奕山被革职，因为是皇亲，所以他于咸丰五年（1855）再一次被启用，调任黑龙江将军。适时，沙俄入侵边境，奕山采取"当于抑制之中，仍寓涵容之意"的做法，使俄军得寸进尺，悍然在黑龙江左岸实行军事占领，这时清政府命奕山与俄军谈判，奕山当时屈于俄军的军事恫吓，签订了不平等的《中俄瑷珲条约》。

穆拉维约夫说：他此来是为了"助华防英"，也是为了"保卫自己的领土""为了双方的利益，清俄必须沿黑龙江、乌苏里江划界"。奕山开始指出，两国边界已根据《尼布楚条约》："议定遵行，百数十年从无更改。今若照尔等所议，断难迁就允准。"这次谈判争论很激烈。散会前穆拉维约夫将俄方拟定的"条约草案"交给奕山，限第二天答复。这个草案的实质就是要撕毁清俄《尼布楚条约》，强占黑龙江以北、乌苏里江以东地区。

第二次谈判，清政府代表爱绅泰断然拒绝俄方提出的无理要求，并将"条约草案"退给俄方代表彼罗夫斯基。由于俄方无理取闹，谈判无结果。穆拉维约夫急不可耐，再次亲自出马，以最后通牒的方式，提出条约的最后文本，强迫奕山签字，并恫吓说："同中国人不能用和平方式进行谈判！"当夜俄罗斯兵船鸣枪放炮。这下，可把奕山给吓坏了，"千万别打仗啊，如果给俄国人一点土地能息战的话，那给他们点儿土地又算得了什么呢？他们要，咱就给他点吧。"

你说朝廷重用奕山这样软骨头的人，还能好的了吗？于是在咸丰八年四月十六日（1858年5月28日）这一天，穆拉维约夫在瑷珲城与黑龙江将军奕山就签订了《中俄瑷珲条约》，议定：黑龙江、松花江左岸，由额尔古讷河至阿穆尔河的出海口,作为俄罗斯国所属之地;右岸,顺河而下至乌苏里江属于大清国;从乌苏里江一直到海的所有地方和土地,在确定两国之间在这些地方的国界之前,如目前这样属大清国和俄国共管。在阿穆尔河、松花江和乌苏里江上,只准大清国和俄国的船舶通航,所有外国船只一律不准通航。阿穆尔河左岸从捷亚河以南到豁尔莫勒津屯的原住满洲居民及永远留在原来的地方居住,属满洲政府所管,使他们不受俄国居民的欺侮和压迫。

《中俄瑷珲条约》是沙俄帝国迫使清政府签订的清俄第一个不平等条约。

沙俄帝国并不满足,得寸进尺,他们又在咸丰十年(1860)11月14日,在北京签订不平等条约《中俄北京条约》(又称《中俄续增条约》),除确认《瑷珲条约》的"合法性"外,并逼清政府割让了乌苏里江以东(包括库页岛)约四十万平方千米的领土。提出:中俄东段边界以黑龙江、乌苏里江为界,黑龙江以北、乌苏里江以东划归俄罗斯。原住这一地区的大清国人,仍准留住,等等。

沙俄帝国通过这种步步蚕食的卑劣手段,早已将其凶恶的魔爪伸到黑龙江瑷珲的家门口。瑷珲副都统衙门成了御敌前哨。各位若是有心,关注一下瑷珲副都统衙门的主管首领,可谓可怜可敬至极。他们忠勤职守,死而后已。不往远说。仅从清道光十年(1830)起,直到清光绪二年(1876)间,瑷珲副都统就有多隆武、全凌阿、富春、清安、奇里明阿、魁福、吉拉明阿、关保、爱绅泰、吉尔洪额等众位大人,多数因劳累病逝,有的因病致休,也有因工不利而被撤职的。

本书现在讲的就是关保大人任瑷珲副都统衙门副都统期间的事。

§

前数日,关保副都统大人就与依郎阿面谈,他勉励依郎阿临危受命为

第二章　洛古河巡狩

委哨官，率领同伴磨砺无敌的利剑钢刀，为国献力，特别叮嘱说："中俄两国新订条约，打乱了咱们瑷珲所有例行边防诸务，一切重新做起。所有职任、巡视路线、色克侦察、兵力部署均要细致设计，周密安排。如今，你不能仅考虑哨官之事，还要与常喜等众官佐做好我方才所说的、前面四项要务，慎思之，望尽快有可喜转机。"

依郎阿把这些话都记了心上，每天满脑子考虑的都是当前瑷珲都统衙门这些亟需要解决的难题。

先话说依郎阿取银别妻，去寻佐七爷准备离府。佐七爷正焦灼地在原地打转转，等依郎阿返回呢。他万万没想到依郎阿没多长时间真能回来。佐七爷对依郎阿虽久闻大名，但是今天却是头次与他近距离相处。黑暗中，他隐约看见依郎阿手中拿着包裹回来了。佐七爷刚才还一直非常忐忑的心，这才平静下来，心中不由得对依郎阿平添了几分敬意，于是忙迎上前，殷切地说："这回老大人和将军您回到了瑷珲，俺们心里就有盼头了！方才，人多眼杂我没敢多说，那位克尔沁的帕尔根可不是好对付的，滑得比泥鳅还邪乎，我总觉这人鬼道得很，而且他还来路不明，底细不详。他哪来的那么多的钱啊？啥都有？神通还那么广大？前几年死了老婆，现在又泡上了一个老毛子漂亮小妮，还生了一个挺俊的小二毛子孩儿，谁看了谁稀罕。"

依郎阿很认真地听完佐七爷说的每一句话，他对乌凌阿这位早年间从山东老家过来，就被副都统衙门起用的老头儿，早在大人介绍副都统衙门人员时就留有良好印象，称谓"佐七爷"只是山东老乡互相敬重的恭维话，大家也就跟着叫了。老人家有山东人豪爽耿直、遇事忒较真的性格，也就由他来看管船库了，谁也别想偷偷拿走一丁点儿船库里的东西，丁丁卯卯不带差的，心里装着衙门，办事秉公认真，是个勤恳可靠的管库人。听了他的介绍，反触动了依郎阿的敏感神经，更加警觉起来，尤为注意、不漏听佐七爷讲得每个细节。多年的职业素养让依郎阿早已养成遇事慎思、悉

87

心洞察、箴言而行的习惯。还未见到帕尔根，依郎阿单凭直觉就似乎有一种值得关注的什么不寻常的事，一时又想不清楚，隐约意识到这位神秘的瑷珲商贾和罗刹间似乎有某种莫名的联系，值得进一步探究，"切记谨慎从事，莫让他窥探出自己的行径"。

想到这些，依郎阿和佐七爷不由得快马加鞭，天刚大亮就赶到三间房克拉沁了。

§

克拉沁这地方，真是美极了！一片片郁郁葱葱的密林，薄雾萦绕、花香鸟语。让人心情随之愉悦，豁然开朗。密林隐约之处唯有帕尔根一家。听说再早，这地方是满洲乌扎喇氏的地营子，后来让帕尔根买去，重新盖了三间土坯板房，四周用整根柞木夹成的障子，带门楼的刷漆的大门。这大门也是帕尔根花了心思，找人精心设计的。

佐七爷下马，上前摇动门铃。不大工夫，只听院工哈欠连连，嘴里嘟嘟囔囔的，"谁啊？大清早的，就来敲门"。

院工披着衣服打开院门，一看是两位官人，就是一愣。佐七爷说："我们副都统衙门的，要找你们主人租些船，有劳你给通报一声吧。"

"租船啊，那跟我来吧。"

此时帕尔根一家尚没起来，院工引领着依郎阿和佐七爷来到客厅，摆上一大盘榛子让客人边嗑边喝茶。

少顷，见院工折返回来，在佐七爷耳旁轻轻耳语了几句。佐七爷忙起身并向依郎阿偷偷使了个眼色，随院工出去了。

依郎阿会意地点点头，明白这准是帕尔根刚刚得到信儿了，想探听一下自己的身份和底细，他相信乌凌阿会对付的。于是，依郎阿便漫不经心地环顾了一下屋内的陈设，继而品起茶来。一盅茶的工夫，随着一阵傲慢

第二章　洛古河巡狩

的笑声，帕尔根穿着一套米褐色鬃毛大睡衣，戴着一副黑墨镜，怀抱一只俄国巴妮夏长毛小狗，身后尾随着两名护卫，大摇大摆地走了进来，俯首帖耳地鞠躬说："多拉斯基（你好），帕尔根祝您早安！我恭迎哈番大人光临寒舍，万分荣幸！这么早，大人一定还没吃早餐？如不嫌弃，同我们一起用俄罗斯早餐吧，不要客气噢！"

依郎阿马上站起身，按俄礼也躬身施礼，尔后用流利的俄语说："咱们大清国是礼仪之邦，最讲友谊。你作为一个大清国民，能学一国外语，值得钦佩，要多做有益于两国友谊之事。"

帕尔根听了，惊愕地看了看依郎阿，突然拉住他的手赞道："哎呀，哈番大人俄语说得如此好，我可不行，班门弄斧了。"

言罢，帕尔根就硬拉着依郎阿到他的餐厅去用餐。

依郎阿本不想吃饭，为了不让帕尔根生疑，能更好地从多方面观察、了解和掌握有关他的情况。依郎阿也主动寒暄着，随着帕尔根来到餐厅。

也别说餐厅弄得挺讲究，墙上挂有沙皇叶卡婕琳娜女王画像，看来这画肯定是帕尔根从俄国弄来的。这屋的格局与设施肯定是帕尔根为示好于俄国人专门按俄式风格设计的，估计他与俄国人交往一定也频繁得很。这些情况，依郎阿竟然一点儿不知道，也未曾听人们唠扯过。那些俄国人是何时来、因何而来、为何没听副都统民司有行文上报呢？

帕尔根陪依郎阿、乌凌阿来到餐厅中心一张铺着白布的大圆桌前的红木雕花大靠椅旁。帕尔根仍旧抱着那只俄国巴妮夏小狗，小狗怎么闹，他也不烦，还一个劲儿地亲着抚摸着。此时，另一桌早就坐着帕尔根的俄国夫人和由两个女佣看护着的两岁多的二毛子孩子。他们见依郎阿跟随帕尔根走了进来，也非常客气地躬身礼迎。

帕尔根很客气地用俄语将依郎阿给他的俄国夫人做了介绍。依郎阿完全听懂了，他是说，"这位就是我告诉过你的瑷珲新从京师调来的清朝管事的官员，认识清国皇上，懂俄语，快快见礼！"

没等依郎阿开口，这俄国美貌夫人早笑着迎过来，冲着依郎阿手提衣裙，做了一个俄式贵妇蹲礼，用俄语说："我叫柳莎，我和我的孩子真诚欢迎您的到来！"

依郎阿也有礼地用俄语答谢。

早餐厨师原来是柳莎的叔叔米拉谢夫，70多岁了，好酒、乐观、幽默，身材高大魁梧，一张红扑扑圆胖的大脸，浓浓的翘八字胡，脸上洋溢着诙谐的笑容，每天总是醉醺醺的。人老思安逸，总想着回到老家外贝加尔湖那个地方。因西餐做得拿手，也就被帕尔根夫妇一再挽留了下来。老人叫米拉谢夫，都喊他"米拉爷爷"，他心眼很好。听说有清朝高官来，今晨老人专门准备了牛奶、奶油、巧克力和大列巴之外，还特别做了大盘牛排和玫瑰肉饼及老人自酿的格瓦斯饮料。

帕尔根用餐极显派头，仿若一位俄人在用餐。席间，帕尔根只是在吃着，不时地和依郎阿客套着，绝口不提依郎阿他们来此租船的事。

依郎阿心里急啊，心想：都说这是个吝啬鬼！为了能尽快去洛古河办案救人，豁出来了，让他大嘴讹吧，谁让咱都统衙门太穷了，几条破老爷船干躺在那儿就是划不了呐！

坐在旁边的佐七爷看出依郎阿的心思，实在忍不住了，就笑着小声问帕尔根："帕尔根大掌柜的，我们要急着走，依大人想问您租金得花多少。"

谁想，帕尔根还没有抬头说话，那俄国夫人用不流畅的汉话说："帕莎，我很尊敬大清国这位依大人，你交个朋友吧，要啥租钱呀！"

帕尔根一听夫人发话了，忙放下手中的餐具，用餐巾擦拭了一下嘴唇，哈哈大笑到："噢，夫人说的是。和依大人头一次见面，以后会经常打交道的，我们交个朋友、交个朋友！"

说着起身走向依郎阿，热情地拉着依郎阿的手，无比深情地说："依大人啊，我不是外面传讲的那种一毛不拔的人，为了大清国、为了咱们的友谊，你想用几条船就尽你们使，我亲自为你们掌舵！"

第二章　洛古河巡狩

帕尔根的这种做法让依郎阿是猝不及防。他做梦也没想到,今天会有这种好的结果,更没想清楚帕尔根夫妇为何如此大方,如此痛快地答应此事!"行啊!现在军务甚急,我们能尽快出兵西去,已经是火上房的头等事儿,我也不顾多想了。"

于是,依郎阿谢过帕尔根夫妇后,双方到客厅小座。依郎阿一再讲:要签个字约,事后副都统衙门必有重谢。可是,帕尔根大手把依郎阿一推说:"好啦、好啦,一切都不用。你们快去准备吧,我去河套子弄船。"

依郎阿领着佐七爷马上站了起来,告别了帕尔根夫妇,离开他们的庭院,急匆匆地返回江沿儿。

§

常喜参领早就率领众兵勇们提前都来在江边,集合待命,就等着上船了。

黑龙江沿岸港口,对岸是俄境

工夫不大，帕尔根也呼呼啦啦带着他的船工们，从江上游柳树林的江套子里把三只扯满大帆的扎卡大帆船，伴随着号子声开出来了。见六个光着膀子的壮汉，每人肩上挂着纤绳，在岸上迈着稳健的步伐，唱着低沉而有节奏的好听的号子，一步紧跟一步地把大帆船拉向依郎阿他们这里。

大帆船后舵的地方正站着帕尔根，左手握着舵把子，正昂首挺胸自豪地大声喊："依大人，咋样，我没有误你的时辰吧！我带来的这帮人个个是硬功夫手，专门挑的，为大人你闯下个好牌子，以后你们都统衙门有外活儿，就包给我帕尔根管保没错，快上船吧！咱们马上就走，眼下风向是东南风，我就最擅长开顶风快船了，把帆扯圆，我耍它个滑腾的八面风，别看洛古河离咱这儿千八百里江路，我使好了帆，比燕子快，估摸着今儿个下半夜，咱们就能赶到，你们的什么事也耽误不了。另外，我还为你们献上五只快马子，供你们鸣锣打鼓报信用。"

帕尔根说得恳切仗义，蛮有把握的。

依郎阿他们一直顾盼着的船只，终于到位了，哪里有心思细听帕尔根再说什么。急命常喜抓紧时间仔细查验帕尔根带来的三只船和几只快马子。

常喜是位将才，他深有经验，知道此行路途远，即要救民众，还要对付罗刹鬼，什么预想不到的事情都有可能发生，不可有半点轻率与疏漏。常喜查验后都很满意，又检查一番所有随行人员兵刃一应备品是否齐全。一切安妥，禀告于依郎阿："大人，都准备妥当了，您下命令吧。"

依郎阿手臂一挥："亚奔（走）！"

一声令下，大军开拔。只见众兵勇们一跃而起纷纷跳上了船，帕尔根把手铃狠力一摇，船上两个壮士随即猛力拉起了铁锚，岸上的船工也把碗口粗的缆绳放开，纵身跃上了船，顺手急收缆绳，绕在船头铁柱子上，动作非常娴熟。这时，帕尔根左手将舵把子猛劲儿转动着，船帆顶上的红缨风信标悠悠转了起来，大扎卡船在风中很听话地冲入江中。船开动了，为减轻水流阻力，船贴着岸边行进，逆水行舟就靠这股子风劲儿了。依郎阿

第二章　洛古河巡狩

坐在船头，望着一排大船行驶，还是头一次看到这种场景呢！

身边的佐七爷见此情景，回想起当年风光的时候，不禁说："康熙年间，签订中俄《尼布楚条约》后，咱瑷珲副都统衙门每年夏天都要到格尔布齐河口巡视一次中俄边界，出去一次很是气派！每次都是十几条、最少六七条大船，百十多号人，浩浩荡荡的，那真够威风啊！"

佐七爷的话并没有扰乱依郎阿心里正思索的问题，他边听边想事儿，头绪太多了。

依郎阿首先想的事，就是面前正为他们运送兵力西去洛古河、在借风使船的大财东帕尔根。从这次与他初识，帕尔根就一直使依郎阿处处感到寻常不已，在他身上有许多让你琢磨不透的疑问。依郎阿心想：帕尔根对我为什么如此慷慨，声言一切为了奉献？从前这么一个出了名的吝啬鬼，为啥甘愿为我白白出力呢？是何居心？今天，我们的一切胜败实际全押在他的手上了，一旦有半点闪失这罪过可真难以补救啊！灾情急，衙门本身又没有应对的实力，恨只恨自己一方卫疆戍边的都统大衙门因国库空虚，不力补给，各种军备物资十分匮乏，能代替就忽略，能对付就对付，结果一年不如一年，熬到如今难堪地步，让帕尔根这类人物从中渔利。

依郎阿越想越感岌岌可危！帕尔根面目仅凭旁人介绍，此番接触仅是这回第一次，但从总的印象看帕尔根还算过得去，没给他们出啥难题，而且表现得非常热心，没有露出心怀诡计的任何迹象。然而，知人知面不知心，谁能预料到他帕尔根内心真正暗藏着何等居心？自己要有一定之规，不管你穿什么人的服装，说什么国的语言，到什么时候都要清醒，铭记自己是大清国臣民，可不能做伤天害理、对不起国家的勾当。

可是现在依郎阿对帕尔根还不能直截了当地唠这个，对他尚待观察，还要多相处、多了解，事事小心谨慎防范要紧。他想找机会与乌凌阿佐七爷谈谈，让他多多接近帕家人。

依郎阿想到此次重要的西征，是他第一次参与衙门中的一桩要案。他对常喜很是信任，尤为器重。

§

常喜姓洪格特哈拉，达斡尔族人，隶属满洲正红旗，是瑷珲副都统衙门里资格较老的武职官员了。他从道光中期入仕，就在瑷珲副都统衙门充差，从一名马甲一直努力，现如今升至领兵征战的骑兵参领，有勇有谋，很有威信。咸丰年间曾入湖广参加过清剿太平军战斗，得胜回朝，受过一次皇马褂恩赏，至今供奉在他家祖宗龛位正堂，也给瑷珲增了光，是瑷珲副都统衙门当前最受重视的老超哈（满语音译，意为"重兵"）、老旗兵了。依郎阿现在也是完全倚重于他，心想：多依靠常喜，也是自己多向瑷珲当地学习和掌握地理与军情最好的捷径。此次出征我应冲在前，常喜为殿军，做后盾，一定事半功倍。

依郎阿想好后，便给常喜递了个眼色。常喜正在那边与佐七爷闲聊，见依大人望他，就马上领会了，走过来，并随着他悄悄下到船舱后边的小卧室里，里边能容六七人呐，是帕尔根的卧室。

这里很静，他俩议事很方便，依郎阿就把自己的想法讲给常喜。谁知常喜随即说："大人，你我都熟悉洛古河，我和它打了十几年交道了，一路上要经过多少沟沟坎坎，什么地方有立陡悬崖，什么地方是狼窝熊瞎子洞，半路上到哪儿找水找食宿处……都在我心里，更重要的是我自己曾开辟出一条江岸秘密栈道，否则很容易半天瞎转分辨不出方向，最终迷失在林子里。"

常喜蛮有把握，娓娓道来："我率领咱的马队做先锋，大人你押船做殿军，等到了洛古河地界，咱们会更累更苦。要挨山寻找逃难走散的山中居民，他们遭罗刹侵害，有的就跟随着罗刹过那儿去了，有的躲起来正等大清国的援兵救助呢！罗刹太坏了，他们掠来旗民，就强迫着给改变国籍，壮大他国声势，跟咱们分庭抗礼！"

第二章 洛古河巡狩

三架山船坞分兵两路赴洛古河

依郎阿听常喜分析得有道理，他的意见切实可行，自不必再争执，有力地捶了下常喜的肩，依策行事。

瑷珲马队从道光朝以来就名闻朝廷。诸省有事，朝廷早年都专招吉林马队来解围。近几年瑷珲马队也压过来了，很有名气的。此番用兵，山地平川都有，活动面积很广，马队行动神速，转瞬即至，速战行动最为有效。如此配合参战才能有效震慑罗刹，是绝不可少的啊！至于用马队究竟如何布阵？重拳该放在哪里？依郎阿正心里暗自思虑划魂儿时，船已行至三架山水师营船坞码头，忽听到常喜叫帕尔根傍船岸边，要在此地下船。

依郎阿恍然猛醒，常喜所说的马队应该是埋伏在这里！见常喜走过来，与依郎阿抱拳辞别，示意他秘密所在。依郎阿捶了一下常喜，竖起大拇指，赞道："佩服啊！你真是有心人，做得好哇！"

常喜说："衙门逼着我这样的，将军府也不拨银子，都冲我们马队使劲儿，这个司衙要一匹，那个司衙要一匹，真到作战用马队时就傻眼了！我不留个心眼儿，将来遇事挨板子打的人是我啊！"

常喜边说边率领着众兵勇迅速下船上岸。巴雅喇吹响长号，岸上松林中突然跑出来数名驯马人，牵出数十匹备好鞍镫的长鬃战马，排着长队正等着骑军参领常喜大人。常喜众人速跨上坐骑，稍事整顿，待命出发了。

常喜参军当马甲时，就是旗下的驯马奴，他爱马，擅长驯马，几任副都统大人都很器重常喜。谁料他竟默不作声地干起一桩大事！副都统衙门无钱，自己省吃俭用，凡有将军、各地将领或来宾观看他们瑷珲马队马技表演，所获的奖银和俸禄等，他从来不吃喝掉，全都节俭下来，购买蒙古草原马群中用套马杆套中的生荒子马，严加驯化，精心护理。

马群日壮，便在三架山的山脚下一趟沟塘、草坡林地上，围建起一座有看马人房舍和水井的方圆十来里面积的练马场。雇佣遴选可靠勤恳的驯马人，专职养马、放马、驯马、接生马崽儿。经过数余年来，悄然培育出来了秘密战斗武力后备军，成为瑷珲副都统衙门最值得称道的奇迹！

依郎阿在船上招手，向常喜告别。常喜率领的骏马眨眼间就隐入密林奔驰而去。帕尔根的帆船又一次冲入江心，飞快向洛古河方向进发。

帕尔根很卖力地猛扯篷帆，帆篷转了，篷面直向着风力的方向，又把舵把子压紧，大扎卡帆船是破浪前进。依郎阿坐在船上倾听，能感觉到大船与江浪和疾风在不停地拼搏、厮杀。

一个时辰之后，帕尔根满头是汗，大声喊着话："这老天真跟咱们较劲儿，眼下又吹起西北风，顶得大扎卡就要给钉在这块啦一样。我这不扯起偏风篷，再把帆给舵把子，躲过了西北正面风向。可这不行，江上的浪花告诉我，风向马上还要变化，西风还要更强，兄弟们做好准备。小狗子！你赶紧带兄弟们拿好纤绳，船到前边甩湾子地方，听我的铃铛一摇，就赶紧跳下岸，只能靠大家拉纤行船了。辛苦众兄弟们了，咱们齐心协力为依

第二章 洛古河巡狩

大人他们能及早救助灾民献点力吧!"

帕尔根嘴还很甜,很会说话。依郎阿和佐七爷都在暗暗盯着帕尔根的一举一动。他们到现阶段尚没有发现帕尔根有啥不对头的地方。开顶风船也真吃力,小狗子打头,领着七个纤夫在岸上光着脚,低头猛力向前吃力地行进着,有时简直就是双手扶地跪爬着、硬扯着船顶风走。好在艰难前行了一段路程之后,转过了前面的一个江湾后,风向又突变了,这下好了,帕尔根重新调帆掌舵,大扎卡帆船是乘风破浪,直奔洛古河而去。

此时,已过午夜,前边远处隐隐约约可以瞅见黑雾中出现的大黑石砬子。佐七爷告诉依郎阿说:"大人,前头就是洛古河啦!"

依郎阿按照与常喜事先的计划,相信常喜当下已在洛古河沿岸追赶罗刹匪兵,自己的责任就是快速带领佐七爷等下船,由色克(满语:探子)们引路,尽快上岸赶到被大火焚毁的林中民房里去寻人救人。

依郎阿忙命帕尔根尽快停泊好大帆船,就在此地驻扎造饭,不得远去,等待大家顺利回来。帕尔根连声应承,到岸上砍树搭帐篷、架灶做饭去了。

依郎阿带着佐七爷等众人上岸瞭望。

§

洛古河位于黑龙江上游,两岸陡峭,水流湍急,浪涛声震得两耳嗡嗡作响。这时,常喜率领马队也回来了。

常喜下马来到依郎近前说:"罗刹太狡诈了,耳目太多。在我们赶到前,早就带着抢得的财物和人畜远走了。我知道,从这往西额尔古纳河十里远地方,有他们建成的东正教堂和几所民宅及马圈。大人,这么密的老林子,色克说被烧房舍火已熄灭,天色又渐渐晚了,林中情况不详,根本无法满山寻找。咱们的人又不能分散,老山密林里最容易迷失方向,这可怎么办好?"

依郎阿说:"常喜,咱们既然来了,就得管到底。天黑就点起火把,各

97

位辛苦点吧，先摸清情况，进山寻找散居在各山沟壑里、立灶的外省逃难户，寻人、上档，对无依无靠、无有户籍或已被罗刹收编为他国沟民者，尤其更要注意，必须把这些脚踩两条船，那边风硬就随哪儿的、对我大清持有走着瞧、抱有侥幸心理，并随时有投奔俄籍的民户，咱们必做耐心忠告。在大清国土就要堂堂正正做一名有骨气、有血性、爱国的大清臣民。如果还三心二意总跟咱们穷磨蹭、不吐口的，咱们走后他们就容易投向俄国，出卖不少当地细情，帮罗刹深入、抢占更多地域，这是后患无穷的。我们必须果断处理，想方设法对这类人不管有多大理由，一律收押回瑷珲，统筹安排。当前进山寻人要紧，不能让罗刹再把更多的人拉过去。大家互相照顾着、跟住了、别掉队。常喜，你呀是'山里通'，你最知道该去哪块找人，我们就跟着你走。关保大人叮嘱：要尽量把藏匿在各处无依无靠的灾民，安安全全找到，好言好语劝说他们，不能受罗刹金钱赏物引诱和蒙骗，让他们跟随着大清国来救灾的船，快快回瑷珲，朝廷会想办法的，他们会有房子、耕牛、籽种，比猫在这大荒山里，前不着村后不着店的，活遭罗刹气好多啦！"

依郎阿这么一说，常喜和大伙心里更有底，知道干啥来了，都更来劲儿了。

常喜大步流星走在最前头，深一脚、浅一脚，满地老树叶子飞溅，哗哗直响，不时惊蹿出几只野山兔子来。常喜真有办法，拨开一层层古藤和老豆秧缠绕着的一片片树丛，刺梅果花扎得人手直冒血，谁也不在乎，迎面闪现出一棵足足有百余年的钻天老槐树，树上长着无数古灵芝，一股幽香气味扑鼻而来。古槐盘根错节，它周围生长出无数棵小槐树，真像它的子孙家族护卫着祖爷爷，团聚一起似的。

常喜虔诚地给老槐树磕了个头，说："槐树爷爷呵，您老背着我，帮我找我们的兄弟吧。"

常喜一边说着，一边像小猴子似的"噌噌"几下就爬到了老槐树的顶

第二章　洛古河巡狩

尖树杈上。俗话说：树大招风，这话真不假，槐树最高处所受到的强劲山风，吓得山老鸹都不敢落，山风直摇动得常喜像背着白云彩在天上左右乱晃不停，下边的众人为他提心吊胆的，生怕有任何闪失。

依郎阿赶紧嘱咐常喜："小心别摔下来。"

常喜骑在树杈上哪听得到下边喊这个话呀！正全神贯注地手搭凉棚，四处瞭望。不一会儿，只听常喜大声向下传告："大人啊，我真像坐在天上啦！周围六七个山沟，小河流水，连野鹿影子我都看得真真切切。我发现这一带有三个沟塾里，有人居住的马架子、泥土房和窝棚，估计在那住有人家。另外，在东片山坡林子里好像冒着烟，像是牧场，哎！还有马群，过去咱们洛古河旗民档卷里没这个记载呀，我肯定这又是额尔古纳斯克罗刹新据点，秘密犯境开垦的。咱可不能答应，必须撵走！走，咱们就先到那里去吧！"

还没等依郎阿众人上前接常喜下来，常喜三下五除二，早就将身子一缩，纵身跳下了高高的老槐树，站在地上气都没喘，说："快走，会一会戈必单（俄国军官）去，别耽搁时辰，天都不早啦！"

依郎阿考虑到被罗刹抢掠烧起的火点，已经熄灭了，罗刹也早已逃跑，应该先对付这个奇怪的牧场。依郎阿、佐七爷等众人，在常喜带领下，直奔东坡的这个大牧场而来。

这时，帕尔根带着他的一帮人也赶来了，喊着打招呼："大人们呵，我们饭都做好了，久等你们不回来，想必是有事。我帕尔根在大清国在俄国都有朋友，若是和老毛子人遇事由我圆场。"

常喜回头嗤之以鼻，笑着说："你别咧咧啦，吹啥？在咱瑷珲城这里就你会老毛子粪啊？谁不会说几口啊！"

帕尔根马上闭嘴了，他改口说："常大人，您息怒，我说的意思是咱们别跟人家吵，这地方本来就是大清国土，让他们别跑到咱家惹是生非，请他走，别的话免谈。"

"行了,到了地方看情况再说吧。"常喜说完,带着众人很快来到东片山坡林子里的这片牧场。

§

这里已经建了五六栋木板房,几条猎犬凶猛地吼哮着扑上来。突发的这种情况,谁都没有想到。常喜是久经战场的人了,只见他不慌不忙,不但没有躲让,反而快速冲上去,伏身一抓,正好抓住了冲在最前头的一条猎犬的右脚,借力化力,顺手一甩,"揉——吧唧!"直接把这条猎犬扔出去有三丈来远,"嗯儿——!"疼得猎犬哭号着怪叫,其他群狗立马都乖乖蹲坐于地,纳舌乞怜,摇尾示好,而后都围过来,直亲常喜的脸。

常喜大喜过望,向着群狗说:"狗也怕恶人啊!好乖乖,你们听话我就不打你们,快去叫你们主人。"

群狗像听懂话似的,齐向板房吠叫不止。这时,从木板房中走出一高一矮两位男子,五六十岁,一看就不是罗刹兵,全是大清服饰。高个的男子极为不耐烦地问:"你们是干什么的?"

常喜说:"我们是来找老毛子评理的。"

这俩人还挺傲气,带搭不理地说:"哼,评理?俄国官派我们在这管事!人家管的地方多得很,都是新占得的地盘,要登记上档,忙得很。谁把这儿当回事儿?早回尼布楚斯克去了,不常来,我们就是掌柜的,你们有事儿跟我们说就行。"

依郎阿一看他俩这股子硬气,心里的火"腾"一下就起来了,但是他是压压火,走过来很严厉地说:"我们是大清国瑷珲副都统衙门官员,率兵巡察我国疆域到此。这里是大清国土,新条约也没说这儿归罗刹啦,你们是不是大清国人?有什么资格代表罗刹说话?"

高个的男子一听依郎阿振振有词地质问,觉得理亏,一时不知该如何

第二章　洛古河巡狩

大胆！这块你等敢闯（江东牧场）

回话，低头不语了。但是矮个的男子仗着胆儿说："尼布楚斯克总督给我们执照了，我们加入俄国籍了，这一块地方有不少住户都收到证书了。清国朝廷一年来几次？我们吃盐都困难。可我们要去到西边尼布楚斯克虽远点，若去额尔古纳斯克，相距也就十多里远，过河就是，要啥给啥，很方便，人家老毛子官多大方，有老多优惠了，给房，给卢布，儿女上学学俄语不要钱，在哪不是活？我们愿意！"

常喜一听他那满身酸臭的奴才味儿，勃然大怒，举手就要揍他，"我打死你们这帮卖国求荣的狗奴才"。

常喜刚要跨步向前，突然，矮个的男子大喊一声："大胆！这块，你等敢闯。"

"慢着！"依郎阿忙扯住常喜的手，心如刀扎一般，也甚感伤心和吃惊，更觉自己身为朝廷命官，所管辖的地域百姓竟盼着入外国国籍，说明我们

101

大清国的官员高坐官衙，与民众相亲太少了，有失朝廷重托，失职啊！听一听，边疆危急到何等程度？有多少行武同人，至今还坐在瑷珲大衙门里，朝天饮着小酒儿唱平安乐呐！脚下的土地正被罗刹悄悄掏空着，仍有所不觉！真是不到边陲一线，不是身临耳闻目睹，实难了解当地的危境啊！

依郎阿强忍着心中酸楚，和颜说道："把你们领的执照给我看看，好吗？"

这一高一矮的俩人眼看着天，对依郎阿所说的话，根本不予理睬。见常喜和依郎阿执意要看，俩人相互使了个眼色，反身要走，突然自门口又冲过来三个蛮汉，看样子都是帮他俩看牧场的。他们这五个人，对着依郎阿等人连推带搡，要关闭牧场大门，想将常喜他们驱逐出去。

依郎阿哪能让他们得逞，果断地命令："这是大清国土，你们把这些歹徒全部带回瑷珲城处置。"

帕尔根吓坏了，忙说："毛子人可离这块近呵，若是来了，咱们可都要吃亏，咱们走吧！"

常喜眼睛瞪得通红溜圆的，帕尔根知道常大人火气，也知道常喜曾在京师军机处有幸拜师嵩山少林名师学艺，功夫了不得。所以，他就不再言语了。

众兵勇随常喜多年，个个也都是拳脚功夫的高手。只见依郎阿军令一下，眼前这五个人全是吃饭的货，众兵没费太大的劲儿就给捆上了，扔到一堆儿，吓得战战兢兢，也不敢吭声了。牧场五匹红鬃骏马和木板房内全部有用的物件，也一律装车带走。

常喜还觉得不解气，放一把火把几处房舍都给烧了，并派出十名兵勇押着这五个人、赶着马车先行返回船上待命。

常喜和依郎阿率众人又到其他几处民房，见到民众首先告知：自己是瑷珲都统大人派来看望受难同胞的，接他们回家。难民们一听说是瑷珲衙门府派来的人，都喜极而泣，"可算盼着亲人来救我们了。我们早想回家了。"

§

就这样，难民的人数是越来越多。在返回船上的途中，帕尔根在经过一片小松林时，突然听见隐隐传来"呜呜"的啼哭声。帕尔根紧跑几步，来到近前一看，原来是一位上了年纪的老太太正怀抱着两个婴儿要跳崖自杀。帕尔根上前一把就把老太太给拽住了。但老太太是拼命地想挣脱出去，还想跳崖。吓得帕尔根连忙喊大家快过来帮忙。

依郎阿等众人跑过来，救下轻生的老太太。老太太停住哭泣说："哎呀，真是造孽呵，我们是打河北逃荒过来，是经老乡引到这荒山沟里来的。没住上半年，老毛子兵来啦，硬逼着我们入俄国籍，还给了证、给了马匹和老毛子钱。谁曾想到，这些坏了良心的老毛子太不是人。其中有一个老毛子头，他竟然看上了我家儿媳妇，天天来骚扰我们，还把我儿子抓到很远很远的地方，给他们去看马，也不让回来。其实，就是这个老毛子想霸占我儿媳妇。我这老太婆咋想都觉得丢脸不敢往外说，只得熬日子。哪想到，昨天这该死的老毛子又来了，也不知道和我儿媳因为什么发生了口角，他竟然动手打死了我儿媳妇，还一把火把我们住的房子给烧了。儿子至今没信儿，儿媳妇倒生了这两个野种，我也不想活了，想跳涧一死，也落个干干净净的啊！"

说完，老太太又哭开了。

帕尔根忙上前劝慰说："老太太，别哭了，你儿子我帮你找，生孙子总也是添人进口的喜事，我帮你养吧！"说着，他打开包裹着孩子的衣裳，露出两个熟睡的婴儿，确有俄国婴儿美貌的长睫毛、白绒绒的小头发。

常喜催促大家行动迅速，继续搜寻，帕尔根抱着婴儿，扶着老太太相跟着众人继续向前走。

黑龙江沿岸港口

常喜告诉依郎阿,"关里难民来咱瑷珲,是黑龙江将军近几年向朝廷呈报奏折,弛禁北疆,放开政策的结果。从乾隆朝以来就不准关里人到咱瑷珲的。这些人多是近年来新从关内逃来的各地难民,咱们衙门里的许多事都没有跟上,户籍手续啥也不齐全,来的人随自己便儿到处寻住址、挑地盘。有的在这山上待一年,有的在那山待两年,居无定址,所以也没一个入档的案例,很乱。有的走进深山里一扎,更是东西南北横着膀子任他闯,无束无拘。再加上,咱们黑龙江地域辽阔,江边山莽水丰林茂,来到这里的人只要不懒,什么吃喝都不会少,比关内那种人多地少的现状强的不是一点半点,所以他们来到咱们这里之后,大多没用几年的工夫,小日子过得相对都比较富裕,也就不管它啥执照了,天高皇帝远,也就不声不响地过下去了。"

"噢!我知道了。看来,我们副都统衙门的户司必须及时了解和摸清这些流民的心理，相应做好他们的安顿。一些人只有图谋财利之念，毫无国家危难之虑，这是非常不好的一个隐患。我们必须动员山里的人要分清是非内外，不能再充当大清国的黑户啦，要回到瑷珲领大清国臣民的执照，堂堂正正做一名大清国臣民。皇上和当地的官府衙门都会爱民如子，体恤民情，让他们居有定所，就不用再受内忧外患之痛了。"

"大人所言极是，我们都听明白了，我们都愿意跟大人回去，我们也不愿意再过担惊受怕的日子啦。"

等到依郎阿给大家摆明了当下利害关系后，又一番苦口婆心、感人肺腑地劝说，终于唤醒了众难民和灾民们原本不愿叛国投敌而又孤助无援的心。最终人们是一致同意，跟随依大人同船回到瑷珲。

众人又寻了几处沟壑，再没发现灾民。依郎阿长长地舒了口气，搜寻山中难民的事，还算办得一应顺利。于是，命常喜等众兵挟带好灾民，扶老携幼，相跟着返回江边。常喜抱着一户灾民家的五岁女童，帕尔根抱着两个二毛子婴儿，佐七爷手拉着老太太，兵勇背着一位病中老者。依郎阿走在最后，看见一位河南老奶奶走得最慢，原来手里抱着两套大被子，像抱个山，抱着沉自不必说，主要是行动起来非常不方便。依郎阿见此情景，无奈地摇摇头，遂忙上前替老人家抱被子。

"嗖！"就在这时，突然从林中射过来一支冷箭。

§

这支冷箭冲力非常大，带着一股冷风就过来了。依郎阿正行走在斜坡上，忽感一股冷风奔面门而来，不由得暗叫不好，他下意识地猛往右侧一躲闪，这只冷箭擦着耳朵边就飞过去了。冷箭是躲过去了，但是依郎阿不慎脚下踩到了一块圆石，就听他"哎哟"一声，整个身体就失衡了，瞬间倒地，"骨碌骨碌骨碌"滚下陡坡。好在依郎阿是福大命大造化大，幸好被山坡上的一棵粗柳树给挡住了。老太太也吓得大声惊叫，众人随声也都止住了脚步。

"佐七爷，你负责警界。其他人赶快随我救依大人。"常喜听到后边出事了，忙把抱着的女童交给了另一个兵丁，一边下命令，一边跑过来，跳下山坡来救依郎阿。

常喜把依郎阿拉上来之后，见依郎阿没啥大碍，只是手脚和脸上多处被树枝子刮伤，脸上手上全是血，腿也被小石砬子咯破，行走不太便利，还算是幸中之幸。帕尔根也抱着婴儿赶过来，没想到他还是个土郎中，不仅卖药，还能开方子看病。他把随身携带的红伤药为依郎阿敷于患处，由一位兵勇搀扶着继续向江边行进。等到人们再想到抓放冷箭之人时，人家早就跑没影了。

帕尔根开来的三只大扎卡船，这回全部满员了，两只船归常喜和被接回的难民用，另一只则由兵勇押解着那五个蛮汉和装载所获得的粮米等战利品。马队人员则按来时原道返回，并在沿途之上再搜寻一下其他难民。

这一切都安排妥当后，刚要开船的时候，常喜突然捂着肚子说："哎哟、哎哟！我要闹肚子了，依大人！我先去那边方便一下，等会儿就回来。"

"好吧！快去快回。"

常喜捂着肚子，猫着腰，就进了岸边的树林里去了。工夫不大，最让众人意想不到、拍手称快的是，不知道常喜用什么手段竟然擒住了放暗箭的那个歹徒，连推带搡地给押回来了，捉回船上一审问，原来这家伙也是那五人替俄国人看马场中的一名同伙，把他也一并押入船舱，带回衙门交给刑司候审，再行处置。事后，依郎阿问常喜，"这到底是怎么回事啊？"

常喜笑着说："依大人，其实在你受伤之后，在咱们返回江边的过程中，我总感觉身后隐隐约约有一个人影在暗中跟着咱们。他可能还想对你暗中下手,所以我就上了心了。后来,咱们一登船离开时,这个人可能放松了警惕,就在远处的树丛中晃了一下。我一看机会来了,就借着闹肚子,绕到他背后,把他给逮个正着。"

"常参领,洛古河一战,你可立了头功,回去后,我在关保大人面前给你请功。"

"依大人,你过誉了,我抓个小毛贼哪能算个头功呢。这头功啊,是你和大家的。"

"好啊!大家都有功、都请赏。"

此次洛古河平乱,顺利而归。

瑷珲副都统关保大人提前得到了捷报,亲率全衙门各司文武官员到岸相迎,敲锣打鼓,好不热闹。关保大人亲莅看望慰藉众勇士。全体参与洛古河巡逻者均受到了褒奖,并呈上折子报于黑龙江将军衙门和朝廷军机处存档入册。

洛古河一役,对瑷珲副都统衙门是一次大练兵,各司痛定思痛,都受到了难忘的启示教育。为防患于未然,兵司要深入各地,将藏匿各地散居流民劝说集中或搬迁一处,便于管理,以杜绝罗刹干扰破坏。工司就要着手设计、安排建立屯寨和宅居地分配。刑司由此也就更紧张忙碌起来,补户籍上的一大漏洞。总之,瑷珲副都统衙门将要全动起来了!

§

《群芳谱》说到这儿,朱伯西我必须要向各位讲述一位至关重要的人物,是他使本书锦上添花。这位英雄就是从咸丰八年(1858)八月署任黑龙江将军、同治元年实授黑龙江将军的特普钦。他不仅是位边疆大吏,还是位大诗人,他曾在道光十二年壬辰赴台湾写下名诗《题照》。

特普钦

匹马从征快着鞭,
也曾远到海东天。
筹边自愧无长策,
愿向芳郊学力田。

桂花时节水天秋,
画桨灯船汗漫游。
胜事等闲成一梦,
最关情处是苏州。

七尺微躯一苇行,
水天无际两茫茫。

生还惟仗舟师力,
绝境曾经黑水洋。

旌旗到处扫烟尘,
大将声威镇海滨。
多少人家兵火后,
桑麻依旧仰皇仁。

《悼亡原配富察夫人》其一
独立秋风泪暗挥,
白杨一带荡斜晖。
谁家院落砧声急,
入我房帷月色微?
孤影自怜帷自吊,
香魂何去更何依。
恨无宋玉招魂笔,
枉叹朝朝痛涕欷。

《感梦》
幽明路隔何茫茫,
生离死别徒悲伤。
星驰电掣逝流光,
经今半载遥相望。
笑言携手忽同堂,
卿如在室我还乡。
梦回想像益凄惶,

犹疑梁月照衣裳。

来无兆兮去无方,

安得謦言诉衷肠。

噫嘻！贫贱之交犹难忘,

况乃,三十八年同糟糠。

特普钦留下的诗甚多,所举数例,亦可窥知其乃贫苦奋志且又重义重情之人。说到这,咱有必要简单介绍一下特普钦老将军这个人。

§

特普钦,出生于嘉庆六年的盛京（今沈阳）,也就是公元1801年,原名朴溪,字百溪、忍庵,张姓,汉军镶红旗。特普钦六岁时入塾读书,14岁师从高时俺学。高时俺"学业、德行冠一时。性严整,启晦发蒙,谆谆诱迪。"21岁时考中诸生（秀才）。后连年乡试,均未中举。道光七年（1827）投笔从戎,开始了一生的戎马生涯。

咸丰八年、十年（1858、1860）,沙俄逼迫清政府先后签订了不平等的《瑷珲条约》和《北京条约》,强占了中国黑龙江以北、乌苏里江以东百余万平方千米的土地,清政府大量向外敌赔款后,仍继续窥伺中国领土。特普钦57岁时,以蒙古正白旗副都统署吉林副都统。咸丰九年（1859）,特普钦59岁,这年八月因原来的黑龙江将军奕山与俄签订不平等的《中俄瑷珲条约》以出卖主权罪被革职。时值黑龙江地方危机四伏,外侮深重,财源枯竭,操防多疏。特普钦临危受命署理黑龙江将军事务,八月即由吉林来黑赴任,九月中旬抵达省城齐齐哈尔。特普钦亦是形神交瘁,寝室不遑,谋补救于万一。为防沙俄再次入侵,他立即采取了两项重大措施,一是足兵练兵。他把库玛尔五路鄂伦春族人收编为江右团练,沿江添置台卡,巡

第二章 洛古河巡狩

守瞭望，警惕敌情；又从布特哈、墨尔根挑选兵丁 500 余人，勤加训练；从齐齐哈尔、呼兰等四城优选 500 旗丁，迁往黑龙江城瑷珲，以互相策应。二是为了解决官兵粮饷，他针对清朝政府封禁东北的政策，提出弛禁招民垦荒的主张，于咸丰十年七月二十一日（1860 年 9 月 6 日）上疏朝廷，奏请开放呼兰蒙古尔山（今木兰县境内）地区，招民垦荒，并得到清廷允准。

当时，弛禁与封禁两派斗争很激烈，特普钦是坚定的弛禁派，颇受一些保守派的非议，从而改变了清廷百余年来在黑龙江的封禁政策，"大有造于江省"。事实证明，特普钦招民垦荒的主张是正确的，而且成效显著。移民实边，改善了黑龙江的财政状况，同时对于抵制沙俄，对于奕山所酿成的无穷隐患及俄国对黑龙江的贪婪蚕食也起到了强有力的遏止作用。

奕山惹出这么大的乱子，弄得朝廷非常被动，桂良和倭仁等众位大学士帮助太皇太后和皇上献策，选来选去，最终选定特普钦，他是行伍出身，赴台湾战绩显著，在吉林任上亦兢兢业业，对俄相交凛然正气，不畏强敌。故此，特普钦临危受命，从吉林将军的任上，奉旨调到黑龙江署理黑龙江将军事务。受任伊始，特普钦就没有好好入眠过一宿，除了秉烛疾书一宗宗奏折，禀述治疆御俄谋取奇策外，就是日日与瑷珲前哨众将佐商讨如何应对无所不用其极的抵御沙俄之策略。但是，《瑷珲条约》签订之后，俄人大举拥兵东下，俄国铁甲运兵船和哥萨克马队源源不断地从俄国勒那河等地开过来，他们蓄谋已久，终有抢占理由了，招摇过市地通行在黑龙江和松花江上，拼力尽快抢掠这块一望无际的新土地。凡占一地，就树起有俄文标识的标牌及插上俄国双头鹰国旗，疯狂地掠夺资源和人口。

§

特普钦刚收到瑷珲副都统衙门战报：平息了洛古河一桩血案，并俘获了俄人违约恣意扩建的牧场和马匹，解救了许多清国难民。得悉依郎阿等

111

众人，在洛古河正义凛然地抗拒和揭露罗刹派雇佣者窃据我大清疆土，扩建非法牧场营地，还大肆发放有俄国沙皇大印的所谓俄罗斯国籍凭证，诱骗我大清臣民依附于俄国，叛国降敌，使一些迷途的山野散民明辨是非，知错猛醒，经过好言劝慰，接回瑷珲重新给予妥善安居，从而孤立了罗刹的阴险图谋，又使边疆民心凝聚，社会永固。特普钦看完战报后，是由衷地兴奋，马上决定：自己一定要亲去瑷珲慰藉这些有功兵佐，勉励斗志，再创新绩。

特普钦刚打定主意，正在忙碌收拾东西准备起身去瑷珲呢，传令官又急匆匆地进来了，"报大人！京师倭仁大学士二次车轿来到府门，大人是否快快前门迎接啊？"

"迎接、迎接！"特普钦马上重整朝服，而后急忙出府迎接朝中贵宾。

特普钦每次上奏疏文，都经过倭老夫子亲手呈交于圣母皇太后和皇上。倭仁深谙北疆俄人的阴险觊觎之野心，虎视眈眈、垂涎妄得岂非一日，故对黑龙江的诸多事务从来都很慎重，惦记于心。他这次二返龙城，就是专为瑷珲兵备年久总未充实来的，御敌水师仅依陈旧之手摇笨船，且永不维修无法供巡逻使用。况且当下罗刹对咸丰年所订之约尚不满足，倍加猖獗，还在变本加厉，肆无忌惮，强取豪夺。犹有长驱直入，更伺机窃取我疆土之势。何况近年，黑龙江省因得到特普钦将军积极向朝廷上疏，开放禁令，允许关内流民出关，北疆急需充实民力，荒地甚多，开垦方有财源，流民越多，关东防备越强，兵力充实，罗刹不敢南犯。

关内的流民，多来自晋冀鲁豫诸地，瑷珲等副都统衙门还未适应这种形势，民司、刑司、兵司、工司均拖延塞责，致使不少流民混入荒野密林，社会紊乱，罗刹趁机挑拨作乱，值得高度警惕！此后凡流民即来北方，瑷珲就重担在肩，要以礼相迎，同等相待，帮助筑建新居，只有新的托克索不断增多，人口日增。

为北疆民心稳定，国泰民安，将边远的居民接回瑷珲周围，新设屯落，新立户长、噶珊达（满语：村长，乡长），千方百计生产自救，不再遭受罗刹欺侮。

特普钦非常敬重倭仁大学士，他对北疆的军务格外关注，这不老人家刚刚离开卜奎又风尘仆仆赶来，必为龙江送来圣恩慰藉，驰援福泽。

特普钦将大学士倭仁隆重接入正堂，献上茶，欲备办酒宴。倭仁大学士一再推辞，说："百溪呵，何必客套。走，陪我同去瑷珲，见与依郎阿，诸多事宜待为完善，真切盼我速至啊！"

特普钦一听，大为振奋地说："大学士色夫（师傅）呵，您老来得正巧，他们在洛古河干了一桩大快人心的事。我正要亲去看慰，安排防御罗刹诸事。我陪您这就动身。"

此时正是阳历九月天，黑龙江千里碧波，处处暗藏罗刹哥萨克马队，拼命将在条约中抢占到的黑龙江以北领土上的各族群众，驱赶着他们放弃旧家，必须要迅速搬迁到黑龙江和松花江新地搭房建新屯落，砍山砍林筑新俄罗斯屯，名字都是新起的，就连搬来的这些俄国新户一个个都糊涂了，女王陛下这是犯啥怪症了？松花江和黑龙江俄国靠《瑷珲条约》签订的所有地方三个多月来，天天热热闹闹，人喊马叫犬吠，像开了锅似的抢地方，还美其名曰都是"露西亚人的老户"，真是睁眼说瞎话，滑天下之大稽。

从卜奎到瑷珲陆路九百多里，路途遥远，虽然连年铺石修整维护，但是经过墨尔根至大岭的一大段山道，无雨天里也仍很颠簸难行。特普钦带队并随行骑马，可他坚持请大学士倭仁坐轿。倭仁也是武科出身，很喜欢骑烈马，考虑年岁不饶人，又为了早点赶到瑷珲，办完事得早些赶回京城，朝里还有多少案卷等着他批阅啊，所以，也就客随主便，答应了上轿前往。

§

特普钦陪着倭仁大学士来到瑷珲，关保副都统等人出来列队恭迎，迎宾入府衙，寒暄少许，就一同会见早在府衙内候见的诸位大人以及将军依郎阿和常喜等洛古河有功将士。倭仁首先详问了洛古河一役战况，由常喜一一详禀，倭仁然后又慰问依郎阿的伤情，亲口传谕旨，转达皇上对卫国抚民有功之臣的恩宠和慰藉，并带来军机处凑得的三千两白银，奖作打造战船需用。

倭大学士说："列强入侵，国库空虚，尚需北疆筹谋自强，聊表皇上和各部彰念尔等耿耿丹心可嘉也。"

特普钦和众人向南跪拜，叩首谢恩。

正在这时，固山达副都统吉庆过来禀告特普钦将军说："固山额真，多罗贝勒爷驾到。"

倭仁和特普钦等人闻知此信都出府门外迎接，让进正厅，都跪下请安："贝勒爷吉祥。"

多罗贝勒关特格列说："吉祥，吉祥。"说完，关特格列一声不吭，看样子是在生闷气。

半天工夫，没等倭仁和特普钦先张嘴，多罗贝勒关特格列就开始数道起来了，挑了不少不是，说："倭大学士，你是皇上师傅，应当在皇上左右才是，老往俺瑷珲这块是非之地跑什么？你不怕惹的祸还少吗？嗯——！"

倭仁知道跟他这种皇亲国戚没有啥理可辩，也干听着，无话。

可特普钦容不住，那是烈性子的人，就说："贝勒爷，大学士是我们请来的，为我们出谋献策，我们感激还来不及呢，不知贝勒爷何出惹祸之言啊？"

关特格列本来就是要找特普钦来吵架的，特普钦这一说，更激起他的不满，这下正对他枪眼上了，便大声说："我说黑龙江的大将军，本贝勒正要找你论理呢。你口口声声说开放封禁，让关里的汉人都来瑷珲，你养着啊？纯是来跟我们争食吗？这是害人误国的损招啊！吾等力拒之！说白了吧，我坚决反对。"

说完,多罗贝勒关特格列把脸"啪嗒"一撂,脸色极为难看。

特普钦并未动怒,笑着说:"贝勒爷,您老人家息怒,晚生心系瑷珲面对危难,痴呼八方谋士共解财源枯竭之苦,驱兵无戈,争战无舟,江山任贼窃掠,良知者岂能高枕无忧?贝勒爷,您老深知瑷珲的一草一木,都是在您老爱抚抚育下茁壮而生的。瑷珲自祖先开创至今,城之轮廓,巷街面容,从康雍乾嘉道咸同,历时何须时日,有何增茸否?仅江岸新铺登阶二十九层,略添壮貌,一条长街老路,不单雨天如潭,老幼不敢涉足,可叹连鸭鹅均恶污染其洁羽而远避也。贝勒爷,所陈诸由盖源于缺银少钱困惑也。广遥瑷珲碧海万顷,荒田岁岁只见枯叶落,难闻果花百里送幽香,若招来勤耕有心人,果稻泛金涛,农丰国富,御敌有资,瑷珲日强,列祖列宗九泉之下欣慰,后来者袭业勿虑,堪可信赖也。贝勒爷,您在瑷珲德高望重,家财万贯,必会为故乡谋福祉的。您说对吧?"

"这个……"特普钦软硬兼施之一席话,竟让多罗贝勒关特格列坐不是站也不是,无言以对,暗愧无颜。

关特格列扪心自问,这么多年都是瑷珲旗民百姓寿诞年节给自己送礼了,对故土瑷珲真没有做出任何财力和心智上的用心,也觉着自己再就此事搅缠下去也是无趣儿,于是,他就简单搪塞了几句,"说,谁都会说,关键是要给皇上多分忧解难、少惹是生非。不说了、不说了,我年事已高了,也操不起这份心了,愿你们好自为之,我走了。"说完,多罗贝勒站起来,一甩袖子,带着管家从人走了。

倭仁和特普钦只是象征性地站起来,揖手相送。依郎阿和常喜觉得也别太让老人家丢面子了,就跟随出去,送了很远,这才返回热热闹闹的府中。

关大贝勒爷一向是见了凡人不搭语,自认为是京师之外瑷珲当地的最高显贵。这次让特普钦将军说得脸红一阵白一阵的,很是憋气。

此番倭仁大学士两幸瑷珲十分难得。所以,由特普钦和关保做东,在瑗珲摆鲤鱼宴厚待倭大人一路艰辛，因倭仁不胜酒力，以依尔哈木克（满语：花水，指用花果酿造的花酒）献之。

席间，特普钦重情说道："吾等体察国家内忧外患，国库空虚，大学士为此奔波操劳，敬谢感恩至极。天无绝人之路。我等当自强，广结善缘，源头活水必会赐降北疆的。"

倭仁说："哎，你说到这了，我真有个佳音，还要告知依郎阿等呢，正好你们也都在这，我就说了吧。我回京师专访我的学生、也是我的好友曾伯涵，他现为朝廷重臣、翰林院大学士帮办，组建湘军有功，言说湘军中有许多慷慨解囊之士，闻知北疆兵事，亦义不容辞，愿捐资襄助呐！"

"太好了，谢谢倭大人，谢谢曾大人。"特普钦闻听，连连拍手称谢。

倭仁说到这位他的好友、学生曾伯涵是谁啊？他不是别人，正是人们都非常熟悉的曾国藩。

曾国藩乃是清朝晚期的后起之秀，字伯涵，号涤生，宗圣曾子七十世孙，湘军的创立者和统帅。他与胡林翼并称"曾胡"，他与后来者李鸿章、左宗棠、张之洞并称"晚清四大名臣"，官至两江总督、直隶总督、武英殿大学士。曾国藩为人仗义，乐于助人。他说湘军中有许多能人，湘军就是靠这些有为之士，说服感动八方财神爷，愿意为国报效，倾举家资财为国之将兴而谋福祉。依郎阿决定必设法访问江苏诸地，引各路财神光临北疆瑗珲。

其实人过留名、雁过留声。瑗珲远在边陲，少与外埠交际，忍辱负重惯了，得要大声疾呼，让世人知其雄踞于漠北国门，必有千千万万国人巨手为盾，恶魔魑魅岂惧哉！倭仁大学士因国事繁重，急需马上回京，众人送行五里，离别了瑗珲。

§

黑龙江省所辖副都统衙门数处，从军事、经济、战略的地位和与罗刹犬牙交错的结合处，瑷珲均首当其冲。瑷珲堪称黑龙江省明珠中之明珠。

特普钦让关保副都统引领他，详详细细地参观和察看瑷珲康熙年以来建成的由木杆成栅、中垒土坯为墙而构筑成的四门四角楼结构的方形城堡，视察了军备库、广贮仓、演武场、水师营设施和三架山古老的老船坞等，目睹了赫赫有名的瑷珲十里长江，聆听五司职守操行功绩与旗民档册诉讼案例，严谨细微，一丝不苟。

瑷珲十里长江东段头道沟

特普钦听过瑷珲副都统衙门众人汇报后，站起身向众位谦恭揖首，不无感慨地说："卑职特普钦仰天恩署理黑龙江将军，天生愚顽，实难胜任。瑷珲处地边要，俄人狡诈凶贪，横恣日甚，无一时不图蚕谋吾土。众志成城，坚壁封野，皆赖吾斋恃强同心。"

"瑷珲自康熙年建创旗屯，至今老态如旧。地域广阔，人烟罕有。必策广开财源，奖募农垦。若瑷兴势旺，则有兵威俄慑、力挽狂澜之望。奋兮，

117

奋兮，严阵以待，勿负圣念。"

特普钦专与关保诸将商榷扭转乾隆朝以来"恪守祖宗三分田、坚壁封野拒汉人"的陋习，放下昔日泱泱古瑷珲名城的阔气架子，谦虚热诚，开门揖客，恭请八方商贾大亨，财聚古城，拓展出一个生龙活虎的崭新面容来。这些谋划刚刚有个雏形时，特普钦突然想到了刚由洛古河擒来为俄守牧场的那五个人，眼前就是一亮，心想：哎！我们何不就从正愈审讯的这五个人入手呢？对，就这么办！

特普钦主意打定之后，转身告诉关保，他要见见从洛古河抓来的这五个人，要亲自审问。

关保心想：固山额真也太把这五个人当回事了，都是一些作恶多端的歹徒，押些日子就跟那帮关在牢里的狱中囚犯一起修江堤得了。

特普钦看出了关保心情，说："这是个好机会，送上门来的俄情咱不能错过。"

"噢！我明白了。"这真是一句话点醒梦中人啊，关保大概明白特普钦什么意思了。

特普钦叫来依郎阿和常喜与兵司的人，一同去看押房见这五人。

看押房的老规矩，新进牢房的罪人头两日饿着不管饭，说是打一打他的硬气。这五个人，从押入看押房到现在没喝一口水，没吃一碗面糊，正在呻吟着。忽见搭理他们的常喜和依郎阿，真像见了活菩萨，跪下忙喊，"饶命啊，哈番大人，从洛古河到看押房足足快五天多了。真是要渴死了、饿死了啊！"他们一个个哭嗷不停。

特普钦命牢头破例去给弄些白开水、白酒和十几个大白面饽饽，说："吃吧，吃饱了，我问你们话都要如实回答。"

"好好好！我、我们对天发誓，绝对实话实说，如实交代。"这时候，这五人是格外得老实，一个劲儿点头，话都不顾上说，大口吃着白面饽饽，大碗喝着酒，可算得了顿饱饭。

第二章　洛古河巡狩

特普钦耐心等了好一阵,见他们吃饱了,这才问他们五个人的来历,他们叩头谢恩哭诉。特普钦命录事员详记下每人的名字、籍贯、原来的营生职业。

§

这五人哭诉说:"为了生计,图老毛子财大气粗,我们有罪。我们谎说有俄国尼布楚总督给的执照,入了俄国籍,纯是为贪小便宜,唬咱的朝廷官员。我们没入俄国籍,是俄国人教我们这样说的:'你们见到大清国的官就说有俄国发的执照。你们这样说,俄国就赏给这样说的人十卢布作赏金'。我们说的话句句属实,敢欺骗朝廷有半句假话,我们天打五雷轰!"

特普钦详问他们几人的身事来历。原来他们都是刚从关里偷着过来,跟随熟悉暗走关东山领道儿的人,这些人都是些常跑关东打貂挖参的"老雁头"(暗语:领道的)。"我们足足跟随着这些人绕忽了大半年,好歹从额尔古纳河来在了石勒克河和洛古河口,后来,水大迷了路,我们又被从外贝加尔湖来的哥萨克兵给俘虏,全押到洛古河两岸他们搭的草棚,天天给哥萨克兵伐木、打洋草。大人!我们给你透露个消息:俄国人现在最缺粮食,米和面比金子还贵。我们天天只能靠着野菜和网小江鱼填饱肚子,昼夜给他们建炮楼和兵站驻地的一栋栋木板房以及马圈猪舍,等等。俄国人走到哪儿,就先竖立他们的双头鹰沙皇帝国旗和建东正教堂。俄国人少,他们占据咱们大清土地太大了,占完这片儿,又占那片儿,骑马圈占新土地,鼓号助阵,整天都不闲着,管不过来的新土地就雇被俘的大清国人替他们充差。俄人不常来,怕生事儿,就指派一个人当头,给他老多优惠待遇了,年青者还赏给银发美女呢,并教给我们能哄骗住大清官员来巡逻者的一招儿,他们说:'大清国人胆小,怕俄国炮舰,怕他们皇上申斥启衅,你们要抓住他们的这一心理,总把头抬得高高的,别瞅他,他们就服软啦!'我们认罪,我们当了俄国人的狗,情愿受罚。"

特普钦说:"败子回头金不换。你们知道认错就好。以前的事儿,也说明我们朝廷当事者和我们黑龙江将军衙门工作不利,出这么多疏漏,都要接受教训。你们介绍的情况,使我们知己知彼,是有功的,可见你们还不愧为大清国臣民,以后将功赎罪吧!"

嗨!特普钦将军一句话,这五个人将功赎罪了,没罪了。这就是封建社会统治者权力的雄威。特普钦还命关保和属下的民司、刑司、工司官员给他们分别落户安居,该给房子的给房子,该给耕地的给耕地,把这些详细的事务都安排下去了。

哎哟,这五个人都以为自己这次犯了杀头之罪,不死也得扒层皮,可是转眼的工夫,五个人不但重获了自由,而且还在瑷珲有房子有地了,这是他们做梦也没想到的事啊。

"这是我们哪一辈祖上积的德啊,让我们赶上了,太谢谢大人了、太谢谢大人了!"这五个人感激的是痛哭流涕,连连给特普钦和关保跪在地上"梆梆"磕头谢恩。

特普钦又叫住五人说:"行了、行了!我还有一事相求,不知你们愿意帮助吗?"

五人齐说:"小人愿效犬马之劳。"

特普钦说:"从今以后,瑷珲礼贤下士,广招外客,农耕商贾,富我北疆。你们祖籍关内诸地,我有意请你们代我赴你们关内乡土,我龙江各处皆是富饶鱼米之乡,有愿北来安居者,一切享得与当地无异。尔等此行耗资均由我们承担。"

这五人忙说:"大人,这事太好了。我们也早想回家看看,何况搬家也得回关里。大人,不必为我们承担费用。"

特普钦说:"哪能呵,路资分毫不许少。尔等系为瑷珲办一件造福积德之事,士农工商医,各界皆收,论功行赏,多招多惠,捐税免三年,创勋卓著之招贤者可按朝廷捐例制赐予品级，入仕为官或任武职，看尔等造化了。我们信着你了，努力哉兄弟，或可日后成为载入瑷珲史册的名人呐！"

"谢谢大人，我们甘愿为今后的瑷珲肝脑涂地，不负大人赦免之恩。"

说来，特普钦勉励他们败子回头，多为谋瑷珲城的兴旺献力，有功者瑷珲会永远记住你们，会永留史册的。

瑷珲三贤之一张宝铁

这几位人士就是后来的瑷珲名贤——张宝铁，丘嘉臣、柳文顺。他们按照特普钦将军之托，各自回关里老家游说当地大贾迁来北疆瑷珲城，为繁荣漠北出力。

张宝铁之兄就是河北保定府的绸缎庄，在河间、房山还有分店。丘嘉臣家是山东济南府开着一处有名的中药铺"济世堂"，与京师同仁堂相比肩。柳文顺是个家庭烘炉出身，其父三代开铁匠铺技艺很高，远近闻名。

特普钦就让他们动员家人和亲戚们迁来瑷珲，这里需要这类人才。瑷珲现在急需有烘炉行业，巩固边疆。

§

特普钦听说大五家子托克索出了个大人物，名叫帕尔根，是出了名的"俄国通"，有俄国妻子，还有一位给他当厨师的俄国叔叔，手下经营一个买卖人参和中草药的"仁和堂"，卖药救人，常不要分文。还有一支有三艘大扎卡船的大帆船队，通黑龙江上下水路和松花江至三姓码头，使他更有名气。瑷珲副都统衙门一有事就找他。这次去遥远的洛古河办公差，全仗了他的船队，还表现不错，也是功臣。

特普钦问关保，关保说了心里话："固山额真，您来得好，我们就为他头痛呢！咱们该怎么对待他？"

特普钦没做回答，叫关保马上唤来兵司、刑司一干人等询问，都说"帕尔根至今面貌不清，各司防范，怕是奸细，不敢大胆用他，但又离不了他，多花银子一码一了事。"

特普钦又找依郎阿、常喜了解，依郎阿和常喜都建议说："我们不要把人都看成魔鬼，魔鬼也是可以为我所用的。将军可以拜访他，您一定会有新的见识。"

特普钦就是一个遇事必要打破砂锅问到底的人。他决定穿上便服，带着依郎阿去拜访帕尔根。

帕尔根对这几天参加特普钦奖励和会见京师倭仁大学士，印象深刻，也算见了大世面。闻知特普钦将军要亲自到家做客，欣喜万分，感到荣幸之至。他先跑回家，先向俄国妻子柳莎和俄国叔叔"米拉爷爷"传报喜讯，并将他从洛古河救来的老太太和婴儿交给家里的用人，让他们好好精心照顾。另有带来的几户洛古河人，经常喜同意，帕尔根亦设法安排在自家的药堂、牧场干活安家。

第二章　洛古河巡狩

帕尔根豪宅

特普钦与依郎阿，很快来到帕尔根的府上。特普钦一见全用柞树大木围成的大院子，院里养着鸡、鸭、鹅、猪，很热闹，帕尔根不知怎么打探到的，早怀抱着他的小狗，身边站着笑容可掬的夫人柳莎和壮健的米拉爷爷。

帕尔根上前拉住特普钦的手，深深一躬，一一介绍他的家人。

特普钦笑着说：“我久闻各位大名了，柳莎夫人您好，米拉爷爷您好！”

米拉爷爷那是非常开朗、乐观、幽默的俄罗斯老头，咧着大嘴，醉醺醺的，用不流利的汉话喊叫说：“大将军好！我和我的侄女小柳莎全家欢迎您的驾临！”

帕尔根把爱狗交给柳莎，把特普钦和依郎阿让进了客厅，柳莎和米拉爷爷随着进来。

特普钦在攀谈中，知道了这位奇人的经历。帕尔根年岁不过五十，人

123

很聪明,会俄语外也精通黑龙江以北不少小部族民间土语,去过库页岛,走的地方真不少。因他有一手独到手艺活,用北方各种草药给人瞧病,救活不少人。当时遍野荒芜,人烟稀少,交通十分不便,百里之间崎岖陡峭林莽相隔,若要会面得走上一两天,还必须是山里人,才会寻道找近路。外地人只能望洋兴叹而已。帕尔根靠他的"神医"本事,摇个小货郎鼓,走哪住哪儿,走遍萨哈连山山水水。他在卖药中还学会不少部落的方言土语,娶了享滚河的俄国少女,靠他的"神医"火针灸救活了已要下葬的黑龙江出海口一个俄国人老板特里扬果夫的命。特里扬果夫老母亲和妻子叩头感激帕尔根,特里扬果夫命保住了,但病愈后留下残疾,行走不便。帕尔根便成了特里扬果夫的全权管家。

特里扬果夫在外贝加尔湖还有一处规模更大的庄园,有牧场和渔船队。特里扬果夫一家感激帕尔根,就慷慨地把偌大的出海口帆船队无偿地送给了帕尔根,带着妻子和俩儿子回外贝加尔湖的一座大庄园里去安善天年了。

帕尔根可得了大益处,收下许多特里扬果夫手下的俄国工匠,干啥能耐的都有,帕尔根就造铁甲船,发动机全都有,是他干活的那帮技工们给造的,后来因为得罪了俄罗斯进犯西伯利亚地方一位东方新总督,哥萨克兵一宿就夺走他不少技师和新造成的铁甲船。帕尔根虽然依仗俄国人特里扬果夫的势力开创帕尔根家业,但是非常贪婪无比的新总督穆拉维约夫可不管这些,他是得吞就吞,才不管你有谁做后台。

后来,帕尔根权衡一阵,觉着:"明白人不吃眼前亏,偌大萨哈连黑龙江这块不善爷,自有善爷处,后台不是没有新总督硬气么,行!我走。何况爷我也是不习惯于出海口这里风大海啸多,也不适久待的地方!也罢,我带着全部产业回到家乡老瑷珲城,人熟地亲,另辟蹊径,几年间照样把特里扬果夫赏给的基业闯荡出来。"

果不然,帕尔根很勤快吃苦耐劳,也是天遂人愿,这些年关外山东、河北、山西、河南逃荒来北疆的人家,官府也挡不住了,一年比一年多。

他们乍来，干啥营生都得现学现找。这可帮助了帕尔根。帕尔根又帮找房又帮找地，收在他的名下干活，有吃有喝又有工钱，人多力大，年年上山伐木，年年造新船，船队越来越壮大。

北方岁岁如此，一年有七个多月冰天雪地，各行各业都是冬储夏运。一年中最忙时日仅有三个多月，黑龙江这时候是最繁忙的季节。各行各业分秒必争，谁都怕错失良机。谈起运输，北方人讲究省工省时省银子，在那个时候邮政都没有，北方也没有邮局，北方属不毛之地，山高皇帝远，层林垒障，雪深盈丈，行人冬畏行路难。夏天行路忙，但遇雨时道路就泥泞难行，最平顺安适者莫属凭靠坐船了，两岸江山如画，风雨不误，比坐牛车马车快捷可靠。

帕尔根就摸透了北方人的心理，他备有为地方兵将租用的船，有为运客用的帆船，另设买卖船，贩来各屯村需要的日用百货、江南绸缎、时令杂药，大大方便了八方需求，百姓称它"快当船"，名声大振，人人离不了，成为如今这般不可小觑的豪气。

§

特普钦特别关心帕尔根内心究竟是怎么想的？既然话都谈到如此投机，双方也就直截了当了，就问他："帕尔根，你是俄国人，还是大清国人？咱们是朋友，还是一家人？"

帕尔根很激动，但也很冤枉地说："我早就看出来，有不少人用另一种眼神盯着我，我怎么做都不讨好！将军，我是大清国臣民，我就想日子过好些，多挣些金银财宝。大清国难道就只能就旗人当王爷，咱们总是奴才穷光蛋不成？我不服！我要比一比，大清国也离不开我帕尔根！"

帕尔根还介绍米拉爷爷，说："你们也不要把俄罗斯人都看成很坏，米拉爷爷就很正义，他就很看不上穆拉维约夫坐着炮舰到瑷珲耀武扬威，硬逼着瑷珲城的人上他的俄国炮舰上参观，炫耀俄国富，清国愚昧，想吓住大清国。这太不仗义，像个流氓。"

特普钦说："帕尔根老板，想挣金银财宝不是错，想把日子过好那是谁都盼着的事儿。只要记住自己是大清国人，别把自己老祖宗忘了，做出伤天害理的事，良心上要说得过去。俗话不是说'身正不怕影子斜'么，办事光明磊落，就不怕别人说三道四。我听你说的身事，又知道你这次不计酬报帮助副都统衙门做的好事，几家难民你都收留下来，为我们担担子，所以也给你记录一份功劳，转变不少人对你的老看法。就这样走下去！我特普钦为你向朝廷请功名。"

帕尔根听到这里，忙跪地连连叩谢将军的知遇之恩，热泪横流。

特普钦扶起帕尔根，安慰一二，又饶有兴趣地问："帕尔根，我还有一事要问你，你开'仁和堂'卖那么多人参，听说俄国人最喜欢买你的人参，都是你雇人采的吗？"

帕尔根听后，向前一步，谦恭地说："大人呵，我就专会看窍门儿。你们不知道俄国的官员最能摸透咱大清国王爷、贝勒、将军、大人的喜好脾气，礼品是敲门砖，最看重了礼物。所以俄国官员要想叩见咱大清国各层官员，都必须先要送礼。礼品送得越多越珍贵，啥天大的事儿都好办。俄国的套娃娃、猫、狗等，色调式样制作得再好，也不稀罕，俄国丝绸缎帛、陶瓷，更都赶不上大清国，大清国各层官员他们也最讲究给上司送礼，送珍珠、玉翠、参茸之类，人参味甘，大补元气，特别是千年老山参，更是延年益寿珍宝。俄国人要人参他们自己不认，就是为了疏通大清国各层门槛，畅行无阻，觊觎得到更多大清国土的便宜。"

特普钦听得惊愕，帕尔根讲得眉飞色舞，却没有理会到，还接着讲得更有兴致，说："黑龙江兴安岭地域近乎属于亚寒带，虽能见着山参，可不像老白山周围，一片一片的，千百多年的仙宝，年年吉林都向皇上进贡。我的'仁和堂'就是分号，主店在吉林江城。每年秋八月，在吉林乌拉三岔河口设大集，主要互易老白山中草药，人参鹿茸最是抢手货。近两年，辽东和吉林闹起马傻子、乌痣李，很是邪乎，大集不办了，唉，太让人伤心啦！"

特普钦就是从吉林来的副都统，没想到帕尔根和吉林还有密切联系。

§

这时，米拉爷爷过来，一定请特普钦去他房里坐坐，让特普钦欣赏一下他在外贝尔加斯克积攒下来的当地俄国妇女制作的各式民间饰品。

特普钦哪能有这份心情，可是又碍不住米拉谢夫这位耿直好客的俄国老人，心里也是为了能够笼络住他，心向着大清国，至少不对立，为我国所用。所以，就满脸堆笑地过去。

米拉爷爷先让特普钦喝他从俄国带来的伏特加酒，饮水思源，过一大杯后，就欣赏满屋摆放的各式各样、大大小小、五光十色的俄国民间工艺品。每件都独具俄罗斯风情，制作精美，各有风韵。

依郎阿也随特普钦一块过来，也被米拉爷爷珍藏的这些俄国民间工艺品吸引住了。他为了看得仔细，快把脸儿都要贴在展品上了。看了看，突然眼前出现一件使他想念已久的展物映入眼前。他心中暗自克制自己，不去看它！谁知心已经被它迷住了，无意中竟从众多艺术品中拿起那件心爱的展物。这就是用铁片煨制焊成的一艘俄国现在正在黑龙江和乌苏里江上航行的铁甲火轮模型，高大的粗黑烟筒，船体有两层，舵舱在上层，船的下方是火轮的动力中心，装有发电机，推动船左右各有一个大轴，不停地旋转，拉动起江水中的扇状巨轮，具有上千马力。俄人就靠它运兵或运货、拉木排，火力很大，冰排都能推开，沿江住的大清国人没有不羡慕的，都叫它"腰轮子"，制作得太逼真了，船上还有人在走动，惟妙惟肖。模型就是小，按比例放大完全就是一艘铁甲战舰。

俄国火轮船

依郎阿爱不释手。他的神情,一举一动,早让米拉爷爷注意到了,看出了依郎阿喜爱无比的渴求,就走过来很慷慨大方地拿起铁甲战舰模型说:"大人您稀罕这个战舰呐,喜欢就拿去吧,给你!"

说着,米拉爷爷就把模型就交到依郎阿手上。依郎阿连连施礼称谢,紧握在手中还不住地盯着看。

特普钦完全理解依郎阿的心情,安慰他说:"它威力虽猛,然难摄吾等保家卫国之志!把它视为一面镜子,时刻警示咱们。大炮铁甲不可怕,惟吾等同心,守我国门。"

依郎阿不由拳头紧握,默不作声。

少顷,依郎阿若有所思地说:"大人,常喜告诉我,大黑河口哨卡左岸

第二章　洛古河巡狩

有五里地的洋草，全用芟刀给割了，张地营子也有五六里地的洋草也是让芟刀给全割了。这很奇怪，是谁家有这么多牲畜缺用这么多的洋草？"

这时，米拉爷爷正在整理他陈放多年的、从外贝加尔斯克捡回来的收割机零件，想修理好能够使用，无意中听他们谈草的事，就插话说了一个情况，引起特普钦和依郎阿的注意。米拉爷爷说："你们说洋草啊？要说最缺洋草的主，那是对岸俄国哥萨克骑兵。他们新到这里，人吃马喂最需用洋草啦！"

特普钦悄悄叮嘱依郎阿与关保，查清这两地的洋草是谁割的。

依郎阿说："固山额真将军大人，咱们就缺战船，行动非常缓慢，许多应急要办的要案都给耽误了！"

米拉爷爷为人正直，还心直口快，一听说船，他又说一个信息，更让特普钦和依郎阿心中暗自高兴。这时，帕尔根进来，说他亲自在院里烤乳猪，还杀了两只大鹅，催促米拉爷爷快点做饭，要留特普钦和依郎阿等一行人吃一顿俄国大餐。

特普钦因将军衙门有事在催他，不想久留，可是帕尔根、米拉爷爷、柳莎一家人，能放过特普钦将军和依郎阿吗？

帕尔根更有理由说："我们尊敬的大将军，您得爱护属下，他们跟随着您也都有些饿啦呀！"

双方互争了半天，盛情难却，特普钦只得品尝了米拉爷爷的俄罗斯国芙蓉面包和奶油牛排，天色很晚了，这才告别帕尔根和米拉爷爷一家，带领吉庆等副都统与各随行官员，离开瑷珲返回省城卜奎。

谁都没想到，特普钦将军前脚刚走，第二天，帕尔根家就出事了，而且此事背后还隐藏着一个天大的阴谋。要是说清这事啊，咱们还得从瑷珲城的名门望族多罗贝勒关特格列玛发家说起。

第三章　智夺铁甲船

尊敬的奶奶、爷爷、师傅、兄弟、朋友，各位好！
我有金子一样的嘴，我有龙马精神，
我有海一样的胸怀，
我把遥远祖先的英雄名字、勋业永远记住。
前事不忘，后事之师。
我现在以虔诚之心，
把感人的富察氏家族的说部，给您讲述出来。
我恭恭敬敬地讲啊，您耐心地听吧。
小学生我有礼了，
各位大喜，吉祥，万福金安！

第三章　智夺铁甲船

最近一段时间，瑷珲城的名门望族多罗贝勒关特格列玛发（尊称"爷"）家里可热闹了。

多罗贝勒关特格列玛发在瑷珲城可以说是家大业大，副都统衙门北城墙外不远，就能望见他家那青砖青瓦大院套。南北长、东西窄，朝南的大围墙非常气派，面积广阔，最前方竖立一座高大的大牌坊，牌坊后面，有花坛和甬道，通向高高石阶上的是三进雕刻红彩的豹头衔环铜大门。平日里正门道不开，只有贵客到府，才开启牌楼后正门，唢呐声声；一般上等客人开启左右偏门；用人则出入于院墙两侧之小边门。正门石阶前的左右两侧，分列有两尊蹲坐着的石狮子和上马石蹬。

多罗贝勒府内天天夜有更夫铜锣报更时，"哐、哐！哐、哐！"夜深人静传得老远，附近邻居听了也习以为常了，反正跟着沾了光，每日知道几更不漏时辰了。副都统衙门里倒很安静，传不出什么声音。

大院套是三进院，中间均有青砖相隔。各院皆设有左右月亮门相通，后院有假山花坛。当中是关玛发和大夫人的卧室和客厅，两侧是两位夫人的卧房。二进院中主要是儿女住房和客房。一进院套里是管家和账房及奴婢居室以及磨房、仓房等。据说，嘉庆前没有这等规模，曾经着过一次大火，现在的规模结构都是火焚之后设计并陆续盖起来的。不能不服瓜尔佳氏子弟还有一股子不服输的劲头，俗话说得好，"火烧旺运"么。他们就是要践行这个预兆，越烧越要建，孙男弟女全上阵，才有了今日的模样儿。

§

说来，这关特格列玛发很有个性，家里头奇事秘闻不断。前书说到他祖上多罗贝勒的荣光，靠这赫赫资本风光了好大一阵子，可是到了关特格列这代就露出窘状了。说白了，整个家族开始衰败了，走下坡路了。关特格列兄弟三人，他是家中长子。老二关特格恩、老三关特格林。关特格列爱色，娶了三位夫人；老二关特格恩、老三关特格林，都癖好赌博和抽大烟。请想，这老哥仨凑在一起能好吗！富生骄、奢生逸、坐食山空、家财散尽。

关特格列虽是一家之主，也知家境犹如大厦将倾，危急临头，更管不了自己两个兄弟，他只能在钱财上严格控制他们。两个兄弟一看大哥老不给钱，怎么办呢？他们能熊住他们的大嫂大夫人。

大夫人王氏为人善良、慈祥，心疼两个小叔子。关特格恩、关特格林一没钱了，就会在大夫人王氏面前演戏，是一边痛哭流涕，一边诉苦啊，"大嫂啊，你可救救我们兄弟二人吧，我们可活不了了。我们在外边玩了几把牌，没想到，上了别人的当了，输不少的钱。我们知道：欠债还钱，天经地义。可是我们真没钱了。人家债主都堵门口了，要是我们再不还钱，人家就要把我们送到衙门去了。我们感觉自己去衙门事小，败坏咱贝勒府老关家的名声事大啊。我们也没脸求大哥给钱了，只能求大嫂你给想点办法了。大嫂啊，你可要给我们做主呀。嗯……"

这俩老家伙咧开大嘴哭上了。他们大嫂长大嫂短的一阵哀求。大夫人心一软，"行吧！你们到库房少拿点东西当了，应个急吧，下不为例！"

"太谢谢大嫂了！我们以后再也不敢了。"

大夫人王氏就把关特格列玛发让她掌管着的阖府库房钥匙偷偷交给两兄弟。这下可好，老二、老三背着老大偷着往外当卖祖上物件度日，挖东墙补西墙，要不然，他们抽大烟和推牌九欠钱的债主会天天上门来找两位老爷。

后来，关特格列玛发知道这事后，大骂大夫人一顿，又责骂两兄弟"不学好，净败家！"

两兄弟根本不服气，哈哈讥笑大哥说："我们不如你，你娶几个小老婆了？她们的仗打得满瑷珲城都听到，大人小孩都笑掉了大牙！有能耐你管管你那帮小妾吧，别给咱祖上丢脸行不行！"

第三章 智夺铁甲船

"你、你……"正指着两兄弟鼻子破口大骂的关特格列一听,立时就蔫巴啦,脸憋得一会儿红一会儿青,变色儿鸡似的,气得用手颤抖地点指着两兄弟,"你……你们……嘿",一时张口结舌说不上话来,无奈地一甩衣袖,灰溜溜地躲开了。

§

关特格列玛发确实让女人给闹得焦头烂额,日子难熬。

关特格列大夫人王氏贤惠、厚道,嘉庆十二年(1807)关特格列十二岁、王氏十五岁成婚,生三男三女,一男早夭。两男长子关泰、次子关友均已成家。三女均嫁至瑷珲、车陆和卜奎,有农户和商贩,尚属家道殷实。

道光二十三年(1843)关特格列五十多岁时,又娶卜奎绸缎庄刘百万大掌柜的二小姐刘翠霞为二夫人,年轻,美貌,为人跋扈,深得关特格列宠爱。原来大夫人王氏主掌阖家钥匙,不久前悉数统由刘翠霞执管,不顾大夫人王氏哭得死去活来,刘翠霞威逼着已成家的关泰、关友两兄弟迁出府内,给些银子,自买房舍、田地分家自过。

刘翠霞现有一男两女,刘翠霞的儿子最吃香,名叫关震臣,二十二岁,由关府塾学师傅授业的公子哥,因其母是总管家,他也深得关特格列厚爱,每要出行,关震臣是必随行公子。关震臣身边有很多亲随护拥着,欺男霸女,多少人只要远远地瞧见关震臣的小轿,立马四散开,躲得远远的。两女均由关特格列托人给嫁到卜奎和盛京两地府衙中的六品、七品官员做了夫人。

关特格列在咸丰元年(1851),因为与奕山关系亲密,由他给介绍认识了墨尔根都统衙门汉军旗佐领徐奉先之女徐彩芬。其夫在淮河与太平军作战战死,美貌无子,奕山做媒。关特格列碍着奕山面子,本不想要一个寡妇,但后来他觉得徐彩芬长得还年少秀丽,也就顺水推舟,做了自己三夫人。

徐彩芬

自从徐彩芬进府,关府可真更热闹起来了。整天最惹关老人家心烦的事儿,就是二夫人刘翠霞和三夫人徐彩芬,俩人总是互相争宠,互不服气,攻讦厮斗。尤其是二夫人,最好扯老婆舌,本来就妒恨大夫人比她到关家时间早,关特格列的金银财物私藏一定少不了。于是,她就总是天天在奴婢中放风使坏,说大夫人王氏净往她娘家盗东西,败坏大夫人名声。

大夫人王氏听说了能让吗?就哭哭啼啼地来到关玛发房中,一把鼻涕一把泪的,丝绢掩面而泣,一哭就是小半天。关玛发只能赖皮赖脸地讨好着,帮着解释说:"她酒喝多了,别听,我不信她的话。"

大夫人王氏"哼"了一声,把身子扭向一边,继续哭。关玛发劝来劝去,不见好转,突然脸色一变,大声吼道:"妇道人家,哪有那么多事?好吃好喝,闲得!滚、滚、滚,都给我滚……"大夫人王氏知道自己惹不起这帮人，眼泪只能往肚子里吞，悻悻地走了。

关特格列整天想方设法悄悄地躲着二夫人和三夫人，一言不发，只是浇一浇花儿，喂一喂他那给他逗趣儿的巴哥，偶尔出去下网捕黑龙江的金黄大鲤子鱼，他不吃带回府后赏给前院儿的众奴婢们吃。总之，闹得这一家子都不得消停。

关特格列后来干脆不回府了，住在卜奎省城奕山的别堡，与奕山见面更多了。这关特格列又难逃"桃花运"，在卜奎他又惹出一段更令人诡谜的奇缘。

§

这事出在他的两个兄弟身上。两兄弟自打二夫人管府上钥匙，他俩什么油水也捞不着了。抽大烟和赌博花销债台高筑，突然在街上认识一位戴墨镜的先生，见他俩很可怜，就说自己是大善人，愿意相助贫困的人，很慷慨地舍银供他俩使用，也不问其用场，要钱就给。他俩乐得这是神灵庇佑啊！过了一载有余，戴墨镜的人找到他俩说有人要找他们。

两兄弟跟着戴墨镜的人到一处江滨有花园的馆舍，平时他俩还真没有注意过这个地方。俩人抬脚进去，只见屋里陈设很雅致，半圆的窗子挂着透笼绣花的大幅白窗帘子，一张红木圆桌前正端坐着一位梳着长辫子的银发俄国美女。

戴墨镜的人说："这是我的主子。你们一年多所花的银子钱，全是她供给的，快上前谢谢主人！"

关特格恩、关特格林二人吓坏了，心想：这不是老毛子吗？我们怎么跟她扯一块啦？

这陌生的俄国女人，微笑着很温柔地说："你们不要怕，钱给你们了，我不要你们还。我就想交你大哥关特格列做好朋友，你们引荐就行，其他事不用你们管。"

说完，她又推过来几个银元宝。关特格恩、关特格林俩人正缺钱，一见银元宝眼睛都盯直了。于是，便应允下来。

书中暗表，这位尊贵的俄国女士，门第特殊，可不一般，年方十七八岁，是圣彼得堡人，专攻汉语，还略通一些满文，毕业后做了俄国领事夫人德芮娜的贴身女秘书，跟随领事夫妇来到大清国京师。奕山与俄国人关系好，俄国领事夫人常带着贴身的女秘书去奕山府上做客。时间一长，双方越处越投缘，也熟识了领事夫人的小秘书妮娜克娃。奕山很喜爱活泼可爱的妮娜克娃，尤其是她不仅精通本国语言文字，而且汉文满文也不次于他身边的亲随笔贴式们（清代官府中的低级文书官员）。一来二去，妮娜克娃还时常帮助奕山整理案卷，像自己亲闺女一般。

俄国女子都非常大方，没有大清国女孩子那么多礼俗束缚，亲亲抱抱就是纯洁的爱长辈之礼。何况妮娜克娃聪明、美貌、活泼、可爱，也真讨得奕山打心眼里欢喜，没过多长时间，奕山就收妮娜为自己的义女。奕山有两位女儿，妮娜克娃年小就成了爱新觉罗家的三女儿，还改名叫爱新觉罗·妮娜。

后来，领事夫人随领事调回莫斯科，妮娜克娃便留在了奕山身边，也随奕山一起去齐齐哈尔赴任署黑龙江将军事务。妮娜格外泼辣，像个壮小伙子，跟男人摔起跤来滚在地上骑住男子，令对方一动不能动，不服输休想让妮娜饶你，这样一来，没有不惧怕她的。

§

单说关玛发三夫人徐彩芬为啥在关玛发家如此厉害？

三夫人徐彩芬本来貌美如花，娇娇欲滴，会让关玛发欢心，家世又好，自打进了关府，就没人敢小瞧了她，关键是徐彩芬处处都不想逊于二夫人刘翠霞,更何况她为老关玛发家生了三个儿子关林、关河、关川。关玛发老来又添三子,打心眼里忒高兴,常喜不自禁对三夫人说:"我的三宝贝儿,你为我瓜尔佳哈喇家生了三只虎啊!"

过去讲究个"母凭子贵",尤为在官宦人家,这下三夫人徐彩芬更加觉得自己功高不可一世,整天那小脸儿扬的,处处想要个尖儿,你说二夫人刘翠霞能让吗?那可是针尖对上了麦芒,有这俩主儿在,关府可就有的瞧儿喽,大戏不断,小戏天天唱。关玛发能有好日子过吗!

关林、关河、关川这三兄弟,现在就仗着老阿玛是多罗贝勒,在整个龙江府管辖内是有恃无恐,到处打架、惹祸。俗话说:人不作不能死。他们真是地上的祸,哎,还专门惹天上的。

有一天,他们听说将军府上三格格妮娜的布库(摔跤)无人能敌。三兄弟不听邪,偏要和她过过几招儿,背着关玛发就去省城将军府,在外面大喊大叫,专要找爱新觉罗·妮娜不可。门官询问他们,他们也不告诉来历,毫无礼貌,缠住门官不放。

妮娜听外头吵骂得厉害,就走了出来,一看这场景就是一腔怒火。关林、关河、关川这哥仨终于瞅见妮娜了,也是满肚子怒气,心说:你既然敢出来呀,我们就敢先收拾你吧!

想到这,小哥仨不容分说,互相使了个眼色,像三只猛虎一样,突然就扑向妮娜,举拳就打。他们可太小瞧妮娜了。妮娜人家那是受过特训的高手。他们三兄弟哪是妮娜的对手,没过几招儿,就被妮娜打得鼻青脸肿,躺在地上动弹不了,疼得鬼哭狼嚎的。

这时,正好奕山由从外地回府,见此情景,就气不打一处来,心说:哪个吃了熊心豹子胆的奴才,敢到本王爷府闹事,你们有几个脑袋啊!本想让家奴直接推出去杀了,但转念一想,还是问清楚的好。

奕山强压着怒火,一打听,"嗨!原来还真是大水冲了龙王庙,一家人不认一家人,是关特格列的三个犬子,这事闹的。"

奕山马上告诉妮娜："他们是多罗贝勒爷三个公子，都是自家人，你就把他们放了吧。"而后，转身命令门官："你们还站着干什么？还不赶快把府里郎中叫过来，给他们包扎一下，给上点红伤药，然后，用府里轿车给送回去。"

"是！"家奴赶快下去照办去了。这个风波就这样平息了。

§

俗话说：人不打不相识。爱新觉罗·妮娜通过这事，反而让她了解到了省城和瑷珲还有一个出了名的关老玛发。妮娜心想：哪天我一定要到拜访一下这位贝勒。

这事过去没多久，妮娜就主动采用变相收买关特格恩、关特格林的办法，就直接接触到了关特格列。

这天，关特格恩、关特格林兄弟二人带着妮娜到多罗贝勒府见大哥关特格列玛发。关特格列一见两兄弟刚要冒火大骂，一看他们身后还领来一位美貌的俄国少女，马上转怒为笑。妮娜非常大方地自我介绍说："尊敬的关特格列玛发，久仰大名。我叫妮娜，是奕山将军的义女，原在他老人家的身边协助整理文书档案，今天是特专程来看望您的。"

"噢、噢……一家人、一家人！来人呀，快快上茶！"关特格列对待俄国人从来是礼让为先，最能看风使舵的人，尤其是知道妮娜是奕山老友最宠爱的银发俄国少女，知道关系一定不一般，也就满脸堆笑，极力欢迎和称赞其美，连忙设宴款待。

俄国女人妮娜，那是有意而来的，便极力表现出对关特格列的无比敬爱和关心，极力地袒露俄国女人那种特有的妩媚和风流，逗引关特格列对她的爱慕之情，乐得关持格列合不拢嘴。

美女本身就是催情酒。酒过三巡，菜过五味，妮娜也喝高兴了，忽然从餐桌前站起身，风情万种地走到关特格列面前，大声说："关老爷子，亲爱的！"说着，她就在关玛发脸上啃了一口，啃完了，直瞅着关玛发边点头边大笑，见关玛发那股呆样儿，既可爱又很可笑。妮娜双手捂脸，简直都笑弯了腰。

当时屋里人很多，也都不知所措，究竟这个银发女人到底在耍啥把戏，只知道一个劲儿笑，真给吓愣住了。

妮娜笑后停了停，马上看了看，当发现关玛发的大夫人、二夫人、三夫人，大伙儿都瞪着大眼睛看着她，似乎醒悟过来了，心说：原来大家不懂我说的话是何意，都被惊呆了。

妮娜毫不拘束，赶忙站起来向众位夫人施礼，然后用自己的食指点了点关玛发，大声说："唉哟，真对不起，我说我爱您呐！"

关玛发一听，羞得半红着脸，用眼皮角儿直偷窥二夫人刘翠霞和三夫人徐彩芬，生怕她们过后会挠他的脸，不过他打心眼里还是挺乐的，能讨俄国美女亲口冲他说这种话儿，实属在俄国人中有影响和有地位。但关特格列还是暗暗埋怨：这毛子姑娘可真大方，咋啥话都往外边迸呐！

坐在宴席桌上的两兄弟，得过俄国女人银元宝，也帮助说好听的话："大哥呵，俄国人不在乎这事儿，你若喜欢你就收下，随她的便儿吧！我们兄弟俩愿意这桩喜事！"

二夫人、三夫人瞪着眼、撇着嘴，暗骂这老哥俩儿，心说：你们这两个棺材瓢子，真是越老越没个正形！旁边坐着的关玛发，也觉着话说得太直率了，也瞪了兄弟俩人一眼。

中国有句老话说得好：男追女隔座山，女追男隔层纱。关特格列在妮娜疯狂的攻势下，没用几个回合就举手投降了，更何况这中间还有关特格恩、关特格林的游说呢，"人家妮娜也说了，她即不要这种形式，也不图什么名分，就是敬重大哥你的人品，甘愿做小的。天下哪有这美事啊！你就收了她吧。"

"我同意是同意,大夫人不会说什么,但是二夫人和三夫人那也不好说呀!"

"大哥,你放心吧。她们的工作,我哥俩来做。"

"那好吧。"

有时,钱这玩意真好使。关特格恩和关特格林没少给二夫人刘翠霞和三夫人花银子,最后,她们也是就睁一眼闭一眼,同意了。关特格列和妮娜虽然没有拜堂,但是全府上下,明里暗里都知道她是关玛发的四夫人。

妮娜是经过训练的女活动家。她对付二夫人刘翠霞、三夫人徐彩芬就像摆弄她身边几只"哈咪巴"宠物狗,恩威兼施,连唬带吓,又不停地送给她们俄国香水、俄国海象皮挂包,全是从她们没见过的圣彼得堡稀罕物。几番下来,亦是拿人手短,妮娜无论怎样说、怎么做,也就都任她摆布了。

妮娜也真是有能耐,她到贝勒府没多长时间,就使得处于垂危的关家逐渐走出困境。妮娜还选中了二夫人的爱子关震臣当关家驻在大黑河卡首家百货铺"隆发祥"的大掌柜的,还雇了五个伙计。"隆发祥"铺号里,什么烟酒糖茶、日用百货、布帛绸缎、陶瓷工艺,等等,是应有尽有。

俄国初占黑龙江、松花江大片领土,日夜往新开发的土地上迁入俄国各部族的人,完全以哥萨克武装强行押送办法,力推辟建黑龙江、松花江一带广袤地区的俄罗斯新村。他们当前急需的东西就是米面粮食和各种日用品。如果要是他们从数千里外的俄国运来,只是杯水车薪,无济于事,所以,他们只有就地解决,就得靠大清国人来帮助。妮娜从这里面看到了充分的商机。

因为当时大清朝因《瑷珲条约》已遭国人不齿,已屡下文告,不准与俄通商,从官方层面讲是根本不会帮助俄国强盗的。但是大清国人是一盘散沙,许多人都是本着有钱就是娘的道理,不听朝廷号令,我行我素,为所欲为。妮娜仗着有俄国支持,她早就摸透了大清国人的心理,钻这个空子,让老关家人挣钱、让那些利欲熏心的清国人也从中挣些钱,开买卖。妮娜利用老关家和奕山在京城和关内的各种关系,到江南、到湖广,贷来或赊来各类精品物资,及时供给这些从俄国源源不断迁入北疆沃土的新主人,进行兑现,从中获取暴利。

妮娜着手的件件经商举措,可以说都是空手套白狼的高招,仅几次大手笔的买卖交易下来,就挣了个沟满壕平,马上带富了整个老关家。关特格列阖家上下,都认为妮娜是天神派来救助关家的女财神,谁都对她刮目相看。从而,妮娜更加备受关持格列的宠爱。大夫人、二夫人、三夫人都不再吵闹,服服帖帖的,安生了。

自从妮娜公开成为关特格列四夫人之后,出入瑷珲各地更是有了合理外衣,光彩夺目,没有任何人质疑她或不给予她应有的礼遇。其实,妮娜正好借着老关家的这种名声,却在极其巧妙地掩盖着自己的不可告人的身份与阴谋。这位俄国女人妮娜克娃,还有一个"露西亚拉包奇"的身份。

§

"露西亚拉包奇",这是一句俄语,汉译就是"俄国工人"。

这"露西亚拉包奇"就是最早反抗剥削压迫的自发联盟,富有民主主义的萌芽思想,后被沙皇帝国血腥镇压,许多反抗者被流放杀害,这个嫩弱的联盟就随之消失。可是,沙皇俄国却利用起这个名称,有利于号聚民众,不过性质完全变了,成为巩固沙皇政权而服务的秘密团体。现在这个团体的主帅就是深有强大背景的妮娜克娃。

妮娜克娃在老关家从来都是非常低调、从不张扬,从不居功自傲,见人总是先打招呼,礼让三分。凡有老关家迎来送往,全请二夫人刘翠霞和三夫人徐彩芬出面应酬。这两位夫人还认为是四夫人妮娜对她们的崇拜和尊敬呢，更加感激她了。凡是四夫人妮娜说什么样的话，她们都同声应合，没有不同意的。就这样，妮娜克娃就在瑷珲扎下很深的根子，多么强劲的飓风也摇撼不了她。正因如此，据传，在奕山因与俄国东西伯利亚总督穆拉维约夫签订不平等的《瑷珲条约》后被朝廷革职，朝中军机处曾有人查他与俄国人的关系，查来查去，就感到奕山与俄国人关系太错综复杂了，像一团乱麻，涉及大黑河、伯力、符拉迪沃斯托克、莫斯科，等等，疑窦其多。其中就涉及瑷珲关家和进关家任四夫人的妮娜这个女人，更是迷雾重重。

奕山毕竟是宗室皇族显贵后裔，最后，虽然许多疑端均归结到了俄国那些令大清国胆战心惊的炮舰上，真正的原因有人也发现了，但是没人敢再深入探究了，就这样被无声无息地不了了之。奕山与俄国私通之事，以查无实据，事出有因，被保了下来，不久仍升任要职。但是，这件卖国疑案在民间仍在议论不休。这些都是后话。

§

还说这位妮娜四夫人，虽说是俄国驻清政府理藩院俄罗斯使团的一位公使夫人的随身私人秘书，从莫斯科来到北京。但实际上，她真实身份则是俄罗斯派出东西伯亚远东地区穆拉维约夫总督从国内遴选并御用的谍报人员。妮娜当上显赫的瓜尔佳大玛发的四夫人，首先使她最关注的人士，不是瑷珲副都统衙门的这些官员，而是帕尔根一家，包括帕尔根的俄国夫人柳沙，俄国叔叔米拉。

妮娜初步了解到：帕尔根曾得到俄国老板特里果夫的资助，并承袭了他在黑龙江出海口的全部家业。妮娜疑惑的是：帕尔根本人俄语非常好，究竟他还有什么背景？难倒他是俄国打入大清国的另一同伙组织？千万别大水冲了龙王庙——一家人不认一家人。我必须进一步摸清帕尔根的底细。

第三章 智夺铁甲船

妮娜

所以，妮娜许久没有动帕尔根一根手指头，只是最近收到俄国国内情报，告知她：帕尔根家那个叫米拉谢夫的醉酒老厨师，面貌已清，他是俄政府中一个反政府死刑犯，是原来"露西亚拉包奇"的成员。

妮娜收到情报后，马上决定：像米拉谢夫这类人，才是她身边隐藏的大患，必须痛下杀手，擒拿归案。于是，妮娜秘密命令自己的手下人，先不要惊动帕尔根，还要观察他，但对米拉谢夫要秘密擒获。

妮娜将这个周密的部署和计划先向东西伯利亚总督穆拉维约夫报告，抓捕行动先按兵不动，得到批准后方敢进行。那么，妮娜克娃要向他报告的东西伯利亚总督穆拉维约夫是何许人士呢？

§

朱伯西我讲《群芳谱》，还真得费唇舌好好说一说这位改变着中国近代史进程和命运的俄国显贵穆拉维约夫。

尼古拉·尼古拉耶维奇·穆拉维约夫 1809 年 8 月 11 日出生于圣彼得堡，贵族家庭出身，其父曾经担任过诺夫哥罗德省省长，尼古拉一世的御前大臣、枢密官。穆拉维约夫从小就被送到皇家贵族军事学校学习。1823 年，当上了叶莲娜·巴浦洛夫娜王妃的宫廷少年侍从。1827 年开始从军，后回乡继承其父庄园。后又再次从军，提升为少将。1847 后任伊尔库茨克和东西伯利亚总督。在黑龙江流域展开了一系列军事探险活动，在西伯利亚各民族中强制推行俄语教育，鼓励流放犯对黑龙江以北各地加以开拓。1858 年 5 月 28 日，穆拉维约夫趁中国清朝政府陷入太平天国运动和第二次鸦片战争而无暇北顾之机，成功迫使黑龙江将军奕山同其签订了《瑷珲条约》。该条约不但将黑龙江以北、外兴安岭以南的六十万平方千米土地完全割让与沙皇俄国，还将乌苏里江以东，包括库页岛在内的黑龙江下游以南四十万平方千米土地划为中俄共管区域。

《瑷珲条约》的签订，使俄罗斯打开了通往太平洋的通道。为表彰穆拉维约夫的功绩，亚历山大二世封其为"阿穆尔斯基伯爵"（黑龙江伯爵）。沙俄外交部认为荒芜的黑龙江流域是难以防御的包袱，为了尽快开发新获得的大片土地，穆拉维约夫解放了大批在尼布楚服役的矿工，派军队保护他们去开垦黑龙江两岸的土地。用这种办法，穆拉维约夫很快就在这些新移民中召集了一支一万两千人的骑兵部队，并解决了当地的防御问题。

穆拉维约夫很善于伪装自己，他对清政府耀武扬威，然而，当他面对大清国民众时，表面上却伪装得非常友好，表现得文质彬彬，有礼貌，喜交朋友，见到大人小孩总是从兜里掏出一些巧克力或小套娃送作礼物，还让清国民众叫他"岳大人",说有事儿找他办,必会为您尽力去做的。许多不明真理的人,都对穆拉维约夫产生了好感。

§

天下之事,从来就没有十全十美的。

关特格列家,如今凭空又增加一位俄国美女,虽说妮娜不是关特格列名正言顺的四夫人,却给整个关府带来了极大的经济收益,但是这位俄国美女对老玛发的含情诡笑,的确让二夫人刘翠霞和三夫人徐彩芬看不下去,有时候甚至还感到作呕。为啥呀?妮娜有时也太开放了,众目睽睽之下,也不分场合,说亲就亲,说啃就啃,太伤风俗了。

刘翠霞和徐彩芬,她们当面不敢惹妮娜,只是施礼赔笑,但她们背后见到关特格列老头子时,不是一顿掐,就是往脸上狠劲儿挠,老头子胡子给薅掉不少根。关特格列向她们叩头作揖不当事,向她们解释"老毛子咱们惹不起"也不管事儿。说实在的,俩夫人都是老头子的心肝宝贝,早都惯坏了,劝又劝不了,说又说不了,谁都是老头子的姑奶奶,最后闹得关玛发是三十六计——走为上策,逃之夭夭了,躲藏到小孙儿德泰管理的西河通的岛子上。在关家打鱼的房子里住了半个来月,直到德泰禀告爷爷"奶奶们没事了",他才悄悄回府。

关特格列对四夫人言听计从,靠四夫人及其护佑下的儿子三只虎,在伯力、黑河卡和符拉迪沃斯托克都有了自己的商行和矿产。

有道是:驴粪蛋上天——能得要命。

关特格列的两个兄弟关特格恩、关特格林,因介绍妮娜有功,又常得妮娜的接济,在府里腰板子又挺了起来,大哥也不撵他俩了,特别是妮娜现在掌控着关家上下的消费,两兄弟现在不缺银子了,老关家现在有俄国女人做后台,摇摇欲坠的关家居然死灰复燃了,在瑷珲又扬眉吐气起来。

关特格列、关特格恩、关特格林老哥仨从心往外地，也真是佩服妮娜这个小女人，也都心甘情愿、服服帖帖地听从这个精明女人的调遣。

最近，妮娜还真私下交代给关特格恩和关特格林一项秘密任务。妮娜让他们哥俩用木栅多扎几处一里地面积的洋草囤积场，高价买草、高价雇工，洋草收购越多，给他们兄弟俩的赏银越多，所有一切管理、收购、雇工费用全由妮娜出，并一再严厉地告诫他们："对外，你俩就是场主。日常事宜都由你们出面安排和处理，绝不得透露我的名字。如果有人问起此事，你们就说：这是给内地马场和蒙古朋友们弄的。你们招募各地散工，全由你们这收割场养活他们，每日薪水尽量超过帕尔根，不要亏待他们，一定要顶垮帕尔根的牧场，把他的人都给我抢过来！能办到吗？"

"这太容易了。咱们有权有势，又出高价，绝对没问题。你就请好吧。"

§

这事帕尔根事先一点没察觉。这天，米拉爷爷像往常一样，早晨做完饭，吃饱之后，就来到帕尔根的牧场想领人出工。当他来到牧场一看，傻眼了，一个人都没了。"他们都主动出工了？那我到现场看看吧"。

米拉爷爷走了几个现场点也没有人，白白耽搁了多半天，最后，多亏碰到一个回来取东西的老雇工。米拉爷爷一问，哎哟！全明白了。米拉爷爷也没有怪罪这名老雇工，只好回来告诉帕尔根："帕尔根，你到底惹谁了？工人都让老关家人给撬走了。看来，打洋草的活儿，你跟常喜和依大人说吧，咱们干不了。"

帕尔根听完米拉爷爷讲述后，也觉得奇怪，往年从来没出现过这等事，就去副都统衙门见依郎阿。依郎阿、常喜等人开始都没太在意，以为是场主之间的怄气撬行，不能总会如此吧，就把帕尔根劝回去了。

帕尔根返回家里越想心里越窝火，寻思着蓄以报复。但是，依关家的

第三章　智夺铁甲船

势力，怕是自己得不偿失。最后，再三斟酌还是和气生财，别跟关家兄弟闹僵了为好。

这天，帕尔根特意将关特格恩和关特格林请到府上，米拉爷爷给做的西餐盛宴和香槟酒招待。帕尔根总觉着这两个酒囊饭袋之货做出此事情，其背后必然有人指使。帕尔根想利用这次宴请的机会摸清楚：是谁指使他们这么干的。

可是，今天关特格恩和关特格林这两兄弟也真犯了邪了，是光顾着大吃大喝，就是不吐一句实话。帕尔根再三追问，两兄弟竟愤然摔掉刀叉，扯下餐巾，离席就走。一旁早就被气得摩拳擦掌的米拉爷爷把哥俩堵在了门口，高声喝道："你给我站住！你们再动一下，我马上宰了你。我可是俄罗斯人，你们不怕吗？再敢胡闹，我把你们都抓过江，关大牢去！"米拉爷爷想用这样的大话震住他俩。

这哥俩酒喝多了，还是忘了妮娜的告诫，不甘示弱地说："江那边？哼，你这喝糊涂了酒的伏尔加老头，你自己可是在那边挂了号的，别当败类。"

什么？我在那边挂了号的，谁告诉他们的？他们怎么知道的？难道我的身份真的败露了？米拉爷爷脑袋"嗡"一下，闻听关氏兄弟所言，顿感惊厥，一下子被他们的话给镇住了，腿都软啦，"你、你们……"

一时间不知该如何答对了。关特格恩和关特格林这哥俩知道自己把话说露馅了，急忙转身，仓皇逃走了。

帕尔根见米拉爷爷傻呆呆地站在那是一言不发，以为老人被欺侮了，就说："太可恶了，我找他们算账去！"

米拉爷爷瞅着帕尔根，半天才平静下来，说："帕尔根呐，没想到我来到万里之外，我的脚链子照旧还拴在沙皇的手里！事情可没像你说得那么简单！这俩大清国人，可不是一般人，他们有来头啊！"

米拉爷爷这么一说，更使帕尔根听不懂米拉爷爷说的是啥意思。

149

§

说实在的,帕尔根与米拉谢夫(米拉爷爷)邂逅,纯属巧合。

那是帕尔根还在黑龙江出海口为俄国老板特里扬果夫干活时,有一天,从海边大浪里漂来一个僵尸。人们都以为是海水浸泡的死尸,朽烂腐臭,就一个劲儿往海里推,让尸体快快被海浪冲走。可是,就在人们使劲儿往海中推时,忽然隐约听见尸体发出轻微的呻吟声。

"快救人!"帕尔根是个心肠很软的人,急叫大伙别再推这尸体。人们一起把这具未僵死的尸体抬上海滩。僵尸被大海冲刷得一身赤裸、通红、胖胖,散发着刺鼻的海腥味,两眼紧闭的头肿得比大脸盆都大,怪吓人的。

有人提出:"这人也活不了了。不如推海里算了。"

米拉爷爷

第三章　智夺铁甲船

"总还有点气息，就该救他一命啊！"最后，在帕尔根的坚持下，他和同伙们七手八脚，把他慢慢抱进海滩上树皮搭的工屋里，先用清水冲了身子，采海边生长的野杜瑰花泡水，一连喂了七日，再用海狗肾和蛤蜊肉健身壮阳。

野杜瑰花是当地闻名的还魂草，海边人都靠它治病，很灵验的。十日后，这人眼睛消肿睁开，才渐渐神志清醒能发声说话了。同伙中大多是斯拉夫人，互相都能够沟通。大家这才知道：他原来是沙皇帝国的囚徒，伏尔加河上一个拉纤工。

伏尔加河那可是欧洲最长的河流，也是俄罗斯内河航运的干道。能在伏尔加河上拉纤，都具有坚韧不拔的毅力和顽强的臂力脚力。他们是世界上最苦的人，他们天天双手抚地，埋头拉纤，不知江岸上留下多少白骨！

伏尔加河是俄国的历史摇篮。它被称为俄罗斯人的母亲河。伏尔加河也激起多少不愿意做奴隶的倔强抗争者。这位被拯救重生的囚徒，叫依缅德尔钦·米拉谢夫。他因不满"把头"的盘剥，被迫走上抗争之路，终被铁链锁双腿，押进牢笼。后来，米拉谢夫越狱逃到外贝加尔湖靠捕鱼谋生，又因不满沙皇渔税与当地渔民反苛税而被捕，判刑流放西伯利亚。此时的俄国哪有穷人生存的地方啊，米拉谢夫因帮助乌德盖人争牧场向沙皇请愿，打死了凶暴的警官长又被捕。米拉谢夫在狱中绝食以誓抗争，最后被沙皇政府投入大海处死。

哎！这真是：天不亡我，运交后生。

米拉谢夫还真是命大，竟在海中翻腾数十日，被帕尔根等好心人拯救上岸。米拉谢夫非常感激众人救命之恩。后来，帕尔根接管了俄国老板特里果夫的海滨厂址和产业，米拉谢夫也看中帕尔根的为人，就下决心晚年跟定帕尔根了。俩人是患难与共，相处得很是投缘。

米拉爷爷这段辛酸历程，帕尔根还是头一次知道得这么详细。米拉谢夫性格豪爽、正义、乐观，长期独自生活，一生没有伴侣，擅长西餐手艺，这些年来已经成了帕尔根人生中的师长、谋士，故此，在日常的生活中，尊称米拉谢夫谓"米拉爷爷"。

人生中就是有诸多美满机缘巧合，在米拉爷爷一再撮合下，帕尔根娶了美貌的俄国女郎柳莎为妻，后来又有他们自己的孩子，就形成老少三代、两个国度的组合家庭。开始这个家庭的出现，就引起周围特别是瑷珲副都统衙门的高度关注，人们总是以审视的目光时刻观察和监视着他们。但是，米拉爷爷一再说："帕尔根，记住你是大清国人，要干大清国人的事。沙皇到处犯罪，积怨太多了，我是东正教忠实信徒，上帝命我做民众奴仆，沽奸取巧，欺压平民百姓，最终会被钉在耻辱柱上的。"

后来，侬郎阿向帕尔根借船平息洛古河事件中，帕尔根出色的表现，才算让他在瑷珲副都统衙门验明正身。

§

此时，米拉爷爷慢慢地缓过神来，深有所虑地说："帕尔根啊，现在咱们要大灾临头了。这俩人的出现，不仅说明俄国现在还盯着我的身世不放，还有你现在帮助朝廷办事，也会引起俄国人的不满，牧场用工集体消失这件事，就是在给你一个下马威，这只是给你的一个警告。咱们现在必须要想出对策来，不能疏忽大意。"

"米拉爷爷，你让我好好想想。现在天色也不早了，咱们先休息吧。明天早上，我就找侬郎阿侬大人去，他是从京城来的，脑子又活，一定会帮我们想出好办法的。"

爷俩互道晚安，各自回屋睡觉去了。

米拉爷爷心想：帕尔根啊帕尔根，你最好想出解决此事的办法，越快越好。沙俄政府的卑劣手段，我太知道了。但愿我能熬过今天晚上，一切都听天由命吧。

第三章　智夺铁甲船

果然不出米拉爷爷所料，就在当天深夜，帕尔根家大院突然闯进六七个蒙面人，不容分说，抓起炕上的米拉爷爷就走，等帕尔根穿好衣服跑出来的时候，这帮歹徒早已不知去向。

"哎呀！我怎么这么糊涂啊！怎么没听出米拉爷爷话里话外的意思呢！"帕尔根非常后悔自己没听米拉爷爷的忠告，领悟太迟钝了。他是慌慌张张来找常喜和依郎阿禀告此事，请求他们务必要搭救米拉爷爷。

因为特普钦将军刚走，许多军务和事务都压到了依郎阿和常喜的身上。白天，依郎阿和常喜分别到各个军事点进行一些详细的军务检查和督促，晚上，他们又聚在依郎阿哨官衙门里一起研究下一步急需解决问题的具体方案。因为需要办的事太多了，说着说着，时间不知不觉就到后半夜，他们俩一点都没有觉察到，直到帕尔根慌慌张张地闯进来，他们才知道天已经到三更天了。

帕尔根一进门，"扑通"就跪到地上，还没说话就先哭上了："嗯……依大人、常大人，你们可要给我做主啊！要不然，我也不活了。"

"帕尔根，快快起来，到底是怎么回事啊？怎么你就不活了？"

"依大人、常大人"，是这么这么一回事……

依郎阿听完帕尔根的汇报后，马上警觉到，这事背后必有某种政治背景，而且肯定有俄国人插手。

依郎阿拍了拍帕尔根肩膀说："帕尔根啊，你现在后悔也来不及了。那些六七个蒙面人肯定是有备而来的。现在他们肯定过江了。米拉爷爷的事，咱们也不能明目张胆地过江去追查办案。咱们只能是暗查。现在咱们马上要做的：一是你先回去，不要声张此事，照常生活，我会派人在暗中保护你的。二是我和常大人会想一切办法，把藏在瑗珲城的这些里通俄国的害群之马，通过暗访给挖出来的。你先回去吧，你妻子和孩子还都在家呢。"

"好吧。谢谢依大人、谢谢常大人！米拉爷爷的事，我、我就拜托您了。"帕尔根再三谢过依郎阿和常喜后，就回家了。

§

依郎阿、常喜一大早，就急匆匆去瑷珲副都统衙门见关保大人，并把昨天深夜米拉爷爷突然被六七个蒙面人抓走的事，一五一十地做了汇报，同时，还把常喜在大黑河卡和张地营子两处，发现有五六里地面积的洋草，不知何人给割走了，做了汇报。

关保说："米拉爷爷的事是涉及俄国的外事，我马上报告给特普钦将军。关于割洋草之事咱们再研究一下。"

"关大人，现在帕尔根说他新雇的打洋草工全被关特格恩、关特格林两兄弟给高价撬走。估计这事背后，有人已将割洋草之事给揽过去了，这个人到底是谁呢？他的这些做法，可是彻底打乱了咱们防治俄兵抢夺洋草的整个计划。关大人，咱们绝不可小觑啊！是何人需用如此多的畜用洋草呢？"

关保听后也格外关注，大家一起研究来研究去，最后，还是赞同依郎阿的观点：先不声张，私下进行暗访。怎么暗访？关保、依郎阿、常喜、佐七爷众人都不约而同地想到船。

黑龙江江左平原多，江右山地多，洋草喜生长在沼泽地带，所以江左岸数百里平川，秋草繁茂，盛秋时节一望无际，引来漫天的雁阵和野鸭飞翔，遍地都是白花花的鸟蛋和新孵出来的小雁、小鸭，吵吵叫叫，一片生机。副都统衙门仅靠几匹骏马不行，左岸全是榆柳密林和陡坡长堤，骑马根本无法行进，更得耽搁事，若用快马子，路远船小，也是妄想。关保大人最后说："别拖啦，租帕尔根的大扎卡吧！事情就这么定吧。"

由佐七爷亲自去帕尔根府上通告租船。

一切顺利，就连帕尔根也同船来了，自告奋勇帮助在船上做饭。关保大人很惧特普钦的眼神和严峻的气势，所以，他在写完报给特普钦将军的

第三章　智夺铁甲船

奏折后，不顾病情，亲自暗访洋草的整个过程，以便遇事好向特普钦将军面呈。

依郎阿说："大人，现在不是租船的事，地域这么辽阔，发生地点很多，从何入手，尚未弄清楚。我的意思是大人您先不必动，我等先换便装密查米拉爷爷失踪的蛛丝马迹，救人要紧，找到贼巢即可一网打尽。"

关保听后，也觉在理。

帕尔根说："米拉爷爷那是久经沙皇折腾过的人，最能够对付那伙人。我相信他不会白白吃亏的，他有经验，老人家的脑袋可不是白给的。瞧着吧！"

这话还真让帕尔根说着了。米拉爷爷没有多长时间，竟然又奇迹般地站在了帕尔根和依郎阿等人的面前。开始谁都没想到：米拉爷爷得救的首功，竟然是黑龙江将军特普钦。

说实在的，特普钦心里始终都在牵挂着瑷珲。

当他接到关保奏折，说米拉爷爷在他走后的第二天深夜，突然被六七个蒙面人抓走，就觉得此事其中必有某种图谋，心说：这事肯定与关特格列有瓜连。

因为前一阶段，特普钦接到过依郎阿的密报，他的心里不由得"咯噔"一下，怎么又是他呀！

他是谁啊？瑷珲的关特格列。特普钦又派黑龙江将军衙门的色克，对关特格列最近娶的俄国银发美女一侦探，其背景竟然是俄国领事夫人的私书、前黑龙江将军奕山的义女。

"哎，那就不对了？这么一个如花似玉的俄国银发美女，既然有这样的背景，那她为何又愿意进入瑷珲一满洲人家当小夫人，这不值得思索吗？"特普钦转身对色克说，"继续给我往深处查，如果你遇到不明白的地方，就私下找瑷珲副都统衙门的委哨官依郎阿去。"

"是！"

§

俗话说得好：要想人不知，除非己莫为。

妮娜感觉自己做事如此隐蔽，但是，她所指挥老关家人做的事还是让人发现了许多蛛丝马迹。瑷珲眼下连续发生这么多奇奇怪怪的事，没有一件事不与关特格列家脱开干系的。

特普钦心里最明白：你看，关特格列表面上装腔作势，很能唬人，实际上内怕老婆、外怕强人。我特普钦就不怕他这三头六臂之人，我去会一会他，也要顺便掌握些不知情的动向。

特普钦事先并没有通知关保等人，嫌去一大帮随从，反而碍事。这是特普钦一贯的风格。特普钦就带着吉庆副都统，俩人骑马直奔瑷珲，点灯时分赶到瑷珲。

吉庆说："咱们先上衙门吃口饭吧？"

特普钦说："你饿啦，是让这里人不知道我来瑷珲啊！"

吉庆不敢再吭声，只好随着特普钦直接冲进关特格列的大院。

门达爷一看这派头就知道这一准是官府衙门来人了。这要是搁到以前，门达爷肯定上前拦住，不让进门的。因为以前要进多罗贝勒府，必须是先要进去禀报关老玛发，等到关老玛发同意之后，门达爷返身回来，才能让人进府门，程序非常严格。除非皇室宗亲奕山除外，其他人谁都不好使。主尊奴贵、主卑奴贱，门达爷对人的态度也是非常恶劣，有时比秃尾巴狗还要横。但是，最近一段时间，从多罗贝勒关特格列玛发到门达爷都像换了一个人，对进府拜访的人在态度上来了一个一百八十度大转变。关特格列特意交代门达爷以及全府的家奴："以后凡有衙门来人，不论官员大小，一律给我小心侍奉着！必须要远接高迎。违令不遵者，误我大事，我必要重重地处罚。"

"是！"家奴们齐声回应。一家之主都发话了，谁敢不听啊。

关特格列为什么给家奴们下这道命令呢？就是因为四夫人妮娜教的他。

妮娜说："亲爱的！咱们贝勒府现在最关键的就是多赚钱。要想多赚钱，首先咱们必须要和瑷珲衙门上的人搞好关系。"

关特格列一听不乐意了，"他们那些乌合之众，在我眼里算得了什么！咱京城有人，不用搭理他。"

"亲爱的，你错了。咱们在京城虽然有我义父奕山以及其他皇亲宗室做后台，但是有时远水解不了近渴。如果衙门暗地里处处使坏，不就耽误了咱们发财的路了吗？中国不是有句老话叫好汉不吃眼前亏嘛。现在咱们瓜尔佳氏日见衰落，不如先放下架子，关系融洽了，咱们的财路不就更宽了吗？"

关特格列仔细想想也是这个道理，就说："小宝贝儿，一切都听你的。"

凡事都有个前因后果。所以今天，门达爷一见官人这时匆忙进府，必有要事，门达爷不敢怠慢呀，急忙躬身施礼，"两位大人，您里面请！"

请特普钦和吉庆进院，门达爷在前面大声地向里屋传达话："两位贵客来访呀！"

此时，关特格列正在正房西暖阁与四夫人妮娜亲亲热热唠得正甜蜜呢，忽听门达爷喊叫，就知道这时辰有要客绝非寻常，必不是一般人等。关特格列匆忙跳下地穿上鞋，四夫人妮娜忙给老头子一件金丝福寿烫金褂子披肩上，退进里阁，躲了起来。关特格列大步流星地迎出门，正好与特普钦打了个照面。

§

关特格列说什么也没有想到黑龙江将军特普钦大驾光临，着实把他吓得惊慌失措，赶紧让进客厅，命用人献茶，然后，故作镇静地说："这么晚了到舍下来,有失远迎,大将军让哪位扈从叫我一声,我就会去的,何必如此呀!"关特格列一说话,又把架子端起来了。

特普钦并没理他的寒暄,进到里面坐下后,先叫吉庆拿来放在马鞍上的一包东西。吉庆打开后,特普钦说:"本将军闻听属下传报,关特格列玛发新婚大喜,这么光彩喜庆之事为何那天咱们见面时没有传告大家,讨一杯酒呀!未免有点太苛刻不近情理了吧!本将军为您特送上千年吉林老山参一株、天津卫各式海鲜一盒、台湾高山族红木雕龙大烟斗一件、北京聚胜园祖制糕点一匣,聊表敬贺之忱。"

特普钦采取以攻为守、步步紧逼之策,压制住擅长狡辩的关特格列。特普钦这一招真灵,一下把关特格列给弄被动了,有点措手不及,而且也摸不透特普钦究竟为何而来,更不知该如何应付这位勇武闻名、口齿超人的特普钦将军。

特普钦将四大礼品交于关特格列手上,关特格列涨红着脸接过礼品,说:"惭愧!实在惭愧!只是相认,还没正式举办大礼。"

特普钦并不饶,进一步说:"关大玛发,既然已成实事,是不是该把新娘子请出来,让我们看看。难倒还要金屋藏娇不成?嗯!哈哈哈……"

"嗯,这个……"

本来俄国妮娜四夫人与关特格列说定,只做暗里来往,叫四夫人也答应,就是不要公开,不让大清国朝廷知晓。关特格列也认为自己做得天衣无缝,家人不敢张扬,外边也就无从知晓。何况俄国妮娜夫人也处处低调,凡事都让二夫人、三夫人和二夫人儿子关震臣抛头露面,一切都万般小心。谁知道,特普钦知道得如此详细具体,揭得关特格列不仅下不来台,而且也不知道让这位俄国四夫人如何应对。这个局,一下子僵到这块了。

书中暗表,特普钦从来注意做缜密的情报工作,故而这件事他连瑷珲副都统关保都没吐露。他早就发现关特格列与奕山,乃至新到关家硬要通

第三章 智夺铁甲船

过姿色行情报色克的四夫人妮娜了。在瑷珲当下陷入最危险的处境之际,特普钦当机立断,借寻找米拉爷爷一事为契机,就猛敲关特格列一槌,使他知道朝廷不傻,要及时悬崖勒马,不要越陷越深,免得成为朝廷的千古罪人。

特普钦盛气凌人地催问新娘子出来,关特格列可傻了眼,他不敢让俄国女人露面,心想:在黑龙江将军面前,怎能公开承认自己就是大清国通俄的人呢。可是,总当哑巴不出声也不行啊。特普钦也不是好对付的主,这可如何是好啊?

关特格列一时是支支吾吾,左右不是,索性低头不语。就在这时,只见西暖阁的门帘子"啪"被猛地一挑,一位俄国银发美女从容淡定地走了出来。

§

这妮娜前书咱们交代过,她是经过俄国特殊训练、久经世面的人,根本没有被特普钦吓住。她笑着走到特普钦跟前,仰着脸让特普钦仔细瞅个够,然后施礼,慢腾腾地说:"大将军阁下,我在俄国就久闻您的大名了,我们俄国人就钦佩天不怕地不怕的英雄。我们女王陛下的俄国人本来就是英雄,你我英雄见英雄,这是喜事一桩。将军,我是俄罗斯沙皇女王陛下驻北京俄罗斯使团人员,有外交豁免权。我一没违犯大清国的条款。我喜爱关特格列玛发是我的自由,你不准为难他。我二不喜欢抛头露面,这是我一贯的性格。我如有做得不到的地方,一切都是我的错,跟老爷无关。你们清朝有句古谚,叫'无事不登三宝殿'。您在我们要睡觉时辰来打扰我们,明说吧,究竟为何事?既然知晓我是关家四夫人,有事跟我说吧!"

妮娜克娃的应变能力和嘴皮子的确了得,"叽叽叽"她这么一说,整个僵局马上就反转过来。妮娜问得也对啊,你黑龙江将军既然早已知道了我的身份，我情爱所至，一没违法，二没违规，你们深更半夜的，来打扰我们干什么？我是关家四夫人，有事跟我说吧！"

特普钦一听，这俄国女人早有准备，亮出了底牌，就不是个善茬子。这几年，俄国凭据条约咄咄逼人，朝廷嘱告下属勿与俄生事，免俄国屡在外交启衅。特普钦也不想与之交缠，就单刀直入地说："我是为寻找帕尔根家老厨师米拉爷爷而来……"

没等特普钦把话说完，妮娜马上斩钉截铁地说："这事儿跟关玛发一家毫无干系！我可以告诉你：米拉谢夫，他可不是什么普通的厨师爷爷，他是我沙皇俄国在册的逃匿犯，没想到你们给藏匿下来。他被擒获早该如此。他是被俄国铁甲运兵船上大尉给抓走的。你们有事去找俄国政府。请将军阁下回去吧，我们要安歇入睡了。"

说完，妮娜就要掀开西暖阁的绣花帘子进去，硬把特普钦亮在这儿不管了。

特普钦咋能让这位俄国女人走啊？这台戏还真得求她给圆下场来。特普钦大将军上过多少次疆场，勇斗过多少顽敌，现在也不能不来软的了，急忙说："噢、噢，实在对不起，四夫人，我说话太急切，有失礼仪，一切事，请看在您现今是大清国关特格列玛发四夫人份上，帮助从中斡旋一番吧。如果此事真的闹僵了，可能对谁都不好。"

一直坐在旁边观瞧的关持格列，从心往外地给自己的四夫人妮娜竖大拇指：我这四夫人不仅是我们老关家的财星，还是我的福星啊。你看，短短几句话，就轻松化解了我的难言之处，而且还反客为主，把特普钦大将军给僵住了。我这小宝贝儿，真的好样的。我爱死你了。

关持格列在暗自高兴的同时，也知道不能太让特普钦难看，于是他也走过去说："夫人，将军大人远道而来，咱无论如何也得给将军大人这个面子啊。"

妮娜沉思一下，说："大将军阁下，俄清两国要世世代代友好相处，我看重这个关系,更看重我亲爱的关特格列大玛发,那艘俄国铁甲运兵船上大副船长,我们是莫斯科中学时期的同学,我帮你说一下!"

说完,她回里屋了。

特普钦告别了关特格列,并叫吉庆:"你飞马去关保大人府上,把此事传告,让他们做到心中有数。我在前边返城的道上等你。"

"大人,咱们不吃点饭了?"

"吃什么呀吃!让关特格列的四夫人差点给撂这块,咱们哪有脸吃了,走吧!"

"哎!"黑龙江副都统吉庆飞马来关保大人府上,正好依郎阿、常喜俩人都在。吉庆也是长话短说,就把米拉爷爷的事简单一传告,说:"特普钦将军专程为此事已找过关特格列家商谈此案了,关特格列玛发的俄国四夫人妮娜说,米拉爷爷是俄国铁甲火轮船上的大副巴尔钦克诺夫派人抓去的。她已经答应从中帮助。"

"噢!"关保和常喜顿时是恍然大悟。

佐七爷乌凌阿那是通晓古书的人,闻听讥笑着说:"咱女真人习俗是妇贞而女淫,贵壮大而贱老。这老毛子女人可更怪,不是美女爱俊男,反倒稀罕七十多岁糟老头子?"

常喜忙说:"你胡咧咧个啥?黄鼠狼给鸡拜年,她根本甭安啥好心!"

依郎阿站在那,始终没有说一句话。他看吉庆把话都传完了,就问:"特普钦将军呢?"

"他已先行回省城了,我也就此告辞了。"说完,吉庆出院后,是飞身上马,催马扬鞭,和特普钦将军是水都没喝,饭也没顾上吃,连夜赶回省城卜奎去了。

§

说来,特普钦不愧是军事谋略家,还真猜对了!

瑷珲新发生的一些事，都与那位奇怪出现在关特格列家的俄国银色女郎有联系！其实，那天深夜米拉爷爷是被那伙人蒙上眼睛，被秘密带到了一个河岸边上的地窖中，不准他扯掉眼上蒙的黑布，双手绳索也不给解开。周围由四个壮汉把守，生怕他逃跑。这时，坐在桌子后面的妮娜大声用俄语说："囚犯米拉谢夫，圣洁的女皇大帝早就判定你的死罪，逃出几次，我们早知你藏匿在瑷珲，女王陛下以好生之德，系念你若有改悔，就赦免前愆。谁想你与帕尔根等与俄国抢急需的军用洋草，此乃叛国行为。现罚你劳役，以观后效。"

说完，妮娜手一挥，让人把米拉谢夫带到江对岸停靠的一艘俄国铁甲运输船上做机师的助手。

俄国人非常了解：米拉谢夫在伏尔加河上不仅是个好纤手，也是一个好轮机手。俄国现在火轮的机动工人奇缺，沙皇帝国新占据了领土，要新绘地理图、河流分布图；所经各条河道、河汊和必经之路上增设行船灯照，又从俄罗斯拨过来数十只火轮铁甲船舰，会驾驶火轮船的娴熟轮机手，一时成为俄国最稀缺的人才。沙皇为了应对这一突变，下令从监狱中赦免重犯，使他们戴罪立功，进入黑龙江、松花江所有铁甲火轮船成为机轮手，这些人绝大多数都是关押在各地牢狱中的惯犯，让他们在中国土地上奸淫烧杀，无恶不作，而俄国法律对其行为也不究不问。俄国沙皇的底线是：只要你为沙皇帝国开好船就是好样的。所有俄国放逐的囚犯，都愿意来遥远的东西伯利亚，虽然这里的条件比较恶劣，但是在这里干什么总比坐大牢自由啊，又可恣意妄为。所以，这帮人就成了沙俄的马前卒，侵华的急先锋。

米拉谢夫一再谎称自己只拉过纤，不会开什么船，俄国军官不信，枪逼着他上船，下舱里去帮助轮机手好好干活，不许耍滑头。更可恶的是谁要不卖力干活，一天就不给饭吃，两天不干活就两天干饿着。米拉谢夫没办法混下去，只得硬着头皮协助主机手干活。但他也知道家里帕尔根以及

第三章 智夺铁甲船

俄国铁甲船船长

副都统衙门的依郎阿和常喜必在挂念他,他必须设法逃出魔窟,尽早回到亲人跟前。米拉谢夫又想:也不能白便宜了这帮罗刹鬼,我得多了解些情况,带给依大人,供他们分析俄国做点贡献。

米拉谢夫想到这些,反而更加沉着冷静,心中立即构思出一个宏大的惊人举动来。为了实现这一想法,不是先冥想如何想办法快逃出去,而是先要征服这艘轮船的最高指挥官,即俄国负责铁甲运兵船的船长,他是这艘运兵船的最高指挥官。

嘿嘿,我只有控制了他,就等于夺得了这艘巨轮,任我摆弄。米拉谢夫把事情想简单了,他原以为掌握了铁甲火轮船大副的短处,其实非然。

这个俄国铁甲火轮船的船长不是别人,正是东西伯利亚总督穆拉维约夫的手下巴尔钦克诺夫。巴尔钦克诺夫最大的短处就是酗酒,天天烈酒喝过度,船舱里全是瑷珲烧锅出的烈酒"黄龙烈酒"。米拉谢夫私下已弄清,

163

"这些瑷珲烧锅,是关震臣供应的。关震臣这人肯定通俄,我回去必须告诉依大人知晓。"

真是老天爷相助啊!米拉谢夫正在寻找机会时,机会就真的来了。他在船下机舱里帮机轮师傅用机油刷洗轮机油缸时,就听船舱上面"噔噔噔"传来一阵急促的脚步声,有人大喊"戈必单胃疼得厉害,谁有办法呀?"

原来是俄国船长巴尔钦克诺夫患急性胃炎,疼得满船里滚叫。

§

米拉谢夫是个老酒鬼,也曾犯过类似的疾病。他有一套从中国民间一位萨满那里学会的止疼疗法。在军医官和众人无计可施时,米拉谢夫走到了疼得痛哭流涕的巴尔钦克诺夫面前,用右手中指在他的胸前和后背,"啪啪啪"狠狠点动了几下,不知不觉中巴尔钦克诺夫全身不疼了,完好如初。这下,可把俄国船长感激得快称米拉谢夫是活神仙了,当即向在场的人吩咐:"从今往后,船上的累活脏活,绝不让米拉谢夫干了。他就负责干点零活就行。"

船长都说话了,谁敢不听啊。米拉谢夫立即在整个火轮船上受到了最高礼遇。哎,这使米科谢夫获得许多不曾知道的情报。

原来这次米拉谢夫是由俄国"露西亚拉包奇"行动组捕获的。米拉谢夫非常熟悉"露西亚拉包奇",他过去就是其中成员,该组织后被沙皇帝国取缔,视为反动组织。但是沙皇帝国为笼络民众,又旧瓶装新酒利用这个招牌,该组织蜕变成沙皇御用的情报组织,欺骗多少正义人士走上歧途,为沙俄卖命。俄国当前最急需用火轮操纵能手,连关在大牢里的死刑犯均可赦免,尽快送到北域,投放到沙俄进驻的黑龙江、松花江一带,充任运送兵源、运送军需、运送粮草的铁甲火轮的轮机手。俄国军官直接告诉米拉谢夫说:"在当今用人之际,任何乌龟王八蛋都能一步登天,前罪一盖免

第三章　智夺铁甲船

除，如有立功的，最高还能享受到沙皇的封爵，身系一级、二级俄罗斯帝国勋章、绶带，从此光耀子孙后代呐。"

米拉谢夫得悉这一信息，十分兴奋，心想：我最善于伪装，极力讨好铁甲火轮船的哥萨克军官船长，现已经得到他的好感，我要更引起他的重视。对，就这么办。

俄罗斯人都十二分喜爱喝烈性酒。米拉谢夫本人本来也是个大酒鬼，为了办好夺船大事，他如今是一口酒不沾，不但船开得好，而且还能协助患病或喝醉酒的同伙，他替不能开船的轮机手操作，机船浇油、擦洗、检查，样样做得认真细腻，使铁甲兵舰是像新出厂一样，焕然一新，一刻不误地准时到达指定地点，勤恳听命于俄军的调遣。米拉谢夫被捕不过两月，就获得三次三等功褒奖。沙俄军官也越来越信任他，看守他的人也少了，后来就完全免除了。

这一天，沙俄军官、铁甲船的船长巴尔钦克诺夫送来一份有沙皇盖大印的赦免书，上面写的大体意思是：因其功勋卓著，特赦免米拉谢夫往日罪愆，享俄国平民平等福祉。

米拉谢夫终于自由了，觉得诸事均已成熟，所以，他觉得自己谋划的巨大理想到实现的时候了。于是，他就悄悄地从船长口中套得行船途经地点和时间，暗暗计算清楚轮船再次从伯力往回返，路经瑷珲的时间，正好在下月底的子夜时分。米拉谢夫便偷偷求铁甲轮船上被擒来、在船上管船停靠江岸时负责套解铁缆绳的巴甫罗夫协助。巴甫罗夫也是伏尔加河上的囚犯，同病相怜，与米拉谢夫心心相通，相识虽短，但早已成知己。米拉谢夫就让巴甫罗夫在铁甲运兵船经过瑷珲时，悄悄地把拴着块刻有两个"人"字样子的小木棒渔网铅坠子，扔进江岸一边。

§

单说帕尔根、常喜、依郎阿等，早就特别注意俄国火轮船的动向了。

巴甫罗夫扔进江里的这小木棒,顺水流被冲到江岸上,被依郎阿和常喜派出侦察俄国火轮动向的瑷珲副都衙门的哨卡兵勇拾得,不敢怠慢,迅速交给依郎阿依大人。他们这些日子也是正在探察和密访米拉爷爷被俘的动向。忽然从江边拾得此小木棒,大家都不解这网坠子上拴的小木棒刻字是何寓意。帕尔根一见这小木棒,不由得大声叫好,遂拿起小木棒对大家说:"你们看,网坠上拴的布条,我认识。这布正是米拉爷爷做饭菜常穿的那块围裙扯下的一块,这告诉咱们,米拉爷爷平安无事!"

真是意想不到的惊喜,担忧了这些日子,米拉爷爷终于有了下落。常喜盯着小木棒,不时用手指搔着头,百思不得其解地说:"那这块小木棒上还刻有字,是啥意思啊?"

帕尔根思忖片刻说:"我想这肯定是米拉爷爷传来的暗号,大伙动脑猜猜吧!"

帕尔根这么一说,众人都觉有理,不约集中目光,注意起这个小木棒来。

依郎阿上下左右仔细看了看刻的两个"人"字,说:"木棒上面刻着两个人字,难倒是缺人手,要俩人去相助?"

佐七爷乌凌阿说:"说得在理,米拉爷爷是个出了名的轮机手,他总有意能弄到铁甲船,兴许弄着了,人单力薄,盼望着众人相助,没准儿是让咱们去人呐!"

帕尔根拍手称快,高兴得要跳起来,很赞同地说:"七爷呀,你说的话有门!对,赶快去人相助吧!"

帕尔根长期与米拉爷爷相处,最理解米拉爷爷的暗语,大伙就按帕尔根的方案。当夜,依郎阿安排好人手,仍在瑷珲西河湾江心岛子上躲藏埋伏,伺机等待。

第三章 智夺铁甲船

§

岛子上榆柳密聚，从上游开来的火轮船上，大黑烟筒时时冒着黑烟，大老远瞧不到船，就先瞧见浓烟滚滚。只要有火轮通过，蹲在岛上埋伏的人，若远远看见船上有白布闪动，那必是米拉在传递暗号。岸上埋伏的人即可潜水上船。

米拉谢夫本意是等岸上派两个助手上船，因他开船不能分身，那俩人在米拉谢夫指挥下，即可在巴甫罗夫等囚犯朋友襄助下，控制住船。这些米拉谢夫新交的好友们，都与米拉谢夫一条心，会合力制服俄国船长等罗刹兵，俘获俄国铁甲运兵船，瑷珲从此就会有了风雨无阻、超过帆船的铁甲巨舰，瑷珲可就让俄国再不敢轻视了。

正巧轮机手这几天身体不适，也与米拉谢夫相处很融洽，也相信他，是千载难逢的好机遇。米拉谢夫光顾心里乐，紧把着舵，盯着水道，不使火轮搁浅，还不时地关注着河岸上，究竟是派谁来襄助？是帕尔根跳上船？或是常喜跳上船？还是依郎阿亲自上船？

铁甲船欲绕过江心岛时，米拉谢夫猛力拉响汽笛，火轮鸣笛震耳。这时，忽然俄罗斯铁甲运兵船突然抛锚靠向岸边，米拉谢夫事先可未曾听船长说过火轮要在此处停靠啊。正在惊异中，只见火轮放下跳板，自江岸上来三个人，为首的他并不认识，是位俄国银发美女，其他俩人都是大清国人，看那姿态，必是俄国美女的侍从护卫。俄国铁甲运兵船船长很有礼貌地向俄国美女敬礼问候，然后在前引路，上楼，进入船长的办公舱，闭门密谈去了。米拉谢夫原来想劫船的安排完全落空。

米拉谢夫这时才觉得这俄国船长也是很狡猾的人，把他给骗了，夺船计划成了泡影，暗暗自责：自己对船长估计得太简单、太幼稚了！

米拉谢夫还在沉思时，俄国船长带着上船的那三个人走过来，说："米拉谢夫，你有图谋劫持我们船的歹心，我早就注意上了，你是个危险分子。不过，我还是恭喜你，上帝庇护你，关特格列玛发夫人为你求情，那我就不处罚你了，但你不许在清国逗留。我早已把巴甫洛夫关押起来了，你随他们下船回去吧！"

就这样，米拉谢夫被推下船，便随这三人离开了一个多月在俄国铁甲运兵火轮上莫名其妙的生活。

俄国船长手一挥。火轮鸣笛，迅速开走了。

§

米拉谢夫总是盯着那位俄国银发美女，但是她一路上是一言不发，头总是低着，谁也不瞅一眼，就是闷头走路。米拉谢夫心理隐隐感觉到，他之所以突然被抓到俄国船上，直到今日莫名其妙地被放，应该与她有关系。转而又想不明白：她为何又充好人，来救我？思来想去，觉得自己必须从她嘴里掏出点信息。我们同是俄罗斯露西亚人，她怎么也会给点面子吧，与自己搭上几句话，我就能猜测个八九不离十的。

米拉谢夫主动搭讪了几句话，哪承想这位关特格列夫人真就没搭理他，根本不跟他做半点的情感交流，像跟前没他这个人一般。这样更引起米拉谢夫的惴惴不安，心想：这位陌生的俄国女人，为何万里迢迢来到瑷珲，嫁给一个年近古稀的大清国人？看她的仪态与举止，在俄国船长面前都显得那么傲慢，对她那么恭维，绝非一般人！那天，我是被蒙着双眼，至今也没有听到这个女人当面向我说一句话。难道那天审问我的人，就是她？

米拉又问过几次，都是那俩贴身答话，"你没事了，他们抓错人啦，所以放了你。"

"我家夫人为人腼腆，不擅于言讲，请不要与我家夫人说话。"

"我家夫人今天上船，这是去看望她的老熟人，巴尔钦克诺夫大尉，他们在俄国曾是莫斯科国立中学的同班同学。"

两个护卫就这样替这个女人开脱。但是,这个女人几次用眼神制止他俩多嘴,意思少啰唆,别理他,早早回家去。

米拉谢夫早看清这一切,也就不吭声了,由他们三人无声地陪同,一直把米拉谢夫当帕尔根面交给他,才返回他们老关家。

临走,那俩人还很客气,一再解释道:"米拉谢夫回来了。是俄国人抓错了人,让我们转达你们,向你们道歉,对不起,中俄两国同在一条江上相处,要像朋友一样。"

帕尔根和柳莎不明真相啊,他们是千恩万谢,送走这三个人。而后,二人激动地转过身,都不约而同地紧紧抱住米拉爷爷,久久不放,一会儿上下不住地打量着米拉爷爷,看他身上有没有变化,一会儿又围着米拉爷爷问这问那。

米拉爷爷耸耸肩、抬抬手,做了个无奈的表情,俯首亲了亲俩可亲可近的人,笑着说:"孩子们!你们看,我这不是好好的吗?没什么的,还是那么硬实,跟老牤牛一样。他们让我坐上了本国的铁甲船,我就没闲着,我才不那么傻呐!既然请我上船,我就光顾着挑好吃的呛!我吃了不少很多年没吃过的俄国圣彼得堡牛头牌奶油、莫斯科肥肉香肠和我们伏尔加樱桃酸列巴,还有沙拉酱,等于回了一趟故乡!更叫我高兴的是,我还结交了几个好朋友,他们都是坐过大牢的老囚弟兄,我们很对脾气,真亲哪!整天搂着睡也是有那说不完的悄悄话儿!也了解到了不少鲜为人知、关乎瑷珲的一些重要情况。总闷在家,脱离了现实,外面发生了什么,自己都不得而知!再说,去哪能找这么好的机会!"

柳莎和帕尔根见米拉爷爷说得这样的兴奋,悬了一个多月的心,总算放了下来。

帕尔根说:"我们天天在祈祷你平安,真主保佑,米拉爷爷能平安回来。你知道我们有多担心你吗?我们知道你天不怕、地不怕的倔脾气,到哪儿你都能占上风，真怕你若有个三长两短，我和柳莎都不知怎么活啊！"

§

说实在的，米拉爷爷能如此快当，安安全全地回到家，真是根本没有想到的。

帕尔根夫妻见米拉爷爷潇洒地站在眼前，还笑得那么得意，心里得到了莫大的安慰，真是吉人自有天相。米拉爷爷平静了一下心绪，若有所思地说："这次被抓，虽说是平安地回来了，但是所经所历的事，反而更加引起我内心极大的不安！我这些日子，在船上发现许多意想不到的怪事！在你们大清国里，有不少背地里跟俄国眉来眼去的人。瑷珲关特格列一家与俄国关系就非同一般，尤其是关特格列娶的那个俄国女人，虽然我没听到她说过一句话，没发现她跟关特格列派到她身边作护卫的两个人有何安排，但我坚信：她是所有症结的核心人物。这要告诉依大人他们，严加提防，千万小心！必须要想法子摸清楚他们的底细，严防上当吃亏！"

帕尔根听后，预感到事态的严重性，警觉地说："米拉爷爷，我会照你说的去办。你经多识广，就你看他们这是安的啥心思？下一步我该咋做好？"

米拉爷爷胸有成竹地说："一路上，我就想清楚了。眼下咱们就抓三件事：一，依大人和常喜参领都在惦记着我的情况，你与我一起去副都统衙门，把我发现和经历的一切事情全都向他们禀报；二，帕尔根你要亲自出马，一定去关特格列家，表面以感谢他们把我救出来，暗里一定会一会关特格列的四夫人，摸清他们的背后图谋和行动；三，我总是想着要帮助依郎阿大人他们干一桩大好事，我至今仍没有做到，实不甘心。这次我动了不少心思，结果还是被哥萨克军官船长给识破了，幸好半路上杀出个关特格列的俄国夫人。他们突然上了船，也算救了我一条性命。她为什么救我，一时想不明白。我在船上待了一个多月，谙熟了不少火轮船的各种设施、机器、动力及轮机的各部人员结构，更妙的是我还结交不少新朋友和帮手。特别是俄罗斯国那个忒喜欢酗酒的船长，有一次他醉酒时向我透露了一个很有价值的秘密！原来俄国为了尽快抢占大清在东西伯利亚更多的土地，紧急招调过来近百艘铁甲火轮船，由于多用囚犯开船，他们不关注船上设施的维修与保养，对什么都是随心所欲，坏了就扔下不管，三千里的黑龙江上，随处可见被抛弃的火轮船，不少都是修一修就仍然可以继续行驶在黑龙江上的。这些都是难求的宝贝呀！咱们为啥不捡回来，加以维修，为咱们所用呢？这火轮船远远超过大帆船，有几千马力，运力大、速度快、乘载量多，在黑龙江上真是赛过蛟龙啊！咱们一定要千方百计想法弄到手，巡逻守卫出征，瑷珲那可真正是要插上翅膀啦！"

先不说米拉爷爷和帕尔根一家在如何商量下一步的秘密打算，还是唠一唠副都统衙门里正在干的大事吧！

§

黑龙江将军特普钦自从去了几次瑷珲，谙熟并肯定了瑷珲所面临的现状，确实令他堪忧，简直是把整个心思全都放到这夜夜让他难已入眠、时刻充满明争暗斗的清俄两国硝烟战场的前哨——瑷珲城。特普钦哪能安心坐在省城遥控，必须与军民同甘共苦，坚守阵地。十数天来，他的爱妾和将军府上下人等常不晓将军的去向。反正大家都深知特普钦，别看他已六十多岁、肾亏瘟疾全身浮肿，也总是将爱妾给他熬好的汤药，装满一大壶，随身带着，去他必想去的第一线某地，问他也不说，已成了习惯。

大清国北方疆域太辽阔了，各地配备的州县、乡镇、兵弁官衙等常务人员，多有空缺，能干之才北地实难聘找，一旦有事便顾此失彼，鞭长莫及,一时为俄抢占土地创造了空隙。俄国自从得到黑龙江和松花江,乌苏里江北域四十余万平方公里的领土,觊觎尤甚,趁疆域划分不细之际,竭力妄图更多获取既得利益,俄国势必要迅及填充这个空隙。当下最紧缺的物资就是粮食、牲畜饲料和日用百货等一应用品了,必然要想尽一切办法,尽一切可能保障东西伯利亚新开发土地上的士兵、家属和一切人员及牲畜的日常必须。故此,俄国就利用这种契机,煞费苦心,熬尽心机地用各种手段,如用美女、银子、卢布等精神和物质上的引诱,以招降、哄骗一切为他们可用的大清国人为其效力;或是采取窃掠、强抢、恐吓等卑劣手段,占有资源;再如虚伪地极力提倡和主张两国友好,建立通商口岸,互通有无,以利敦睦邦交之谊。

再说,在瑷珲城里,还有一位年近六十的老者,这不是别人,正是瑷珲副都统衙门副都统关保大人。这不,他在小孙子牛儿的帮助下,早早穿好衣裳。祖孙俩一大清早,就喊醒了关保大人的夫人张氏。

牛儿吵吵嚷嚷地喊奶奶:"奶奶,赶紧着把牛皮褡裢找出来,装好饽饽、咸菜和酱黄瓜。嗯!另外,别忘了带上爷爷的那一壶烧酒,装满点。这壶烧酒不单是要喝些,还是因为爷爷浑身骨节疼,我还要在爷爷疼的时候,好用烈酒为他擦身子,减轻、缓解疼痛呢。"

"好孙子,我们的牛儿越来越懂事了。"张奶奶听牛儿这么忙乎地传话,心里就明白了,嘴里爽快地答应着,麻溜儿地去忙着了。

祖孙俩这是又要去江边河套子里"蹲坑",监视俄国哥萨克兵过江来偷割牧草呐。张氏很是心疼关保大人的身子骨,那也是五十七八岁的年纪啦,白天就知道不顾命地忙活衙门里的差使,到晚上疼得腿脚一宿宿不能入睡,怎么劝也不顶事。祖孙儿俩临走出家门时,张氏还不忘一个劲儿地嘱咐牛儿:"牛儿,你爷有病,别老让他靠酒止疼,不要喝多了。哎哟,我忘了,我还给你们熬了粥了呢,你们喝完了再走吧。"

"奶奶,我们不喝了。"牛儿二话没说,抓过一个苞米面大饼子,放嘴

第三章 智夺铁甲船

里一边嚼着，趁奶奶转身不注意，一溜烟就跑远了，张奶奶说得啥，牛儿哪能听见呐！

§

朱伯西我在这儿还真得费点口舌，向各位介绍一下关保大人这奇特组合而成的一家人。

关保大人，满洲吴子哈喇，正黄旗人氏，咸丰初年在瑷珲蓝旗沟娶了何氏女，育有一子两女，均已成人。儿子就在瑷珲胜武营常喜参领麾下为骑兵巴雅拉（清代八旗军队中对武将和武士的一种尊称）。咸丰八年（1856）结发妻何氏不幸因病去世，关保也是终日忙于公务，无暇顾及其他，始终鳏居未娶。

人生难以预料之事何止奇异？没想到关保后来竟然还有一段天作之合。

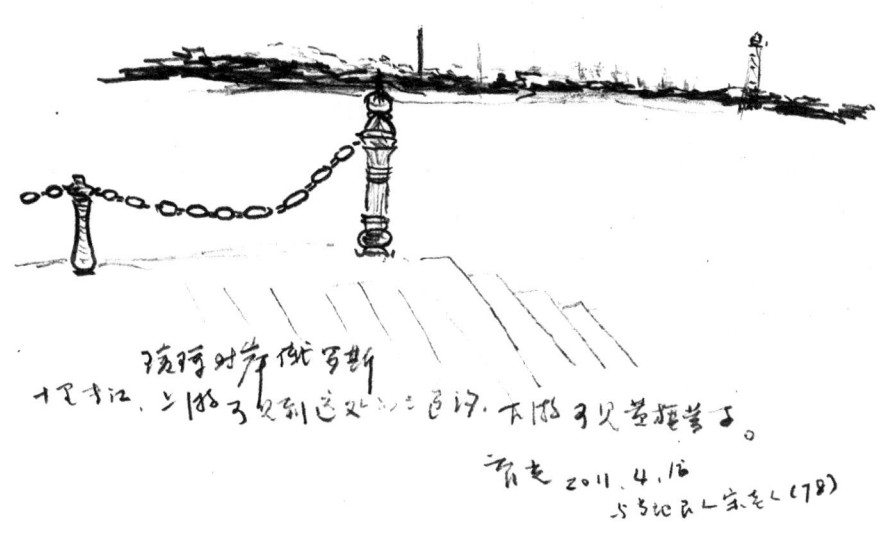

瑷珲对岸的俄罗斯

张氏是他的续弦夫人,她娘家瑷珲三道沟人,嫁到瑷珲城老张家。公公张福领着独生子、她的丈夫张柱子以种地为生,本分农民,在当地为人挺好,忠厚勤劳,家道生活尚属宽裕。瑷珲城周围方圆二十多里地除了松树林,就是荒草地,杂草一人来高,密不透风。一到春秋两季,气候干燥,降雨少,松林枯叶遍地,最好引起荒火,荒火一烧就是十多天。老张家是紧挨着在瑷珲的北屯边,荒火烧起来,最先遭到危及的就是老张家。

说起这事有年头了。大约六年前一个暮春季节,十里外的北甸子发生荒火,被风这么一吹,荒草顿时着了起来,火势迅猛地蔓延开来,火借风力,风助火势,顿时火头一丈多高,迅即扑向老张家。张家父子拼命地扑火,保护家园。就在这危急时刻,瑷珲副都统衙门关保大人率队赶来参与扑火。经过全瑷珲男女老少拼命苦战,恶魔般的荒火经过几个昼夜,终于被扑灭了。

可是,这场荒火给百姓造成的损失太大了,不可估量!沿江十多里的草场,从卡伦山到瑷珲被烧成一片焦土。更令人痛心的是:在这场灾难中老张家房舍虽没受到荒火的侵害,但是荒火却夺去了张福老人的儿子张柱子的性命。更使全瑷珲男女老少忧伤至极的是关保大人在烈火中全身大面积被烧伤,像炭人一般。全仰仗众兵勇们拼命从烈火中抢出关保大人,才算保住了性命。瑷珲民众感念关保大人之德,把昏迷不醒的关保大人强力挽留来疗伤。

瑷珲当地常遭火患,对医治火伤有独到的疗效,张福老人就最擅长治疗火伤的。他用柞树叶子泡冰块、用獾子油和刺猬皮敷于患处,用鹿血和鹿胎补养患处,哎!这种土办法,竟然能使全身的火伤处长出新皮来。

一霎时,相依为命的儿子走了,张福老人虽然心如刀绞,再加上看到孝顺的儿媳还带着吃奶的小孙子,就更是日夜无眠,老泪纵横了。但是,张家老人在这种悲痛下,还是万分感激关保大人无私拯救瑷珲和他的家舍。张福老人与街邻们把昏迷不醒的关保大人,轻轻抬到他家上屋西暖阁,就与自己同睡在一铺炕上，便于日夜照看、护理方便。张福老人都七八十岁了，他像对待亲儿子一样的热心护理关保大人，天天到野外采药、炮制生肌散。由于关保无法起身，行动不便，老人的儿媳张氏，也是每日喂水喂食，端屎端尿地侍奉着，一时一刻不得闲着。虽然说在那个年代讲究男女授受不亲，但是对于全家的大恩人关保大人来说，张氏也就不顾男女之嫌了。再说，公公张福年岁已大，他也没有心力做这些事了，也只能是张氏出手为之。张氏可以说，像照顾自己丈夫一样，照顾着关保大人。

也别说，张福老人的土法治疗烧伤甚有奇效。十多天光景，关保大人被烧的一身大大小小的黄水泡全消了。半年多的时间，关保大人就病愈下炕，能走了，身上除遗留少许疤痕外，基本都长出新肉，没落下太大的伤残。这真是奇迹呀！关保大人也由衷地感激张福老人和他的儿媳妇张氏，对他有再造之恩啊！

这故事说到这儿，呵！还没有结束。后来呀，关保大人和张福两家越走越亲，相互关照提携，渊源相济。张福老人敬重关保，也是关爱儿媳亦出于至诚，有一天就把这层窗户纸给捅破了。张氏夫人也是打心眼里敬慕关保大人为国效力，同情他老来丧妻，孑然自怜，便甘心情愿再嫁，为关保大人浣衣褞袊，侍奉终生。关保虽然心里愿意，但怕拖累张氏，就屡辞而不允，拖了若干年。这不，直至不久前经特普钦撮合，二人才始结为连理。

§

关保副都统遵照特普钦将军之命，为杜绝俄人擅自越界盗割牧草，要设防严御。他将衙门里所有文武官佐，分片、分工，日夜把守，依郎阿、常喜等都各有管区。另外，关保是出了名的驯犬师傅，从他手驯育出的一流"色克"犬不下百只，在瑷珲、墨尔根、阿拉楚克、齐齐哈尔副都统衙门等前哨，成为一支凶悍的特殊劲旅。他以他家的"四眼"小黑豹狗，充当传报兵。小黑豹子可通人言，懂得隐藏和突袭，能用眼神告诉你它发现的老多秘密，机灵得很，狡猛如狼。

关保带着小孙子牛儿，已经连续十多天亲自到江畔自己分摊的地段，"蹲坑"监视俄国越界动向了。因为关保知道：这特普钦可不是往日的奕山将军，他苛于律己，府衙找不到他是常事。从没听过他吐一个"累"字，像一股子旋风，忽然转到这儿，忽然又转到那儿，不知啥时辰就会转到你面前来。所以，关保除了严于律己、以身作则外，对属下管得也是非常严，都怕特普钦这位风煞大神突然到来，闹得被动，如果一旦发现一些漏岗，按特普钦那脾气绝不会放过，照规程办事，就必先销其职，而后奏报京师实裁，永难录用。

关保带着小孙子牛儿巡视了河岸三处据点，人们各个忠诚职守，心甚满意。回到自己巡守的地界，牛儿让爷爷坐一会儿，该用酒擦伤疤啦。关保思忖：我是不是太胆小了？黑龙江偌大地盘，省城卜奎离瑷珲城至少也有六七百余里，特普钦将军事务多得很，哪能那么容易将军就来到瑷珲！

想到这些，他想听小孙孙的话：坐下歇口气儿，用酒搓搓身板儿。

可是，关保刚刚坐下，又站了起来，他想到南坡洋草草场还没有检查。于是，让小牛儿把饭拿出来，等到爷爷回来一块吃。关保向南坡地奔走，南坡这一带紧挨着江沿。等到关保走到南坡跟前一看，傻眼了，整个南坡已经割下的数千捆洋草摆了一大片。关保很吃惊：这是哪家存放的草？我怎么不知道这个情况呢？这很容易被俄国人偷着来船给抢走啊！这可真实失职啊！

关保跑着来到南坡底下，立足还没站定，被一只大手一把薅住。

"副都统大人，你来得很及时，发现了这大堆的洋草，这是谁家的？往哪卖的？"

关保一听，正是特普钦将军。特普钦将军拉着关保走到河边老杨树下，

第三章 智夺铁甲船

关保这才发现在杨树林隐蔽处,用山羊皮围成有一间小窝棚,窝棚仅能睡一个人,放着一个碗和一双筷子,一看便猜着了,特普钦将军可能早就从省城来到瑷珲,看样子已住上有十余天了,"我怎么一点也没察觉啊?"

特普钦将军并没有责怪,笑着说:"瑷珲做得很好,我始终跟随你在一起,你们不知道吧?辛苦了!代我向众位护国的英雄们致敬了!"

"我没干粮,已饿一天肚子了。走,到你小河滨那块讨点吃的。"说着,特普钦将军拉着关保就走。

"好好!我那还有我夫人给带的烧酒,咱陪将军喝点,也驱驱寒。"关保在头前领道,从心里很敬佩特普钦将军,没想到将军连自己分守的地段都一清二楚。奕山时代哪能这样?特普钦将军掌管龙江,龙江必会成为御敌的铜墙铁壁!

特普钦和关保喝着酒聊着近况。牛儿还抓来三只蛤蟆,火上一烤,香气扑鼻,特普钦一再说:"唉哟,谢谢牛儿,让爷爷过大年啦!"

这时,依郎阿、常喜领着帕尔根和米拉爷爷等一群人来了,见了特普钦将军也在这里,群情激动,都忙涌上前去打千拥抱,有的还抢着喝关保的烧酒。米拉爷爷也激动地上前拥抱着特普钦和关保,喋喋不休地说道:"我这俄罗斯人是最忠实的东正教信徒,最讲究正义、知恩图报。我感谢你们临危相救!"

特普钦说:"这些天,我秘密观察瑷珲,我放心了。瑷珲不愧是萨布素老将军开辟和打造的营盘,保留着当年的尚勇氛围。依郎阿你带出了那么多徒弟,传授少林功夫。常喜你在看守洋草的空隙,还不忘带兵练马术。这样干,咱们就对得起为瑷珲献身的萨布素、赛冲阿、湖尔奇、吉尔洪额众英魂!"

众人不时地点头,予以赞同。

§

依郎阿面向特普钦将军,打千施礼道:"将军,米拉爷爷这次是专为一个设想来的,正赶上您在,还请大人审视定夺!"

米拉爷爷走过来,把身旁站着的一位俄国老者引到特普钦面前说:"将军,这位叫依里吉尔·巴甫洛夫,原来也是被沙皇帝国关入囚牢20多年,因急用人,被放出来一年多。我们是这次被抓上俄国铁甲运兵船劳役才相识的,我们一见如故,成了知交。我请他襄助,帮你们也弄到一艘铁甲船,能帮上你们大忙的呀!"

特普钦、关保等众人听了,都非常高兴,请巴甫洛夫坐下详细介绍情况。

巴甫洛夫随后说道:"俄国人抛下的许多半旧半新的、不便顺利开动的、抛了锚的铁甲船,大多都在离这儿有千里远的黑龙江下游与乌苏里江的交汇处,那里的江中有由鸟粪、腐殖土经年堆积而形成的大大小小的岛屿。若是洪泛期,水漫过江岸,到处一片汪洋,江上的一座座灯照设备,被大水冲击淹没,都不能起到导航作用。船只能在水浪里试探着行驶,很易触礁或搁浅;若是遇上旱季,水量锐消,江中岛屿陡显弥多。行船尤重娴熟江道,哪里可行,哪里切不可进。擅长观水者此刻并不观水,而是观察白鸥带仔在何处游戏,行船必无大碍。否则,水流探测不准,更易触礁或船被众岛挡住视线,将船开上了'媳妇被子'上(行船土语:船陷在软绵绵的沙土地),只能熄火停船,得一直待到水涨,或招请其他船只把船拉入水流中,船才能重新发动前行。若是遇上了粗心的舵手,由于疏忽或麻痹大意,江船可遭殃了,极易陷入泥泽里或被江中密草给层层缠绕,根本动弹不了。现在,黑龙江上多是从勒拿河和马加丹开来的俄罗斯战船,舵手根本不熟悉黑龙江流域水道;再加上他们大都是新从监狱里放出来的囚徒，本来就心怀一腔恨沙皇帝国的心理，谁能尽心开船啊！拼命使用，玩命糟践，还有个不坏的！俄国官一看船趴窝了，就以为坏了，抛下船不管，抢着坐另一艘船走了。为这事常有大小老毛子官，为抢船而撕打得互相扒光衣服，船让得胜的一方开走，败仗的一方只能光着身子，在那大喊大叫。"

人们不由地想起：自古以来，黑龙江上就有行船谣："萨哈连、萨哈连，龙王开船，王母拉纤，缺德冒了烟的人开船，早早晚晚小命要玩儿完。"

巴甫洛夫最后补充一句："俄国人不在乎船，人家舰船多，也不当个事儿。"

大家听完巴甫洛夫讲述，笑得前仰后合，个个摩拳擦掌，跃跃欲试，一定要千里寻宝，谋划着智斗罗刹兵，夺得铁甲船。让瑷珲管辖的地域就不像如今，望山跑死马，累得东跑西颠也顾不过来，管控江左就易如反掌，更主动自如了。

经过众人集思广益，最后特普钦发令：关保亲率属将远征，成员有依郎阿、常喜、佐七爷，除外还请米拉爷爷、巴甫洛夫、帕尔根做向导相助。这可是瑷珲地方首次破天荒的一大秘举，也可以说：如果此事成功了，能够算作改变了瑷珲往日穷苦衙门的状态，书就了崭新荣耀史的不凡业绩。

特普钦反复叮咛："谋事在人，成事在天。天有不测风云，绝非一厢情愿者也，诸君慎而慎哉。"

这话真让特普钦给说着了。关保虽然亦三令五申勿得外泄，可是群嘴安能皆抑耶。这事不知怎么竟传到关特格列玛发的俄国四夫人妮娜耳朵里去了。妮娜得到这个情报时，正与二夫人刘翠霞的娇子关震臣，在关府内院的西暖阁尽情享受着男欢女爱的鱼水之情呢。

§

二夫人刘翠霞的娇子关震臣，可以说是少年英俊，风流倜傥，多少瑷珲城闺秀，脉脉含情、暗求媒娘能与关宅喜结情丝。然而，关震臣早为妮娜姨娘所诱，银子、玉身、理念、向往全赋予了他。关震臣和俄国女人妮娜关系处理得很诡秘，关家上下和外边的人，任何人都不知内情。因为关特格列四夫人妮娜管关震臣忒严，唯命是从于妮娜，关震臣早已成为妮娜的影子人物。

妮娜可算作是富有社会经验和阅历的俄国情报人中的老手了，鬼倔狡诈得很，平常给人的一般印象是年少美貌、风骚任性、艳妆惊魂。但是，这妮娜真正的一面，则是很富有思索的女强人，最喜做人杰，最擅长于驾驭人，有韬略、有预见，遇事果断，手段狠毒，而且处理事情是干净利索。她凡做的任何事，都能巧妙地借大清人之手而为之，实际上，她则幕后操纵，不为于前、不露任何蛛丝马迹。你说像关震臣这样初出茅庐的乳子，哪能不成妮娜的玩偶，言听计从，旁无二心呢！可以说：妮娜的一笑一怒一嗔一思，关震臣都看不够、爱不够。所以，他一看自己的阿玛不在家，就偷偷地钻进西暖阁，在妮娜的玉身上尽情地享受着俄国女人给他带来的那种异样的快感。

这次，关震臣和妮娜刚云雨过后，二人相拥在一起。关震臣低低耳语道："姨娘唉，我打听到了你要的消息，关保他们要去千里远的下江蜂蜜顶子和熊瞎子岛去抢俄国铁甲船。"

妮娜大喜，拍了拍震臣的脸蛋儿，嗲腻地凑上前，亲昵地说："小亲爱的，亲你！你真能干，我呀说话算数，奖励你，下个月我偷偷让铁甲船船长带你去趟圣彼得堡逛一逛去。"

说完欲离开关震臣时，突然又转回身，煞有介事地说："哎呀，你弄准

第三章　智夺铁甲船

了吗？你一定要打听准，都是谁去弄我们的船？"

关震臣不解其意，仍很有把握地说："四姨娘呵，你放心，我打听准啦，他们全员出动！"

妮娜说道："我前天听我的同学俄国大尉传知我，那个被关押的巴甫洛夫逃跑了，提醒我注意。所以我猜测到了，他们必是又在打我国停放的那些不能使用的铁甲船的鬼主意。"

关震臣还要问，被妮娜的手势制止住，说："我小亲爱的，该问的问，不该知道的事不要打听。要记住，你是我小亲爱的，你阿玛是我老亲爱的。可是，在外人面前，你就是你，你阿玛就是你阿玛，谁都跟我没关系，我对你们概不负责。我说不认账就是不认账，绝不可错了这个规矩。你阿玛关特格列，我还信得住，你呀最让我不放心了，心猿意马，谁知道你偷着还干些啥？你要放老实点，我可翻脸不认人，可以尽情让你爱，也随时叫人杀死你，尸首你都找不着！"

震臣被妮娜这通威宠并施的话语，一时吓得跪倒在妮娜脚下，瘫成像个泥人一般。

§

特普钦虽然当众下令，以关保为首全去夺俄国铁甲船，大家都精神振奋、斗志昂扬地分头去做准备了。但深夜特普钦又命吉庆悄悄带关保速至江沿老杨树山羊皮小窝棚里待命。

关保听信后，哪敢怠慢啊，速与吉庆秘密来在特普钦藏匿的住地。

特普钦见面闲言不唠，就说："关保，以我现在命令为号，命尔率领常喜、佐七爷、乌凌阿及都统衙门悉数人等，搁置一应杂务，沿线分派，据守瑷珲三百余里沿江两岸，所有哨站均设瞭望者，各带干粮水壶，各自分工坚守江滨所有洋草地，监视俄方动向，窥查何人动草？鸣锣为警，缉捕犯科者严惩不贷，疏漏懈责者法理论处。"

"是？是！"关保大人听后一时很是吃惊，不知特普钦为何如此安排？难道米拉爷爷他们的策略要泡汤啦？

特普钦见关保沉闷不语、疑云满面，便道："孙子兵法有云：虚张声势。那日所云，造势耳！余反复思忖，以我等微弱兵力，如何应对罗刹兵？已知罗刹急缺粮草，夺草盗粮与守草保粮乃成为当前两国角力之争。罗刹有千百耳目在窥视我之用兵，我当尔等之面所宣布之语，意使窃听者向那位关府俄国四夫人讲出去，你我静观有何新戏出台？至于巧夺俄国铁甲运兵船之事，虽是机不可失。真若是夺船，我们使不上力气的，全得靠米拉爷爷和他的各位挚友倾情相助，何况有依郎阿参与，相信帕尔根、米拉爷爷、巴甫洛夫这些人，会让我们听见插有黄龙旗的瑷珲铁甲大船鸣笛报喜的。"

关保欣然大悟，领命而去。

§

再说关震臣那天向妮娜传报瑷珲副都统人员动向，妮娜如获至宝。她当即用她养的白鸽报于俄国铁甲舰大尉乌里诃扬夫·巴尔钦克诺夫，他是东西伯利亚情报行动站的头目、妮娜的情人，也是妮娜的顶头上司。巴尔钦克诺夫闻信后，就命妮娜选好时机，船上以三声短笛为号，迅将各地小船装载好的洋草装上船。为此，巴尔钦克诺夫命妮娜务要组织好装船人，行动敏捷，不得拖延。妮娜就将这个重任委任于关震臣，事成后每人得三千俄国金券。另外，妮娜也是想通过此事，锻炼一下自己的小情人。

为圆满完成此事，关震臣按照妮娜主意，提前以他的名义在瑷珲附近70余个大大小小托克索和各地营子，以高价收购洋草三万余捆，又雇小威乎船200余只，雇了200多人为他看管守摊打垛。这些洋草都隐藏在河边草丛中，只要听到江中有三声短笛，就划船送草。届时，数百里江面上处处都是急驶的小船，清兵人少，他们望见也只能是傻眼，干着急，顾此失彼，即使抓住三五只小威乎又有何妨呢！而绝大部分船上的洋草，早就收上俄船了。俄船必可大获全胜，满载而归，这就是聪明的妮娜的精心设计。

俗话说：酒是陈的香，姜还是老的辣。妮娜也太富于浪漫和幻想了，最终她还是没有赢过特普钦。特普钦采用之策很简单，就是固守田园，守株待兔。就是在三百里江面上，以逸待劳，按兵不动。逼使妮娜和她的走狗关震臣雇佣的所有小船，迫于清军震慑，不敢划进江中，纵使巴尔钦克诺夫怎么拼命鸣笛，江上只瞧见黄龙旗四处飘扬，就是没有妮娜的送草船，气得他站在铁甲船甲板上跺着脚大骂，这个不讲信用的淫妇。

妮娜又何尝不急呢？她躲在草地上像一个疯婆子似的，狠狠薅着关震臣的头和辫子痛哭大骂，"你这个窝囊废，真真害苦了我了！看我回去怎么收拾你。"

巴尔钦克诺夫一看自己和妮娜密谋的计策早已被大清国识破，只好起锚返航。巴尔钦克诺夫前脚刚走，后脚就听见，远处又传来一阵清脆的船笛声音，米拉爷爷摇着羊皮大衣，依郎阿和帕尔根高高招着手，巴甫洛夫亲自掌舵，开过来一艘铁甲快船，是破浪前进，惊飞起江心岛上一群群欢叫着的喜鹊和野鸭。依郎阿率领着常喜、米拉爷爷和巴甫洛夫星夜赶到了黑龙江下游，没费吹灰之力，就截获了一艘俄国铁甲船。米拉爷爷和巴甫洛夫的技术真不赖，他们是这捅咕捅咕、那收拾收拾，没用多长时间，俄国铁甲船竟然修好了，汽笛长鸣，溯水而上，是得胜而回。

妮娜藏在草丛里，看到此番情象，差点没把鼻子给气歪了。她是咬牙切齿啊，心说：瑷珲衙门的人，你们给我等着。咱们骑驴看唱本——走着瞧，我妮娜克娃让你们哭的事还在后面呢！

俄国女人妮娜心中又突生出一条毒计。

第四章　迷离谍争

尊敬的奶奶、爷爷、师傅、兄弟、朋友，各位好！
我有金子一样的嘴，我有龙马精神，
我有海一样的胸怀，
我把遥远祖先的英雄名字、勋业永远记住。
前事不忘，后事之师。
我现在以虔诚之心，
把感人的富察氏家族的说部，给您讲述出来。
我恭恭敬敬地讲啊，您耐心地听吧。
小学生我有礼了，
各位大喜，吉祥，万福金安！

第四章　迷离谍争

有道是：国之永安，贵在于士农。城之昌盛，贵在于工商。

说来咱瑷珲城里初有一些商号，虽不起眼，开张得还真很早。那是自打清康熙年乍建将军衙门，有了官府，早年头僻静的瑷珲渔村渡口，可就一天比一天喧闹起来，嗨！真可说是一天变一个样儿，报喜的锣声鼓声不断，周围众星捧月般的大大小小无数旗屯、托克索，像雨后柳林般茁壮涌现。瑷珲四面八方，人口繁杂、车水马龙，远自盛京、吉林乌拉、宁古塔、阿拉楚克、依兰三姓等地的商贾，也纷纷来到瑷珲城落户，从此商业也就应运而生。

只不过，由于雍乾以来忙于应付罗刹，无暇他顾，所以对于发展商业不甚关注，故而瑷珲城地方的商埠规模和数量，总是发展得不像龙江、宁古塔和吉林乌拉那么红火，还没有生意兴隆达三江之势。

瑷珲商业真正有大的起色，还应该归功于特普钦将军时代。自他到任黑龙江将军之后，为了与罗刹抗衡，极力巩固北陲瑷珲要塞的建设，修竣江防，铺整沙石修砌的中央一条通江岸的宽敞大街，而且又修整出一条东西走向的平坦市街。由此瑷珲形成了著名的十字长街，沿袭二百余载。街上出现许多大小商铺、药铺、裁缝店、豆腐坊和铁匠烘炉及烧锅门面，等等。早期的那些商铺，略以满足民需，俄国东西伯利亚总督穆拉维约夫来瑷珲谈判时的瑷珲市面大致如此。

当时的瑷珲古城，还真赶不上因《北京续订条约》生效，大清国认定《瑷珲条约》有效，而被俄国一夜时间炮舰、哥萨克骑兵马队抢占的哈巴罗夫斯克（伯力）、大黑河卡对岸的海兰泡。这些地方俄军入驻，双头鹰旗高高飞翔，而且极力笼络周围大清国民，以优惠、诚恳、好客之姿，诱引清人到这些俄属区献技献物。俄国人还主动建了许多市集，牛马骡驴羊鸡鸭皆可入市。故而，海兰泡等处商业畸形蓬勃发达。

商业就是如此，人越聚越富，越聚越能吸引八方来客。一时间，大黑河海兰泡远盛于瑷珲，连京师、江南的商贾也都招摇过市。

§

　　特普钦看到这种现象后，受到极大震撼，所以向皇上奏书：开封禁，引齐鲁晋豫诸省商贾入住瑷珲，安家立业，开拓北疆。只有财源永茂，才能国富民强啊。特普钦的奏书，很快就得到了皇上的恩准。

　　到了同治二年时，瑷珲城接连传出喜讯：齐鲁晋豫诸省客商是蜂拥而至。这些客商，都是特普钦奖励那几位张氏兄弟、丘氏乡贤等到关内老家召商、劝说和引荐来北疆瑷珲城的。这就是瑷珲城历史上非常著名的"兴胜号""保宁堂""金兰斋"几大商号。

　　"兴胜号"，你可小瞧不得。明朝嘉靖时代，它就在山西晋城以开山西老醋闻名于世；到了清朝，它还专门从山西晋城贡献给清宫皇家御膳，如今十三代传人亲来塞北，为兴旺瑷珲，在当地留名。"保宁堂"更是京城一绝，专门销售祖传医治妇婴百科疑难杂症的中药丸散膏丹。"金兰斋"则是盛京名商，其祖颜洪原本在京师天桥室外最早创办的"燕京八大件"，其十九代传人被召引到瑷珲，让塞北各方宾朋赏识一番山海关内的名糕面点，展露南风，活跃北疆。

　　开张那日，特普钦将军亲自为他们各老板挂匾，把酒祭奠财神和江神，夜祭星神，放龙灯、河灯，跳满洲玛克辛舞，扭北方鞑子秧歌。不久，"兴胜号""保宁堂""金兰斋"等商家，又在海兰泡开设了分号。从此扭转了俄国管理北疆商业的局面，广大大清国民众认识到了自立自强，这块古老的黑龙江沃土要用我们的双手来保卫、来建设。

　　大家都知道，历史上总讲瑷珲城对岸有江东六十四屯，其实那纯是庚子俄难时俄国人叫起来的。海兰泡西侧原本在很早以前就有人家，因黑龙江西岸的瑷珲城及周边的许多旗民的托克索，江对岸各地住户因为生活需用方便，江两岸就有经常往来通行的大轮渡，车马牛羊人畜都能通过。海

第四章　迷离谍争

兰泡精奇里江口的西侧，古代叫西滩噶珊，有人烟，后来越来越发展，形成了大的部落，住有很多姓氏，有满洲人、达斡尔人、鄂伦春人、汉人等。随着经济繁荣，附近部族愈多，也日益蔓延形成了后来的二十屯、二十四屯、三十二屯、六十四屯的模样，其实都是概数而已。

同治年间，在瑷珲霎时间出现了插黄龙旗的铁甲快船，喷着浓烟，鸣鸣吼叫，行驶在黑龙江数百里江左江右两岸，为沿岸百姓送去油、盐、酱、米、粮、面、布等生活用品，耕犁、籽种、牛马用具等。似乎在宣述不屈的瑷珲吉人天相、逢凶化吉、昂首阔步地向前走，永不歇息地为守疆护土。大清国铁甲快船的船长就是特普钦将军亲委的帕尔根，操船师就是巴甫洛夫，杂工就是米拉爷爷、柳莎和自愿上船填煤、管理铁锚、缆绳、跳板的帕尔根雇工关泰和关福等人。关泰和关福不是别人，就是被关特格列玛发二夫人刘翠霞赶出老关家的、无处谋生的老实巴交的两弟兄。

特普钦特意嘱咐帕尔根，说："这艘铁甲快船，是老天爷赏给咱瑷珲城百姓的救命船，一定要有良心，帮助穷人办事，做积德行善的事。"

"将军大人，你就放心吧。我们拿它，比自己的命都重要。"

说句实在话，当时靠米拉爷爷等俄国囚徒帮助，千辛万苦才弄到俄国丢弃不用的旧船，不仅极大激怒俄国罗刹兵和他们的大小官员，他们认为这是对他们的一种挑衅。愚昧的大清国哪配有铁甲船？不能给他们贴粉！得想方设法夺回来或者炸毁。再者，铁甲船的油料、燃料使用一阵儿就空了，必须有常备燃料，到哪里去弄啊？

特普钦、关保、依郎阿、吉庆、常喜、佐七爷乌凌阿等人，除了日日夜夜为保护快船不遭任何威胁外，就是一门心思寻找可代替用的燃料。

说来真巧，关特格列如今已不像往日气派了，他那盛气凌人的俄国四夫人妮娜，因为上次没有及时缴纳俄国军草，被其情夫巴尔钦克诺夫免职了，不再负责瑷珲情报工作了。妮娜本来想好的一条毒计，对瑷珲副都统衙门进行报复呢。现在好，自己被免职了，也免得再操这份心了。干脆，妮娜把心一横,带着自己的小情人关震臣和关震臣母亲、关特格列的二夫人刘翠霞,仨人一起搬到黑河卡对面的俄国新屯——海兰泡,做起了销售俄国货和清国货生意,摇身一变,竟成了"萨哈连"阔老板。

关特格列的二夫人刘翠霞和四夫人妮娜前脚刚走,后脚他的三夫人徐彩芬红杏出墙了。老少配、老少配,整不好就遭罪。三夫人徐彩芬看二夫人和四夫人都走了,自己在府上也感觉空荡荡的,也没个说话的人,太没意思。二夫人刘翠霞没走时,还可以找个借口,跟她吵一架。现在人家走了,连个吵架的都没有了。徐彩芬一想:我干脆回娘家待一段时间得了。

三夫人徐彩芬给关特格列一说,关特格列也没多想,就说:"你想家就回去吧。在家待够了,就回来。"

"哎!"三夫人徐彩芬答应一声,回屋也收拾收拾,带了一些换洗的衣服和两名丫鬟,就回了墨尔根娘家了。什么事都怕那个巧劲。三夫人徐彩芬回到墨尔根娘家,刚一进门,正赶上吉林伯都纳蒙古的一位协领在家做客,二人一打照面,就对上眼了,一来二去,俩人也是勾勾搭搭、卿卿我我,搞到一块去了。三夫人徐彩芬一咬牙,决心与关特格列一刀两断。开始,关特格列接到三夫人徐彩芬的休书后,气得胡子"突突突"直蹦,说什么都不同意。哪曾想,这个三夫人徐彩芬呢也不是省油的灯。她通过这位协领其蒙古王爷后裔的家族势力,是一纸诉状,把关特格列告到旗衙门和宗人府了。关特格列真是光屁股推磨——转圈丢人啊。这人都丢到京城去了。现在,正是因为三夫人徐彩芬向关特格列索要六载舍身费,并要分割财产,正闹得关特格列焦头烂额、郁闷成疾呢。这个舍身费,就有点像现在女孩分手时,常提的什么青春损失费一样,清朝那时候就有。

关特格列真是王八进灶坑——憋气又窝火:"老天爷啊!我这是造了哪辈孽了,让我遭受这样的报应啊?报应啊!报应!"

关特格列天天只能躺着,大口大口地抽大烟,在迷迷茫茫中苦挨时光。

第四章　迷离谍争

关特格列躺在炕上边品着烟香，边偷看着王氏大夫人，虽然年已衰老，但现在在他的眼里怎么变得这么美啊！关特格列意识到，老天赐给我的最亲的人、值得我信任的人，也就是大夫人了。

关特格列心情突然好受多了，突然，他冷不丁儿坐了起来，想起一事，自言自语地说："这特普钦他们到处找什么黑炭，瑷珲东山奔卡霍洛（今黑河地区西岗子）的地方，小时候我们常去那地方玩，就捡到过黑乎乎的东西，一摸一手黑，我们就互相往脸上抹着玩。唉，老了，管这些事，图啥啊！"

大夫人王氏正在一心给自己的老畏根精心地在油灯上熬烟膏。这大烟若要好抽，全仗侍奉的人耐心地一点点搅拌，使烟膏充分燃烧，吸烟人一吸入肚，颇有一种奇幻无比，周身舒适的感觉，顿时来了精神。

俗话说：说者无心，听者有意啊。

大夫人王氏心里是向着特普钦和依郎阿他们的，是他们给自己儿子关泰和关福在帕尔根开的船上找到了活儿，总算有了生计，儿子全家得以糊口度日。所以，大夫人王氏在自己心里一直是特别感激特普钦大人，感激委哨官依郎阿，总想找个机会报答他们。现在惊闻老畏根无意间道出这天大的秘密，不禁心中暗喜，待到关特格列安然入睡后，大夫人王氏便悄悄离开关府，易装后，偷偷赶到副都统衙门。

关保闻知关贝勒爷大夫人王氏悄然到访，要面见固山额真特普钦，不敢怠慢，遂亲自引她去见特普钦。大夫人王氏把自己听到瑷珲东山西岗子有黑炭的事一说，可把特普钦高兴坏了，派人到那一挖，果真有许多黑炭。自此，瑷珲附近终于发现了自己的煤炭。

后来，特普钦等接受当时身为朝廷帮办、湘军首帅曾国藩、李鸿章等洋务派智囊，诚请太皇太后和皇上奏疏，当今中俄条约已成事实，吾国迫在践行。为长久策，应谋中俄永世敦睦，互济共赢，俄人频倡同商，此乃双刃剑，用好双方共利，否则殃及各方。既然两江（黑龙江、松花江）两国共管，和为上，友为贵，瑷珲则将称迎宾门矣。当年大学士桂良、倭仁亦赞此举。

特普钦又与吉林将军德英商榷，在德英将军协助下，从吉林船厂换来一艘清国甲船，往来穿行于百里两岸，而今帕尔根货船行驶在黑龙江和松花江三姓地方，俄人皆暗暗称佩。

说到这，还有一段颇为有趣的事。

在相当一段时日，瑷珲沿江两岸，如若一方受到大为内心不悦的刺激，屡生隔江互峙之态，高声大嗓者赤膊轮番上阵，还以本土语言，使尽浑身解数，赤口毒舌地糟蹋着对方，好不热闹！日久觉而无趣，双方也就平息作罢了，沿江两岸亦恢复了平静。

§

说起大黑河卡，已有年矣。它所以出名，盖源于清康熙年间，抗击罗刹东犯，史有保卫雅克萨之战。我大清劲旅由盛京、吉林、宁古塔，顺松花江而上，抵三江口，再溯黑龙江西进，始设三江口卡、额苏里卡、大黑河卡、精奇里江口卡、逊别拉河口卡等，御敌使然。

大黑河口卡尤为世人瞩目，因其历史与军事地位，均非属平凡地界。黑龙江以北，直通塞北鄂霍次克海，我们俗称"北海"。北海与南面广袤的黑龙江之间，层峦叠嶂，是北疆珍禽、猛兽的乐园。在这千里沃壤之上，世世代代，繁衍生息着彪悍、无畏的达斡尔民族。他们以精奇里江为他们的祖先河、母亲河。后金时代，女真人著名首领努尔哈赤，为统御北疆，就将生活在精奇里江的达斡尔部族酋长巴尔达齐认作自己的额驸，将自己的爱女喜格格赐予他，以联姻会盟。

进入17世纪，沙皇俄国以武力东扩，他们无所不用其极，千方百计直逼黑龙江。采用的第一条捷径就是从鞑靼海峡进入黑龙江口，渐向内地渗

第四章 迷离谍争

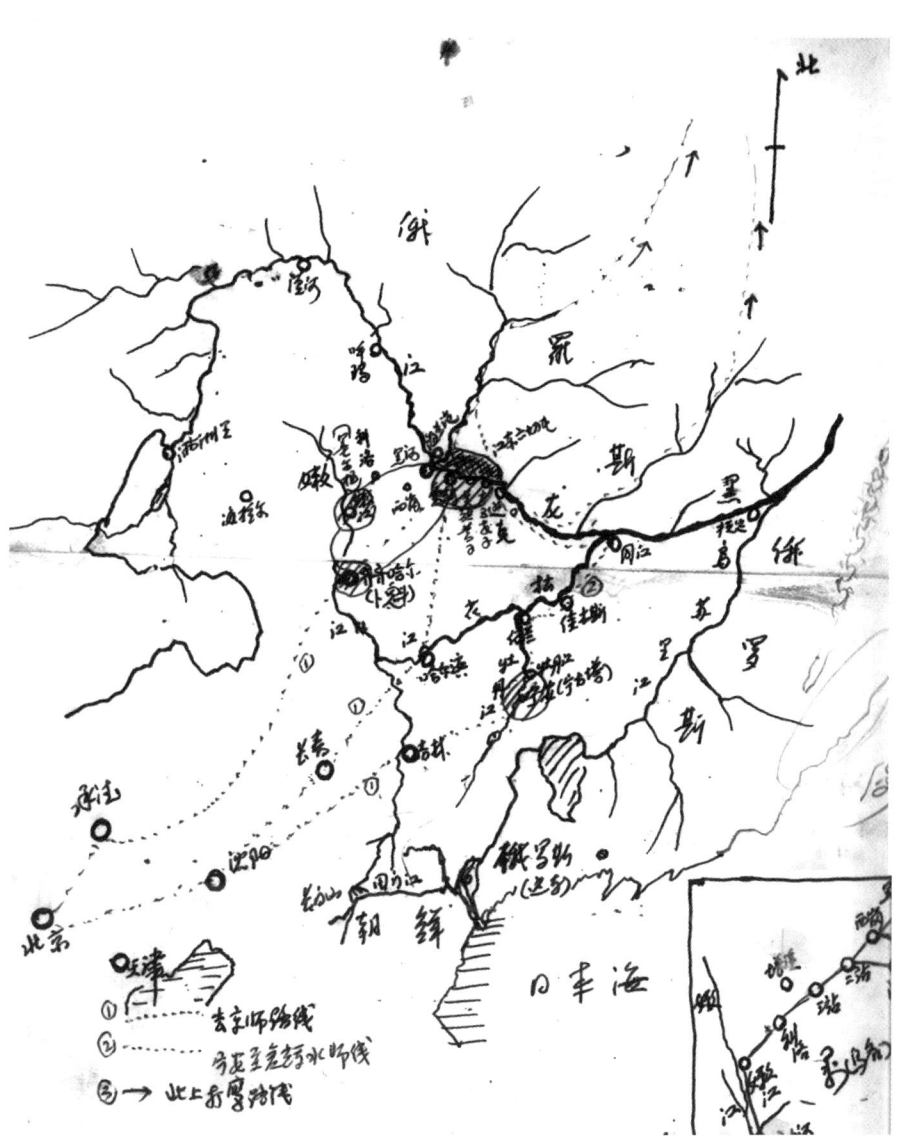

富察氏家族先人们踏查出来的三条路线

入,此路相当遥远漫长,俄人忧惮却步;第二条路,便是俄国朝思暮想、梦寐以求数十载的天赐幽径,即"精奇里江小路"。这就是达斡尔祖祖辈辈用血汗刀刻斧凿的狩猎秘道。俄国人就是从彼得堡出发,经过勒拿河,再进入鄂霍次克海,从海岸攀崖越岭,乘舟进入风景如画的精奇里江,一泄九百余里。经三昼夜即可安然地到达精奇里江口,其对岸就是黑龙江流域中游要冲地位大黑河卡。俄国总督穆拉维约夫曾高兴地向沙皇女王陛下报喜说:"我已经控制了大清帝国黑龙江的哈巴罗夫斯克(伯力)和大黑河岛,就等于掌控了整个黑龙江。"

大黑河卡,所以被世人重视,就因为大黑河下游对岸有精奇里江江口。俄国许多的兵力和物资能迅速进入黑龙江,就是依靠精奇里江。精奇里江,俄国称"结雅河",我国称"精奇里江",是黑龙江左岸的最大支流。它源自外兴安岭的南坡,长一千余千米,流域面积极其广阔。俄国人竭力在精奇里江江口扩建布拉戈维申斯克(海兰泡)新城。俄国人从内地发配来近万人的施工队伍,夜以继日地忙碌着,修建码头、修商铺、修邮电所、修教堂和校舍,等等,是大兴土木。

所以说,大清和俄国,都将伯力与大黑河视为兵家必争的军事要冲。

§

前些日子,就因为缴洋草事件,俄国人闹得一场空。妮娜被她的情人兼上司的巴尔钦克诺夫一顿数落和痛骂,觉得名声、脸面扫地,一怒之下便带着知心的刘翠霞、关震臣母子俩,甩开巴尔钦克诺夫的纠缠,过江来到海兰泡,希求金盆洗手,另立门户,另谋生计,不在人家眼眉下低声下气地要饭吃,干那个憋气窝火的拼死活儿了。

妮娜有这个本事也有这个自信,好在她从关特格列老头子手里也掳来了一箱子白银,如果不够用,还可以利用刘翠霞和关震臣娘俩,他们眼下

第四章　迷离谍争

是把妮娜看成活神仙，言听计从，一切福和祸全都押在她的身上了。

妮娜曾多次参与过穆拉维约夫伯爵主持召集的布拉戈维申斯克（海兰泡）的未来筑建规划会议，跟随哥萨克兵做过城建踏察，绘画过市街分布设计图纸，所以她很熟悉海兰泡的地理环境，哪块地界将来的房价会最值银子，哪块地段将来也最有发展，哪块地界最适宜建筑什么派头的大商场……她都门儿清。故而她打算在精奇里江汇入黑龙江的宽阔江口西岸丘陵一带，盖一处七百余平方米的临街商场，打算建成后继续经营刘氏母子在瑷珲已有声誉的"隆发祥"货庄。不过海兰泡的"隆发祥"重建规格和规模，都远远盖过瑷珲城，这让刘翠霞和关震臣感激涕零。

妮娜是一向自视不凡、行事张弛有度，接受不了别人的半点斥责，如今已心灰意冷，想从此就和翠霞一起经营天津卫和上海时兴的江南绸缎了。在这里，清国关内丝绸是俄国妇女最得意的抢手货，经常供不应求。

巴尔钦克诺夫大尉是非常强悍的哥萨克子孙，一发怒，吼叫声真像一只暴跳的公狮子。妮娜从心里也真是惧怕他。她也明明知道，凡加入俄国特勤行当的人，除非死亡，终生不能私离组织，背叛必要处以极刑，早早晚晚他们会找上门来的。妮娜表面上还怕刘翠霞看出来，总是脸挂笑容，夜里则偷着在被窝里哭，怕声大就狠咬着牙，硬挺着，白天就想办法张罗烈酒，老催促刘翠霞回屯去跟老玛发要烈酒。刘翠霞还心痛妮娜是因公务操劳给累的呐，妮娜有苦自己知道，挨一天得一天，反正车到山前必有路，能躲一天算一天吧！

专说这天夜里，一阵清脆的俄国铁甲船的鸣笛声，将妮娜从梦中唤醒，冥冥中她觉得丧门星来啦！冤家或称情人间灵犀相通的思绪，像一张无形的大网，将她罩得紧紧地，似乎有一种潜在的力量，命她必须走出去，有人在等待她。妮娜踌躇许久，还是悄悄地穿戴好，不动声色地走出工地。在江边不远处、船上灯光的映射下，正站着身穿哥萨克军服的大尉军官、铁甲船船长巴尔钦克诺夫。

巴尔钦克诺夫看上去非常焦虑！他在原地转来转去，手在胸前还一个劲儿地画着十字架。见妮娜姗姗而来，高兴地迎上前来，深情地亲吻着妮娜，继而捧上一大包从莫斯科带来的咖啡豆给妮娜，以示深表歉意吧。只听巴尔钦克诺夫说："亲爱的妮莎，请您谅解我数日前对您的不敬，不要发小性了，公务要紧！对不起，我不能久留，船即将起锚，开赴伯力。你我共为尼古拉二世陛下祈福，你不是商人，你是不带枪的士兵，你必须要忠诚，按常规进行，房子已经建成，对岸的房子该拆了，天该冷了。"

妮娜冷淡地低头不语，只用她那翻毛高跟鞋的右脚尖在地上漫不经心地画着圈儿，是在听呢？是在怨呢？是在恨呢？是在流泪呢？苦辣酸甜啥都有了，真是无从辨晓。巴尔钦克诺夫无可奈何，用手轻抚着妮娜的银丝长发，慢慢捧起她的右手，轻吻一下，转身匆匆上船了。

§

书中暗表，巴尔钦克诺夫临别对妮娜说的嘱咐话，可全是暗语，外人是听不懂的。翻译过来，大体意思是：不仅要关心自己的"房子"，"房子"系指俄国自己商业，更要想法捣乱对岸清国的商贸业，不能让他们闹腾起来，必要的时候，让他们"冷一些"，就是用火攻。

俄国在最初由哥萨克远征马队强权占据并修筑营房扩建起来的海兰泡地方，因与对岸大清国的大黑河卡相对，为吸引大清国农民带着土特产品过江交易，俄人就想方设法重建海兰泡，使其成为远东地方除伯力之外靠瑷珲最近距离的一个新兴商埠。俄国掌权者可花费了不少苦心，派来两千多哥萨克兵将和城建师，规划城基，设计住宅区，建供水楼与发电厂，仅用两年多工夫，就把江岸一片筑满老鸦窝的榆树、柞树混杂的老林子，完全变成了一座崭新的城区，夜里再听不到阴森恐怖的狼嗥声和达斡尔猎人纵马围熊祭熊的踏歌声，城区被俄国人起名布拉戈维申斯克，汉语仍沿用

第四章 迷离谍争

海兰泡旧称呼。

俄国人眼下最急切的是，目前的海兰泡仅是一座空城，纵然强迁来一些内地的俄罗斯人。俄国内地相距海兰泡数千里地，这些俄罗斯人的衣食住行所用所需供给是鞭长莫及，如果没有对岸大清国的物质供应，他们就一时一刻也活不了。俄国人非常狡猾，也非常聪明，表面上他们远比大清国人看起来要仁慈与忍让，看到俄国妇女儿童哭闹着找吃的，他们送米送面，还不要银子和费用。

俄国人为扩大在海兰泡当地的影响，极力让对岸的大清国民众不厌烦她、喜欢她、亲近她，这样就能给新城布拉戈维申斯克多带来生气，多带来生活日用品，就能变成富裕的城市。这个鬼点子，就出自自称"岳大人"的俄国总督穆拉维约夫，而且他还要求："所有俄国兵民都要一改往常的傲慢心态，要暂时忍一忍，眼前新迁来的俄国内地人口缺衣少食，要想一切办法从对岸大清国骗过来给养，满足了自给，等我们城基规划完成了，并逐渐建成规模后，生活供应物资充实了，我们再展露真容，到那时，哼哼！大清国终究会俯首听我们俄罗斯摆布的。现在，当务之急是听我伯爵的命令，违者必罚。要笑脸迎客，要先不用俄名'布拉戈维申斯克'，一律先用'海兰泡'的中国名，这样更能使大清国的人记住这里，能够喜欢这里，也愿到这地方来做生意，咱们的餐桌上不光要有咱俄国常吃的奶油列巴，还要有更多的由大清国人供给的清国菜肴。人越处越熟，相互间丢弃嫌隙，和睦修好，我们就可以得到实惠了。"

"好！太好了。我们听总督大人的。"许多俄国商人和哥萨克军官都纷纷点头称赞。

§

"岳大人"计划的权宜之策还确实有效，曾几何时，这空阔人稀、物品奇缺的海兰泡，不仅迅速建起白墙、塔形屋顶、开有小圆形花窗的俄式房舍，中心地带还筑有高大十字架的东正教的教堂。更令人感到神奇的是：在精奇里江和黑龙江上，比以往多建起数条连江索道。在精奇里江上，沿岸建起数根红砖与泥浆浇筑而成的桥柱，桥面铺着宽厚的木板，往来通行便利。

　　黑龙江上的两条索道，相隔二里左右，两岸的轮渡两个时辰左右就互为往返一次。海兰泡很快就成为周围各地到这里的物资集散地，俄人不收捐税，还给你提供需要的场地，只要你不殴斗、吵架，老老实实做买卖，俄国戈比单（指俄国经济市场管事的人）就发给你一块用木板刻的俄文字的证牌，有了证牌就可以天天来互易，俄国人只认牌，不认人。

　　周围百里以内，从来也没有这样的集市，用品真是五花八门，上至金银首饰、陶器，妇女梳妆用的宫粉、钿子、花饰等，下至糖、米、油、盐、酱、醋、茶、面、豆、蛋、糕等类，就连农家园田出产的豆角、黄瓜各种新鲜蔬菜，都可在这里售卖与批发。更令人兴奋的是，能在海兰泡见到栖林人、索伦人、达斡尔人，骑着烈马赶着大轮车，来这销售狍子肉、野猪肉、熊肉和天鹅、飞龙、野鸡等，那些装在木笼里的小鹿，呦呦唤母，令人动情。

　　海兰泡两道五里长街一天比一天人多，朝朝暮暮，熙熙攘攘。就在这喧闹的人群中，迎面来了一位身材高大、西装革履、头戴礼帽、身穿灰褐色的西式礼服，眼戴银丝镜，手拄着烫银的文明杖的人，他审视着一排排售货的摊位，非常专注，不时还非常有礼貌地逢人便点头示意，用不熟练的中国话说"谢谢！谢谢！"

§

　　这人是谁啊？正是自称"岳大人"的穆拉维约夫。今天也该着有事。穆拉维约夫正悠然地前行着，只见一位清国七十来岁的光头老人，黝黑的

第四章　迷离谍争

脸膛,灰白的胡须盈满胸前。老人坐在小木墩儿上,手里拿着一个刷子,双腿上盖着一块儿已经黑亮儿的帆布,正仰脸和善地瞅着这位陌生的外国人。两人不约相视一笑,穆拉维约夫俯首和颜悦色地问:"对不起,你这是要卖什么?"

老头笑着,将自己的左脚抬起,一指自己的鞋,说:"先生,您擦鞋吗?"

穆拉维约夫微微笑了笑,心想:这类事情平时都由自己的侍从来做,现在侍从不在身边了,还真要请这个老头为自己擦鞋,有生以来还是头一次有外国人给自己擦鞋。

"行吧!那就麻烦你老人家了。"穆拉维约夫俯身顺手提起旁边的小凳,坐了下来。

这时,老头才发现在陌生人后面还跟随着一位年轻貌美的俄国银发女郎,听那女人用俄语和这位陌生人嘀嘀咕咕说着什么。从那个女人的手势和表情来看,明显意思是:这里多脏啊,人这么乱,不让他擦鞋。但是这个陌生外国人用俄语似乎是斥责了这个俄国女郎,不仅坐了下来,还拍了一下老头的手说:"对不起,我很喜欢你的手艺,你给我好好擦吧,多少卢布都行。"

过去凡是擦鞋的人,他都是自带工具,而且还专带一张可供客人舒展开全身的靠背长凳,客人躺在那里,边让人擦鞋,边可以小憩片刻。

穆拉维约夫现在可是当今俄国皇帝——沙皇尼古拉二世授给伯爵高位的萨哈亮(满语:黑龙江)著名大人物。他正是因侵占大清国六十多万平方千米领土,被俄国人奉为远近驰名的"英雄"。他可真正"功成名就"了,本应回伯力安享清福,可他闲不住,仍坐镇海兰泡,督察军务政务,谁都要俯首聆听。

穆拉维约夫一生极度虚伪,自命不凡,尽力披着伪善的外衣,最爱人们称呼他大清国官场的称谓"岳大人"。他觉得:这好像是得到中国大清皇上的封号似的格外光彩,好像中俄两国人都对他崇拜之至。他最喜好自己选中的一位银发美女陪同左右，形影不离。紧紧跟随他的这位美女正是东西伯利亚工作组成员、他的得意心腹妮娜克娃、关特格列四夫人。

§

俗语讲："人外有人，天外有天。"

生活中有很多看似平常的人和事，貌似不足以引起注意，但往往会在浑然不觉中，被一双双眼睛在暗中盯住。

就在擦鞋老头后面不远处，有个专卖布匹的摊位，看摆设还挺讲究。摊位上竖有二十多匹红、蓝、白、黄布匹和上等绸缎等，案头还挑着一个布幌子，上面工工整整地写着五个绣金大字"京师瑞蚨祥"。只听案前一位年轻英俊、梳着分头、穿着褐色长袍，外罩茶色纽襻坎肩的小伙计，正手拿布尺，在高声吆喝着："卖布咧、卖布咧，本号瑞蚨祥，万里到龙江；交朋友，会朋友，不赚亏心钱，只图江湖好名声。唉，有哪位大爷、叔叔到我摊上来赏光，这就是缘分，这就是帮了人场，够兄弟情。您手头凑不起，俺送您半尺八寸，我不要半分钱！唉，哥儿您儿好啊！"

这卖布的小伙计一口的京腔味儿，在北方的海兰泡，不论是俄国人还是当地大清国人听来都是怪声怪气，好像在唱歌，不由得很多人眼角偷瞥着、捂着嘴直笑他，一霎时竟成为众目睽睽的焦点。在这些人中最为注意这京腔味儿的人，就数妮娜了。前书说过，妮娜年轻时就跟随领事夫人从圣彼得堡去过京师，北京人的京腔味儿和夏天知了的吱吱叫声，给她留下了最深的记忆。能在海兰泡听到地道的京腔儿，哪能不引起她的好奇呢？出于职业本能，她心里总在思索，我必须找个机会，会会他，摸摸他的底细。

海兰泡当时俄国人并不多，除了哥萨克兵，就是他们的家眷，还有少部分陆续往这里迁来的斯拉夫人。绝大多数俄国人都赞成开放贸易，优惠更多的大清国人到这里做买卖，故而放松了管理。再有，一些俄国人自恃是当地的占有者和主宰者，目空一切，横行无忌，而且又时有酗酒过度，所以，肆意闹事者屡见不鲜。

虽然东西伯利亚总督穆拉维约夫来到海兰泡后，下达的第一道死命令就是要想尽一切办法从对岸大清国骗过来给养，要笑脸相迎，违者必罚。但是，在俄国人中就是有不听邪的。这不，又有一个好事者——光头俄国酒鬼骑着高头大马在密集的人群里横冲直撞，大声吆喝着，狂奔而来。

那马似乎受到了惊吓，四蹄蹬开，嘶叫不止。说时迟，那时快，转眼间就冲到了擦鞋老人的背后。这匹马"稀溜溜"一声暴叫，"唰"一下前蹄竟然站起来了。这一下，就把光头俄国酒鬼从马背上甩下来了。而后由于惯性，这匹高头大马的后蹄"嗒嗒嗒"往前挪了三步，它总算站住了，但马的两个前蹄在半空一阵乱蹬，这一乱蹬，坏了！马的前蹄一下子就踏在了擦鞋老人的身上，老人顿时满身鲜血、不省人事。如果这匹烈马实实在在把两个前蹄落下来，擦鞋老人肯定是必死无疑，前边半躺在靠背长凳上的穆拉维约夫也不会好到哪去，不死也得伤够呛。

这事发生得太突然了。谁都没想到这匹高头大马突然冲出主街道，一下子冲到路边转角深处的擦鞋摊这边来了。一时间，周围所有人的都惊愕万状！光头俄国酒鬼摔到地上后，一看这种情形也吓蒙了，傻呆呆地坐在地上。

就在这千钧一发之际，只见那位手拿布尺的小伙计，忽然凌空纵起，跃身马上，双手掐住马耳朵。任何烈马最怕薅起双耳。小伙计掐住马耳，往怀里一带，马在抬头的这一瞬间，小伙计身子在马背一拧就滚到马的一侧了，紧接着他使了一个"千斤坠"，嘴里说了声"你给我在这吧！"

这匹烈马"扑通"摔倒在街道上，疼得马都瘫在地上了，再也不暴跳狂奔了。

这时候的海兰泡，人群骚动，简直乱成了一锅粥！一窝蜂似的涌出来数十个俄国便装护卫，光头、留八字胡的俄国酒鬼一看这阵势，更吓坏了，是拼力搂抱那位被擦鞋的高个俄国人。西装革履的穆拉维约夫愤怒至极，早已抛弃了文质彬彬的儒雅姿态，抬手"啪啪"就给了光头俄国酒鬼两个大嘴巴子，大声狂喊着："约必扶索托马以（你个混蛋）！你坏了我的大事，毫不留情，这个酒鬼必须枪毙！"

穆拉维约夫又指着数十个俄国便装护卫，说："你们这帮废物，每人全抹掉为我的护卫费！"

这个光头俄国人，听说要被枪毙，立时浑身战栗筛糠，傻了一般。

穆拉维约夫见此勃然大怒："你这个僵尸，快给我滚！滚得越远越好，别再把我招来的这些大清国人都给吓跑了！"

现在朱伯西我不想再费口舌叙说俄国人如何轰走了卫兵，另一帮俄军和颜悦色地帮助慌乱中被撞倒的摊床，频频道歉，使闹市尽快恢复原貌，等等。

单说在穆拉维约夫和跟随他的妮娜协助下，卖布的伙计背着受伤的老人来到总督府邸，找医疗官来抢救老人。老人正在接受治疗的时候，卖布的伙计用俄语向两位俄国人说："你们该忙啥忙啥，这里有我护理他。"

惊愕的穆拉维约夫和妮娜上下打量着这位救人的勇士，没想到他竟说出一口流利的俄国顿河方言。

相传，俄国人都非常喜爱顿河。这顿河可是俄罗斯历史上有名的河流，也是俄罗斯在欧洲部分的第三大河。它源起罗斯丘陵东麓，曲折东南流下，后折向西南，经森林草原带和草原带，注入亚速海的塔甘罗格湾，长1870千米。顿河东有窝瓦河，西有聂伯河。

顿河是俄国历代统治者最喜欢去游玩的故乡，俄国很多人都是顿河水哺育出来的。穆拉维约夫和妮娜就是从顿河走出来的。他们心中不由自主地萌生出一种莫名的亲切感、好奇感、探寻感。穆拉维约夫真想拥抱或缉

第四章 迷离谍争

拿这个看似普普通通的卖布伙计。他这些心理活动丝毫没有显露出来,还是很礼貌地右手抚按左心,颔首示意,也用俄语说:"俄国有句俗语,'乡亲相遇,亲套亲。'很抱歉,我们有事,您多受累了。这个老头的所有花销,全由我承担。"

"乌勒本"就是民间的口述史。阿布卡赫赫赐给我金子一样的嘴,我心里装的是世界上的所有男人女人,他们的忧伤、他们的喜怒、他们的情爱、他们的挣扎,悉数都在我朱伯西的心上,要宽恕我只有一张嘴,把千头万绪的生活乱麻,一丝丝、一宗宗捋清讲出去,还要靠我巧妙的口舌,一丝一件讲给您听。现在,朱伯西我必须要向您交代这位一口京腔味儿的、英俊卖布的伙计。他并不是众位不熟悉的人,他就是现任瑷珲副都统衙门委哨官富察·依郎阿。

怎么是他呢?你听我慢慢道来。

§

前些日子,黑龙江将军特普钦夜以继日地率领副都统吉庆,乔装打鱼人,饿了就吞一口自带的江水饭团儿,或啃一口发硬的苞米饼子,藏匿在黑龙江江畔一处用杨树林、山羊皮盖成的一个窄小潮湿带有发霉味的土窨里,机灵的黄狗暗里穿梭传令,秘密指挥着关保等所属副都统衙门兵佐和各司官员,关保担心将军身体受不了,可特普钦执拗着要所有人等必须有耐心,学老猫等耗子,不见猎物纹丝不准动,一直蹲守三十余日,熬过了蚊、虻、蛇、鼠和豺狼的袭扰,全身虮虱,瘙痒难眠,终于使俄国重金收买的利欲熏心的购草俄奸,不敢下手。尽管罗刹对岸半夜悄悄开过来多条小木板船,时时打起闪闪的灯光信号,但因惧怕被暗中盯视的清兵擒拿,一个个鸦雀无声,一动不敢动,坑得对岸来拉牧草的小船儿白白忙活几夜,草丝都未见一根,空荡荡没法回去交差,俄奸个个也是一肚子怒火,后悔让大清国人骗了，骂不绝口，划着空舢无精打采，败兴而回。

封岸护草战役获得全胜，使俄船空载而归。这件事极大地震动了关保和所有官兵，教育了每一个人。通过这件事也让每一个人从中懂得了一个道理，那就是：众志成城。只要有了必胜的恒心，世上没有办不成的事。特普钦在瑷珲兵民心目中，赢得了莫大的信任。

特普钦自从受皇命来到齐齐哈尔任上，开山的政绩首先就是闯虎穴，问津瑷珲。他坦言自称："铁匠打铁，就要到烘炉旁磨炼。我必须到瑷珲考场检验我的功底是否及格。"

特普钦这人就有一股子倔劲儿，遇事好顶着上，从不服输，由此不知发生了多少稀奇古怪的事。他曾舌战关特格列，他也曾夜闯关特格列府上，智斗他宠溺的那位行事诡秘多端的俄国四夫人妮娜……他归结起来，"瑷珲这个深有名望、秘事频生的地方，并不像关保向我禀报的'瑷珲淳朴、平庸、人情憨厚，从无人惹事'。关保之言不仅暴露出他处事圆滑，缺乏斗志，生活只图安逸，毫无有瞻前顾后的忧虑，这种人进取心太弱，不可取。反之，他也害得我这般诚实而颠顶，把诸事看得太简单平易了，就必然一叶障目，安可完成护理北疆古城大任？瑷珲海内所瞩，乃是藏龙卧虎之地，魑魅魍魉皆有居所，不可小觑。看来发福凌阿和依郎阿父子从京师来到卜奎，同余曾有相叙，我总以为他们来自京师，受军机处耳濡目染，处处有些小题大做之见，思忖之，乃余之鼠目寸光也。"

从此，特普钦对依郎阿另眼相看。特普钦初到瑷珲不久，还专门把依郎阿叫到他的江边小窝棚内，面授机宜，说："我在瑷珲所见所闻、所经之事，总感觉在瑷珲背后和深处有一只诡秘的手，在暗中不断左右并牵制着副都统衙门和我。依郎阿就你观察，坦荡告诉我，不怕说错，我不埋怨你，也不指责你，要直陈其事，此人是谁？"

依郎阿回应："将军，余已暗觑久矣，乃关特格列玛发四夫人。"

特普钦说："不愧是依郎阿！抓贼要抓赃，擒贼要擒王。我要你自筹谋策,什么办法我不管,务必使这位四夫人成为依郎阿将军麾下管控的四夫人。"

依郎阿说:"卑职分内之任,理当竭力。"

各位听者,那特普钦言语何等果断,竟让一位俄国的、职业的情报人员,陡然成为大清国一方军情主宰者的知己,是何等艰难,岂非想入非非之念?

§

依郎阿自得特普钦密令后,辗转反侧,数日来仅粗茶淡饭填饱肚子而已,一心一意地想如何能撬过俄国人的口,像夺爱一样,使美丽俊俏、高傲不逊、放荡不羁、心有主见的俄国俏佳人,赢到自己手里,堪比登天还难。依郎阿把这些心理活动和所有思虑,都深深埋藏在心里,不动声色。不让关心自己的阿玛发福凌阿和聪明心细的琪任格知晓。一天,他向阿玛和爱妻琪任格辞行说:"这两个月我要去非亚拉等地公差,不必挂念。"

俄国村落

依郎阿就这样离开大五家子，回到瑷珲衙门。沉思多日，心生良策，就向关保大人告假，去大青山里寻找名医，医治家父风寒症。

关保一知道马上就传开了，大家都知道依郎阿为父求医外出，而依郎阿悄悄只身来在大青山北桦树林子，同一位陌生的牧羊老人挤住在羊棚里。山崖下正好面对黑龙江一个甩湾子地带，山上林木繁密，便于远眺对岸海兰泡动静，也最易于隐蔽，为了在大黑河口对岸的海兰泡乔装登场做了很多准备。他绘制了海兰泡街市图和大小码头，找去过对岸经商的人询问商情和市场规则。依郎阿佯称自己是从京师来的贩布人，给了这些帮忙的人和看羊棚老人一些银子。依郎阿在京师军机处专做军情差事，经过各种素养培训和职能准备。依郎阿十六岁就在理藩院的安排下，到京师天桥瑞蚨祥门下学徒，按规矩烧了香、磕了头，拜了祖师爷，成为瑞蚨祥柜上一名小学徒。依郎阿非常聪明，而且还特别爱动脑子，又不怕吃苦，所以，别人三年才能出徒，他仅用了大半年的时间就出徒了。这才有后来，依郎阿徒步八百里，到嵩山少林寺学艺的事。依郎阿在咸丰年间还曾是清政府驻圣彼得堡的使臣葛大人的助手，他在葛大人秘密帮助下，在俄国米高扬庄园生活过几年，对俄罗斯就相当的熟悉了。当时依郎阿叫刘勤，俄国名叫卡佳。

依郎阿特别注意了解妮娜的身世。虽然表面上并没看出来他与妮娜有任何接触，甚至回避她，但是出于军情责任的习惯，他从回到故乡后，瑷珲的每件事、每个人都很自然地印入他的心中，养成个知情的习惯、探情的习惯，俄国银发女郎早已在依郎阿心中留下了位置，尽管别人谈论这位四夫人时，怎样的流言蜚语、溢恶之言，他好像都是耳勿旁听，不加在意。常喜曾经讥笑依郎阿是一个榆木之人，任何事引不起他的兴趣。其实，依郎阿早就盯住了瑷珲这位八面玲珑的女人：难道就凭年少的姿色，就左右住了瑷珲颇有名望的瓜尔佳氏家族，而且鹤立鸡群，成为关氏家族之主。更令人称奇的是，瑷珲出现的很多疑端，都有这位银

第四章 迷离谍争

发女郎的影子。那么,这位银发女郎何许人也?余授任瑷珲副都统衙门委哨官,说不定对手就是这位银发女郎。只是因为自己是从事军情兵务的人,遇事不可简略妄说。

所以,依郎阿从来没将他这些想法,向特普钦、关保等人透漏,只是暗中向倭仁大学士透漏过他对瑷珲的看法。倭仁大学士还鼓励了他要善于观察事象,对异端之人和事,要倍尤用心。在倭仁第二次来瑷珲时,他带来军机处转给依郎阿需要的"蜡帖"。倭仁信守依郎阿的话,也没将此事在瑷珲讲给第二个人。依郎阿由衷钦佩倭仁大人的远见卓识,一个从事军情的人,无论何时都要养成沉稳的禀赋,这至关成败。"蜡帖"果然揭开了妮娜的本来面目。特普钦密令依郎阿办的事,在依郎阿所要的"蜡帖"中皆有反馈。"蜡帖"主要是介绍俄国妮娜克娃的具体身世、生活原籍,现今从事的职业。

依郎阿现在牧羊棚里所做的准备,可真是万事俱备。他在羊棚里换上了早已准备好的、瑞蚨祥伙计们穿的衣装,刮掉了胡须。依郎阿本来就很英俊,由于到瑷珲后事务繁忙,使他看上去神色有些苍老憔悴,其实这位翩翩少年可算是一位众人喜欢的美男子。

§

这天,启明星还在闪耀,鸡还没叫的时候,依郎阿悄悄地在窝棚里点燃起蜡烛,拿出从琪仁格的闺房里偷来的一块海碗大的圆形梳妆镜,对着镜子仔细看着镜子里的人,是不是招人喜欢的那个京师天桥巷口、瑞蚨祥那个小伙计模样?他不时噘噘嘴,挤挤眼,傻笑一下,点着镜子自信地说:"对,你呀不是依郎阿,就是那位小伙计啦。"

依郎阿迅速把小镜子和蜡烛重新藏在一个秘密的砖缝里,回头瞅一瞅炕上,并没惊动酣睡的牧羊人,便蹑手蹑脚地出了柴门,又关好院子里的羊圈，带着行囊来到大江边。当时的黑龙江上左岸的清兵仍在沿江巡逻，而对岸的俄国所占据的海兰泡和精奇里江江口，哥萨克兵数日来早已撤兵远去。这里已成为一个自由、松弛、无人管理的闹市，可以说自从咸丰年间《瑷珲条约》签订以后，这一带变成最为奇怪的境域。一时间变成了清难管、俄放手、没人管理的无人区。就在这里，有许多大清国弛禁以来陆续闯关东来的"担民"，他们户籍全无，这里是自由自在的天堂。周围两江附近的大清国满族、达斡尔族、鄂伦春族、赫哲族也纷纷来此互市。除此，俄国人和俄国官兵以及新迁来的无数俄国各地的居民，开始天天吵吵嚷嚷，殴斗、争夺贸易市场，纠纷不断。后来，也就是穆拉维约夫到来，俄国当地官员一改往日的狰狞面孔，博纳商贾，揖门待客，免征税收，平等相待。正因如此，同治年间的海兰泡不仅白天有酒吧和各式的餐馆，而且夜晚亦是灯红酒绿，银发黑染的娼女，竟笑达旦，可悲可叹至极啊！依郎阿划着小船，因很多巡逻兵已密授各牛录佐领的暗示，装作没见，并不盘查他，小船顺利划向海兰泡。

§

再说，穆拉维约夫因将许多囚犯从牢中放出来，扩建成征服俄国东西伯利亚骑兵，又与大清朝签订不平等的《瑷珲条约》有功，沙皇尼古拉二世亲授予他伯爵之位。现在的穆拉维约夫伯爵，改换了屠夫面孔，是一位泛爱主义者，他虽然有着军人杀人不眨眼的性格，但他最爱各种小动物。他的府里侍从如云，真正最辛苦最为劳累的侍从并不是为总督送茶送饭的，而是为他精心照顾好各类宠物的人。他的夫人住在伯力，可他却长时间住在海兰泡，与他相伴的就是他心爱的宠物。他有法国巴黎的黑背、英国伦敦的长毛犬、喜马拉雅山的藏獒，还有他故乡的牧羊犬。他不仅喜欢各个品种的犬，还非常喜欢猫咪，有俄罗斯顿巴斯的玲珑猫和伏尔加的奶酪猫，以及西伯利亚的松猫。玲珑猫和奶酪猫体形较小,在他的手掌上,可轻轻托起,其声哀婉,而松猫体壮如狸,众犬齐惧。他身边的妮娜不仅是他得心应手的情报人员,更是侍奉他这些宠物的最知心者。

近日,他经历了烈马的惊吓,又发现了突然出现的驭马能者,穆拉维约夫惊骇不已!他是一个非常爱才的人,他很恨沙皇尼古拉二世摊派给他的侍卫为啥都是像光头一样的蠢猪!为啥在俄罗斯寻找不到一位如此干练、俊美的靓男子。然而,他又是一位多思善疑的人,似乎总有磨刀霍霍的刀锋在指着他,使他无时无刻不像躺卧在针毡上,随时都有人要取他的本人命似的。

人啊,不管是中国人还是外国人,都有这么个毛病,特别是男人。你越得不到的东西,反而越想想尽千方百计得到它。可能,这就是人们所说的征服欲吧。穆拉维约夫是一个征服欲非常强的人,所以,他总是思念那位非常机灵,会俄语的中国小伙计,想忘也忘不掉,最终只好召唤妮娜过来,告诉妮娜说:"那个卖布的伙计不仅救了擦鞋老者,也救了我。我穆拉维约夫最惜才,愿广交朋友。你去找他,就说我说的,请他赏光,拨冗一见,请到我的总督府一起吃顿河牛排。"

"好嘞!我这就去。"妮娜答应一声,就来找依郎阿了。

说实在的,妮娜从内心讲,她也由衷地敬佩这位大清国机警胆大、果敢超群的俊小伙,她在这个俊小伙身上发现了许多值得探寻的疑问:"他为什么能说一口纯正的北京话,他是北京人吗?他为什么又能说一口地道的俄罗斯语,而且是我家乡的顿河音?他为什么马术如此高超,远远超过了我们哥萨克马队的兵?他究竟是做什么的?总之,我对他很感兴趣,我要与他相处。"

穆拉维约夫的一番话简直说到妮娜的心里去了。妮娜没敢向公爵大人吐露真情,说实在的,她眼下早就恨不得在那位小伙计身边了,没有想到连公爵大人也让她心上的小伙计给迷恋上了,正好合她的心意,也越想越感到奇怪,妮娜更急切地想早早亲密地接触小伙计。

卖布小伙计——依郎阿忙微笑着起身,抱腕施礼,感激地说:"我代表老人及家人感谢总督和你的帮助,方使老人得到很好的治疗与照顾,药品用的也都是最好的,他可以不住院了,这不西滩他的家人要接他回去呢。我也该回去收拾我的摊床了。"

妮娜忙说:"总督也很感谢你。你不仅救了他,也救了总督。总督有意请您赏光,到总督府邸品尝一下,总督家乡的牛排。"

卖布小伙计——依郎阿对妮娜传达的总督盛情,表示了谢意,并应允赴邀。

妮娜见老人身上虽然缠满绷带,但精神矍铄,看来俄国人将最好的药用给了他,挽救了他,老人已经转危为安。

老人的床边还坐着一位穿着清服,头配银簪的老妇人,她身边还站着一个梳着羊角辫的女孩正把剥好的榛子喂给老人吃,"爷爷、爷爷,吃榛子"。

"好孙女,爷爷不吃,还是你吃吧。"

"爷爷吃、爷爷吃!"

"好、好,爷爷吃、爷爷吃!"老人欣慰地推托着,终是拗不过女孩,一张嘴,小孙女就把剥好的榛子送到了老人的嘴里。

老人细细地咀嚼着,满足地看着女孩,抬起手轻抚着女孩的羊角辫,说:"我的乖孙女长大成人,知道疼爷爷了。"

妮娜很有礼貌地问候了老人和他的家人。老人的家人对总督"岳大人"和妮娜的万般感激,一个劲儿地磕头表示感谢!老人说:"我的伤已好得差不多了,就不再添麻烦,准备回家了。"

妮娜劝说了几句,老人还是一再坚持,于是她就让府邸俄国医疗官,带些俄国糖果和吃的,去送伤愈的老者和他的家人回家。这一切都办妥之后,妮娜落落大方地走到依郎阿面前,挽起他的左臂,仰脸笑着,恭敬地

第四章 迷离谍争

说："都达曷吉（俄语：走），我送您回您的摊床。"

妮娜显现出极大的热情，执意要陪行。依郎阿便顺水推舟，心里暗想，这也正好是个机会，便用俄语说："非常荣幸与俄罗斯美女同行。"

在路上，妮娜默默思索着怎样设法打开这个奇怪小伙计的迷宫？

依郎阿此时也正在思索怎样能用他数日来、久已费尽心机备好的那么多的"道具"，该用哪一件东西，最能拨动和惹起这个训练有素的俄国特工的情思与神经，走进她神秘的心扉。

§

俩人一路无语，但他们的内心都没有闲着片刻，心里都明白，那是在心里互相暗暗较着劲儿呐！

妮娜陪着卖布的小伙计依郎阿来到他的摊床，一边致歉一边帮助他整理零乱的床位。依郎阿在整理一个大牛皮皮箱时，可能是里边东西太多太沉了，见他用膝盖抵着拎起行走，很是费劲儿。妮娜显得格外殷勤，忙过来伸手帮助提箱。俩人一同用劲上提，"哗啦"，大皮箱箱盖突然自己打开了，皮箱里的物品瞬间就散落一地。

"坏了、坏了。这下可麻烦了。"依郎阿急忙蹲下身子，手忙脚乱地往皮箱里捡散落在地上的物品。

哎！妮娜忽然发现，一件她非常熟悉的女式插雉鸡翎的褐色红绒西方大檐贵妇帽露了出来。妮娜见了这顶大檐贵妇帽，像见到了久别的亲人一般，双手抢过来，猛地捧在胸前，惊讶地大叫着："我至高无上的上帝呵，你怎么会有这尊贵的东西啊？！"

依郎阿佯装不解，奇怪地说："这有何大惊小怪的呀。我们京城瑞蚨祥那是世界出名的。我们除了给国内王爷贵妇定做应时的服饰外，凡在京师的各国驻京大使和领事各位夫人的所有装饰制作，只要找到我们柜上，全

211

都由我们承担，瑞蚨祥的名气谁不知晓啊！"

小伙计依郎阿见妮娜还站在那里傻呆呆地盯望着他，便接着说道："噢，你说的这顶帽子，它是我为一位好朋友专门制作的。等遇上合适的回俄国的朋友，再请给她带回去。"

妮娜若有所思地睁大眼睛好奇地询问："你这小小的卖布伙计，竟到过我们的东交民巷？我们俄罗斯大使馆紧挨着法兰西大使馆和土耳其大使馆，那可有大清国的官兵把守着，可严了！凭你还敢去？"

那个小伙计对妮娜嗤鼻一笑，那么傲慢、自负，显出对妮娜轻蔑的样子说："这可不是吹的，别看你是俄国人，我交下的俄国朋友、认识的俄国贵妇人，我要说出来，会把你吓一跳。"

妮娜瞧着他那自鸣得意的样子，心中大为不悦，这是没见过市面的人，可能只见过井底的蛤蟆，就认为已经看见了天下的奇物，可笑的小人之见不过如此。妮娜笑得前仰后合，说："小伙计，你真不简单，我算是真长见识了，我相信你可能还看到过天上的天鹅吧？哼哼哼！"

妮娜感到一种精神上的满足，心想：大清国的人他们想要认识自己的将军都不易，更别说能结识外国人成为朋友了！

化装成小伙计的依郎阿，偷偷看了一眼妮娜自鸣得意、心满意足的表情，内心非常高兴，他知道这个美丽的小鸟已经完全落到了自己手上，他已经控制了她的心。于是，依郎阿便突然若有所思、自言自语地掐着那顶大檐贵妇帽搭讪着说："德芮娜，那可是大清国的老朋友了，也是我们瑞蚨祥的老顾客了，她的丈夫雅克逊维奇·穆里果洛夫，道光末年就以领事身份从圣彼得堡来到我们京师，不久随大使奉命回国。真没想到同治二年，他又以领事身份来到北京，我们两次会面，穆里果洛夫领事总是携夫人德芮娜惠顾我瑞蚨祥，我精通俄语，每次都做我们东家的通译，德芮娜夫人你知道吗？她不是俄罗斯女人，她是位法兰西美女，穆里果洛夫在法国参赞位上，与德芮娜歌女在巴黎相爱，她随夫来到了圣彼得堡。法兰西人喜

第四章　迷离谍争

好香水、香粉、唇膏,德芮娜就最爱使用这些。她来到俄国,总说俄国贵妇人梳妆土俗,远逊于法兰西。穆里果洛夫自从来到大清国的京城,这位法兰西的美女就被大清国宫女用的浴液、奶盆、粉膏、眉黛、衣装、手环等吸引,这些东西在法兰西、俄罗斯、英格兰等各国都是罕有鲜知之物。如今德芮娜得天独厚地尽享尽用。我告诉你一个小秘密,你可不能讲出去,她背着她丈夫换上我们大清人女装,让我带领去故宫中的坤宁宫转了整整一天。让她看够、闻够荷粉、藕粉、桂花粉所制成的各种宫粉。"

按外国驻清领事规定,一国的使臣若要观瞻北京的京师,必先呈报文书,京师理藩院得到皇上的钦批并有专门官员的陪同。对好奇而活跃的德芮娜来说,这算是一次难得的特殊待遇。依郎阿接着说:"所以,德芮娜和我之间比兄妹还近、还亲。她虽然嫁给俄罗斯贵族,得到了地位上的满足,但感情上有诸多的失落。这些悄悄话,她都不忌讳地同大清国的我讲了。"

站在一边的妮娜,简直被这个小伙计娓娓道来的讲述震惊了。

§

朱伯西我故事讲到这块儿了,我不愿赘述,上边这些话,完全是依郎阿进入瑞蚨祥小伙计角色之后的回忆,按说书人的讲法,这叫"扣子",也叫"套子"。

前书很早以前,在介绍奕山被贬以后,关特格恩、关特格林给关特格列带来一位曼妙而活泼伶俐的俄国银发美女,佯称是奕山的干姑娘。后来这位俄国美女成为关特格列二、三夫人又忌、又恨、又怕,又不得不笑脸奉迎的第四位贵夫人。这位贵妇人之所以名声很大、靠山很硬,就连媚外的奕山,亦殷勤侍奉。就是因为她有一个豁亮的敲门砖——德芮娜。依郎阿如今所有抛砖引玉、旁敲侧击,都是在有力地挑动着这位女人的心扉。

可以说，这位神秘的妮娜如今成为穆拉维约夫东西伯利亚工作站的一员，能够从遥远的俄罗斯，从她的顿河故乡，闯入大清帝国，所有这一切都是那位法兰西美女德芮娜授予她的。德芮娜是她的导师、引路人，也可以说是她的恩人。

依郎阿已从她的惊愕中，验证了她确实当过德芮娜的秘书。但现在使依郎阿还在疑问的是：这个奇怪的女人，如此成熟、市侩，应付自如，她究竟是怎么获得的。我必须还要用我的巧计，继续使她上套，必须弄清楚，她原真就是一个被俄国训练出来的女强手。我必须弄清楚这些问题，才能因事而动，因人而行，才能够由我左右而非被她左右。

依郎阿这时总是看着屋外，看着闹市，似乎忘却了妮娜的存在，但实际上他整个神经和整个视觉及听觉都在时时刻刻洞悉着妮娜。妮娜很生气地狠狠捶了他一拳，说："唉，小伙计，我站在你面前，你没看到啊？想什么哪？你说的那位德芮娜夫人，就是我的老师，我是她的秘书。你还没问我的名字，我叫妮娜克娃。现在你我越说越亲近，是老朋友了。这样说来，我应当代表德芮娜夫人向你致谢问好。你要送给她的贵妇帽交给我就行了。过几天我的朋友巴尔钦克诺夫因公要回圣彼得堡，让他亲自交与夫人，相信夫人一定会非常惊喜而感念你的。"

依郎阿为了更进一步接近妮娜，使妮娜更相信他。妮娜对他由陌生变为亲近、亲密，她已经完全不再思索对这个陌生人的芥蒂。妮娜亲密地、不管依郎阿愿意不愿意，紧挨着他坐在一起。头上的小白帽，飘带飞扬着。

依郎阿说："你这小白帽不是我们的正宗货，是从哪捡的？"

"什么？不是正宗货吗？"妮娜又一次惊愕！吐着舌头、瞪着大眼，直盯盯地瞅着小伙计说："我就是在这海兰泡买的，我们夫人德芮娜她在法兰西没出嫁前每年夏天她都喜欢戴这样的小帽，非常精神好看。我这是效仿她的，你看我美不美？"

妮娜就坐在依郎阿旁边，摆出一个俏皮的姿势。

第四章　迷离谍争

依郎阿说："你仔细看看，小帽的样式对，两条飘带也对，是法国风格。我们瑞蚨祥街面上的玻璃展柜，就摆着各式各样的女士小帽。法国女人为什么喜欢戴这样式的小帽？因为法式小帽是女士夏服中不可或缺的饰物，凸显出西方女人的性感与风韵。再看你的帽子为什么没有显出美呢，而遮掩了你的风姿呢？就因为你的帽子质料不对。凡是制作西方女士小帽，必用棕榈树的内皮棕丝，经过月余的浸泡，然后取出来再经火暴日晒，然后在木案上用木槌捶打，经过捶打的棕丝外面的棕皮像粉末一样脱落，棕丝才渐渐柔软，剩下一束束洁白如丝的白针，每个白针饱含弹性，坚挺不揉，再织成棕榈布纹布。这可不是一般的布，用途可广了。古代的蟒袍，那么端庄挺拔，不因年久而褪色，也不因潮湿而褶皱不堪，纵然埋于地下，出土仍艳丽常新，就因它是棕榈质料而就。西方的白丝两穗飘带小帽挺拔美丽，就在于帽托的质料。不是一般的布料，用浆、蜡等办法，其弹性、韧性及柔和度均不能耐用长久，仅保持一段时日后就变形了。你不如不带这个小帽，反而减少了你的魅力。"

妮娜赶忙把小帽摘下，藏在自己大腿下边，好奇地听依郎阿的每一句话，简直真把她迷住了，心想：瑞蚨祥的人，各个都小瞧不得。这小伙计掌握的知识就是一位名副其实的行家、大师傅呵。

妮娜这回是真正遇上了世上最好的师傅了，越听越爱听，越听越听不够，突然想到自己的乳罩就觉得太硬太热，忙问："师傅，那样说，我这乳套也让人骗了吧？"

"这个？"依郎阿不知道自己是瞅与不瞅呢，心说：瞅吧，妮娜扯开衣服，自己往里看，有失男士绅士风度，不瞅吧，自己怎么辨认呢？

正在依郎阿为难之际，这时，总督侍卫走来了，让他们去总督府，总督在等他们。妮娜回答了侍卫马上就到，然后，慢回身，笑着轻柔地伸手拉依郎阿站了起来，不，现在妮娜已经恭敬地称他是师傅了。

依郎阿站起身，心里暗自得意，不露半点声色，还在用计谋吸引妮娜对他另眼相待，便漫不经心地说："我们大清国自古受儒家影响，女人自小'养在深闺人未识'，你看见有谁家闺女在外边四处张扬了？所以，我们没有啥乳套或乳罩的买卖。可我们瑞蚨祥专设乳罩柜台，专有名师织做乳罩，那是专售给各国使团夫人与侍女们的。我最明白西方女人的心理，购买各式乳罩护乳为虚，实为增艳形体身姿，也是女人形体美的必然体现。对了，制乳罩很有讲究。所制乳套类佳品，亦是棕榈丝制品，上品讲究轻松、弹性、凉爽，与体态一致，我大清也有不少达官显贵、名贾商号之时尚男女效仿洋人着装、饰品、姿态，亦渐习袒胸裸乳之风。好了不说了，赴宴去。"

依郎阿走在前头，妮娜沉思着紧紧跟随。依郎阿边走边思索问题：从妮娜方才的所有表情和言语，看来她是试探我是瑞蚨祥的真小伙计还是假小伙计。我的一番表述，我自信还是把这位精明的俄国女人给糊弄过去了，使她拨开疑虑，但看来她让我去总督府尝牛排是假，盘问我的身世和顿河的背景，恐怕是真正意图，我还真得有所提防，这可能是一大关口呐。

依郎阿边想着，边跟她很快来到了总督府。

§

穆拉维约夫这时早在院中等待，见妮娜二人进院，走向前两步，用俄语对着这个清秀的小伙计依郎阿说："你们有句古语，最喜他乡遇故知。我这个顿河的老头子，能在异国他乡遇上你这个曾在顿河待过的老朋友，实属不易啊。我的厨师特意到牧场套来一头最肥的小乳牛，他现宰现解，这样烤出的牛排鲜嫩可口。咱们稍待一时，好饭不怕晚么，我生平最希望多结交几位大清国的朋友，趁这机会我们先一起叙叙吧。"

穆拉维约夫显出西方人彬彬文雅的风貌，但是仔细看去依然凸显出他内心是一位非常深邃诡诈无比的人。作为一个老牌的情报高手，他一方面

第四章 迷离谍争

暗命妮娜窥探小伙计来历，另一方面也要亲自会会这个突然冒出来的自称是京城来的贩布小伙计。这是因为他从妮娜的暗语中听出妮娜对小伙计的崇拜，妮娜那是被俄国特工专门洗过脑的人，不会盲目地肯定一个陌生人的。这样看来，那个陌生小伙计真可能确有来历，他在与妮娜较量中，妮娜都显得太嫩了。这陌生人该是何等人士？

穆拉维约夫非常随便地脱下了西装，穿着白衬衣打着蓝领带，双手插在裤兜里。这是穆拉维约夫会见亲近朋友时的装束，他领着京师来的小伙计和妮娜，后面跟着他的两只长耳牧羊犬，那可是眼观六路的两个卫士。依郎阿最善于辨认各种猎犬了，见这个表面慈祥、心怀叵测的俄罗斯侵略者穆拉维约夫，对他充满了多少戒备！穆拉维约夫把他领到了总督府后院。总督府后院是宽敞的练武场，练武场的前面有一排枝叶繁茂的葡萄架，挂满了成熟和没成熟的葡萄。葡萄架旁摆着一张圆形的桌子，四周陈放着四张厚厚的金丝绒沙发，穆拉维约夫让客人坐下，两个罗刹兵送上咖啡，然后退下。穆拉维约夫毫不客气，这可能是俄国人的傲慢吧，开门见山地说："我跟我的朋友相见，最亲密无间的动作，就喜欢掰腕子。唉，咱们相识已经多天了，你又在顿河生活过，不知我该怎么称呼你？你的清国名字是什么，有俄国名吗？"

站在旁边的妮娜马上应答："总督大人，我忘了禀告你了，他是大清国河北河间府人，叫刘勤，他的俄国名叫卡佳。"

"卡佳？我们顿河的卡佳！太巧了，小时候祖父给我起的乳名也叫卡佳。哈哈哈哈，我们顿河叫卡佳的人太多了，它是子子孙孙的意思，都是顿河的子孙。"

穆拉维约夫惊讶地大叫，显得非常兴奋，一边亲自斟好咖啡，又加了一块方糖，一边递到卡佳面前，然后往自己的咖啡杯里也加了一块糖，用汤匙慢慢搅拌片刻，端起咖啡细细品味，非常随意地说道："卡佳朋友，为了友谊，拿出你平生的力气，我们比试腕力。"

217

妮娜笑看攀腕子

　　说着，穆拉维约夫大方地伸出他的右手，并命站在一旁的妮娜克娃做评判。站在旁边的妮娜真替依郎阿担心，总督伯爵那是行伍出身，高高的个头，比依郎阿快高出一个头，胳臂比碗口还要粗，一看就知道腕力了得。妮娜心想：小伙计刘勤卡佳哪能是伯爵大人的个儿啊！一准输定了！

　　妮娜不由暗暗替卡佳着急，心说：伯爵大人，人家总还是客，还是请你高抬贵手，别戏耍人家了，饶了人家吧！可她干着急，又不敢张口帮助卡佳说说软话儿。

　　可是，只见卡佳毫无惧色，早坐实在沙发上，突然站立挺实，把右手伸得很直，面无表情，双眼圆睁，双唇紧闭，早已显露心无惧畏，摆出了痛快迎战的架势。穆拉维约夫本来在伸出他那巨大的右手之时，非常自信而轻蔑地以为就能吓住这个大清国的小卡佳的，见他不声不响地竟伸过来右手，心说：小伙计不错呀，这是迎战啊，不错，还有股子大男子汉气概，

第四章 迷离谍争

好样的。

穆拉维约夫点点头、笑一笑，心想还是让他长长见识吧！于是，他大声赞佩说："卡佳，太好啦！"

穆拉维约夫光顾高兴地大声称赞卡佳了，谁知穆拉维约夫的大手竟被小伙计的手狠狠地一动不能动地紧紧搬压在下面，像被钉在圆桌子上了。妮娜克娃惊喜地拍手喊叫："伯爵您输了！伯爵您输了！"

穆拉维约夫连连摇着头，说道："不，不，不能算，我还没注意啊！我不能输。"

小伙计卡佳也不说话，不动声色地又把右手主动伸向穆拉维约夫胸前，穆拉维约夫低头看了看伸过来的对方右手，认真伸出他的右手稳稳握紧，双方齐盯着妮娜克娃，妮娜克娃双手摁住俩人相握的右手，穆拉维约夫点点头，会意可以比试了。妮娜克娃突然松手，双方腕力角斗又开始了。

"嗯……"双方都把全身的力气用到腕子上了，真正较上劲了。

没用半分钟，穆拉维约夫照样又让小伙计卡佳给死死扣压在下面，一点也动弹不得。穆拉维约夫全身还在发力，两只眼睛都红红的了，秃秃的光头顶直冒汗，就是无法抬动。最后痛得大叫："卡佳，卡佳，快松手，我输了，我的手酸痛酸痛的了。"

依郎阿这才抽回右手。穆拉维约夫莫明其妙地眯着眼、摆晃着他那肥大的光秃顶，好像真是不可思议似的，说："怎么我还能输呢？"

妮娜不安地安慰伯爵，问："您累了吧？再比一次才算数。"

穆拉维约夫掐着他那酸痛的手忙说："啫，啫，不，不比了。"

他是攀腕子老手了，已完全领教了这个看起来不起眼的小伙计，他那手简直就是一把铁钳子，任何物件都能给掐成粉碎。穆拉维约夫一改笑容，突然非常严肃地说："从掰腕子看，我断定你不是一个贩布的小伙计，你欺骗了我，卡佳，你是一个很称职的清国超哈（兵勇），对吧？"

小伙计这时才坐下，郑重地说："您把我看低了，'超哈'算啥能耐。

我自小生在河北河间，河南是我家邻省，我们那儿地方大人小孩都学少林功夫，庄庄有武师，我还拜过嵩山名僧为师呐！"

"噢！"穆拉维约夫和妮娜一听有少林功夫，他们都景仰的地方，个个惊喜，伯爵还将右手不由地抚在自己心窝儿微施一礼，像见到了活圣人，真要按大清规矩叩头求师了。他们对小伙计的目光变得敬慕。

§

朱伯西我曾讲过，穆拉维约夫伯爵住的后院有个大操场，修饰得很平坦宽敞，可能就是专门为他早晚习武练身而设的，周围还筑建不少各类的健身设施，有厚厚的大沙坑，有高高的跳跃板，远处还有一个靶场，还有习练攀登的一座木板筑成的三层楼形式的单体带窗间的假山墙和粗铁索。穆拉维约夫本来就是武人出身，很注重平日的运动。他和妮娜如今有幸遇见了眼前的卡佳，能放过他吗？一定要请小伙计卡佳给他俩露几手，他们急切想长长少林功夫的见识。

依郎阿本来目的就是深入虎穴，得到对方的信任，能把俄罗斯最有权威的伯爵引上钩了，这就是自己此行的胜利。依郎阿就要趁机认真地表演下去，一定做得把对方的心神全都给抓住，每一个动作必是身眼脚手步分寸到位，谁看了都不会挑出分毫的毛病，别认为他们外行，不懂咱中原国术，在自家面前的这俩人那可都是训练有素的俄国特工尖子，绝含糊不得。依郎阿可是久经战阵的人，什么样的内行里手没跟玩儿过啊！至今他还有这秉性，越遇上对手，越显出浑身是力，越加愿意显示自己的看家真本事，越有竞争的兴趣儿。

只见，依郎阿走到场地中央，暗吸丹田之气，舒展筋骨，突然挺身，迅速双腿半蹲，紧跟着双掌左右分展，猛发出千钧之力，来个古树盘根，一股寒气直扑穆拉维约夫和妮娜的脸。依郎阿双脚迈开连环步，围场疾行，

第四章 迷离谍争

越走越快，忽而稳健穿梭，忽而腾跃如虎，步履轻盈，霎时宛如有条白带旋转，分辨不出人影儿，喜得穆拉维约夫和妮娜眼花缭乱，痴迷惊叹，佩服得五体投地。依郎阿突然站稳身形，泰然自若，笑着抱拳说："见笑了，这仅是我幼时的一些练脚功，不算正式的国术。我师传教我心意神拳，那才出神入化，真要打起来，那得费很大时辰的呀。"

依郎阿的武功，早已经把穆拉维约夫和妮娜征服了，他俩直说："领教了！领教了！"

妮娜从来是有好奇心的女人，她从心里有些喜欢这个年轻俊美的小伙计，便不放过这次欣赏机会，央求伯爵让依郎阿把校场上的比武摆设也给做一下，让他们也好好开开眼。

穆拉维约夫也有这种意图，也想仔细静观一下这个自称卡佳的清国人，想探求他的真实面貌，是可利用或要防范的清兵超哈。

依郎阿并不婉拒妮娜的请求，他更愿意满足他们，因为如今依郎阿如愿以偿，从心里高兴，总算进入海兰泡一切顺遂，今天凭一阵身手脚步平常功夫，赢得一等，这至关重要：它预示着我夺得了进入俄国特工领域的通行证，在敌人心里初步占据了上风，就比靠什么人推荐和介绍都好啊，要再接再厉，不负特普钦将军重托，打入进去，在海兰泡和俄国占领区显示一下大清人的英姿。

于是依郎阿二次抱拳入场，来到十米高的大高板前，站立不动，闭目入静，突然大喝一声"唉"，翻身一个鹞子穿天，整个身子头朝下，脚步直伸向上，双手紧贴双腿，像被钉子一般给牢牢钉在大木板上，足足一袋烟的工夫，才跃身站起，面不改色。依郎阿说："这就是中国特有的气功，多沉重的身体，用无形之气化解，像薄纸一样附于任何依附物上。这就是气功的伟力。"

在穆拉维约夫和妮娜的一再要求下，依郎阿又给他们做了少林拳和少林棍的表演。在穆拉维约夫的盘问下，依郎阿又向他讲述自己曾在俄国顿河米高扬庄主老夫妇的爱抚下,那段深厚的温情生活往事,使穆拉维约夫很觉满足,说道:"卡佳,祝愿你生活永远如意快乐!愿我们能有更多的美好合作。我很快就要返回圣地彼得堡了,就永远离开你们大清国了。你有什么事,要我帮助办什么,就找妮莎吧!"

依郎阿有意表现格外沮丧的心情,表示惜别的痛苦。宴会完毕,依郎阿因忙于自己的卖布摊床尚未整理好,抱歉地说:"还一连几天没有开张挣钱呐,我先告辞了。"

依郎阿就与他俩各自握手相别。

§

穆拉维约夫果真像他自己说的,他确实要走了。穆拉维约夫这个人是特别飞扬跋扈的人,尤其是因与大清国赢得不平等条约的最终胜利,改变了历史,为俄罗斯尼古拉二世争来了荣耀,为国有功,享伯爵绶带,与众不凡,在俄上层贵族中倍显殊荣。其实穆拉维约夫在俄国贵族中本是很一般的人,许多贵族都认为他好专营投机取巧,是个强盗窃贼,瞧不起他,忌妒他。他在圣地彼得堡根本就没有知音。穆拉维约夫也早就暗暗想好了,找寻一个安静地方,自己建一栋别堡,功成名就后,快躲开那个令他讨厌的环境。眼下,他为逐项实现俄国稳定占有远东新区长久之策后,还有许多工作要一件件交代清楚,稳妥落实,否则他是不放心远走的。所以,他命俄国哥萨克大尉、俄国铁甲船船长巴尔钦克诺夫,专程来到他的总督府与他会面。穆拉维约夫将他离开海兰泡,返回伯力的哈巴洛夫家之前,将整个东西伯利亚工作站的特勤重任,当面完全授予巴尔钦克诺夫全权负责,主要成员就是妮娜克娃等人。"岳大人"凭他的经验和敏锐,看中了那个清国的会俄语、在顿河米高扬庄园生活过的"大半个俄国人"的"卡佳",能收入他们一伙,为俄国出力。他们特别

第四章　迷离谍争

需要像依郎阿这类理想的人才。

"岳大人"好言叮嘱妮娜说："我可爱的小妮莎呀，你施展什么样的巧妙法子，能把那个神奇的清国小猫咪唤过来，心甘情愿偎到你的石榴裙子下啊？"

妮娜克娃既显羞涩又很自信地说："尊敬的伯爵大人，那就是妮莎的猫咪了。"

穆拉维约夫听了后，很高兴，点点头，相信妮娜有这股子令男人失魂的勾引力，亲了亲妮娜后，又与巴尔钦克诺夫相互紧紧拥抱，然后，穆拉维约夫才在护卫的跟随下，告别了他的总督府，出门乘坐上他的有篷两马大轮车，另一辆车上有许多小笼，装载着他心爱的世界名狗和猫咪，"咯嗒儿、咯嗒儿、咯嗒儿……"走了。

转眼间就到了码头，又转乘为他专备的快艇，又经过一天一夜的时间，这才回到新命名不久的俄国新城伯力。听说，他后来一直住在法国，晚年才回俄国，死在圣彼得堡。

§

依郎阿辞别穆拉维约夫和妮娜克娃，回到自己的卖布小摊床前，见一个戴大草帽的人，正在他的摊位上紧张地忙碌着，不停地用好言热语应答不少来买瑞蚨祥各色名布的各地村屯顾客。在戴大草帽的人巧嘴宣讲下，逗引得老太太们都不由地凑了过来，互相争抢着瞧看京式各宗布匹，吵吵喊喊，真是忙得不可开交。这人一见依郎阿大人来了，忙向他暗示地点点头，先把身旁几位买花布的老大娘答对完，然后微笑着施礼送走后，这才赶忙把大草帽一摘，打个千儿，小声说："大人好！乌凌阿可想您啦，家里人特派我来照应和看望。"

依郎阿何不是这番心情啊，可是心不由己，自受命深入虎穴，就悄然

223

离开朝夕相处的诸位亲密弟兄,而要孤雁一人,独自为战,过江以来整个身心马上就全投入了装扮瑞蚨祥小伙计中,在与狡猾的俄国特工博弈时,一举一动都要谨慎,不敢有半点纰漏,力求尽早摸清底细,永占制敌上峰。所以,依郎阿总是绷满着弦的,根本没有想到对岸家里来人。俩人一见,犹如黑夜里见着了一缕光明,能不激动万分嘛?真像多少年没有见过面的老亲人,紧紧抱在一起,亲不够。

佐七爷乌凌阿一激动差点把依大人的名字叫出来。还是依郎阿赶忙用话打过去,说:"哎呀,我的老哥哥,你怎么来啦?快给人家量布吧,别误了这些顾客的事儿!"

佐七爷马上意识到,这是在海兰泡俄国占的地方。俩人就热情打发所有的客人。客人中有附近居住的清国各部落村寨的人,更多的是被俄国从各地赶过来充实到海兰泡、刚得到安居下来的俄国人。说来,他们也很可怜,人家本来平平安安、舒舒服服地生活在马加丹、堪罕加和勒那河等诸地方,沙皇俄国为了永占黑龙江东岸,驱逐土著的大清国民,他们有些被逼迫改成俄籍,强行内迁数百里,不准再住在黑龙江边,而黑龙江沿岸只允许由内迁来的俄国人常住下来,当年这种举措被民间讥笑为"换脸大行动"。这种"换脸大行动"还真颇有大效,令人感到这里从来都居住着高个子、高鼻子、黄头发、说一口斯拉夫语的俄罗斯人。这里天天大放俄国音乐,用大喇叭大声喊俄语,创造俄国气象,俨然一派俄罗斯风光。俄国很擅长做偷梁换柱的绝妙技艺,巧得很哩!

依郎阿打点完乱纷纷的客人,有了机会,才悄悄聆听佐七爷传来的特普钦的暗语:"家里货这么多,干啥压着,咱们要抢顾客,不能便宜都让别家沾了。"

依郎阿一听就明白,是命令与俄人争群众,既要稳定大清国百姓,又要别乱了阵脚。这里是清国土地,清政府从户口、经济各方面在管理着,物质不缺。得让新迁来的大批俄国居民认识到,这里吃喝拉撒睡,都靠大

第四章 迷离谍争

清朝，人家才是这里的原居民。这时，又有一人过来掐了一下依郎阿的胳膊。他回头一看，在离他的摊床不远，立个大木牌，用清俄两种文字写着："欢迎广大朋友上我的'祥字号'客货船，我的船上有从京师采购来的各种陶瓷、家具、布帛、粮、茶，新房新居用品一应俱全，又可登船浏览江岸风光，听美好的民谣。"

依郎阿这才注意到，自己并不孤单，原来帕尔根也秘密潜入过江。依郎阿更有了信心，他向帕尔根点头示意问好，祝他顺利发财。"顺利发财"，是依郎阿他们商定的潜入俄国互相叮咛平安顺遂的暗语。他们正在互通暗语时，妮娜来了。

§

妮娜是依郎阿货摊的常客。依郎阿心中有数，不管她是监视，还是出于友情，总都是热诚相迎。见妮娜到来，忙给她让一张铺有鹿布的大软椅子请给上座，还把自己泡好的兴安黄芪香茶给她喝。心细的依郎阿，偷眼见到妮娜的右眼角上好像还有泪痕的水印，知道这位俄国女强人，一定又让她的上司呵斥了。妮娜装出笑脸，向卡佳朋友问好，询问生意情况。依郎阿与妮娜已经很熟很亲近了。从多日对妮娜的观察，依郎阿感觉妮娜还是一个心地善良耿直的人，还不是诡诈不可救药的人。因为很熟了，所以，依郎阿就用俄语小声在她耳边说："莎莎，你眼角的眼泪没擦干净就出来，怎么受谁欺侮啦？"

妮娜一听这话，忙用手擦眼睛，还说："没有，没有，风迷的吧！"

依郎阿笑了，说："莎莎呵，我把你看成我的妹妹，咱俩已不是外人了，你能说是让风迷的吗？若真是被风迷的眼睛，你早就睁不开眼睛了。"

妮娜撒娇地说："亲爱的卡佳，我可不当你妹妹，我是你的莎莎，你能反对吗？"

依郎阿看看四周,用右手食指指了指嘴,"嘘……小声,人家都瞅你笑呐!"

妮娜昂昂她那戴小白纱帽的脑袋,毫不在乎地说:"听到更好,听到更好,我不怕!"

依郎阿知道跟她是辩不清道理的,于是就直刺她深藏在内心的积愤和郁愁,说道:"可爱的妮莎,公使夫人德芮娜曾告诉我,她在顿河捡过一个被遗弃的小孤儿,给起名妮娜克娃,让她上学,从顿河女子贵族中学毕业后,因其学业优异,再加上她的美貌,就被圣彼得堡皇家特卫技校选取,从此这位天真烂漫的小女孩,远离家乡顿河,直到毕业才在圣彼得堡与公使夫人德芮娜重逢,又有幸成为她的私人秘书,来到我们大清国。妮娜你不要吃惊,我与公使夫人情如知己,不仅是顾主之间的友谊,而是我最崇敬的俄国母亲和老师。所以,我很同情你,爱护你,亲近你,你是我很早就想结识和有幸找到的好妹妹。"

依郎阿这一番肺腑之言,让妮娜感动万分。她不像往常装模作样,以伪装面孔应对卡佳了,完全被依郎阿从感情上俘虏得五体投地,像一个无娘孩子见到了久别的亲人,像受过多少委曲和忧伤一样,总算今天看到了亲人,宛若开闸的洪水再也隐藏和遏止不住。妮妮毫不掩饰地一头扎在依郎阿的怀里,是号啕痛哭起来。依郎阿怎么劝,怎么给擦鼻涕,眼泪也流个没完。依郎阿想:哭就哭吧,这是她二十多年积下的泪,积下的恨,积下的怨,就让她好好地全发泄干净,心才会顺畅的。

直到妮娜哭够了,泪止住了,不知何时妮娜竟在依郎阿怀里安详地睡着了。这时,在另一旁站着的帕尔根走过来,俩人把妮娜抱到摊床边的床上,让她静静地休息一会儿。足足多半时辰,妮娜才睡好醒过来,又见一位陌生人,忙坐起,依郎阿说:"莎莎,不要怕,他是自己人,其实你们认识。他就是懂俄语、娶俄国妻子的帕尔根老板啊!"

帕尔根用俄语向妮娜问好。妮娜站起身要走,帕尔根很大方地把妮娜

第四章 迷离谍争

拉住，直接用俄语说："咱们都是没见过面的老朋友，我和我的柳莎都是卖药和会看各种杂症的能手。在我手上给治好的俄国朋友不下十几位。我早就观察你的气色不好，你的身上肯定有好几处伤，你太苦了。其实你是在勉强坚持着、硬挺着。亲爱的妮莎，我们才是你的贴心人啊！"

依郎阿也把妮娜的手拉住说："你把我们看成你的哥哥，你是我们的妹妹，我们不管谁也打心里惦记着管你呀！"

帕尔根和依郎阿俩人温暖心田的话语，完全打动了苦命的妮娜。她辛酸痛苦的二十三年的青春，都是在被酒鬼蹂躏、皮鞭抽打、眼泪泡浸中熬过的，哪享受过如此亲人般的体贴啊！想着想着又痛哭不停。还是帕尔根惦记她身上的伤，不管妮娜何种情态，他像大夫一样，就不顾男女的避讳，一下子给妮娜解开上衣裙，她的肩上、臂上、腕上、两腿上一大块一大块的伤肿部位，不少处已经溃烂发臭。好在帕尔根平时就带在身上一些常备药，这回算起了效用。依郎阿用布给挡着，帕尔根很快就给上完了药。然后帕尔根说："你与依大人的话我都听到了。对，你就到我的船上去，住我船上，我还继续给你疗伤。"

妮娜完全听话，不再傲慢目中无人了。任听他们俩细心照料和摆弄，像只和顺安详的小羔羊。在帕尔根周到的安排下，双方就这样达成默契。忽然，妮娜脸生焦虑之态，看了看帕尔根，忙拉了一把依郎阿，共同走到一个僻静处说："巴尔钦克诺夫这个催命鬼，要让我找人在江上用我们的大铁甲船撞碎帕尔根的卖货船，你们小心点。这事我不做我必死，可我又心痛你们对我这么好。"

说着她又要哭。

依郎阿说："谢谢你妮娜。帕尔根出的主意很好，你就上帕尔根的船，住在他的船上，还可以给你瞧病，多好呀。你不要怕那个酒鬼，你后边有我们这些亲人，我们救你。你今晚带你的人，就上帕尔根卖货船上，深夜你们就在船上发亮光信号，巴尔钦克诺夫的铁甲船让他撞吧，我们有准备，然后你们悄悄下船,躲藏一处,巴尔钦克诺夫他哪能知道是怎么回事啊!"

"好吧,我就听你的了。"说话间就到晚上。

这天晚上说来也怪,整个黑龙江江面上是浓雾弥漫,而且天也出奇的黑。妮娜遵照巴尔钦克诺夫的约定,在子夜十分,站在帕尔根船头的甲板上,发出亮光信号。工夫不大,巴尔钦克诺夫的铁甲船虽然看到了妮娜传过去的亮光,但是也没有太看清楚,就加足马力,奔着这个亮光就冲过来了。

帕尔根的船早有防范,是加大马力,一个急转舵,太惊险了,两艘铁甲船仅差两三米的距离是擦边而过。帕尔根的船是躲开了,但是巴尔钦克诺夫的铁甲船可就惨了,由于光想着撞到帕尔根的船,因用力太猛,当发现情况不对时,已经晚了。巴尔钦克诺夫的铁甲船"咔嚓"一下子冲上江心岛的古树丛中,陷入沙泥很深,再想动,根本就动不了了。巴尔钦克诺夫的铁甲船搁浅了,十多天后才被拉出来、脱了险。巴尔钦克诺夫站在搁浅的铁甲船甲板上是跳着脚地骂着,不是骂舵手,就是骂机械师,"你们这些废物,都是一些窝囊废,都是一帮蠢猪。"

最后,巴尔钦克诺夫骂累了,也只能咒骂真主不帮忙了,自己太晦气了。

巴尔钦克诺夫这十多天忙着叫人拖船,暂且不说,再说瑷珲副都统衙门关保大人。

§

前几天关保大人也让特普钦一顿大骂,说:"关大人啊关大人,你们怎么不知道动脑子啊?怎么还各个蹲在一地儿观星看月啊?俄国人现在正跟咱们抢大清国的百姓呢。他们的货不单卖到海兰泡,吸引多少人去买货,用物质资助俄国人,又不要税,还能得卢布金票奖励,而且他们的货已经

第四章 迷离谍争

卖到了我国的许多地盘上了,让俄国的声誉盖满了黑龙江。关保,从今天起,咱们都当卖货郎,沿黑龙江上卖货,我们的卖货声一定要比俄国高,我们的货一定要比俄国的货好,优惠优质,童叟无欺!"

"固山额真将军大人,我懂了,我们马上办。"于是,关保便依照特普钦的命令,把自己所有属下的人全重新组织起来,划着小威虎,将各类货物分摊每个人,到各河口、河汊、各岛上凡有居民的地方挨家挨户送货卖货,理直气壮大声讲,不买俄国货。瑷珲副都统衙门在关怀咱大清臣民。一场不见硝烟的中俄两国的商业战就此开始了。

单说在瑷珲城里,近两天格外热闹。在十字街口的北侧,张灯结彩,锣鼓喧天,爆竹声声,一家新商号开张了!这家商号可有名气,惊动了盛京、天津、乐亭、京城的许多商家,那股大气劲儿一点也不次于那些家。开张挂匾的大喜日子,迎宾客的商董正是当地著名人士关特格列玛发、跟随他的有他的大夫人王氏、两个亲兄弟关特格恩玛发和关特格林玛发。两位多日不见的面孔又出现了。他们就是在海兰泡长期做买卖的关特格列二夫人刘翠霞和她的得意公子关震臣"隆发祥"大掌柜的。这次他们返回瑷珲城,据说要为家乡出点绵薄之力,在瑷珲也拨来银子,开一个新商铺叫"万谷仓"。书中代言,这个"万谷仓"是专门收购、销售、屯集、积善和济灾为业的北疆最大的粮米商号。

各位听者,当年在北方粮米昂贵,广大乡民吃不起米面,只能积存干野菜与米糠做成糊糊度日。真若有"万谷仓",可算是北方万民之福音呵!

瑷珲副都统关保大人等,也收到开张喜帖,邀请喝酒恭贺。当日收到喜帖的人还有特普钦将军和依郎阿、常喜、帕尔根等人。依郎阿和常喜俩人有心眼儿,觉得黄皮子给小鸡拜年,肯定不安好心。他们就与关保大人商量,哪知关保想事就是简单,他这人就有和事佬的旧毛病,遇事总不得罪人,就劝他俩别那么死心眼,得饶人且饶人,就说:"人家不行是败子回头金不换哪?咱们不能和他们搞得太僵了,应该去喝他的喜酒去,捧捧场才对。"

帕尔根也跟依郎阿和常喜想法一样，听关保一说也很反对，就直截了当不让关保大人去凑这个热闹，说："关震臣可不能小看，他谋士不少，葫芦里不知卖的什么药，去不得。"

关保总觉得他们小题大做，自己很固执，也没有当回事。

依郎阿和常喜他们便报告给特普钦将军。特普钦非常满意依郎阿、常喜与帕尔根的谨慎态度，认为关保不是头脑单纯的事儿，而是敌我不分，严重失职的大错误，必须明确指出来，以防再犯。特普钦非常无奈地叹了口气，"关保啊关保，我曾几番明白嘱咐瑷珲副都统衙门上下人等一定要警惕，罗刹在后台，关震臣站前台，在演双簧，可不是像有人想的好糊弄、好蒙骗的，每一项小小的行动，这很可能就是后台的俄国人帮助关震臣给咱们下的什么套儿，一定是在暗中算计着什么？"

说到这儿，特普钦转身对依郎阿和常喜讲："我现在虽然还看不清他们到底要干什么？但是，现在我们要仔细观看他们的动向，咱们绝不可盲动。"

特普钦将军话音刚落，报事的人进来了，说："各位大人，关保大人已经被关震臣派来的人，前呼后拥，簇拥着，被拉了去赴宴了。"

第五章 "万谷仓"

尊敬的奶奶、爷爷、师傅、兄弟、朋友,各位好!
我有金子一样的嘴,我有龙马精神,
我有海一样的胸怀,
我把遥远祖先的英雄名字、勋业永远记住。
前事不忘,后事之师。
我现在以虔诚之心,
把感人的富察氏家族的说部,给您讲述出来。
我恭恭敬敬地讲啊,您耐心地听吧。
小学生我有礼了,
各位大喜,吉祥,万福金安!

第五章 "万谷仓"

特普钦一听，更是气不打一处来，于是急忙把依郎阿叫到了身边，小声地跟他说："依郎阿！关保出面祝酒去了，我们不能不有所行动，你还真得去现场看看，混在人群里不要声张，偷偷地看看他老关家开'万谷仓'这个葫芦里到底卖的是什么药？他究竟为什么在海兰泡已经有个买卖了，怎么又在咱瑷珲重打鼓另开张，是何用意？我总感觉不对。你啊！最好乔装打扮一下，悄悄去看看，别露了自己身份。"

"将军大人！你不说，我也正有此意。这事，你就交给我吧，绝对不让他们发现我。"

依郎阿回到住处，简单地进行了一些化装，就来到瑷珲城的十字街。过去在瑷珲城，没有这种街道。春秋风大迷眼，一到下雨天烂泥多得不像话。自从特普钦将军来后，他首先就看不上瑷珲古城老气横秋的衰老模样，治理以后才有了如今的气派。

说来还成一个佳话。特普钦初见瑷珲副都统大大小小官员时，不让众人迎接他摆宴接风，而是让吉庆副都统用他的俸银把瑷珲官员和城里名人达爷们请到副都统衙门大灶房，专到江中选取新网得的两条大鳇鱼做九九大席鳇鱼宴，席间除相互有见面礼之外，特普钦开门见山直陈其事，就要求凡瑷珲城一员，都要为家乡美观贡献出自己一份力气，算是我特普钦诚谢众亲了。黑龙江将军的首个动议，谁还能不给面子，立即响应，有的出银、有的出工，马上就动工了。

特普钦领着瑷珲副都统衙门里头的所有兵丁，一是清理了河道中大块石头这样的障碍物，保障了夏季雨季泄洪的畅通；二是彻底地治理了城内街道的面貌。把江里的石头采上来堆成堆，然后把全城的土路铲平，担来黄沙土，铺得宽宽的，再用大木夯得实实的，最后将河岸采来的江石整齐地铺好，又用河中白沙覆盖。顿时，中心大街成为老古城的一道新景色。谁走谁夸，拾江心石既通畅河道，又修铺了市街，少了风土，可谓是一举多得。

就这样,在黑龙江将军特普钦的治理下,瑷珲经过几年的努力,就修成了一个东西走向、南北交叉的十字长街。东西长街,东从江东侧头道沟起,一直穿过长街,西到街西演武场南侧,通往江边长屯黄旗营子;南北长街较窄短,但从江沿穿过十字街,经刘家堡,东北折通向墨尔根和卜奎,一直可到省城齐齐哈尔。

至此,瑷珲江岸有了船码头的模样了,来来往往的人们从江边下渡口船以后,上街上岸有石阶了,台阶一阶一阶上去。岸上不再是土房,临街两边有了木板盖的门市房了,增建了几个粮铺、菜庄子,建了药铺和成衣铺。过去没有几个商铺,这都是特普钦倡导后逐渐开张起来的。俄国西伯利亚总督伯爵穆拉维约夫来瑷珲的时候,当时有一本书是俄国一位叫马克的人写的,叫《满洲人在东北》。这里面讲,那时的瑷珲,他看很破也没有什么,但是特普钦治理以后,这时候就开始有一点商业了,有街道了。特普钦还鼓励帕尔根这些有资本的人,"你除经营自己的行船营生等之外,多帮助活跃街市,出点银子尽量帮助那些老年夫妻,闲着也是闲着,不如鼓励他们进山采集野果,晒干后卖给瑷珲当地做干鲜果品,例如山李红、山都柿、托盘、山葡萄、山核桃、山梨、榛子等,大小也是个门市。另外,咱北疆最喜欢烈性的阿勒给(满语:白酒)和奴勒(满语:黄酒)。为啥非得卜奎和墨尔根造的白酒才是名牌儿,咱们瑷珲城多有名啊,康熙年听说郎坦大人就领着酿酒,当时就为了寒天喝酒暖身子、不想家,杀罗刹侵略兵更倍增勇气,传说那酒的名字就叫'萨哈连'。你帕尔根就开个萨哈连烧锅(黑龙江酿酒作坊)吧!你别看这些小买卖不多,只要有恒心,坚持办下去,就会出名,人越聚越多,没多少天就有好收成、好结果。"

"多谢将军大人指点,我马上就干。"

帕尔根果然听了特普钦将军话,从此越发富有了,并由衷感激特普钦将军。

有买卖就有人气,有人气就有生机。沿街商铺两旁,那些挑挑的、担担的老百姓都来凑热闹。整个十字街显得格外的热闹。

近些年,在瑷珲开商铺的名人,渐渐多起来,其中的名家大家并不陌生。他们一个叫张宝铁,一个叫丘嘉臣,还有一个叫柳文顺,共五个人,他们都是瑷珲当时著名的明贤。他们为整个瑷珲城的商业发展做过很多好事。其他几个商铺人家也都是他们的亲戚和朋友。

那位说了:"张宝铁、丘嘉臣、柳文顺他们是谁啊?"

§

前边讲到过勒古河救人的故事。

常喜和依郎阿见到了一个俄国人的牧场,管理牧场的就是他们几个人。后来,特普钦把他们放了,让他们几个代表瑷珲衙门回关里,按现在话讲:就是委派他们几个到关内招商引资。因为张宝铁、丘嘉臣、柳文顺等五个人,他们本身家里也都是做买卖的。所以,等到他们回到关内家里给亲人一动员,说:"到北边去吧,北边好啊!日子好过,咱们都挺富,因为北边太大了!那里的官员对咱们都很尊敬,到那去都能帮你想办法,还没有什么税。买卖能不发财吗?"

"真是这样啊?"

"真的!那我还能骗自己家里人吗?"

"好!那我们去!"

这么说吧,张宝铁、丘嘉臣、柳文顺等几个人真一半假一半,说了很多好话,做了很多工作,最后,他们把家里的亲戚带过来了,在瑷珲城开个买卖,有开药房的,有开商铺的,也有往关内来回倒腾山货的。就这样,由张宝铁、丘嘉臣、柳文顺等五个人带头,再加上大清国黑龙江将军特普钦和瑷珲副都统衙门的大力支持,整个瑷珲城的商业就迅速发展起来了。张宝铁、丘嘉臣、柳文顺这几个人对历史上瑷珲城的早期开发做出了突出贡献。后来瑷珲老辈人一闲就唠街面上连着出现的商家匾额和迎风飘摇着的饭馆子大幌子,谁都念记最早帮助做好事的人们。

但是,"万谷仓"与张宝铁、丘嘉臣、柳文顺他们这些商铺不是一回事。关震臣他既不是黑龙江将军衙门和副都统衙门关保大人请来的,也不是特普钦将军请来的,而是自己硬挤进来的。他靠自己有钱有势,挑个好地方,很快修建了一座非常大气的收粮米的铺子。而且开张时摆宴请客,就连关保等都被迎宾入席了。

关保吃完席,关震臣还要送关保三个大银宝。关保睁眼拒绝了,反身回了副都统衙门。关保前脚进了副都统衙门,后脚常喜就跟进来了。关保正想说:酒宴丰盛,我没收他们给我的三个大银宝啊!

哪知常喜二话没说,把关保连拉带扯给推进院西侧老鸹树下的副都统衙门犯过受罚的监号里了。关保还大喊争理呢。

常喜说:"关大人,谨奉特普钦将军之命,你目无上司,是非不分,擅自去喝敌酒,先让你蹲在小号里闭门思过,看看和想想,你身为副都统衙门一员统帅,做得对是不对?特普钦将军说了:'大人想明白了,他将亲自迎您回家,我们再与你一起喝懂事酒。'"

关保这时才清醒过来,知道头顶上还有大将军,忘记请示,擅自做主,论罪可不轻啊!我的老天爷呀!一声没吭,悄悄进了小号低头抱腿,一点声音也发不出来了。

§

花开两朵,单表一枝。正是同治三年的初秋,依郎阿化装成一名普通中年商人的样子,就来到北瑷珲城十字街。依郎阿离老远就看到十字街东北角一座大商铺是披红挂彩的,非常热闹。叫买的叫卖的,还有跳秧歌的,围观看热闹的,可以说是拥挤不动。商铺门口正当中,高高地挂着一块匾

第五章 "万谷仓"

额，上写三个镏金大字"万谷仓"。

依郎阿心说：关震臣这小子出手果然不凡。

整个"万谷仓"商铺门前最显眼的还不是这块匾额，而是立在门前道边的两根刷着桐油、锃明瓦亮的松木杆；两根松杆顶端横梁上悬挂着一个巨大的粮斗。这个粮斗足有普通人家的半个米仓这么大。它下面用几块大红布攒成的一朵大红花，两边各系着一根红绸子，是一垂到底，在远远的地方就能看到，风一吹起来非常好看，非常显得与众不同。

依郎阿慢步来到"万谷仓"门前，通过人群缝隙往里仔细观瞧，只见门口站着一位年轻帅气的小伙子，你别看个小，但他的穿着打扮非常的讲究，头上戴着一顶俄式礼帽，鼻梁上架一副黑色的墨镜，穿着一身白色的西服，左手拄着一根金晃晃的俄式手杖，右手拿着一支做工精制的俄式烟斗，时不时地"吧嗒"抽上一口，显得那样趾高气扬、不可一世。他脚上蹬着一双锃明瓦亮的皮鞋，往那一站，虽然频频向走进"万谷仓"的顾客们示以微笑，但是身上的那股傲气劲让人总感觉不那么舒服。

关震臣

这人是谁啊？非是旁人，是关家的少主人、"万谷仓"的大老板关震臣。关震臣现在可不同往日了，完全是学俄国贵族的派头，而且每天都喝牛奶、咖啡，吃饭都不用筷子了，都用刀叉，早已不像大清国人的样子了，完全就是西方的派头。

书中代言。原来关震臣和他的母亲刘翠霞在黑河的对岸，海兰泡那块的"隆发祥"买卖非常红火。"隆发祥"是以经营布卷、绸绢、绸缎为主，还兼做其他一些百货。没有多长时间就发了横财了。

那位说了："卖布、卖绸缎能挣多少钱啊？那是有数的。怎么别人没挣多少，而唯独他关震臣却发横财了呢？"

嗨嗨！最主要的是因为关震臣后面有俄国人的支撑。关震臣这次回到了自己的家乡瑷珲城，在这儿建起了新商号"万谷仓"。他到底想干什么？你一看商号名就明白了。"万谷仓"顾名思义，就是专收粮食的。

依郎阿一进到"万谷仓"临街的门市，就看明白了。清朝时期的商铺大多是临街是门市，后院东西厢房是仓库和干活伙计们住的地方，正房西房一般是大掌柜的住，正房东房一般是二掌柜和账房先生住的。可是今天"万谷仓"粮铺，却是一座非常阔气的三套院，而且院落也非常的宽阔。头道院门市、东西厢房和正房全是货架和摆放的货品。货品齐全，是琳琅满目，让人目不暇接。二道院才是仓库、伙计们和账房先生们住的地方。三道院才是关震臣和他母亲刘翠霞住的地方。今天"万谷仓"开业第一天，任何人都可以在头道院和二道院参观。

依郎阿心说：关震臣啊关震臣，你小子真有两下子。你不光是外头幌子非常出名、非常有新意，而且你办起事来手段也非常了得啊。

依郎阿心里为什么这么说呢？因为关震臣新开的这个"万谷仓"是什么粮都买。此时正是初秋季节。北边说起来有几种早熟粮，比如说像荞麦、黏谷等，现在都正是处于收割时期。这些粮谷关震臣都高价收购。哎！你有多少，他收多少。另外，你刚打下来的，稍微大一点的各种红豆和芸豆，他们也收。除此以外,不管你粮仓里陈放的谷子、小麦和其他的粮食,也包括黏米,他们都收,是粮就收。甚至,你磨成面了,有的你刚碾出的米,他也收。

§

天下哪里都有好事的人。有人就问:"掌柜的,我家库仓里的粮还没有收拾呢,你收吗?"

一位中年主事的伙计非常爽快地说:"收!即使你家粮在粮担里装着,没有人运来,我们也会派人到家去收。哎!不但能上门服务,还会当面付钱。"

"哎!掌柜的,我们可不可以不要银票,直接要银子啊?我可多少年没揣过银子了,也想过过瘾。"

"那没问题!哎!大伙听清了!我们'万谷仓'东家说了:如果你想要我们的钱,我们可以给你钱;如果你想要老毛子的钱——卢布,我们也有。这么说吧,你是要大清国的银票也行,要银子也行,要卢布也行。反正是你想要什么,我们给什么。这些还不算,如果你想买点东西,我们马上给你兑现。你不是给我们粮了吗?你说我要点布。哎!你要什么布,我就给你扯什么布;你是要绸缎呀,就给你绸缎;你要是指名道姓要江南的绸缎呀,甚至天津卫的各样的瓷器啊,我们这都有。"

其中,一个年轻嘴快的小伙计插话了:"哎!各位!这么说吧,咱们生活中所需的柴米油盐酱醋茶,琴棋书画诗酒花。咱'万谷仓'是样样俱全。你即使要北京京师的什么都行,什么都依你的要求,现在没货的,没关系,不出十天半拉月,我们来货后给您主动送到家去。所以说,您只要进了咱们'万谷仓'粮铺,就相当于进了百货商铺,什么布匹类,饮食类,糖果类都有,而且非常全。我们东家主要是为大家考虑得比较全。以后买什么东西直接来我们'万谷仓'粮铺就行了,而且我们绝对是货真价实,童叟无欺。各位客官,里边请喽!"

"走走走,咱不买东西,也到里面开开眼!"

"行!"许多围观的百姓一个跟一个"呼呼啦啦"全拥了进来。

"万谷仓"粮铺从临街市脸到后院的货架和仓库,简直就一个大型的综合百货商店。

依郎阿随着人流,用了半个时辰的时间,才把整个"万谷仓"粮铺里面的所有东西看遍、记清,而后,转身回来向特普钦将军汇报。

§

"大人,这事确实挺怪。关震臣新开张的'万谷仓'卖的东西不一样,另外招待的顾客方式也不一样。"

"他怎么个不一样法?"

"大人!关震臣这个'万谷仓'粮铺里什么都有,而且他那货太全了。你说它是买粮的粮铺?他根本不是单纯的粮铺,而是百货店。哎!你说它是百货店吧,它又是以买粮为主。我看关震臣的主要目的不是挣钱,而是要粮。只要你给他粮,他给你什么都行。看起来关键问题他们是弄粮食。"

特普钦心想:这就奇怪了?他为什么想弄这么多粮食呢?他上哪卖去,都卖给谁啊?

特普钦在屋里走了几圈,略有所思地讲:"看起来现在咱们的事情多了,必须得详查,彻底把它弄清楚。咱黑龙江究竟粮食怎么了?你马上把副都统衙门里的民司、刑司的人找来,咱们四个人先好好琢磨一下。"

工夫不大,瑷珲副都统衙门的民司、刑司的头儿都来了,急忙参见特普钦将军,"二位奴才叩见将军大人"。

"起来吧。"

第五章 "万谷仓"

"谢将军大人!"

两位司长急忙起身,在特普钦将军面前垂手站立。

"今日匆忙把你们二人叫来,你们务必暗地里给我把两件事情查个水落石出。第一件事,你要查清从咸丰末年一直到去年同治二年之间,每年副都统衙门这里能进多少粮食,从百姓那能收多少粮食?总共估计预存能有多少粮食,咱们在官家的官库里面进入了多少粮食,每年都是怎么消费的,等等。你们要事无巨细,必须给我秘密查清楚,绝不能走漏半点风声。"

"是!将军大人放心!我们二人回去之后,马上连夜清对账目。"

"好吧!"

"第二件事,你们重点查一下多罗贝勒府关特格列玛发家的粮库。他有多少粮库、几个粮库都在什么地方,他们每年粮食都是怎么销售的。过去存多少,现在存多少,都卖到什么地方去了,一定要千方百计地找到他的买主。看看他们有没有来往的详细账目。"

"是!奴才明白。"

"你们下去吧。"

民司、刑司的两位司长走后,就开始一个一个认真核查去了。这事先放下,单说特普钦。

§

特普钦将军左思右想还不放心,就问依郎阿有什么意见。

依郎阿说:"光靠民司和刑司的人,不能彻底解决问题,我们应当派自己的人下去。最好派常喜下去,他最熟悉情况。"

"来人啊!"

"将军大人!"随身的侍卫赶紧走进屋来。

"你马上把常喜大人找来,你就说我有事要找他。"

"是!"

常喜,他是瑷珲副都统衙门的参领,也是老人了,而且武术非常高强。说话间,常喜就到了。"常喜啊!你带几个人,带着佐七爷他们,沿着瑷珲黑龙江附近百里以内,好好给我查一查。调查一下老关家他有几个秘密的粮仓和粮库。现在咱们有没有没掌握的地方?最主要的是,他老关家还有几个秘密据点。他们都跟谁联系。当时做这个事的背后,还有谁?"

"将军大人,你放心!由我常喜和佐七爷出面,三五天的时间,肯定把它查明白。这事对于我常喜来讲,太小菜一碟了。"

依郎阿急忙打断常喜的话,说:"此事绝非你想象的那么简单,万不可掉以轻心。"

依郎阿话音刚落,就听见屋外"噔噔噔……"急促的脚步声,紧接着,房门"咣当"一下,被人给撞开了,从外面连跑带喘地闯进一个人来。这个人也顾不上喘口气了,是上气不接下气地说道:"将、将、将军大人,依大人,大、大事不好了?"

特普钦、依郎阿和常喜三个人本来就吓了一跳,心说:谁啊?这么无礼。

但是他们举目一看,跑进屋的这个人,不是报事的,而是他们都非常熟悉的老朋友帕尔根。

"帕尔根,发生什么大事了?"

常喜说着,把自己未动的一杯热茶递过去了。

帕尔根也没客气,深深地喘了几口气,又喝了一口热茶,心情稍微平静一下,说道:"禀告各位大人,您说现在怪了吧,我身边雇用的几个人,突然都要走了。就连我船上跟着我多年跑船的二牛也提出不干了。他们说我给的工资少,有人要给高价雇用他们。活儿还比我这轻。您说这事怪不怪。"

第五章 "万谷仓"

常喜一听这话不乐意,"帕尔根!你就为这事慌慌张张的,打扰将军大人是不是有点过分了。有道是:人为财死,鸟为食亡。人往高处走,水往低处流。人家高价钱请你的雇工,只要是你手下的雇工个人愿意,这也是再正常不过的了,有什么大惊小怪的。你要是不想让人家走,给人再加些工钱不就得了吗?"

"常喜大人,你先息怒,先听我把话说完。我开始也以为是工钱的事。可是后来,我仔细一问:它是钱的事,又不是钱的事……"是怎么怎么一回事。

特普钦、依郎阿和常喜听完之后,也不由得倒吸了一口凉气,"呀?此事非同一般呀,我们必须从长计议。"

有人问了:"到底是怎么回事啊?"

§

原来帕尔根手下几个雇工被别人挖走后,他还真没在意,可是当跟随帕尔根多年的雇工二牛也被挖走的时候,帕尔根真动心了。他就私底下找到二牛问他:"到底是怎么回事啊?"

二牛出于对帕尔根多年的感情回报,就给他实话实说了,"老掌柜!不是我二牛非要走,而是新东家给的条件太诱人了。他们不但给我二牛在你这儿的双倍工钱,而且只要干五天活,还另外给三天的赏钱。我们这些人私底下里里外外这一算,我们在他们那干一天顶在你这三天的工钱,虽然你作为掌柜的对我们情感非常好,平时谁家有个大事小情都非常关照我们,但是谁不想多挣点好养家糊口啊。再加上,我老母亲身体不好,正需要用钱治病,所以,我二牛犹豫半天还是答应跟他们走了。"

"噢!是这么回事啊!?对方给三倍的工钱。嘶——二牛,那他们出这么高的工钱,让你们干什么呀?"

"老掌柜！实话给你说吧。我们要干的活，那也是脑袋别在裤腰带上的一件危险差事。看在咱们交往多年的份儿上，我就冒死告诉你吧。你千万别给我露出去。要不然，我死都不知道怎么死的。"

"二牛，你说吧。我替你保密。"

"帕掌柜！人家再三叮嘱不让我们说，嘴严保密是第一位的。我们就干两件事：帮新东家收拾粮食、看粮食。到什么地方，人家不告诉我们。现去现通知。就是说：你同意就干，就这待遇。但是有两点：一是不许说，嘴要严。即使家里人也不能告诉。你要说出去，自己突然死了，人家不负责任。连你家里人来找，人家也概不承认、概不知道。二是新东家最希望我做啥呢？还不是让我收拾粮食和看粮，而是让我做他的贴身护卫。中间人说了如果你不行，你可以推荐，帮着举荐身边有能力做护卫的人。中间人看我会三拳两脚，就给我说实话了：'新东家现在挺出名，有两个大买卖。一个在咱们瑷珲城；一个在海兰泡。在海兰泡的买卖，有俄国人在后面罩着挺出名的。瑷珲这边，现在又开一个大买卖，新东家身边没有个好的护卫，他根本就不放心。你别看新东家背后有老毛子撑腰，但他也不能完全都向着老毛子。老毛子毕竟是外国人。新东家有时候也受不了，所以他得找一个自己的亲信，真要是打起来还得保命要紧。谁不怕死啊！'后来，中间人把我领新东家跟前去了。帕掌柜，你猜这个人是谁？"

"谁啊？"

"关家的少主人、新开业的'万谷仓'的大掌柜关震臣。"

"关震臣?！"

"对！就是他，关震臣。他一看我练的这点武把抄、三脚猫的功夫，根本就没看上，但是他说了：你虽然担当不了我的护卫，但可以帮我找一些真正练家子。你要找着了，我还能另给你赏钱。我说：行！就这么回来了。我上哪能找真正练家子啊，所以，就干收拾粮食和看粮的活了。"

第五章 "万谷仓"

§

帕尔根听二牛说完，马上知道关震臣背后肯定有一些不可告人的阴谋，这才急急忙忙来向特普钦和依郎阿等人报告。

特普钦将军听完帕尔根的整个讲述之后，坐在椅子上沉思半刻，然后，对帕尔根说："此事非同小可，你绝不可走漏半点风声。让我好好考虑一下。你先回去吧。"

特普钦将军一摆手，帕尔根应声退下。

特普钦将军又稳坐书房，陷入沉思之中。依郎阿和常喜一直坐在那里没有吱声，也在积极想办法。眼看都要掌灯了，特普钦的眉头才慢慢舒展开来，"恒毅啊"，依郎阿，他字恒毅。特普钦在瑷珲时间长了，又非常信任依郎阿，所以平时私底下就称呼他字号。

"恒毅啊，你能不能想点办法，找到一个既是关震臣现在急需的贴身护卫，又是咱们的人，让他打入老关家里面去，并且还要迅速成为关震臣的心腹。这个人不但让关震臣必须能相信他，还要让老关家人都相信他。我刚才想了半天，凭你的武功、智慧和才能是最适合的。但是现在你肯定是不行了，你现在的身份和名声，老关家对你再熟悉不过了。即使你易容换面，冒险打进去，但现在瑷珲副都统衙门一大摊事也离不开你啊。我知道你身边有不少能人，能不能帮着找这么一个人。"

"这个？"依郎阿听完特普钦将军的这番话，想想自己身边和手下会拳脚的人倒是不少，但仔细扒拉过来，扒拉过去，还真没有一个能担当此任的，就犯上了愁。

"将军大人，我身边目前还真没有完全能胜任此事的这么一个人，实在不行，我在京师请个人来吧。"

其实特普钦心里，正是此意。

天下之事，是无巧不成书。也可能真是苍天有眼，老天保佑。依郎阿是想什么来什么。此时，大五家子依郎阿的家中，琪任格在屋里正给半个多月都没回家的依郎阿收拾换洗的衣服呢，家奴来顺儿进门来报："少奶奶，外头来了两个客人。他们指名道姓一定要见我们的家主老少额真。您看怎么办？"

　　自从琪任格与依郎阿成婚之后，家里的许多事都由她出面了。老额真发福凌阿，因为岁数大了，再加上身体不好，就不再管家族的事情了，而是全面交给琪任格主持。

§

　　说到朱伯西我还得交代一下老额真发福凌阿为什么在他蒙皇太后恩准，返籍养病、弥留世间的最后四年间里，他将旗中事务完全委托聪明能干的琪任格福晋了呢？因为这里面还有三件极其重要的事情要做，一是富察氏家族的谱牒整理，二是《萨公讳布素将军生平略彙录》整理，三是满洲北菜食谱整理。这三件事，朱伯西我必须要交代清楚。

　　谚语有云："乱世砸锅造枪炮，盛世修谱建史庙。"其实，发福凌阿受汉学的影响甚重，他早在道光年间对富察氏家族的谱牒整理就已经开始着手了。道光十二年（1832）为壬辰年，满族向来有龙虎年办谱的传统。富察氏家族在康熙三十九年（1700），曾因人口繁衍，各支因八旗调动变化甚大，在总穆昆的倡导下，仿学汉人缮写满文谱书，称《富察哈喇宗支家乘》。但后来因各支分驻不同旗屯，年代日久，不同大五家子宗族总穆昆联络，各支中又无热心主持者，已几朝未办谱了。发福凌阿深知族谱对本族家风传承的重要性，于是在他的极力主持和联络下，并蒙道光帝恩准，富察氏族人在京师者可返籍续谱，速办速归。此举，成为当时大五家子屯百余年来未有过的盛事。在发福凌阿为首的族人组织下，

第五章 "万谷仓"

富察氏有了正式谱书，将《富察氏家乘》改称《富察哈喇家谱》，满文为"富察哈喇都鲁干"。并在发福凌阿倡导下，从本族银库和各支库藏集纳银两，分摊人畜劳力，在瑷珲和大五家子两个大院中，分别建成了"奉恩楼""藏书楼"。"奉恩楼"与"藏书楼"，均为木结构，两层，塔式，由流人匠工设建。两楼直至咸丰年间陆续完竣，匾额后由同治朝著名文华殿大学士倭仁手书。

"奉恩楼"中恭放历朝圣命、诰命、印章、职官服佩、仪簿、珠器宝瓶、墨函等等。除此，专室陈放祖先影像、谱牒、神器、祖先遗物与字画等等。"藏宝楼"在当时颇有名气，其中珍放着故将军萨帅的笔墨砚章及条幅。大臣马喇于康熙二十二年带到黑龙江边的《诗经》《孟子》《左传》《本草纲目》，还有满蒙文手抄书籍、信札，萨帅随驾西往噶尔丹的维文战利函件等等。这些都是瑷珲地方历史上第一次出现和见到的书籍和文献。

此外，"藏书楼"顶南面，还有黄漆圣龛，内放黄绢雕花宝匣一件，存放五世祖德毅公、敬恩巴图鲁嘎太将军尚存《圣祖布特哈行宫膳御议奏食谱》乙份，为康熙帝于康熙十九年和康熙二十一年东巡时所备馔御膳的食单。富察氏岩木吉伯与后世八世祖岳力，都曾缮写过"满洲北菜"，此满洲烹饪烧燔及饽饽、果饮自成一宗之最先汇集者，为后世"清宫御膳"和"满汉全席"的先河。

发福凌阿因住京师，与满蒙汉三旗富宦交往甚多，且又与咸丰奕詝亲密。时年"满汉全席"已誉满朝野。发福凌阿亲任满席北菜之技法，馔肴色味独出群芳，常得美誉，逢有升官调任寿喜时，便有大员来轿竞接，不可遏顾。发福凌阿一生对满洲膳食，贡献很大。他除自出《满洲古意膳谱》一函外，还命弟久屯保玛发（五品衔顶戴，佐领，常驻大五家屯托克索穆昆达），"选富氏聪颖子弟勤加整记，族中遗老凡知者皆应集腋。达呼尔、索伦、栖林（旧时鄂伦春族的他称）燔烤与吾族饮宴古意亦相吻同。皆应

247

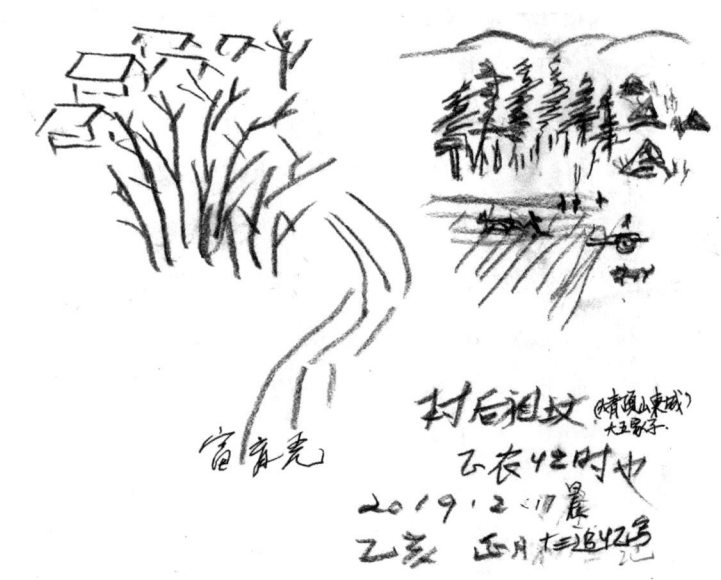

村后祖坟

详之,勿使祖宗之法失于吾侪之手也"。

晚年,发福凌阿带病还要日夜整理《萨公讳布素将军生平略彙录》。其所撰内容皆是在瑷珲屯戍族中几代先人和与萨公元帅以及同戍瑷珲的蒙、汉、索伦、达呼尔、俄侨后裔的友谊。除此,尚有留驻卜魁、瑷珲之福建林氏薦牌兵后裔与三藩之乱迁入瑷珲的吴三桂族众后裔,由他们讲述创建瑷珲、墨尔根、齐齐哈尔诸城史事及萨帅功业、掌故等等。

满族素有古风,冬至节至春正月间,必在家祭中专设颂祖礼序,请族中耄耋、穆昆、萨满向族中男女讲读族史,众焚香躬听,有持续数夜不停。发福凌阿便以族史为蓝本,撰写萨公史略。由此,《萨大人传》渐被传扬出来。起初,英和大人在瑷珲听过富氏族中讲述萨公故事,为之倾倒,并嘱咐发福凌阿要立志写萨公传略。除此,发福凌阿还撰写了《窦氏家传》,记述清乾隆间被贬戍瑷珲之名士窦尔敦史料。

第五章 "万谷仓"

赴故乡上坟

同治四年冬腊月二十七日,发福凌阿重病弥留中闻惊雷,马上命弟弟久屯保快去请风舆先生。久屯保不敢违背,只好命人驱车到瑷珲请来风舆刘先生。刘先生一听,就知道什么事了,便在来的路上,先审看了一下富氏西山祖茔地,而后才到府上。风舆刘先生向昏迷中的发福凌阿禀告:"额真放心吧,富氏祖茔乃卧牛吉地,大儒出焉。"

奄奄一息中的发福凌阿,忙让儿媳琪任格扶起,这时长子依郎阿巡逻额尔古纳未归,望着跪满暖阁地上的二子西朗阿、二女丹珠和侄孙们说:"我一生不轻信风舆,重事在人为。孰为大儒,众儿也。勉哉,勉哉啊。"

说完,发福凌阿闭目长逝,并葬于大五家子祖坟,与妻瓜尔佳氏合坟。后来,发福凌阿之子依郎阿在庚子俄难抵抗沙俄侵犯而英勇战死在大岭后,他的尸骨最后也葬在祖茔地的青顶山上东坡向阳吉地的古树下。这些都是后话。

§

　　话归前言。老额真发福凌阿早就嘱咐过下面，有什么事，以后找少奶奶琪任格福晋就行了，除非家族中极其重大的事，再来禀告他。另外，琪任格福晋也确实是能力超群。她接手整个富察氏家族的事务后，没过多少时间就把各支各派啥事都支配得井井有条，什么事都想得非常周到仔细。族人们也都是挑大拇指佩服得五体投地。在同治四年，老额真发福凌阿病逝后，琪任格被族人一致推选为家族总穆昆达。

　　琪任格在治家过程中最讲究两个字，就是严和善。她"严"，必真罚人，板子绝对打在具体人的身上，不讲情面，但讲理，不蛮横；而且她眼睛特别毒，你心里的事瞒不过她。有什么事，族里的人最好就直接说，绕不过她。她"善"，也真能疼人。琪任格很要强，讲究自己干，有满族女人的特点，能当家，敢当家，碰到事儿也真敢伸头应上去，不躲，不怕事。琪任格这套本事，她自己也承认，是打小从皇太后慈禧那里学来的、养成的，一辈子也改不了。

§

　　说到这，朱伯西我还得多赘述几句琪任格格格离开皇宫前的一件事。

　　琪任格被慈禧选为贴身侍女没多长时间，她就晋升为"答应"。"答应"，它是比侍女级别高，仅次于格格的级别。宫中侍女只有晋升为答应后，才能在宫中随处行走。琪任格能有这么快的进步，主要原因还是她做什么事都非常的要强。比如说：平时慈禧在宫里有两个爱好。一个是喜欢打秋千，一个就是猜谜语。先说打秋千这事吧。皇宫内搭设的秋千是非常的精致，并且在秋千架的最高处最上面还挂有一只御用的小铜铃。谁能悠到最高处，用绣花鞋去踢响那个小铜铃，这就算中了头彩。

慈禧本身爱打秋千，后来等到她生了同治小皇帝之后，就很少活动了，但她爱看侍女们打秋千，偶尔她也亲自上秋千上活动活动。俗话说：外行糊弄不了内行啊。侍女们为了中头彩，都加大了自己打秋千的难度，把秋千打出花样来了。琪任格自从来到慈禧身边后，没用多长时间，她就成为每次能够得到头彩的人，而且琪任格是越玩越精，越玩越能出奇，有什么彩蝶觅食、神鹰捕兔、仙女散花、观音赐雨等等，各种高难度的动作比比皆是，而且她身上佩戴着五颜六色的绫罗绸缎和长绫彩带，在空中飞来飞去，恰似一道道彩虹，五彩缤纷，让其他的侍女都感到惊艳不已。别看打秋千只是慈禧喜欢的一件小玩意儿，但是通过这桩事也能反映出琪任格内心不服输的那股韧劲。

另外，朱伯西我还要嘞嘞几句宫廷的猜谜语。说起猜谜语来，对于居住在北方的满族人，他们不但有自己的叫法，而且除了中原人所共知的、正规的书面字谜之外，还有自己其他几种玩法。

满族人称"谜语"为"勃吉嘞嘞"。另外，它还有"说谜"——"给孙勃吉嘞嘞"，用嘴去说，就完了。"歌谜"——"乌春勃吉嘞嘞"，唱着讲谜语。最受人们喜欢、最有意思的当数"舞谜"——"玛克辛勃吉嘞嘞"，即象形谜。表演舞谜的人，要边舞边叫大家猜，有时同时还带着唱，非常的有意思。舞谜表演者，表演的越滑稽越有趣儿越能惹大家开心，越为上乘之作。

舞谜，不但受广大的满族人喜欢，就连宫里的慈禧皇太后也非常喜欢。但是，慈禧把猜谜语不叫猜谜语，而是有她自己的叫法，叫"破闷儿"。慈禧最爱听"破闷儿"，她还好自己出题，叫众侍人来破。大太监们有时也准许跟着凑热闹。通常是慈禧点到谁，谁就得出场，到圈的前头，叩头，先要有蟒式舞，唱歌，然后，随机应变，信口讲一个谜。谜题，要求文雅、含蓄。古谜也可以出，但慈禧最喜欢的是自己出谜题，由大家来破解。慈禧对身边太监和侍女们即兴出的谜题，不太要求对得上规矩和合辙押韵，只要有那意思，能令人高兴、开心一笑就可以。

§

单说同治二年的这一天，也不知道为什么，慈禧心情是非常的烦躁，坐卧不安，在屋子里是坐也不是，站也不是，而且看什么都不顺眼。慈禧心想：得到外边玉翠湖的花亭里看看风景，透透风，可能心情能好点。

主意打定之后，慈禧就在众太监和侍女的簇拥之下，来到玉翠湖畔的花亭，她坐在凤椅之上，身后有两名太监给她扇扇子，前面的侍女给她递上茗茶和果点。慈禧喝完茶又看了看周围的风景，也感觉没意思，就说："今天儿，咱们不如'破闷儿'吧。"

慈禧懿旨一下，众太监和侍女们是轮流出谜语，由大家来猜。由于今天慈禧皇太后心情不好，而且是面沉似水，所以太监和侍女在出谜语时，都格外的小心谨慎，总怕哪一个谜语出个儿格楞子什么的，再惹慈禧皇太后心烦，自己还得挨罚。

宫中的太监有众多回忆资料，都讲慈禧老佛爷最难侍奉，多少美女当日入侍，晚上便被斥去，甚至被残害，从此不知下落。故此，今天这些太监和侍女们出的谜语都是以前出过的那些文雅含蓄、合辙押韵的。慢慢地，慈禧太后就半躺坐在凤椅之上，低着个头，半闭着眼，是似睡非睡，似听非听，似看非看。七八岁的小皇帝同治偎在额姆身边，也是无精打采，想跑出去玩，又不敢动，只好仰着头，可怜巴巴地瞅着母后，后来，竟然依偎在母后的身上要睡觉了。

这时，慈禧太后忽然把眼睛开，一看自己的儿子都要快睡着了，就耐不住性子了，说："都别给我唠叨啦！都快让俺们娘俩打哈欠睡着喽！换个

第五章 "万谷仓"

有意思的。这么地吧,你们今儿个,拿我作谜,给我叨叨几句吧。"

哎哟,慈禧此话一出,吓得所有太监、侍女们都纷纷跪地,一点喘气声都听不着儿。众人心说:谁敢拿皇太后作谜底,这不是大不敬吗?这不是要掉脑袋吗?

慈禧半躺在凤椅上,一看下面半天没动静,心里就更不高兴了,她是面带怒色,把身子坐正,然后慢慢地站了起来,用手指着跪在地上的众太监和侍女们说道:"你们都怕啥,像耗子见猫似的,我是猫啊!我让你们说就说。你,就是你说吧!"

慈禧一指离她最近的一名老太监,吓得这名老太监就是一哆嗦,急忙跪地磕头,"奴才不敢,奴才罪该万死!望佛爷太后恕罪。"

"真是个没用的东西。掌嘴!"

"扎",这名老太监答应一声,就抡开自己的巴掌,是左右开弓,啪!啪!

两巴掌下去之后,这名老太监的嘴角就流出血来。这种突如其来的紧张和恐怖状态,一下子把小皇帝同治给吓哭了。两个御前奶娘忙上前跪地,边给同治帝揩眼泪,边哄着玩。同治小皇帝是越哄越哭得厉害。俗话说:母子连心,父子天性。这下,慈禧心里的火"腾"一下就上来了,她顺手就把桌边的茶碗"啪"摔地上了,说了一声,"来人啊。"

"奴才在!"

"把他给我拉出去——"慈禧后面那个字还没说出来呢,就吓得这名老太监双腿一哆嗦,就尿裤子了。

就在这紧要关头,突然,从花亭外传来一声清脆的声音,"佛爷太后,莫要生气,奴才琪任格来也。"

大家随声音望去,只见从花亭外缓缓走进一人。只见此人头上梳着芙蓉花的大镜头,左边垂着一条红缨金丝穗,身上穿着一身白缎子喜鹊登枝的梅花锦缎宫服,脚上蹬着一双高脚绒毡八宝彩线金丝盘凤的宫鞋(寸子

253

鞋），手里拿着一条粉红色的绸绢，是缓步走到慈禧和小皇帝同治的面前，行了一个"万福礼"（俗名叫"蹲礼"），"琪任格遵懿旨，毛遂自荐，给佛爷太后和皇上表演一个'玛克辛勃吉嘞嘞'——舞谜。"

"嗯！好吧。"

只见琪任格往后缓缓地退了几步，先来了一个蟒式舞，随后在整个花亭里像一只漂亮的蝴蝶一样翩翩起舞。大家都爱看琪任格跳舞，轻柔美艳，一下子，把慈禧兴趣勾起来了。小皇帝也不哭不闹了。随着琪任格的优美舞蹈，她又发出的一阵百灵鸟般的歌声："安巴阿布卡，纽欢安布卡，图门泼图额敦阿忽，图门泼图额敦忽里——"

最后，琪任格双手在上，分别成两个圆形，半蹲在同治小皇帝的面前，两只眼睛又左右不停地摆动，形象非常地俏皮可爱。琪任格一下子就把小皇帝同治给逗乐了，他拍着小手不停地说："好啊好啊！再来一个，再来一个。"

琪任格跳完舞，又跪到太后和小皇帝面前叩头。慈祥也似懂非懂地问道："啫，啫，你跳了唱了都不错，可是我的谜，没见到你讲啊！我的谜呐？"

琪任格笑着说："回佛爷太后的话，我刚才跳的、唱的，就是佛爷太后您的谜啊！"

"我怎么没看出来呢？"

"佛爷太后，你看这满族歌词。"

在清代后期，慈禧时代，宫廷里一般已多用汉语，也用满语，唱满族歌，琪任格从小在太子府与宫里长大，所以她也学习一些满文，但说话主要用汉语。

满族"安巴阿布卡"，翻译成汉语是浩大的高天。满族"纽欢安布卡"，翻译成汉语是湛蓝的青天。满语"图门泼图"翻译成汉语是万里的意思。"额敦"翻译成汉语是云。"阿忽"翻译成汉语是无。这几句歌词连在一起是：浩大的高天，湛蓝的青天，万里无云啊，万里无云！

慈禧听后又问："那万里无云怎么的啦？"

琪任格笑着说："佛爷太后，您和皇上在上，不是双日高照，哪能不万里无云呢！"

慈禧皇太后看到琪任格如此机灵古怪的表情，不由得"扑哧"一下乐啦，说："还是我的琪任格最懂得我心思。赏！"

刚才即将发生的那一场非常惊险的内宫风波，就这样被琪任格一段优美俏皮的舞谜表演，化解得无影无踪，并瞬间在众人笑声里淹没。慈禧笑着笑着，突然心里不由地咯噔一下，心想：琪任格突然出现，难道她是来与我分别不成？

§

这事还真让慈禧皇太后给猜对了。慈禧懿旨将琪任格下嫁给黑龙江富氏家族，她的心情也是百感交集。两天没见琪任格，慈禧就感觉像丢了魂似的。慈禧一见琪任格，再加上她把舞谜这么一表演，冷丁儿就找到缘由了。你想想：琪任格在慈禧身边朝夕与共，亲密相处已整整八年的时间，彼此之间早已结下了极其深厚的情感。琪任格说走就走了，而且还是非常遥远的漠北，哪能不让慈禧闹心呢？慈禧马上懿旨，当夜让琪任格特意在清宁宫与她共渡一宿。琪任格特例在太后处陪宿，过去是常有的事，因太后最喜欢她在身边，会解闷。她各种话语、故事也多，变着招儿能讨慈禧皇太后高兴，总能让慈禧笑着安详地入睡。今天也是如此，当慈禧皇太后突然醒来时，虽然已是深更几许，红烛下，她见琪任格坐在自己睡榻边上，仍在笑吟吟地瞅着自己，轻轻服侍。慈禧的眼泪"唰"一下就流了下来，说："我的小琪任格，你走了，我挺想你的。这么吧，我把我的凤笺让礼部给你拿几张。我这个凤笺是不轻易给人的，我不轻易给大臣和国外使节写凤笺的。我给你这些凤笺可以说是字字如金啊。到了漠北之后，记得隔段时间给我写封凤笺。我只能留给你几份，也不能太多。说实在的，你能留着几份，那就是宝贝了。以后你要是有什么紧急的事，就在它上面写几个字，把你的想法告诉我，我就会马上知道的。"

什么是凤笺？实际上，它就是一种印有彩凤的高级的宣纸，本身就代表着慈禧皇太后专属的一种无上权威。朝廷礼部只要见到这种凤笺，他们就会马上呈报到慈禧皇太后手中。慈禧万万没想到，她今日给琪任格留下的这几封凤笺，等到二十几年后却给她（慈禧）换来数以万两的黄金。后文书"漠北迎迓贵客"中，再详细赘述。

"我的小琪任格，你还是回去睡会吧。如果北边你觉得实在太苦了，你就回来吧。你要是在'小红阁'住不惯，就搬回宫里和我作陪。哼！你回去吧。"

琪任格这次是远别了，开始了她自入太子府邸、进宫、出宫的第三次人生转折。此次出宫，对于她来说更是前程未卜。所以，琪任格陪坐在御榻边上，满眼含泪说："佛爷太后，我不回去，就让琪任格奴才再陪侍您最后一夜吧。"

说完此话之后，琪任格挤压在心里二十几年的泪水，瞬间流了出来，回想到自己二十多年来的种种不易啊：一个弱女子在充满杀机，弱肉强食，争风吃醋中，亲人早死，又没母亲，能八方周全，成为皇太后心爱的亲侍，何其不易啊！然，明天自己突然变成一无所有，要去荒蛮漠北，听说那里一年九至十个月都是冰寒，自己从未去过的陌生之地，是蜜窝，还是深渊？一概不知。自己虽然在赛马射箭场上初识一个武生侬郎阿，但是他的性格、喜好、为人一点也不知道。难道我也是七仙女下凡找董永，祸福难卜不成。

琪任格跪在地上，哭得几乎昏倒，众宫女搀扶起她之后，也泣不成声。慈禧太后忙起身，很难舍地把她搂在自己怀里，给她揩着泪。慈禧也动了真感情了，眼圈也是红润的。琪任格心里本来有一句话："死也死在太后眼前,琪任格舍不得离开太后,不出嫁。"但这话在宫内讲,是抗懿旨,杀头的。终因太后与她多年相处,此时分别数千里,何年相见不知有期。慈禧也是动情的,也理解此刻琪任格憋着不敢讲的话是什么意思,她抚摸着琪任格的头,说:"傻孩子,不许抹眼泪,你知道咱们娘们就讨厌用面掐成骨头的人。富察氏是本朝世代勋臣,伊郎阿的阿玛又是大行皇帝(指已故云的咸丰帝)身边的爱臣。高高兴兴去吧,太后我狠狠心,掂量来掂量去,非你莫属,给你做主了。我不能狠抱着我的小郡郡,亏你一辈子。都说男儿要有凌云志,我就偏偏不相信,咱娘俩就不能有八面威风?我就好自己闯荡,我早喜欢你有我这股子犟劲的。别哭啦!"

"嗯!琪任格记住了。"

琪任格此行前,慈禧皇太后命太监给她不少出嫁珍宝,但琪任格不要金,不要银,不要驼马布帛,只要了慈禧赐赏的宫廷大礼时侍太后女官穿的一双高脚绒毡八宝彩线金丝盘凤的宫鞋和慈禧自己穿过、由她多次存藏的一套素缎百凤迎日游龙锦身灰内衣(这两件宝物,据讲在大家五子曾供在神堂里,直到庚子俄难时焚烧丢失,过去逢年节要上香供祭)。

此外,据讲还有一个像杏子大的白蓝色珍珠,曾是咸丰帝五龙披肩上的九珠之一(是咸丰帝当太子时每逢大礼必穿的礼服。皇帝九龙,太子一般为五至七龙,有讲究),是赠给"郡郡逢九华诞"的纪念品。逢九华诞,满族祭九数,九为易经阳数,为盈数、满数。"郡郡"长到九岁,是登福坎,喜坎。在府邸之王侯家皆有大祭,实际说白了,就是九岁生日的礼品之一。琪任格入宫侍太后也一直敬奉珍存。

俗话说:男怕入错行,女怕嫁错郎。这话到现在讲也是有一定道理的。琪任格最值得庆幸的是:她虽然是慈禧皇太后赐婚下嫁的,但是慈禧为她选对了如意郎君。依郎阿和琪任格自结婚之后,直到依郎阿大岭殉难时,夫妻二人始终是相敬如宾,从来都没有红过脸,完全是男主外,女主内。所以,今天来顺儿进屋给琪任格福晋汇报此事。琪任格二话没说,就让来顺儿把客人请进来啦。

§

琪任格一看，这两个人是一高一矮、一瘦一胖，个高者是个瘦子，体矮者是个胖子，都穿着长袍大袖，京师的打扮，而且两个人穿戴得都非常整齐。

这两个人见到琪任格马上进前打千施礼："给嫂嫂请安啦！"

"嗯？"琪任格先是一愣，而后是非常客气地回问："我不认识你们呀，请问，你们叫我嫂嫂，这是从何说起啊？"

高个瘦子先说话了："嫂子啊，眼下事急，我们没吃饭太饿了，我们是来要饭吃。"

琪任格那也是见过大世面的人，知道这是京师健锐营里的接头暗语，马上明白怎么回事了。

"没吃饭太饿了，来要饭吃"，它的意思是：我找少主人有要事相告。

琪任格马上低声吩咐来顺儿，"你赶紧去找少主人。你告诉他可能是他们的师兄弟来了，来看他，要传个信。"

"嗯，少奶奶！我记住了，我马上就去。"来顺儿来到后院马圈，牵过一匹枣红马，扳鞍认镫，飞身上马，稳坐鞍桥。一抖马的缰绳，就出了后院，上了大五家子通行瑷珲的大道。来顺儿两腿猛地"啪"一磕马肚子，又照这匹枣红马的马屁股上使劲来了这么一鞭子。只见这匹枣红马，"稀溜溜"一声暴叫，往下一塌腰，四蹄蹬开，"哗……"顺着大道就跑下去。

你说这匹枣红马跑得有多快，从大五家子到瑷珲城四十五里地，只用了两袋烟的工夫。

琪任格一看天色也不早了，就吩咐后厨给两位贵客备上上等的饭菜，越快越好。

第五章 "万谷仓"

§

各位，来的这两个人是谁啊？

他们俩可非等闲之辈。朱伯西我说出来会吓你一跳。他们是北京军机处派来的，就像现在的国防部一样。京城军机处是一个专门负责国防和情报工作的秘密机构。军机处人才济济，乃天下豪杰荟萃之所，文韬武略，各有专长，朝廷还延请来多位擅长少林功法的武僧，个个武术功底堪称不凡啊。在这些武僧中有一位著名的大师父，法号贯一禅师。贯一禅师，德高望重，是一位面壁十载、修成正果的得道高僧，武功相当好，轻功堪奇，可以说是高来高去，陆地飞腾；走高楼、越大厦如履平地。另外，刀枪剑戟斧钺钩叉，棍棒镋槊鞭铜锤抓，拐子流星，十八般武器样样精通。同时，双手可以发镖，双手可以接镖，白天打箭靶，晚间射香头，使用暗器百发百中。贯一禅师最厉害的还属于内家功。而且贯一禅师非常有涵养，见人话不多，从来很少说话，除了做菜以外，自己就是练功。整个军机处里所有的少林弟子，都是他的徒弟，依郎阿也是他的弟子。

贯一禅师的亲师哥是云中叟。依郎阿十三岁回京时，就曾专门到少林寺正式拜了云中叟为师。最主要的是，依郎阿三年武艺学成，下山之时，师父云中叟特意叮嘱他："马上回京师健锐营，你将来必得重用。我这有一封书信。你到京师后，亲手交给我的师弟贯一，他会帮助你的。"

其实信中，云中叟明确交代师弟贯一禅师，"师弟啊，我徒弟依郎阿是块好苗子，悟性极高。我已经将自己的那点东西都倾囊而出。我现在年事已高，也教不动了。望师弟看到师兄的薄面上，收下他为徒，好生传授你的所长，以期望我们共同的徒儿依郎阿能续传吾少林千年之伟业。"落款是：云中叟。

贯一禅师看完自己亲师兄的书，马上乐了，心说：我的这位亲师兄功夫高我一筹,而且孤傲一辈子,从来不求人,他倾囊而出三年教出来的徒弟,转手给我,也算是太给我面子了。行啊!这个徒弟,我收了。

贯一禅师看完信后,马上让依郎阿给他磕头、敬茶,正式确立了师徒关系。在过去,拜师是一件非常严肃的事情。拜一次师,就像重新投胎做人一样。因此,人们从内心中对这种极其厚重感的师徒传承关系很敬畏。

依郎阿生母瓜尔佳氏

正如前文书所讲,依郎阿先回瑷珲老家看望身体多病的生母瓜尔佳氏,才有了"少年郎陈词难奕山"的典故。后来,依郎阿的生母病逝,发福凌阿怕依郎阿在瑷珲再惹事,就把他召回京师。事情也凑巧,依郎阿刚回到京师,正赶上健锐营比武招贤。依郎阿是初生牛犊不怕虎,登台献艺,一举夺魁,这更让贯一禅师对他刮目相看。后来,依郎阿在北京军机处没少得到贯一禅师的偏爱和真传。

第五章 "万谷仓"

俗话说：师徒如父子。如今，依郎阿北上以后，好长时日了。徒弟想师父，师父更想徒弟。有一次，贯一禅师和大学士倭仁见面，倭仁说："我去趟瑷珲。瑷珲现在相当乱，俄国大军压境，整个把瑷珲包围住了，形势非常的严峻啊。"

贯一禅师回到军机处后，很惦记这个事、惦记自己的爱徒依郎阿到底处境怎么样。自己年岁大了，道这么遥远，去一趟很困难，贯一禅师真是朝思暮想，好在他们偶尔还有书信往来，往往依郎阿也是报喜不报忧。转眼间，几年过去了。这一天，贯一禅师右眼皮一跳，心里突然想到了徒弟依郎阿：依郎阿这臭小子，你走了好几年了，朝廷也非常惦记你，现在真不知道到北边怎么样。你这孩子，怎么不来封书函通告为师一声呢，让为师助你一臂之力，也不至于这么牵挂着。哎，老了！

说者无心，听者有意。贯一禅师身边一高一矮的两个弟子，听完师父自言自语的小声嘀咕后，"扑通"一声跪在地上，磕头施礼："师父！我们想去。我们想完成这个任务。"

妙手回春和一阵风

"师父！我们早想去看看我们的师兄了。您就让我们去吧。我们去了，也好帮师兄一把。"

按年岁来讲，跪在地上的这两位岁数比依郎阿大。少林派内部等级观念非常强。依郎阿别看岁数小，他十三岁就拜云中叟了，所以从入门时间算，他也是大师兄级的。

贯一禅师看了看他俩，心里不住地点头。

§

这俩徒弟也很出名，都是他亲手教出来的少林弟子。一个叫妙手回春长臂猿（以下简称"妙手回春"）。他擅长轻功。你一听他的名号，就知道能耐肯定小不了。为什么他的名号叫妙手回春呢？就是因为贯一禅师专门教给他了一手世间难见的独门绝技——"推拿功"。

推拿功，是一种内家气功。练此功者发内气之后，能使身体和四肢伸缩自如。如果他的四肢和身体碰到周围环境里硬的和软的东西后，他能像蜗牛一样自然的推拿，所以人们给它起了一个名字叫"推拿功"，其实它就是一种"软功"。只要他一发功，他的双臂能一节、一节地加长伸出去。很多离他很远的东西，他两只手都能够抓到。有许多很细的小洞，他手能够迅速缩小变细，不但能伸进去，而且还能把洞里面的东西取出来，他有这个能耐。本身他又姓袁，个高偏瘦，能蹿能跳，像个猿猴一样，而且他还十分聪明，在他面前没有难事，所以人们就给他起了个雅号叫妙手回春。

妙手回春，作为一个侦查人员，就要练得一门独特超人的武功。为什么军机处要请少林名僧、圣僧贯一禅师呢？他教得各个弟子本领都不同。

另一个徒弟叫"小豆子一阵风"（以下简称"一阵风"）。小豆子个小，他姓窦，是个小胖子，小团脸，长得憨头憨脑的，就是有时一着急，口齿表达不伶俐，说话有点磕巴。所以，一般人一打眼都认为一阵风有点

第五章 "万谷仓"

傻实在,其实错了。一阵风外表看似憨厚,其实他非常聪明。一阵风,他最大的特点就是快脚功。他双腿倒腾起来"噌噌噌"地相当快,像一阵旋风一样。你一眨眼的工夫,他就跑没影了。所以,他传信、报信,到哪去了,你根本找不到他影儿。一阵风,他的快步功快到什么程度?咱们常人都难以想象。你看弓箭,射出去迅速吧?他跑的速度甚至能超过箭。你想射他,你射不着他;战马跑得快吧,日行一千夜行八百,骑马的人撵不上他,另外,他还能在快速跑动的马群里,来回闪展腾挪,如走平地。哎!你说他别看个儿小身胖,却练就这超长的快脚功。这真是人不可貌相,海水不可斗量。

妙手回春和一阵风,他两个人都是过去穷人家里的孩子。从小在少林修行,后来是被军机处选过来,在军机处以健锐营的名义出现。他们不是武术家,也不是武侠,而是八旗将勇,都享受着八旗卫士的俸禄,不报僧号,对外就是八旗的超哈兵。他们从来不说你是少林派,我是武当派;你是五台山,我是峨眉山的,等等,不论这些。自清朝康熙皇帝以来,他们的番号就是健锐营,专为皇上服务,也为国家重要的征伐行辕、朝臣暗访等承担扈从保卫重差,实际上就是现在的安全情报工作。

§

再说在依郎阿家乡大五家子,琪任格正在为京师来客忙着备办饭菜。只见工夫不大,热腾腾的"满族北菜"和上好的米饭都一块儿端上来了。妙手回春和一阵风看着、闻着这满桌子的香喷喷的饭菜,简直一个劲儿直咽口水。

"嫂子!我们真饿坏了,就先吃了。"

"吃吧,不够我再让后厨给做。"

"嫂子,够了够了!那我们就不客气了。"说着,他们二人袖面高挽,

琪任格招待妙手回春和一阵风

拿起筷子，甩开腮帮子，吃上了。他们哥俩真是饿坏了，风卷残云，狼吞虎咽。这满满一桌子上等的北菜，外加四五斤米饭，一袋烟的工夫，让这哥俩全造光。他们哥俩吃的是一个沟满壕平。

一阵风练就的是双脚功，身体非常结实，饭量也大。这一桌子饭菜，他吃了三分之二，吃的饭菜都到嗓子眼这块了。他扬着脖都不敢低头了，怕自己一低头，好东西从嗓子眼冒出来。一阵风一边用手从脖子往下顺，一边眼睛还瞄着桌子上的菜碟呢，心说：这么好的饭菜，别剩下浪费了多可惜啊。

哎！还真让一阵风有了重大发现。他发现一盘阿玛尊肉盘底下，还有一韭菜叶这么大的一片肉，赶紧拿起筷子，迅速夹起来，放到嘴里。他一边嚼着还一边说呢，"师兄，你怎么还剩下一块呢，浪费了多可惜啊。我吃喽。"

妙手回春看到自己的师弟一阵风可笑的样子，都憋不住想乐。

妙手回春和一阵风在外边，绝对不会这样坐没坐相、吃没吃相的，今天这不是到自己大哥和嫂子家了嘛，所以，他们才彻底放松了，无拘无束的。

§

说到"满族北菜"，我在这简单地给大家介绍一下。

满洲素有北菜，盖有百年。北菜，满语"阿玛里刻包哈"。"包哈"，即肴膳之意。北菜系因与京、津、闽、粤、川、鲁、潮、港等大菜齐名，相较得名。满洲北方菜肴款式，系牲禽鱼蛇、燔烤、烹煮、蒸晒、面食、干果、汁饮等独特庖工之总称。满菜源远流长，金以来女真民间餐食已备雏形，登入宾筵大雅。据传，金太祖阿骨打宴群臣即用女真炙烤法烧燔狍鹿，并制芍药饮；太宗吴乞买慰宋臣赐女真肉粥；后金努尔哈赤时，筵宴皆凭猎获，使北菜得以光大。抚顺、开原马市时，女真设满席款待明臣商贾，常被女真野意庖法所倾倒，回明廷竞夸女真奇筵。

北菜始入清康熙朝，圣祖始发端，奉旨北戍黑龙江城、雅克萨城之八旗劲旅，所创意、承袭并渐形成之满洲筵席佳肴。满洲北菜以黑龙江将军所在地瑷珲新城为中心，辐射墨尔根、卜奎乃至吉林乌拉等地方渔猎民族，特有之传统食俗与庖工技法，构成满洲北菜之独特风格，其中糅入满洲名厨岩木吉玛发的《北菜遗谱》、圣祖东巡所备制的《布特哈行宫御膳食单》等，野意膳食诸款，后经雍乾诸朝历代选粹精求，自成一宗。有清一代在黑龙江、吉林、盛京誉名斐然。满洲北菜，自雍乾以来，尤与京、川、鲁、粤、潮等诸席相合，而成名噪中华之"满汉全席"。清后期，国势日微，又因北菜用料苛严，疆域变迁，再因燔烤庖法尤难驾驭，故难得发展。清末民初，虽有经营者，叹已鲜为人知。

北菜用料广域，近者黑水白山，远者萨哈连乌拉以北，东及锡霍特阿林及海，万类生物均入北菜之盟。而燔烤炙冰、烹炖蒸煮、晾晒生食，自宗庖旨。圣祖东巡，雅称北膳为北菜，相沿袭用。清廷设包哈局衙门，专研和备办满式席肴名菜，即饭食饽饽等，为皇家所御用。其中，弘扬北菜，著书载述者起于清名儒朱锡鬯，著有《食宪鸿秘》上下二卷传世，涉满菜（北菜）尚多。再说了，老额真发福凌阿本身就是研究北菜的高手，再加上因琪任格是慈禧太后赐嫁给依郎阿的，随嫁圣恩也带来了几名宫里的御厨，在府上主持后厨，所以府上后厨技艺那是相当的了得。另外，琪任格本人还精通宫中北菜烹饪之术。

妙手回春和一阵风光知道今天上来的饭菜特别好吃，都胜过京师的名厨，但他们哪知道，富察氏家中还有这么精湛的北菜厨艺渊源呢。

平时府上饭菜都是清淡为主，也非常的节俭，只有逢年过节的时候，才上"八大碗"。这几天正好老家主额真想吃这口了，刚准备好，没想到老家主发福凌阿有事出去了。所以，今天让妙手回春和一阵风赶上了。更主要还是琪任格好客，待人真诚。

妙手回春和一阵风在客房吃饭的时候，琪任格格格作为一家之主，始终是在客房侧坐相陪。等到他们二位把饭都吃完了，琪任格又亲自到里屋，把家里存放的好茶拿了出来，让下人洗泡斟好，端了上来。

妙手回春一闻这茶散发出来的清香，"咝……"就知道自己又有好口福了。妙手回春跟一阵风不一样，他不但智慧超人，而且他还懂得茶道。

原来在京城时，妙手回春经常陪着师父贯一禅师下下围棋，品品茶，所以，他在贯一禅师的耳濡目染熏陶下，也就跟着学会了茶道。再说贯一禅师经常在皇上身边，又跟朝中的达桂达中堂、倭仁倭中堂等权贵大臣经常交往，有时也相互赠送点好茶。妙手回春跟着吃锅烙，也就品尝到了不少的朝中好茶。此时，客房里飘溢的茶香，一下把妙手回春的茶瘾给勾起来了，他急忙左手端起茶碟，右手轻轻掀起茶盖，用茶盖下沿慢慢地往外划了一下后，轻轻地饮了一口，"咝——哈！"妙手回春就感觉一股特殊的清香，沁人心脾。哎！浑身上下、从里到外都感觉格外的清爽、提神。

"好茶、好茶！此乃世间极品啊！这真是：

　　百草逢春未敢花，御花苞蕾拾琼芽。

　　武夷真是神仙境，已产灵芝又产茶。

嫂子！此茶不知是不是贡品武夷山茶呀？"

"贤弟，果然是京师来的，它确实是我随嫁时从宫里带来的贡品，今日看两位贤弟远途劳累，特拿出来给提神、解乏。"

"多谢嫂子抬爱。今日我兄弟二人为了赶路饿坏了，进门就给嫂子要吃的，恕有失礼之处，还望嫂子多多见谅。"

"二位贤弟！咱们都是一家人。您还客气什么。"

此时一阵风倒不客气，说："嗨！嫂子，我饿成这样也都怨他。本来我们从北京出发到这，满打满算，走个个把月也就到了。可是他非得绕远，让我多走了好多地方，这不一个多月了，紧赶慢赶总算才到，都怨他。"

妙手回春拽了一下一阵风的后衣襟，笑着对琪任格说："嫂子，是这么一回事。"

§

"我们到了盛京以后，没有想到正赶上盛京城一年一度的武术大会。全国各门各派都派自己的代表来参加这次武术大会了。有武当派的，有峨眉派的，有华山派的，也有少林派的，等等，可以说是天下武林人士群英荟萃。我们一看时间充足，就在盛京城凑凑热闹、也借机学习一下，这就耽误了几天。后来，听五台山的一位武林同人说，我的一位师兄云游到了千山，正在千山一线天修炼呢。于是，我们又去了千山一趟。可是我们到了千山之后，结果也没看到他，听旁边庙里的方丈说我这个师兄早到咱们北边来了。我们想呀，他一定也是得到了什么消息，肯定是来找大哥的。于是，我们就跟随其后追赶，结果紧赶慢赶也没赶上，还把我俩饿得够呛。嫂子！就是这么一回事。"

"噢！刚才我还在想呢？京城到瑷珲，你们怎么走了这么长时间。你们要是顺道的话，到瑷珲一个月也到了，你怎么走了一个多月才到呢。但是这两天家里也没来人呀？你大哥不在家，家里里里外外什么事都是我来操持，来人找你大哥，我应该知道的。不过，你说的这个人长什么样啊？我让来顺儿下去问问？"

一阵风说话了："嫂子！我这个师兄，你最好认。他就像过去人们传说的那个疯疯癫癫的'济公'一样，脏兮兮的，也是破衣服、破打扮，只是他稍微胖点。嫂子，你看我这位师兄一眼，一辈子都不会忘。"

"贤弟啊！你要这么说，我还真没看到过这么一个人。闻娘啊？"

"奴才在！"

"这些天，咱府上来过这么一个人吗？"

"回格格的话。这些天还真没有发现过这么一个人。"

书中代言，一阵风所说的这位疯僧可是一位了不起的世外高人。他原来是五台山城人，五台山修炼，后来曾经一段时间军机处也请过他，他也在军机处待过。为什么叫他疯僧呢？他的人像济公一样，不讲究，什么肉都吃，什么酒都喝，到哪都不讲究，穿的又邋遢、又埋汰，疯疯癫癫的，净做好事，还不留名。疯僧过惯了无拘无束的生活了，时间长了就受不了军机处的条条框框的约束，后来他就离开了军机处，重新过上了四海云游的生活。到后来，疯僧仅凭自己一人之力，在大清国北方边疆竟然拯救数以万计人的生命。咱们后文书"独臂疯万世缘僧横空出世"时，再详细交代。

单说妙手回春一看自己的师兄没有来找自己的师兄依郎阿，自己也吃

第五章 "万谷仓"

饱喝足了，就起身告辞："嫂子！我们也吃饱喝足了，另外，我们还有事要找我师兄，在下就告辞了。"

"两位贤弟，你们远途跋涉十分劳累，再加上现在天色已晚。不如这样：我已让来顺儿骑快马给你们大哥送个信，让他回来。再说你大哥他已经走了很多日子，这两天也该你大哥回来取换洗衣服的日子。今天择日不如撞日，让你大哥回来，也正好与你们兄弟在家好好聚聚，晚上喝点酒也好解解乏，有什么话在家也好讲。"

妙手回春和一阵风一听嫂子所言极是，就说："那、那就有劳嫂子了。"

"都是一家人，那还客气啥呀。你们先喝着茶，我已让来顺儿去找你大哥，再到后厨给你们安排点下酒的菜。"

有一句老话说得好："宁娶大家奴，不纳小家女！"这句话表面看，它具有一定的封建思想色彩，但是你仔细一斟酌一研究，哎！它还真有一定的道理。

纵观咱们历史上许多大的家族的兴衰，其决定一个家族兴衰的主要因素，往往不是取决于男人，而是取决于女人。大家女比小家女之所以宝贵，是因为他们有着一种兴旺传承的无形的文化基因和家风影响。说白了，在一个大户人家长大的女人，她眼界宽、看过世面，知道怎么处理一些大是大非的事情。这也是为什么古人娶嫁一定要门当户对的一个重要原因。

琪任格真不愧是从皇宫里嫁出来的女人。她自第一眼看到妙手回春和一阵风风风火火地走进客房，从他们的衣着打扮、行为举止和眉宇之间散发出来的气息，就知道这俩人有着很深的背景，而且这么急来找自己的畏根依郎阿肯定会有要事相商。琪任格心想：现在瑷珲副都统衙门人多眼杂，也不是商讨要事的最佳场合。

所以，琪任格并没有急着让他们二人走。

§

知夫莫若妻。此时,依郎阿正在自己的书房发愁特普钦将军布置给自己的派人打入到关震臣身边做内应的这个任务呢。来顺儿风风火火地推门进来了,"少东家,你快来跟我回去一趟吧。"是怎么怎么一回事。

"哎呀呀呀!太好了。这真是上天助我呀!咱们马上回大五家子。"

依郎阿骑着马回到大五家子,一进门,看到自己的两位师弟,别提多亲热了,仨人抱在了一起,乐够呛。酒席摆上,依郎阿让琪任格和下人们都退下去了。依郎阿和妙手回春、一阵风师兄弟仨人把房门紧闭,是边饮酒边说着悄悄话。妙手回春向依郎阿讲述了师父贯一禅师对依郎阿的牵挂和担忧。依郎阿听后,感动得眼睛都湿润了。

"师父让我们俩来,就是让我们来帮你的。你有什么急难险重的事,不便出面的事,就交代给我们俩私下去办吧。"

"二位师弟,你们来得太是时候了。我正为身边没自己人发愁呢!"是怎么怎么回事,依郎阿就把黑龙江将军特普钦交代自己的事情,原原本本地向二位师兄详细地说了一遍。

一阵风快人快语:"师兄!这事儿,你就交给我们吧。我们俩办这点事,不是张飞吃豆芽——小菜一碟吗!你就把心放肚子里吧。"

"此事,事关重大,二位师弟绝不可轻视。明天咱们一起拜见特普钦将军,再详细研究一下。"

"好吧!今天咱们酒就喝到这吧。依师兄,你也早点休息吧。"

最后,妙手回春提议,三人共饮一杯,酒宴就结束了。

当夜无话。到了第二天,依郎阿师弟仨人简单地吃了一口早饭,就一起回到了瑷珲城,拜见了特普钦将军。

第五章 "万谷仓"

§

特普钦将军自身武功也非常强，工作相当认真，人也非常好。一个黑龙江大将军，本来应该家住在卜奎齐齐哈尔的。但是，特普钦大人自从受命于黑龙江将军以来，因为罗刹倾剿南犯之主攻方向直指瑷珲，瑷珲亦陷百难交困之势，应急化解之危甚为繁巨。所以，特普钦将军给皇上的奏折，倾诉视死如归、力挽狂澜、不辱圣命之志。后来，他干脆就住在瑷珲了。而且他连瑷珲副都统衙门都不住，就自找宿处，住在可时时盯视罗刹动静的对岸江的暗窖里，有时也就住在老百姓家。

依郎阿给特普钦将军把自己两位师兄弟的情况简单一介绍，特普钦别提多高兴了，"二位大师傅，真是及时雨啊！来得太好了。你们就想办法成为关震臣的护卫。"

妙手回春稍微停顿一下后，非常肯定地说："将军大人，您尽管放心吧。凭着我和我师弟的武功，想成为关震臣的护卫应该不成问题。"

特普钦说："那好！你们到那去啊，还要注意演好这场戏。因为关震臣这个人，你们别看他年纪轻轻，但非常狡猾，不会轻易信任任何人。不过，我相信两位大师傅的作为，非你们莫属。"

特普钦将军说完，依郎阿马上补充道："二位师弟啊！关震臣身边不是没有人。他的三个亲兄弟关林、关河、关川平时都跟着他。虽然他们三个人只会点三脚猫的功夫，但他们都一样狡猾。另外，你们还要格外注意一下关震臣身边他的两个叔叔关特格恩和关特格林。这两个人吃喝嫖赌抽五毒俱全。现在关震臣有钱了。他的发家原来是靠四夫人妮娜的。妮娜现在是我们的人了，开始慢慢退居幕后了。你们去后，不要与她发生冲突。关特格恩和关特格林是有奶便是娘的主。他们俩现在都靠二夫人刘翠霞供着，也就成为关震臣身边的人。他还有些亲戚，也雇用了一些帮手。不过那些

271

都是一些乌合之众。"

"将军大人、师兄,我们会见机行事的,您就静听佳音吧。"

妙手回春说完拱手告别,带着一阵风就走了。

§

关府打擂

话分两头。朱伯西我现在单说此时新开业的"万谷仓"粮铺,在它二道院的演武场上,是人头攒动。关震臣在演武场观礼台的正中间坐着,左边是大叔关特格恩,右边是二叔关特格林,身后是大哥关林、二哥关河、三哥关川和几个家奴簇拥着,正在检阅一大批新招募的武教头。别看关震臣在这观礼台上岁数最小,就属他的排场最大。他还是穿着一身洁白的西服,脚上蹬着一双锃明瓦亮的带尖皮鞋,鼻子上架着一副金丝镶边的墨镜,

第五章 "万谷仓"

身子斜靠在一把太师椅上,用手里的烟斗不停地比画着,"这个不行,下去、下去、下去!这什么玩意啊!哎!让那个黑大个儿练一下!"

"哎!说你呢!黑大个儿,就是你。少东家赏你机会呢。震臣!是不是他呀?"

关特格恩转身看关震臣的脸色。

关震臣正眼都不瞅关特格恩一眼,只是用手中的烟斗在空中点了点,意思是说就是他!

这下,关特格恩可算逮着表现的机会了,他迅速从椅子站起身来,用手指着演武场上的黑大个说,"你,给爷们好好练一趟。练好了少东家有赏,练不好趁早给爷滚蛋。我们这可不养白吃干饭的。听清楚没有?练吧。"

场下被点名的黑大个儿犹豫了一下,还是向左右一抱拳,跳进场内,说:"在下黑豹,江湖人称霹雳手,今天给大家献丑了。"

说完,双手一抬,就练上了。你还别说,这个黑豹,身高体壮,功夫也是十分的了得。只见他是走奇门,迈阔步;以腰带步,身随步翻,掌随身变,步随掌转,上下相连,周身一家,"啪啪啪……"练了一套八卦连环掌。最后,回归原点,拱手施礼。

"好!"关震臣看完之后,也不由地叫好。

大家一看关震臣高兴了,他们也都跟着叫好。现在,关震臣在关特格恩、关特格林的眼中已不是自己的亲侄子,而是财神爷、亲主子、少东家。因为关特格恩、关特格林平常吃喝嫖赌的钱和关林、关河、关川小哥儿仨的日常花销,都是关震臣给他们的,所以他们五个也愿意围着关震臣身边效力。只要关震臣一高兴,还能额外地给他们五位一些赏钱,让他们发笔小财。

§

正当大家给号称"霹雳手"的黑豹热烈鼓掌叫好的时候，演武场分列两旁中的一个体格非常健壮的小伙子不乐意了。这小伙子也就是二十六七岁，中等的身材，横眉立目，太阳穴突突着，腮帮子鼓鼓着，身上的腱子肉翻翻着，一看就是一个练家子。他大喝一声："各位！在下赵虎，给大家练趟少林拳！"

说着，他"噌"一下就跳进演武场正中央。

"各位爷！在下赵虎这趟少林拳，可是达摩老祖传下来的，至今可以说是天下无敌。各位爷，您来看！"

说着，这赵虎是提拳、撤步，"啪啪啪……"又练了一趟少林拳。你还别说，赵虎这小子虽然有点口出狂言，但是所有在场的人看完了赵虎打的这趟少林拳后，心里没有不叫好的。练武之人，你有没有真功夫、真能耐，只要你上一场，内行人看一眼就知道八九不离十了。

"赵虎，好样的！"

"赵英雄，你再来一个！"

大家给赵虎一叫好，坏了！赵虎的虚荣心就膨胀了，说话嘴上就没有把门的了。"场下的各位，听好了！在下赵虎，我可是曾在中原开封府擂台上连打南七北六十三省总镖局的擂主，江湖人称'震三江'的小霸王赵虎是也！"

等到赵虎一报完号，场下人群中就是一阵骚乱。"他就是江湖人称'震三江'的赵虎啊。"

"对啊！刚才他不是自己报号了吗！"

"哎！兄弟！这个江湖人称震三江的赵虎可不是东西。你知道不？他仗着自己从小练就的一身好拳脚，在开封府一带是欺男霸女，无恶不作，而

第五章 "万谷仓"

且下手非常的歹毒,有许多刚出道的武林人士都惨死在他的拳下。听说这小子在中原犯了死案,怎么今天跑这儿来了?"

"嗨!咱北边天高皇帝远,他自然跑这边来了。"

赵虎一看场下许多人都带有惧色,就更嚣张了,"在场的各位,今天也不是我赵虎说大话,有谁能在我赵虎手下走上三十个回合的,我甘愿拱手让出'万谷仓'总教头的竞争,而且还倒赔一百两银子。"

"哗……"全场的人都给惊呆了。包括关震臣在内,他也没有想到赵虎能说出这话来。

那可是一百两白白花花的银子,那可是钱呢!当时一个老百姓一年风调雨顺才挣几个钱?挣几吊钱那就不错了。

俗话说:人为财死,鸟为食亡。场下真有不怕死的。刚下场的霹雳手黑豹,一听赵虎口出狂言第一个就不干了,展身形"噌"地第一个跳进了场内。"赵壮士!在下霹雳手黑豹愿与你搭搭手,学上一招半式的。"

赵虎一听乐了,"噢!哈……还有真不怕死的!黑豹,咱当着少东家的面儿把丑话说在前头。俗话说得好:打人无好手,骂人无好口。咱俩真要是打起来,那可是脚下不让步,拳下不留情。万一我失手把你打死怎么办?你敢不敢在咱们比武前,签个生死契约?"

霹雳手黑豹听完二话没说,"成!"

"慢着!你同意了还不行。我还得问一下本宅的主人同意不同意?"

你别看震三江赵虎年纪不大,但很有城府。他转身向关震臣一抱拳,说道:"少东家,今天与我比武的人,要是我失手把他打死了,你能不能给我兜着?如果能,我就比;如果不能,我转身就走。"

关震臣哪能不同意啊,他心说:你们俩比武前都有生死契约,我正好看狗咬狗的好戏呢?我正需要这样的亡命徒忠心保护我,为我卖命呢。

所以,关震臣非常爽快地说:"行!没问题。有事爷给你兜着,赶快给他们拿笔墨来。"

"是！"

工夫不大，震三江赵虎与霹雳手二人在生死契约上签字画押后，在演武场上就交上手了。

霹雳手黑豹，他的八卦连环掌说实话，练得的确不错，但是他没有杀人之心，总想比武点到为止。但是，震三江赵虎可不一样。他自出道以来，就杀人成性，而且使出的每一招都直指人体的要害，是招招毙命。霹雳手黑豹一交手，就在气势上处了下风，他们二人打斗了二十个回合没分胜负。震三江赵虎的鼻子上就冒了汗了，心说：这霹雳手黑豹绝非浪得虚名，要是这样打斗下去，自己必败无疑。自己不能恋战了，马上三十个回合就要到了，我何不使出平生绝技"鬼手无影拳"打死他算了。

想到这，震三江赵虎往后一撤身，故意脚下一绊，身体就是一个趔趄，后背就给了霹雳手黑豹了。

霹雳手黑豹不知对方是计，"噌"地一个健步就上来了，紧接着就是一个"十字手"，照着震三江赵虎的后背"啪"就是一掌。这一掌要是拍实了，震三江赵虎肯定是非死即伤。

当霹雳手黑豹这一掌快要打到震三江赵虎后背的时候，他有点不忍心要了赵虎命，就往回收了七成的力量，速度也降下来了。可是，霹雳手黑豹做梦也没想到，他的仁慈之心却换来了震三江赵虎非常歹毒的回报。

只见震三江赵虎，故意一趔趄的同时，脚下却做了手脚了。他身子稍微往下一蹲，左脚往右脚前方猛的一扣，身体重心迅速转移到左腿上了，再看他裆部夹紧，右脚迅速地往右后方迈出、转身、抬手一气呵成，抬起右拳挡开霹雳手黑豹打来的这一掌。同时，他已转到了霹雳手黑豹身体的右侧了，右拳"嗯"神不知鬼不觉地就打向震三江赵虎的右侧露出整个肋叉子。

"哎呀！坏了！"

等到霹雳手黑豹发现自己上当的时候，心说：完了……我命休矣。

第五章 "万谷仓"

说完，他两眼一闭，听天由命，就等着死了。在场的许多练家子也不忍心看着霹雳手黑豹喷血而死，有的也都闭上了眼睛。

人们耳轮就听见，"哎！咔嚓！"

人的身体受到剧烈撞击和骨头撕裂的声音。紧接着，"蹬蹬蹬……扑通！哎哟哟哟！"

有人摔倒在地。霹雳手黑豹站在那，心里好生地奇怪：哎！谁受伤了？

他睁眼一看，只见震三江赵虎两个胳膊被人活生生地给卸下来了，在地上疼得是满地打滚呢。而在震三江赵虎身边突然多出了这么一高一矮、一瘦一胖的两个僧人。

此二人是谁啊？不是旁人，正是妙手回春和一阵风。

§

其实妙手回春和一阵风在霹雳手黑豹与震三江赵虎比武交手之前，就已经到了。他们坐在正房的房顶之上想看看热闹，看看关震臣身边练武的这些人到底有多大的能耐。当震三江赵虎上场一通名报姓，妙手回春心里就"咯噔"一下，心说：这个少林派的败类怎么到这了。他要是留在关震臣身边，必然会助纣为虐，坏了自己的大事。今天一定找机会，替少林派清理门户，铲除这个败类。

妙手回春没急着从房顶下来，就把这个想法告诉了一阵风。

一阵风说："师哥，这事不好办吗？你要说行，我现在下去就把他宰了。"

"师弟且慢！咱们先观察一下再说。"

"好吧！"

院内所有人都把注意力放在霹雳手黑豹与震三江赵虎两人之间的比武

上了，谁也没有注意到房顶上有人。哪承想心肠歹毒的震三江赵虎不想恋战，就使出了败中出胜的"鬼手无影拳"，想置"霹雳手"黑豹于死地。别人不懂这招厉害，身为京城健锐营少林派的妙手回春和一阵风太熟悉不过了。"坏了！黑豹要吃亏了。师弟！咱俩该露一手了。咱俩一个人一边，你左边我右边，看谁先把震三江赵虎膀子给卸下。"

"师哥！还等什么，走吧！"

话声未落，"欻！欻！"两道黑影，如闪电一般，就来到了震三江赵虎身边。

震三江赵虎左拳正下杀手，哪承想，说时迟那时快，赵虎就感觉自己的左拳"嘭"被一只长长的细手死死地抓住，突然向后上方抡去；而他的右拳"嘭"被两只有力的胖手扣死，突然向身后下方抡去。震三江赵虎这两只胳膊这一上一下、一前一后，车轮般地一旋转，那还有好？人们这才听见"哎！咔嚓！"

赵虎的两个膀子被妙手回春和一阵风给活生生地卸了下来，他的武功这辈子就彻底废了，"扑通！哎哟，我的妈哟！"一眨眼的工夫，赵虎就摔落到场地上。

整个事情发生得太突然、太快了。关震臣和两位叔叔、三个哥哥以及在场的许多人，都感觉到自己眼前"欻"两个黑点一闪就完事了。紧接着就是震三江赵虎在地上发出的一声声哀叫之声。

霹雳手黑虎等明白过来之后，急忙上前抱拳施礼，"两位英雄，今日救命之恩，在下黑虎永世不忘。如有哪天两位英雄有用着我黑虎之时，只要有半寸的纸条送到辽宁大虎山，我黑虎定能以命效力。在下告辞了。"

霹雳手黑虎也感觉自己没面子再在关府待下去了，说完转身走了。

妙手回春和一阵风双双施礼相送。

"师兄！你先陪他们玩会，我先到那边坐会。"

一阵风也不管关震臣乐意不乐意，来到观礼台拽过一把椅子坐那了。

第五章 "万谷仓"

他嘴里还说呢："嗨！还是这块看得清楚。"

此时，震三江赵虎也被自己带来的人，赶紧抬下去，找人医治去了。他们走了，暂且不提。

单说妙手回春对台上的关震臣和场下的所有人双手施礼，高诵佛号："阿弥陀佛！各位施主，各路英雄豪杰！今日贫僧云游到此，深感瑷珲名胄关府世代厚德博爱，乐善好施，扶危济贫。贫僧实乃感动之至，特想为关府护院保驾。不知各路英雄承让否？"

俗话说：钱压奴婢人，艺压当行人。演武场下许多明眼人一看，人家来的这两位高僧才是世外的高人，马上就有人回应道："一笔写不出两武林来，一家人不说两家话，我看你当这个总教头当之无愧。我赞成！"

"我也赞成！"

大家齐声相应。关震臣一看台下的武林同行都同意了，他不由得上上下下、左左右右仔细观察了一番妙手回春和一阵风两个人，突然向自己的叔叔关特格恩使了一个眼色。关特格恩马上领会到自己的亲侄子关震臣的意思，站了起来，指着妙手回春问："哎？我说你是从哪来的？什么法号啊？练的是哪门哪派啊？"

"阿弥陀佛！贫僧法号圆通，江湖人称妙手回春。贫僧自小就在嵩山少林寺学习武艺，为少林派弟子，近日特意从嵩山少林寺云游而来。"

"噢！妙手回春，嵩山少林寺来的。嵩山什么样？我听说这些年嵩山少林寺变化挺大的。是怎么回事？"

关特格恩不愧是江湖上的老狐狸，想试探一下妙手回春虚实。这些问题对于妙手回春来说太简单了，因为京城健锐营对于一个侦察情报工作人员进行这方面的培训太到位了，是事无巨细，所以妙手回春如数家珍，嵩山什么样，近年来嵩山少林寺又新建了哪些设施，以及少林寺内部的一些人事变动等等。关震臣和关特格列听后也都不住地连连点点。

最后，关震臣好奇地问妙手回春："你在嵩山少林寺干得好好的，为啥特意跑到这边来啊？"

"少施主！你是有所不知。贫僧夜观天象，看到瑷珲这边瑞象升腾，定有贵人出现，至此特来于此。再说，出家人本来就是以天下为家。近日来到本地四处一看，瑷珲城真乃是一块风水宝地，而关府在本地又是名门望族，名气之大可以说无人不知无人不晓，非常的出名。有道是：鸟随鸾凤飞腾远，人伴贤良品自高。贫僧来到贵府一看少主人你面带富贵之相，又成就这么大买卖，将来必成大器。所以，今日贫僧师兄弟二人愿毛遂自荐，前来为你看家护院，担当教头，以助你早日成就一方大业。"

"噢？哈哈哈！如你所言，难道我非用你之不可吗？"

关震臣坐在太师椅上始终怀疑妙手回春这个陌生的人为什么要到自己身边做护卫、做武士。

"阿弥陀佛！少施主所言正是！出家人向来不打诳语。今日贫僧妄下断言，从今往后随着你的买卖越来越大，只有我才能够担当起此任。我不但能够保护好你的生命和财产，还能够保护好你们整个关府上上下下所有家眷的性命和财产。因为贫僧自出道以来，至今从未遇到过对手，所以今天贫僧才敢斗胆前来受命。"

"呀呵！"

关震臣和关特格恩、关特格林，关林、关河、关川他们坐在观礼台上一听此话，不由得就是一愣，心说：你出家人太目空一切了吧！难道你不知道天外有天，人外有人吗！

还没等关震臣说话呢，演武场人群后面就有人不乐意了，大喊一声，"出家人怎敢口出诳言，本太保愿会上一会。闪开！"

声音落地，人群"哗"往左右一闪，只见一位二十多岁、面色俊秀的小伙子"蹬蹬蹬"三步并作两步，眨眼之间就来到了妙手回春面前，抱拳施礼。

"在下失礼了！不知圆通法师能否过得了我罗某人的三支龙虎金钱镖！"

第五章 "万谷仓"

众人一听什么？"龙虎金钱镖！我的娘哎！这不是'乌痣李'手下八大金刚之一的'玉面小达摩'罗刚吗？他怎么来了？听说他两手打镖、两手接镖，是百发百中，已经练到了出神入化的地步。嘀！今天有好戏看了。"

§

说到这，咱还得有必要交代一下。

在清代的时候，会点武术的人非常多，什么大洪拳、小洪拳、咏春拳、通背拳、形意拳、十八罗汉拳等等，在瑷珲这一带，早就有一些人反清。特别是咸丰年间以后，反清力量起来，黑龙江、吉林、辽宁三省的反清力量迅速壮大。这股反清力量中有汉人，有鄂伦春和鄂温克人，有回族人，也有一部分满族人。他们因为俄国入侵，引出一种正义感，感觉大清朝廷太腐败，保不了家，就在民间迅速团结在了一起。当然这里也有一些人，浑水摸鱼，想自己捞点什么。

清咸丰、同治年间在东北农民起义中出现了这么几个了不起的人物，一位是王达，一位是"乌痣李"李维藩，一位是"马傻子"马振龙。清咸丰十年（1860），王达在义州（今义县）领导武装起义。辽宁昌图、朝阳一带矿工和农民纷起响应。到了同治二年（1863）王达牺牲后，起义武装由"乌痣李"李维藩率领，继续斗争。"乌痣李"李维藩，从小练就了一身过硬的武功，是一名远近闻名的武师。他还教出八名得力的弟子八大金刚。李维藩因材施教，分别传授给了八个弟子一手的绝技。"玉面小达摩"罗刚就练成了一手打暗器"龙虎金钱镖"的绝技。罗刚打出去的这三支"龙虎金钱镖"可以说是出神入化，神鬼怕见。夜间打香头，白天打靶心对他来说太简单了。因此，他一出世就轰动了东三省的整个武林。许多人是只闻其名，不见其人。今天大家在这能见到"龙虎金钱镖"罗刚，算是开了眼了。

罗刚怎么来瑷珲了？其实原因很简单：李维藩领导的农民起义军也需要钱来生存发展。钱从哪来啊？一部分是劫富济贫，一部分主要还靠替商人走镖、护镖，合理挣来的。罗刚这次是为瑷珲商业名贤张宝铁、丘嘉臣、柳文顺护镖来到瑷珲的。等他把镖买卖顺顺利利交到张宝铁、丘嘉臣、柳文顺手里后，私下听人说：老关家的少东家关震臣要招募几个贴身武士。罗刚就动了心了，心说：我何不前去试试。如果老关家少东家本本分分做生意，我就多挣点钱。如果他做一些伤天害理的事，我好先踩个点，然后和义军里应外合，干上一票替师父筹笔大钱。

罗刚主意打定之后，就来到了老关家的"万谷仓"。

咸丰年间，东北处于乱世，各地许多镖局都应运而生。李家镖局、王家镖局、马家镖局等等非常多。镖局一多，武林中的各大门派都发展起来了。各大镖局和行走江湖的人士一见面，互相不认识，往往都要求对方"报个万儿"。"万"字在江湖秘密结社的年代里是一个隐语，代指人的姓名、绰号。比如罗刚，他就会说："在下'龙虎金钱镖——罗刚'"。对方马上就知道了你的师父是谁，是哪门哪派的。因为一个人在学艺出徒、行走江湖前，师父都会给自己的徒弟赐个"万儿"。

关于你能不能在江湖上"扬名立万"，一是靠自己的真本事，二是也得靠同门师兄弟的照顾。所以，近年来，东三省的少林派、峨眉派、武当派等等，有好几派，都独立了门户。有的人不一定是师傅真正传下来的，挂个牌、插个旗子，也就闯下来了。

当时武林中也是鱼龙混杂、真假难辨，这些人无非都是混口饭吃。今天到场的这些人中，也有许多人想借机在老关家关震臣手下给自己谋个差事，能得点银子。有的还是专门从海兰泡赶过来的。关震臣在海兰泡的"隆发祥"做得非常出名，钱挣海了。钱多了之后，关震臣也怕别人老惦记他。你别看关震臣表面趾高气扬、架子排场比谁都大，其实他内心非常的

第五章 "万谷仓"

贪生怕死、胆小如鼠。所以，他也急着想找一些武功高强的人，来保护自己。有时钱多了，不一定是好事。这不就让"龙虎金钱镖"罗刚给惦记上了吗？

时也，命也，运也。关震臣自己做梦也没想到：自己到海兰泡几年的工夫，会发展成这个样。有人说：一命二运三风水，四积功德五读书。六名七相八敬神，九交贵人十养生。十一择业与择偶，十二趋吉要避凶。人生若要更幸福，上述件件想清楚。其实这些对不？说对，但也不全对。

关震臣赶上了海兰泡近几年在俄国统治下的畸形发展。

海兰泡在咸丰年间到同治年间的时候，刚开始俄国人来得太多，没有粮食，没有吃的。所以得想办法通过一些非常规的手段，用骗、抢、夺的方式把清朝臣民的钱、粮食集聚到海兰泡来。当时依郎阿非常容易打进去，成了卖布的，就是因为俄国有意纵容、开放的一个结果。

没到半年时间，海兰泡就一下子真的变成一个小城市了，什么都有，而且大多数都是大清国的人。俄国也看透了大清国的人。大清国的人只要让他能挣钱，什么民族心啊、爱国心啊统统地都往后边排。许多人的信仰就是有钱能使鬼推磨，我先有钱再说。所以有些大清国的奸商就从江南弄了不少美女，在海兰泡就开了不少妓院。俄国人不但不查反而鼓励，还进行保护。另外，俄国人还鼓励大清国的人开赌场，推牌九、掷色子什么都有。有些大清国的人来到这之后，也撒开欢了，是纸醉金迷，挥金如土，非常奢侈糜烂。俄国人是只要你不闹事，我什么都允许你干。俄国人就想出这么一个下三流的办法，来掠夺大清朝的财产，来掠夺清朝的人和物。他们还在暗地里扶持自己在大清国的代言人。关震臣就是其中一位。大清国有很多人为了出去赚钱，也都想依附到一个靠山，依附一个大财东，许多人也主动投靠到了关震臣开设的"隆发祥"和"万谷仓"粮铺门下。你说关震臣两边通吃，他哪能不发财呢？

俗话说：常在河边走，哪有不湿鞋。老虎还有打盹的时候。关震臣挣的黑心钱越多，他越害怕有人惦记他。所以，他想重金雇武林界的高人当他的贴身武士。关震臣万万没想到，他撒出英雄帖没两天的工夫，院子里就来了这么多武林高手。不但妙手回春和一阵风来了，农民起义军首领"乌痣李"李维藩手下的八大金刚之一的"龙虎金钱镖"罗刚也来了。

§

"龙虎金钱镖"罗刚上台拱手抱拳施礼后，妙手回春不由自主地上上下下、仔仔细细打量一下眼前的年轻人。呵！"龙虎金钱镖"罗刚长得的确是一表的人才。大高个，扇子面的身材。往脸上看，他面似敷粉，剑眉虎目，方海宽口，浑身上下，穿青挂皂，显得格外的精神、格外的潇洒。

妙手回春看完之后，心里也是不住地连连点头，"阿弥陀佛！不知罗英雄这飞镖怎么个打法？"

"非常简单！我在十步开外打你三镖，如果你能躲过去三支龙虎金钱镖，就算我罗某人输了。如果您让我的飞镖打上，嗨嗨！那就是你输了。不知圆通法师敢不敢比？"

"阿弥陀佛！善哉、善哉！罗英雄，贫僧以为这种顽童比武之法，太简单了。我们何不来点难点的。"

"什么？这个还简单？"

"龙虎金钱镖"罗刚心想：你这出家人是不是太狂了。你不知道我罗某人的厉害。曾有多少人做了我的镖下之鬼啊。行！只要今天让我用飞镖打你，你说怎么玩都行。罗刚主意打定之后，说："行！我听你的。"

"好吧！小小此局就让我师弟出面给你比吧。你看到三十米外的箭靶了吗？"

众人顺着妙手回春手指方向望去，发现演武场南侧三十米外有三个射箭的箭靶。

第五章 "万谷仓"

"我看到了。"

"好！看到就好。你站这不动，同时打出三支飞镖能办到吧？"

"这有何难？"

"好！咱们今天比的是：你和我师弟站在一条平行线上，看看是你打出去的飞镖快，还是我师弟的脚功快。如果你打出去的飞镖在钉到三个箭靶靶心之前，我师弟没有追上并抓住你打出去的三支飞镖，就算我们输了。"

"哗……"整个演武场顿时就开了锅了。

"兄弟！我自打娘胎里出来，就没听说过，还有这么玩的。这出家人话说得是不是太大了，这牛吹的，简直没边儿了。"

"哎哎！你着什么急啊？他吹牛再没边，一比不就完了吗。等到这出家人输了之后，咱们再起哄羞臊他。"

"行！我听你的。"

只见妙手回春用脚尖在罗刚面前"欸"画了一趟线，而后冲一阵风一摆手，"师弟！看你的了。"

一阵风"腾"一下，从椅子站起来了。乐了，"师哥！你真向着我。我都坐累了，正好活动活动腿，看我怎么把这小白脸子打出的'枣核'给抓回来。"

说着，一阵风晃晃悠悠地来到罗刚面前，"小白脸子，你先别着急打，我先活动活动。嗯……"

一阵风一抻筋骨可不要紧，就听见他的各个关节"咔咔……"直响。他的整个身体像是重新组装的一样。

"好了，我活动完了，你打吧。"

"龙虎金钱镖"罗刚，虽然有点看不起其貌不扬的小豆子，但他知道人不可貌相，海水不可斗量，就加了小心了。他气运丹田，悄悄地就把手伸进了镖囊，随手就把三支龙虎金钱镖抓到手里了，猛一转身，说了声："着镖！"

唰！只见三道白光分别打向三十米外的三个靶心。

说时迟那时快，只见一阵风脚下都起了白烟了。当人们嘴巴"啊""啊"字还没说完的工夫，只见一阵风手里掂量首三支飞镖，嘴里还说呢，"这破枣核也、也太慢了。要知你、你这小白脸子打得这么慢，我再歇会儿再追啊！"

整个演武场上的所有人都看傻眼了。

"这还是人吗？这比鬼都快呀！"

原来场底下除了罗刚外，还有几个不服气的呢，等到看完一阵风整个追镖和抓镖的过程后，这下彻底服了。不但服了，而且还是心服口服外加佩服。没等到妙手回春再次发话，这帮人都非常知趣地"呼呼啦啦"走了。

第六章　硕鼠归笼

尊敬的奶奶、爷爷、师傅、兄弟、朋友，各位好！
我有金子一样的嘴，我有龙马精神，
我有海一样的胸怀，
我把遥远祖先的英雄名字、勋业永远记住。
前事不忘，后事之师。
我现在以虔诚之心，
把感人的富察氏家族的说部，给您讲述出来。
我恭恭敬敬地讲啊，您耐心地听吧。
小学生我有礼了，
各位大喜，吉祥，万福金安！

第六章　硕鼠归笼

这下可把关震臣给乐坏了，马上吩咐家奴准备上好的酒菜，给自己这两位贴身武士接风洗尘。

一阵风一听说有吃的，咧开大嘴乐了，"哎呀，师兄啊，新主子就是好，有好吃的了。以后，除你之外，俺就听新主子的了。"

大家一听都乐了。

就这样，妙手回春和一阵风凭着自己出奇的武功，就成功地打到了关震臣的身边，成为他的贴身武士。

关震臣比猴还精，他哪能这么容易相信妙手回春和一阵风呢。这两个武功如此高强的人突然出现在他面前，来保护他？天上哪有掉馅饼的事啊？所以，关震臣晚上特意把大叔关特格恩、二叔关特格林叫到自己的密室，商量如何检验和观察妙手回春和一阵风对自己是否忠心。

自古以来，姜还是老的辣。老奸巨猾的关特格恩想了半天后，突然乐了，"嘿嘿嘿！震臣啊。咱何不把他们二人分开。你带着什么妙手回春去海兰泡一趟，一是看看咱家在海兰泡'隆发祥'的买卖怎么样；二是也再让俄国人替咱把把关。可以说是一箭两雕，何乐而不为呢！你们走后，我和关特格林在家秘密监视这个叫一阵风的所言所行。如果咱们发现他们二人半点可疑之处，无非多给他们一些银两，提前打发他们走就是了。震臣，你看这个办法怎么样？"

"嗯！高！还是叔叔高明。就这么办。"

转眼到了第二天早上，关震臣吃完喝完，就对妙手回春说："最近有些日子没去海兰泡了，也不知'隆发祥'的买卖怎么样，今天你就跟我去海兰泡一趟吧。你走之后，我家里也不放心，就让小豆子在家看家吧。"

妙手回春那也是行走江湖的高人，眼睫毛都空的，一听关震臣的安排就明白怎么回事了，马上就爽快地答应就启程了。

一阵风在家继续浑吃闷睡、装傻充愣外别无他事。

§

单说妙手回春护送着关震臣就出发了。沿途之上,关震臣没少教妙手回春以后怎么说话、怎么效忠于他,"妙手回春啊,你以后不能再张口闭口阿弥陀佛了,你得叫我爷,我是你的主子,你是我的仆人、我的武士。记住了吗?"

妙手回春说:"行行行!是是是!我记住了!我以后绝不再说阿弥陀佛了,我就叫你爷了。"

"哎!这就对了。大丈夫能屈能伸方能成大事。我不管你有多大能耐,我雇你做我的贴身武士,你就得效忠于我。我说什么,你就得听什么。你是龙也得给我盘着,是虎也得给我卧着,我让你动,你才能动。只要听我的话,我在银两上绝不会亏待你的。有钱能使鬼推磨,嘿!钱才是真正的爷!"

妙手回春看关震臣摇头摆尾的样子,气就不打一处来,心说:小兔崽子!你瞎巴巴什么?要不是我师兄依郎阿交代我有特殊任务,我早就一掌结果你的小命了。还他妈给我当爷,呸!我整死你,你都不知道怎么死的。

但是妙手回春毕竟受过健锐营的特殊训练,他心里怎么想的,表面谁都看不出来,始终是笑呵呵地说:"爷,从现在开始我就听爷的,你让我干什么都行。自从我进了咱关府之后,看到爷你的吃穿住行,让我大开眼界。我现在也想好了。我出家为什么?不就是为了要过上好的生活吗?我出家这么多年得到了什么?除了练就了一身武功,什么都没有。良禽择木而栖。这次跟着爷算是跟对了。我开悟了。等我把钱挣足了,我就还俗,娶上个三妻四妾的,也好好享受一下生活。"

"对了!你这样想就对了!人活着为什么?不就是为了享受人世间的富贵吗!从今天起,你只要忠心跟着我,我绝对亏不着你。咱家钱有的是,

第六章　硕鼠归笼

我随便赏你一些，就够你这辈子享受不完的荣华富贵。"

"多谢爷的点拨之恩。"

关震臣看到妙手回春非常上道，心里也特别高兴。主仆二人说着说着，就到了海兰泡。关震臣先来到"隆发祥"商铺进行了短暂的休息后，就让账房先生把近段时间商铺进出的所有账目拿过来了。他简单地扫了一下，"嗯！行，不错。都拿回去吧。"

走了一个过场，就算完事了。

关震臣看了看屋外天气不错，就说："外边秋高气爽的，咱们到街上溜达溜达，看看有没有漂亮的俄国美女。"

"听爷的话。"

"咱们走吧！"

主仆二人来到海兰泡繁华的街道上，关震臣的两只眼睛始终是色眯眯地紧盯着大街上来来往往的俄国美女。他边看嘴里边自言自语地说呢，"这大姐脸蛋不错，怎么看怎么顺眼；这大姐身材不错，玩起来肯定有味。"

哎！关震臣突然眼珠一转，计上心来，心说：你妙手回春当我关震臣的护卫，你还有什么能耐，我还不知道呢。我何不试上一试，让他替我在当街上，嘿嘿！调戏、调戏俄国大姐，取取乐子。如果他听我的，说明他对我忠心耿耿。如果他不听我的，哼！回瑷珲，我就把他换了。

想到这，关震臣转身对妙手回春说："妙手回春啊，你要当我的护卫，必须要有超人本领，我说你能不能当街戏耍一下这些俄国大姐啊？让爷乐和乐和？"

"嗯，这个？"妙手回春心说：你关震臣是个什么东西！光天化日，朗朗乾坤。你竟然让我在当街众目睽睽之下调戏俄国女人，你真是禽兽不如。但是关震臣再无耻的要求，我也得执行，我必须迅速取得他的信任。你无耻，我做得比你还无耻。

"嘿嘿！回爷的话。不知爷让我如何戏耍她们。是让我偷她们点私密的东西啊，还是让她们当街打起来啊？"

"两者都要，两者都要！"

"好吧！我先换身衣裳，你跟着我走，你看我有什么办法。"

"太好了。走吧！"

§

说来也巧。妙手回春刚换完衣服，对面正好迎面走过来两名非常漂亮的俄国妇女。她们满身的珠光宝气，边走边向对方炫耀自己身上穿戴的饰品。俄国妇女一般都非常漂亮，也爱穿漂亮衣服，而且好显自己富，每个人脖子上都带个项链什么的。这些项链都是清朝的，俄国没这些玩意，又是琥珀，又是玛瑙，她们凑在一起都互相比试。她说她的好，她说她的好。

这两位穿戴非常高贵的俄国妇女也不例外。她们嘴里嘀噜嘟噜说着俄语，反正一般的中国人也听不懂。她们说话的大体意思是什么呢？左边的俄国妇女说："你看我脖上的这串珍珠玛瑙的项链漂亮不？它可是大清朝皇家贵族的用品。好看不？"

右边的俄国妇女说："这项链可真漂亮。那你看我的这两个耳环漂亮不？它是翡翠的，也是大清朝皇妃们戴的。我戴的这一对手镯儿漂亮不？它可是当今慈禧皇太后用的。"

"哎！你让我戴一下行不？"

"那不行！你给我戴丢了怎么办？"

"你真小气。让你不给我戴、让你不给我戴！"

两位俄国妇女边打闹边往前走。

妙手回春笑着对关震臣说："你看她们！"

关震臣说："看她们什么意思？"

"你看，她们身上戴的这些值钱的东西，一会儿都到我这来了，都到我

第六章　硕鼠归笼

妙手回春显特技

手里，你信不信？"

"那能行吗，人家都戴在身上，套在手腕子上，能行吗？"

"行不行，那是我说了算了，她们说了不算。你瞧好吧。"

妙手回春说完，迎面就走过去了，嘴里还说呢，"别了、别了！"妙手回春穿着俄国平常家里佣人的衣服，连说带比画，就从两位俄国妇女中间穿过去了。

这两位俄国妇女光顾了说话了，一看一个俄国用人急急忙忙冲了过来，虽然他穿的衣服比较干净，两位俄国上层妇女还是有意识地往两边一闪，意思是说，让你过去得了，别碰脏我高贵的衣服。

哪承想，就在这一刹那，妙手回春"啪啪啪"三下五除二，就把她们俩身上的项链、耳环、手链、戒指、胸针，就连她们头上戴的遮阳凉帽，鬓边别的带钻石的簪子，都给摘下来了。你就想他手有多快，可以说是出神入化。他这个快劲、轻劲，这个速度，对方做梦都想不到是他作的案。另外，妙手回春特意扮成了俄国人，这两个俄国女人也没想到同胞之间能

293

发生这种事,也没想到是他。

妙手回春快速闪过之后,这两个俄国妇女还接着刚才的话说呢:"我看一下你项链怎么的,还怕我不还你啊。哎?你的项链呢?"

"哎!你耳环怎么没了?"

两人一提醒,各自一摸,发现脖子上的项链、耳朵上的耳环和身上、手里所有值钱的东西都没了。这下她们俩都不干了,互相指责对方,当街就抓对方头发、撕扯对方衣服,打起来了。这下可热闹了。来往的行人都快速地围拢上来,驻足观看。

妙手回春慢悠悠地走到关震臣身边,把刚才两个俄国妇女的项链、耳环等等都交到关震臣的手里,自己也憋不住乐,"爷,你就看热闹吧。"

关震臣拿着还有两位俄国妇女体温的首饰,都傻眼了,心说:我关震臣长这么大,今天算是第一次开了眼界了。这个妙手回春,肯定会忠心于我。为什么呢?因为他自从来到我老关家所展露出来的这几手,他要是取我性命和钱财的话,简直如探囊取物。我不能再怀疑他了。有他保护我,对我极为有利。以后,我再见到俄国人也不怕了。

"妙手回春啊!你真厉害。你的手怎么这么快呢?以后,有你在我身边,我就彻底地放心了。等会儿,我领你到俄国的铁甲船上去一趟,听说俄国人又给我带回了一个漂亮的俄国大美妞,我去尝尝鲜。到时候,你也给他们露一手,让他们也长长见识。"

妙手回春长臂猿一听关震臣要带自己去俄国的铁甲船上,他是眼珠一转,计上心来。"爷!我刚才露的这手儿,只能算是雕虫小技。我最厉害的,还是隐身术。"

"什么?你还会隐身术?"

"对啊!只要我展开隐身术,谁都看不见我。我能进入许多人的密室,也不会让他们发现了。"

"妙手回春,你太厉害了。以后你这隐身术能不能也教我一下,我也想

第六章 硕鼠归笼

学学。"

妙手回春故意吓唬关震臣说:"爷!不是我不教你。只是,只是要想练成这种隐身术,男人必须要终身禁欲,不能再有男女云雨之事。如果谁破了戒律,就会走火入魔,后果不堪设想。所以,许多人明知此功甚好,但真正练就此功的人不多。"

"呸!怎么还有这破戒律?不练了不练了,人要是没有了男女云雨之事,那不就成和尚了吗?不练了,不练了,有你在我身边就行了。"

"爷!不如这样。我从现在开始就施展隐身术跟随你左右。上船连你都找不到我。你在明处,我在暗处。要是谁在背地里说你坏话,我看到和听到后告诉你,你好知己知彼百战不殆。这多好啊!"

"对……妙手回春,看来我找你当我的贴身武士真是找对了。咱们现在就去俄国人的铁甲船。"

关震臣一转身的工夫,妙手回春就不见了。但妙手回春用千里传音的内家功告诉关震臣:"走吧!我就在你左右保护你。你遇到危险的时候,我自然会现身的。"

"好吧!"

§

关震臣顺着大道没走多远,就来到了江边。江边正停靠着一艘俄国的火轮铁甲船。火轮铁甲船靠近岸边的这一侧,俄国士兵是两步一岗、三步一哨,中国人根本就靠近不了。关震臣是这里的常客了,把守俄国铁甲船的许多士兵都认识他。另外,俄国铁甲船的船长巴尔钦克诺夫也特意交代过,"这个叫关震臣的大清国人,以后再来咱们的铁甲船,就不用检查了。他是自己人。"所以,关震臣也没有受到任何阻拦,就大摇大摆地登上了俄国的铁甲船。

关震臣登上俄国铁甲火轮船后,转身靠在船舷上,仔细观察船上的每一个角落,除了看到一个个持枪站岗的俄国士兵外,也没有发现妙手回春的身影,心里就犯了合计了,心说:你妙手回春,真能隐身登上这艘戒备森严的俄国铁甲火轮船?他们层层设岗,道道盘查,俄国人自己的公民登上来都难,你妙手回春能行?我看这次未必。

关震臣正边想边瞧的工夫,身后突然传来了十分爽朗的笑声,紧接着就听叽里咕噜一大串俄语,大体意思是说:"关先生,你怎么上船来不来找我,反而在船上鬼鬼祟祟的?难道我还能把美女藏起来不成?"

关震臣一听声音,马上就知道是铁甲船的船长巴尔钦克诺夫来了,他马上收拢心神,转身笑脸相迎,"大尉阁下,近来可好?"

"好啊!这不是正想托关先生的福,等你给我带来好消息的吗?"

"巴尔钦克诺夫阁下,一定是好消息、好消息!我按你的吩咐已在瑷珲城新开设万谷仓,买卖好着呢。你就瞧好吧。"而后把后续的工作都怎么怎么怎么安排的都讲了。

"好吧!希望此次你不要让我失望,如果此事办成,我会在大俄国伯爵面前替你请功的。"

"大尉阁下,请功就不必了,只要能给我多多提供大俄国的美女就成了。她们一个个太棒了。"

巴尔钦克诺夫一看关震臣一副色眯眯的样子,打心里就看不起他,但是这样的人还必须要利用他,"好吧!美女妮娃就在船舱最里面的卧室里,你去吧。"

"大尉阁下,你太好了!我关震臣以后会好好报答你的。我、我先走了。"

"走吧!晚上只要不耽误正事,你就随便玩吧。"

"哎!"关震臣也顾不上自己形象了,急急忙忙向船舱最里面的房间跑去。到他跑到一半的时候,又急急忙忙地回来了。

第六章　硕鼠归笼

巴尔钦克诺夫就问他："怎么了？"

"大尉阁下，我冒昧地问一句，我有一个贴身护卫在街上走散了，不知他上船没有？他长得大高个儿，挺瘦的。"

"关先生，在我的这艘铁甲船上，你是唯一的清国人。我敢保证地说，绝对没有这么一个人。再说我们的士兵把关非常严，没有我的命令是不允许放任何一个大清国人上船的。你的这位贴身护卫就让他下次再上船吧。"

"好的、好的！我明白、我明白！"关震臣二次告别，跑进了俄国美女住的船舱。

你还别说，俄国铁甲火轮船船长巴尔钦克诺夫给关震臣带来的这名十七八岁的俄国美女妮娃还真有几分姿色。丰满苗条恰到好处，高矮胖瘦符合美感，肩部美丽得似削成的一般，腰部苗条得如一束纤细的白绢；脖颈细长，下颚美丽，红唇点点，两只美丽的酒窝儿隐现在脸颊，再加上一双会说话的眼睛、两条修长的玉腿，在白嫩的肌肤的衬托下，显得那样的娇美迷人。

"'捷窝其克'（俄语：小姑娘），太漂亮了！"

关震臣像发了情的公狗一样，不容分说扑了上去。

有道是：酒色财气四堵墙，许多迷人里面藏。财迷心窍气伤身，酒色犹如迷魂汤。若能跳出大墙外，就是如来自在王。

每个人的一世，谁都难以跳出酒色财气这四堵墙，所以面对现实，如何把握分寸这就需要我们每个人各自的修为了。那么酒色财气的最高境界是什么？北宋大学士苏轼苏子瞻四句诗最具代表性：

饮酒不醉最为高，见色不迷是英豪；

世财不义切莫取，和气忍让气自消。

哎！也就是说人们在面对酒色财气的时候，要讲究个"度"，什么都不能过，过了就成害了。关震臣现在所做的事，早就过了这个"度"，就成"害"了。

巴尔钦克诺夫表面上是一个船的船长，而实际上他负责瑷珲这一带的所有俄国需要侦察的军情，并直接受沙皇俄国皇帝尼古拉二世的领导。他本身是俄国大尉，另外他又是妮娜克娃的情人。前文书咱们讲到，关特格列的四夫人妮娜克娃，她是俄国的一名情报人员，也是受巴尔钦克诺夫的领导。

妮娜略施小计就让老色鬼关特格列拜倒她的石榴裙下，并成了老关家背后真正掌权人。妮娜后来又利用自己的美色把年轻帅气的关震臣收服于自己的手下。妮娜曾经私下告诉关震臣："我可以杀你，也可以给你（身体）。我可以让你爱，让你享受我的身体，但是你要是不听我的话，我也可以随时杀你。我杀你以后，让你的家人连尸体都找不到。"

当时，关震臣吓坏了。他万万没想到刚才在床上还柔情似水的美娇娘，转眼间就变成了一个杀人如麻的女魔头。关震臣以后彻底被妮娜控制了，他是边享受着妮娜魔鬼般的身体，边为妮娜卖命。后来瑷珲副都统委哨官依郎阿受特普钦将军委派巧扮成卖布的货郎，接近到了妮娜和穆拉维约夫。后来，依郎阿通过京城健锐营秘密带来的情报，发现了妮娜的历史。依郎阿要想把妮娜收买过来，自己必须要把妮娜的一些把柄掐在自己手里。

§

妮娜克娃，其实是出生在顿河的一个非常苦难的女孩。她小时候是公使夫人德芮娜捡的一个女孩。后来，沙皇俄国把这个苦难的女孩培训成了冷酷无情的情报人员。妮娜随俄国的公使和夫人一块来到了北京，当他的秘书，实际上是做情报工作的。他们都受东西伯利亚的伯爵穆拉维约夫总督的领导。后来依郎阿用真情把妮娜成功策反。

狡猾的巴尔钦克诺夫从一些生活细节上，发现妮娜有了变化，也不太相信她了。因为做情报人员一般心得狠，不能带情感。一个情报人员一旦

第六章　硕鼠归笼

有了情感,就容易让对方(敌人)给夺去情感,就容易立场改变。所以,大尉巴尔钦克诺夫后来对妮娜就小心多了,反而更多地主动跟妮娜的情人关震臣联系。

你别看关震臣长得一表人才,白净净的文雅模样,可实际上是一个见风使舵、好色胆小、有奶就是娘的无耻之徒。这真应了"小白脸子没什么好心眼子"的这句老话。原来关震臣就靠妮娜活着,妮娜给他和他们老关家全家带来了财富。可是,当巴尔钦克诺夫主动找到关震臣时,关震臣乐坏了,心说:人往高处走,水往低处流。巴尔钦克诺夫才是自己想要找的真正靠山,妮娜你算个什么呀!

于是,关震臣翻脸比翻书还快,也不顾自己与情人妮娜在床笫间的各种的承诺了,马上就卖主求荣了,并向巴尔钦克诺夫发誓:"我只听你一个人的话,你让我干什么都行。我会效忠于你,如果做不到让我天打五雷轰,全家都不得好死,等等。"

"好吧!以后就看你的实际行动了。"

"好好好!"从此,关震臣就直接跟大尉巴尔钦克诺夫建立联系,成为大尉巴尔钦克诺夫身边的人。这些妮娜都不知道,还一直蒙在鼓里,直到后面关特格列逼关震臣结婚,关震臣当着情人妮娜的面,提出非要娶一个俄国女人不可。妮娜与关震臣撕破脸时才知道了关震臣背信弃义的事情。这是后话暂且不提。

§

单说此时,关震臣正与俄国美女疯狂地云雨。头等船舱里的巴尔钦克诺夫正在给一个蒙面的黑衣人悄悄地部署:"如果此次关震臣没有达到我们的预期目标,你就在咱们铁甲火轮船返回海兰泡之前,秘密将他杀掉。"

"是!大尉阁下,你就放心吧。只要你一声命令,我马上行动,绝不会留下半点蛛丝马迹。"

"好吧！你先下去吧。"

蒙面黑衣人转眼就消失在人们的视线中。

此时，妙手回春在什么地方呢？他就在这艘戒备森严的俄国铁甲火轮船上。刚才巴尔钦克诺夫大尉和蒙面黑衣人的这段对话，他听得真真的。只是没有看到黑衣人的脸罢了。

因为妙手回春会缩骨功，他早已藏到铁甲船极小的长铁架子里头了。谁能想到铁甲船仅有十厘米甚至几厘米的小缝隙里，能藏个大活人呢？而且妙手回春每天都出来偷着吃东西。吃东西时，他都能得到手。俄国人还找不到他。俄国铁甲船上的厨师一开始就发现每天牛奶、咖啡总少一杯，面包总少一些。

"哎？不对啊！我明明是按人头准备的，怎么总少一份呢？这可见鬼了。不行！我得好好观察一下，看看是不是谁偷吃了？"

藏在暗处的妙手回春，能让一个厨师抓住吗？一连数日俄国厨师也没有发现妙手回春。但是，牛奶、咖啡和面包还是天天少一份。这下可把俄国厨师吓坏了。铁甲船的俄国人大多都信耶稣，信东正教。这名厨师就是一位东正教徒，他想，这是不是上帝来警告我们，惩罚我们的。所以，他在厨房天天向上帝祷告："主啊！饶恕我的过错吧。我会天天为主，精心准备一份上等的餐饭。"

妙手回春藏在大长架子里面，听后也憋不住乐。从此之后，妙手回春就享受起上帝的优厚待遇了。

§

这艘俄国铁甲火轮船有一个奇怪的行程现象是：昼停夜行。妙手回春就发现，这艘俄国铁甲火轮船一到夜里，每到一个较为隐蔽的地方，他们

第六章　硕鼠归笼

就有"一长两短"的鸣笛暗号，"呜——呜呜！呜——呜呜！"

只要铁甲船"一长两短"的鸣笛声一响，你就会发现大清国江岸较为隐蔽的江汊子里，有人举着灯笼，亮闪闪的回应。工夫不大，只见从岸边隐蔽的江汊子里"哗"划出许多装有粮食的小船，快速地来到江中心俄国铁甲火轮船的船边，小船靠大船，两船迅速靠拢在一起。大小船上的人再合力把小船上的粮食快速地转移到铁甲船上。俄国铁甲火轮船在夜里走走停停，只要它鸣笛声一响，准会有小船提着灯笼回应，靠拢装东西。这一切都被细心如发的妙手回春牢牢地记在心上。这么说吧，从瑷珲到哈巴罗夫五百多里地的行程中，就有九十九处亮灯笼、装粮的地方。后来，一阵风在瑷珲至黑龙江下游三百多里地的行程中，跑步侦察到了二十二处秘密往俄国铁甲船上装粮食的地方。

有道是：老夫少妻对面坐——各想各的事。俄国铁甲火轮船上其中三个人都非常高兴。最高兴的当数铁甲船船长、俄国军官大尉巴尔钦克诺夫，此次初战告捷，也证明他在关震臣身上下的功夫没白费。第二个人就是关震臣。关震臣除了天天尽享与这位俄国美少女的鱼水之欢外，还吃香的喝辣的，还有钱挣，感觉自己就像上了天堂一样，这几天简直就是神仙过的日子。第三个人就是妙手回春，没想到师兄依郎阿交给自己的秘密任务就这么轻松地完成了。

§

天下没有不散的筵席。当俄国铁甲船再次返回海兰泡时，关震臣从大尉巴尔钦克诺夫那领了一笔巨大的赏钱，就弃船登岸了。关震臣前脚刚沾码头的地，就感觉身后有人轻轻地拍了他一下。他转身一看，妙手回春正穿着一身俄国船工的服装，朝他乐呢。

"妙手回春啊，这些天你上哪去了？我怎么在铁甲船上没看见过你呢？"

"回爷的话！我时刻就在你的身边。铁甲船的牛奶、咖啡、面包，我一份也没有少吃。"

"那我怎么没见过你啊？你是不是在蒙我呀。"

"爷！我说句不该说的话，你先别生气。俄国美女妮娃肚脐上有一块小硬币这么大的红色胎记，不知道它能不能证明我在这艘铁甲火轮船上。"

"啊！对对对！能证明、能证明。"关震臣闻听妙手回春这么说，嘴巴都给惊掉了。他简直都不敢相信妙手回春竟然看到过妮娃身上私密处的胎记，"你太神了！你什么时候进我们房间的啊？"

"其实我每天都光顾你的房间，只是你没发现罢了。另外，爷！船长巴尔钦克诺夫他根本就不信任你，还说了你一些坏话呢！"

关震臣听完妙手回春的讲述后，也不由地惊出一身冷汗，心说：大尉啊大尉！你对我不仁，也别怪我不义。我这么忠心于你，你还要前后暗算我，你给我等着瞧！

现在关震臣对妙手回春所言所行深信不疑，并佩服得五体投地，再也不怀疑他了。

关震臣眼珠子"嘀里咕噜"转了半天，一拍脑袋，"有了有了，嗯，我知道应该怎么办了"，于是对妙手回春说："你在这稍等我一会儿，我找巴尔钦克诺夫给安排一件事。只要他答应了。我以后再也不会怕他了。"

"那你去吧！我在这等着。"妙手回春也不想在巴尔钦克诺夫面前暴露身份，就让关震臣自己一个人重新上船了。

工夫不大，关震臣笑呵呵地下来了。关震臣做梦也没想到，他刚想好的这个主意，到家机会就来了。

等到关震臣和妙手回春刚回到瑷珲"万谷仓"米铺，家奴狗顺急忙忙从外边跑了进来，"少东家！你可回来了。大爷让我这几天四处找你，把我的腿儿都遛细了，你赶快回府上一趟吧。"

"狗奴才，家里到底发生什么事了？"

第六章 硕鼠归笼

"回少东家的话。家里也没发生什么大事。就是大老爷给你看好了一门亲事，就等着你回来下帖回礼呢。"

"什么？又给我提亲，不要、不要、不要。我这么多事哪有那闲工夫啊！你回去告诉我爹，就说我还没有回来呢。"

"我的爷！奴才知道你的心思，但少爷你躲过初一躲不过十五啊。奴才以为，你不如找一个什么别的借口，推掉这门亲事不就得了吗？"

"好吧、好吧。你头前带路。"关震臣极为不耐烦地跟着狗奴才狗顺，就回到关府的议事厅。

§

关府在瑷珲城也是名胄之家。家大业大，所以每遇到重要的事情，都会在关府的议事厅进行商量。今天，关特格列在议事厅正中间的对面靠墙的八仙桌左侧太师椅上坐着，大夫人王氏坐于右侧太师椅上。大叔关特格恩、二叔关特格林，三个哥哥关林、关河、关川都在左侧下垂手太师椅上坐着，自己的母亲刘翠霞和四夫人妮娜在右侧下垂手的两把太师椅上坐着。妮娜靠边还特意给关震臣留下了一个空位。

关震臣进屋之后，给各位长辈打千施礼过后，就紧挨着四夫人妮娜坐下了。

关特格列一看全家人都到齐了，"咕噜咕噜"紧抽了几口水烟袋，清了清嗓子说道："震臣啊！今天把全家人聚到一起，就是为了你的婚事。你现在也不小了，都20多岁的人了，也该结婚了，该找一个妻子了。正好前些日子，我特拜请朝廷礼部尚书佟大人给你保个媒，没承想前几天礼部尚书佟大人特修书一封说，礼部左侍郎马大人家的格格年芳一十六岁，正好待嫁。马大人也有意与咱关家联姻。我看咱关马两家亲上加亲也是一件大好的喜事。你这门亲事就这么定了吧。"

关震臣的亲生母亲刘翠霞一听，可乐坏了，马上说："老爷，这事太好了！我同意！咱什么时候下聘礼啊？"自古以来都是母以子贵。刘翠霞没等儿子说话，她就先点头同意了。

关特格恩和关特格林作为两位叔叔，一看侄子关震臣现在掌管着海兰泡的"隆发祥"商铺和瑷珲的"万谷仓"粮铺，马上又要结下了京城礼部左侍郎这门亲事，那可是前途不可估量啊，也都纷纷表态支持。"大哥，我也支持！这么好的亲事上哪去找啊。这门亲事要成了，咱们老关家今天在瑷珲城算是彻底出气了。"

关林、关河、关川更不用说了，也都支持。

妮娜作为关震臣的情人，从内心讲不愿意让关震臣马上成亲，毕竟俩人在私底下有了一定的感情。自从妮娜被依郎阿说服后，她已逐渐疏远了关震臣，整个心思都放在了依郎阿的身上。但是妮娜也不想让自己手下的一个玩物，轻易给人啊。所以，妮娜考虑了半天，她心里也一直在劝自己，该放手就放手，便最后一个表态："震臣，能找到这么好的大户人家的格格，也是老爷修来的福分。我同意。"

封建社会男女之间的婚姻，讲究"父母之命，媒妁之言"。特别是在森严的门当户对的等级制度和封建礼教影响下，这种婚姻制度是不可以违背的。如果有人违背了，那可是大逆不道的大事，将受到众人唾之，唾沫星子都能把人淹死你。但是，今天一向温顺、骨子里有点懦弱的关震臣却一反常态，当即表态："阿玛！额娘！姨娘！我不同意这门亲事。"

"什么？你不同意！"议事厅在座的所有人没有一个不惊讶的。

作为亲生母亲的刘翠霞急了，"儿子！你听你阿玛的话，这门亲事是别人家打着灯笼都找不到的好事，你怎么不同意呢？你是不是从海兰泡回来累着了，让妈看看。"

"阿玛、额娘，我真的不同意这门亲事。"

关特格列再次听到关震臣说出不同意的话后，"啪"的一拍桌子，"混

第六章　硕鼠归笼

账东西，给我跪下！"

"儿子，别惹你阿玛生气，快快跪下。"

扑通！关震臣极不情愿地跪在了地上。

关特格列气得胡子"呗呗"直蹦。他端起桌上的茶碗，手"嘚嘚嘚"直抖，喝了口水，往下压了压气，说："孽障！这么好的亲事你都不同意，你想娶个什么样的啊？今天我告诉你，你的婚事必须给我定下来。你不娶京城礼部左侍郎家的格格，你也得给我娶个其他大户人家的格格回来。"

关特格恩多会见风使舵啊，他一看关震臣不同意这门亲事，就帮着他找台阶下，"震臣啊！这个婚姻大事，本来是父母之命，媒妁之言的。可是，你在外掌管着这么大两处买卖，事情非常多，你也非常操心。家里人不是替你着急吗？你要是在外边儿，看到有合适你的，也可以娶回来的。现在，谁没有个三妻四妾的。咱们家这么富、这么有名，哪个姑娘不愿意嫁给你啊。"

关震臣知道关特格恩是向着自己说话的。吃人家的嘴软，拿人家的手短。现在关特格恩、关特格林、关林、关河、关川他们都依靠着关震臣活着呢。所以，关特格恩说完，他们几个也随情说好话。什么大丈夫立在天地间，是应该以事业为重，但是，不孝有三，无后为大。你还是应该娶上一妻一妾的。

关震臣在妙手回春的保护下，又在海兰泡待了两天，人可大变样了，再不是六神无主的混世包啦，返回了瑗珲城家里他昂昂个头，把他那脊梁骨坐得倍直的，显出目中无人的架势。关震臣知道今天不说出个子丑寅卯来，肯定过不了关。于是，他转过脸看了看自己的情人妮娜。

妮娜多聪明啊，那都是经过特殊训练过的，眼睫毛都是空的。妮娜一看关震臣的眼神，心里就"咯噔"一下，心说：这浑小子，被这些人逼急了，不会说要娶我吧。要是这样，让我如何是好！关震臣的想法还真让四夫人妮娜猜对了一半。

正当妮娜大脑快速运转考虑对策时，关震臣说话了，"阿玛、额娘在上，不孝儿有一个要求，只要你们能答应我的这个要求，我马上就给你们娶回一个漂亮的儿媳妇回来。"

二夫人刘翠霞都不知道关震臣心里到底弄的什么鬼，一看他也算答应一半了，就非常急切地说："别说一个要求，就是三个五个的，你阿玛和我都会答应你的。只要你给咱老关家娶回个漂亮媳妇回来就行。老爷，你也表个态啊，儿子都答应了。"

关特格列现在岁数也大了，全家大权都交于二夫人和小儿子关震臣了，老长时间都没有再操这份心了，就长出了一口气说："好吧！你说吧。"

"儿子，你阿玛都同意了，你快说吧。"

"阿玛、额娘，我不想娶大清国的女人。我要娶的话，必须娶俄国美女。"

"哗！"满屋的人全乱了。其中受刺激最大的，就是妮娜。说实在的，妮娜真心觉得挺喜欢关震臣，他长得也行，人也行，又年轻，还比老头强多了，把感情真给他了，觉得还挺好。但是关震臣一说他又要再娶一个俄国美女，对她来说是多大刺激啊。现在当着大家的面，妮娜也不能给关震臣撕破脸，所以是暗气暗憋。

"哎呀呀！老关家家门不幸啊。逆子啊逆子！你、你、你气死我了。我、我……"关特格列气得抓起桌子的茶碗，"啪！"狠狠地摔在地上，是拂袖而去，"你们愿怎么折腾就怎么折腾吧。不管了。"

二夫人刘翠霞虽然没有想到儿子能说出这话来，生气是生气，但是她转念一想：自己儿子只要能给她娶回个女人来，生个大胖孙子就行。管他是大清国还是俄国的呢。

所以，刘翠霞临走时，特意对妮娜说："妮娜，震臣自从你进府以来最听你的，你好好劝劝他。我走了。"

其他人一看关特格列和刘翠霞这主事的都走了，自己在这也没用了，

第六章 硕鼠归笼

就跟着他们脚前脚后"呼呼啦啦"地走了。

整个议事厅里就剩下了妮娜和关震臣。

§

关震臣重新坐在椅子上。妮娜把所有的下人都支走了,并亲手把所有门窗都关严了,这才转身恶狠狠地质问关震臣:"你这个没良心的,我现在不就是你的吗?你为什么占有了我,还想再娶一个俄国美女。你什么意思?你曾经给我发的海誓山盟上哪去了?"

关震臣今天真是面不改色、心不跳,是非常平静地说:"我是叫你姨娘呀,我们不能公开地成为夫妻,咱俩只能这样。另外,现在我也不爱你了。"

妮娜做梦也没有想到,关震臣会亲口直接告诉自己说不爱自己了。妮娜两眉之间就是一紧,俊美的脸上顿时起了杀气,"关震臣,你要这样的话,我就杀死你?"

关震臣听完此话,不仅没害怕,反而乐开了,"你要杀我。哼!你看这个是什么?"关震臣从兜里掏出了巴尔钦克诺夫给他的一枚因情报有功而赏的银质飞马勋章,"啪"地放到小茶桌子上,狠劲儿用手一指说:"你看到它,还敢杀我吗?你现在有什么能耐杀我?"

"你、你怎么有这个?这样的勋章,只能是我这样身份的人才能有啊?"

"我怎么不能有呢?我实话告诉你:我现在直接受大尉巴尔钦克诺夫的领导。自从上次收粮草出事之后,巴尔钦克诺夫就不信任你了。让我来接管了你的大部分工作,难道你自己感觉不到吗?我现在能制服你,你现在根本就不敢动我。我劝你好自为之,咱俩以后最好是井水不犯河水。"

妮娜一听,真是这样,现在关震臣的上司是巴尔钦克诺夫。另外,自己还真不敢揭开与关震臣的私下关系。因为同样作为妮娜情人的大尉巴尔钦克诺夫真不知道关震臣和妮娜还有这层关系，这一旦让巴尔钦克诺夫知道，自己的处境会更糟。妮娜越想越害怕、越想越憋屈，眼泪就顺着脸颊流下来了，"关震臣，你这样忘恩负义地对我，你早晚会后悔的"。

"后悔？我才不后悔呢！今天我就打开天窗说亮话，把实情告诉你吧。过几天，大尉就从俄国专门给我选送莫斯科、圣彼得堡等五名不同地方的俄国美女，让我任意挑选，我要是都看中了，全都能留下。你要是感觉寂寞了，也可以和你们五个姐妹一块服侍我。我看在咱们一场露水夫妻的面上，也不会亏待你的。"

"你、你、你无耻！"说完，妮娜哭着摔门而走。

关震臣等到妮娜走了之后，看到屋里一个人都没有了，他才原形毕露，得意得又拍桌子又是跺脚，感觉自己长这么大，今天干了一件最漂亮的事。

关震臣要娶俄国夫人的真正目的是什么？一是俄国美女真是漂亮，关震臣还真好上这一口了。他怎么看俄国美女怎么漂亮，怎么看大清国的女人怎么难看。二是自己再靠妮娜不行。自己往后再发展的话，妮娜不会再帮多少了，现在只能靠巴尔钦克诺夫。三是这次妙手回春陪同自己在俄国铁甲火轮船上秘密侦察后，巴尔钦克诺夫背着自己说的那些话，也逼迫着自己通过娶来的俄国夫人再找到新的大靠山。关震臣是这样想的，也是这么做的。现在自己既然和家里人摊牌了，又和妮娜彻底撕破脸了，下面迎娶俄国美女的事情就顺理成章了。

§

妮娜心里不好受啊。她顺着江边从东往西，漫无目的地走着。

妮娜看着滚滚江水，心里突然想起一个人来，他就是依郎阿。自从妮娜与依郎阿在海兰泡相识之后，她的心里无时无刻不在思念着依郎阿。可是依郎阿早已娶了琪任格，跟她永远不可能成为夫妻了，但妮娜的心里真

第六章　硕鼠归笼

爱着依郎阿。依郎阿对妮娜也是如亲兄妹一样真好，真关心她。妮娜感觉与依郎阿每次见面都有说不完的话。特别是依郎阿那口纯正的顿河口味俄语，让妮娜听得如醉如痴，仿佛自己一下子就回到顿河家乡，看到了自己的亲人。

依郎阿啊依郎阿，你在哪里啊？你知道我是多么地想你，哪怕只借你的肩头让我靠上一靠也就满足了。妮娜正在内心苦苦祈祷呢，她就看到从远处江边的树林走出一个身穿官服的青年男子，这个人的身型怎么这么熟悉？难道是我看花眼了吗？

妮娜赶紧用手揉了揉自己的眼睛，仔细观瞧。只见这人，中等的身体，不高不矮不胖不瘦，身穿紫色的清朝武官的轻装，腰里系着一巴掌宽五色的丝鸾板带，在左侧打着十字扣，脚上蹬着一双薄底的快靴。往脸上看，面如冠玉，两道剑眉，一对虎目，通观鼻梁，方海宽口，肋下佩着一口剑，往你眼前这么一站，英俊的外表里却透着无穷的智慧，健壮的体格下又散发百步的威风。这人是谁啊？非是旁人，是妮娜苦苦思念的瑷珲副都统委哨官依郎阿。

依郎阿怎么上这来了？真是无巧不成书。自从依郎阿秘密委派自己的两位师弟妙手回春和一阵风进入关震臣身边后，他也经常到黑水江边进行巡查。今天依郎阿和常喜刚走到柳林绿洲这块，依郎阿就看到远处有一个女人在江边走走停停，时而面对江面发愣，时而缓慢前行。他就注意了。等到妮娜离依郎阿还五六百米的时候，依郎阿认出来了，她是妮娜。妮娜今天肯定有事，我要过去看看。于是，依郎阿让常喜继续巡查，他就迎着妮娜走过来了。

依郎阿特别善于察言观色，他一看妮娜满脸上泪迹，马上就明白了，便用温柔的顿河俄语问妮娜："亲爱的妮娜，你怎么了？你如果有什么难心的事，我可以帮你。"

妮娜看到依郎阿，就像看到自己的亲人一样，猛地扑到他的怀里哭了起来。

依郎阿等着妮娜哭完，边手拍打着她的后背边问，"亲爱的妮娜，你有什么委屈就说出来吧。"

妮娜怎么也不说，后来依郎阿说："妮娜，你肯定有事，你别瞒着我，你哪个事能瞒过我啊。哪个事，我没有给你找出来啊，包括你的家事。你看：你没有妈，谁把你养大的？是德芮娜！德芮娜和我之间是好朋友。这关系你都知道的。妮娜！谁对你亲啊？德芮娜现在不在你跟前，我就是你最亲的人。"

依郎阿说到这，妮娜把依郎阿抱得更紧了，并主动亲吻着依郎阿的脸颊。

"妮娜，别这样！我知道你非常爱我，但是我已经有妻子了。虽然我不能当你的丈夫，但我可以做你的哥哥。你就和我的亲妹妹一样。行吗？"

妮娜在依郎阿的肩头狠狠地咬了一口，然后，用力地点了点头。

依郎阿一看时机成熟了，马上用手抚摸着妮娜的头说："妮娜！你还能瞒着哥哥吗？有什么事，好妹妹你得跟我说呀！妮娜，你不能再受苦了，你已经够受苦的了，你在大尉巴尔钦克诺夫那边做什么奴才啊？他把你当人看了吗？这些我都知道，你还瞒什么？眼泪还流不干呀，还想流呀？说出来，以后哥哥替你担着。"

"哥哥！"妮娜终于打开了自己的心结，把刚才所发生的事情，原原本本地给依郎阿讲述了一遍。后来，妮娜跟依郎阿说："关震臣要娶俄国媳妇。大尉他们从莫斯科、圣彼得堡新给他找了五个俄国美女，让她来选，这五个人很快就要到了，就到铁甲船上，让他上去相亲。"

依郎阿听完后，说："我的好妹妹，你放心，这事就交给我来办吧。你不用愁，好好让他表演。我让他一个媳妇都娶不了，最后，让他竹篮打水——一场空。"

"哥哥！你有什么办法呀，那能行吗？你又不能露面。"

第六章　硕鼠归笼

"妹妹，这事你不用管，你就放心吧。你跟关震臣还要像以前一样关系好。对关震臣要娶媳妇这事，你要让他感觉你非常痛苦。别的事就跟原来一样。另外，你跟大尉的关系还要保持原样，该帮着干啥就干啥，一点迹象不要漏。"

"行！哥，我听你的。"话是开心锁，不说不透，不讲不明。妮娜心结打开之后，就与依郎阿话别回关府了。

依郎阿回到自己的住处后，为了破坏关震臣娶俄国媳妇这事，就通过飞鸽传音的方式，把妙手回春叫到了自己的书房。

§

那位说了，怎么个飞鸽传音啊？

其实非常简单，只是大家常常忽略了生活中一些小的细节。大家有时在城市上空听到一群鸽子飞过时，会发出"嗡……"这种信哨的声音。这个声音是鸽子主人在一些鸽子背上捆绑的哨子发出的。依郎阿就利用自己豢养的几个信鸽。他把信哨的声音有意识地设计成有高有低、有快有慢、有急有缓、有强有弱、有尖有粗、有清脆有低沉的不同旋律。依郎阿和妙手回春、一阵风在京城理藩院健锐营都受过这种特殊的训练。他们一听对方放出信鸽发出的不同声音，马上就能判断：对方有什么紧急任务、在什么方位什么地方接头、见面，有时两个人根本就不需要见面，一听声音就全明白了。这只是他们师兄弟间秘密传递信息的一种最基本的方法。

妙手回春听到依郎阿紧急召见的信鸽声音后，二更天就悄然来到了依郎阿的书房。师兄弟二人见面格外地热情，简短相互问候后，就直接进入到了主题。

妙手回春先向依郎阿详细汇报了自己陪同关震臣去海兰泡和登上俄国铁甲船所侦察的情况，还把自己提前绘制好的一张地图交给了依郎阿，"师兄！这就是关震臣和大尉巴尔钦克诺夫从瑷珲到哈巴罗夫五百多里的流程中，他们九十九处粮秘密交易地点。还有师弟一阵风在瑷珲至黑龙江下游三百多里粮流程，跑步侦察到的二十二处秘密交易的地点。"

"袁师弟！你侦察的情报太重要了。我必须马上向特普钦将军禀报。此事，你回去后听我的消息。但是，当前有一件特别紧急的事情需要想办法解决。"

"师兄！你说吧！"

"师弟，你回去之后，马上想办法破坏关震臣与五个俄国姑娘的接触。关震臣不是想娶她们吗？你就给搅和黄了。最后，让他一个都成不了。另外，避免你经常夜里行走，以后有什么重要事，让一阵风跑腿学舌，他腿比较快。"

"好吧！"

师兄弟二人拱手告别，分头行动。

§

俗话说：读万卷书不如行万里路，行万里路不如阅人无数，阅人无数不如名师指路，名师指路不如自己去悟。我再给它添上一句：自己去悟不如神助。

妙手回春回到"万谷仓"粮铺之后，他左思右想，"哎"终于想出了一条妙计，我何不如此这般、这般如此，肯定能马到成功。对！就这么办。

哎！你说巧不巧，妙手回春刚打定主意，就听见房门"咣咣、咣咣"被拍得山响，有人喊袁师爷、师爷！

妙手回春故意打了一个哈欠，"啊——呜！谁啊？这么早也不让我睡个好觉？"

"师爷！我是狗顺。少东家有急事找你呢！"

第六章 硕鼠归笼

"噢！我知道了。你等下！"说完，妙手回春在床上"啪"一个鲤鱼打挺，紧接着用手轻轻地一点窗扇，"唰"一个鹞子翻身就到了院中央了，"走吧"。

奴才狗顺还在门口贼眉鼠眼等着呢，突然听到院中央有人回话，回头一看，妙手回春在他身后呢，就吓了一跳，"师、师、师爷！你不是在屋里吗？怎么会在院里站着呢？"

"我不是出来了吗？以后少东家有事叫我，你在院门轻轻叩门就行，切不可贸然来到院门，万一我正在练功，一时失手伤害了你的性命，你也太不值了。走吧！"

"哎、哎、哎！我的妈呀，这师爷简直是神啊，神出鬼没的。以后，我还是有多远离多远吧。"

妙手回春说这话也是话里有话，意思是你以后少往我屋跑。妙手回春来到后院，一进关震臣卧室，看二夫人刘翠霞正在诉冤呢。

"震臣！都是你惹的祸。好好的一门亲事，你怎么就不同意呢？非得娶俄国女人。你这不是和老爷子对着干吗。老爷回去之后，又摔茶碗又敲桌子，说我把你惯的。震臣，这个家我待不了啦，咱们回海兰泡隆发祥吧。等老爷气消了，咱们再回来。"

"额娘，好吧。狗顺，你马上通知下人准备马车，马上出发。"

"扎！"

"袁师爷，你安排一下万谷仓护卫上的事情，也一起走吧。"

"是！少东家，这次回海兰泡我能不能把我的师弟一阵风带上啊？我们从来都没离开过这么长时间，我也怕他惹事。"

"袁师爷，以后这小事就不用禀报了，你安排就行了。"

"谢谢爷！"现在关震臣对妙手回春也非常尊重了，开口闭口师爷叫着，走哪儿都离不开妙手回春的保护。

路上无话。二夫人刘翠霞、少东家关震臣和妙手回春就又回到了海兰

313

泡。隆发祥商铺的正常经营都是刘翠霞管的，关震臣主要是负责外部的公关，隔段时间查查所有的经营账目什么的。

§

让关震臣惊奇的是，妙手回春还有惊人的语言天赋，他是过耳过目不忘。这么说吧，只要关震臣说一遍俄语，妙手回春都能记住，而且马上就会说，说得还非常地道。这让关震臣更高兴了。其实，他哪知道，妙手回春在京城健锐营受过这方面的特殊训练。他和依郎阿还有一阵风在军机处主要担当俄国的"色克"密差，所以必须要学会俄语，这可不是现学的。关震臣哪知道啊！凡是做"色克"密差的人员，知识得非常渊博，既通晓世界风云，更精通你承担的某专责国的国情、民情和事务，真可算是"百事通"才行。比如说，你专责是德国的，你就得先学会德国语言；你专责国是法国的，你就得先学会法国语言；你负责英国的，就得先学习英国语言。你看依郎阿他们师兄弟仨人，主要就是对俄国的，所以他们俄语都相当熟，而且他们都各有身份和合理的履历。你说对方是顿河的人，还是圣彼得堡的人，他们都会用俄国当地的口音给对方说话交流，而且还能找到根据，我是哪方哪地的人，哪里有我的什么亲戚和朋友等等。他们都是这样的，都有自己的"自传"，非常清楚，别人即使查也查不出任何破绽来。

关震臣本身就是一个爱慕虚荣、好显摆的人。他整天带着妙手回春和一阵风出入俄国人较多的场所，时不时让他们两位露上一小手。特别是一阵风在一次与哥萨克骑兵比试脚功后，让关震臣彻底在俄国人面前扬眉吐气了，以后谁都不敢再戏耍关震臣了。

以前俄国哥萨克骑兵倚仗自己身高马大，善于骑射，经常戏耍大清国人，关震臣也不例外。这一天，关震臣看俄国哥萨克骑兵正在围猎训练呢，他就问妙手回春："小豆子脚功能比过他们不？"

第六章 硕鼠归笼

妙手回春说:"那没说的。太小儿科了。"

"好!那你让小豆子给我出出气,这帮黑毛子以前没少从咱隆发祥抢东西,你们给我教训教训他们。"

"好嘞爷。"关震臣大摇大摆地走过去,嘀噜嘟噜给俄国哥萨克骑兵说了一通俄国话,意思是说:我手下的一个亲随仅凭脚功,要跟你们哥萨克骑兵比比速度,你们敢比吗?

俄国哥萨克骑兵听完后,是一阵狂笑。于是乎双方就比上了。哪曾想,一阵风施展出了自己的飞毛腿的真功夫,在数名哥萨克骑兵快速行进的马肚子底下来回蹿动,并第一个到达终点。当场数十几个俄国哥萨克骑兵是彻底地服气了。从此,俄国这帮哥萨克骑兵对关震臣也是刮目相看。

§

有道是:人心不足蛇吞象,世事临头螂扑蝉。妙手回春给关震臣侦察来的俄国人私密的事情越多,他越想知道得越详细。这天,铁甲船船长给关震臣捎来消息,说:"五个俄国美女已经到海兰泡俄国交际站了。只是她们旅途太劳累了,需要休息调整几天才能见面。你就等着吧。"

这下关震臣可睡不着觉了。他为了先弄清这五个俄国美女的底细,就把妙手回春叫到自己身边,"袁师爷!你这次可要帮我。大尉已经把五个俄国美女送来了,你能不能先打入到她们身边给我侦察一下,她们有什么特点,哪个更好,到时我选时心里好有底。"

"爷!这太简单了。你现在就准备点咱们大清国女人用的礼品,我给她们送去。俄国对外交际站也不会阻拦。我呢,趁机与她们私下一交流,一是看看她们哪个长得最漂亮,二是看看她们哪个是俄国的名门望族。爷!你说对不?"

"对!袁师爷,你现在都可以做我的军师了。我就是这个意思。"

315

"爷！你放心吧。我肯定会把这事干得漂漂亮亮的，你就瞧好吧。"

于是，妙手回春精心乔装打扮了一下，就来到了俄国在海兰泡的秘密情报站。

这个秘密情报站对外公开名称是俄国对外交际站，它是一座俄式风格的三层独楼，整个建筑是层次叠砌架构与大斜面帐幕式尖顶的结合，整个楼体都点缀着富丽的装饰和雕刻，红红绿绿的，色彩非常强烈，也非常好看。这个俄国对外交际站的功能，表面上看就像俄国对外接待的宾馆一样，没什么特殊之处，但是整个楼里面来来往往的人都是俄国特务。其实俄国大尉给关震臣找的这五个俄国美女也都是在沙皇身边多少年训练出来的特务。

妙手回春比谁都清楚这个俄国对外交际站的底细，所以，他一进门就来到了一个挂有"招待处"牌的门前。妙手回春一看房门开着，就大步流星地走了进去。此时，两名年轻的俄国特务正在那交流着昨天晚上的艳遇呢，冷不丁发现一个中国人进来了，俩人的脸吧嗒就撂下来了，其中一位年轻的俄国特务用俄语极不耐烦地问："你是干什么的？"

妙手回春用非常流利的俄语说："两位长官，我是受我们'隆发祥'少东家关震臣之命，前来给巴尔钦克诺夫大尉安排住这的五名俄国美女送点女人用的东西，略表我们少东家的一点心意。同时，他还让我给她们五位各自捎了几句话，请二位长官给行个方便。"说着，他从自己兜里拿出两张一百两的银票递了过去。

两名年轻的俄国特务一看大清国的银票，态度马上就变了，说："你们大清国的人最友善。另外，你还是巴尔钦克诺夫大尉的朋友啊！我们非常欢迎！她们就在楼上，你楼上请吧。"

钱是通关神，这话还真不假。两名年轻的俄国特务各自接受了一百两银票后，热情都上来了。

"两位长官，我可能要多耽误一点时间？"

第六章 硕鼠归笼

"没关系！你今天晚上住这都行。巴尔钦克诺夫大尉也交代过我们的。你随便，今后经常来往。"

"那谢谢二位长官了。"

这两名年轻的俄国特务，只是巴尔钦克诺夫手下两个极小的小爪牙，也就是无名小卒罢了。你别看这两名年轻的俄国小特务只是个无名小卒，但他们做糖不甜，可是做醋酸。妙手回春重金贿赂他们自然深知这里面的道理。

妙手回春就问这两位俄国小特务："两位长官，这五位美女长得漂亮不？都叫什么名字啊。别等到我上楼走错屋，把东西送错了那可不好了。"

"她们五个是一个比一个漂亮。我们看着都动心了。她们名字也非常好记，上楼左侧第一个房间的，叫叶列娜；第二个房间的，叫狄安娜；第三个房间的，叫安菲娅；第四个房间的，叫达莉娅；第五个房间的，叫卓娅。记住了吗？"

"噢！我记住了。谢谢二位长官了。我先上去了。"

"上去吧！"

§

妙手回春精通俄语，一听这五个俄国美女的名字，太好记了。叶列娜，汉语就是"太阳"；狄安娜，汉语就是"月亮和狩猎女神"的意思；安菲娅，是"花儿"的意思；达莉娅，是"拥有善良"的意思；卓娅，是"生命"的意思。妙手回春把这五个女孩的名字连成了一句话：在太阳和月亮女神的保护下，花儿拥有善良的生命。侦察情报人员必须具备快速记忆的能力。

妙手回春根据这五个俄国美女的名字，马上就判定出了她们每个人的基本性格特征。妙手回春怎么就能判断出来她们每个人的这些信息呢？因

317

为妙手回春对中国的易经八卦研究得非常透彻。见名卜卦，见字卜卦，对于他来说算是易经入门的基础。

果不其然。叶列娜，性格像火一样热情。当她看到妙手回春给他挑选的一身火红的旗袍和红色的头饰后，高兴得不得了，"噢！袁先生，太漂亮了。谢谢！"

上来"呗呗"就亲了妙手回春两口。妙手回春一听叶列娜说的圣彼得堡口音，就马上用圣彼得堡口音问："叶列娜，你是圣彼得堡来的吗？"

"对啊！你、你怎么知道的啊？"叶列娜感到非常吃惊。

"我曾经去过圣彼得堡，还在那生活过几年，因此对圣彼得堡有很深的感情。"

"噢！是啊？那我们太有缘了"，叶列娜在这里听到自己家乡的口音感觉非常的激动。

"今天我能非常荣幸地遇到你，也让我想起了自己在圣彼得堡那几年的难忘记忆。涅瓦河畔不知留下我和我的恋人伊莲娜多少傍晚散步时的足迹。嗨！要不是自己家里突发变故，我可能早在圣彼得堡安家了。可回到大清国又能怎么样呢？还不是独身一人寄人篱下于关府，当个看家的奴才吗？人命难违啊？"

"袁先生，你现在也可以去圣彼得堡找你昔日的恋人伊莲娜呀？"

"她早结婚了。我去了又有什么用啊。我从圣彼得堡回来时，就认命了。哎，叶列娜，你长得这么漂亮怎么能嫁给关震臣呢？"

"怎么了？他不是挺好的吗？他长得又帅，又能干。听说他们老关家对我们大俄国也非常友好，是一个可信的朋友。"

"叶列娜，你是有所不知啊。我要是不在圣彼得堡生活过几年，是不会把实情告诉你的。我的少东家关震臣，他别看长得油光水滑的，骨子里真不是个东西。他品性太差了，而且非常好色，经常出入妓院嫖瘾成性。我跟着他这么些年，我能不知道吗？再说了，你想想：他关震臣放着大清朝

第六章　硕鼠归笼

三品大员家的格格都不娶，非要娶你们俄国的女人，这必然有着其险恶的用心。老关家，你千万别太相信。我知道他们家的情况，他们从来都是脚踩两只船，他们表面上看是为俄国人服务，实际上他们净占便宜挣俄国人的钱。另外，他们本身就是大清朝的名冑，在大清朝也站一脚。这两脚踩着两只船，哪头有利就帮哪头。你们不要都相信他。这次，你要是嫁给关震臣的话，最后上当的话，别人不怕，但是你的青春就完了，可以说你的一生就毁在关震臣手里了。你家都回不去了，尸体都找不着啊……"

反正妙手回春就是大讲关震臣和老关家的坏话，讲得有鼻子有眼，讲到动情处还掉下了几滴眼泪。这下把叶列娜给彻底地说服了。

男怕入错行，妇怕嫁错郎。叶列娜虽然是一名俄国情报部门培养出来的特务，但她也想找一个如意郎君啊。她一听，关震臣品性这么差，老关家也是在两国间玩火，不知哪一天翻船了，自己必然跟着倒霉，就像妙手回春说的那样，到时自己是有家不能回，尸首没人认领，那就太惨了。所以，叶列娜静想之后，就对关震臣彻底地灰心了。

"袁先生，谢谢你把实话告诉我。我能帮你做什么呀？"

"其实我也没有什么让你帮的。只是我不想让你和你的姐妹们跳进这个火坑。万一嫁错了郎，到时后悔都来不及了。"

"我知道了。我会给我们几个姐妹私下好好交流的。"

"好吧！我先到她们房间把这些礼品送过去。你们这几天再好好想想。"

"谢谢你！"嗯—呗，叶列娜感激地亲了妙手回春一口。

妙手回春转身就来到狄安娜房间。狄安娜，长得真像月亮女神一样，是亭亭玉立、冰洁玉体，让人感觉那么地惹人喜爱。

妙手回春送给她一身白色带蓝边的束身旗袍和白金镶着蓝宝石的头饰。狄安娜看到这些东西后，平时较为冷艳的面部，顿时绽放出灿烂的笑容。爱美之心人皆有之。更何况刚刚年过十七的狄安娜呢。她马上到里屋的卧室把旗袍换上，把头饰戴上，对着镜子左看右看，犹如天女下凡一般。

俗话说：药医不死病，佛度有缘人。妙手回春一看时机到了，就又凭着自己的三寸不烂之舌，先是对狄安娜的美貌夸赞了一番，而后又语重心长把关震臣的劣迹向她诉说一番。最后，妙手回春说："狄安娜小姐，你要是嫁给关震臣，那真是一朵鲜花插在牛粪上了，白瞎你这么好一个姑娘了。"

狄安娜，你别看她是俄国一个穷苦家孩子出身，但骨子里却有着一股傲气。她被俄国情报部门选中，进行特殊培训也是从内心不认可的。当她听完妙手回春对关震臣的描述后，心里连见关震臣的心都没有了，更不用说还要嫁给他了。狄安娜是最坚决不跟关震臣的，但是到后来，她还是不得不听从俄国情报部门的安排，硬嫁给了关震臣。因为狄安娜在这五位俄国美女之中，出身最低，没有任何的背景。这是后话，暂且不提。

紧接着，妙手回春又说服了俄国美女安菲娅、达莉娅和卓娅。最后，五个俄国姑娘也不拿妙手回春当外人了，就让妙手回春给她们出主意、想办法。

妙手回春说："你们不如这样，给姓关的演一场好戏。你们见还是要见关震臣的，表面上非常地喜欢他，该要东西的要东西，该要钱的要钱，不要白不要，反正他有的是钱。你们只是表面上应付差事罢了。最关键的是，你们要向你们的上司禀报：说你们通过与关震臣接触，发现这个人怎么怎么人品不好，而且他是脚踩两只船，非常不可靠。你们都说打死都不嫁给他。"

"好吧！我们都听你的。"五个俄国姑娘一看，自己又得东西又得钱，没有一个不同意的。

§

几天后，关震臣在妙手回春的保护下来到了俄国对外交际站。他一见

第六章 硕鼠归笼

到这五个俄国美女，道儿都走不了了。他是看一个爱一个，哪个都想要，哪个都不舍得放下。这五个俄国美女想要什么，关震臣就给买什么。这一周的时间，关震臣可在这五个俄国美女身上下了血本了，花的银子海了。关震臣和五个俄国美女都相处了一周多的时间了，彼此之间都感觉良好，这下，关震臣乐坏了，乐得鼻涕泡都出来了，心说：我天天能抱拥这五个貌美如花的俄国大美人，给我多大官的也不干了，人生足矣。

这天，关震臣信心十足地向铁甲船大尉巴尔钦克诺夫郑重提出："大尉阁下，这五个俄国美女能不能都给我留下。我都要了。只要你给我全留下，以后让我干什么都可以。"

巴尔钦克诺夫不听这话还好，一听这话鼻子都气歪了，心说：你关震臣也太贪了吧。哼！真是个没出息的玩意。

三人成虎，人言可畏。他回想起这几天，叶列娜、狄安娜、安菲娅、达莉娅和卓娅在他耳边不停述说关震臣的种种劣迹，巴尔钦克诺夫不信也信了。有时，唾沫星子真能杀死人。今天他一听关震臣这么说，心里的火"腾"一下就蹿上来了，非常生气地瞪了关震臣一眼，说："关先生，你别说全留下了，这次你一个都得不到。"

"啊！为什么呀？"

"因为她们都不喜爱你，都不愿意嫁给你。"

"不对啊？我对她们都挺好的，我又让我的下人给她们买这买那、送这送那的，她们都接受我的礼物了，就应该接受我这个人啊。"

"哼！关先生，照你这么说，她们拿了你的东西就应该是你的人吗？"

"这个……"关震臣也是一个特别能察言观色的人。他一看巴尔钦克诺夫不太高兴了，马上改口说："大尉阁下，我的意思是说：我那么爱她们，真心对她们好。她们也应该给我一点回报吧。她们其中要是有一两个人不同意嫁给我，我可以理解，她们都不愿意嫁给我，我、我太想不过去了。大尉阁下，我求求你！你能不能给她们好好说一下，她们都听你的。五个不能全留下，哪怕给我留下一个也行啊！我、我给您跪下了。"说完，关震臣真的色迷心窍"扑通"一下，就跪在了巴尔钦克诺夫的脚下。

关震臣不跪还好，他这一跪，反而让巴尔钦克诺夫内心就是一动，心说：你这个没有骨气的东西，仅为了一个女人，就能甘愿跪在我的脚下。我真是瞎了自己的双眼，怎么就选上你这么一个人呢？还是听那些女人的话，我们都是俄国人，她们都说关震臣不能太相信，我是宁可信其有不可信其无，应该提防着点，避免他坏了我的大事。但此时，我还不能不利用他。想到这，巴尔钦克诺夫看了看关震臣说："起来吧！我等会再给她们说下，就给你留下一个吧。"

"太谢谢了。你就是我的再生父母，以后你让我往东我绝不往西；你让我撵狗我绝不撵鸡！"

"得了、得了！你起来吧。"

"哎！"

最后，由巴尔钦克诺夫下死命令和威逼指派，就把出身贫寒的俄国姑娘狄安娜嫁给了关震臣，这才算结束了一场选美的闹剧。

狄安娜虽然嫁给了关震臣，但她与关震臣同床异梦，没有太多的共同语言。因此，夫妻之间的感情随着时间的增长也越来越淡薄，到后来关震臣败走俄国时，两个人基本上是形同陌路，成为一对有名无实的夫妻。

§

话分两头，妙手回春走后，依郎阿赶紧来找黑龙江将军特普钦。

特普钦将军一大清早，正在院子里练武呢。他先打了一趟拳，而后又练了一趟大刀，刚插招收势、心定丹田，一转身看到依郎阿急急忙忙地跨门而进，就知道有大事发生了，忙问依郎阿："恒毅，有事吗？"

依郎阿小声地说道："将军！你上次让我查办盗粮的事情，有结果了。"

第六章 硕鼠归笼

"嘘——!"特普钦左右看了看,四下没人,就拉着依郎阿的手,快步走进屋里。

依郎阿把房门倒带,拴好之后,这才从头说起:"将军,我的两个师弟打入关震臣身边后,发现关震臣才是盗我大清国粮食的老鼠。妙手回春跟着关震臣到俄国铁甲船走了一趟了,他发现从瑷珲到哈巴罗夫五百多里的流程中,有九十九处关震臣与俄国秘密交易地点。一阵风在瑷珲至黑龙江下游三百多里的流程,跑步也侦察到二十二处与俄国秘密交易的地点。而且,他们交易的粮食数量还非常惊人。"

"嗯——! 关震臣这个民族败类,我非杀了他不可。"

特普钦将军听完此话,气得眉毛都立起来了,胡子"呗呗"直蹦。可是,特普钦将军转念,说:"不对啊! 关震臣只不过是一个二十刚出头的年轻人,他怎么会有如此大的能耐和魄力,在这么短的时间内就能组织一百多个秘密地点与俄国交易。他背后肯定还有一只更大的硕鼠存在。他是谁呢?"

特普钦将军虽然是一名久经沙场的战将,但绝不是一介武夫。你别看他身强力壮、五大三粗,但他做起事来却是心细如丝。"依郎阿! 你看,咱们要抓的耗子,其中的大老鼠、硕鼠是谁? 是关震臣吗?"

其实依郎阿得到这个情报后,也一直思考这个问题,"回禀将军,现在我还没看太清,但我觉着好像关震臣他还不像一个最大的老鼠。盗粮食的硕鼠,是不是还应当有别人?"

"依郎阿,你说得对。我也在想,做这么大的事情,能有这么大的计谋,整个把黑龙江从上到下,从黑龙江的上源一直到下源。整个航线上秘密藏了这么多粮食,而且有这么多钱,买下这么多粮食。这手多大呀! 他财富得多硬呀? 放眼咱们整个瑷珲城,能有这能量的大户人家,除了老关家,没别人了。可是,关震臣他能有这么大力量吗? 咱们仔细想想,他关震臣还是太年轻了。真正藏在关震臣身后的这只硕鼠太老练了。你看关特

323

格恩、关特格林他哥俩,是一对酒囊饭袋,成不了大气候,剩下的只有关特格列了。但是关特格列自从帮着奕山干坏事,签订《瑷珲条约》后,奕山倒台,他就再也不出头露面。而把整个家里的事情交给刘翠霞和关震臣打理了。从这种情况判断:他关特格列开始颐养天年了。难道,这只老狐狸又在幕后开始出卖整个大清国不成?依郎阿!"

"在!"

"我们现在绝不能打草惊蛇,应该继续顺藤摸瓜,往深处查。你说怎么办好?"

"将军大人!我也正有此意。我马上通知我的师弟妙手回春再想办法深查,看看躲在关震臣背后的这只硕鼠到底是谁?"

"好吧!事不宜迟。此事你要千万保密,只有你我知道即可。"

"明白。"

特普钦跟依郎阿商量完后,并没有告诉关保。因为他们俩都不太相信关保。作为瑷珲副都统、当地一把手的关保,要论人品来讲,他非常忠厚老实,但是要论做官来说,他有时太糊涂,没有敏锐的政治嗅觉。另外,他的身体也不好,有病,所以有些事黑龙江将军特普钦就多跟依郎阿商量。

前文书,倭仁倭中堂来到瑷珲时,还特意给特普钦介绍过,说:"依郎阿是一位绝对可靠的人。他办事你尽管放心。"特普钦一看依郎阿也是一位非常精干的人,所以也愿意和他商量。整个黑龙江将军管辖内,有什么大事小情,特普钦都和依郎阿俩人私下研究商量。

依郎阿回到府中之后,就从书房的间隔中间拿出一张只有一厘米长、半厘米宽的蜡纸。他在蜡纸上写下了"硕鼠"两个字,然后捻成一个小纸卷,用细线绳绑在信鸽的腿上,随后"啪啦"往空中抛,这只信鸽在空中圈了三圈,"嗡……"带着清脆的信哨声,直奔海兰泡飞去。

妙手回春能收到依郎阿发出的情报吗?那是当然。这只信鸽刚飞到海兰泡上空后,妙手回春一听信哨声,就知道师兄依郎阿又给自己派任务了。

第六章　硕鼠归笼

他对着空中，清脆地打了三声口哨，工夫不大，一只灰白色的信鸽就飞落到他的手臂上。妙手回春从信鸽上解下小纸卷，打开一看"硕鼠"两个字，什么都明白了：师兄是让我调转注意力，重点调查一下老关家的大当家人——关特格列啊。

他把小纸条烧毁，又把信鸽放飞到空中，转身来到了关震臣所住的西暖阁。

§

关震臣这几天，正陶醉在俄国美女狄安娜石榴裙下呢，整天是大门不出，二门不迈，连隆发祥生意往来的账都懒得看了。

妙手回春来到西暖阁一看，大白天房门紧闭，窗帘都拉着，就知道关震臣昨天晚上又没消停。他转身就来到二夫人刘翠霞的房间。

二夫人刘翠霞对妙手回春通过一段时间的观察，也感觉到妙手回春这个人的确不错。在二夫人刘翠霞眼里：妙手回春的功夫多高暂且不说，就是他这股少言寡语，办事的干练劲，就特别招人喜欢。二夫人刘翠霞有什么想不开的事了，给妙手回春一说，哎！妙手回春几句话就能说到点子上，一下子就能启发到刘翠霞的新思路。所以，二夫人刘翠霞慢慢也喜欢有事没事和妙手回春聊上那么几句。可是今天，二夫人刘翠霞一见妙手回春可高兴不起来了。因为她的偏头疼病又犯了，正难受呢。

俗话说：头疼不是病，疼起来要人命。自从上次从瑷珲城回来，也不知道怎么的，刘翠霞就得了这么一种奇怪的间歇性的偏头痛病。开始她找了好几个郎中也没看好，就慢慢拖到现在。

妙手回春进屋打千施礼："给二奶奶请安了。"

"好！我头疼得厉害，你有什么好办法吗？"刘翠霞一边用两只手的拇指在不断地按压自己的太阳穴，一边随意就问了这么一句。

"回二奶奶的话，我从小学了点针灸，听说能治偏头疼，但是，我从来没有实践过。如果二奶奶信得着我。我可以试上一试。"

刘翠霞头疼的脑袋都这么大个了，哪还顾上其他了，双手抱着脑袋说："我这太阳穴都快鼓暴了，我真的受不了了。你治坏了，不愿你；你治好了，我赏赐你。"

"谢谢二奶奶的信任，我这就来！"妙手回春说着，从随身的口袋里拿出一个卷着的小布袋来。他打开这个小布袋，从里面取出五根细细的银针，啪啪啪，妙手回春快似闪电般地就在刘翠霞的风池、百会、率谷、列缺、太冲等五个重要穴位上下了针。而后，妙手回春一发内功，把气运用到手指尖上了，随着他拇指和食指慢慢地搓动，二夫人刘翠霞就感觉一根根银针直往自己身体里面注入凉气，"哎！头怎么不疼了！"

又过了一会儿，刘翠霞感觉自己眼睛也亮了，精神头儿也起来了，头怎么摇晃都没事了，这下可把刘翠霞高兴坏了，"来人呀！"

"二奶奶，奴才在！"狗顺应声从外屋进来了。

"快去到账房给我取二百两银票来，我要赏赐袁师爷。"

"是！"狗顺答应一声，下去了。

妙手回春赶紧站起来了，"二奶奶，绝对使不得。这也是我应该做的"。

"什么应该不应该的。赏你的，你就收下。哎！袁师爷，你说我这病是怎么来的呢？自从上次从瑷珲回来就老犯这毛病？"

"嗯，这个……"妙手回春话到嘴边又咽回去了。

刘翠霞一听不乐意了，故意把脸一摆，说道："袁师爷，你有话就直说，干什么吞吞吐吐的，屋里就咱们俩个人，还有什么不能说的吗？"

妙手回春一合计，师兄依郎阿新交给我的任务有着落了。我何不如此这般、这般如此。对！就这么办。妙手回春主意打定之后，故意仔细端详了二夫人刘翠霞一番，而后，近前小声地问："二奶奶！小人冒昧地问您一句。您近几天是不是经常做噩梦啊？"

第六章 硕鼠归笼

"对啊!"

妙手回春一看有门,就继续问:"二奶奶,你梦里有没有咱瑷珲关府的老宅子?"

"你让我想想?我这两天脑袋迷迷糊糊的,都记不清了。哎!还真有。我好几次梦见又过瑷珲城的府上了。"

"二奶奶,病根找到了。"

"袁师爷!到底怎么回事啊?你快给我说说。"

"二奶奶!我问你一句话,现在咱关府上谁当家啊?"

"当然是我了!"

"那现在瑷珲城关府上,你走之后还你说了算吗?"

"这个?哎!"

妙手回春紧接一句话,一下子点醒了刘翠霞,"二奶奶,我说句不该说的话,这是关府有人偷偷动了你的财神的神位了。"

刘翠霞眼前"欻啦"一亮,噢,马上明白妙手回春什么意思了。

刘翠霞刚开始掌管关府大权之后,怕大夫人的两个儿子跟关震臣争夺家产,所以找理由把关泰和关福都撵出去了。现在关泰和关福在帕尔根的船上做买卖。后来,刘翠霞在海兰泡长期住了下来,瑷珲关府上大大小小的事情,自然由大夫人王氏管理。刘翠霞觉得过去她挺有权的,现在只打理海兰泡隆发祥的生意,虽然挣钱挺多,但总感觉有点失落。特别是上一次刘翠霞回瑷珲关府,因为自己儿子的婚事与关特格列顶撞了几句,关特格列把她赶出来后,心里总感觉不是滋味,"难道瑷珲关府上的事,我不管了吗?"

现在关震臣不想这些事了,他想得非常简单,我自己挣钱,我阿玛的事我不管。但是刘翠霞老替儿子惦记这些事,总想着:老关家这么大家业,不能让王氏大夫人占去。更不能让她那两个儿子占去。

今天,妙手回春一句话真把她点醒了,"袁师爷,你说我是不是应该回瑷珲一趟看看啊？"

"那当然了！自古以来，将在外军令有所不受。你现在既然是一家之主、总管事的人，就应该经常回去看看，查一查账目，清点一下物资，避免人走屋空。据我推算：你应该在瑷珲关府上做一下风水，重新布一个局，这样才能保证你和少东家在关府永掌大权，绝不落于他人之手。只可惜啊……"说到这，妙手回春故意停顿了一下。

刘翠霞急忙问："可惜什么呀？你快说呀。"

"只是可惜，我不能护送二奶奶回瑷珲，这个风水局再过十天半个月不设，只能再停十二年，等到运角转过来，才能等到下一个绝佳的机会啊。"

"你怎么不能护送我回瑷珲了。你现在就可以陪我回瑷珲。"

"二奶奶，我走了不行，我要走了这边少掌柜那怎么办？"

"不要紧，我跟他说，这两天你可以跟我去，你带着我、护着我，要不然我也害怕。那边大夫人心中也有事，我知道她恨我恨透了，不知道什么时候，弄不好也可能掐死我，那都没准。"

"那如果这样的话，我就跟你回一趟瑷珲城。"

就这样，二夫人刘翠霞带着妙手回春就回到了瑷珲城的关府。这次，妙手回春表面上是护卫二夫人刘翠霞回去瑷珲，但是实际上他心里头最清楚：我到底要查一查，你关特格列玛发府上，这方深潭有多少玄机和有多少不可告人的秘密。

§

妙手回春万万没想到，他不查则可，一查却查出了一个惊天硕鼠！

妙手回春的手段相当厉害。他到哪个屯子去，不论多大多深的院子，妙手回春可以说是高来高去、如走平地。你说他哪个屋不能去吧？不管是早上还是晚上，他想什么时候进就能什么时候进，而且进屋之后谁还都找不着他。他藏哪儿了？有时，他到房梁上一待，谁都找不着他。即使妙手回春有这么大能耐，有这么强的侦察能力，他连续三天三夜不停地对关特格列进行秘密侦察，所有能去的地方都去了，能翻的地方都翻了，也没有发现半点蛛丝马迹。

妙手回春这下可犯难了，这可怎么办呢？哎——有了！不入虎穴焉得虎子。我这样像一只无头的苍蝇一样，乱闯乱翻，那怎么能行啊！万一失手怎么办？我何不悄悄地接近到关特格列的身边，不用三天五日，必然会让我发现他的破绽？对！就这么办。

这真是：天无绝人之路啊。妙手回春思路一转变，马上想到了一个人。谁啊？关府的二夫人刘翠霞。这真是想啥来啥。妙手回春刚想到二夫人刘翠霞，狗奴才狗顺急急忙忙从外面就进来了，也忘了敲门了。

妙手回春看到狗顺进屋之后，不由地把两道剑眉往中间收，眼睛一瞪，吓得狗顺就是一哆嗦，这才想起来妙手回春的警告，但是一切都晚了，只好硬着头皮说："袁、袁师爷对不住了，二、二夫人着急请你到大老爷屋里去一趟。"

"什么事啊？"

"奴、奴才，不清楚。"

"好吧！"

§

前三天，刘翠霞回到关府像审判官似的，里里外外、上上下下，光忙着检查清点府里的所有账目和物资了，也没有再找妙手回春。你想想：关府也是瑷珲城的名冑，家大业大。刘翠霞一天到晚忙得焦头烂额，总算把整个府上的基本情况摸清楚了。大夫人王氏，比较本分，府上管理的所有账目都是实报实销。但是，这么大的家业哪能一点纰漏不出呢？特别是关特格恩、关特格林总欺骗大夫人王氏，总是偷着从府上拿东西出去卖。这下好了，总算让二夫人刘翠霞从几本账上发现了几处毛病。她是借题发挥，非得让大夫人王氏说出个子丑寅卯来。大夫人王氏根本就不知道这些事啊，她怎么能说清楚呢。所以，二夫人刘翠霞就在关特格列面前狠狠地奏了大夫人王氏一本，说："老爷！你可要主持公道啊。大姐她肯定趁我不在，偷偷把这些钱财和东西给她两个儿子了。"大夫人王氏也感觉自己挺委屈的，但是她在白纸黑字的账本面前也是有口说不清，只能是暗气暗憋，偷偷地在一旁掉眼泪。

有道是：清官难断家务事。关特格列看了看大夫人王氏，又看了看刘翠霞，又看了看刘翠霞查出的几笔有差错的账目，摆了摆手说："翠霞呀！府上天天来来往往的这么多事，哪能没有点纰漏呢？大夫人在你离开的这段时间里，没有功劳还是有苦劳的，既然账上差出的数额也不多，就这样算了吧。下不为例！大夫人，你先下去吧。"

"哎！"大夫人王氏抹着眼泪施礼，由丫鬟扶着回了自己的屋了。

刘翠霞知道关特格列把大夫人王氏支走，也不会有什么结果了，所以，她也马上态度一变，撒上娇了。"老爷！你、你偏心！有道是国有国法、家有家规，我刘翠霞辛辛苦苦地管理这个家为的是什么？不都是让咱老关家永世富贵吗！老爷！你、你气死我了。要是把我的偏头疼病再气犯了，你、你可要补偿我！"

"好说、好说！等会让奴才们从库里给你调几斤上好的大烟，你抽一下，头就不疼了。"

"哼！我才不抽那玩意呢？我现在治偏头疼，有更好的办法了。"说到这，刘翠霞突然眼珠一转，产生了一个新想法。

"哎！老爷！咱们震臣新雇来的这个袁师爷可有本事了。他不但对咱老关家忠心耿耿，而且还是一位难得的世外高人。你看，我这偏头疼病，就他'啪啪'几针给我治好了，还不用吃药。你说神奇不？"

第六章 硕鼠归笼

"噢？真有此事。"

"那当然了，老爷，我还能骗你吗？"

"噢！"关特格列这只狡猾的老狐狸眼球"嘀里咕噜"转了好几圈，略有顾虑地问道："此人可靠吗？"

"老爷！你看你疑神疑鬼的，人家原本是出家的和尚云游到咱瑷珲城。偶然得知震臣要请一名贴身教头，人家才久仰咱老关家在瑷珲城威望，还曾给大清国做过贡献，这才留下来的。我和震臣也在暗地里观察了，这个人绝对忠诚可靠。"

"哎！这年代什么都不好说呀。有道是：知人知面不知心，画龙画虎难画骨。人心叵测呀！有时有些人还是不得不防啊！"

"哼！就是你疑神疑鬼的，不给你说了。"

"好吧！我就是说说而已。翠霞啊！我最近几天，胃里总感觉满满的，也没有胃口，既然你说他是一位世间难得的高人，不如让他也给我瞧瞧，我也好借此机会替你和震臣把把关。"

"老爷！这不好说嘛？我马上让人把他叫过来。"刘翠霞这才派狗奴才狗顺前去叫妙手回春。

§

工夫不大，狗顺和妙手回春一前一后进屋了。妙手回春近身给关特格列和二夫人刘翠霞打千施礼。

关特格列臭架子又端起来了，他先从自己的兜里拿出一个精致的鼻烟壶来，在自己鼻子上闻了闻，"阿——嚏"，然后才说："起来吧！"

"谢老爷！"妙手回春心说，老不死的东西，你张狂什么呀？看我怎么收拾你。但是现在自己是龙还得盘着，是虎还得卧着。

关特格列用他的小三角眼上上下下仔细打量了妙手回春一番，只见眼前妙手回春，平顶身高七尺开外，身高体瘦，双手垂肩过膝；往脸上看，一张清瘦的瓜子脸，一双立剑眉斜插入鬓，一对丹凤眼皂白分明，鼻如悬胆，口似丹珠，浑身上下穿着一身青缎子长袍，脚上蹬着一双薄底快靴。在你眼前这么一站，是不骄不躁、不柔不媚、不卑不亢，既有书生内在的气质，又有武将外在的威风。关特格列了不由暗暗地点了点头，"听说你对医术还有一些研究，我最近感觉胃口满满的，不知你能不能看啊？"

"回老爷的话，看你脸色发青，手捂胃部，必是胃寒所致。"

"是吗？"关特格列听完不由地就是一愣，心说：这家伙果然厉害，前几天府内的大夫给他调剂了几服胃寒的药，干喝不见好，弄得自己满嘴中药味，难喝死了。他一下就看出来了。

关特格列有意考验妙手回春，就说："府上大夫说我也不是胃寒啊，只是近日劳累过度所致啊，难道我府的大夫骗我不成？"

"回禀老爷！小人绝不敢信口雌黄。如果老爷不信，请您把舌头伸出来，您的舌苔一定薄白，你的脉象必然是沉迟。平时，您的胃是遇冷则凉，遇温则热，时有胀痛。不知小人说得对与不对？"

妙手回春句句点到了关特格列的心窝上，"太对了"。

啪！关特格列一拍桌子站起来了。有道是事不关己，关己则乱。谁身上难受谁知道啊。关特格列也不摆臭架子了，抬手示意妙手回春，"快坐、快坐，上茶！"

妙手回春是不卑不亢地侧坐相陪。

"嗯！刚才我听二夫人说了，你对我们老关府忠心耿耿。小儿子震臣有你在身边护卫，我也就放心了。"

"老爷过奖了，我能为关府效力，也是三生的荣幸。"

"先不说这些了。那不知，我这胃寒之病，如何才能除根呢？现在整天喝那苦药汤子？干喝也不见效果，烦死我了！"

"回老爷的话，区区小病根本无须吃药即可治愈。只不过……"

第六章 硕鼠归笼

"只不过什么?"关特格列看妙手回春面带难色,还以为跟他索要银两呢,脸"吧嗒"撂下来了。关特格列是一个视钱财如命的人,说白了,他是属貔貅的,光吃不拉的主。

妙手回春一看关特格列的表情就知道怎么回事了,急忙说道:"老爷!小人并无他意,只是麻烦老爷脱去衣袍,在我配制的几服中药汤中沐浴一个时辰,我再推拿针灸即可治愈。"

"嗨!我还以为什么呢?这还不简单吗?马上就办。"

妙手回春要来纸笔,"唰唰点点"把药方开完了。什么艾叶、六桂、泡姜、大回香、草果等等,开了不少,让下人按照方上的剂量拿药准备去了。关府本身就有自己的药房和浴房,工夫不大一切就准备好了。

妙手回春起身,扶着关特格列就进了浴房。妙手回春真不愧是一位能屈能伸的大丈夫。他亲自用手试好水温,木制浴盆的中药水是不烫不热、温中带热。它既能发挥其多种中药的药效,又能让人的身体通体舒畅,"好了!老爷,这水温正好,我服侍你沐浴。"

"行啊!难得你对我的一片孝心啊!"

关特格列躺到木盆里后,别提多舒服了。妙手回春始终不停地给他搓背、按摩,对着他的中脘穴、足三里穴等七经八脉、十二经络发气功进行治疗。关特格列年轻时也是练武之人,虽然与妙手回春武功差得不是一点半点,但是他也懂得许多内家功的要义。妙手回春肯发内家功给他治病,得消耗多大的功力啊!关特格列就感觉自己的七经八脉、十二经络像开了闸门的洪水一样,搅动着胃里的寒气直往上返,"唔——哇——"关特格列一张口,胃里的东西随着一股寒气,全喷射出来了。瞬间,关特格列额头上就渗出一头热汗,浑身上下那舒服劲儿就甭提了,比抽完大烟还过瘾,这真是飘飘然宠辱皆忘。

妙手回春马上拿来一块长毛巾给关特格列把头包上,"老爷!你再泡一袋烟的工夫,胃寒就可以痊愈了。但是,你以前伤神劳力过度,还需每天

333

熄灯前，我再给针灸推拿一个疗程，保证你百病全除。"

"好、好、好！一切全听你的。"这时候妙手回春说什么关特格列都信了。

为什么呀？妙手回春又给他搓背，又给他推拿，累得满头大汗也不抱怨。关特格列能不看在眼里吗？他感动够呛，从心往外接受了妙手回春这个人了。

人生在世，谁都怕死。特别是像关特格列这样为富不仁的官宦之人。到了第二天天刚擦黑，关特格列就派人把妙手回春找来了。妙手回春来到关特格列的卧室之后，边给他慢慢地针灸推拿，边仔细地观察卧室内的每一个细节。关特格列住的这个卧室并不大，有二十多平方米，整个屋装饰得富丽堂皇，满屋的珠光宝气。摆设的各种家具都是花梨紫檀，瓷器都是景德镇皇家官窑的，可以说是奢侈糜烂。唯独让妙手回春感到奇怪的是，在靠炕头的墙上，挖了一个一尺见方的坑，也就我们常说的暗格。暗格里有一个蜡台，蜡台上有一个非常精致的油灯。油灯点着，说亮不亮，说不亮还发出一束微弱的亮光。嗯？它到底是干什么用的呢？满屋里灯火通明，它显得格外不协调。这里面肯定有说道。我要多加注意。

妙手回春故意地推迟针灸的时间，不知不觉熬到了深夜才走。关特格列也特别享受妙手回春精湛的医术，每天都让奴才早早地把妙手回春找来给他针灸推拿按摩，天很晚才让他走。一连几天，妙手回春终于发现墙上这个方坑的门道了。

"这里面肯定有问题。"

因为妙手回春发现这个油灯无论是睡觉之前，还是睡觉后，都是关特格列他自己点着、自己熄灭。奴才们给他送水、倒水、倒尿、喝茶都行，唯独他睡觉这屋旁边墙头上的这个方坑里的灯不许碰。奴才们别的灯可以点，别的屋的灯笼都可以点，就是它不行。

第六章　硕鼠归笼

§

话说间，五天的时间过去了，关特格列对妙手回春早已没有任何怀疑了。这一天，妙手回春非常巧妙地利用关特格列不注意的时候，他就偷着来到了卧室，他发现这个油灯的蜡台底下是一个小挡板，外人不仔细看根本发现不了。他把油灯、蜡台轻轻地拿下来，用手指轻轻地敲了两下，"噔噔"是空的。他把挡板一拿下来，发现里头是一个长条匣子。匣子里头有东西，他把东西掏出来一看，不由得怒从心头起、恶向胆边生，睁开眉下眼，咬碎口中牙，心说：关特格列，你这个民族败类，我看你还往哪里跑，你的死期到了！

妙手回春看到了什么啊？他看到一份委任书、一份合约、一张地图和一个厚厚的账本。委任书是俄国沙皇陛下尼古拉二世亲自给关特格列签批的，大体内容是：特命关特格列允许加入俄国国籍，而且将来还要封他为伯爵位。

合约是关特格列和东西伯利亚伯爵总督穆拉维约夫两人秘密签订的。这合约的内容，只让关特格列做一件事，就是在俄国与大清国1860年签订的《中俄北京条约》生效以后，所有的俄国人到黑龙江包括乌苏里江居住以后，他们所有的生活需用，全由关特格列想办法从大清国筹集来解决，所需钱财全部由俄国提供。在黑龙江流域的地图上，关特格列还标示着许多密密麻麻的交易地点。厚厚的账本里也详细记录着每一次交易的时间、地点、数量等等。

妙手回春充分发挥了自己一目十行、过目不忘的超强记忆能力，"唰——"快速地把这些原话原数地刻进脑子里后，他按照原样又小心翼翼地放回原处。然后，挡板盖上，蜡台、油灯也放回原处。他仔细又查检了一遍后，自己没有发现任何纰漏，这才悄悄地离开，来找依郎阿。

妙手回春详细地给依郎阿一一做了汇报。依郎阿听完后，是又生气又高兴。气的是，你关特格列世袭享受着皇家俸禄，千不该万不该，干出这种卖国求荣的勾当。高兴的是：师弟妙手回春终于把隐藏在我大清国背后的一只硕鼠给挖出来，"师弟啊！此事万分紧急，你我兄弟二人一起向特普钦将军汇报吧。"

"我听师兄的。"

二人趁着夜色，转眼间就到了特普钦将军居住的民宅。

§

依郎阿开门见山地说："将军大人！我师弟妙手回春终于把盗取我大清国粮食的这只硕鼠找到了！"然后一一道来。

黑龙江将军特普钦大人，边听着依郎阿的讲述和妙手回春的补充，他的脸一会儿是一阵红，一会儿一阵白，一会儿又是一阵绿。那位说了，特普钦将军的脸怎么赶上变色龙了？他怎么了？

能怎么呀？这不是让关特格列的所作所为给活活气的嘛！

最后，特普钦就感觉自己心口血往上涌，嗓子眼处感觉发咸，浑身"突突突"直抖。特普钦将军这是要吐血啊，他忍了三忍、压了三压，终于把涌到嗓子眼处的这口血给硬咽下去了。然后，稍微平静了一下气息，"嗯——气死我也！哇哇哇——！妙手回春，你能不能原原本本地把你所看到的再给我背述一下。"

"回大人的话！没问题！"

"那好！依郎阿，你来记录。然后，我亲自给皇上起草奏折，派八百里快马呈报给京师。"

就这样，妙手回春就把他看到的俄国沙皇陛下尼古拉二世亲自给关特格列签批的委任书和东西伯利亚伯爵总督穆拉维约夫给关特格列两人秘密

第六章　硕鼠归笼

签订的合约,以及粮食秘密交易地点图、账目都原字原句原数地背述了一遍。

依郎阿把整个情况的详细内容都记录下来之后,特普钦将军也把奏折写完了。特普钦将军在奏折中写道:像关特格列这样的叛国的民族败类,必须要受到大清国律法的严厉制裁。我们的意思是,关特格列应该降为庶人,这是黑龙江大清国两千七百口人的共同心愿。请皇上啊,下特旨免去关特格氏世袭罔替,降为庶人。另外,我黑龙江将军衙门将以他盗卖粮食贩给俄国,重重处罚他,家产全部充公,关特格氏家族全部净身出户,等等。

当晚,特普钦将军就把这份奏折和详细补充材料,派八百里快马日夜兼程呈报给京师,先送给大学士倭仁。倭仁倭中堂,他是同治皇上的老师啊,他能直接在第一时间递到同治皇上的手里。

特普钦将军在静等皇上圣旨的同时,马上命令依郎阿秘密把关府监视起来,不能让任何一个人跑了。特普钦将军也下了狠茬子,在没有抓关特格列之前,就上奏皇上把他降为庶人了。

§

俗话说:善有善报,恶有恶报,不是不报,时候未到,时候一到,必然就报。

自古以来,任何一个叛国者,都没有一个能够有好下场的。没过几日,特普钦将军正焦急地等待呢,奉旨钦差驾到,"特普钦,接——旨!"

特普钦赶紧撩衣襟,跪倒在地,"微臣在!"

"奉天承运,皇帝诏曰:关特格列盗取国粮,私通卖国,犯下滔天大罪,本应处死,但念其先祖关特格氏曾为朝廷立下赫赫战功,特旨免去关特格氏世袭罔替,降为庶人,永世不得重用。钦此!"

"谢主隆恩！"特普钦将军磕了三响头之后，接过圣旨，就开始派兵布阵，朝廷抓捕关特格列、关特格恩、关特格林、关震臣等关府重要成员。

"依郎阿！"

"在！"

"我命你带领三十名骑兵，马上奔赴海兰泡，抓捕关震臣，查封隆发祥，并将他押回瑷珲交于户刑司处理。是否明白？"

"明白！"

"常喜！"

"在！"

"本将军与你共同率领三百八旗兵，火速赶赴关府，传圣旨，抓差办案。"

"是！"

依郎阿和常喜马上集合队伍，"立正！向右转！跑步——走！哼哼哼！"常喜带着二三百八旗精兵，直奔关特格列的老巢。

依郎阿亲点了三十名精干的小伙子，都换上了便装，飞身上马，打马扬鞭直奔海兰泡的"隆发祥"。依郎阿他们为什么换便装呢？因为海兰泡自《北京条约》之后，已经属于俄国管辖。他们只能秘密前去抓捕关震臣。

§

单说关特格列做梦也没想到，他费尽心机隐藏如此之深的俄国沙皇尼古拉二世的委任书、自己和东西伯利亚伯爵总督穆拉维约夫签订的合约和秘密交易的账本会被发现。此时，他正与二夫人刘翠霞在屋里享受鱼水之欢呢。

"翠霞呀！小儿震臣这次请的这个贴身教头，请对了！我看他，不但对咱老关家忠心耿耿，而且还医道高明。我最近感觉，自己每个关节都非常

第六章　硕鼠归笼

有劲，也特别想你。美人！再让我亲一次吧！"

"老爷、老爷！你悠着点，别累坏了身体。"

关特格列本来就是一个贪财贪色的老色鬼。妙手回春给他调治好身体之后，他第一件事就想它来了。正当关特格列和二夫人刘翠霞兴致正高的时候，突然听着房门外急促的脚步声"噔噔噔"，紧接着"咣当"一声，房门就被人给撞开了，奴才狗顺上气不接下气禀报："老爷！二奶奶，大、大事不好了！"

刘翠霞羞臊的"妈呀"一声，赶紧用被子挡住了身体。

关特格列那个气更不用提了，也顾不上自己穿衣服了，下地后也不问青红皂白，把巴掌抡圆了"啪啪啪"就给狗顺几个大嘴巴子，"浑蛋！你乱什么呀？你死爹还是死娘了！"

"哎哟！哎哟！老爷、老爷！你别打奴才了。咱们被官府给查封了。"

"什么？翻天了！还有没有大清王法！给我拦住！"

"老爷，拦不住了。门口阻拦的都死一个人了。"

"谁敢在我贝勒府杀人，我看看谁有这么大的胆子。给我头前带路。"

关特格列到这个时候，还摆他那臭架子呢。

瑷珲副都统衙门参领常喜带领一百多号八旗兵把关府包围后，是破门而入。可是关府把门的一个家奴极力阻拦，嘴里还嘴不狼藉的，说："你、你们这些臭当兵的想干什么？都给我滚出去。没有多罗贝勒的命令，谁都不能进。这可是皇亲关府，都给我滚出去，滚。"

常喜一看这个家奴如此狗仗人事，比秃尾巴狗还横，也不跟他废话，一抬腿照着这位狗奴才的肚子，"当"就是一脚，嘴里说了一声："去你姥姥的吧！什么皇亲关府，从现在起就不是了。"

常喜本身就是练家子出身，再加他也在气头上，也不知道自己用了多大的腿劲，只见这位狗奴才噔噔噔……咣当，头正好撞到门头的一块大青石，当场是气绝身亡。

关特格列衣裳刚穿好,常喜手提腰刀带领着八旗官兵就闯进屋来了:"都不许动!官府缉拿朝廷要犯!如有抗命者,格杀勿论,就地正法!"

关特格列吓得手直哆嗦,说话也走了音了,说:"常、常喜,你、你胆大包天,光天化日之下竟敢私闯我贝勒府,你可知罪。我、我要到特普钦那告你去。我要让你丢官革职,我要让你死无葬身之地。"

"不用找我了。我是不请自来。"话到人到,黑龙江将军特普钦身穿官服,阔步来到屋内中厅,高声喊道:"圣旨到!关特格列接旨!"

关特格列一听圣旨到了,急忙"扑通"一声,跪倒在地,嘴里说道:"老臣关特格列,接旨!"

特普钦高声宣读圣谕曰:"奉天承运,皇帝诏曰,察尔罪臣关特格列,不思皇恩,有辱列祖宗功,卖国求荣,贻害北疆,特钦赐世袭罔替圣诰,由关氏后裔关福承袭,世代供祀,废关特格列为庶人,钦此,谢恩。"

关特格列还没听完,早已瘫在地上,哭嚎刺耳,"老臣谢恩。特普钦大人,老臣冤枉啊!冤枉!特普钦大人,你知道我关特格列始终是效忠朝廷的,绝无二心。我、我可以对天发誓啊。"

特普钦看着关特格列还在演戏呢?他内心的火"腾"一下就上来了,是火撞顶梁门,高声呵斥:"关特格列,你还是人吗?你老关家世袭罔替享受朝廷俸禄,你不但不感谢皇恩浩荡,却私通俄国盗取我大清国粮食,干着吃里爬外、卖国求荣的勾当。要不是念在你先祖昔日为保大清朝江山社稷立下汗马功劳份上,皇上免你不死,我、我今天非杀了你不可!"

关特格列一听特普钦这么说,知道自己翻盘已经不可能了,"腾"一下从地上蹦了起来,抬手指着特普钦的鼻子质问到:"栽赃陷害!纯粹是栽赃陷害。今天你特普钦要是拿不出证据来,我就是拼上老命,也要到京城告你。我非要让皇上诛杀你九族不可!"

"好好好!关特格列,你给我听着,我看你是不见棺材不落泪,不撞南墙不回头啊!今天,我一定会让你来个心服口服。你等着!"

第六章　硕鼠归笼

特普钦将军真气坏了。他一摆手把常喜叫到身边，强压怒火，低声而语，"你到这老东西的卧室，把靠炕头的煤油灯底下的木匣给我拿出来。"

"是！"常喜带领着三四个八旗兵下去了。

关特格列打死也不会相信：他私下一个人隐藏的俄国沙皇二世的委任书等等，会被别人发现。因为他把这事做得太绝了。整个关府上上下下，包括大夫人王氏、二夫人刘翠霞、四夫人妮娜，也包括两个亲生兄弟和小儿子关震臣等等，他从来都没有透露过半句话，谁都不知道这事。他还想倚老卖老呢。

工夫不大，常喜双手拿着一块黄绸子包着的小包裹回来了，递给了特普钦将军。关特格列一看这个黄绸子包裹，脸"唰"一下就绿了，什么都明白了。

特普钦将军"啪啪啪"三下五除二把包裹打开，把俄国沙皇尼古拉二世亲自给关特格列签写的委任书和东西伯利亚伯爵总督穆拉维约夫与关特格列签订的双方合约，以及双方交易的账本，都一一摆在了关特格列的面前，怒斥到："关特格列，这是什么？你还有什么话说？"

"这、这、这个？"关特格列光嘎达嘴说不出话来了。他能说什么？证据确凿！关特格列知道，就凭这几样东西，杀他一百个来回都够了，甚至株连他九族都不为过。

不过，关特格列还要再做垂死的狡辩，说："这是他们主动给我的，我一时糊涂就收下了。"

"这手印，是你按的吧？"

"是我按的，但是他们逼我的。当时我什么都没做。"

"那这账本又是怎么回事？"

"这是他们让人计划写的，我什么都没做。"

"来人啊！"

"在！"

"把二牛找来。"

二牛就是帕尔根商船的船工,后来被关震臣高薪挖墙脚挖过来的那个人。后来,二牛听从了依郎阿安排,偷偷潜入到了关震臣收粮队伍中秘密做卧底。今天是该亮底牌的时候了,依郎阿临走前,特意把二牛叫到特普钦将军身边,前来做证。

二牛上前,把自己参与收粮以及和俄国秘密交易的情况当着关特格列面一说,我哪年哪月哪天哪个时辰,在什么地点,参与了哪次交易的,同行的还有谁?等等。

关特格列一听,是彻底傻眼了,无言以对,高喊一声:"天不助我啊!嗯——!"关特格列背过气去了。大夫人王氏突然从外面跑了过来,给关特格列掐人中、捶后背,忙活半天,关特格列才算缓过气来。

特普钦命令常喜:"关家所有的人净身出户,半炷香时间内必须离开所有的宅院和商铺,如有违令者,就地正法!"

"是!"

特普钦自上任黑龙江将军以来,这是他下达的最严厉的一道死命令。

§

有道是:树倒猢狲散。许多下人看老关家大势已去,"哗"一下全散了,各奔东西了。刘翠霞连羞臊带窝火穿好衣服后也不知道跑到哪里去了。后来,听说她又跑回了海兰泡,看到隆发祥商铺也被官府查封,最后走投无路沦落到一个妓院做了妓女。

关特格列是落魄的凤凰不如鸡。他离开昔日的关府之后,四处游荡,最后落脚在大夫人王氏娘家在江边的一处废弃的破房子里,过上了庶民的艰苦日子。

四夫人妮娜因为是双重国籍,而且她又暗地里向着大清国,所以,特

第六章 硕鼠归笼

普钦在处理妮娜的问题上就放宽了一步。特普钦在妮娜从海兰泡回瑷珲之前,就把关府一处独立的四合小院留给了妮娜。

因为关震臣没有爵位,所以黑龙江将军衙门就可以处理了。但是,当依郎阿带人赶到海兰泡时,关震臣早已得到俄国人的情报,他带着自己的俄国媳妇狄安娜仓皇地逃到了圣彼得堡。

关特格列大夫人王氏的两个儿子关泰、关福,因被二夫人刘翠霞提前逐出家门,一直在帕尔根商船上工作,没有参与家里任何的事情,就没有受到任何的牵连,还是继续帮着帕尔根和瑷珲副都统积极做事。

咱们多次说了:大夫人王氏是一个非常善良、本分的人。她看到关特格列落难后许多人离他而去,开始还有点同情关特格列,甘愿陪着他住在自己娘家的破房子里。可是,有一天,当大夫人王氏从外面捡柴火回来,还没进屋呢,就听到关特格列和他两个弟弟关特格恩、关特格林在屋里大骂特普钦不讲仁义,大骂当今皇上不讲旧恩,她停下脚步,想听个明白。

关特格恩说:"大哥!你就这么老实啊?你就眼睁睁地看着特普钦和瑷珲衙门里的人骑在咱们脖子上拉屎?"

三弟关特格林看关特格列还不吱声,就急了,说:"大哥!你怕什么呀?咱儿子不是在那边(俄国)吗?咱得想办法,出这口恶气。要不然,咱老关家将在瑷珲城永世都翻不过身来!"

关特格列这只老狐狸眯着眼斜靠在椅子上,想了半天,而后点了点,说道:"你们急什么呀?咱们吃了这么大一个亏,难道还不长记性吗?哥哥我自有安排。他特普钦、关保想跟我斗,哼!也不撒泡尿照照自己,我当朝为官的时候,他们算个几儿啊!一旦时机成熟,我儿震臣和俄国定会帮咱们的。我们应该如此这般这般如此,你们明白了吗?"

"明白。"

"到那时,我一定会让特普钦、关保这帮人死无葬身之地。到那个时候,皇上不请出山都不行!"

"大哥，高！实在高！哥！上次奕山签订《瑷珲条约》的时候，皇上就对大哥您处理得不公。我们哥俩都替你感到委屈。当时，有人就说你叛国。"

关特格恩一句话直接就捅关特格列肺管子上了。关特格列最敏感的就是别人说起中俄签订的《瑷珲条约》的事，特别是提到他叛国的事。

关特格列的火"腾"一下就上来了，声音也提高了八度："都是这帮蠢人闹的。他们都不为整个大清国着想。当时都什么情况了？大炮都逼到城门口了，能不签字吗？哼！你、你不能怨奕山啊！如果战败了，大清国要赔多少钱啊？谁替皇上想想啊。出了事，所有人不能把责任全推到奕山一个身上啊！再说：我给奕山大人做参谋、帮着做点事，也是为了整个大清国好啊。为什么我就叛国了呢了！天理难容！这件事，那年革职奕山就有毛病。对于我卖粮这事，我是有不对的地方。但是我挣的钱，还是大清国的钱嘛！我也是为了咱大清国挣钱，即使有点私心，你皇上也不至于都把我赶出关府，变成庶人吧。天理何在？我不服！我这就给震臣捎信。我们老关家彻底不给大清国干了，我们彻底造反了。"

关特格列从内心是盼着关震臣闹起来的。另外他的两个弟弟关特格恩和关特格林也不是省油的灯。他们俩也都是从个人利益出发的。他哥哥关特格列要太穷了，他们也跟着一块穷。他们不就更没有吃的、喝的了吗？他们俩是属于寄生虫的，还得靠着大哥关特格列和关震臣东山再起。

大夫人王氏在外屋实在听不下去了，心想：自己怎么嫁给了这么一个卖国求荣的败类啊！我原本想和他再过几年消停日子，虽然苦点累点，我也认了。但是，我万万没想到他和他的两个兄弟又在私下计划干缺德事，我、我不活了！

大夫人王氏把柴火放在外屋，跑到院外一棵歪脖树上上吊死了。

等到关特格列兄弟仨人发现王氏的时候，一切都晚了。关特格列还假惺惺地哭了几声，就和兄弟二人随便找个地方把王氏的尸体给埋了。

第六章　硕鼠归笼

这边刚消停下来，瑷珲副都统衙门里又出事了。

§

当依郎阿带人从海兰泡回来之后，他风尘仆仆来到瑷珲副都统衙门特普钦将军所在的住处。依郎阿一看特普钦将军几日不见，竟然是脸色发黑，嘴唇发青，手脚在不停地颤抖。依郎阿就问特普钦将军："大人！你这是怎么了？"

"嗨！作孽啊作孽！我大清朝怎么出了这么一个败类。我、我失职啊！我对不起皇上啊！"

"大人！到底怎么了？"

"你看看这个吧！"说着特普钦把户刑司搜查关特格列家的账目清单递给依郎阿了。

依郎阿不看则可，一看也是大吃一惊。搜查关特格列府上的账目清单上，最后的银两数目竟然达到了几千万银。这可是一个天大的数字。特普钦作为黑龙江将军，在自己眼皮底下发生了这么大一件事情，他竟然不知道，他能不自责吗？

"大人，此事我依郎阿也有责任。这次前往海兰泡虽然把隆发祥商铺货物全部查封，但还是有人提前走漏了风声，让关震臣给跑了。"

"又是有人走漏了风声？怎么我大清国处处都有叛徒呢？我恨不得抓住这帮人，扒了他们的皮，吃了他们的肉，喝了他们的血，也不解我心头之恨。我、我、我，唔——哇！"特普钦说着说着，一张口"哇"，喷出了一条血柱，整个人昏迷不醒，嘴里还不住地往外冒血。

依郎阿一看情况不妙，一个箭步"噌"地就跃到特普钦将军身边，啪啪啪，把特普钦将军身上几个重要的穴位都给封上了。要不然，特普钦将军再往外吐血，今天非气绝身亡不可。

依郎阿马上叫人把帕尔根找来了。帕尔根一边流着眼泪，一边给特普钦将军把脉救治。经过连续两个昼夜的救治，帕尔根终于从死亡线上把特普钦将军给救回来了，但他的身子根本动不了。

依郎阿悄悄地把帕尔根叫到一边问他："将军的病什么时候才能好起来啊？"

"依大人，俗话说：病来如山倒，病去如抽丝。将军这病没有一年半载的是完全康复不了的。"

"我知道了。帕尔根！你要想尽一切办法把将军大人身体给治愈，花多少银两，都来找我要。"

"依大人，你放心！将军大人对我帕尔根恩重如山，我一定会尽全力医治的。"

有道是：福不双至，祸不单行。经过帕尔根一个多月的精心调治，特普钦将军能从床上坐起来了，有人扶着他，还可以下地走两步了。依郎阿和关保等人都非常高兴。大家都以为有盼头了。特普钦将军本人也是非常高兴，身体稍微好一点，他就想着处理公务了。这下坏了！特普钦因为长时间坐着批阅公文，又中风了，晚上躺在炕上就不能动了，彻底瘫痪在炕上了。这下，特普钦将军全仗依郎阿、常喜儿他们这些人，还有包括关保他们这些人护着，在瑷珲给他治病。别人都不行。

患难见真情。特普钦将军光明磊落、爱憎分明、行侠仗义的品德，真交下依郎阿、常喜儿和帕尔根这几个好兄弟。看病全仗帕尔根了。他又是开药房。另外，帕尔根的俄国夫人柳莎更了不起。她是夫唱妇随，还主动帮着伺候特普钦将军。他们为了照顾特普钦将军方便，后来干脆把特普钦将军搬到他们家里住去了。这样的话，帕尔根靠他的中药和他的针灸给特普钦天天地治疗。特普钦没有变成死人，还是活下来了，但生活已经完全不能自理了。

特普钦知道自己不能再胜任黑龙江将军了，就主动口述，由依郎阿执

第六章 硕鼠归笼

笔，向朝廷上奏了一道请辞的奏折。朝廷知道以后，马上又派了一个黑龙江将军，他就是吉林的将军德英。

同治六年（1867）十月，德英将军正式调任到黑龙江衙门署理黑龙江将军。

§

特普钦心愿了结之后，就开始休养了。他在瑷珲住了三个多月，后来由依郎阿、常喜儿和帕尔根夫妇两个人护送他回到了齐齐哈尔家中。在齐齐哈尔住了一段时间之后，特普钦将军在帕尔根的长期调养下，已经完全可以自理生活了。中国人都讲究落叶归根，岁数越来越大，特普钦也思乡心切，后来自己就带着夫人回到了沈阳老家颐养天年了。同治十年（1887），特普钦因病在沈阳去世。

特普钦将军是完全累病的。自他当黑龙江将军以后，他在齐齐哈尔将军衙门就没住过几天，而是天天就混在瑷珲，整个脑袋想的全交给瑷珲，而且在他治理黑龙江期间，侦破了保稻草大案、盗取粮食大案以及中俄商贸战等等，这些都是他亲自指挥的，没有让俄国实现预期的目标。特别是在关特格列私通俄国盗取粮食的大案中，他把多数粮食都保留下来了，俄国只得了一小部分，而且把盗粮食的狡猾的大硕鼠关特格列给抓住了。因此，特普钦在黑龙江历史上占很高的位置。他在清一代七十余任黑龙江将军中，是影响比较重大、贡献比较突出的一位。他虽然是在外侮严重、局势垂危下临危受命的，但是他对外持严正立场，力挽主权，对内不避劳怨，招垦实边，是一位御侮图存、锐意改革的爱国将军。

三足乌文库
富育光口述满族说部"乌勒本"系列

阿布卡赫赫赐给我金子一样的嘴，
我心里装着的是世界上所有的男人女人，
他们的忧伤、他们的喜怒、他们的情爱、他们的挣扎……
悉数都在我朱伯西的心上。

要宽恕我只有一张嘴，
把千头万绪的生活乱麻，一丝丝、一宗宗捋清楚，
还要靠我巧妙的口舌，一件件讲给您听。

乌勒本：满族民间口述史
朱伯西：满语讲述者

三足乌文库
富育光口述满族说部
"乌勒本"系列

群芳谱
（下）

富育光 口述 绘画
安紫波 记录 整理

学苑出版社

目录

（上）

重要人物表
部分满语注解

1	雅鲁逊（引子）
11	第一章　父子荣归
77	第二章　洛古河巡狩
131	第三章　智夺铁甲船
185	第四章　迷离谍争
231	第五章　"万谷仓"
287	第六章　硕鼠归笼

（下）

349	第七章　大丘坟
403	第八章　瑷珲三拳

451	第九章　吉尔洪额续任
485	第十章　　老将军离世
511	第十一章　迎迓贵客
559	第十二章　秋亭遗恨

601	后记
604	富育光小传
606	安紫波自述小传

第七章 大 丘 坟

尊敬的奶奶、爷爷、师傅、兄弟、朋友，各位好！
我有金子一样的嘴，我有龙马精神，
我有海一样的胸怀，
我把遥远祖先的英雄名字、勋业永远记住。
前事不忘，后事之师。
我现在以虔诚之心，
把感人的富察氏家族的说部，给您讲述出来。
我恭恭敬敬地讲啊，您耐心地听吧。
小学生我有礼了，
各位大喜，吉祥，万福金安！

第七章　大丘坟

过去有一句话叫"铁打的衙门流水的官"。黑龙江将军特普钦这一病,朝廷特别担心。黑龙江以及下辖瑷珲这个地方非常重要,不能一日无主啊!同治皇上和众大学士对特普钦得病感到遗憾的同时,都在脑海中反复地思考派谁来接替特普钦。后来,这些大学士们想来想去,大家一致推荐德高望重的吉林将军德英。德英最合适出任黑龙江将军了。

德英,字润堂,姓何图里氏,隶属鄂伦春和鄂温克正蓝旗,世居吉林城北沙河。同治四年任吉林将军,六年调黑龙江将军,十三年春卒,谥"庄毅"。德英将军无论是署吉林将军期间,还是署黑龙江将军期间,都深得民心,吉林民间有"德青天断案"的传说,到了黑龙江也是不改他亲民的政举,因此,黑吉两地的老百姓都称德英将军为"德青天"。这在清史上都有记载。

德英

德英将军出身微贱,是一位了不起的实干家。他汉语说得特别好,非常认真能干、实事求是,而且跟群众关系搞得好,总是想着群众,同时,还能得到朝廷赏识,皇上身边众大学士包括倭仁都对他非常满意。

德英作为特普钦继任者,与特普钦的不同点是:德英没有特普钦身上那种厚重的文才,但德英身上那股认真劲,特别是联系群众的那股朴实劲要超过特普钦。他俩各有各的性格、各有各的长处。最主要的,还有一个大的历史背景,就是沙皇俄国东西伯利亚总督穆拉维约夫和时任黑龙江将军奕山签订的不平等《瑷珲条约》已经整整过去十年了。要不说,奕山这个卖国贼,我们万代中国人都应该唾弃他。正是他签订的这个《瑷珲条约》让中国失去了黑龙江以北、外兴安岭以南约六十万平方千米的领土。把乌苏里江以东的中国领土划为中俄共管……即使清政府对沙皇俄国做出这么大的一个退让,也没有满足当时沙皇俄国执掌者的贪婪欲望。他们仍然怀着狼子野心,继续窥伺着共管的领土。

中国老百姓说得好啊,"不怕贼偷,就怕贼惦记"。正因为北方罗刹的虎视眈眈和蠢蠢欲动,所以整个黑龙江是危机四伏。再加上,清政府对黑龙江将军衙门又缺乏粮饷的补充,能不给就不给,能克扣就克扣,致使北方边疆防务极其削弱。正在这个历史的交接点上,前任黑龙江将军特普钦临危受命,于咸丰九年八月署理黑龙江将军(同治元年实授黑龙江将军)。如今,经过他七八年的治理,中俄两国在边境战场上的厮杀对峙,已经悄悄地转入地下夺取民心的暗战。这个历史阶段,中俄两国边民的人心稳定已成为最主要的任务。

现在选用德英出任黑龙江将军,那是再合适不过了。实干,总跑第一线的还得是德英。你别看德英岁数比特普钦大,他已经奔七十的人了,但精神头还非常足。

§

德英是一个特别孝顺的人,对母亲非常好。在顺治九年的时候,为了

第七章　大丘坟

疗理母亲的瘫痪病,他自己拿钱为母亲雇用了两个女奴伺候,这些钱都是从自己的俸禄中拿出来的,从来不用国家一点钱。后来,德英实在是信不着两个女奴的伺候了,感觉自己当儿子的不能床前尽孝愧对于先祖,更愧对于母亲,所以他就跟朝廷请了假,休制在家照顾自己的亲生母亲。

清朝官制上还有一项比较有人情味的制度,就是休制。休制指的是什么呢?比如:我请假办理一下家里内务(像家人生老病死等大事),必须得皇上恩准才能去,不恩准不能去。因为德英的母亲长年瘫痪在床,所以德英得到皇上恩准,回家照顾母亲去了。在德英精心的照料下,濒临病危的老母亲又安详地度过了一段时间,后来还是去世了。等到德英披麻戴孝把老母亲厚葬之后,他跪在老母亲坟前辞行,"额吉在上!"额吉,蒙语里是母亲的意思。

"额吉在上!儿润堂不孝,只因儿手拿着朝廷俸禄,而又身居关外要职,不能在您老坟前守孝三年了,还望额吉恕罪!儿润堂磕头赔罪了!"

说完,"哴哴哴"以头磕地,行了三拜九叩大礼之后,又回吉林将军衙门复任了。接下来,就是他又到黑龙江接任特普钦,担任署理黑龙江将军。

本部《群芳谱》,为什么它这么有价值呢?是因为国家看重它、承认它,把它列为国家非遗名著。它不是随便乱讲的,是非常遵循历史的。它是民间民众的记忆,经历者的记忆,所以它有珍贵的史料价值。

下面,咱们讲的这段书叫"大丘坟"。它是发生在同治六年九月,德英将军上任署理黑龙江将军以后所发生的事情。

§

自从硕鼠归笼之后,关特格列被降为了庶人,特普钦将军也因此事气得吐血病倒,一直到德英接任这段时间里。瑷珲副都统衙门表面上看,虽然由关保大人负责的，但是关保可不像特普钦将军那样干什么都快，雷厉风行，想到哪马上就干。他做事慢、迟钝，想问题反应也慢，而且他还时常有病。后来德英上任后，对瑷珲的情况心中也都非常有数。所以，德英和特普钦一样，也把瑷珲的担子都放在了依郎阿的身上。他们都觉得瑷珲副都统衙门未来真正的掌权人应该是依郎阿。

委哨官依郎阿比参领常喜官高，相当于驻军的副手。将军是一把手，他是常务，还不是将军。关保是当地的一把手。依郎阿是当地的二把手，主要是做情报工作，有军权，八旗哨官衙门和侦查团里面他说了算。特别是特普钦有病到德英就任这段时间，瑷珲副都统衙门所有的事，都由依郎阿来主持。这些在历史上都有明确的记载。

德英一到任，马上就把关保、依郎阿、常喜等人召集在一起，听取了他们各自的汇报。德英将军一边听一边拿出本来记。德英将军对他们善尽职守的情况给予了高度的评价，并说："润堂不才，有幸与各位大人同朝为官，为黑龙江、为瑷珲做事，感到万分的荣幸，以后还望各位大人与润堂一起同担重担，不负皇恩浩荡。大家如无他事，就请回吧！"

依郎阿欲言又止，就随手拽了一下关保的衣襟。关保马上意识到什么事了，急忙说："将军大人，儒斋还有一件事回报。现在也不知道是怎么了，对岸俄国哨卡天天在挂旗子，肯定有事。我们不愿意理他们，就吵架。"

儒斋，是关保的字号。

§

俄国哨卡挂旗子是怎么一回事呢？自1860年俄国进来以后，黑龙江对岸大部分就变为俄国地盘了。在穆拉维约夫当东西伯利亚总督的时候，他递过来一条儿，说：当时国家与国家离得比较远，现在我住到你们家门口了，国家与国家之间有军事联系，互相约定，在两岸各立一个旗杆，哪边有事哪边挂旗子。

当时，黑龙江将军特普钦感觉也比较合理就答应了。从此之后，大清国挂的是黄龙旗，俄国挂的是大蓝旗，哪边挂旗证明哪边有事。大清国与俄国对应的哨卡是黑河哨卡。瑷珲副都统住在黑河卡，有自己的驻扎官。

德英将军比较务实，就问："儒斋啊，他们挂旗，你可知道他们能有什么事？"

"回大人的话。他们无非就是说我们占了他们的地方，现在北边的地方都是他们的，没有别的意思。说白了，就是我们占了他们的地，现在地归我们了。《条约》虽然签订了北边是他们的了，但是江东那地方，咱们祖先和子弟很多人都在江东住着呢。你不能让祖先都搬走啊，而且坟圈子都在那边，搬家也没那么容易，拉家带口的，咱副都统衙门也没有这笔额外的支出，容易造成民众不安。所以，这事就一直拖着，有些地方咱们必须得占着。"

"将军大人，这个事不能让他，寸土不让。咱坚决不能让"，佐领常喜也坚决反对。

民政司的人也向德英禀报，"将军大人，有些事不能让。两岸都是沃土，种的庄稼一片。只是那边山比较多，这边都是平川，种庄稼都爱长。另外，从前几朝以来，这块也住了许多百姓，也有很多很早来的汉人，不单单是满族，这儿是祖先之地，许多人的先祖祖坟都扎那了，也迁不了啊！"

德英一听也犯难了，"那怎么办呢？从国际关系来说，还应当了解他当前挂旗究竟是为什么？咱大清国本是礼仪之邦，怎能不遵守两国约定呢？吵还要吵，争还要争，寸土不让都是对的，但是我们应该了解他究竟居心何在？也好做到知己知彼百战不殆。这样吧，依大人你和常参领就陪我辛苦一趟吧。"

"是，将军大人！"

§

简短截说，德英将军带着依郎阿、常喜和几名护卫，就来到了黑河哨卡。依郎阿命令哨长："升黄龙旗！告诉对岸，我们同意见他们。"

"是！"

哨长答应一声，带领一名哨兵，"哗啦……"三下五除二，就把大清国的黄龙旗升上去了。

工夫不大，对岸哨卡俄国士兵就打来旗语，意思是说：你们过来吧！

德英、依郎阿、常喜和两名护卫，乘着一艘小船快速地划到了对岸。他们到岸后，弃船登岸，来到俄国哨卡。俄国哨卡单有一个小屋，是专门为两国交界会谈时建造的。这个小屋是特制的，里面摆设也非常简单，房屋的正当中摆放着一个大木头长条桌子，桌子上铺着毯子，两排木椅对放。屋里坐着身穿俄国服饰的四名军官和一名女士。

德英、依郎阿、常喜和两名护卫进屋后，他们分宾主落座。依郎阿一看对面坐着五个人，有三个是俄国人，为首的一个是大尉巴尔钦克诺夫，他现在接任驻扎总官。穆拉维约夫走了之后，他接管大局，又管船又是当地的一把手。他的左垂手坐着依郎阿最熟悉的妮娜，紧挨着妮娜坐着的是一名俄国哥萨克骑兵军官。在巴尔钦克诺夫右手边坐着两个身穿俄式军官服，戴着墨镜的黄色皮肤的大清国人，他们头上戴着俄国人戴的一字帽，中间带有豁口的。

常喜捅了一下依郎阿，意思是说你看那是谁。

依郎阿其实从一进屋，用眼睛的余光就把他认出来了，心说：不是冤家不聚头啊！他现在怎么以俄国人的身份出面了呢？他到底演的哪出戏啊？等等再说吧。

第七章　大丘坟

双方简单介绍后，大尉巴尔钦克诺夫先发言，他首先对大清国提出了抗议。

"将军大人，我们抗议！我们条约规定非常清楚，现在这是属于我们俄罗斯的土地，我们有权安排我们的地方，我们有权支配我们的民族，但你大清国的人到现在不听我们的话，随便占地方，到处占地还不走，撵也不走、哄也不走。我们的忍耐到一定时候，如果他们还不走的话，我们就采取武力。到那时候要出啥事的话，责任都在你们大清国。"巴尔钦克诺夫不但说话说得非常严苛，而且还盛气凌人地站了起来，用手指着德英和依郎阿他们。

依郎阿闻听此言，"腾"一下也站起来了，大声地驳斥道："大尉先生，请你把手放下！我们大清国的国民也抗议！这个地方世世代代是我们的土地。你们自17世纪中期，就越过外兴安岭，侵入我大清国黑龙江流域，烧毁村庄，杀掠人口，抢夺粮食和貂皮。我前朝清圣祖康熙有好生之德，为避免两国数万黎民受战争之苦，一让再让，最后，做了很大的让步，两国在双方平等基础上，于康熙二十八年七月十四（1689年9月7日）由清政府全权使臣索额图和沙俄全权使臣戈洛文签订了《尼布楚议界条约》。难道你们都忘了吗？近年来，你们单方面违背两国签订的《尼布楚条约》，对奕山采取恩威并重的卑鄙手段，欺骗他与你们签订了《瑷珲条约》，侵占我大清国百万土地。你们不义在先，现在还抗议什么啊？"

"委哨官！按照你们大清国的历史推论是这样的。但这只是你们的推论。我执行的是我们大俄国最新的历史，这个地方就是我们俄国的。我只认当前两国最新签订的法文。与你们大清国以前签订条约的事，你我都说了不算。"

"好好好！即使我们退一万步！就算两国依照签订了《瑷珲条约》。现在虽然条约说：有你们的地方，但并没讲出，哪块地一定是你们俄国的！我们世世代代祖先繁衍在这，有我们的家坟，有我们的祭坛，我们的国民非常熟悉这块土地，世代都是熟悉的。你说：我们撵谁？是撵老张家，还是老孙家，还是撵谁？我们怎么撵？你们是硬强占的。这个《瑷珲条约》我们没同意！"

"我、我们抗议！条约要是你们这样订的话。我将武力解决！"

"大尉先生，你抗议什么？我们的条约是你强制订的。你倒是讲一讲：哪块地原来是你们的地方？你们离这几万里以外，在东西合作以前，勒拿河以西，你们到这来过吗？你们现在吃的粮食都是谁的粮食？你们现在喝的水是谁的水？你们现在吃的那个羊肉也好、猪肉也好、鸡肉也好，都是谁给的？不都是我们的国民供着你们的吗？我们如果一个都不给，早都饿死你们了！"

巴尔钦克诺夫一看，自己声色俱厉的威吓没有得逞。依郎阿真不吃他这一套。自己又说不过依郎阿，事实也是这样吧。但他又不能老是处于被动，于是狡猾奸诈的巴尔钦克诺夫眼珠一转，用手在桌子底下轻轻碰了一下戴墨镜的关震臣。关震臣现在是一肚子火，他现在代表俄国人，说："依郎阿，你知道我是谁吗？"

"你不就是大清国的叛徒关震臣，你就是化成灰，我都认识你。法网恢恢疏而不漏。你还是乖乖给我回去伏法吧！"

"依郎阿！你少在这给我讲这大道理。我现在已不是大清国的关震臣了，我是沙皇俄国尼古拉二世陛下的臣民冈德洛夫。我现在问你：你凭什么带人查封我的隆发祥。我是在我俄国的土地上。你依郎阿有什么权利对我查封？另外，我阿玛关特格列那可是有功之人，你们凭啥废除他世袭罔替的爵位降为庶人，让他净身出户，你们还讲王法吗？"

"我凭什么，我凭的是大清国国法例律和皇上的圣旨。我现在就以大清国的名义抓捕你这个大清国要缉拿的叛徒。"说着，依郎阿"啪"一拍桌子站了起来，常喜速度更快，"噌"站起来，拉刀、伸手就要抓关震臣的脖领子。

第七章　大丘坟

"住手！"这时候巴尔钦克诺夫大吼一声也站起来了。"呼啦"从外面闯进一群俄国士兵，各拿刀枪，把德英、依郎阿和常喜五个人围在中间。屋里的气氛骤然紧张起来。

巴尔钦克诺夫高声地喊道："德将军！依大人！我抗议！你们在侮辱我们沙皇俄国。他——"巴尔钦克诺夫指了指关震臣说："他并不是你们说的关震臣，他现在是冈德洛夫，是我们俄国人。你在我们领土上抓我们的人，你是对我们国家的侮辱，我抗议！这是他的俄国护照，你们可要看清楚。"

"啪！"巴尔钦克诺夫把关震臣的俄国护照扔过来了。

依郎阿接过来看了看，果然如巴尔钦克诺夫所言，护照上清清楚楚地关震臣的头像和冈德洛夫名字，上面还加盖着俄国的钢印。依郎阿没有看出任何破绽，就递给了始终一言不发的黑龙江将军德英。

德英将军瞟了一眼，就把俄国护照给扔桌上了，说："这事先这样吧，回头再说。先坐下吧！"

德英将军发话了，依郎阿和常喜能不听吗，他们重新落座。

"德将军！我们大俄国不想插手你们大清国的事务，但是我们还是要保护我们大俄国公民的权利的。关特格列有没有罪，那是他的事。另外，妮娜虽然是关特格列的四夫人，但是她作为一名俄国人，我们还是要争取我们的权利的。你们可以查封关特格列的家产，但绝不能查封属于妮娜个人的那一部分家产。现在妮娜马上就要回你们大清国了，你们必须归还她的那份家产。"

"这个？"

依郎阿知道德英将军还不清楚这里面事情的来龙去脉，就急忙把话拦过来说："大尉先生！我们可以答应归还妮娜一部分住所，但是，你们必须让我们把关震臣带走。"

"依大人！那是不可能的。我再重申一遍，他不是你们的关震臣，而是冈德洛夫。但我们可以给你一个面子，有一个你们大清国的疯子，我们可以不抓他。"

"疯子？什么疯子？"

德英将军被巴尔钦克诺夫的话给蒙住了。

瑷珲上游遥望

"德将军！事情是这样的。我现在最有气的是，也是当前你们必须解决的是：在我们这里，清朝人里面有一个疯子到处乱喊，什么'江东难、江东难，江东多灾要抱团；江西好、江西好，江西处处平安好。江北难、江北难，江北多灾要抱团；江南好、江南好，江南处处平安好。'什么江东江北的，反正这个疯子说的话，是对我们沙皇帝国和尼古拉二世的大不敬。我们本想要枪毙他，但考虑到他像个疯子一样不明事理就不去计较他了，可是他却到处妖言惑众，挑拨群众起来闹些事。你们必须派人把这个疯子给接回去、弄回去，要不然我们要把他抓起来的。以后，他再到东西伯利亚任何地方出任何事，我们都概不负责。"

依郎阿一听此话，心里不由得"咯噔"一下。为什么呀？因为巴尔钦克诺夫刚才提到的这个疯子，他马上就明白是谁了。是谁啊？此人不是别

第七章 大丘坟

人，正是他的师兄独臂疯僧。

巴尔钦克诺夫一看德英、依郎阿和常喜稍一犹豫，就说："你总是回避当前矛盾，我们现在不跟你们谈了，你们也没有真诚跟我们谈。这次会谈到此为止，散会！"

说完，也不等依郎阿说什么，巴尔钦克诺夫带着关震臣、妮娜还有两个哥萨克军官离席而走。

妮娜这次来谈判，是一句话都没说。但是她在转身临走的时候，偷偷地盯了依郎阿一眼，意思是说你还有什么事吗？

依郎阿是什么人啊？他是眼观六路耳听八方，眼睫毛都空的。他就利用这个谁都不注意和极其隐蔽的机会，突然用自己的右手捂着自己心口，左手摸了一下自己的后脑勺，顺势又看似无意地拽了一下自己的耳朵。

别人谁都没注意依郎阿的这个举止，但妮娜却把依郎阿所有的动作记在了心里。她嘴角微微上翘了一下，转身走了。

那位说了："依郎阿又捂心口又摸后脑勺又拽耳朵的，这是干什么呀？"

这是依郎阿和妮娜两人之间的一些暗号。

我简单给大家解释一下。依郎阿捂心口是什么意思啊？就是说：你的心事有结果了。摸后脑勺是表示时间，就是后半夜。拽耳朵表示有最新的好消息。这三个动作暗号连起来的意思就是：你的心事有结果了，今天后半夜，有人给你送去最新的好消息。你等着吧。

像这些话，如果两个人没有约定，谁能看得懂啊！即使别人都看不懂，依郎阿和妮娜也不能轻易地展示出来。整个屋里都是些什么人？那都是情报高手之中的高手。谁稍有异常举动，都会让人记在眼里。这也是妮娜为什么在他们都转身离开的时候，才发出信号的原因。依郎阿具体传递给妮娜什么消息，咱们在后文书详细交代。

德英、依郎阿、常喜和两名侍卫坐船离开了俄方哨所，而后又回到了瑷珲。

§

话分两头，单说巴尔钦克诺夫带着关震臣回去后，给关震臣下了死命令，"震臣！现在你家破人亡，你不给你的家报仇吗？我们现在保着你，你不能不出面了。我们和你们全家现在全靠你了。你得想办法找人，干什么你知道吧？"

关震臣似懂非懂地点了点头。巴尔钦克诺夫也不管他听没听懂，突然一阵冷笑，"嗯……关震臣！我们何不给他们来一个借刀杀人！"

"阁下，怎么个借刀杀人？"

"震臣啊，你来看：现在正是庄稼成熟的九月份，你在北边不管采取什么办法，反正不能让他们安生。他不给咱们粮食，咱们也让他们吃不到粮食，让他们一粒粮食也得不到。如果你把此事办成了。哼！咱们不但报了上次抢草盗粮失败之仇，而且还能假借大清国朝廷之手，以他们没有完成朝廷粮税要务，降罪于他们。我们再通过秘密渠道，多给一些朝廷的亲俄派银子，让他们再多方游说皇上，这几个人还不一个个乖乖下台？还当什么将军大人。震臣啊，我给你三天时间，马上给我把这件事安排下去。你回去吧！"

关震臣答应一声，领着新任务就回到了巴尔钦克诺夫给他临时安排的一个住处，就开始谋划去了。

反过头来，再说依郎阿陪着德英将军回到瑷珲城后，依郎阿向德英将军详细地汇报了关震臣几年来的所作所为，以及特普钦将军让自己如何把妮娜争取过来为大清国服务的，等等。德英将军边听边不住地点头，"恒毅啊！你的所作所为，哪天我一定会替你禀报朝廷，为你请功。"

依郎阿，字恒毅。德英大人习惯称呼下属字号什么的。这样称呼，也显得上对下的亲切之情。

第七章 大丘坟

"将军大人，您过誉了。这是恒毅应尽的本责，如有不妥之处，还望将军多多批评指教。"

"恒毅啊！百溪兄果然没有看错你。你年轻有为，前途无量。我润堂以后还得依仗你呢。哎，恒毅，巴尔钦克诺夫所提到的那个疯子，你知道是谁吗？"

"回将军大人的话！此人不是旁人，他是我的一个师兄，江湖人称独臂疯僧万世缘。他曾和我一样都在军机处理藩院健锐营供职"，是这么这么一回事。

那位说是怎么一回事啊？

§

前文书说过。妙手回春和一阵风初到大五家子，他们就给依郎阿提起过自己的另一位师兄独臂疯僧万事缘（以下简称独臂疯僧）。妙手回春和一阵风从京城直奔瑷珲的途中，他们曾经到千山去找在此修炼的师兄独臂疯僧。可惜独臂疯僧先他们一步，早就来到北国边疆。妙手回春和一阵风还以为师兄独臂疯僧得到什么消息，先来找依郎阿了呢。他们后脚就追来了。

可是他们见到依郎阿一问，依郎阿根本就没有见到过独臂疯僧。三个人以为独臂疯僧云游惯了，就没有把这事往心里去。后来，妙手回春和一阵风作了关震臣的教头以后，就到了海兰泡那边去了。他们在那边也常听说有疯僧的传说。民间老讲：有一个疯疯癫癫的僧人到处讲：江东难、江东难，江东多灾要抱团；江西好、江西好，江西处处平安好。江北难、江北难，江北多灾要抱团；江南好、江南好，江南处处平安好。

这个独臂疯僧全凭快似闪电的脚力，是一位世间难得的世外奇人。要是单论脚功，一阵风都要逊他三分。因为江东民间许多人都说，谁都不太

独臂疯僧万事缘化缘过江东

容易看见这个人,而且他一见到俄国人就打仗,也没有什么缘由,上去就对俄国人一顿臭骂。俄国人恨透他了,想抓也抓不到他。他走得相当快了,人们只能见到人影,你干脆找不到他正身。他一拧身你不知道拧到什么树林里躲起来了;有的时候走到小胡同里头,走走就没了。他是忽然出现忽然消失,真成了神龙见首不见尾。最主要的是,他这个人做了很多事,特别愿意到这些在黑龙江边界住的贫民家里做好事。他不管是哪个族的,只要碰到贫穷的大清国人,他就帮着他们出主意、想办法,而且也告诉他们:江东难、江东难,江东多灾要抱团;江西好、江西好,江西处处平安好。江北难、江北难,江北多灾要报团;江南好、江南好,江南处处平安好。到处唱这两句,意思是江东、江北这边住着,难事挺多靠什么呢,要靠抱团。再不怎么办呢?到江西和江南去,过了江啊,处处是平安好。到什么

第七章 大丘坟

地方都是平安的，生活就保证了。不愿意过去怎么办呢？你们就抱团不能散住着，还是保命要紧啊。他到处讲，像疯子一样。

独臂疯僧还有什么特点呢？他是很有召集能力的这么一个人。说到这，咱简单介绍一下这个独臂疯僧。

§

独臂疯僧万事缘，他本名姓袁，叫袁明智。年轻的时候，袁明智是一个四肢非常健全的小伙子，而且眉宇之间透着一股正气。后来，一个非常偶然的机缘，袁明智也是做好事，救了一位日本的青年女子。俩人是一见钟情，就结婚了。婚后，第二年他们有了一个女儿。可以说，袁明智这个三口之家过得非常幸福。突然有一天，妻子留下了一封信，带着可爱的女儿走了。这下，对袁明智打击太大了。左找也找不到妻子和女儿，右等也等不来妻子和女儿，袁明智精神上就出现幻觉了，时常疯疯癫癫的。最后，袁明智算是看破红尘了，他一咬牙，就在峨眉山出家了。人们看袁明智时常疯疯癫癫的，心肠非常好，是有求必应，又是一个出家之人，因为别人事后感谢他的时候，总爱说一句"万事有缘"，他又本姓袁。所以，有人就给他起了一个外号，叫疯僧万事缘。他在五台山修炼的时候，深受达摩尊师的厚爱。达摩尊师还把自己对易经习练的真传传授给了他。所以他会占卜，而且占卜得相当好、相当准。他在道光年间就很出名。

那么，疯僧万事缘是怎么失去他的一个手臂的呢？这也是他在峨眉山刚出家爱管闲事造成的。有一天，疯僧上街化缘，刚走在大街上就看到两个年轻人言语不合动上手了。

"我让你不讲理。""当"就给一个通天炮。对方也没有防备，这一拳正好打鼻子上，血"唰"一下就下来了。被打的人一看自己流血了，不干了，"你敢打我，我跟你没完。"于是，抡起拳头就上，俩人就打起来了。

俗话说：骂人无好口，打人无好手。他们二人越打火气越旺，转眼间就开始下死手了。一个人转身从旁边找来了一根铁棍，也不管轻重了，搂头"呜"就砸了下来。另一个小伙子更不怕死，他不躲不闪，抄起一把砍柴的大砍刀，斜肩带背"欻"就砍下来了。

周围许多围观的老百姓吓得都闭上了眼睛，心说：玩完了！这两个人非死一个不可。

疯僧一看势头不对，心说：出家人以慈悲为怀，我怎能见死不救呢。想到这，他极速闪身，辗转腾挪，上前劝架，大喝了一声："住手！"他是声到人到。

有道是：一寸长一寸强，一寸短一寸险。可是对于普通老百姓来讲，谁的家伙什儿长，还是谁先占便宜。疯僧一看大铁棍马上落到手持砍刀小伙子头上了，他二话没说，一伸手，"砰"一把就把挥舞砍刀的小伙子的后衣服领给拽住了。他往后一带，感觉自己没用劲，可这个手持砍刀的小伙子受不了，往后"噔噔——"倒退七八步，一屁股坐地上了。然后，疯僧一低头，"呜"大棍贴着他头皮就过去。他抢身一步，"噌啷"一脚也把对方的大铁棍给踩到脚底下了，"别打了！"

疯僧以为把二人拉开就算完事了呢，哪承想，手持砍刀的小伙子被打红眼了，他以为疯僧是对方找来的帮手呢，从地上蹿起来，不由分说，照着疯僧右臂头"欻"就是一刀。冷不丁就这么一下，让疯僧万万都没想到背后会被人偷袭。等他感觉不妙时，他再闪身时已经晚了。也多亏他反应快，换别人准死无疑。只见他来了一个仙人幻步，上右步，扣左步，往前一探身，身子一拧，"嗨！"正常情况下，疯僧肯定是躲过去了。但是哪承想，挥砍刀的这小伙子根本就是不会武术，而且也打急眼了，这一刀他把吃奶的劲全用上了，再加上他脚下正好踩上一个石子，这倒好，"欻"他连人带刀都射过来了，就听见"咔嚓"一下，疯僧千算万算都没有算到这一手，整个左臂被活生生地砍断了。

第七章　大丘坟

"哎呀！不好！"疯僧说了声不好，紧接着"啪啪啪"马上封住自己上身止血穴，同时运用内气把血道关闭。

"住手！你、你这畜生，人家好心拉架，你怎么不认好赖人呢？我怎么生了你这么一个败家子。我、我非打死你不可。"这时从人群中蹿出一位老者，对着手持砍刀的小伙子就是一顿大嘴巴子。

一些围观的人说："老爷子，你先别教训你儿子了，先给人家治伤吧。要是人家把你儿子告到官府，你儿子非坐牢不可。"

"哎、哎！对、对！我马上找郎中去。"老爷子带着几个年轻人把疯僧抬到街上郎中那去治病。

后来，疯僧多亏有武功护体算保住了一条命，只剩下右臂。这下好，原来的疯僧万事缘自然就变成了"独臂疯僧"。

等到独臂疯僧在大五台山又修炼了一段时间后，因为自己的师父也走了，所以，他又感觉五台山没什么意思了。他在京师健锐营待了一段时间后，感觉自己处处受管制、不自由，就开始辞别禅一法师，远游天下，便朝辽东来了。他听说千山挺好的，心血来潮，"既然大家都说千山好，我也到那去看看，顺便也沾沾千山的灵气。"于是他就来到了千山，选来选去，最后选择在"一见天"这个地方打坐修炼。

独臂疯僧这个人非常奇怪，他一年四季就一身打扮。上身弄了一块狗皮，再捡块熊皮，两个肩头上面缝好，中间留出一个豁口，好套头上；左右用破布连上，这就算是他的上衣了。不管天热天冷，夏天也好冬天也好就这一身。夏天，他穿的这件上衣毛朝外，不嫌热；冬天穿着这件上衣毛朝里，不怕冻。下身一年四季就是一条补丁摞补丁的单裤，脚上蹬着一双草鞋。始终不离手的是一把只有几根毛的拂尘。独臂疯僧要是换上一把扇子，那就是活生生的一个"济公活佛再世"，整天笑嘻嘻。他吃的也非常简单，什么都行，哪怕人家扔地上的鸡大腿，他都捡起来吃，像个疯子一样。后来，他听说北边的事太多，俄国入侵。他就过这边来了。

§

独臂疯僧来到瑷珲以后，先选择了一个清静的地方住下，就是离瑷珲四十五里地的"一架山"，满语称"额木阿林"。该山为孙吴、瑷珲两县界山，其山头枕黑龙江，绵延北上，是横亘在黑龙江平原上的兴安岭山脉，由三座大山相连，故又称"三架山"。其中，"二架山"处有一丘状高耸团山，矗立群峰之巅。山侧，有山体坍垮而成形之半拉卡山，山姿别有风韵。相传，此山形为康熙年间，清军"神威将军炮"炮轰罗刹匪徒所致。据四季屯当地耄耋言：古有达斡尔人特尔法部长老们，住"一架山"山坳间渔猎，山洞中画有参差星斗图像，时有进山砍柴、捕猎者，常偶有发现。可惜，清光绪年间地震后，踪迹难觅矣。独臂疯僧来到此地一看，别提多高兴了，口中念念有词："青龙入水身应合，必定求官事事易，若临财交妻有孕，交易田地不须疑。此乃世间难得的一块风水宝地啊！就在这了。"

独臂疯僧就选在一架山这块住下了，自己又用山里的木头盖了一个简易小庙，当他的大雄宝殿。到了同治年间以后，人们又在这里建起了一座药王庙。再后来，人们又在山上临道边，建关公和岳飞二圣庙，内塑神像数尊，形态伟岸惑人。外围朱漆板墙，高大牌楼正门，蔚为壮观。这是后话暂且不提。

独臂疯僧基本安顿下来之后，江西江东来回这么跑，为江东的老百姓做好事。突然有一天，他就做了一个梦。梦里他看见白花花的黑龙江中突然出现一道老卦"游魂卦"——需卦（水天需）。水天需为坎上乾下。上是水，坎中板；下是天，乾三连。正是坎和人，天和人，水压人，水压天。独臂疯僧看到此卦之后，不由得大吃一惊，心想：坏了！现在肯定有事，天道有变，水压天，这是不好现象。因为水压天、水欺天、水欺人，人受水欺。人不能驾驭水，而且是水压抑人。按五行相生相克上讲：金生水。

第七章 大丘坟

我主体为乾,用为坎。主体要失财、失地、失人。而且这水还挺厉害!天道不好,肯定有事。

独臂疯僧吓得一骨碌从炕上爬起来了,梦也醒了。他坐在炕边,揉揉眼睛,仔细一想刚才梦里的卦相,太清楚了,千真万确。他又重新卜了一卦,竟然是同一个结果。这下他再也不怀疑了。从此之后,独臂疯僧见谁都讲:"现在天又有变化了,咱可不能够保持终日太平的心情,不能光顾着自己家里头,不能光想着家里的鸡咕咕叫就行了,弄不好有遭遇刀枪之祸啊!"

很多人哪听他的,都认为他是个疯老头。后来人们才发现,许多事还真让独臂疯僧给算对了。

1900年庚子俄难发生,滔滔的黑龙江变成了一条流不尽的血河!瑷珲副都统衙门笔帖式杨继功记述:"二十一日(公历7月17日)午前11时,遥望彼岸,俄驱无数华侨圈围江边,喧声震野。细瞥俄兵各持刀斧,东砍西劈,断尸粉骨,音震酸鼻,伤重者毙岸,伤轻者死江,未受伤者皆投水溺亡,骸骨漂溢,蔽满江洋。"

目睹这场大屠杀的人,无不感到"毛骨悚然和为之心碎"。就连屠杀者也受到了良心的遣责,一个俄国义勇兵说,"杀人的一方,完全灭绝人性,他们不是魔鬼,便是畜生。在人世间竟能看到如此惨景,……简直就是一场噩梦。如果被杀的人都是些还有挣扎能力的男子的话,也许不会如此凄惨",但是当看到"一些紧搂婴儿企图逃脱的母亲被纷纷刺倒,从怀中滚落的婴儿被碾得粉碎时""只有那些完全没有人性的野兽才能禁得住!"

这是黑龙江"有史以来最大的屠杀,最大的悲剧,最大的罪恶"。沙俄当局侵占齐齐哈尔和哈尔滨后,为了掩盖自己的罪行,把所有的文字记载的史料全部烧毁,连一个带字的木板都不给留。光烧毁文档案,就足足烧了三个月。忘记历史就等于背叛。我们回顾这些历史,就是要让我们的后人们知耻而后勇,居安要思危。

世间从来都没有卖后悔药的。当时独臂疯僧所言所行能有几人信呢？最后，独臂疯僧实在没办法了，就来到了瑷珲副都统衙门。最早还正是奕山当政的时候，看门的衙役一看是个疯子，说什么都不让独臂疯僧进门。其中一个年轻的小衙役说："哪来的疯子，上一边玩去，这是副都统衙门，你上这来干什么？去、去、去！"

"阿弥陀佛！有劳施主到里面通报一声，现在天道有变，肯定有事要发生。我要向将军禀报！"

"你这疯和尚还想见我们将军大人，真是癞蛤蟆想吃天鹅肉——痴心妄想。去！哪边凉快，上哪边凉快去。"

"小施主！贫僧果然看清当今北方天道有变，如将军不听我善言，北方无数黎民百姓将遭受灭顶之灾，到那时将军大人后悔都晚了。"

看门的衙役怎么赶独臂疯僧，他就是不走。最后，独臂疯僧把看门的衙役磨得实在是没办法了，其中一个上了年纪的老衙役就进里面给奕山将军通报了一声："将军大人！外边来了一疯僧，说：当今北方天道有变，他想给你当面禀报。如将军大人您不听他的善言，北方无数黎民百姓将遭受灭顶之灾，到那时将军大人您后悔都晚了。"

"什么？北方天道有变？天怎么乱了？不是有大清国吗，乱啥？你们这帮废物，光拿衙门的俸禄不干正事。我现在的事已经够多了，他还来搅和什么！我不见，他再不走，给我乱棍打走。"

奕山正为俄国人的事正闹心呢，一听有个疯僧要见他，他更来气了。

"哎、哎！"老衙役答应一声，就回来了。

"我刚才给奕将军汇报了，他没时间搭理你。你回去吧！不然，我们可要乱棒把你打走了。你走不走？"

"好良言难劝说该死鬼啊！阿弥陀佛！贫僧尽力了。"说完，独臂疯僧甩了一下拂尘，穿着他的草鞋一步一跛拉，走了。干什么去？上江东挨家挨户做工作去了。

第七章　大丘坟

§

　　说来也巧。独臂疯僧来到江东第一家，就遇到事了。这家两口子正抱着一个十四五的姑娘哭呢。独臂疯僧口打佛号，把这家两口子吓了一跳。其中男主人擦了一把眼泪说："我家姑娘突然昏迷不醒，有病了，你到别家化缘去吧。"

　　独臂疯僧一听，原来这家人把他当成化缘的和尚了，笑道："阿弥陀佛！施主，贫僧不是化缘而来，而是专为救你家小女而来。"

　　"真的啊！"

　　"出家人绝不诳言。"

　　"师父！太谢谢你了，你快快给小女看一下吧！"

　　独臂疯僧低头仔细一看，只见姑娘头朝东北，脚往西南，勾成一团，侧躺在炕上，呈现出一个"艮卦"的卦相。什么事都看明白了。他就问这两口子："你们怎么让孩子这么躺着呢？"

　　"嗨！师父，哪是我们让她这么躺的。我们给她整过来，她就连喊带叫的，就说冷。没办法就顺着她了。"

　　"姑娘是不是到过坟上啊？"

　　姑娘他娘说话了："对啊！早上俺闺女说，要到东北角的小山上打猪草，我就让她去了。那里全是坟圈子。我想这离家近，也没多想就让她去了。没承想，她打猪草回来就高烧、说胡话，紧接着就突然昏迷不醒了。师父，俺求求你，快救救俺闺女吧。"

　　"阿弥陀佛！善哉、善哉！施主不必惊慌，你把她抬到阳光下，头朝西南，脚朝东北，头顶再放一个火盆，一袋烟的工夫就好了。"

　　"太谢谢！我们马上办。"

　　两口子七手八脚，把姑娘抬到屋外，头朝西南，脚朝东北，放好后，在头顶处点着了一个火盆,真就一袋烟的工夫,姑娘揉揉头坐起来了,病好了。你说奇怪不?

这家两口子对独臂疯僧是千恩万谢,又给他拿好吃的,又给他拿穿的。独臂疯僧什么都不要,反而求他们两口子一件事,说:"你们能不能帮我一个忙?"

"师父!就凭你救俺闺女的大恩大德,别说一件事,就是十件事、一百件事俺们都答应。你说吧。"

"此言过重了。现在北方天道有变,肯定有事要发生。我请你们帮我传两句话。这两句话就是:江东难、江东难,江东多灾要抱团;江西好、江西好,江西处处平安好。你们能办到吗?"

"能办到,绝对能办到。方圆这几十里地的十几户,你就交给我吧。"

"阿弥陀佛,善哉、善哉!贫僧就此告辞。"说完,独臂疯僧身子一拧,出门后就不见了。

这家两口子还以为碰到了神仙呢,是倒地跪拜。

独臂疯僧还帮助别人做了很多好事。后来,居住在江东的大清国人慢慢都明白了独臂疯僧的好意,有许多人干脆听从了独臂疯僧的劝告,搬回江西居住了。有的人因为是几代在江东居住,祖坟都在这呢,所以,他们逐渐几户几户团聚在一起,不在单个散居了,共同守护着祖先耕种过的这片土地。先前有了独臂疯僧不辞辛苦的奉劝和游说,后来才有了江东六十四屯的形成。独臂疯僧为了数以千计的大清国普通百姓家庭趋吉避凶、化险为夷,默默地做出了巨大的贡献。

§

等到依郎阿给新任黑龙江将军德英详细汇报完工作,就回到自己住处。他又通过秘密手段把妙手回春和一阵风这两位师兄弟找了回来,告诉他们

第七章　大丘坟

说:"你们有时间到北边去找找咱们的师兄独臂疯僧。他在北边乱闯,一个人孤掌难鸣啊,没人帮助,老毛子都是禽兽啊!他们什么事都能干得出来。万一他一不留神,哪个时候不长眼睛,老毛子真给他来一枪。他可真活不下去啊。"

"师兄!不就是到江东找袁师兄吗?,这不是张飞吃豆芽——小菜一碟吗?找他包在我一阵风身上了。"

"窦师弟,事情没这样简单。另外,咱们得想办法,告诉江东咱大清国的人集中起来,搬住到一块,大家都住到一个屯里,做啥一定要有策略,这样俄国人不敢欺负咱们。当时有很多这样的屯子,不单纯像这个高滩村,周围有很多这样的地方,找个地方自己盖房子,周围就可以种地,挺随便。袁师兄也在黑龙江对岸俄国占的地方,你们都找找他。找到他,你们也好好劝劝他。"

"依师兄,你就放心吧。我和一阵风一定把这事办好。你就等我们的好消息吧。"

师兄弟仨人拱手告别。没过几天,妙手回春和一阵风回来了,并告诉依郎阿说:"我们看到袁师兄了,也把你的意思都转告给他了。但是他不听劝啊,总是说:'不要怕,我这腿脚功夫,他们跟不上,你们就放心吧。再说了,他们也不敢把我们怎么样。等我把这里的人们都集中差不多了,自然就回去了。'我俩怎么劝都没把他劝回来。好在,我们师兄弟现在能联系上了。他说了,哪天回来后主动来找你。"

"行啊!随他去吧。你们有时间就多去江东,多去看看他。万一有什么事,也好帮帮他。"

"好吧!"

妙手回春和一阵风他们俩又返回江东,开始帮着独臂疯僧做这个宣传。三个人的力量自然比一个人力量强多了。没过多长时间,经过他们师兄弟三人的努力又组建成几个屯子。后来,妙手回春和一阵风接到依郎阿的命令，马上去圣彼得堡秘密调查一件事情。他们前脚刚走，后脚独臂疯僧就出事了。等到妙手回春和一阵风再回来找到独臂疯僧的时候，发现他早已死在了俄国人的枪口下，让俄国人打死了，就死在黑龙江江边。

妙手回春和一阵风师兄弟二人抱着独臂疯僧僵硬的尸体放声痛哭。他们哭罢多时，二人按照佛家的葬礼选择一个有小松树的山坡之上，挖个圆形的坑，让他"坐贯"坐入，面南立葬，面向中原，面向五台山方向，就埋在了黑龙江以北，现在俄国境内。独臂疯僧自出世以来，就是一位非常奇特的人。他来到瑷珲和北疆短短的几年时间里，像许多大清国行侠仗义的"游侠"一样，仅凭一人之力，就为世代生活在黑龙江以北的大清国人做出了许许多多好事。虽然他在整个大丘坟篇章中像昙花一现一样，后来又被俄国人害死了，但是他所做的每一件好事和他有关的每一个传奇故事，都深深扎根于历代瑷珲子孙后人的心中。这正是：

独臂疯僧万世缘，达摩授业得真言。

易卜江东多频难，劝人抱团美名传。

§

独臂疯僧的被害，并没有唤醒丧心病狂的俄国人和大清国一些民族败类回归世间的理智和人道。

关键是大尉巴尔钦克诺夫给关震臣下了死命令，无论如何也要千方百计破坏今年瑷珲副都统衙门的收粮计划。

关震臣在巴尔钦克诺夫面前也发下毒誓，"大尉阁下，请你放心！我回去后一定想个万全之策，国恨家仇我一块报，要不然，我关震臣永世不得为人"。

关震臣回到了自己的住处后，睡不着觉了。他拿着俄式烟斗在屋里来回地走动，是冥思苦想啊：我该怎么办呢？俄国人虽然帮着我把海兰泡的

第七章　大丘坟

隆发祥强行启封了，但自己的财物还是损失不少。许多人知道自己净干一些投机倒把、卖国求荣的勾当后，都不和自己做生意了。隆发祥商铺也日渐衰败。我还是保本为主，给自己留一条后路。你俄国人再想让我花自己的钱雇人，暗地里破坏瑷珲副都统衙门所管辖的粮食收成，那是不可能的了。那、那我怎么才能既少花钱又能办成此事呢？唉！这可怎么办呢？

关震臣真不愧他爹关特格列给他起的满文名"刀楞"（汉语"螳螂"的意思）。哎！到了半夜时分的时候，他真想出了一个妙招。

因为此时正是秋高气爽的时候，庄稼正成熟，北边风非常大。关震臣在屋里正来回转悠呢，突然，一阵风从窗户外吹来，"呜—跐"，窗台上的油灯"吧嗒"给吹灭了。关震臣刚想发火，突然眼珠一转，"哎！有了！"他一拍大腿，我何不如此这般这般如此。对！就这么办。

关震臣突然想到：三国时期，诸葛亮借东风的事了。我何不借一次风。从现在开始瑷珲的风会逐渐越来越强劲了。我再多点把火，用蔓延的山火火攻来烧毁地里的庄稼。这要是漫山遍野、成片成线地燃烧起大火，这火借风势，风助火威，即使大罗神仙下凡也控制不了。这样的话，瑷珲副都统衙门甚至黑龙江将军衙门所有的庄稼有的割了没拿回去的，有的还没来得及割的，这样整个一烧，我叫他们今年绝对是颗粒不见。对！就这么办。

后来关震臣为了稳妥起见，自己又仔细设计了许多具体实施的方案。有道是：打仗亲兄弟，上阵父子兵。这个时候，真正能帮上关震臣的，也只有他的三个兄弟关林、关河、关川，另外，还有他的两位叔叔关特格恩、关特格林。

§

这一天，关震臣乔装打扮，悄悄地回到了瑷珲城，把三个兄弟和两位叔叔叫到一起，让他们私下多笼络一些对瑷珲副都统衙门不满的人，等待他的命令，他要干一件惊天动地的大事，以报家仇。具体做什么？关震臣没有给他们透露，也怕他们提前走漏风声，坏了他的大事。

关震臣现在也成熟多了，心想，我这把火不能光在一个地方烧，面铺得越大越好，参与的人越多越好。一旦多个火点同时烧，百里以内瞬间一片火海。届时，你瑷珲副都统衙门纵有三头六臂，就你们手下这帮人，也拿这大火没有半点办法。

关震臣转身从瑷珲城回来后，心里有七八成把握了，第三天头上就来给巴尔钦克诺夫汇报。

巴尔钦克诺夫听后，马上说："震臣啊！你想的这个点子太好了，我非常支持这个火攻计划。但是，你千万不能再让我失望了。否则的话，我们沙皇俄国尼古拉二世陛下也保不了你。现在，我会给你最后一笔行动经费的。你去执行吧！"

"谢谢大尉阁下！震臣，不，我冈德洛夫一定会尽犬马之劳。不过，我还需大尉阁下助我一臂之力。"

"你还要什么？"

"大尉阁下！我想让妮娜出面帮我。"

"震臣，这事知道的人越少越好。你有什么理由非要妮娜出面呢？"

"大尉阁下！你也知道。妮娜非常聪明、非常有心眼，并且现在瑷珲副都统衙门的人也容易相信她。我现在名声在那边已经不行了，只能秘密出来。我现在一点不敢露出来。即使我以冈德洛夫的身份露面，他们也根本不相信我，而且很多人都在监视我。因此，我只能用巧妙的办法让妮娜出面，这样瑷珲副都统衙门就能放松警惕，也好办事。"

关震臣自从执意要娶俄国美女为妻这事发生之后，他就和妮娜彻底翻脸了。这时候再找妮娜帮忙，他心里没底，总觉得自己欠妮娜的账，而且他自己也知道妮娜对他一直怀恨在心。他想让大尉巴尔钦克诺夫来压制妮娜。

第七章 大丘坟

大尉巴尔钦克诺夫一想这也对，就说："好吧！这事就交给我办，明天晚上正好是我的生日，我就以庆祝生日的名义让你和妮娜到铁甲船上都来参加生日宴会。妮娜也不好拒绝，到时我给她说。"

说话间就到了第二天晚上，妮娜果然没拒绝巴尔钦克诺夫的生日宴会的邀请，准时来到铁甲船上。他们吃的黄鱼宴，黑龙江的黄鱼。人不多，说是生日宴，不如说是个秘密会议，更主要的是要挟妮娜的会。这个会关震臣也参加了。会要结束的时候呢，巴尔钦克诺夫特意把妮娜找到自己的屋子里头单独谈话，"我亲爱的！今天能来参加我的生日宴会，我很开心！现在有个大事，你必须得弄成。"

"什么事，你说吧。"妮娜也没说答应也没说不答应，是让他先说下。

巴尔钦克诺夫就把他和关震臣研究好的要火烧整个瑷珲副都统衙门秋粮的计划，给妮娜简单地介绍了一遍，最后，巴尔钦克诺夫叮嘱妮娜："亲爱的，你回到瑷珲那边后，要尽你最大的力量去找和老关家有关系的所有的熟人，特别是有说服力的那些人，让他们再发动更多的人参与到这次火烧秋粮的行动中。亲爱的！你需要多少经费，我都会源源不断地提供给你。你最主要的任务是，想尽一切办法，在他们不注意的情况下，发起火攻。关震臣会配合你的。其他事，你什么都不用管。"

妮娜静静地在那听着，一句也不说，但她内心却像开了锅一样，上下翻腾，油炸煎熬一般。为什么呢？因为在那次黑河卡妮娜与依郎阿再次会面后，当晚一更天一阵风给她送来了她最新身世消息：依郎阿通过京城健锐营送来的情报和妙手回春亲自去了圣彼得堡一趟，终于查清了妮娜的亲生母亲下落。妮娜的亲生母亲现在还活着，但是俄国情报局却严密地控制着她的母亲，并威胁说："你要好好的，你姑娘就能好一天。你要是反叛，不听沙皇尼古拉二世的命令，你不但今生再也见不到你的妮娜，很可能她就死了。她现在为咱们俄罗斯尼古拉二世做大事，是有贡献的。你就安心在这吧。"俄国情报人员就把她妈软禁起来了。妮娜的母亲开始不相信，后来通过妮娜的照片知道了自己的女儿还活着。你说哪一个当母亲的，能忍心因为自己而让自己的亲生骨肉惨死于他乡呢？所以，妮娜的母亲是忍辱负重，常常是以泪洗面，刚到中年就满头的白发，这几年更显得非常地苍老。

就在刚才妮娜登船前，妙手回春给妮娜送来了她亲生母亲的一封书信，上写："妮娜啊！母亲想你啊！只要你过得好好的，当母亲的死都瞑目了。"

最后，妙手回春告诉妮娜："依郎阿已派人在圣彼得堡把你亲生母亲暗中保护起来了，轻易不会有差错的。你放心吧！"

妮娜本来性情耿直，出身又挺苦，特别是依郎阿给她找到亲生母亲这件事，对她的触动是最大的。

§

"妮娜！你在听我讲话吗？嗯！"

巴尔钦克诺夫发现妮娜眼神不对，态度马上变了。

"我听着呢。"妮娜心说，你和关震臣干的这事太缺乏人性了吧？简直比强盗的手段都恶劣。你们把整个瑷珲副都统衙门和黑龙江将军衙门边境沿岸的粮食全给烧了，这么多人吃啥啊？！

想到这，妮娜把心一横："大尉长官，我不能这么做，要不你就让我死吧。"

"什么？你不干？"巴尔钦克诺夫做梦也没想到，妮娜会当着他的面一口拒绝他。他的眉头皱了几皱，一对三角眼"欻啦"一下就放出杀人的凶光。巴尔钦克诺夫咬得后槽牙"嘎蹦蹦"直响："你、你、你不干，你亲生母亲就得先死！"

妮娜故意试探巴尔钦克诺夫说："你、你早就知道我亲生母亲的下落是吧？"

第七章 大丘坟

"哼！实话告诉你，妮娜！这么多年来，我不但知道你亲生母亲的下落，而且这次你只要不听从我的命令，你可别怪我翻脸无情。我会让你妈当着你的面死去，然后，把你妈的尸首挂在黑龙江铁甲船上示众百日。"

"你、你！你是魔鬼！"

"哈哼！我不但是魔鬼，而且我还是魔鬼中的魔鬼。我再最后重申一遍：你干还是不干？"

妮娜也知道，巴尔钦克诺夫手段非常狠毒。他既然能说得出口，就能干得出来。妮娜一想：自己亲生母亲已经够苦了，从小自己就丢了。自己不能硬犟，结果自己的事也办不成，也救不了自己亲生的母亲。这样绝对不行。我今天不如先表面上同意了，按照大尉行动组先这么做、先这么执行，等到我接受这个任务以后，回到瑷珲再找机会与依郎阿商量怎么办。对！就这么办。

妮娜主意打定之后，仍然面带怒色地质问巴尔钦克诺夫："我、我、我这么多年甘愿做你的情人，你也知道我非常想知道自己的亲生母亲的下落。可是，你、你竟然知道不告诉我。你、你、你还把我当作你的情人吗？呜——！"妮娜掩面呜呜地哭上了。女人最厉害的武器就是眼泪。

妮娜这一哭，巴尔钦克诺夫感觉自己刚才说得也有点过了，赶紧过来抱住妮娜，说道："亲爱的！刚才我也是一时过急，把话说错了。你是我最亲的情人，我怎么能把你的亲生母亲杀死呢？我没告诉你亲生母亲的下落也是为你好，怕你分心，耽误了大事。这次任务完成之后，我亲自带你见你的亲生母亲好吗？"

其实，妮娜现在最讨厌巴尔钦克诺夫抱她了，但是现在的处境下也是没办法，只能是假戏真做，故作生气地靠在巴尔钦克诺夫的怀里，用自己的小粉拳边娇嗔打着巴尔钦克诺夫胸口边生气地说道："我恨死你了、恨死你了。你以后再这样欺负我，我就不做你情人了，我、我先杀了你。"

"亲爱的，我也压力太大了，下不为例、下不为例。"

"我完成这个任务,你真带我见我的亲生母亲吗?"

"会的!我会向沙皇尼古拉二世禀报这事的。应该不成问题。"

"那还差不多。我猜你对我也不会那么狠心。但是,我这次回瑷珲执行任务,你必须再答应我一个条件。"

"亲爱的,只要你去执行这次任务,别说一个条件,就是十个条件我都答应。你说吧。"

"我需要几个帮手。你最好把叶列娜、安菲娅、达莉娅、卓娅她们几个人给我。我到时好用。"

"这个?这样对关震臣不好吧?"

"有什么不好的?"

"她们没有嫁给关震臣,我正好利用她们的美色和身上的那股高傲性,诱惑和分散瑷珲副都统衙门里的那帮人。这叫声东击西,你难道不知道吗?"

"好好好!我都答应你。但是,你必须把这件事给我做得漂漂亮亮的。"

"你就等好消息吧!"

妮娜为什么非要叶列娜、安菲娅、达莉娅、卓娅她们几个人呢?真是让她们来瑷珲帮她吗?其实完全不是这回事。妮娜作为一位优秀的情报人员,自有她独到想法。她通过这次巴尔钦克诺夫的威逼利用,马上意识到自己身单力薄,必须尽快扶持和培养一批心腹人员。

有道是:敌人的敌人就是朋友。

上次巴尔钦克诺夫为了拉拢关震臣,专门从俄国给他挑选了五名美女。由于妙手回春从中略施小计,就把这事给搅黄了。最后,巴尔钦克诺夫硬逼着狄安娜嫁给了关震臣。叶列娜、安菲娅、达莉娅、卓娅四个人也从中看出了巴尔钦克诺夫阴险狠毒的一面。巴尔钦克诺夫拿她们根本就不当人看。他为了实现自己的目的,不惜牺牲任何人的生命。她们四个人从心里恨透了大尉巴尔钦克诺夫。聪明智慧的妮娜就是洞察到了这一点,来个假

第七章 大丘坟

戏真做,悄悄地为巴尔钦克诺夫下一步暗棋。

可是等到妮娜接受任务走后,大尉巴尔钦克诺夫也露出了诡异的笑容。他也暗自盘算着另外的一步暗棋。

这真是:假作真时真亦假,真作假时假亦真。真假难辨亦难分。

§

书说简短。妮娜接受之后,等着叶列娜、安菲娅、达莉娅、卓娅四个人到齐了,就带着她们和几个用人回到瑷珲城。黑龙江将军德英大人听从了依郎阿的建议,把关特格列原来的一处独立的四合院分给了妮娜住用。

妮娜当面谢过德英大人后,带着叶列娜等人就住进去了。一连十多天,妮娜和叶列娜、安菲娅、达莉娅、卓娅四姐妹整天说说笑笑的,再也没任何举动。巴尔钦克诺夫一连三次寻问妮娜最近火攻进展情况,妮娜回复的只有四个字"等待时机"。

其实妮娜正按照自己的计划一步一步向前推进。她正在一天天考察叶列娜、安菲娅、达莉娅、卓娅四个人对自己是否忠诚,同时,也是悄悄地寻找机会把火攻的消息传递给依郎阿。

妮娜通过与叶列娜、安菲娅、达莉娅、卓娅四个人推心置腹的交流与沟通,其实也是妮娜有意识地给她们洗脑,基本说服了她们四个人。可是,妮娜上街的时候,总会发现有许多耳目在暗地里跟踪着她。时间一点点推移,发动火攻的日期越来越近了。妮娜终于下定决心:我说什么也不能再帮大尉和关震臣他们。我不但要救我的亲生母亲,而且也要救大清国的这些人。救了大清国的这些人就等于救了我的心上人依郎阿。我现在不能直接去找依郎阿,因为大尉和关震臣现在恨不得抓到我的把柄。大尉三番五次来信话里话外都在敲打我,其实早就已经怀疑我了,说白了就差直接证据了。如果他们现在抓住了我与依郎阿的直接证据,正好找借口处死我。

我也不能露面见依郎阿,这可如何是好啊?实在不行,我再来一次飞鸽传信。

西方人家里都比较爱养动物。妮娜跟着穆拉维约夫的时候,经常替他养狗养猫养信鸽啥的,因此,她家里也养有信鸽。以前,妮娜也曾通过信鸽与依郎阿联系过,但是这个时候巴尔钦克诺夫和关震臣的耳目太多了,她不能轻易尝试。这天,妮娜被逼得没办法了,就在蜡纸上写了两个字:火攻,然后用蜡纸包着一粒粮食卷成了一个小纸卷,用一根非常细的红线,绑在了信鸽的腿上,在三更天左右把窗户打开,妮娜一看四下无人,一抖手把信鸽放出去了,然后又轻轻地把窗户关上。妮娜感觉自己始终提着的这颗心总算落地了,行了!这下可以脱衣服睡个好觉了。

让妮娜万万没有想到的是,如此小心细致的信鸽传书的举动,竟然还没有逃脱西厢房用人屋内的一双贼光四射的眼睛。

等到妮娜把窗户关好后,只见西厢房屋里出来了一个鬼鬼祟祟的人。这人是谁啊?跟随关特格列多年的狗奴才狗顺。关特格列被降为庶人之后,许多家奴都被遣散回家了,唯独这个狗顺从小就被卖到了关府,是在关府长大的。他父母早些年就死了,也没有兄弟姐妹。所以,瑷珲副都统衙门关保大人看他可怜,就把他留下来继续看宅护院了。哪承想,关保大人的这一好心,却给他自己留下了天大的麻烦,从而死于火海之中。这是后话,暂且不提。

只见狗顺悄悄地出了院,一抖手也放飞了一只信鸽。哎!工夫不大,两只信鸽成双入对的,飘然落在了狗顺的手臂上。狗顺把两只信鸽往怀里一揣,往下一猫腰,噌,快速消失在夜色中。

天没亮之前,狗顺就把这只信鸽送到大尉巴尔钦克诺夫的手上。巴尔钦克诺夫打开蜡纸一看"火攻"两个字和一粒粮食后,不由发出一阵冷笑,"哼……妮娜啊妮娜!你太让我失望了。既然你不仁,也就别怪我不义了。

"你!按照原来的样子绑好,把信鸽放了。"

第七章 大丘坟

"放了?大尉阁下,我是不是听错了。"

"没错!把这只信鸽重新放了。这是一百两银票,你拿去买杯酒喝吧。"

"谢谢大尉阁下!我、我回去了。"

巴尔钦克诺夫一摆手,让他退下了。

狗顺悄悄地回来后,还像往常一样,天天负责打扫卫生、饲养信鸽什么的,谁会想到他会是身边最危险的人。这真是:画龙画虎难画骨,知人知面不知心。有些人真没法去看。妮娜平时对这位瘦小枯干的狗奴才狗顺非常照顾,尽量让他干点轻巧活。说白了,妮娜也把他当个人看,哪承想狗顺是狗改不了吃屎的毛病,贱人贱命。妮娜想让他往人道走吧,呀!他反而越往狗洞子钻。再说了,狗顺跟随关特格列多年,从骨子也沾染上了卖国求荣的劣习。其实关特格列与俄国人勾搭连环的具体事,都是这个狗顺私下给联系、给做的。只是他太善于伪装了,骗过了许多人。狗顺平时喂着信鸽、放飞信鸽的时候,他都是有意识地成双人对的喂养和放飞。缺一个,宁可让另一个信鸽饿着也不喂它。这些都是他暗地里对妮娜喂着的几对信鸽私自下的小手段。妮娜当然不知了。

§

等到依郎阿接到妮娜的飞鸽传书后,一看"火攻"两个字和一粒粮食,马上就明白了妮娜的意思:罗刹又开始在秋粮收割上打鬼主意了,他们要放火烧粮。

依郎阿知道了巴尔钦克诺夫的阴谋后,火速把这情况告诉了瑷珲副都统关保大人。因为德英将军有事刚回省城将军府。关保大人还在病中,是带着病主持瑷珲副都统衙门的工作。关保大人知道这件事之后,躺在床上有气无力地对依郎阿说:"恒毅啊!这事全依仗你了。你说这件事怎么做就怎么做,现在赶紧到各地方去,把人分工,一是在百里以内,瑷珲统管辖的所有地方，所有收割庄稼的地方一定筑好防护，而且防止俄国人从中使坏。你现在下去就做这样的准备，务必要把这件事做好。"

"关大人，有我和常喜在，还有佐七爷他们支持，你放心养病吧！"

就这样，依郎阿带着常喜，还有佐七爷、帕尔根、关泰、关福等人，每人各带一支队伍奔赴百里瑷珲沿江的各个庄稼种植的密集区一边发动群众，一边进行严防死守。

而此时倚靠在黑龙江铁甲船宽大沙发上的大尉巴尔钦克诺夫一边喝着烈性的伏特加酒，一边听着一名黑衣人的密报，不住地发出一阵阵冷笑，"哼……依郎阿、依郎阿，你们果然中了我的借刀杀人和调虎离山之计，不久的瑷珲城必将葬送在一片火海之中。昏庸的清政府必将把你们一个个革职查办不可！"

自从上次任务失败后，巴尔钦克诺夫对妮娜就不再相信了。这次他虽然给妮娜布置了任务，但他又秘密地派出了许多线人，在暗地里盯梢，线人是有男的，有女的，有的是明的，有的是暗的。妮娜到什么地方，大尉巴尔钦克诺夫都知道。这个黑衣人就是巴尔钦克诺夫安插在黑暗处的一个极其隐蔽杀手。这次妮娜又飞鸽传书，彻底激怒了巴尔钦克诺夫。他喝了一大口伏特加酒后，摇了摇他那大脑袋，酒气熏天地说："妮娜已经不是以前的妮娜了。她变了。从她这些年做的事，从盗抢粮草那件事以后，她妮娜就没有做出一件对大俄国有利的事来。哼！既然她已经是沙皇俄国的叛徒，还留着这个臭婊子何用。"

黑衣人低声地问道："那、那关震臣呢？"

"关震臣，这个人就是一个纨绔子弟，就是个要钱的混蛋而已，他更干不成这事。我们英雄的哥萨克骑兵从来都是无往不胜的，怎么能靠这几个人呢？我们要靠自己哥萨克骑兵的力量来完成这个行动。他依郎阿不是在防火吗？我就给他来个将计就计，再给他加把火！看看是他依郎阿防得厉害，还是我火攻得厉害！哈……"

第七章　大丘坟

巴尔钦克诺夫到现在算是彻底想明白了,许多事还得靠自己亲力亲为,所以,他早就在私底下组建了一支全是俄国哥萨克士兵的火攻队,并且只听他一个人的独立指挥。他向谁都没透露这个极其残暴的作战方案。就是站在他旁边的这个黑衣人也不知道。瑷珲副都统委哨官依郎阿就更不知道了。

巴尔钦克诺夫一扬脖"咚咚咚"把半瓶伏特加酒喝光之后,"啪"把瓶子狠狠地摔在了甲板上,醉醺醺地对黑衣人讲:"我现在,应该到了给妮娜结账的时候了。明天,你听我命令,把妮娜给我'嗑——'"说着巴尔钦克诺夫用手在自己脖子上比画了一下。

"明白!"

巴尔钦克诺夫一摆手,把黑衣人给打发走了,他又继续喝上了。俄国人有酗酒劣习,但是作为一名俄国情报人员,特别是东西伯利亚情报总站的负责人是不应该酗酒的。但是今天巴尔钦克诺夫破例了。

§

第二天下午太阳偏西的时候,妮娜受到邀请再次来了铁甲火轮船。此时,巴尔钦克诺夫像换了一个人似的,穿着崭新的制服,还特意刮了胡子,显得格外的精神,而且对妮娜也格外的热情。

"亲爱的!我应当向你报喜。沙皇尼古拉二世陛下颁赠给你了一枚圣凯瑟琳勋章。你说咱们是不是应该庆祝庆祝啊。这是穆拉维约夫伯爵给你请来的,你确实有功,快进屋里来看看。"

妮娜来之前还在猜测:大尉这个老狐狸不知道又要耍什么阴谋诡计?我得提防着点。可是当她看到巴尔钦克诺夫从柜子里拿出一个做工精致的小盒子,递到她的手里。妮娜急忙打开盒子,一看真是圣凯瑟琳勋章,激动得手都在颤抖。妮娜小心翼翼地把圣凯瑟琳勋章挂在自己胸前的这一刹那，眼泪"唰"一下就下来了。因为圣凯瑟琳勋章是很出名的，它是皇上亲自给授予的。

帝俄时期，政府颁赠的圣凯瑟琳勋章是皇室以外俄国女性能获得的最高荣誉。圣凯瑟琳勋章为彼得一世在1713年创立，据说原先是只计划颁予他的妻子，当时还是皇后的叶卡捷琳娜一世，用以嘉奖当时她捐助所有私人珠宝贿赂土耳其人以换取俄罗斯军队得自包围战中撤离，叶卡捷琳娜一世登基后制作了同样的勋章授予她与彼得的两个女儿及其他女士，确立了圣凯瑟琳勋章的传统。

圣凯瑟琳大十字勋章主要由独立的宝星、红色绶带及十字勋章组成，十字勋章可以挂在绶带上也可以独立挂在其他地方。绶带一般斜挂于右肩垂至腰际。

妮娜如今得到了圣凯瑟琳勋章，也就以为她的人身可以获得自由了。她的亲生母亲同样也可以得到自由了。她能不高兴吗！

巴尔钦克诺夫拍了拍妮娜的肩膀说："亲爱的妮娜，这么多年你抛家舍业来到了这么远的黑龙江边，为了这些工作，你做出的牺牲太大了，还听我的话，我让你怎么做，你从来都没有怨言，你应该获得这枚至高无上的圣凯瑟琳勋章。我也为你高兴！今天就咱们俩一起庆祝庆祝吧。"

"嗯！"妮娜激动地点了点头，心话：大尉今天怎么像换了一个人似的。难道他良心发现了。还是伯爵给自己报请下来圣凯瑟琳勋章后，你对我刮目相看了？

妮娜虽然心里一直的画魂，但她还是劝自己要多向好的地方想。她哪曾想到死亡的魔咒正悄悄地向她袭来。

其实，巴尔钦克诺夫最狡猾，他就是想用圣凯瑟琳勋章来麻醉和迷惑妮娜，让妮娜彻底放松警惕，他好趁机下手。巴尔钦克诺夫和妮娜来到餐厅。巴尔钦克诺夫又特意打开了一瓶纯正的法国红酒，非常绅士地给妮娜倒上。然后，二人是边喝边聊。

第七章 大丘坟

时间过得飞快,转眼间夕阳西坠、玉兔东升,满天的星斗显得格外的明亮。妮娜边看着窗外美丽的夜景,边品尝着纯正的法国美酒,感觉自己好像在梦里一样。对面而坐的巴尔钦克诺夫在自己的心目中也不是那个让自己非常厌恶的魔鬼了,而是一位风度翩翩优雅而高贵的俄国绅士。

"亲爱的妮娜,你这么多年跟着我受苦了,我敬你一杯。从刚才你戴上圣凯瑟琳勋章的那一刻起,你就自由了。你可以和你的亲生母亲团聚去了。你太累了。今天,可能是我们在一起进行的最后一次晚宴了,那我们去到外面一起走走吧。"

二人又来到火轮船的甲板上。突然,巴尔钦克诺夫像想到了什么似的,对妮娜说道:"哎!亲爱的,我们不如去看看穆拉维约夫伯爵吧,自他走后,我们好长时间都没有看见过伯爵了。这次你获得圣凯瑟琳勋章,这里面有穆拉维约夫伯爵的很大功劳啊,我们应当前去拜谢一下。"

此时,妮娜被整个朦胧的黑龙江江面上的夜色给陶醉了,不由自主地说:"如果我们永远都像今天这样该多好啊。我不是在做梦吧?"

"不是做梦!这一切都是真的。"

"好!我也挺想伯爵的,我听你的安排。"

"那咱们明天就出发。我看今天你也累了,就早点休息吧。"

"好吧!晚安!"

妮娜从来都没有显得像今天这样温柔。她告别了巴尔钦克诺夫就来到了隔壁铁甲船一间整洁的卧室里。妮娜长年紧绷的神经突然一下放松下来了,感觉自己特别地疲惫,但是内心却是非常轻松。她就把自己身上所有的衣服都脱掉了,躺在松软的床上,身上仅盖着一件薄薄的丝被,闭上眼睛,转眼间就进入甜蜜的梦乡。在梦里,妮娜看到了自己二十几年没有见过面的亲生母亲,正拉着自己的手,在顿河河畔散步,在树林下唱歌。妮娜还看着自己的白马王子依郎阿,骑着一匹枣红马从远处奔驰而来。在夕阳的照射下,更加显得温馨和浪漫。妮娜和依郎阿两个人的距离越来越近、越来越近。就在这时,突然,树林的深处冲出来一只青面獠牙的魔鬼,猛然向妮娜扑来。就听见依郎阿大喊一声:妮娜!有魔鬼——危险!

就在妮娜从梦中醒来的这一刹那,卧室的房门突然"咣"一声被撞开了,"噌、噌",从门外快速闯进两个黑衣人来,他们是一老一少、一高一矮。年长者,个高体瘦;年少者,个矮体壮。他们进屋后不由分说,一个控制住妮娜的双臂,一个死死地掐住了妮娜的脖子。妮娜马上意识到:坏了!完了!巴尔钦克诺夫终于对自己下手了,我命休矣!

妮娜自从当情报人员以来,她的警惕性是最高的。这么多年来,她都和衣而睡,始终都处在半睡半醒之间。但是今天情况太特殊了,她从此自由了,就再没有了防备。要是平常,妮娜多年练就的身手以及她刚才提前醒来的那一秒钟时间,完全有挣扎和反抗的机会,但是妮娜在房门被撞开的这一瞬间,马上就放弃了反抗。因为妮娜清醒地意识到,巴尔钦克诺夫这是早有预谋的,今天必须把自己置于死地。而且,就算自己成功地逃脱了他的魔掌,巴尔钦克诺夫也会以叛国罪置自己亲生母亲于死地。既然是这种结果,自己还不如一死了之。最少自己获得的这枚圣凯瑟琳勋章,还可以换取亲生母亲一个自由之身。再说,自己现在活得太累了,又不能与自己心爱的白马王子依郎阿相爱,活着又有什么意义呢!

想到这,妮娜眼看到两个黑衣人闯进房间,她连动都没有动,微闭双眼,面带微笑,选择了死亡。

§

两个黑衣人掐死妮娜之后,用薄薄的丝被将妮娜的尸体包裹了一下。个矮年少的黑衣人把妮娜的尸体放自己肩上一扛,出了房间,来到甲板边上,"扑通"一声就扔进了滚滚流淌着的黑龙江里。俄国这艘铁甲火轮船是逆流而上,瞬间就消失在夜色之中。

第七章　大丘坟

黑衣人

当当！当当！

"进来！"

两个黑衣人闪身进入房间，垂手而立。年长体瘦的黑衣人低声说："大尉先生！事情办利索了。"

"有没有留下把柄？"

年少个矮的黑衣人，沾沾自喜地回道："大尉先生！您放心，今天晚上做的这个活绝对漂亮。这件事可以说是天知地知你知我知，绝对没有其他人知道。"

"行！我知道了。"

巴尔钦克诺夫极为不耐烦地打断年少个矮黑衣人的讲话，并指着他，说道："你从现在开始，想尽一切办法潜入到依郎阿的身边，按兵不动。你最好少说话、不说话，装傻充愣最好，没有极重要情报少与我联系。"

"是!"

巴尔钦克诺夫又看了看年长体瘦的黑衣人说:"你就到关震臣身边吧,一是继续督促关震臣组织人员七天后发动火攻,能折腾多大动静就折腾多大动静;二是时刻监督关震臣少挥霍我大俄国的银子,如果他还脚踏两只船,哼!你就做了他。去吧!"

"是!"

黎明时分,铁甲船临时靠岸,两个黑衣人瞬间消失在黑龙江边的丛林中。

§

天下之事,真是无巧不成书。就在两个黑衣人把妮娜的尸体扔到黑龙江里的时候,帕尔根驾驶着货船正悄悄地从后面跟了上来。

其实,帕尔根早就隐隐约约发现了俄国的铁甲火轮船,心想:深更半夜的,这帮老毛子又要干什么坏事啊,我跟他们后面看看。

帕尔根把货船上所有灯火都熄了,在后面保持一定的距离,偷偷地跟踪着。没多长时间,帕尔根突然发现俄国铁甲船上往江里扔了一个东西,俄国铁甲船开足马力就走了。帕尔根马上命令货船,"马上靠过去,看看老毛子到底往江里扔了什么"。

货船靠近,船工们七手八脚,撒网一打捞,就把妮娜的尸体给捞上来了。帕尔根打开包裹一看,当时就傻眼了。死者是他非常熟悉的妮娜,"赶快、赶快!转舵回瑷珲"。

"老爷!咱们货不送了。"

"不送了!办正事要紧。"

就这样,帕尔根拉着妮娜的尸体,就回到瑷珲城,报告给了依郎阿。

依郎阿抱着妮娜冰冷的尸体放声痛哭,"妹妹啊,我的傻妹妹!你怎么

第七章 大丘坟

这么糊涂啊。你有事为什么不提前告诉我一声呢？我也好保护你啊。"

帕尔根和关泰、关福也跟着依郎阿流泪。

最后，帕尔根劝依郎阿说："依大人，人死不能复生。我们还是尽早把她埋了吧。我们还是让妮娜早点入土为安吧。"

依郎阿让人买来最好的棺材，在大家的帮助下，在瑷珲去往齐齐哈尔道旁的一个北山坡的小树林里，把妮娜埋了。意思是说：从这往北看，妮娜能看看自己的家乡；另外，瑷珲也是你妮娜曾经待过的地方。我们永远留住你，跟我们在一起。后来，这个坟就被人们叫啊叫的，叫成了"姨娘坟"。正好山坡下面有个小沟，人们就叫它"姨家沟"。

妮娜死后，跟随她的叶列娜、安菲娅、达莉娅和卓娅，看透巴尔钦克诺夫险恶嘴脸，更恨透了残暴的俄国沙皇政府，她们一夜之间全跑了。巴尔钦克诺夫再找她们，怎么也找不到了。她们隐姓埋名于一个偏僻的小村里，也都婚嫁于各自钟爱的大清国的小伙子们。后来，这个村里又来了许多从俄国逃过来的人，人越聚越多，中国老百姓就叫这个村为"白俄村"。现在黑河还有这个村子。

§

有道是：金风未动蝉先觉，暗算无常死不知。依郎阿带着悲痛把妮娜埋葬以后，马上带领常喜、帕尔根、关泰、关福等人火速回到瑷珲副都统衙门，并马上向关保大人汇报了妮娜被害的事情。

身为瑷珲副都统的关保，由于身体经常生病，岁数又大了，就怕出事，更怕与俄国发生外交冲突，就说："帕尔根和关泰、关福，你们看到就好，免得俄国找我们要人的时候说不清楚。"

依郎阿一听关保这么说，心里有些不乐意了，就说："关大人！我们现在主要的不是推脱妮娜被害的问题。据我判断：敌人火烧瑷珲副都统衙门粮食的这件事，很可能行动计划提前。因为他们杀害妮娜，就是一个最明显的预兆。我们必须对尚未收割粮食的重点区域增加防范人手，加大巡查力度。这样我们才能防患于未然，彻底挫败敌人的阴谋。"

"恒毅啊！最近几天我身体经常胸疼、咳嗽，虽然我主持不了全局，但是让我到江边蹲守还是没问题的。恒毅啊！这次行动你就全权负责吧。我听从你的调遣，你给我分配任务吧。"

别看关保做事比较保守，但是他对瑷珲这块土地还是充满了深厚的感情。

"关大人，还是由你来指挥吧。"

"恒毅，你也别客气了。这么定了。你快下任务吧。"

常喜看依郎阿还有点谦让的意思，他马上补充到："依大人，关大人身体有病，你就别推托了。我们都听你的。"

"好吧！常喜听令！"

"末将在！"

"你带领一百名八旗精兵和帕尔根在瑷珲城以西，沿黑龙江边境重点尚未收割的粮食区域重新做好防守，不得有误。"

"末将接令！"

"关泰、关福听令！"

"在！"

"据我们获得的情报所知：此次俄方火烧瑷珲粮食，与关震臣有关。现在关震臣在暗中正联系你们老关家家族不明真相的人从中作乱。我命令你们兄弟二人，不要忘记先祖功德，积极劝说关氏家族族胞以瑷珲城的黎民百姓的安危为重，切莫助纣为虐，成为瑷珲城的罪人。"

"依大人！你和关大人放心吧。我和关福一定会尽我们兄弟二人的最大努力，来弥补阿玛和愚弟犯下的错误。"

"瑷珲城以东，黑龙江边境所有产粮重点区域的防范工作。由我带领一

第七章 大丘坟

百名八旗精兵负责防守。"

"关大人，你和佐七爷带领着留守的八旗兵坐镇城中指挥吧。"

"恒毅啊，你这么指挥不行！我怎么能坐在衙门里享清闲呢？我要到江边蹲守去。"

常喜说："关保大人，你岁数大了，就在家这块坐镇吧。风要刮起来，瑷珲城人也不少，一些商场一旦火也着起来，咱们还得保护家里啊。"

关保一听也有道理，他自己就留下了，但强调："那头道沟这块离瑷珲城近，就属于我来管吧。"

依郎阿一看拧不过关保大人，就和常喜二人商量了一下，说："好吧！那就让佐七爷、马四跟着你吧。"

"就这么定了，事不宜迟，大家赶快行动吧。"

§

依郎阿和常喜各自点兵带人出发了，因为他们负责的范围太大了，不早出发也不行。关泰和关福兄弟二人一合计，关福就发愁了，"阿哥，咱老关家这么多人、这么多家，有许多人还住在城外，咱们怎么才能挨家挨户地通知完啊？望山跑死马，咱腿还不跑细了啊。"

关键时刻还是大哥关泰有主意，"哎！有了！有道是射人先射马，擒贼先擒王。要是按照你的办法，咱兄弟二人什么时候才能跑完啊？而且效果也绝对不好。不如这样。咱们先找咱关尔佳氏长了年纪的老人们谈一谈，把理说开了，由他们帮咱们做工作，不是更好吗？"

"阿哥，还是你有主意，我听你的。"

于是关泰和关福就先到关尔佳氏家族里面几个有头有脸的、有威望的老阿玛家里透透风、做点思想工作。关尔佳氏在整个瑷珲也是一个大家族。上下好几百口子人。没承想，关泰、关福对关尔佳氏家族里的这几个德高望重的老阿玛一说，他们都举双手赞成，说："关泰、关福啊！你们俩算给你老阿玛将功补过了。既然你们今天来了，我们几个老家伙也就把话说到明处。你们老阿玛曾经一时糊涂啊！咱们关尔佳氏祖上积攒下来的那点功德都让他给败祸没了。我们几个人都劝他，不应该倚老卖老、仗势欺人，他不听啊！最后，看到没有，他犯下这么大的错误，让咱们整个关尔佳氏家族跟着丢人啊。他是作孽啊！孩子！你们放心！你阿玛是你阿玛，你们是你们。我们几个老人不能把责任全怪罪到你们的头上。今天，你们兄弟二人既然来找我们几个老家伙了，我们今天也倚老卖老，说句狂话：我们几个下面的孙男弟女，绝不会有一个再干给关尔佳氏祖宗丢脸的事。如果有一个人敢参与烧粮食的事，我让他到关尔佳氏神龛前掌嘴谢罪。"

"对！我也支持！关泰、关福啊，你们今天这一来，我们几个老家伙又重新看到咱关尔佳氏的希望了。咱们关尔佳氏就应该本本分分、老老实实做人做事，不负皇上恩典。行了！你放心吧。你们兄弟二人要是人手不够，我让关龙、关虎、关豹、关熊给你们当下手。"

"老玛发！我们兄弟二人太谢谢你们了。如果关龙、关虎、关豹、关熊、关鹰几位兄弟能帮我们的忙，那再好不过了。"

"好吧！等一会儿，我就让他哥五个找你们去。"

"我家关勇、关超你也算上。"

"哎！还有我们家关强……"

"老玛发，关泰、关福在这给您打千施礼了。"

俗话说：人怕见面，树怕扒皮。本来关尔佳氏家族就是一家人，都流着一个先祖的血液。今天把关特格列的事都说开了，其他事都好办了。再说，现在关泰是什么身份啊？他可是朝廷对关尔佳氏世袭罔替的继承人，那也是享受着朝廷三品大员俸禄的官人啊。但是关泰自从接替他阿玛关特格列位子后，依然本本分分在帕尔根货船上干活，依然是该干什么干什么。没有像一些人一样，今天当官了，明天说话都拉长音，放屁都故意放两响，

第七章　大丘坟

就怕别人不注意他。关泰绝不是这样的人。

老百姓的眼睛都是雪亮的。关泰的所作所为不但瑷珲副都统衙门的人看到了，而且关尔佳氏家族的每一个老人也都看到了。他们暗地里对关泰都竖大拇指："关泰真是好样的。这才是咱关尔佳氏的人。"

所以，今天关泰、关福一来找这几位关尔佳氏德高望重的老玛发，他们从心里往外都佩服关泰和关福，"他哥俩没有忘本。哪能不支持他们呢！"

这真是：一招对路，全盘皆活。关泰和关福没费多大劲，就把整个关尔佳氏家族上上下下所有的人都发动起来了，而且还组建了一支关尔佳氏家族精干的"护粮队"，积极策应、配合关保、依郎阿和常喜他们。

§

那位说："关泰、关福把关尔佳氏家族的所有人都说服了？"

哪儿啊！林子大了什么鸟都有，嗑瓜子还能嗑出臭虫来呢！最反对关泰和关福的人，不是别人，正是他们最亲的人——老阿玛关特格列和两位叔阿玛关特格恩、关特格林。最最恨关泰和关福的，就是关震臣。他们到现在，不知在背后骂关泰、关福多少次了，说关泰、关福卖主求荣，是软骨头，是吃里爬外的叛徒。

关震臣甚至还动了想用黑衣人杀掉自己亲哥哥关泰和关福的念头。但是，后来关震臣突然内心一动，我要是把我们两个哥哥都杀了，老阿玛和两位叔叔都长年纪了，老关家男人里面还有谁啊？我现在流落异国他乡，肯定回不去？谁还能支撑这个家啊？嗨！算了吧。听天由命吧！

要不然，关泰和关福还真让关震臣派黑衣人给杀了。

关泰、关福这边捷报频传，这让关保、依郎阿和常喜他们减少了不少的负担，但是他们也没敢有一点防范上的懈怠，每天都在严密地蹲守和巡查。

依郎阿准备的，完全是按照妮娜的白鸽和后来他又派一阵风捎回来的口信精心布置，但是现在计划赶不上变化快。巴尔钦克诺夫突然改变了火攻策略与时间，甘愿冒着引发两国战争的危险，走了一步灭绝人性、惨绝人寰的毒计。

依郎阿和关保他们俩做梦也没想到，大尉巴尔钦克诺夫敢直接这么干。

§

关保岁数大了，带着一伙人就在头道沟找了个观察视线好，又相对背风的地方，蹲守下来了。头道沟这个地方地形非常特殊，呈喇叭形，每到秋季，风正好从外边可劲往头道沟里灌，有时风刮起来还没完没了的。这里长年累月，聚积了许多枯草和树叶什么的，因此，土地极其肥沃。江边开阔的几十垧土地上，一直到呈喇叭口深处的山根底下，庄稼长得比其他地方都好，年年都是大丰收。山上也密密麻麻长满了灌木和高大松树，一到秋天，地上的枯草和松枝落了厚厚的一层。翻过不高的山坡，顺坡而下，没有多远就到瑷珲城了。由于灌木长得太茂盛了，所以，山上只有一条极窄的的羊肠小道。

头道沟离瑷珲不远，就三里多地，树连树，风一吹起来就容易着火。

当时瑷珲城是木头城，城墙都是木头夹层的，木头挨着木头、木头夹着木头，在上面抹点泥。城里的老百姓住的房子也多是木头的房子。靠山吃山，靠水吃水。瑷珲城要山有山、要水有水，山上木材取之不尽，水里的鱼虾捕捞不完，所以老百姓的吃的住的都来源于山上和水里，生活也非常地舒适。

开始的几天，关保大人还非常上心，每过一两个时辰都到处走走看看，问问情况，一连过了好几天，什么动静都没有，他就感觉：是不是依郎阿的情报错了？还是敌人发现苗头不对都撤了？这些八旗兵在这里也没用，

第七章 大丘坟

让他们支援依郎阿和常喜他们去吧。

所以，关保大人在放松警惕的同时，也把一些兵力调转到其他地方去了。他只带着佐七爷、马四，还有几个兵勇一共七个人，都蹲在一小帐篷里避风，相互侃侃大山，聊点家常什么的。晚上，几个人轮流值班，偶尔出去看看，也就算完事了。

也该着出事。这天晚风也不知道怎么的，风大得出奇，到了三更天的时候，这七个人都在避风的小帐篷里睡着了。

就在这时，从黑龙江上游顺流而下，来了一艘俄国铁甲火轮船，极速向头沟道驶来。当俄国铁甲火轮船快靠近头道沟时，它放慢了速度，慢慢地靠到了江左头道沟的岸边。就听见一名俄国哥萨克军官的口令："给我放火箭！"一声令下，万箭齐发，嗖—嗖嗖——箭杆上带着长长的火苗，就落到了几十垧待收的庄稼地里。

许多庄稼的叶子都干透了，是见火就着。这下坏了！眨眼间，整个头道沟沿江边一线，瞬间就变成火海。再加上这强劲的大风"呜——飕"，这真是风助火势，火助风威啊。这条火龙滚着个，直往头道沟喇叭深处扑来。

"不好！着火了！"佐七爷经验丰富，一看外面火光冲天，就知道着火了。

关保大人、马四和四个兵勇也被惊醒了。一个个爬起来，就往帐篷外冲去："快、快、快扑火！"

怎么扑啊？要工具没工具，要人没人。佐七爷也不知哪来的那股劲，转身"咔嚓、咔嚓"折断了几棵锹把粗的树枝，递给大家。

"用这个扑火！在火前头拦着它。别让火翻过山去。要是让火翻过山去，这么大的风，咱们瑷珲城可全完了。"

关保这个时候，才真正意识俄国人的险恶用心。这七个人像发疯似的拼命地扑火。头发、眉毛都燎没了，他们也顾不上了，真是玩了命了。

此时站在俄国铁甲船上的大尉巴尔钦克诺夫，一看大火里有七个人在拼命地扑火，他冷笑了几声，对着甲板上所有的哥萨克士兵高声呵斥到："给我放火箭，射死他们！一个都不让他活！"

一声令下，又是万箭齐发，嗖嗖嗖——

"哎哟！我腿中箭了。"

"哎哟！我胳膊中箭了。"

"快给我往后撤！哎哟！"关保大人刚下令，自己肩膀上也中了一箭。箭上带的火苗"呼"一下把关保身上的衣服点着了。关保也顾不了疼了，用手抓住箭杆，一咬牙"你给我下来吧"，活生生地把箭愣是给拔下来了，就地一打滚把身上的火也给压灭了，"给我往后撤！"

等到七个人连滚带爬地从火海里撤出来的时候，一看大家都受伤了。佐七爷伤势最为严重。他腿上中了两箭，腹部还中了一箭，血呼呼地还往外冒。

"不用管我！关大人，快去叫人扑火！"

"嗨！都怨我啊！来不及了！"

其中的一个兵勇也急了："关大人！这火，可怎么办呢？"

"你们都走吧！你们家里还有老小，别在这等死了，走吧！"

"关大人，那你呢？"

"我对不起瑷珲城的父老乡亲们啊！我是罪人啊！你们就让我死在这儿吧。"

"关大人！你不走，我们也不走！咱们要死都死在一块。"

这时候火着的更旺了，打着旋就扑过来了。佐七爷躺在地上急了，"快、快！快把山根底下的这片庄稼连根拔起，拔出一个隔离带，千万不能让火烧到山上去。"

他们七个一个一段距离，都拼上性命了。也不管大火烧着了自己身上的衣服。

巴尔钦克诺夫看着眼前的熊熊大火，仰天大笑："哈……瑷珲城，你给

第七章　大丘坟

我从地球上消失吧！真是天助我也。开船！"

随着一声汽笛的长鸣，铁甲火轮船加足马力，很快就消失在漆黑的夜色里。

关保关大人、佐七爷、马四和四名兵勇，耗尽各自生命最后一点力气，最后，用他们的身体，硬是减弱了风卷而来的这场大火。虽然大火火势减弱了，但是，它们还是借助风势，一下子翻过山头，引燃山上常年堆积的树枝和树叶，这下坏了，瞬间火势又起来了。转眼间，火势直往瑗珲的方向扑来。

大尉巴尔钦克诺夫早就派人分头进行了周密的侦察和计算。有的地方他们还暗地里做了手脚。依郎阿千算万算，做梦也没想到巴尔钦克诺夫会来这么阴险毒辣的这一手，他要火烧瑗珲城。

不知道是天意，还是该着瑗珲城命不该绝，当大火刚接近瑗珲城外的时候，突然风向一转，逆风而走。火势在逆风的情况下，瞬间减弱，再加瑗珲城里早已奔涌而来的扑火人，经过几个时辰的奋力抢救，终于扑灭了这场瑗珲城史无前例的大火。

§

瑗珲城虽然保住，但是关保大人他们七个却被巴尔钦克诺夫放火烧死在头道沟。这对于整个瑗珲副都统衙门来说，都是一个巨大的震撼。全瑗珲男女老少都自发地为关保大人他们披麻戴孝，人们的情绪都非常低落。人们在瑗珲副都统衙门为关保他们搭设了灵棚，人们纷纷到副都统衙门前来吊孝。

德英将军得到消息后，专程赶到了瑗珲副都统衙门，坐镇指挥。依郎阿一看到德英将军来了，再也控制不住自己的内心的情绪了："将军大人，关保大人他、他……"

"恒毅啊！你别说了，人死不能复生，我们都节哀顺变吧。"

在场的依郎阿还有常喜很多人，内心都是很悲痛的。依郎阿恨得咬着舌头都快出血了。德英看着依郎阿、常喜周围的许多人说："现在老毛子那边正看咱们笑话呢，咱们现在还得振奋精神，先把这死去的人好好送走，先让死者入土为安吧。我们再想其他办法。"

"是！将军大人，你也放心走吧，瑷珲不会垮的，我们也绝不会让这白布天天在城里飘扬。"

就这样，依郎阿和常喜他们把所有感情都用在了被烧的瑷珲城的东边，也就是关保大人他们蹲坑阵脚的地方，在这堆起一大坟包。

为什么堆起一个大坟包呢？

因为这些人的家属都想到那儿去把自己家的亲人尸骨拾回来，可是依郎阿赶来一看，傻眼了，这七个人的尸体都烧得认不出来，只能看到几个头骨。关保大人头颅大，一看就看出来了，其他的人就分不清了。其他家属也不愿让自己的亲人死后远离自己的祖坟。不让自己的亲人死后入祖坟，他们觉得对不起自己的祖宗，也是对死者的不敬，这怎么办呢？这事不但让死者家属犯难了，连德英、依郎阿他们都犯难了。

最后，还是关保夫人张氏说话了："既然生前，关大人和他们在江边一起守卫，为国效忠，那死后他们还是葬在一起继续为瑷珲守护吧，生生在一起，死死在一起吧。"

关保夫人张氏都说话了，其他家属也没有任何异议。人们就在瑷珲城东堆起了一座高高的坟头，也就是后来人们常说的大丘坟。

关保大人下葬这天，整个瑷珲城的老百姓都出动了，都披麻戴孝，哀乐齐鸣，场面非常壮观。关保大人埋葬后，关夫人张氏哭得死去活来，说什么都不走，"我要留下来陪他。陪他说说话，你们都回去吧"。

谁让她回去她都不回。最后，关夫人跟依郎阿说："委哨官大人，我啥事都没有，就是心里感觉堵，让我跟他（关保）说说话就好了。你就让爱

第七章　大丘坟

绅泰一个人陪我吧。你们放心回去吧。"

"好吧!"依郎阿只好听从了关夫人的话,让关保大人的小舅子爱绅泰留下来陪着她,其他人都撤了。

关夫人天天守在大丘坟那儿,一守守了整整七七四十九天。要不是爱绅泰苦苦相劝,关夫人还想在大丘坟替丈夫守孝三年呢。

这真应了老人常说的那句话:穿破才是衣,到老才是妻。儿女满堂,不如半路夫妻。

第八章　瑷珲三拳

尊敬的奶奶、爷爷、师傅、兄弟、朋友，各位好！
我有金子一样的嘴，我有龙马精神，
我有海一样的胸怀，
我把遥远祖先的英雄名字、勋业永远记住。
前事不忘，后事之师。
我现在以虔诚之心，
把感人的富察氏家族的说部，给您讲述出来。
我恭恭敬敬地讲啊，您耐心地听吧。
小学生我有礼了，
各位大喜，吉祥，万福金安！

第八章　瑷珲三拳

关保大人下葬之后，依郎阿就和德英大人商量："将军大人，瑷珲副都统衙门不能一日无主。咱们还得抓紧时间选出适合担当副都统这个衔儿的人来。"

德英说："恒毅啊，选谁最好你们自己定，我刚到瑷珲副都统衙门，还不熟悉。"

"将军大人，我倒有一个合适的人选，不知你同意不同意？"

"谁啊！你说来听听。"

"将军大人，这个人就是咱们瑷珲副都统的五品苏拉博什库爱绅泰。"

苏拉博什库，是防御官衔。

"噢！我知道他，为人忠厚，十分能干，的确是一个不错的人选。只是把他从苏拉博什库直接提拔到副都统，有些越格，但当前朝廷正是用人之际，也是完全可以的。"

"大人，我实话说了吧。在关保大人一次病重之际，我们就曾谈论过此事。当时，特普钦大人、常喜和我都在场。"

德英将军最注重的就是民情，赶紧好奇地问："怎么回事啊？恒毅，你快快讲来听听。"

依郎阿就把瑷珲副都统关保两年前突发了一场大病。他病中举贤不避亲，力荐爱绅泰的事以及爱绅泰在同治二年率领瑷珲马队支援淮军的事，向德英将军一一做了讲述。

§

爱绅泰，姓富察氏，满族正黄旗人，现为三架山瑷珲水师营五品防御。为什么前书里提到瑷珲水师营只提到了佐七爷，没有提到爱绅泰呢？因为爱绅泰主要的责任就是训练瑷珲马队，兼管船厂水师营的船只修理、管理和船厂建设，等等。但是现在瑷珲船厂水师营基本处于停滞状态，所以，他就把主要精力放在三架山驯马、练马的任务上,平时船厂各个仓库都由佐七爷来打理。其实,爱绅泰道光年间就来了,也算是瑷珲副都统里面的老人儿了。他对瑷珲副都统衙门默默地做过很多的功劳,只是他默默地做事情,不擅于鼓吹自己,但是他在副都统衙门里是很有威望的。

另外,爱绅泰还有两个磕头的把兄弟,大哥张柱子,也就是关保夫人的前任丈夫,三弟吉尔洪额,人称"瑷珲三拳",外号"铁锤子"。

大哥张柱子去世后,爱绅泰和吉尔洪额就担起了照顾大嫂的责任,家里有什么重活,都由他们兄弟二人主动来干。马氏也把爱绅泰和吉尔洪额,当作自己亲弟弟来看待。后来,马氏又嫁给了关保大人,爱绅泰和吉尔洪额兄弟二人随着嫂子,也就成了关保大人的小舅子。有时,他们也在关保大人家住,情同一家人。

道光末年,瑷珲有两个非常出名副都统。一个是富春,再一个清安。他们后来也是战死的。那个时候,张柱子、爱绅泰和吉尔洪额,小哥儿仨一起参的军。所说的参军,还不是现在意义上的参军,实际上是当时的马甲。因为他们是满族人,七八岁时都是八旗兵里的西丹兵,到了十二岁以后都要做马甲。马甲是八旗兵中级别最低级的兵。这是满族人的规矩。

§

张柱子、爱绅泰、吉尔洪额,他们小哥儿仨岁数都差不多。小哥儿仨当中,张柱子岁数大点,为人又仗义,自然排行老大。爱绅泰,为人忠厚,特别能吃苦,岁数居中,排行老二;吉尔洪额,小脑子特别聪明,能说会道,岁数最小,排行老三。开始他们的武术也没有专人来教。怎么办呢?他们就跟着别人学习四门斗。入了八旗以后,马甲的童子功首先练的就是四门斗。

四门斗是武功中的一门最基本的功夫。它是什么意思呢?就是说,对

第八章　瑷珲三拳

方无论从任何方位来进攻你时，不管是上下左右，还是东西南北，这么说吧，人身体的所有方位都能够防守得严严实实的；不管你如何拳打脚踢，我都能躲开、我都能防住，不让你碰到我的身体。我脚下移动的步伐，基本上都在四门斗的方位之内。张柱子、爱绅泰、吉尔洪额小哥儿仨，天天在一起，也不练别的，就是"啪啪啪"练这个。有时候，一个人防守，两个人从不同方位进攻。先慢后快、先易后难，小哥儿仨摽着膀子就练上了。谁都不服谁。你练一个时辰，我就练两个时辰。你练两个时辰，我就练三个时辰。小哥儿仨在一起练完之后，回家自个儿还在家偷着练。他们是冬练三九，夏练三伏。没几年的工夫，小哥儿仨身形转动，就快似闪电，光脚下移动就能把你转迷糊了。这么说吧，他们小哥儿仨四门斗的基本功非常扎实，而爱绅泰基本功最扎实。为什么呢？因为他忠厚老实，身上总有一股不服输的劲，有这股韧劲儿。

俗话说：勤能补拙。谁都喜欢勤快人。后来，八旗兵里的一个武术教头，看他们小哥儿仨是块练武的料子，就开始教他们长拳短打、马上步下、刀弓石、马步箭等十八般兵器。光阴似箭，日月如梭。一转眼三五年的时间过去了，小哥儿仨在八旗营里练就了一身过硬的功夫，打出的拳跟铁锤子似的，虎虎生风。更主要的是，他们小哥儿仨后来又有幸拜到了一位名师——独臂疯僧。这一下，使得哥儿仨武功有了一个质的飞跃。

§

有人说了："独臂疯僧不是被罗刹兵枪杀在江东了吗？"

对啊！独臂疯僧被罗刹兵枪杀在江东不假，但是，在他死之前的几年时间里，他时常回到瑷珲副都统衙门。独臂疯僧云游惯了，他在哪个地方都待不长。在这边住个十天半个月的，再到那边住个半月二十天的，长年就这样游荡惯了。当妙手回春和一阵风在江东好不容易找到独臂疯僧后，他嘴上虽然没答应跟着回瑷珲城,但是他也动心了。等到妙手回春和一阵风两个师兄弟走后,独臂疯僧就后悔了,心说:依郎阿虽然岁数比自己小不少,但是他和妙手回春、一阵风,那可是自己的亲师兄弟啊!人家千里迢迢派两位师弟来找自己,为自己人身安全担惊受怕,自己应该陪他们回去一趟。要不然,我这当师兄的,做得也太过分了。行啊!人家请咱不回去,人家不请咱自己送上门吧!

妙手回春和一阵风刚回到瑷珲城,没过几天,独臂疯僧疯疯癫癫地自己回来了。到了依郎阿的住处,他也不进屋,在门外边大喊大叫,非叫依郎阿带队亲自出去迎接他不可,弄得依郎阿哭笑不得,心说:师兄啊师兄!行、行、行!真有你的。连朝廷的那些大学士都拿你没办法,何况我这个亲师弟呢?袁师兄,您不是想要个面吗?行!我就亲自带人迎接。

依郎阿告诉身边的随从:"你、你赶快多找几个人来,跟我到外边,迎接我这位活宝师兄去。"

"好嘞!"

工夫不大,全院二三十人口都集合齐了,依郎阿带着人到了门外,集体打千施礼。独臂疯僧一看出来这么多人,"哗啦"跪倒一大片迎接他,这下可把他乐坏了,随口说了句:"嗯!这还差不多,都起来吧。"

说完,他也不管别人起不起,自己腆着肚子,背着手,进屋了。

依郎阿也不生气,一摆手大家散去,他随独臂疯僧进了屋子。

独臂疯僧进了屋之后,一看没了别人,马上就恢复常态,就把自己在江东侦察得到的情况给依郎阿简单地介绍了一遍,最后说:"师弟啊!你现在任务艰巨啊!你别看我现在就一只独臂了,如果有用得着我的地方,我也会助你一臂之力的哟!"

"师兄啊!有你这句话,我就放心了。我现在的确感觉势单力薄,不如这样,你要是有时间的话,就在瑷珲给我培养几个徒弟吧。万一有事了,也好是个帮手啊。师兄,你意下如何?"

第八章　瑷珲三拳

"好吧！那徒弟得我自己选。"

"没问题。"

"师兄啊，这是一块出入瑷珲副都统衙门和调动八旗兵的豹符腰牌。你就把它戴上。以后，你愿上哪儿去，谁都不敢拦你了。你说啥，他们都当是我的命令。"

"哎！这玩意好啊。还是我亲师弟向着我。行啊！这腰牌，我就收下了。"

独臂疯僧在朝廷军机处待过，对这样的腰牌太熟悉不过了。腰牌是古代官员日常所佩的身份符信，相当于今天的通行证，因系挂于腰间，故称腰牌。豹符为中国古代帝王授予臣属兵权和调发军队的信物。也就是说：依郎阿给予独臂疯僧的这块豹符腰牌，也就相当于赋予了他随时调动瑷珲副都统衙门之下八旗精兵的权力。这也足以看出，依郎阿对师兄独臂疯僧的充分信任。

依郎阿说："师兄啊，你就别走了。以后，你就住我这屋。等我每天忙完公务之后，我也好天天向你学习一些武术内家功的心法。"

"我可不住你这儿，一点都不自由。每天来来往往的人太多。我清静惯了，我还是回我的三架山关帝庙吧。你有事，就到那儿找我吧。我走了！"

依郎阿也没有再留，师兄弟二人拱手告别。

§

没想到第二天，独臂疯僧手拿着腰牌，把张柱子、爱绅泰、吉尔洪额哥儿仨给抓来了。

其实独臂疯僧早在三架山修炼的时候，就偷偷地注意过爱绅泰他们哥儿仨，哎呀，他们三个都是练武的好苗子，基本功扎实，只可惜，他们没有名人的指点、高人的传授啊！这要是让高人点拨一下，将来必成大器啊！

那时候，独臂疯僧主要是看奕山来气，也没有心思管瑷珲的事了，心说：天雨不润无根草，佛法只度有缘人。只看他们的造化了。

可是今天不一样了，时过境迁，现在瑷珲副都统衙门更换门庭了，已经是委哨官依郎阿来主持瑷珲的八旗军务了。独臂疯僧回到三架山后，就把爱绅泰这哥儿仨想起来了。今儿一大早，他拿着依郎阿给他的豹符腰牌，就来到三架山水师营。离水师营老远，独臂疯僧就看到这哥儿仨正在"嗨！哈"那练武呢。

独臂疯僧也不客气，手里晃了依郎阿给的豹符腰牌，指着他们哥儿仨，说："你们三个过来！认识这腰牌吗？"

吉尔洪额眼睛比较尖，一眼就认出来了："这是我们瑷珲副都统衙门委哨官依大人的豹符腰牌。认识、认识！"

"认识就好。那你们三个，跟我走一趟吧。"

"扎！"

见牌如见人。哥儿仨虽不知道什么事，但军令难违啊，只好乖乖地跟着独臂疯僧屁股后面，来到了瑷珲副都统衙门依郎阿的住处。

独臂疯僧一进门，就指着张柱子、爱绅泰、吉尔洪额哥儿仨说："师弟啊！就他们三个混球了。"

依郎阿一看，乐坏了！他们可是自己在三架山水师营里的得力干将啊。依郎阿一边对着他们三个使眼色，一边说："你们三个，还不赶快给师父磕头。"

"给师父磕头？给哪位师父磕头啊？"

还是爱绅泰反应快，一看依郎阿的眼色就明白了，"扑通"一声跪在独臂疯僧面前："师父在上，受徒儿爱绅泰一拜！"

"师父在上，受徒儿吉尔洪额一拜。"

"师父在上，受徒儿张柱子一拜。"

吉尔洪额和张柱子也明白怎么回事了，都"扑通、扑通"给独臂疯僧

第八章 瑷珲三拳

跪下了。

"行了、行了！起来吧，我都收下了。"

依郎阿说："师兄啊！你三个徒弟是收下了，但不能这么草率。等会儿，我把妙手回春和一阵风两位师兄都找来，让他们做见证，按咱们的规矩，让他们向祖师爷磕头。"

"我把他们三个收了就得了。程序能免就免了吧。"

"师兄啊，该有的程序还是得有的。剩下的事，你就不用管了。"

"好吧！就听你的啦。"

工夫不大，香案摆上。依郎阿、妙手回春和一阵风分别作为张柱子、爱绅泰、吉尔洪额三个人的拜师见证人，按照少林派规矩，上香、磕头、敬茶等，就进行了一场简单的拜师仪式。

你可别小看这个磕头拜师。这个头磕下去，两个人的关系就发生了质的变化。师父就是师父，徒弟就是徒弟。师徒如父子。师徒二人就建立了一种不是亲情胜似亲情的父子关系。

从此以后，独臂疯僧开始传授张柱子、爱绅泰、吉尔洪额兄弟三人武艺。师父是真教，做徒弟的是真学，哩哩啦啦，一年的时间，这哥儿仨的武功是大有长进。为什么是哩哩啦啦呢？因为独臂疯僧过惯了云游生活，在瑷珲城总也住不长远，教完哥儿仨一些招术后，隔三岔五的，自己就到江东溜达一趟，回来后再检查他们的练习程度。

有道是：名师出高徒。这话一点都不假。独臂疯僧那可以世间难寻的高人。没到两年的时间，哥儿仨"瑷珲三拳"的名声就传开了。

后来，独臂疯僧被罗刹兵枪杀，把他们哥儿仨心疼得够呛，爱绅泰差点没背过气去。要不是依郎阿压着，他们哥儿仨早跑到江东替师父报仇去了。后来，他们把怒火都压在各自的心里，暗地里跟罗刹兵就较上劲了。当俄国人想偷盗大清国的粮草时，张柱子心说，该死的老毛子，我负责的这一片区域，你就别想得到一根粮草。所以，他是日日夜夜监视着江对岸俄国人的一举一动。大清国的粮草虽然保住了，但他自己却被罗刹兵放火给烧死了。这就是以往著名"瑷珲三拳"的故事。

§

同治二年到同治三年期间，爱绅泰为瑷珲副都统衙门立了一个大功。为整个瑷珲和黑龙江将军争了光、添了彩。当时的特普钦将军还特意为爱绅泰在瑷珲城设宴三天，以示庆贺。

同治二年的时候，当时江淮一带太平军闹得最厉害。当时辽东有两个马队，一个是瑷珲的马队，一个就是吉林的马队。它们非常出名。

为什么瑷珲和吉林的马队出名呢？因为瑷珲和吉林的马队用的马与大清国其他地方的马不一样。他们用的都是鄂伦春和鄂温克的小马，这些小马，个头不高，四条小腿非常粗，带着铁掌的蹄子，专走踏草甸子，长鬃披地，非常机灵。它们可以借助一些大草甸子，往前"蹭"一蹭三丈远。别的马跑起来的时候都是挺身跑，威风凛凛的，看着非常好看，但在战场上来说目标太大，容易受到敌人的攻击。而这些小马在战场上非常具有实战性。本身它们个子就矮小，远看，它们就像贴着地皮跑，而且这种马跑都是蛇形线。一跃就几丈远。因此，敌人的双弩、群弩和很多箭很难射到它们。在瑷珲马队中，这些鄂伦春和鄂温克小个马中，还以小白马最多。再加上瑷珲马队的骑兵穿的都是白兔皮的软甲，贴在马上，离远了根本看不清楚，步兵跟马队的骑兵打仗根本没法打。所以，关内人给瑷珲马队起了一个外号叫"白毛风"，意思是说，瑷珲马队的速度太快了。

有一年，瑷珲副都统关保大人就接到了朝廷抽调瑷珲马队150骑兵支援江苏淮军的调令。关保接到军令的第一时间，就把依郎阿找来进行商榷此事。

"依大人，你看这次咱们瑷珲马队抽调谁去合适呢？"

第八章　瑷珲三拳

"关大人！按常理说，此次出征委派参领常喜去最为合适了。但是，最近黑河卡形势有点不妙，我派常参领到黑河卡去，他一时肯定离不开。我看还是派协领爱绅泰去吧。我通过与他的接触，发现他堪当此任，如果再通过实战的锻炼，定是一个顶天立地的将帅之才。"

"果然有眼力。你还真跟我想到一块去了。爱绅泰的确是一个比较理想的人选。既然你都点他了，那就是他吧！"

就这样，爱绅泰和吉尔洪额他们兄弟二个率领着一百五十人的骑兵和二百匹马，晓行夜宿，就火速赶到了江淮一带的淮军。

§

当时指挥淮军的是曾国藩，副手是李鸿章和他的弟弟李鹤章。"淮军"是晚清在曾国藩指示下、由李鸿章招募淮勇编练的一支汉人军队，可以说是中国军队近代化的前身，它是当时清朝政府的主要国防力量。因为兵员及将领主要来自安徽江淮一带，故称"淮军"。咸丰十一年（1861），曾国藩时任两江总督，总督江苏，安徽，浙江，江西四省军务。洪秀全创立的太平军向上海进军，上海守备清军不能抵抗，外援英军未到，此时湘军驻防安庆、上海地方官绅派代表向曾国藩求援。曾国藩早有用湘军制度练两淮勇丁的计划。他的得力幕僚，也是他的得力学生李鸿章主动请命："老师，我愿意到江淮一带招募淮勇。"

"好吧！招募淮勇事务繁多，你可要多加小心行事。"于是，曾国藩就把训练两淮勇丁的事，交给李鸿章。

经过一段时间的紧张筹备和训练，到了同治元年二月（1862年3月）李鸿章在安庆编成一军，对外称"淮勇"，又称"淮军"。每个淮军胸前都有一个大字，"勇"字。这"勇"字与清军胸前的"兵"字，虽然只是一字之差，但却有着天壤之别。说句白话，带"勇"字的，当时是民兵；带

"兵"字的，才是国家的正规军。"勇"字的兵能真正登上历史的舞台成为大清国的武装主力，还真得感谢曾国藩。为什么这么说呢？因为当时清朝国家常备武装力量为"兵"，这其中就包括八旗军和绿营军。八旗军为满兵，数量比较少。满洲八旗入关之后，清政府为了弥补满军不足的这一缺憾，就吸纳了一部分汉人，将他们单独武装起来，以绿旗为标志，以营为建制单位，故称绿营兵，也叫绿旗兵，简称营兵。他们的主要职责是负责全国各地的治安。绿营兵的数量非常庞大，甚至是八旗兵的数倍或者数十倍，分布得也比较分散。当然大清政府倚仗的国之利器还是八旗兵，它们主要任务是卫戍京师，保证京师安全。但是随着国家趋于和平，曾经为清朝立下汗马功劳的八旗兵丁，作为国家的功臣长期处于优宠的地位，其生活迅速腐化，军备废弛，战斗力直线下降。到了顺治时期，八旗兵的这种弊病特性开始集中显现。俗话说：自己的刀削不了自己的把儿。清政府一看，再倚仗八旗兵不行了，只好退而求其次，开始倚仗战斗力比较强的绿营兵。

到了康熙年间，昔日渤海三人成一虎，女真满万不能敌的八旗劲旅，在军事上早已蜕化成一支不堪一击的病猫。

§

有道是：兵者，国之大事，死生之地，存亡之道，不可不察也。康熙帝在平叛三藩之初，看到八旗兵溃不成军，连连败退，就察觉八旗兵不行了，不得不大量使用绿营汉军作为平叛三藩的主力，历时八年才成功平息叛乱。后来，雍正登基，为了扭转满军颓废的形势，曾三令五申"八旗为满洲根本"，严格整军治军，但收效甚微，其士气恢复有限。加上雍正、乾隆朝社会比较稳定，绿营兵的战斗力也开始直线下降。特别到了乾隆朝后期，如果遇到战事，八旗兵和绿营兵已经不能参加战斗。无奈的清政府只

第八章 瑷珲三拳

好把目光转向了乡勇。乡勇是国家非正式军队，为了与国家正式军队区别，其衣服前面有个"勇"字。乡勇是由就地临时招募的老百姓组成的军队，战事完毕后立即解散，即使战事有功的也不久留久用，国家也不用出太多的经费来养他们。但到了清末太平天国时，曾国藩以团练起家，将非正式的乡勇改为练勇（也就是湘军），定兵制，发饷粮，称为勇营。从此，"勇"字兵登上了中国历史的舞台，其作用基本代替了"兵"成为国家的正规军主力。从清朝后期来看，"勇"字兵确实比"兵"字兵厉害。

爱绅泰率领着瑷珲一百五十人马队，支援的就是李鸿章的淮勇。爱绅泰一到淮军之后，真开了眼界了。淮军营制，出自湘军。现在淮军打仗已经不再使用大刀、长矛了，都改成抬枪、小枪等火药武器。他们治军的办法和清朝一直都不一样，是从严治军，要求都非常严。淮军每营五百人，用抬枪、小枪一百二十余杆。到了同治二年（1863），淮军各营除营官、哨官外还外请西洋军官充任"教习"，训练洋操。每天出早操，"哼哼哼"集体跑步。上午操课，练刺杀、格斗等单兵近战。下午操课，组织洋枪队进行实弹射击。原来的劈山炮队还改成了开花炮队，隔三岔五还进行一次实炮射击。开花炮的威力太大了，"咚"一炮，打得地动山摇的。爱绅泰心想：什么时候瑷珲副都统衙门能装备上这些武器就好了。有道是：神仙难躲一溜烟。这洋枪真好，中指轻轻一动，枪一响，敌人就上西天了，比我们抡大刀容易多了！

§

爱绅泰的这种想法在他脑海里还带着余温呢，一场战斗让他又找回了昔日的自信。

爱绅泰率领瑷珲马队刚到淮军休整了半个月，这一天，淮军与太平军相遇了。双方随之拉开了战斗。平时训练有模有样的淮军，一上战场，就乱成一锅粥了。因为淮军的统领、营官、哨官平时也不参与西洋教官的操课，也不学习西洋教官的战法。作战的时候，他们还是按照自己原来的模式随意指挥调度洋枪队，根本就是平日所学全归无用。你说，它能不乱套吗？爱绅泰一看淮勇久攻不下，主动请缨，说："我愿率瑷珲马队攻打前敌，从中间撕开一个口子。"

此时淮军营官姓李，别人都叫他李大头，他正愁没有办法呢，"哎！你行，你就上吧。"

爱绅泰领命后，两个手指放到嘴里，打了一声口哨，一百五十名瑷珲马队骑兵迅速提刀背箭，飞身上马。只见爱绅泰左手臂在空中往下一压，意思是说：马要跪跑，人要使用滚马功，藏于马身之下。而后，他右手"欻拉"从背后抽出鬼头刀，往空中用力一挥，一声令下："给我冲！"

瑷珲马队这二百匹鄂伦春和鄂温克小马，"噌——"像一阵白毛风一样，就冲到了太平军阵地前头。太平军大多数是来自两广云贵等西南山区的少数民族，这些人平时很少见到马队，更何况瑷珲这种独特的小马队，个小速度快，再加上瑷珲骑兵练就的独特的上马功、下马功、滚马功、过梭功、立马功和蹲马功，等等。这些马术特技，他们更没有见过。

这次爱绅泰带领的瑷珲马队全是清一色的白马，再挂上马的护套，这些太平军根本就看不到马的样子。爱绅泰率领的骑兵都藏在马肚子底下，像一阵风似的，一眨眼的工夫，就冲到太平军脸前了。

"哎哟，这是什么玩意儿？"

最前面的一些太平军都没反应过来，再看爱绅泰他们就在马肚子底下，把锃明瓦亮鬼头刀伸出来了。

"给我在这吧！噗、噗！"

"哎哟！我的妈呀！"

叫奶奶都不行了。咕噜、咕噜！一个个人头落地。

爱绅泰率领的这些人，像一阵旋风一样，呜——片刻太平军第一道防

第八章 瑷珲三拳

线就给冲开了,许多太平军死都不知道怎么死的。太平军根本就没法招架,刚看到人,自己脑袋就没了,有的就剩下半截身子了。速度就这么快。这鬼头刀的马刀都不大,刀把非常短,但刀面都非常宽、非常的锋利,再加上马的速度,基本上是沾上死、挨上亡。有些太平军"咔嚓"一下,都被拦腰斩断。

爱绅泰率领的这些人,在战场上穿得也非常简单,不像汉人似的,又是盔甲又是护具的。他们为了在马背上活动方便,只穿白兔子皮做的衣服。夏天是毛朝外、皮朝里;冬天是毛朝里穿、皮朝外。他们就这样藏在马肚子底下和俯在马背上,人们都看不清他们。许多太平军只是感觉眼前一阵白风一过,小命就没了。太平军阵前就是一阵大乱,有人就喊上了:"哥哥兄弟!了不得了。这些白毛成精了,它还会杀人了,快跑吧!"

哗——太平军前边一乱,后面就更乱了。淮军的营官李大头一看,乐啦:"嘿嘿!这帮满人真厉害啊!"他一看反击的机会来了,是大令旗一挥:"给我杀呀——"

军令如山。淮军是一鼓作气冲过来,杀得对面的太平军是抱头鼠窜,溃不成军。淮军取得了一场前所未有的大胜利。

而后,淮军每每有硬仗的时候,爱绅泰所率领的瑷珲马队都作为淮军的特种部队,进行攻坚破障。哎!还真奇怪了,太平军只要一见到爱绅泰率领的瑷珲马队参战,就喊着"白毛风来了",都吓得腿肚子转筋,转身就跑。淮军有时是不战而胜。一时间,爱绅泰和瑷珲马队就成了淮军中的大功臣,许多营官、统领都纷纷到爱绅泰帐篷内道贺、拜访、取经,都说:"以后,我们要是担任主攻,还请爱大人多多支援,多多助我一臂之力",等等。

爱绅泰为人始终都是非常低调,对谁都是笑脸相迎,一一承诺:"各位大人,请你们放心:届时我瑷珲马队定会尽犬马之劳。"

爱绅泰他们在淮军里头名声大振,就连曾国藩对他们的印象都非常深刻,对瑷珲这个地方的人也格外高看一眼,心说:关外之人很有野性啊,真是天不怕地不怕的,太厉害了。他们不像江淮一带的这些人,文质彬彬的,还都很瘦弱,哪有像爱绅泰他们这样的,这么彪悍,说从马上跳下去就跳下去了,说蹦马上去就蹦马上去了。南方兵虽然也有武术,但是他们多有点太极拳的味道,注重求稳,和北边的武术也是不一样的,是两套路子。一个求速,一个求稳,这和南北两地人的性格有关系。

北方人非常彪悍,特别是没有入关的这些满洲八旗兵,还保持着先祖遗留下来的尚勇基因。另外,他们也常出去打仗。大清朝廷一有事,凡是出兵打仗,从来就没有落过吉林,也没有落过黑龙江。辽东马队、瑷珲马队自乾隆以后就出名。一到大清国遇到事的时候、一到保驾的时候、遇到大的鏖战的时候,没有关外的东夷之民,就没办法胜。所说的东夷之民,就指的是满洲人、达斡尔人。他们非常尚勇,非常刻苦,他们不怕夏热,不怕冬寒,这是关键。

§

在那些拜访者中,让爱绅泰印象最深的,就是一个被淮军勇兵称为"小善人"的李金镛。这天瑷珲马队在与太平军的战斗中,几名骑兵受了一些轻伤。战斗胜利后,淮军的李营官李大头说:"我们这里的小善人治刀枪伤是一绝。爱大人,这几个人的刀枪伤你就放心吧。我们叫小善人一定给他们治好。"

爱绅泰感到好奇,就问这位李营官:"怎么许多人都跟我提起过这个小善人。这个小善人到底是干什么的?"

"爱大人,你问我算是问对人了!我和小善人是同乡同姓。他的事,我最清楚。小善人可是我们淮军的一宝啊,准确地说,他是我们淮军的财神爷。我们淮军能有今天,他是功不可没的。我现在让人去请小善人,等会

第八章 瑷珲三拳

儿给你好好讲一下。来人呀!"

"到!"随声进来一个勇兵。

"你听我的命令,就说我请小善人到马队来一趟。"

"是!"这名勇兵接令下去了。

这位淮军李营官无不自豪地介绍起小善人李金镛的经历。

淮军中都尊称李金镛为"小善人",很少有人叫他名字。

李金镛,字秋亭,号翼御,1835年出生,江苏无锡人。少年时读书、种田,稍长随父经商。李金镛的父亲李廷发就是一个"大善人"。李廷发与道咸年间苏州著名慈善家谢元庆是至交,谢元庆以好善乐施闻名吴中。李廷发从小就注意培养李金镛与人为善的品格,让李金镛同他一起积攒些钱,开药铺卖中草药。挣了钱之后,自己省吃俭用,并鼓励和引导李金镛参加各种慈善救灾活动,想办法救助贫人,做善事。母子连心,父子天性。受父亲李廷发的影响和熏染,李金镛岁数不大就有幸拜在了同县无锡著名的慈善家,被誉为"江南第一善人"的余治先生门下,并成为余治先生的得意门生。余治是中国近代著名慈善家、戏曲作家。他一生以著述善书,劝人行善为职志。李金镛为余治得意门生,自然更深受其影响。李金镛在苏北赈灾期间所制定的《海州查赈章程》,便自称是师法余治。李金镛家供着大肚子弥勒佛,向来以厚德待人。李金镛为了救助人,还给人家开药方。药方中有些药是当地的中草药,有些是云贵川的药。除此之外,需要人参怎么办呢?他们就找人到长白山一带或是山西上党弄人参。人参是众所周知的名贵药材,李时珍就提到了人参大补元气,药用价值非常高。而它的产地一个在东北的长白山,一个就是山西上党。《本草纲目》中,就赫然记载"人参生上党及辽东"。"辽东"就是今天的东北,这里是中国人参的主产区;而"上党"就是今天的山西长治地区。

李金镛把上党人参和长白山人参运到江苏,再经过加工以后,有的就变成熟参、红参,有的就变成"花架子"(花架子就是原参、干参)。李金镛和他父亲就通过卖人参来挣钱。咸丰三年（1853）伊始，金陵一带时有清军与太平军之战事发生，生灵涂炭，造成大量难民。咸丰六年（1856），年仅二十岁的李金镛奉父命随父亲好友、苏州著名慈善家谢元庆在金陵一带收养难民，深得谢元庆赏识。有一次，谢元庆对李金镛的老师余治说："秋亭大帅才，毋以乡邑善士目之。"

谢元庆说，李金镛将来必是大帅之才，不能以一名普通的乡间慈善人士看待他。老师余治听后，也是点头认可。咸丰十年（1860），李金镛随淮军在苏、常一带与太平军激战。同治元年，当时李金镛捐给淮军一次善款，捐的银两数目非常多，为此得到一个四品同知官衔，相当于一个地区的副市长级，但这都是虚职，没实权。由于淮河一带常年洪水泛滥，致使淮河一带的老百姓流离失所、饿殍遍野。李金镛是出名的大善人，更看不下去这么多老百姓受苦，好几次都倾囊而出捐银两给江淮一带的受苦受难的老百姓了。

李大头说，平时人们都叫李廷发"大善人"，所以，李金镛就成了"小善人"。

人们有什么事，也都愿意直接找李金镛，说，小善人，这是什么什么事，你得帮忙给筹集钱啊！

李金镛加入淮军的主要任务就是集钱，他还真不是打仗。李金镛他是一个文人，拳脚武功本来就不行，但是，他有一个别人都不具备的本事：嘴好，能说善变。正所谓巧舌如簧，他能把那些巨商大贾给轻易地说服，还能让别人感动，让他们肯出银子帮助朝廷，而且是心甘情愿地从自己兜里拿出钱来。曾国藩和李鸿章他们发展淮军，全仗着李金镛的宣传。他很会鼓动，具有极强的煽动性。哎！你说，这算不算一种奇特的本领。

李金镛的筹钱方法，一个靠他的巧舌和勤快。他到处走，从来不在家闲着，他是一个屯一个屯地走，只要是看这家有钱，他就想办法把钱弄到手再走，能多弄就多弄，能少弄就少弄。而且他自己平常非常节省，他是

第八章　瑷珲三拳

这么一个人。

再一个就是他卖药。他父亲李廷发为什么叫大善人。李廷发从小就教育李金镛,你要做善人首先得会救人,还得爱人,还得疼人。你不救人、爱人、疼人的话,人家怎么来回报你啊?药必须是先给。你必须付出,才能有所得。所以,李廷发说:"咱得开药店。一是从川广云贵这些地方弄些土药,包括西藏的藏红花,包括云贵的毒蛇、白蛇这些东西,也包括血竭、没药这些平常药等等。另外,还有北边的人参、山西的上党人参,长白山人参也非常出名,这样的话呢,南方药、北方药,他通过卖药,就和药堂的关系很好、和坐堂的医生关系非常好。咱们自己再能替人看一些病,也能使一些药了,就能慢慢地交下不少人。这样,咱们才能越来越有钱。"

李金镛也是受父亲真传,就是通过弄药,他就又认识了南七北六十三省的许多名师名贾。

"你说'李善人'是不是我们淮军的财神爷和福星啊。"

"是、是、是!李营官,李善人的确是一个了不起的大好人。我真想早点见到他。"

§

说曹操,曹操就到。爱绅泰话音刚落,从帐篷外,撩门帘走进一位中年男子,三十刚出头,中等身材,往脸上看,他面如冠玉、五官端正、眉分八彩、目若朗星、鼻似悬胆、方海阔口、鼻直口方,往你眼前一站,浑身上下都透出一团的正气,是不言而自明,不怒而自威。他身后还跟两个小孩。一个叫小樊,一个叫小梅。他们俩岁数都不大,也就十三四岁。

"谁又在背后议论我呢?"

李营官急忙站起来,拱身施礼:"李善人来了,老弟这方施礼了。"

李金镛笑了笑说:"李营官,咱们都是本族兄弟,以后少在背后说我坏话。要不是爱大人的马队骑兵受伤了,需要马上治疗,看我不收拾你。爱大人,秋亭久仰你的大名,今日一见果然不同凡响。李某拜访来迟,还望多多海涵。"

"李善人,言过了。我爱绅泰今日能与您见面,也算三生有幸。在下,给您还礼了。"

这真是英雄惜英雄,好汉惜好汉。

李金镛说:"给马队骑兵治伤要紧。咱们边治边聊。"李金镛带着两个孩子小樊和小梅,一边给伤员治疗一边聊上了。

李金镛告诉爱绅泰:"前几年,我在吉林乌拉街人参大棚摆摊卖中草药的时候,我认识了你们瑷珲的一个人,这个人非常好,他叫帕尔根,你们认识不?"

"当然认识了。我们还非常熟悉。他现在也在为瑷珲副都统衙门做事。"

"是吗?太好了!爱大人,你回去给我捎个话,就说我李某人想他。如果以后再有机会,我一定到瑷珲去看他。如果他有时间,就让他来淮军来找我。天下知己难求啊。虽然我们没见几面,但可以断定我们会是一辈子的朋友。"

"李善人,你放心。我回瑷珲后,第一时间就会告诉帕尔根的。这一说,咱们也太有缘分了。"

这下两个人通过瑷珲的帕尔根,就迅速拉近了距离,找到更多的谈论话题。

按说北方这边没什么大名贾,不像江淮一带,有许多经济上有实力的大贾。黑龙江瑷珲这边的帕尔根相对来说就算一个阔商了。他是通过俄国人娶了一个俄国媳妇,又继承了俄国庄主的东西,他自己建的船队也挣了不少的钱。帕尔根的俄国老婆柳沙会西医,也懂得用药,所以,帕尔根为了发展自己也弄了不少药。帕尔根曾经参加过几次乌拉街每年春秋两季的

第八章 瑷珲三拳

人参大棚大集,与南七北六十三省的客商在乌拉街进行过交易。乌拉街人参大棚是以卖人参为主兼卖鹿茸和当地的土药。

做买卖就讲究个人气,人是越聚越多。乌拉街,曾是明朝海西女真乌拉部及清朝三大贡品基地之一的打牲乌拉总管衙门所在地。清代十二任皇帝,有五任在这里留下过战迹、足迹、墨迹。它被清王朝封为"本朝发祥之地"。在吉林,它有着"先有乌拉,后有吉林"之说。吉林乌拉街人参大棚在全国也非常有名气。每年春秋两季,东北所有地方的人都集中到吉林来卖人参。那时候从松花江源头的二道白河,沿着松花江直接就能到吉林的沙河沿。沙河沿也就是现在的吉林市小白山到临江门这一块。这就是清朝时候的沙河沿,也是清朝的船厂所在地。然后,人们从陆路再把人参送往乌拉街。吉林城当时是驻军和将军所在地,真正的贸易都在乌拉街。这个大集不在吉林市,是在吉林乌拉街。每年的春秋两季各地的人参都集中在这里。同时,南七北六十三省的物资也都集中到了乌拉街。

李金镛为了弄药,他就到处走,闯关东、过山海关,也参加乌拉街的人参大集。他在弄药的时候,认识了瑷珲的阔商帕尔根,但他对瑷珲并不熟。

李金镛在淮军部队里曾听说:"黑龙江兵真了不起,他们是白毛风啊,太厉害了。他们像一阵风一样,等你看清了,脑袋都没了。"这帮人越说越玄,越说越神乎。李金镛也起了好奇之心了,也想来拜访一下。

今天李营官找他给瑷珲马队骑兵看伤,正好借机拜访一下。没想到,他还见到了自己好朋友帕尔根家乡的人,而且他们关系还这么好,所以李金镛和爱绅泰也算是一见如故。

后来,爱绅泰回来的时候曾专门问过帕尔根这个事,说:"有没有李金镛这个人。他让我给你带好。"

帕尔根说:"当然有了。这个人太好了,我们处得非常好。"

这件事情也得到了帕尔根的证实。后来,李金镛来到瑷珲时,就求依郎阿让帕尔根跟他去漠河。这是后话，暂且不提。

§

先说爱绅泰率领的瑷珲马队在淮军里面也真能干，直到同治三年（1864年7月），淮军配合湘军攻破太平天国的天京后，他才率队回到瑷珲。这次出征，爱绅泰和瑷珲马队屡立奇功。爱绅泰个人立了很多次功，很多人都授奖授功。这里还有曾国藩亲笔写的一个非常大的"勇"字，尚勇的"勇"字，笔锋非常强劲，是专门奖给爱绅泰的。曾国藩那时候已经是大学士了。这个"勇"字一直贴在中堂里，保留到1900年，后来都让俄国人给烧没了。爱绅泰凭着此次出征，让他在瑷珲有了非常大的影响。

爱绅泰回来后，依郎阿曾私下问爱绅泰："此次率队出征，你有什么额外的收获啊？"

爱绅泰也毫不隐瞒自己的想法，就把自己在淮军所看所想的，一股脑地全告诉依郎阿了。他说："淮军他们是洋务派，对西方和洋人用的枪炮都非常重视，咱们大清国的人应该有这些器械。特别是咱们瑷珲不能总是靠扎枪头子跟人家干。以前，咱们最多弄点大将军炮用石头子来轰，那样打仗以后肯定不行了。以后必须强军利剑。"

依郎阿说："你这个想法特别好。你继续说。"

"淮军正是因为有了西方洋人的枪炮，所以说，现在淮军是相当厉害的。为什么他打太平军这么厉害呢？一个是他兵力强，他都请西方洋人做教官。开始打仗由于指挥与平时训练脱节，失败了。但是后来，他们吸取教训，改正后就好了。这对我来说是最受教育和最受影响的。以前瑷珲马队就是靠马上扎枪、骑术什么的，现在一看不一样了。咱们还要学很多东西。"

"是啊！咱们瑷珲的军备，真应该换一换了。但是朝廷国库虚空，已没

第八章　瑷珲三拳

有太多的财力了。"

"依大人！其实，我说的第二点就是钱的问题。淮军非常注意钱和银子的保障。要想强军首先得有钱啊，强大的军队不是嘴上说的。这些钱从哪儿来？现在大清朝国库虚空，也拿不出钱来，怎么才能来钱呢？所以李鸿章李大人和曾国藩曾大人就鼓励有钱人进行募捐。有钱出钱有力出力，爱国的人不一定到前线，你捐多少钱就等于爱国。捐多少钱，还给官职。根据捐了多少钱，给品级的虚官不给实官，做预备的。捐多少钱给几品。你可以享受这个职务的待遇，都是虚职。我遇到的淮军的李善人李金镛就是这样的。江淮人都非常有钱。他们搞蚕丝，另外这些人还善于做买卖，很多商人大贾都是江淮人。所以，淮军里根本就不缺钱，发展得也非常快。"

依郎阿说："这事我知道。从咸丰帝开始就这么做了。只是咱们北疆偏僻了。有经济实力的商人也太少了。以后，咱们慢慢再想办法吧。你先回去好好休息几天吧。"

正是依郎阿与爱绅泰的这次谈话，爱绅泰给依郎阿留下了一个极深的印象。

§

再说两年前，关保就曾突然病倒过一次。那次，关保也感觉自己真的不行了，他就派人把特普钦、依郎阿和常喜他们都找来了。关保躺在病床上，一边掉眼泪，一边声音微弱地说："我可能不行了。忍庵兄，我走之后，谁来接替我的位置啊？"特普钦，原名朴溪，字忍庵。

"您安心养病吧。这事，等你好了之后再说吧。"众人都劝他少说话，多安心养病。

关保说："你们谁都别劝我了。正好今天大家都在这儿。忍庵兄，你就给我个实话吧。要不然，我死不瞑目。临死前，我只有一个请求，就是我走后，我希望我的小舅子爱绅泰能接任我的职位。"

众人对关保的这个举荐都给造愣了。整个房间里的人都不知道说什么好了。大家都知道依郎阿肩有重任，这还好说，但是参领常喜就在关保大人面前站着呢。这让常喜多尴尬呀！

有人就出来打圆场，说："关保大人说得也对。但是常参领还是能堪称此任的。"

关保微微摇了摇头说："常喜在，我更要说了。常喜素来尚勇功高，可他一条道跑到黑，性格太倔，脾气太暴，不会善待人。而爱绅泰跟随我和常喜多年，功劳甚多，人缘好。他在水师营中带兵如兄弟，从没有出过半点差错。这点是难能可贵的。咱们衙门里应该有这样的人把持，我才放心。我自愧不如他啊！"

后来，帕尔根给关保大人下了几服猛药。关保是又吐又泻，又发了几次大汗后，竟然慢慢缓过来了。又经过关夫人平时细心如微的照料，没过一个月，关保大病痊愈了。让爱绅泰接任这事就不了了之了。

§

德英听完依郎阿述说之后，心中也暗里为爱绅泰竖大拇指，说："爱绅泰真给黑龙江增光啊！我也基本同意关保大人的意见。但是，为了谨慎起见，你和常喜要把这件事情处理好。"

"好吧！"

依郎阿回到自己住处之后，马上派人就把常喜找来了，直接把德英大人的意见给常喜说了一遍，而后问常喜："你说这事，咱们该怎么办？"

常喜说："这事还不简单啊！爱绅泰人品好，武功也数一数二，特别是他的马术在咱整个瑷珲可以说是无人能比。我都差他一大截。咱何不来个比武选帅，也让大家心服口服。"

第八章　瑷珲三拳

依郎阿一想也是，就把布告贴出去了。布告大体意思就是：所有佐领以上的官员，只要是武术好、人缘好、马术好，都可以报名参加竞聘瑷珲副都统之职。

一时间，瑷珲副都统衙门就热闹了，一个个都摩拳擦掌、积极报名。

剪短截说，到了比武这天，校军场上是旌旗招展，锣鼓喧天，非常的有气势。虽然参加比武报名的人挺多，但是经过报名初试，只有五人通过资格验证。不是谁想参加就能参加的，这必须是德高望重的。

这一天上午巳时，比武正式开始。看热闹的人非常多，把整个校军场围了一个水泄不通。五位英雄纷纷登场，各自使出看家的本领，什么长拳短打、马上步下，刀弓石、马步箭等十八般兵器。每个人都表演了一番。由于爱绅泰的拳法深得师父独臂疯僧的真传，技高一筹，夺得了第一名。参领常喜也不示弱，是紧跟其后，名列第二名。吉尔洪额也发挥正常，稳稳占据第三名的宝座。按照比赛提前约定的规则，只取前三名进入最后的马术比赛。

爱绅泰、常喜、吉尔洪额三人吃完午饭之后，马术比赛开始了。

§

在这儿，朱伯西我有必要必须给大家简单介绍一下瑷珲马队这些独特的马术技艺。

马术比赛里面，必须有上马功、下马功，滚马功、过梭功、立马功和蹲马功。这次马术比赛的用马也与中原马术比赛不一样。比赛选手骑的马身上不能有任何东西，什么马鞍子、马缰绳、马镫子都没有。你上去就抓住马鬃，并且上去就得掉不下来。马怎么跑、怎么跳、怎么滚，都掉不下来，练上马功。整个瑷珲马队在清朝闻名全国，同时，让对手闻风丧胆，就是靠他们过硬的马术技艺。

首先，上马功和下马功。上马功，就是马在奔跑的时候，骑手一个燕子翻身就得上去。下马功就是，马在跳跃或者快速穿越时，或者马失前蹄的那一霎间，骑手你要让自己平平安安地落地，并且不受伤。在以前行军打仗的时候，不是让马站下，人再从马上下来，而是马还在快速走着呢，人是要说下来就下来，说上去就上去。一个人真要练成这种上马功和下马功，没有几年的时间根本就不行。

上马功和下马功练好了，接着你还得练滚马功。

滚马功，也叫滚马技，就是马在飞跃、跳跃往前行走的时候，骑马的人要能躲箭、躲刀、躲过任何外来的侵袭，箭射能躲过去，刀砍的话能闪身躲过去，即使在马上翻身也掉不下来，就好像在马的身上肚下滚一圈似的。这就叫滚马功。会滚马功的人，可以以迅雷不及掩耳之势，从马背"欻拉"一下躲到马肚子底下，人的双腿紧抱着马背，头在马的两腿中间，不能跟马两个方向，头朝前，随时都能观察对方来敌的一举一动，双手抱着利刃随时保持战斗状态。如果敌情解除时，人还能从马肚子底下"欻拉"一下转到马背上来。在这种实战背景下练习滚马功。

还有一种马术叫过梭功，也叫过梭技，简单地说，就是穿梭换马。比如对面来一匹马，你在这匹马上手一摁，身上一抬，一个折叠过那匹马身上，穿梭换马，两人互相换。有的时候是你骑我马，我骑你马；有时是两个人骑一匹马身上，速度相当快。这就是过梭技。

再一个就是立马功、立马技。立马技，就是马在行进间，你站在马背上，不仅掉不下来，还仍然有些动作和活动。到一定时候，你还能坐在马上。坐在马上到你再站在马上这个过程叫作立马技。

还有一种就是蹲马技。蹲马技，就是你站起以后双脚蹲在马屁股上，双手是燕子形，找平衡或者是扶着马的前背。为什么要做蹲马技这个动作呢？因为在战场上这招太有用了。当敌人的大刀来了，或者有时敌人的千斤闸要下来的时候，你得想办法躲。你蹲在马的屁股上，一催马，马"噌"

第八章 瑷珲三拳

蹿过去了。因为敌人的闸门是不让骑着马的人过去，它的高度正好卡着人头。马过不去就得砸死。要想通往，骑马的人必须双脚蹲在马屁股上，一推马的屁股，自己一个翻跟头从闸门上方折过去，正好重新落到马背上。闸门"咔嚓"一下，马过去了，人也没砸着。

这个千斤闸，不是人们经常看到的古代城门上悬挂着的那种千斤闸门，而是专门为对付马队设计的一种有针对性的防御武器。它是敌人在战场上用两匹马驾着这种千斤闸门的东西冲过来。目的就是这样夹死对方。战场上放出这种千斤闸可不是一对两对，往往是十几对、几十对，并排就冲过来了。让你躲都没法躲，它后面还有快速跟进的马斧人。你要是后退，敌人就会乘势追击，从而打乱你的排兵布阵，杀你一个措手不及。所以，必须练就蹲马技还击敌人的这一招。瑷珲马队的这些马术，都是在实战中逐渐摸索出来的，具有极强的实战性。

在这次马术比赛中，主要是看爱绅泰和常喜的比试。他们都是擅长马术高手中的高手。关键爱绅泰在战场上锻炼过，许多本事更具隐蔽性、更具实战性，所以，自然技高一筹。最后，爱绅泰表现最好，也最为抢眼。他就像一只蝴蝶一样，在马上上下翻飞，让整个赛场上看热闹的叫好不断，"好！太好了！今天我们算是开了眼了，这才是咱们瑷珲马队的真功夫。"

常喜和吉尔洪额的马术虽然没有爱绅泰厉害，但也差不太多。俩人也是在马场上表演了一圈，也是掌声不断。最后，评委组综合两项成绩爱绅泰夺得武状元。黑龙江将军德英在现场，也算是特事特办，当机就批准了爱绅泰担任瑷珲副都统。

俗话说：一个好汉三个帮，一个篱笆三个桩。现在爱绅泰虽然顺利当上瑷珲副都统，他的兄弟吉尔洪额整天与他形影不离，也算是他最得力的助手。但是仅凭爱绅泰和吉尔洪额兄弟二人的能力与力量，来掌控整个瑷珲副都统衙门还是显得非常单薄。这可怎么办呢？

"哎！有了！"依郎阿为了让爱绅泰做得更好，为他又想出了一条妙计。

什么妙计啊？就是让爱绅泰拜妙手回春和一阵风为师。师徒如父子啊。因为妙手回春、一阵风他们对俄国都非常熟，许多地方都去过，俄语都相当好。拜师之后，妙手回春、一阵风和爱绅泰就是一家人了。爱绅泰由两位武功高强的师父在暗地里帮助，这可以说是如虎添翼。

依郎阿把这个想法跟自己的两位师弟一说，妙手回春和一阵风二话没说就同意了。一阵风说："既然爱绅泰兄弟俩形影不离，那我们也一块收了吧。"

依郎阿说："那太好了。"

最后，由依郎阿引荐，爱绅泰和吉尔洪额二人又拜妙手回春、一阵风为师，确立了师徒关系，两位师父和一个兄弟就成了爱绅泰身边难得的三个参谋和军师。这样，爱绅泰担任了瑷珲副都统，官衔升至四品。

§

俗话说：新官上任三把火。爱绅泰接任瑷珲副都统后，椅子还没有坐热乎呢，事马上就找上门来了。

这天，黑河哨卡传来消息，对方俄国哨卡又插蓝旗了，对方肯定有事。依郎阿接到报告后，就与常喜商量："这次，咱们就不出面了，让爱绅泰去吧，他去了也是个锻炼。"

"我看行！"

依郎阿就把自己和参领常喜的想法给爱绅泰一说，爱绅泰马上满口就答应了："行！我也正好想会会他们呢。我现在就带人过去，看看他们又出什么幺蛾子。"

"凡事不能草率行事。你快去快回，我们在家等你消息。"

"好吧！"

当天下午，爱绅泰带着自己的兄弟吉尔洪额还有三个护卫就乘船来到

第八章　瑷珲三拳

对面俄国哨卡。双方在专用的谈判小屋里面对面坐下了。这次谈判巴尔钦克诺夫也没有出面，而是一名俄国哥萨克军官和两名俄国商人模样的人。

双方简单介绍了各自人员之后，谈判就开始了。首先，这名俄国哥萨克军官发话了，说话语气还是那么强硬："我们现在向大清国提出了抗议。因为最近，在我们这里发现了许多掠窃行为，小偷太多了。我们俄国许多人在市场里，有的丢包，有的丢耳环，有的丢项链，有的丢钱什么的，丢了东西也找不到人。天天都有丢东西的。这里面，你们大清国有不可推卸的责任。"

爱绅泰一听，心里就不高兴了，心说：你们俄国这边丢东西碍我们大清国什么事啊！你这不是吃饱饭闲嗑牙——没事找事吗！但是，爱绅泰转念一想，我不能草率地回绝了。其实最近瑷珲副都统衙门周围商行里也频繁发生过偷盗这事。帕尔根就给自己说过，最近他的商铺里也老爱丢东西。

于是，爱绅泰清了清嗓子说道："噢，是这么回事啊？古人云：人分三六九等，木分花梨紫檀。林子大了什么鸟都有。你们现在市场扩大，人员增多，自然会出现这样和那样的问题。即便出现一些掠窃之事，这也是必然的。你开口就向我们大清国抗议，这是何道理？"

"我、我们俄国人很少会做这种事情，我们来这儿的都是哥萨克人，也不会做这种'三只手'的事。你们许多中国人会干这些事。"

"副官阁下，你又错了。俗话说：捉贼捉赃，捉奸捉双。你现在有证据，证明是我大清国人做的吗？如果没有。对不起，在下恕不奉陪，告辞了。"说完爱绅泰"啪"一抖袍袖，站起来就要走。

俄国军官一看傻眼了：对啊，说话是讲究证据的。我这一坑二蒙三欺四骗五晓六诈七虚八假九哄对这位新上任的瑷珲副都统不好使了。这可怎么办？

这时一位商人模样的俄国人急忙站起来了："请大人留步！在下有话要讲。"

爱绅泰面带怒色地看了看这位俄国人说:"你还有什么话讲?"

"大人,出现掠窃行为的确让人可恨。为了两国安全稳定,我们也查查,咱们两家联合一起查查,争取把这伙人挖出来。"

"好吧!这事我们可以查。我们先查,查清更好。只要能铲除这些万恶不赦的害群之马,我们绝不会手软,也不会饶恕他们的。但是要涉及俄国人,我们要是抓到的话,那可按照我们大清国的律条来办。"

为首的俄国军官当即表态:"可以!你们如果抓准了,真是我们俄国人干的,我们同意!如果是你们大清国人的话,你们也不要护犊子。不要碍于情面不说。"

爱绅泰说:"我们不会的。我们从来不会饶恕害群之马的。为了两国的商贸搞得更好,我们也会严惩的。出现这事,是对两国发展不利的。"

"爱大人,我也为刚才自己不礼貌的态度,向你道歉。对不起!"

"副官阁下,咱们两国要一起合作,总比两国总打架好,都是为了咱们两国的和平友谊,这是好事啊。"

这次谈判,是中俄两国历年来气氛最和谐的一次。双方以礼告别。爱绅泰带着兄弟吉尔洪额等人乘船按原路返回瑷珲副都统衙门时,天色已经黑了。依郎阿和常喜都还在副都统衙门都等着呢。爱绅泰一进门,常喜就问:"他们插旗干什么?你们谈得怎么样?我和恒毅在家一直替你捏把汗。"

爱绅泰就如实向依郎阿和常喜讲述了自己此次赴俄国哨卡谈判的情况,是怎么怎么一回事。

常喜气得牙直疼:"这帮害群之马太可恨了。要是让我抓住他们,非把他爪子掰断了不可。嗯——气死我了。帕尔根怎么没告诉我呢。这人真是的。"

真是说曹操,曹操到。常喜话音刚落,帕尔根急急忙忙从外边推门进来了:"三位大人,我的货栈里的东西又丢了。今天新买的药和新到的布匹。我前脚刚点完货,就到后院喝了口水,也就撒泡尿的工夫,回来再点

第八章　瑷珲三拳

货,数就不合牙了。另外,瑷珲做大买卖里头也经常丢东西,无缘无故的,都感觉莫名其妙。请三位大人,赶快给查一下吧。要不然,这些商家可都要关门歇业了。"

依郎阿坐在椅子上想了想,又点了点货后,对爱绅泰说:"这是你上任来的第一件事,咱们必须把它做好。何况还有你两位师父暗中帮忙呢。今天天也不早了,我和常参领就回去了。"

依郎阿回到住处后,又专门把师弟妙手回春找来,单独对他说:"这次爱绅泰遇到了一帮偷盗团伙,他们肯定就藏在边境的某个角落里。你就发挥一下侦察的特长,帮他把这帮人找出来吧。让他带人去抓捕,也算你这当师父的替徒弟在瑷珲副都统衙门扬名立万吧。"

妙手回春听完乐了:"我以为什么事呢?抓这帮小兔崽子还不是手拿把掐啊。你们就等好消息吧。"

妙手回春这个人就善于做这种事了。他不但有超强的侦察能力,而且他本身就是一个掠窃的高手。

§

妙手回春先到帕尔根丢失东西的商船、商铺里转了一圈,后来又到瑷珲城几个丢失东西的商店随便看了看,就走了。谁也不知道他去哪儿了。包括依郎阿也不知道。

眼看半个月的时间就要过去了。妙手回春还是音信皆无。古语说得好:"事不关己,关心则乱。"依郎阿心里知道自己这个师弟武艺高强,足智多谋不会出什么问题,但是这次出去的时间还真有点长了。当依郎阿整天看着爱绅泰在瑷珲副都统衙门里是坐也不是,站也不是,在他眼前来回晃来晃去,也把他晃得沉不住气了。"师叔,我师父怎么还不回来啊?是不是有什么事了?他万一要是有个什么闪失,我这当徒弟可太对不起了。"

"是谁对不起我呀？我这不是回来了吗？"声到人到。妙手回春闪身进了屋。

"师父！你这些天上哪儿去了？我可想死你了。"爱绅泰拉着师父妙手回春的手就不放了。

"我这不是忙正事去了吗？"说着，"啪"从兜里掏出一张草图，妙手回春指着这张草图说，"你和吉尔洪额带人，按照图上所标的路线到大青山雪窝子沟密栈抓人去吧。咱们瑷珲城和海兰泡商铺里丢失的那些东西，基本上都是他们这帮兔崽子干的。这帮小兔崽子给我耍心眼，他们还嫩了点。"

"雪窝子沟？密栈？"

爱绅泰和依郎阿忽然一下想起来了，在距离瑷珲西北三百里的大青山山底下，有一条深沟。每到冬天有雪的时候，雪特别深，车马都过不去，故此而得名"雪窝子沟"。等到了夏天的时候，雪窝子沟就变成一个大沟。沟底较低的地方常年存有一些水，水质清澈，一眼都能望到底。水里的鱼非常多，沟里的植被也非常茂盛。树丛中狼虫虎豹，獐狍野鹿，狐兔蛇鼠，鸟雀飞禽等这些野兽也非常多。一般都是打猎的几个人搭伴，才敢到雪窝子沟来。一般人都很少来到这。故此，它就显得格外的偏僻和僻静。就这么一个偏僻的地方，竟然让妙手回春给挖出来了。

"你们知道雪窝子沟这个密栈的寨主是谁吗？"

依郎阿听妙手回春这么一问，就猜到了这个密栈的寨主八九不离十了。

"跟老关家有关？"

"真让你猜对了。这个密栈的大寨主就是关林，二寨主就是关河，三寨主就是关川。我乔装打扮就秘密打入到了这个密栈里面。通过十几天的侦察，我已基本掌握了他们的整个寨子的情况。"

第八章　瑷珲三拳

§

那到底是怎么回事啊？

妙手回春在瑷珲商铺里发现了一些蛛丝马迹后，并没有着急下手，而是在暗地里下了功夫了。这些窃贼哪能逃过妙手回春的法眼啊，没几天就被他盯上了。

俗话说：射人先射马，擒贼先擒王。妙手回春为了把这伙窃贼一网打尽，始终没有动手，怕打草惊蛇，一点一点就跟踪到了这伙窃贼的老窝。这帮窃贼太狡猾了，而且分工非常明确。他们有负责放哨的，有负责下手盗窃的，有负责转移赃物的，有专门负责掩护的。为什么许多商铺掌柜都发现不了他们呢？就是因为他们是团伙作案。他们白天，这边装作买东西的，给你故意讨价还价，分散你的精力，那边几个人掩护着，就有人下家伙了。等到了晚上，他们把白天踩好盘子的商铺，进行掠窃，频频得手。

再狡猾的狐狸，也逃不过猎人的眼睛。单论掠窃这种技能，妙手回春算是这帮窃贼的祖师爷了。他们如何伪装、掩护的技巧，在妙手回春眼里简直就是三岁小孩子玩的雕虫小技，根本不值得一提。没几天的工夫，妙手回春利用自己的隐身术，就神不知鬼不觉地跟踪到了这伙窃贼的老窝——大青山雪窝子沟密栈。妙手回春到雪窝子沟密栈一看，一下全明白了。因为这个密栈的寨主不是别人，正是关氏三兄弟关林、关河、关川。

关氏三兄弟关林、关河、关川怎么干起了缺阴丧德的盗窃呢？其实理由非常简单。就是因为他们的老阿玛关特格列被废除世袭罔替后，他们小哥儿仨心里一直对瑷珲副都统衙门怀恨在心，心说：康熙爷御封世袭罔替的男爵，你们凭什么上奏皇上给我老阿玛废除了。再说了，关泰他都是被老阿玛赶出家门的人了，按说继承老关家世袭罔替的人最应当是我们小哥儿仨。你瑷珲副都统衙门这么做，是存心不良。

所以，关林、关河、关川他们小哥儿仨总想着寻机报复瑷珲副都统衙门。

苍蝇不叮无缝的蛋。同治年间，这时辽宁"马傻子"和"乌痣李"正闹反清活动。他们的许多爪牙已经悄悄地渗透到瑷珲这边来了。带头的这个人，就是前文书在万谷仓刚开业，在院内比武竞争做关震臣护卫的、"乌痣李"手下八大金刚之一的、龙虎金钱镖"玉面小达摩"罗刚。

§

这一天，"玉面小达摩"罗刚悄悄地找到关林、关河、关川小哥儿仨，说："现在朝廷腐败，民不聊生。我们是辽宁的忠义军。你们不用害怕。我们忠义军的口号就是求太平吃饱饭。我们来到瑷珲这边之后，就想找个地方占起来了。你们老关家在瑷珲基业百年，劳苦功高。可是现在朝廷废除你们老阿玛的爵位，实在是不公平的。我们忠义军愿为你们出头。现在你们小哥儿仨只要能帮帮我们找一个相对僻静而出入方便、相当安全的地方就可以了。我们这支忠义军可以听你们的。咱也不靠瑷珲副都统衙门，也不靠俄国人，咱就靠自己。找一个谁都管不着的地方，自立门户。我们可以给你们小哥儿仨提供建寨的金钱和物资，你们做大寨主、二寨主、三寨主。你们看行不？"

关林、关河、关川小哥儿仨一听，乐坏了："这真是天上掉馅饼的好事啊。找个地方不容易吗？"

以前，关特格列曾带领关林、关河、关川小哥儿仨到大青山雪窝子沟打过猎。当时，关特格列还对他们小哥儿仨说呢："这里山高路远，四通八达，而且易守难攻，将来有机会，咱们老家要是在这建个密栈，拉起一支队伍。这里再合适不过了。"

说者无心，听者有意。这时候，关林、关河、关川小哥儿仨突然想起来了，就说："行啊！有这么一个地方。你们就听我们兄弟的吧。"

于是，他们领着"玉面小达摩"罗刚这帮人就来到了雪窝子沟。

雪窝子沟这个地方，不但是非常的隐蔽，而且四通八达。过了大青山就是嫩江。嫩江往那边一走，就是往呼玛的方向走。所以，它是一个非常理想的军事要地。

罗刚到雪窝子沟一看，非常满意，当即让人就在雪窝子沟扎营驻寨了。任何年头有钱好办事。由于罗刚手头钱财充足，没过多久，就在雪窝子沟那建了一个密栈据点，树起了忠义军的旗子，占山为王了。旗子上面是一个七星旗，三角形的黄布，挂在了一个高杆之上。关林是大寨主，关河和关川分别是二寨主和三寨主。这时，罗刚返回辽宁忠义军，他的一个手下做了关林、关河、关川的狗头军师。

这真是鱼找鱼、虾找虾、乌龟找王八。关林、关河、关川就这样与辽宁的忠义军勾结在一起。关林、关河、关川小哥儿仨以前都是跟着关震臣混日子的，哪能掌控得了从辽东过来的这帮匪气十足的人啊？这帮人他们根本就没想什么是爱国，也想不到敌人的侵犯，也意识不到自己国家的保护，就想着自己吃饱饭，自己求太平。不管你清朝，他也反；不管你俄国，他也反。这样的"忠义军"，到底忠什么、义什么都分不清，能长久吗？肯定长久不了。所以，他们平日里就靠打家劫舍、掠夺过日子。他们不管你是谁？看谁都是仇人。大清国人的东西他们拿，俄国人的东西他们也拿。凡能他们自己想得到的东西，他们都能想办法得到。这帮人把关林、关河、关川小哥儿仨哄得乐呵呵的。他们小哥儿仨自我感觉不错，什么事都不用自己出头，天天吃香的喝辣的，也感觉不错，队伍渐渐就扩大起来了，人数已经达到了七八十人。

§

依郎阿、常喜和爱绅泰三人听完了妙手回春讲述之后，知道此事不马上铲除，其后患无穷。爱绅泰给妙手回春奉上一杯茶之后，说道："师父，你先喝点茶，这次让你辛苦了！下面的事，你就全交给我们来办吧。"

"依师兄啊，我的任务完成了。我走了。你们几个研究吧。"

妙手回春走后，依郎阿对爱绅泰说："此次行动还是由你全权负责，常喜做你的副手，以瑷珲马队行围打猎为名，全体出动，夜袭大青山雪窝子沟，力争将它一网打尽。"

"依大人，你就放心吧。由我常喜辅助咱们的新副都统，一定会旗开得胜、马到成功。"

"借你吉言，那我在家就静待佳音了。你们快去吧。"

三个人话别后，爱绅泰和常喜带着瑷珲马队出发了。瑷珲城离大青山雪窝子沟三百多里地，爱绅泰、常喜带领马队到达雪窝子沟外围的时候，天空中已经升起满天的星斗。爱绅泰为了不打草惊蛇，就和常喜商定兵分两路，一路从正面进攻，一路从侧翼包抄，两路夹击，打关林、关河、关川小哥儿仨一个措手不及。总攻时间定为二更天。

二更天一到，随着三声响箭"吱、吱、吱"射出，只见爱绅泰身披白袍，胯下小白马，如风驰电掣一般来到放哨的贼兵面前，手起刀落："你给我在这儿吧！"

咔嚓！骨碌骨碌！放哨的贼兵还没有反应过来怎么回事呢，一个人头已经落地了。另外一个放哨的贼兵一看不好，刚要张口说不好，结果声音还没有发出来呢，吉尔洪额骑马赶到了。他把鬼头刀一顺，对准这名贼兵的肋骨缝，就听见"噗！"

"哎哟！"这名贼兵是声息人亡。

"杀呀，别让关氏兄弟跑了，抓活的。"雪窝子沟密栈里是杀声震天。

这帮盗窃的贼兵，哪是瑷珲马队的对手啊！再加上许多人都在睡梦中，迷迷糊糊的，就做了俘虏了。稍有反抗的，都让爱绅泰、常喜和吉尔洪额给就地正法了。许多想跑的人也乖乖地投降了。形象最惨的当数二寨主关

第八章 瑷珲三拳

河和三寨主关川了。他们俩吓得都尿裤子，连火炕都没下来，让爱绅泰直接从被窝里就给拉出来了："给我绑起来！"

过来两个骑兵，麻肩头拢二背把关河、关川给捆上了。

爱绅泰一看小哥儿仨，现在少一个，就问关河："关林呢？"

"他没和我们住一起，他在靠山角的那间房子里住呢。"

"你们这几个人给我看住他。其他人跟我来。"

等到爱绅泰带人赶到靠山角的那间房子时，关林已是人去屋空。爱绅泰一摸被窝还是热的，就知道关林没有跑远，马上命令吉尔洪额："你带领十几个人，上山搜捕，绝不能让关林跑了。"

"是！二哥，你就放心吧。"吉尔洪额带着十几匹快马，到山上搜捕去了。

爱绅泰一声命令："把所有的俘虏都给我押到寨门这来，清点人员。"

这帮盗窃七倒八斜地都聚在了一起，有人拿着"忠义军"的花名册一点名，就差关林一个人，其他人都到全了。

爱绅泰命令马队："这些匪窝的东西，能装车的全部装车，拉不走的，一把火全给他烧了。"

"将军！您放心吧。好东西一个都不给它剩。它们可都是咱们瑷珲老百姓的血汗钱换来的。"

东方擦亮，雪窝子沟的东西该装车的都装得差不多了。匪窝也点着了。这时，吉尔洪额也带领着十几匹快马回来了。

"二哥，等到我带人转到后山的时候，发现了一条密道。而且还有马踏过的痕迹。我们顺着马的足迹，直追到江边时，关林已经骑马跑到江那边去了。嗨，这次还是让关林跑了。"

"跑就跑了。法网恢恢，疏而不漏。早晚有一天，我们会抓住他的。"

雪窝子沟一战，爱绅泰和常喜率领着瑷珲马队可以说，没损伤一兵一卒，大获全胜。同时，还抓获了七八十名俘虏和十几车价值不菲的物品。

439

这一下，轰动了整个瑷珲城。

依郎阿提前得到信息后，带领着副都统衙门的各司部的司政大员，到城外排队迎接。瑷珲城商铺的这些掌柜的，还请了唢呐班子、秧歌队，敲锣打鼓、载歌载舞，一直把爱绅泰、常喜、吉尔洪额和瑷珲马队迎到瑷珲副都统衙门。

第二天，爱绅泰升堂一审，关河、关川和这些抓获的盗贼都彻底交代了：瑷珲和海兰泡近期所发生的这些掠窃勾当都是他们这伙干的。谁谁谁，哪天干的……他们一一都交代清楚。文书都记录在案。而后，爱绅泰命令刑司、民司按照大清律法，对这伙人根据所犯罪刑，该押监入狱的押监入狱。对于那些掠窃的惯犯，该杀头的杀头。乱世必须用重典。几个罪恶深重的惯犯，被爱绅泰斩首之后，整个瑷珲城商贸往来又恢复了往日繁荣、平安的生活。

海兰泡俄国代表也对爱绅泰这种雷厉风行的处理手段非常赞赏，也主动示好，表示以后俄方会以诚相待，互通有无。

这真是："打得一拳开，免得百拳来。"爱绅泰当上瑷珲副都统的第一把火，就烧得整个瑷珲城惊天动地。

爱绅泰干啥事最大的一个毛病，就是太认真了。大青山雪窝子沟匪巢都被捣毁好长时间了，许多人都快把这事忘了，但是爱绅泰还对关林的侥幸逃脱耿耿于怀。没事就给自己的两个师父说："师父！关林在雪窝子沟暗藏了一条密道，竟然连他的亲兄弟都没有告诉。他真是太狡猾阴险了。你说像他这样的人，侥幸逃脱后，肯定不会善罢甘休。他下步会干什么呢？"

"还能干什么呀？他肯定会想尽一切办法，积攒实力，图谋东山再起。我和你窦师父以后多加留心就是了。这事，你就不用操心了。"

"多谢师父！这事就让你们二老多费心了。"

第八章 瑷珲三拳

§

转眼间,春来冬去,大地万物复苏。江里的冰也融化了,江岸边的小草也冒出了新芽。这一天,一阵风在海兰泡市场上闲逛的时候,哎!突然发现一些人口音比较特殊的人,在海兰泡市场上卖一种形状非常古怪的鱼。这种鱼的鱼嘴非常大,叫出的声也非常特殊。你别看这种鱼长得比较古怪,但是它的肉非常鲜美好吃。许多人不知道这种鱼叫什么名字,都抱着好奇之心,在这个鱼摊围着看热闹,是看的人多,买的人少。有人就问鱼老板:"你卖的这是什么鱼啊?头大身子小,去了头都没啥了,能好吃吗?便宜点,我就买几条。"

"我这鱼叫嘎牙子鱼。你别看它长得小,不好看,在江里横冲直撞,它有两道尖针,什么鱼也不敢吞它,但是它的肉特别好吃。你先买一条回去尝尝,我保证你吃了这条想下条。哎!老先生前几天买过,不信你问问他。"

人群中站着一位当地的六十多岁的老先生,卖鱼的一看就认出来了。这位老先生一看自己被人家认出来了,也不好再站着不说话了,就走出来给卖鱼的打圆场:"小伙子,这个鱼老板刚才说得没错。这个嘎牙子鱼,虽然形状古怪,不好看,但是它的鱼肉特别细腻,口感特别好。要是你买两条回家炖上,在它快出锅的时候,再放点'把蒿',那味才正、才好吃了。"

"照你这老头这么一说,我还真得买两条尝尝。说得我都快要流口水了。"

"没问题。小伙子,你就听我的吧。"

"鱼老板,给我来两条,好吃我下次再买。"

"好咧!这位爷鲜鱼两条咧!"

"我也来两条。"

"好咪!又卖两条。"

"我来四条!"

"这位客爷买四条咪!"

做买卖讲究的就是:不怕卖不掉,就怕话不到。经过当地的老先生小话这么一铺垫,这鱼摊就开了张了。这真是顾客开了口,生意快到手。没用半个时辰,整个鱼摊的鱼全卖完了。

一阵风始终在远处观察着这个鱼老板的一举一动。因为一阵风不但知道这种鱼的名字,而且还知道它的具体产地。这种嘎牙子鱼海兰泡根本就没有。只有远在黑龙江以前,精奇里江往上走,在很远的一个大江汊子,一个叫七星岛的地方出这种嘎牙子鱼,别的地方没有。

一阵风心想:现在这种鱼出现在海兰泡,就足以能证明有七星岛的人在这块。那他们来这干什么呀?光为了卖鱼?肯定没有这么简单。因为自古以来就有"百里不贩樵,千里不贩籴"的说法。他们路途这么遥远,把鱼运到海兰泡来,肯定会有其不可告人目的。我得多加留心。"

在别人看似平常不过的事情,不就是卖点长相古怪的鱼吗?有什么大惊小怪的。可是一阵风却不是这样想的。为什么他留心了呢?还有一个原因,就是大清国人在瑷珲偷东西的人基本是杜绝了。但是在海兰泡最近又有抬头的趋势,又开始有人不断丢东西了。一阵风心想:是不是他们这帮人干的啊?今天我闲着也是闲着,好长时间没练练腿脚了,没事我也抓个贼玩玩,要不然,生活也太乏味了。

一阵风主意打定之后,就暗地里盯上梢了。

§

这帮口音比较特殊的人卖完鱼后,并没有拿着钱走人,而是到粮铺、

第八章　瑷珲三拳

日杂百货铺，买了满满两大车米面和油盐酱醋茶。这下一阵风更奇怪了，心说：他们买这么多米面和油盐酱醋茶干什么？他们肯定有事，不行，我非把它搞清楚了不可。

一阵风跟在他们后面。这帮人也怕别人跟着他们，反正拐弯抹角，走着走着，就来到了七星岛。

七星岛位于海兰泡的东边，精奇里江上游的一个江汊子的地方，原来属于大清国的土地，现在被俄国占去了。

这帮人把满满两车的东西搬到船上，划着渔船上了七星岛。一阵风不敢贸然行事，他就躲到一片树林里，简单吃了一口干粮，喝了几口随身的水，打算晚上偷偷地登上七星岛探个究竟。一阵风吃饱喝足了，不能甘坐着啊：哎！我好久没有练习师父禅一法师教自己的达摩老祖易筋经了，正好这块僻静，我练习练习。

于是，一阵风坐一块清石之上，盘腿坐定，舌尖一顶上牙膛，反观内视，气运丹田，就开始练上了。

一阵风越练越兴奋，越练越有心得，练着练着，就到了红轮西坠，玉兔东升。他感觉还没有练过瘾，又练了一会儿，夜空中就挂满了星斗。一阵风感觉时辰不早了，就简单收拾了一下，"走吧。夜闯七星岛，也省得有人发现我。"

一阵风也没找船，就把衣服脱下来，拿在手里，踩着水就悄悄地到了七星岛。上岸之后，一阵风把衣服穿好，展身型，三晃两晃，就来到了一座大房子前面。这座大房子里面说说笑笑非常热闹，而且周围都有人把守。一阵风心想：这一定是贼窝，我到近处看看。

周围把守的这帮人对于一阵风来说，就是摆设。他趁一个把守人员转身的这么一个工夫，"噌、噌"就转到后窗户这块，然后用舌尖湿透窗户纸。这窗户纸是用薄鱼皮做的，非常结实。一阵风就用锋利的小刀，在湿过的窗户纸上轻轻地画了一个十字线，拨开它的一个上角，举目往屋内

443

观看。

只见屋内正中央摆放着一张桌子,上垂首坐着一个俄国人。这个俄国人长高体壮,膀阔腰圆,长得非常彪悍。他也不说话,只是不断喝酒。一阵风一看,他准是这帮土匪的头。这个土匪头的旁边,紧挨着他坐的是一位大清国的人。这人中等身体,长得五官端正,只是眉宇间带着一股邪气。这人,一阵风一眼就认出来了。这不是关林吗?原来他跑这儿来了。关林不停地给上垂首的这个俄国人解释着什么。方桌侧座两边和对面还坐着一个俄国人和三个汉人,也是边喝酒边向关林说着什么。而后,关林转身再向那土匪头简单地说:"这个意见还可以。咱们可以做。刚才的那个建议不行。"

土匪头点了点头,算是同意了。一阵风从关林的举止判断,他现在已成了这个俄国土匪头的谋士了。果然,被一阵风言中了。

§

书中代言,这个俄国人土匪头子是从西伯利亚过来的。过去,他就是一个俄国流犯、惯犯。什么奸淫、掠窃,这些坏事他都干过,沙俄政府想什么招都没有抓到他。没想到他跑到这块自立为王了。至于这个俄国土匪头子,姓啥叫啥,谁都不知道。他自己从来也不报自己的真名实姓,也不讲俄国话,就是自己装哑巴,跟谁也没有话说。谁说什么话,他也能听得清。如果让他听到谁说他坏话,他瞪眼就杀人。关林来到七星岛之后,他与人交流的方式,都是通过关林与大家传话。

一阵风正琢磨,关林这家伙怎么会跑这个地方来了呢?七星岛这么偏僻,远远荒无人烟的。

突然,有人用俄语说:"我们亲爱的冈特洛夫,怎么好几天没来了呢?我正有事找他呢。"

第八章　瑷珲三拳

嗯？怎么还有冈特洛夫？冈特洛夫不就是关震臣吗？听说，他不是去圣彼得堡了吗？他怎么会在这儿呢？我再好好听一下。一阵风大脑中产生了一连串的问号，而后屏住呼吸听个究竟。

关林大模大样地端起酒杯，喝了一口酒，说道："我贤弟这次特意去伯力，是谈一笔大买卖，明后天肯定回来。等到他回来之后，咱们就可以甩开膀子大干一场了。到那时，咱们七星岛上的所有人都有花不完的金山银山。我也能报大青山之仇。来、来、来！咱们提前预祝一下。你们喝完这杯，都回去把东西给我贤弟看好了。要是出现差错，我和我贤弟都饶不了你们。"

"是、是、是！我们干完这杯，马上就回屋看着去。"

一阵风一看他们要散局了，就施展轻功围着七星岛转了一圈，把整个岛上建筑布局和进出路线都侦察得清清楚楚，这才离开七星岛，返回瑷珲城。

§

路上无话。一阵风回到瑷珲副都统衙门，就把这个线索告诉了爱绅泰。

爱绅泰就问："师父，关震臣怎么会出现在七星岛呢？"

"这还不简单吗？他姓关的甘愿当俄国人的走狗，但他老是成事不足败事有余，俄国人怎么会收留于他呢？让他居住七星岛已经不错了。我看，七星岛就是关震臣这小兔崽子的老窝。你最好偷偷地带人去，夜袭七星岛，打他一个措手不及，以除后患。"

"师父，我听你的。他们有多少人？"

"我仔细看了，整个七星岛上就十三四个人。有俄国人也有大清国人。估计关震臣外出肯定也会带几个人，我看七星岛满打满算也不会超过二十几个人。这是我提前给你画好了的，进攻七星岛的路线图和岛内简要的布局图。你好好研究一下吧。"

爱绅泰双手接过草图，展开仔细一看，上面清晰地标记着从瑷珲到七星岛的整个路线和七星岛上的进出路线以及几个重要建筑物的防御位置。哪个地方有几个人把守，哪间房子住人，哪间房子是仓库什么的，等等。

"师父，你这图太重要了。我现在带人就去。"

"阿泰啊，你先别急。等会儿，咱们找依郎阿商量一下，再去也不迟。"

"师父，您不知道。我师叔依郎阿和常参领他们一大早就去三架山水师营了。今天很晚才能回来。等他们回来，我再带人去七星岛怕来不及了。这样吧，师父！你在家替我看会儿家，我和三弟吉尔洪额带领在家的这十几名马队旗兵现在就赶奔七星岛。我估摸到后夜就能赶到七星岛，正好趁天黑，一举抓获这帮贼人，免得夜长梦多。"

"好吧！也只能如此了。你们走吧。"

爱绅泰和吉尔洪额兄弟二人到后院集合队伍，工夫不大，就率领着瑷珲马队十名旗兵，十五匹马，渡江东上，绕过了海兰泡从森林里直接抄近道，斜着就插过去了，而后又顺着精奇里江直接北上，三更天刚过，他们就赶到了七星岛。

爱绅泰命令马队的旗兵："马上检查携带的武器，准备浮水登岛，夜袭七星岛，准备战斗。"

"爱大人，你就放心吧。我们早就准备好了。就等到你下命令了。"

"好！出发！"

大家都知道爱绅泰的马术非常出名。还有一点，大家可能还不知道，那就是他训练的瑷珲的马队还能浮水，而且非常厉害。这次他带着马队十名旗兵和十几匹马。人马虽不多，但个个都有极强的战斗力。俄国的土匪头子和关林做梦也没想到，爱绅泰敢到俄方的七星岛来抓捕他们。他们睡得正香呢，爱绅泰率领的马队像一阵旋风一样，就杀到了他们屋前。也该着他们倒霉，偏偏这个时候，放哨警戒的贼兵脱岗了。爱绅泰和吉尔洪额

第八章　瑷珲三拳

各领四五名旗兵分两队，吉尔洪额负责抓捕另一个屋的盗贼，爱绅泰负责抓捕俄国土匪头子和关林。爱绅泰抬脚就进了屋了，把刀在俄国土匪头子和关林头上一架，高声呵斥："别动！动一动，我就宰了你。"

"啊!？我不是在做梦吧。你、你们是不是抓错人了？"

关林揉揉眼睛，看到眼前几个黑衣人，还在那儿装呢。

§

"关林，我是爱绅泰，我抓的就是你。少废话！你被捕了。"

就在爱绅泰训斥关林的时候，俄国的这个土匪头子先是一愣，而后，他悄悄地把手伸到枕头底下去了。他要干什么？因为他的枕头底下有一把锋利的匕首。他要反抗。爱绅泰用眼角的余光，发现势头不对，转刀头，"噗！"直接一刀就给俄国土匪头上半身一刀，结果了他的性命。这名恶贯满盈的俄国惯匪。临死他还不服气呢，光嘎巴嘴说不出话来。一个马队旗兵上去，"咔嚓"一刀，把他的人头砍下，拎起来，扔到另一名马队旗兵打开的鹿皮套里了。

"我的妈啊！噢——"关林吓昏过去了。

"把他绑起来，带外边去。"

"是！"

一个旗兵麻肩头拢二背，来了一个十字倒拴蹄，结结实实地把关林给绑上了。

此时，吉尔洪额也押着另一个屋的一个个土匪出来了。两队一清点这帮土匪人数，算上刚被杀的俄国土匪头子，总共有十六个人。其中有三名俄国人，十三名大清国人。

爱绅泰叫人用冷水把关林浇醒之后，就问他："关震臣呢？"

"他、他去伯力来没回来。"

"你们七星岛一共有多少人？"

"一共十九人。除去关震臣带走的三个，其他的都在这儿了。"

"关震臣，不是去圣彼得堡了吗？怎么会在这儿？"

"爱大人，我就给你说实话吧。关震臣对外说是去圣彼得堡了，其实他根本就没有到圣彼得堡，一直就在这儿住。"

"你说的可是真话？"

"爱大人，如果我说一句假话，你让我不得好死。"

"死的那个俄国人是干什么的？"

"他就是关震臣养的一个把手。表面上看，他是七星岛的岛主，其实还是我四弟关震臣说了算，他才是七星岛的岛主。"

"你们偷的东西都放哪儿了？"

"都在后边仓库里呢，这是仓库的钥匙。"

爱绅泰知道关林是一个软骨头，在这种情况下绝不会撒谎的。他让人接过钥匙，到后边打开仓库一看，嗬！关震臣这么多年积攒下来的这点家底全在这儿呢。

到这时，爱绅泰才明白：关震臣的据点并不是他所说的圣彼得堡，而是七星岛。因为七星岛上游，再往上就是北海。他选择这里也是煞费了一番苦心。没想到，让爱绅泰一夜之间给铲平了。

爱绅泰让人把值钱的东西都带上后，一把火把关震臣老窝给烧了，是胜利而归。美中不足的是，关震臣又侥幸逃脱了。

爱绅泰真有拼命三郎的味道，他跟关保完全不一样，雷厉风行，真跟铁榔头一样。什么难事，他都能凿出些解决办法来。爱绅泰最得力的助手，就是他弟弟吉尔洪额，始终在他身边无怨无悔地帮他。

爱绅泰回到瑷珲副都统衙门后，依郎阿和常喜又给他祝贺一番。依郎阿连夜把爱绅泰如何铲除雪窝子沟和七星岛关氏兄弟秘密建立两个黑窝的情况上报给了朝廷。同治九年，朝廷降旨封爱绅泰为固山达，也就是佐领，

第八章　瑷珲三拳

官职三品。爱绅泰自同治八年八月上任瑷珲副都统，不到一年的时间，又升了一品。现在爱绅泰升为佐领后，就有了指挥八旗兵的军权了。他现在官职比原来的关保大人都高。在大清朝三品以上官员，就可以到皇上身边去了。在封建社会那也是有等级的。

第九章　吉尔洪额续任

尊敬的奶奶、爷爷、师傅、兄弟、朋友，各位好！
我有金子一样的嘴，我有龙马精神，
我有海一样的胸怀，
我把遥远祖先的英雄名字、勋业永远记住。
前事不忘，后事之师。
我现在以虔诚之心，
把感人的富察氏家族的说部，给您讲述出来。
我恭恭敬敬地讲啊，您耐心地听吧。
小学生我有礼了，
各位大喜，吉祥，万福金安！

第九章　吉尔洪额续任

有道是：月儿弯弯照九州，几家欢乐几家愁。

正当爱绅泰热烈庆祝并加官晋爵的时候，关震臣知道自己的老窝七星岛被烧毁了，他是咬牙切齿、跳着脚地骂爱绅泰："爱绅泰，你这个挨千刀的，我关震臣给你没完。你给我等着，我让你不得好死。如果我不报此仇，我就不姓瓜尔佳氏。"

关震臣对天发了毒誓了，对爱绅泰真动了杀心了。但是他现在已是人财两空，无力回天，只能先忍下这口气，重新积攒实力，等待时机。

不怕贼偷就怕贼惦记。瑷珲副都统衙门在爱绅泰精心治理下，在两位师父和一个弟弟的极力辅助下，在依郎阿、常喜的大力支持下，历经三年的时间，瑷珲城内的士农工商、各行各业都得到了快速发展，从江东撤回来的边民也得到妥当的安置，中俄两国边境局面也得到了极大的改善，中俄两国关系也进入一种相对稳定阶段。这里面，瑷珲副都统爱绅泰可以说是功不可没，并且付出了常人难以想象的艰辛与努力。

§

单说同治十一年七月的一天，爱绅泰像往常一样回到家里，也不知道为什么，就感觉今天非常乏累，浑身一动，骨头节都疼，心说：最近公务繁忙累的？不能啊，我在瑷珲副都统衙门都干这么些年了，比这时候累的情况常有，也没有感觉累啊！不行，今天晚上我得喝点酒解解乏。要不然明天缓不过劲来。

想到这，爱绅泰让福晋给自己准备两道菜，又温上了一壶酒。等到酒菜都上齐了，爱绅泰自斟自饮，喝上了。也就半个时辰的工夫，爱绅泰一壶酒就下肚了，浑身热乎乎的，感觉好多了：哎呀！这下，我可要睡个好觉了。

哪知道，爱绅泰刚躺炕上，他刚满一岁半的、最小的儿子闹得非常狠，怎么哄都不行，也不睡觉。你别看，爱绅泰平时都板着个脸，对瑷珲衙门里的人要求非常严厉，许多人也都怕他。但是，爱绅泰唯独见到他的这个最小的儿子，即使他再忙再累再愁，他也会马上笑呵呵的，抱过小儿子稀罕一番。有时，爱绅泰小儿子正哭正闹呢，一见他回来了，马上就不哭不闹了，乖乖的，该玩就玩，该睡觉就睡觉。但是今天，这孩子一反常态。爱绅泰起来怎么哄、怎么逗他玩都不好使。最后，家里人实在没办法了，就让保姆抱自己家去了。另外，爱绅泰还有一个大儿子，现在早就成人了，也是八旗营中的一名记名马甲。

可能是最近太累了，爱绅泰刚躺下就鼾声如雷，睡着了。这天晚上，天也黑得瘆人，是伸手不见五指。三更天刚过，突然，一个黑衣人蹑手蹑脚地就来到了爱绅泰所住房屋的窗前，只见他用手指蘸唾沫，把窗户纸湿透，而后用一根竹管把窗户纸湿透处轻轻捅破，就直接往房屋内放迷魂香。黑衣人感觉房屋内没有任何动静了，他就把窗户纸划开，拨开窗户扇的挡板，推开窗户，展身形，跳入爱绅泰睡觉的房中。

这个黑衣人为什么要从窗户进来啊？因为爱绅泰住的房子是一座典型的北方满族木板房，屋门的上方也挂着一串马铃。如果是陌生人进门，一推门，"丁零儿"一响，屋里的主人就知道来人了。再说，爱绅泰本来就是一名武将出身，他的警惕性特别强。平时，他每天睡觉都把马刀放到自己的枕头底下，只要屋内有一点风吹草动，他都会翻身而起，随时准备迎敌。特别是爱绅泰当上瑷珲副都统后，他的警惕性就更高了。

黑衣人从窗户下来之后，他是高抬腿，轻落步，前走五步，就来到了爱绅泰面前。

爱绅泰在西暖阁的火炕外侧，头朝东，脚朝西，睡得正香呢。爱绅泰的福晋在内侧也睡得很实。

黑衣人看着熟睡的爱绅泰不由得一阵冷笑：爱绅泰啊爱绅泰，今天你的死期到了，你就给我在这儿吧！说着，"欻啦"从背后就抽出一把锃明瓦

第九章　吉尔洪额续任

黑衣人夜刺爱绅泰

亮的鬼头刀，不容分说，从上往下，"咔嚓"一下，直接就把爱绅泰的人头砍下。爱绅泰临死也不知道自己到底怎么死的。

"哎呀，谁？"爱绅泰福晋听到声音不对，起身刚要问对方是谁。只见这名黑衣人，一翻腕子，转刀头，往前一顺，"噗"一刀顺着爱绅泰福晋的肋骨扇，就进去了。"噢儿！"她也惨死于黑衣人的刀下。

黑衣人往摇篮里一摸，爱绅泰的小儿子不在，就是一愣。黑衣人只是稍微停顿了一下，而后，按原路返回屋外，把窗户带上，转身又闯到下屋，不容分说，也不分男女老少，像切西瓜一样，把屋里的所有人都给杀害了。黑衣人的杀人手段极其残暴。临走时，黑衣人掏出一张提前写的纸条，"啪"用匕首钉了房门上，纸条上清晰地写道："你爱绅泰恶贯满盈，我是来要你命的。你要找我，可以。我是冈特洛夫。"下面，还有年月日。

黑衣人不慌不忙把这一切都办妥当后，展身形，"噌"越过院外的木障，就消失在黑夜之中。

§

等到第二天，依郎阿赶到的时候，一看纸条马上就明白了。关震臣用的就是冈特洛夫的俄国名。这纸条的意思是说：你们瑷珲衙门去上边告去吧。我是冈特洛夫，我是俄国人，我把你爱绅泰杀了，你们又能把我怎么样！非常嚣张。可以说，这是关震臣直接向瑷珲副都统衙门宣战。

爱绅泰没抓到关震臣，结果反被关震臣把他全家给杀了。多亏老保姆昨天晚上把爱绅泰的小儿子抱到自己家去了，这才躲过了一劫。爱绅泰全家人死得太惨了。和爱绅泰多年都形影不离的吉尔洪额，抱着二哥的尸体是放声痛哭啊："二哥啊二哥！你死得太惨了！二哥！你等着，我不把杀害你的人抓住，我誓不为人。我不把关震臣这个王八蛋抓回来，给你报仇，我吉尔洪额就对不起二哥你全家。二哥，你慢点走。我现在就去把这个挨千刀的给抓来。"

说完，吉尔洪额起身就往屋外跑。妙手回春和一阵风一把就把吉尔洪额给抓住了："洪额，你醒醒！洪额啊，听师父的话。师父知道你心疼你二哥，但是，你也得让你二哥入土为安啊。以后，你再替你二哥报仇，师父帮着你想办法。你现在听师父的，先把你二哥全家安葬了吧。"

"师父！我难受啊！我真没用啊！啊——！"吉尔洪额扑到二位师父的怀里，号啕大哭啊。妙手回春和一阵风也陪着掉眼泪。这真是：丈夫有泪不轻弹，只因未到伤心处。

依郎阿和常喜一边赶紧叫人买来棺材，把爱绅泰全家一一装棺入殓，一边派人到三架山水师营把爱绅泰的大儿子找回来，披麻戴孝，为父母送行。这一切都安排妥当后，依郎阿回到住处悲痛之余，提笔分别向德英大人和朝廷军机处写了两份奏折，把爱绅泰被杀害之事，原原本本地进行了禀报，最后，依郎阿建议，新任瑷珲副都统的人选，最好是爱绅泰的弟弟

第九章　吉尔洪额续任

吉尔洪额。因为爱绅泰所做的每一件事都有他三弟吉尔洪额的一份功劳，都是吉尔洪额跟着干的。如果由吉尔洪额接任的话，瑷珲副都统衙门的工作连续性就不会因爱绅泰的突然被杀害而中断。

依郎阿把奏折写好了，装进信封，派八百里快马，送出去了。依郎阿的建议，马上得到了德英和朝廷的肯定。没过几天，朝廷认命吉尔洪额的为瑷珲副都统的正式批文就下来了。吉尔洪额从同治十一年到光绪二年，一直担任瑷珲副都统。

§

依朗阿为什么极力要推荐吉尔洪额接替爱绅泰的职位呢？其实，依朗阿还有自己的想法。因为据爱绅泰的一个老邻居反映：爱绅泰被害的当天夜里，他正好半夜闹肚子，起来上院外的茅房方便。他刚一出门，就看到一个黑影从爱绅泰院里翻过障子，一转眼就没影了。"当时天也太黑了，再说那个人穿着一身黑色的衣服'欻'一闪就没了。我以为自己看花了呢，也没太在意，就上完茅房回屋了。哪承想，那个黑衣人竟然是杀害副都统全家的罪魁祸首，我要是当时报官府就好了，说不定还能抓住这个挨千刀的。"天亮之后，这个老邻居边向依郎阿反映情况边后悔不已。

依郎阿为了掌握破案的第一手线索，他只带着妙手回春来到了爱绅泰屋里，进行了细致的侦察。依郎阿和妙手回春进屋一看，就愣住了。从窗户上匕首划过的痕迹，再到杀手留在屋里的脚印，都是非常整齐，进屋和出屋的脚印是完全的吻合，没有一点慌乱的迹象。屋里其他的摆设、家具等任何东西都没有碰过的痕迹。爱绅泰和他福晋也都是干净利索的一刀毙命。整个作案现场留下的痕迹越整齐，反而越引起依郎阿和妙手回春的怀疑。

"难道是熟人作案不成？这个凶手怎么对爱绅泰家里的整个布局如此的

清楚啊?"依郎阿和妙手回春异口同声地提出了自己的疑问。

妙手回春说:"从这个现场判断,咱们内部绝对有内鬼。此内鬼不除,还将对咱们瑷珲衙门造成极大的威胁啊。"

"我也是这个意见。回去后,咱们好好研究一下。"

爱绅泰家中被害这事,在整个瑷珲城也引起了震动。到了晚上,每家都提前闭门上锁,一般不太熟悉的人叫门都不开,可以说是闹得人心惶惶的。

依朗阿认为:"越在这时候,瑷珲副都统衙门越必须有头,不能让江东的老毛子们觉得杀了爱绅泰以后就没人当家了,我们必须马上选人接替爱绅泰,让罗刹人和黑衣人失望。那到底选谁呢?哎!有了,就选爱绅泰的把兄弟吉尔洪额。他最合适。"

于是,依郎阿就把自己的意见报给黑龙江将军德英:"吉尔洪额最合适接替瑷珲副都统之职。"德英将军二话没说,马上就同意了,任命爱绅泰的弟弟吉尔洪额为瑷珲副都统。因为黑龙江将军有权直接任命瑷珲副都统,只是同时要报送朝廷吏部备案就行了。

吉尔洪额接任以后,他主要想的就是找到杀害自己兄长全家的黑衣人,给哥哥一家人报这个仇。

这个仇怎么报?现在整个瑷珲城里是风言风语,说什么的都有,但是大体形成了一种共识,所有人都把矛头指向了老关家。冤有头,债有主。有人就说:"关震臣派杀手杀害的爱绅泰全家。这个账是关震臣的,但他们老关家肯定也脱不关干系。咱们找他们算账去。"

"对!找他们算账去。"

§

三人成虎,人言可畏。瑷珲城许多人,先是白天找关特格恩和关特格

第九章 吉尔洪额续任

林评理，因为他们以前跟着关震臣最近。关特格恩和关特格林老哥俩也是百口难辩啊，还气得够呛。晚上，许多人为了发泄自己的私愤，就往关特格恩和关特格林住的屋里扔砖头瓦块什么的。关特格恩和关特格林年岁也大了，晚上受到攻击后也不敢出来，只能是暗气暗憋。有些人做法更恶劣，干脆把一些粪尿汤子，直接倒在他们住的房门上，或泼在屋子的周围。连关泰和关福家都受到了牵连。

关特格恩和关特格林哪受过这种窝囊气啊。心想：以前哥哥关特格列活着的时候，是世袭罔替的男爵，黑龙江将军见了我都得下马施礼，自从同治五年大哥关特格列死后，老关家的日子一天不如一天。现在瑷珲城里的这帮刁民反了，造反了，大清国还没有王法了。我们要到京城告他们去，让皇上把这帮刁民都杀了。

关特格恩和关特格林在自己屋里正骂着呢，就听见有人说了一声"我让你们骂！""嗖——"从窗户口就飞进一个尿罐，正砸在关特格恩的身上。这个尿罐也不结实，"哗啦"一下就碎了，里面的尿就溅了关特格列一身，嘴里也有，"呸、呸！这是什么玩意？啊！尿！"

关特格恩和关特格林彻底绝望了，越想越窝囊，越想越无脸见人了，"干脆，死了得了"。他们找出两根绳，系房梁上，上吊死了。

关特格恩和关特格林这一死，坏了，整个瑷珲城的老关家更乱了。一些无缘无故受到攻击和骚扰的关氏家族的人纷纷到衙门报案申冤。

等到依郎阿等人接到报案后，马上意识到这件事情所带来的严重性：如果当前瑷珲副都统衙门处理不好与老关的关系，势必会影响到整个瑷珲稳定与团结。现在改为冈特洛夫的关震臣不是向瑷珲副都统衙门公开叫号了吗？这里面，现在老关家的人有没有在暗地里参与此事啊？自己想要找的那个内鬼是不是老关家里的人啊？等等。

§

说到这儿,朱伯西还得向大家交代一下当时的社会背景。一是德英将军现在不仅仅是忙活瑷珲的事,他还得管全省的事。现在忠义军的火已经烧到了阿城,阿城也出现了忠义军,朝廷非常关注这事。这火不能再烧了。忠义军要是再闹起来,就不好办了。因此,德英带领着马队正忙着镇压忠义军的事,所以瑷珲的事,德英完全交给依朗阿、吉尔洪额和常喜他们了。二是现朝廷上边对北疆的主要思想是:在中俄北疆局面上,双方别再有大的矛盾就行了,地方占就占了,争也争不过来了,维持边疆边民稳定就行。江左的屯子别出事就行了,互相抱团别出事。所以,德英这才抽身忙着平定忠义军的事。

这一天,依朗阿把常喜、吉尔洪额和妙手回春、一阵风都召集在一起,针对当前瑷珲城接连出现的一些问题,研究一下瑷珲衙门的下一步到底应当怎么办。

依朗阿看大家都不说话,他就清了清嗓子说:"关震臣是对整个瑷珲副都统衙门恨之入骨。昨天是爱绅泰,今天、明天可能就是我们其中的一位。这些天,我也考虑了,站在个人情感的角度上,咱们应当给爱绅泰报仇不假,并且也应当把它当作瑷珲副都统衙门的头等大事来办。你敬我一尺,我敬你一丈;你害我一次,我会加倍奉还。这种投桃报李、以牙还牙的道理,谁都懂。但是我想,爱绅泰全家被杀害的问题关键,并不是这么简单。我们应当换一个角度来思考,关震臣为什么非要派黑衣人来杀害爱绅泰全家,干出这种丧尽天良的事来呢?其背后还有没有其他不可告人的阴谋?我们应当考虑周全,且不可莽撞行事,免得上了老毛子的当。"

依郎阿这么一提醒,吉尔洪额、常喜一拍脑袋站起来了:"哎呀!我怎么没想到这一点呢?关震臣要是派黑衣人偷偷摸摸杀了爱绅泰多好啊。神

第九章　吉尔洪额续任

不知，鬼不觉的，我们既然怀疑到他，也是苦无证据啊。现在倒好，他如此嚣张、高调做事，还唯恐天下没人不知道爱绅泰全家是他杀的，反而越加感到不正常。"

常喜说："他娘的！这个黑衣人到底想干什么啊？如果下次发现了，我非叫他有来无回。"

"常参领，明枪易躲，暗箭难防。我们在明处，他们在暗处。你能知道他什么时候动手吗？他干不过你，他对你的家人和孩子下手怎么办？"

"这……"吉尔洪额虽然脑袋好使，但是事摊到他身上了，一上火，也没有招了，"难道我们就这样忍气吞声不行？"

依朗阿拍了拍吉尔洪额的肩膀，说："爱绅泰的仇一定要报的，但现在当务之急，咱们还是如何解决好老关家的问题。关家现在名声臭了，儿子关震臣叛国了，老头子关特格列忧愁死了，现在关特格恩、关特格林又受辱上吊而死。整个家族里就靠大夫人王氏积攒下来的这点好名声。现在又让关震臣给挥霍没了。"

关特格列的大夫人王氏活着的时候，她不但对奴才好，对下人也不刻薄，而且她看到周围的穷人饥饿时都会主动帮忙、施舍。这让许多穷苦的老百姓都很感激老关家。

"说句实在话，现在好的一个方面是，我和帕尔根已分化了老关家一大部分力量。这里面起到关键作用的是王氏的两个儿子关福和关泰。要是没有关福和关泰的带头，整个关尔佳氏家族也不会很快地稳定下来。现在关震臣又从暗里挑起事端，我想他就是想让我们瑷珲副都统衙门与整个关尔佳氏家族关系搞僵，他好向罗刹新主子报功。关震臣公开派人杀害爱绅泰，他这是醉翁之意不在酒，而是另有阴谋啊。我们绝不能上关震臣的当。我们还是应当从改善瑷珲副都统衙门与老关家的关系上入手。"

依朗阿说的这话对吗？也对！关特格列原来是世袭罔替男爵，官从一品，黑龙江将军见他都得躬身跪拜，突然被废成庶人净身出户，这比杀了他都难受。当年他的两个弟弟关特格恩、关特格林找到关特格列时曾说："大哥啊,咱家不能就这么没了。震臣在罗刹那边有地位,那边有咱自己人,咱们要想办法东山再起。"虽然关特格列嘴上说"不用着急,慢慢来,我自有办法"。但是关特格列都成为庶民了,还能有什么办法啊?只能等儿子关震臣消息。

可是消息,关特格列是早等也不来,晚等也不来,岁数一天天大了,慢慢自己也没了信心了,加上别人的冷眼相对,心情总是非常低落,就靠抽大烟来混日子,最后在同治五年忧愁而死。结果了自己的一生。

关特格列这一死,老关家上下就更乱了。他的两个弟弟关特格恩、关特格林带着点值钱的东西跑了。后来,他老哥俩儿把钱花完了,实在混不下去了,又觍着脸回来了。从关特格列死了之后,整个家里就靠大夫人王氏的两个儿子关泰、关福经营维持。但是压在整个关氏家族头上这顶耻辱的帽子,自从出事后,始终让整个老关尔佳氏家族的人都喘不过气来。现在关震臣又突然出了这么大一个幺蛾子,整个老关尔佳氏更是人人自危了。

吉尔洪额一听依朗阿这么说,从他内心来说不太乐意,但事实道理明摆着呢,他又不能做。

妙手回春看出吉尔洪额的顾虑了,就说:"你现在是瑷珲副都统衙门的新当家人,更应该学会解决应对突发事件的能力。不能头疼医头,脚疼医脚。凡事都要力争做到标本兼治,方为上策。特别是现在这个时候,我们千万不要把整个关尔佳氏家族的人一棺材板打死。他们不是没有人,老关家在朝廷上有很多熟悉人。另外,他们家那么多人不可能都坏啊,老关家还有一些好孩子啊,比如:关勇、关龙、关虎、关豹。他们都是非常不错的哈哈济。对关震臣这样的人,咱们要另当别论。对于老关尔佳氏家族的其他人,我们应该学会感化他们。冤冤相报何时了啊!咱不能把老关家一棍子打死。大清国还是仁义之国,更不应该如此。"

有道是:灯不拨不亮,理不辩不明。

第九章　吉尔洪额续任

妙手回春的这番话，一下子点醒吉尔洪额，心想：我现在是瑷珲副都统衙门的新当家人，给二哥爱绅泰报仇是应该的，但更主要的是稳定整个瑷珲的形势。自己的二哥也不愿意看到自己为了给他报仇，而不顾瑷珲的整个安危。

吉尔洪额的这些心理变化，都没有逃过妙手回春的眼睛。妙手回春端起桌上的茶碗，喝了一口茶水，润了润嗓子，给大家讲述了关特格列的先祖色斤，随萨布素将军亲征雅克萨之战和平息新疆噶尔丹叛乱的过程中，立下的两大功勋。

§

康熙二十二年，关特格列的祖上叫关尔佳氏色斤，跟着萨布素奉旨北上，抵御罗刹，并参加了萨布素领导的攻打罗刹占领雅克萨的大捷战。

关尔佳氏色斤哥儿仨，他是老大，老二叫关尔佳氏色河，老三叫关尔佳氏色辰。关尔佳氏色斤作为家里的长子，带一支人马来到瑷珲。那哥俩儿没过来，还在吉林。

关特格列的祖上，就是色斤的嫡系。色斤来黑龙江的时候，官职为骁骑校，相当于现在的正团级，也就是五品衔副佐领衔。佐领是四品。

关尔佳氏色斤带人来到瑷珲后，马上就加入到了萨布素将军领导下的反俄战斗中。色斤当时被萨布素将军派到罗刹所占领的呼玛河对岸的前敌第一线。

当时罗刹在雅克萨建起了一个城池。这座城池地处险要、易守难攻。一部分罗刹兵主力就住在雅克萨城池里面，作为一个向清军进攻的重要据点。这些罗刹兵也挺有能耐，水性也好，枪炮也多。身为前线骁骑校的色斤作为八旗兵的开路先锋，带领着手下几百人，对罗刹兵就发起了几次猛烈的进攻，每次都是连续攻打了几个时辰，死伤好多人也没打下来。

有一次，萨布素站在远处的瞭望台里，看得清清楚楚：再继续强攻，势必还要增加更大的人员伤亡。绝不能这样蛮干了，必须另想办法。

想到这，萨布素马上下令："停止进攻，鸣锣收兵！"

"喤啷啷！"清军鸣锣一响，收兵了。

色斤有点杀红眼了，还想带着八旗兵往上冲，但是军令难违啊，只好回来了。但是色斤撤回，冷静下来一想：如此强攻肯定不是办法，这可怎么办呢？自己又死伤了许多弟兄，此仇不报，我就难出心中这口恶气。

色斤左想没有什么好办法，右想也没有什么好办法，都到后半夜了，他都没睡着，在军帐之内是辗转反侧：嗨！自己反正又睡不着，不如到江边走走，再顺便侦察一下敌情。

于是，色斤就带着一名随从，就悄悄地来到江边，一边隐身前行一边借着月光往对岸观瞧。此时江对岸除了几盏灯光外，再也看不到什么了。色斤就顺着江边往上继续走。当他来到江水甩湾子的地方，看着顺流而下的江水"哗、哗"不停地冲刷着江岸时，一些从江上游漂下来的草棍和树枝，都被冲到了岸上。

突然，色斤在大脑中"欻啦"闪出来一个大胆的想法，哎！有了。我何不如此这般这般如此。对，就这么办。

色斤主意打定之后，转身带着随从直奔萨布素将军的大帐。萨布素也在大帐里想着攻城对策呢：对面罗刹一日不除，我一日不能安寝，再说，也无法向皇上交代啊？这可怎么办呢？

萨布素正愁呢，有人向他报告："大人，骁骑校色斤求见！"萨布素一想色斤深夜来访必有要事，就说："让他进来吧。"

工夫不大，色斤撩帐帘进来了。

"拜见萨大人！色斤有一事相告，不知当讲不当讲？"

"起来吧！但讲无妨。"

"大人，近日几次攻城，罗刹凭借雅克萨城地势天险，强弓重弩、火枪利器，让我军久攻不下，且损兵折将。我想我们还是先与罗刹兵相持对峙一段时间，我想只身打入雅克萨城，详细侦察罗刹的一举一动，而后等到时机成熟，一举将贼寇全部消灭，不知大人意下如何？"

"这个？"萨布素听完色斤的计策后，感觉好是好，但是萨布素暗地里替色斤捏了一把汗，他只身敌营，也太危险了。因为罗刹人太狡猾了，是不会轻易相信人的，如果色斤来回传递情报，一旦被罗刹兵发现，其后果不堪设想。

"色斤啊！"

"末将在！"

"你只身打入罗刹兵营太危险了，如果稍有闪失，你可是随时都有掉头之祸啊！"

"萨大人，你放心吧。我已经想好了，不入虎穴焉得虎子。"

"你只身前去雅克萨城，那侦察来的情报，又如何安全地传送出来呢？"

色斤一听萨布素问这事，就乐了，把自己想怎么办详细讲给萨布素听，然后说："大人，这么办可以说是神不知鬼不觉，顺利把情报送到大人您的手中。你看行不？"

"好！就按你说的办。你就下去准备吧。"

"谢大人！"色斤拱身施礼后，转身出了大帐。

色斤回到自己军帐之内，经过一番乔装打扮后，带上几身破破烂烂的衣服，就消失在夜色之中。

§

萨布素命令清军高垒战壕，就与罗刹兵拉开了长久相峙的架势。

这些罗刹兵还暗笑萨布素带领的这帮清军呢："都是一群乌合之众。看到没有？几次进攻，损兵折将，还不甘心退回去，没法向朝廷交代，想跟咱们打持久战，挖战壕，堆壁垒，这些雕虫小技太让人耻笑了。我们高踞雅克萨城，弹药粮草充足，还怕你不成，咱们看谁能熬得过谁！"罗刹兵也调整防御策略，主要是加强了防哨力量，主要力量马上进入休整。

单说色斤，没过几天就悄悄地打进了雅克萨城，并成为一名给罗刹兵喂马、看马的马夫。因为罗刹兵有马队呀，就雇了一些当地人给他们喂马、看马。罗刹兵一看色斤，是一个逃荒过来的、脏兮兮的要饭花子，挺老实巴交的，又不爱说话，一说话就"啊、啊——嗯！"罗刹兵心说：他是个哑巴，太好了。省得走漏消息，就他了。

这样的话，色斤很快就得到了罗刹人的相信，给罗刹人看马、喂马。罗刹兵怎么会轻易相信一个大清国的人呢？色斤刚到的时候，这些罗刹兵也不相信他，曾好几次故意试探他，看看色斤的耳朵到底是真聋还是假聋。有时，罗刹兵故意在色斤身后大叫一声。其他人在暗地里观察。色斤就跟没事人似的，一点反应都没有，该干啥干啥。人故意装聋，一次行、两次行，但是，你几十次、上百次，十天半拉月都能不露一丝马脚，那太难了。但是色斤就做到了。连晚上睡觉的时候，你整多大动静，他还是酣睡如泥。你不推他，他绝对不醒。把他叫醒，还得费半天劲呢。这些罗刹兵经过近一个月的暗中观察，都一致认定色斤是一个又聋又哑的人，就彻底对他放松了警惕。

就凭色斤这一手，一般人绝对做不到。这可是需要人一天二十四小时都要保持一个高度的精神集中，"我是谁，我该怎么办？"即使晚上睡觉都要睁一只眼闭一只眼，也不能有半点马虎。

另外，给罗刹兵看马很有特点：马住的必须都是木刻楞的房子。罗刹的马都非常娇贵，他们不能让马被雨浇，也不能让马被风吹。罗刹兵把马非常当回事，不像清军那样简单地围上个圈，就让马在里面住了。罗刹人要给马盖房子，地上都要铺上木板，就是整块圆木铺在地上，这样的话地上不潮。这上面再竖上马槽子，马就在木刻楞房子里头吃草。马圈地方挺

第九章　吉尔洪额续任

大啊，马夫就住在旁边的一个地方。人和马混住在一起。你是自己愿意搭个床啊，还是在地上直接睡啊，都可以，反正地上都铺着木头也不潮。色斤也不嫌脏，找一个最不起眼的犄角旮旯，在地上铺些稻草，就算安个家了。

这些罗刹兵让色斤干什么，他就干什么，从来不叫苦叫累，很快就得到了罗刹兵的信任。有一天，罗刹兵比比画画半天，意思是让色斤再找几个喂马的人。色斤看懂后，点了点头同意了。于是，色斤又偷偷地绕道回到清军兵营，找了几个非常听话的人。罗刹兵一看，这几个人也干得非常好，他们心里自然更高兴了。

因为大清国北边的这些人都会点俄国话。打入之前，萨布素特意找这几个会一点儿俄国语的人，即使有的人不太会说，但他也能听懂这些俄国人说的意思。萨布素让他们去的目的就是当耳目，同时，也是对色斤的策应。

色斤告诉后来的这几个人："发现罗刹兵有新的情况后，可把一个木杆撅成几个小木头，然后在小木头正中间位置豁个沟。豁下来的一小段木头能拿下来。它拿下来后，里头就露出一个坑。把打探到的情报最简单地写几个字，封在木坑里。"

萨布素也要求他们："说事，字越少越好。能用一字说明白的，就用一个字。能用一句话说明白的，就用一句话。而且必须说反话。"比如：往北的话，那肯定是往南。要是西的话，肯定是东……

色斤把想好的一两个字刻在蜡纸上，放在里头，再把原来豁下的小木块硬塞进去，恢复原样。水一泡啊，木头就涨。所以水根本渗不到小木棍里面的纸上。

色斤非常聪明。有的时候，他在小木棍、小草棍上，画上一道沟、两道印啊，这些东西。用一些自己设定的秘密语言。等罗刹兵不注意的时候，色斤就把它们扔到江里面去。

§

自从色斤打入雅克萨城后，这时候就有人开始专门注意水中的漂流物了。因为上游来的清军驻守的这边正是江水拐弯、甩湾子的地方。也就是色斤那天在江边走发现的地方。这些小木头和木棍可以随水流到这个甩湾子；因为小木棍不是在江心走，就自然顺江水甩边子甩到岸边了，所以在这块，清军就偷着藏一些人，一来这样的小东西都是想办法把它留下，看看里面没有色斤传过来的情报。

光阴似箭，日月如梭。转眼间，关尔佳色斤在罗刹人居住的雅克萨城，已经住了两个多月，吃了不少苦，浑身长满了虱子。有时候他也吃不着东西，就在马槽子里头吃一些喂马的黄豆什么的，吃得肚子都胀得生疼。他吃得许多常人不能吃的苦。许多人都坚持不下来，先后走了。只有色斤一个人始终在这儿坚持着。最近几天，色斤突然发现罗刹人的马匹一天比一天多，数量增加得惊人。他就知道罗刹兵要有行动了。但是，色斤看到雅克萨城内的罗刹兵装得像没事人一样，天天早上照常吃饭，放马什么的，天天还是该干什么干什么。外人也看不出什么动静。其实上，他们悄悄地把几个马队调过来，就是想突然有一天爆发，想给清军来一个大反攻，杀清军一个措手不及。

有时候，人能藏起来，但是马藏不起来啊。再说，色斤负责喂马、看马，他心里最清楚了，就上了心了。每当罗刹兵私下说话时，他都竖着耳朵仔细听个明白。机会终于来了，色斤半夜去外边撒尿，突然，发现两个罗刹头目屋里的灯还亮着。他就悄无声息地来到窗前偷听了几句。色斤不听则可，一听就来了精神。他们正在小声谈论罗刹下步偷袭大清兵的作战计划。罗刹人什么时候、在什么地点，他们要动手抓藤牌兵，以及下步的整个作战计划，等等。最后，这俩罗刹头目还相互叮嘱呢："此事事关重

第九章　吉尔洪额续任

大，以后，咱俩也别议论了，免得让别人听见。"

"好吧！我听你的，睡觉吧。"

色斤一看也没有下文了，就悄悄地离开窗户，回到了马圈里。色斤知道自己刚才听到的这个情报的极其重要，他就把自己提前准备好的小木头里放好一个纸条，偷偷地扔到江里，小木头顺流而下，没过多长时间，就被在甩湾子蹲守的清兵打捞上来了。

因为色斤扔到江里的所有小木头都是有一定标准长度的。时间长了，蹲守的清军离老远就能判断：哪个是有情报的小木头、哪个不是。清兵在小木头发现了色斤写的纸条，火速交到了萨布素将军的手里。

萨布素接过这个纸条一看，纸条上写着："前三夕阳东退旱。"

萨布素一拍大腿，乐了："终于让我等到机会了。来人啊！击鼓升帐。"

"咚咚咚"三通鼓响，整个大帐内水旱两陆的各个将领都到齐了。

萨布素开始排兵布阵，进行着大战前的充足准备。

色斤传递给萨布素的这个纸条是什么意思呢？它不是反语吗？前对应后，夕阳对拂晓，东对西，退对进，旱对水。那水又指什么呢？就是清军水路的藤牌兵。这几个字连起来的意思就是：罗刹兵三天后，拂晓时分，要在西边偷袭清军的水路。

§

康熙年间，福建有个藤牌兵，他们每个人的水性都相当好。他们能潜水、能在水里头走。藤牌兵正是萨布素将军率领的大清国抗罗刹大军的前锋。前锋是水兵先出来。他们先潜水进入到罗刹对面的碉堡。因为他们武术、武功都相当好。他们上去占据以后，后面的骑兵、步兵再发动进攻，每次都能得到事半功倍的效果。原来罗刹兵们一看大清国的兵一露面，他就用枪和箭射，许多清兵受伤就退下去了。自从换上这些福建藤牌兵后，局势全部扭转过来了。这些福建的藤牌兵,他能不让你见到脸,面前举一个用木藤子围成的盾牌。盾牌虽然不大,但非常结实,可以说是刀枪不入。这些福建藤牌兵在水里拿着盾牌,晃一下子敌人,敌人一动枪,他就顺势沉到水下去了。敌人也伤不着他,也打不到人。这个时候,他们就通过这个潜游从另一面就过去了。这些罗刹兵吃尽了这些藤牌兵的苦头。所以,罗刹人就悄悄地把别处的几个马队都调过来了,想集中力量,用处于优势的马队,准备一举歼灭大清国的这帮藤牌兵。

§

说话间,三天的时间到了。拂晓时分,这些罗刹兵就悄悄地出动了。他们千想万想,都没想到自己的信报早被萨布素将军获知了。因此,萨布素一看罗刹兵都进入了自己的埋伏圈,时机成熟了,是令旗一挥,"给我放箭"。

"嗖嗖嗖",清军是万箭齐发。

这些罗刹骑兵是顾前顾不了后,顾左顾不了右。他们做梦也没想到,怎么突然一下子来了这么多清军,而且还到处都是提前埋伏好的绊马索,罗刹骑兵掉到埋伏圈里,想跑也没法跑,只能是原地腹背受敌,那个惨劲就不用提了,是哭爹喊妈,就乱成一锅粥。有侥幸逃出埋伏圈的,没头就往雅克城跑,萨布素指挥着清兵在后面就追,就此一举攻占了雅克萨城。这就是历史有名的雅克萨大捷战。

当时萨布素是抗击罗刹军的将领,而朝廷皇上派来镇守抗击罗刹大军的是彭春公、敉春大人。

彭春公,是代表康熙坐镇这儿的。他就把这事呈报给了皇上,说:"这个雅克萨战争得到胜利了,首先第一功应当是关尔佳色斤的功。这个情报非常有用。"

第九章 吉尔洪额续任

清圣祖康熙当然高兴了,就下圣旨,给关尔佳氏色斤从五品骁骑校直接晋升为四品佐领。四品衔上以后,这个在清代就是官了。这是色斤第一个功。

色斤的第二个功,也来得相当不易。

§

清康熙二十九年(1690),萨布素将军受皇上之命奉旨西征噶尔丹。萨布素就把色斤选去了。打仗靠的就是知己知彼百战不殆。由于色斤擅于打入敌人内部,这次他又冒着个人生命危险潜入到噶尔丹匪帮之中,在擒拿噶尔丹方面又立了功。关尔佳氏色斤又从四品佐领直接晋升成了三品参领。

有道是:时势造英雄。这话一点都不假。战争年代就是这个样。平定噶尔丹之后,新疆地区安稳了几年时间,后来,新疆人总向康熙皇上告状,说:"皇上,我们新疆这个地方,近来经常有外族入侵,他们一来就是很多马兵,来了就偷、就抢人畜、抢财产,特别是抢女人,已经有好几次了。我们家里很多的人口、牛马,都被他们掳走了。现在,这伙人闹得我们整个新疆民不聊生。英明的皇上,您得给我们想想办法。"

康熙接到这份奏折后非常重视,就召集文武大臣研究对策。康熙认为,应该派兵去把这伙外匪想办法平息掉,使西部安宁下来。朝廷的文武群臣也是主张武力解决。这事定下来以后,有人就建议:此事就从黑龙江和吉林抽兵,集中到北京后,再由朝廷派一个统领领着出征。随后康熙就下了一道圣旨。

在黑龙江抽调的八旗精兵中,关尔佳氏色斤以二品副都统衔位,再次加入到了西征的队伍中。

色斤带人到京报到后,由京里头一个统领带着马队,奔赴新疆。

在所有人都久征无果的情况下,色斤再次主动请缨,乔装打扮打入到新疆伊犁河对岸敌人聚集的地方。对岸那块呢是罗刹占的地方，荒野戈壁，人烟稀少。色斤独自一个，可以说是吃尽千辛万苦，有几次由于迷路，差一点饿死在戈壁滩上。色斤他藏得非常不易，到处是荒野戈壁，藏的地方非常困难，而且还有很多常人难以忍受的艰难。最后，色斤还是克服种种困难，终于发现了敌人的匪巢，又把敌人匪巢的确切位置，通过特殊手段告诉了大清国的大队人马，并一举擒拿了五百多名罗刹的哥萨克兵。这还不是最主要的，最主要的是，色斤这次还救回了被罗刹兵抢去的三百多名妇女。这些罗刹人丧尽天良，轮奸这些妇女，让姿色较好的妇女做他们生儿育女的工具。

这个事后来呈报给皇上，康熙听了非常高兴。因为康熙这个人非常注意民族团结。一个是西藏，再一个就是新疆。色斤是为民族团结做了一些事情，康熙觉得应该给予褒奖。于是，康熙帝谕旨亲批色斤为世袭罔替男爵爵位。

世袭罔替是个古文，啥意思呢？就是辈辈享受的意思。公、侯、伯、子、男五种爵位，是古代皇帝对贵戚功臣的封赐。关尔佳色斤获得的世袭男爵。在公、侯、伯、子、男的五爵中，男爵是最末一层。你别看是五爵之中最末一位，但这也是非常难得的了。因为大清朝顺治之前，在皇太极和努尔哈赤的时候得到世袭罔替的这个功很多，清太祖努尔哈赤时封其子阿济格为英亲王，多铎为豫亲王，豪格为肃亲王。可是到了康熙以后，是越来越少，非常少，色斤就是鲜有的一个特例。

世袭罔替得到了皇上什么爵位，他就代代受什么爵。男爵有的是正一品的，有的是从一品，都是皇上身边说来就来、说走就走的人。凡得爵位的，在宫中行走是随便的。在封建社会，皇宫内是不能随便走的。但色斤他和他的子孙是可以随便走的。

色斤比黑龙江将军高，是从一品，人家是有皇爵的。有皇上御赐，你不下跪？不磕头？虽然仅次于一品，但名声最高啊。黑龙江将军见他必须

第九章　吉尔洪额续任

得磕头,因为他有皇上的皇爵。为啥关特格列说话非常有派头啊?人家祖上有名分。人家有权问政,有权问政、鉴证、议政都行啊,他觉得用这人不当,他直接可以报给皇上。所以说,关特格列主要是靠着世袭罔替的这个事。

§

妙手回春说完关特格列祖上关尔佳色斤的两个功后,故意停了一下,喝了口水,说了这样一大段话。

"我今天替老关家说这么多话,是什么意思呢?老关家也挺不容易啊,能得到这么高的殊荣,容易吗?不容易。所以说,关尔佳色斤能在康熙年间得到这个世袭罔替男爵,是老关家极大的殊荣啊,也是咱们瑷珲城和黑龙江的殊荣。我们在座的每一个人都不能忘了老关家祖上曾为我大清国所做的这些特殊的贡献。功是功,过是过。我们不能一棒子把老关家所有的后人打死。虽然关特格列凭着世袭皇爵到哪儿都敢呲搭人,又私通俄国,盗窃粮食,罪大恶极。这只是他个人的不对。我们不能因为他关特格列一人之罪,而彻底抹杀整个老关家祖上对大清国所做的功劳。现在世袭罔替男爵,虽然让关泰继承,但我们整个瑷珲副都统衙门和瑷珲的老百姓从内心里早就不认可他们老关家了,甚至每个人的内心里都在鄙视他们老关家的人。你说,老关家这么一大家族人能好受吗?但是,他们是哑巴吃黄连——有苦说不出。有人心里不服,感觉自己吃锅捞、憋屈,但也没有说理的地方。随着时间的推移,这个疙瘩也就越来越大。说实在的,我打入老关家卧底,要是没有关泰、关福让家里用人在暗中保护,要是没有大夫人从中说小话、吹枕头风,我也不会在那么短的时间内取得关特格列的信任,也不会成功地发现关特格列与穆拉维约夫两人签订的合约。这个我心中最有数的。"

"另外，我想这次爱绅泰被黑衣人暗杀，绝不是一件简单和孤立的个案。这里面肯定有一些我们不知道的细节。从黑衣人整个作案现场来看，他绝对对爱绅泰家以及家里的整个布局是非常的熟悉。黑衣人杀害了这么多人，连屋内的一个小摆设都没碰倒，整个屋内留下的脚印，是整齐有序。这些现场留下的作案证据足以说明，黑衣人无论是他自己踩盘子，还是通过别人了解，他早已把爱绅泰家里了解得清清楚楚了。这说明什么呀？俗话说：没有家贼，引不来外鬼。一个是，这个黑衣人就在我们身边，就是我们身边的人。再一个就是，我们瑷珲城内肯定有黑衣人的内线。是不是老关家人，我不敢妄下断言，但一定会跟老关家人有关。我们当前应该做的不是以怨报怨，以仇报仇，而是要以德报怨。爱绅泰是我的爱徒，他全家惨遭杀害，我比谁都有切肤之痛啊。但是，我思来想去，其案件的根源，还在于关特格列。但解决这个问题的最好办法，却是在于我们瑷珲副都统衙门。我们为什么不能剑走偏锋，出奇制胜呢？"

"怎么个剑走偏锋，出奇制胜呢？"

"这些天，我也一直在思考这个问题，现在终于想出来了：我们最好以瑷珲副都统衙门的名义，给老关家举办一次大的家祭。通过这次官办的家祭，一是历数老关家祖上为大清国所建的功德，二是让老关家人感到皇恩浩荡，以大清国的好生之德，来感化他们。这次为老关家举办的家祭越隆重越好，越热闹越好，目的就是想办法去掉关特格列和关震臣给老关家留下来的这些劣迹，逐渐恢复他们老关家祖上原来荣耀的东西。这样的话，让他们的后代也会觉得有个仗义、有个情结。有些人不一定都愿跟着关震臣走下坡路了。这也是用兵攻心为上。"

依朗阿感觉到妙手回春这个主意真不错，他第一个站起来表示赞成，"这个主意太好了。我完全同意。关上门来说，瑷珲城里的老关家、老吴家还是老祁家，都是大清国一家人。耗子动刀窝里反，这不正让俄国人笑话吗？咱们就要能反其道而行之，说不定还能收到事半功倍的效果。"

第九章 吉尔洪额续任

"我也同意。让我常喜干什么都行。"

吉尔洪额听师父妙手回春、师叔依朗阿和参领常喜都同意了，自己仔细一想，也的确是这么一个道理，也点头同意，并说："以副都统衙门的名义给老关家举行一次大型的家祭。这事，你们就交给我吧，我一定把这事办得漂漂亮亮的。"

"好吧！这也算你当瑷珲新主人办的第一件大事。我们静听你的佳音。"

会后，吉尔洪额特意把关泰和关福兄弟俩找来，给他们一说瑷珲副都统衙门要替老关家举行一个大型家祭，感动的兄弟俩是热泪盈眼："尹大人，我代表瑷珲城所有老关尔佳氏家族所有人谢谢你了，谢谢副都统衙门里的人了。准备家祭这事，你就不用操心了，我们兄弟俩来办。你们到时候能参加就行了。我们兄弟俩给你打千了。"

"千万使不得，千万使不得。"吉尔洪额赶紧上前搀扶起关泰和关福哥俩，"既然我已说了，以官府的名义给老关家举办家祭，怎能反悔呢。就这么定了。咱们选个良辰吉日，就把这事办了。"

"谢谢尹大人！"关泰虽然现在世袭罔替的位子，可以说是有其名无其实，再加上他本身忠厚低调，也就慢慢地形同路人了。

关泰接着吉尔洪额的话说道："好吧。我们哥俩和所有关氏家族的人一切听尹大人调遣。我现在就通知全家族的穆昆们来开个会研究一下，把这事定下来。尹大人，你就放心吧。"

吉尔洪额相对于爱绅泰最大的优点是：脑子转得比较快。有许多事情，他能很快地接受、执行。对于老关家家祭来说，吉尔洪额所作所为就是一个最好的例子。

依朗阿、妙手回春、常喜和吉尔洪额，他们就在爱绅泰去世以后，以瑷珲副都统衙门官方的名义，精心谋划，搞了一次关家的家祭祭祖活动。这次老关家的家祭搞得非常隆重，德英将军也在他最忙的时候，专门从齐齐哈尔来参加了这个活动。乌牛白马，杀猪宰羊，另外还杀了一条几百斤的大鳇鱼，连搞七天老关家家祭。

§

老关家家祭的祖宗分白天和黑天两种。白天的祖宗有九位。第一位是绰哈沾音，是当兵的；第二位是别轰贝子，是个土地神；第三位是克列多曹窝，是一位老师；第四位是台里沁曹窝，是个勇士；第五位是爱玛搭腾；第六位是爱依搭腾；第七位是奴勒给曹窝；第八位是爱依爱出拉，是位蛇神；第九位是爱依曹窝，也是一位老师。祖宗的像是红、蓝、白、黄四色绸条。清晨把祖宗从匣中请出来，正屋西炕上安放木架，拉上线，将九绸条挂在线上，木架前面放一张木桌，木桌上摆放九个酒盅，里面盛装米酒，再摆上头天炸好的牛舌头饽饽三行，再摆上两行达子香碗。家萨满跪着上香，祷告祭祖的原因，请求祖宗保佑全族平安，人财两旺。接着，家萨满身系裙子、腰铃，手击单环鼓，族人击抬鼓、扎板，边舞边歌。唱完三遍神词，主祭人和族人向祖宗磕头，将祖宗请入匣内。晚间再请下另外五位祖宗，然后抓猪，倒着拉进屋，在祖宗前将猪按倒，萨满围着猪跳三圈，然后杀掉，解为十三块，煮熟后放在木盆中，在祖宗前供奉。这时萨满手持轰务（二尺半长木杆上缀有铜铃），身系腰铃，边唱边舞。此时背灯，族人击大抬鼓打扎板，与萨满合唱，唱过三遍，开灯，全族向祖宗跪下，萨满祷告，请上祖宗，仪式完毕。接着全族吃肉、饮酒，直到天亮。

这次老关家家祭还特意供奉了康熙爷赏赐的黄马褂。意思是说，我们不忘本，不忘自己是大清国的人，不忘我们是皇亲，我们得过皇上的黄马褂，等等。

最后，大家又一次推选关泰做了关尔佳氏的总穆昆达。关福作为关泰的助手，也做了副穆昆达。关泰和关福兄弟二人，又重新回到老关家老宅子。经过德英将军批准，还特例把原来没收到官府的所有老关家的财物，

第九章　吉尔洪额续任

全部还了回去，以前查封的房屋、田地也都是该解封的解封，该归还的归还。所有的东西都正经八百地变回到了老关家、关府，房子也都给他们了。关泰和关福也正经八百地重新享受大清国黄马褂、金顶子的待遇，就是恢复老关家的名誉。让老关家的子孙们以后好好做人。

这个事举办完了以后，是太有影响了。妙手回春深得人心，瑷珲副都统衙门深得人心。因为老关家在瑷珲很有影响。这样，许多老关家的人甚至其他姓氏的人对副总统衙门就更相信，也更听衙门的话，而且都更抱团爱国了。吉尔洪额的工作都非常好开展了。这也是他和依朗阿以前所没想到的。

§

人心都是肉长的。如人饮水，冷暖自知。转眼间到了光绪二年。

这时候，老关家关府这些人工作忙忙碌碌的，早已重新雇人，都扬眉吐气了，跟关震臣彻底分开了，不是一回事了。但是这一天晚上，关福正关府忙查看账目呢，家奴从外面进到禀告："二爷，外面有一个人指名道姓要见你。我问他什么事，他也不说。看样子是有急事。"

关福想：这人是谁啊？非要见我？最近，我也没有和谁联系啊？那就让他进来吧。

家奴答应一声，工夫不大，就领进来一个人。关福一看，是一个大清国人。这个人，中等身体，穿着普通的大清国人的衣服，但他眉宇之间却透着一股邪气。这个人俯身悄悄地告诉关福，"你跟我到一个地方，我让你看一点东西。"

"你有东西，在这不是一样看吗？还有什么见不得人的事啊？"

"在这儿，你真的看不了。你必须跟我走。这东西对你老关家至关重要。如果你信着我，就跟我走一趟，我决不会让你失望。如果信不着我，那就当我白来。你敢跟我走一趟吗?"

关福现在是关府的二把手,考虑了一下,说:"既然对我老关家至关重要,那没有我不敢去的。但是,我要跟大哥说说。"

那个人说:"你不用跟你大哥说,你跟谁也不用说,你跟我去。我也不害你,我也不会杀了你,你就跟我去吧。"

"去哪儿呀?"

"不远,过江就是。我这有船,咱俩划过去就行。"

这个时候,中俄两岸都基本定型了,谁也没什么可防备的了。两边都需要做买卖,人们都可以自由来往。俄国人也不把守,清军也不用把守。

关福就想:不跟大哥说就不跟大哥说,怕什么呀,去吧。这个人神神秘秘的,看样子找我肯定有大事。自己就去吧。

关福答应之后,当夜,他俩就坐船过江了,而后弃船登岸,拐弯抹角走了很长一段路,就进到一片树林。这片树林都是小柞树林。关福说不害怕那是假的,但他也是硬着头皮,壮着胆,跟着这个人往前走。他们走到这片小柞树林的深处时,关福看到了一个小窝棚,不大的小窝棚,看起来就像一个瓜地里搭建的小窝棚似的。小窝棚前面还有一个小园子。小园子里还养了两条小黄狗。他们帘子一拉,进去了。

§

关福进去后,借着里面昏暗的灯光一看里面坐着的这个人,就气坏了。这个人是谁啊?坐在他对面的这个人,正是自己的兄弟关震臣。

关震臣一看自己的哥哥来了,马上起来了,一摆手,让自己身边站着的一个黑衣人和引关泰进来的那个人退下了。自己急忙进前给关福打了个千,行了个礼。因为在老关家兄弟排行来说,关泰是老大,关福是老二。关震臣是小的。关泰、关福岁数大他很多。在满族家族里,弟弟见到哥哥

第九章　吉尔洪额续任

那也是施礼的。关震臣给关福施礼:"二哥!"

关福看着同父异母的兄弟,气就不打一处来,但是再气,那也是与自己同父异母的兄弟。

关福压了压自己心里的火,说:"震臣,你混蛋,你是败类。这些年,你、你都做了些什么啊?我是你哥哥,你听我的劝,现在马上过江投案自首。我和咱大哥啊一起保你。只要你浪子回头,跟我回去,瑷珲副都统衙门会给你机会的。我们找你这么多年,你知道吗?咱们这一家现在多好啊。你回去看看咱们家,大清政府对咱们家多好啊!所有东西全都还回来了,啥东西都没少啊!所有用人都主动回来了。所有粮仓的粮食,清朝没用一点,没念旧仇,包括咱阿玛干的事、你干的事,人家也没跟你算旧账啊!大清国对得起咱们老关家,也对得起你啊。震臣!你要有良心,就应该快点跟我回来。不行,你现在就跟我回去。"

说着关福就上前拉关震臣。

关震臣一边听着二哥关福的数落,一边默默地落泪。最后,关震臣一看二哥来拉自己了,就一抹眼泪说道:"二哥,你先别拉我,先让我把话说完。二哥!这些我都知道了。可是现在我不能回去了。"

"为什么不能回去了?"

"二哥呀!我、我现在已经走上绝路了。我现在不能回去。我已经入了俄国籍了,你让我怎么回去啊!现在我要是回去,俄国也不能答应我。我到俄国那边也是死,到大清国这边,他不杀我,我也得自己死。现在我没脸见任何人了。二哥,今天我找你来什么意思呢?你知道我的情况就行了。另外,咱家里现在也挺好,整个家业都回来了,也对得起咱们的祖爷了。咱阿玛要是在上天之灵的话也会安息了。二哥啊!我、我、我非常想家啊!二哥,我也非常想你啊!唔——"关震臣掩面大哭。关福抱着兄弟也是跟着掉泪。

"我的傻弟弟,你糊涂啊。别哭了,跟我回家吧。"

关震臣强忍着抖动的身体,说:"二哥,我把你找来,就是表个态。你回去给大哥说一声。咱们谁也别认谁仇了。我现在就是俄国人,我没有第二条路可以走,以后咱们谁也别管谁,我现在不能回去,我没脸见大哥。"

关福怎么劝关震臣,他都不答应回来。

最后,关震臣说:"我为什么专门让人把你找来呢?我觉得二哥你好说话。要是大哥的话,他当面会捶死我不可。我只能跟你说了。你和我大妈一样是一个热心肠的人。我心里也很痛苦。我自己做的事都感觉自己心里有愧。我现在是有家不能回,有亲人不能认,是死有余辜。我的事,只能跟二哥你说一下,以后啊。你们就不要再说我了。咱的家谱里也别写我的名字了。从此以后,我就不是老关家人了。二哥!我最后再给你和祖上磕三头,也算永别了。"

"我的傻兄弟啊!你让我说你什么好呢。"

关福拉也没有拉得住关震臣。关震臣跪在地上,梆梆梆,实实在在磕了三个响头。关福都感觉到自己脚下的地在动。

这真是:人之将死其言也善,鸟之将死其声也悲。早知今日,何必当初,既然现在后悔,当初何必那样做呢?天下哪有卖后悔药的啊。所以说,人在做坏事之前,务必要三思而后行。

"震臣,你起来跟我回去吧。咱什么都可以从头开始。"

"二哥,你别劝我了。你走吧!"

关福知道关震臣早已打定主意了,劝也没用了,就随着刚才领自己来的这个人,又原路返回。

这件事情发生以后,关震臣从此就销声匿迹了。在后文书,李金镛到漠河开金矿时,关震臣才再次出现在人们的视线之中,恶习不改,又干起吃里爬外的勾当来了。这是后话,暂且不提。

第九章 吉尔洪额续任

§

关福回来以后,第二天把这事给大哥关泰一说,关泰把关福就是一顿臭骂,说:"你怎么这么糊涂啊?震臣这个混蛋东西,做了多少坏事,你就是硬拖,也应该把这个畜生给拖回来。"

"大哥,他知道错了。可是他没脸回来了。"

"哎呀!关福啊关福,你让我说你什么好呢!不行!咱们老关家不能昧着良心做事,咱们得把关震臣找你这事报告副都统衙门。让他们把关震臣抓回来。走!你给我一块去!"

等到关泰和关福兄弟二人来到瑷珲副都统衙门,正好赶上依朗阿和吉尔洪额在商量事。关泰也没客气,一进门,当当当!是怎么怎么回事,就把二弟关福昨天夜里过江见关震臣的事跟依朗阿和吉尔洪额又讲了一遍。关福还做了补充说明。

依朗阿听完后,对关泰和关福说:"非常感谢你们带来的这个消息。关震臣现在知道自己错了,已经是最好的结果了。你们先回去吧。我和吉尔洪额再慢慢想些办法。"

"那你们赶快过江去抓他去啊。去晚了,不是让他们跑了吗?"

依朗阿笑了笑说:"他才不会傻等着,让我们去抓他呢!你们先回去吧。"

等到关泰和关福走后,吉尔洪额就问依朗阿:"咱们下一步应该怎么办呢?"

依朗阿站起来在屋里走了两圈后,慢慢地说:"我们还要继续做好老关家的工作。另外,我们还要把瑷珲城当前老百姓最关心的修缮房屋的事尽快办好,否则,雨季一来,老百姓又挨浇受罪。"

"好吧!前几天关泰给我说过,明后天他们家要重修祖先堂,那我明天带人去看看。"

"应该这样。"

§

第二天,吉尔洪额带领衙门的一些人,就来到老关家祖先堂。

关泰、关福一看吉尔洪额来了,感觉非常不好意思,就说:"尹大人,我们家就是简单修缮一下祖先堂,还把你惊动了呢!现在衙门里这么多事,你就先回去忙吧。我们哥俩能忙得过来。"

"我来了还能走吗?别客气了。我来就是干活的。需要我们这些人干点就直说吧。"

盛情难却,关泰、关福也没有再谦让。因为要重新更换祖先堂的房架子,堆放在院内的一些原木需要去树皮和抛光。正好,吉尔洪额带来的人手多,这些人都简单分工就干上了。原木该去皮的去皮,木工该上刨子的上刨子,该上大锯的上大锯。一时间,老关家祖先堂的大院里,是刨花飞扬,树皮满地。从早上一直忙到晚上。因为老关家整个祖先堂是木架结构,需要大量的椽子、望板、飞椽、连檐、瓦口,等等。由于人多力量大,二三十人,一天时间,就把整个重新搭建祖先堂的料都备出来了。就等着明天把祖先堂的房顶子掀开,重新换梁就算完事了。哪承想,刚到半夜时分,突然听到外边有人高喊:"不好了!老关家祖先堂着火了,大家赶快出来救火呀!"

"老关家祖先堂着火了,救火呀!"

吉尔洪额今天干活累得后脊梁骨都疼,但是一听外面人说着火了,他一咕噜身就从炕上爬起来了,三下五除二,就把衣服给穿上了,提着水桶就往老关家祖先堂跑去。等到吉尔洪额来到老关家祖先堂一看,傻眼了,整个院内是火光冲天。人们拿水桶往上浇水,根本就解决不了问题。关福、

第九章　吉尔洪额续任

关勇胡子眉毛都烧焦了，他们是看着大火也是干瞪眼。

吉尔洪额问关泰到底怎么回事？关泰说："刚才更夫说，他一进祖先堂正厅，看到一只耗子正在供桌上偷吃贡果。更夫一进来，耗子受到惊吓，不小心把拱桌上的油灯给碰倒了。你也不说怎么那么寸，油灯里的灯油正好浇到耗子身上，火呼一下就把耗子毛给烧着了。更夫打两下没打着，耗子带着火乱蹿，就钻到墙角的刨花堆里去了。这下火就起来了。更夫把祖先堂供桌上的火扑灭后，再出来，发现着火点就晚了。事情就是这么一个经过。"

"那祖先堂里供奉的东西，都抢出来了吗？"

"还抢救什么啊，火这么大，也进不去人啊？几百年留下来的祖谱就这么没了。我也对不起先祖啊。呜、呜——！"关泰还哭上了。

"哭有什么用啊？祖谱在哪儿放着呢？"

"祖谱在祖先堂神龛盒里放着呢。"

吉尔洪额吩咐一个家奴："你赶快给我拿床被来。"

工夫不大，家奴抱着自己的被子走过来了。

吉尔洪额把被子打开，而后提起水桶"哗、哗！"往被子上倒了两桶水，等到把被子都湿透了，他抓起被子的两个角，一转身披在背上，往下一猫腰，"噌噌噌"就冲进去火海。一转眼的工夫，吉尔洪额真把祖先堂里供奉的老关家祖谱给抢救出来了。

关泰、关福看着被吉尔洪额救出来的祖谱感动得都说不出话来了。

吉尔洪额说："屋里火是挺大，但是我看，供奉的祖宗牌位还是能抢救出来的。我再进去一趟看看。"

"尹大人，里面太危险了。"

"没事。再给我披的被上浇两桶水。"

"哗、哗"，浇完两桶水后，吉尔洪额深吸一口气，转身又冲进了火海。吉尔洪额刚冲到屋里，年久失修的祖先堂房梁"咔嚓"一下，就被烧断了。

"呜"一下正砸在吉尔洪额的后背上。

"扑通!"吉尔洪额一下子就趴在地上。

他刚想挣扎起来,哪想到,房顶上燃烧着的木椽子,"噼里啪啦"地全掉下来了,把吉尔洪额整个人都砸在了里面。吉尔洪额想跑出来,比登天还难。身为瑷珲副都统的吉尔洪额就被活活地烧死在老关家的祖先堂。

"快救尹大人!"

等到大家七手八脚奋力把吉尔洪额救出来的时候,吉尔洪额早被烧死了。关泰和关福紧抱着吉尔洪额尸体,是放声痛哭啊:"尹大人啊!我的傻兄弟!你这是何苦呢?"

"吉尔洪额!我关福代表关尔佳氏家族对天发誓,以后我们关尔佳氏的子孙绝对不会再做违背瑷珲衙门的事,再也不会做那些违反大清律法的事情。你的大恩大德,我们关尔佳氏家族也会永世不忘。"

这正是:

怨怨怨,难难难,冤冤相报何时完?

如烟往事俱忘却,笑泯恩仇汇善源。

第十章　老将军离世

尊敬的奶奶、爷爷、师傅、兄弟、朋友，各位好！
我有金子一样的嘴，我有龙马精神，
我有海一样的胸怀，
我把遥远祖先的英雄名字、勋业永远记住。
前事不忘，后事之师。
我现在以虔诚之心，
把感人的富察氏家族的说部，给您讲述出来。
我恭恭敬敬地讲啊，您耐心地听吧。
小学生我有礼了，
各位大喜，吉祥，万福金安！

第十章 老将军离世

　　瑷珲副都统吉尔洪额不幸身亡，依朗阿和关泰、关福给他举办了一场隆重的厚葬。

　　这一切都安排妥当后，依朗阿又在为瑷珲副都统人选发愁："选谁呢？常喜？不行！万一他再出事，我身边可没有太值得信任的人了。现在瑷珲副都统衙门不能光靠我这个委哨官啊！主要是自己还有朝廷军机处的任务。其实瑷珲副都统真应该下去搞搞调查，了解了解下边的情况。可是，每次担任副都统的人不是身体不好，就是年纪太大了，没有一个年轻力壮的，带兵都不行。爱绅泰和吉尔洪额还好些，但短短几年都死在任上。最主要的是，俄国那些兵都非常彪悍，来的都是一些精兵，而且他们武功都相当好。俄国人也会武术，摔跤很出名。他们摔跤光膀子，穿着裤衩子，鞋一脱往地下一站，干脆几个瑷珲兵都扳不倒他，像钉在地上的柱子一样。咱们瑷珲的兵，有的干脆上不去，摔跤都摔不过人家。平时我们兵备松弛，不单单是打不过人家，而是我们的力量不行，勇气也不行啊。光有志向不行，得有力量啊。这得由朝廷来给我们瑷珲调些武将，能带兵的人。"

　　说实在的，乾隆年间以后，瑷珲马术非常出名，朝廷有事都用瑷珲马队，一出去旗开得胜，每回都是带着锦旗回来。瑷珲副都统都得过五六个黄马褂呢，但是这些年不行了。依朗阿跟倭仁提过，后来还特别是跟李鸿章还说过。从整个黑龙江和瑷珲的军事防备来说，应该早点做好这方面的准备。依朗阿左思右想，最后还是把这个难事推给了黑龙江将军德英。

　　瑷珲副都统和瑷珲副都统衙门相对于整个黑龙江来说，它担任的朝廷使命和它所处的地理位置太特殊了。瑷珲正位于对敌最前线，跟俄国直接对着。俄国现在直接抓的就是瑷珲，所以说朝廷抓瑷珲抓得也最紧。瑷珲的每一个副都统都非常辛苦，没有好死的。有的是被累死的，有的是被人害死的，有的是被疾病缠身而死的。瑷珲副都统衙门说白了，它就是一个刀尖上的活，是完全卖命的活、送命的地方。所以说我们这部《群芳谱》里所记录的很多的人都是为了保卫北疆、保卫瑷珲累死的。我们子孙后代都要歌颂他们，要讲他们的英雄故事。

§

德英将军接到依朗阿的信后，冷静一想，还发现去世的几个瑷珲副都统都有一个特征，那就是一个拼劲。从咸丰年间开始，一直到同治年间。仅仅十几年的时间，瑷珲几个副都统都是这么死的。他们的爱国心和拼劲太强了。这么好的河山就让俄国人给占领了、眼看着在自己手里给丢了，他们觉得自己责任重大，都豁出命来保家卫国，都这么一个一个死去了。关保、爱绅泰、吉尔洪额他们几个人都是这么一个心情，每一个人视死如归，都是甘愿为集体为国家献身。这慢慢地，就成为瑷珲副都统衙门的一个性格。他们接受任务之后，都是从朝廷从国家这个大局着想，从来不把个人生命放在第一位的。

"这样拼下去也不是个办法呀？这可怎么办呢？"

德英将军心细如发，向来善于破解疑难杂案。按德英夫人的话："俺家老头子，晚上经常不睡觉，非得把问题解决了，他才消停躺下。"

最后，瑷珲的事，还真让德英想出来了一个办法："我必须得换个人了，不能再用瑷珲的这些人。因为瑷珲人，他们面对敌人都有着一种想拼命的想法。我得找一个心境更平和、更有策略的人，不是非要与对手一死相对的人。首先要先保住自己命。要不这样的话，国家的损失太大。"

德英就把他的这个想法给朝廷的大学士李鸿章汇报了。在倭仁去世之后，曾国藩的弟子李鸿章就起来了。

李鸿章接到奏折后，就跟朝廷的几个大人商量，同样也感觉到瑷珲副都统总不能保持这种硬拼的办法，也确实得需要想一个两全其美的办法。既保国也得保护好自己的这么一个将士。他们想：谁最有这个谋智，来胜任瑷珲副都统这个职位呢？

第十章 老将军离世

他们想来想去,把南七北六十三省的现些够条件的副都统都筛选一遍,最后,还是墨尔根(今嫩江)副都统依克唐阿最为合适。

§

依克唐阿(1833—1899),姓扎拉里氏,字尧山,满洲镶黄旗人,出生于今伊通县城东南马家屯。依克唐阿性刚毅,喜狩猎,善骑射,是一位有勇有谋的人,特别是依克唐阿在同治四年(1865)11月任吉林满洲镶黄旗佐领时。当时正值东北各地农民忠义军兴起,依克唐阿"奉命率军"镇压成功,经时任署理吉林将军德英等人保荐,赏加副都统衔。同治八年(1869),任墨尔根副都统。赴任后,努力整顿旗务,修缮兵甲,屯田戍边,做出了突出的业绩。光绪元年(1875)春,俄军强行占领住有5000余旗户的中国领土苏中阿地区,依克唐阿亲自带兵拒敌,据理力争,保卫了中国的领土和主权。

依克唐阿他无论镇压忠义军,还是与俄国人对抗都能左右逢源,最后他总是胜利者,而且把敌人都能一个个制服,没伤自己身上一点,这是他最大的本事。现在瑷珲副都统衙门就需要像依克唐阿这样的人。就这么,朝廷大学士李鸿章就选定了依克唐阿,就把他调过来担任这个极为敏感的瑷珲副都统。大学士们和李鸿章都说:"就这样吧。看看依克唐阿怎么样吧,也看看他的造化咋样吧。瑷珲这个北疆前哨,直接对着俄国,敌人的鬼头刀就在他的头上挂着。随时他都有掉脑袋的危险,看他怎么处理吧。"

这真是富贵险中求。谁也没想到依克唐阿,正式从瑷珲副都统位置上,竟然一步步登天,后来成为头品顶戴、镇守盛京等处将军,管理兵刑两部,兼管奉天府尹事务,任兵部尚书、都察院右都御史等官职,有"东北三省海外天子"之称,被誉为"虎将军"。这是后话暂且不提。

依克唐阿到达瑷珲城后,还真有招法,很快,许多工作都进入了正常轨道。这一天，依朗阿和参领常喜特在内宅设下简单的酒宴与依克唐阿喝酒。因为三人都是行伍出身，性格都非常豪爽，所以，他们这酒是越喝越高兴，越聊越投机。这真是酒逢知己千杯少，话不投机半句多啊。这话是一点都不假。他们直喝到东方破晓，这才就地和衣，倒在一铺炕上，睡着了。

依朗阿这么多年，头一次放开量喝这么多酒。他睡意正浓着呢，突然，师弟妙手回春急促地晃动着依朗阿的肩膀："恒毅，快快醒醒，出大事了。"

"啊?!"依朗阿一听出大事了，马上就是一激灵，一咕噜身子从炕上爬起来了，迅速睁开眼睛，问妙手回春："出什么事了?"

作为一名资深的情报人员，无论什么情况下都要保持一种高度的战备状态。

"德英大人，他、他、他死了。"

"在哪儿? 是被人杀害的，还是什么意外?"

"听德大人的随从说，德大人不是被人害死的，而是在辰清老百姓家里无疾而终。我们还是马上动身，前去看看吧。"

此时，常喜和依克唐阿也被一阵风叫醒了。他们二人一听，当时也蒙了。德英对依克唐阿那可是有知遇之恩。他第一个打马扬鞭，直奔辰清而去。

路上无话。说话间，依朗阿、依克唐阿、常喜、妙手回春、一阵风，还有瑷珲衙门的兵户刑司司政官员们都到了辰清。辰清的老百姓把德英大人住的屋，围得里三层外三层，是风雨不透，谁想进去都不行，现场保护得非常好。等到依朗阿和依克唐阿到了，老百姓一看衙门的人来了，这才让出一条路来。

依朗阿一摆手，先让依克唐阿和常喜他们在外面等一下，他带着师兄妙手回春二人先进到屋里仔细观察一下德英和他所睡觉的整个屋子。最后判定：德英不是被人害死的，没有任何外人作案痕迹，完全属于正常死亡。

第十章 老将军离世

这才让依克唐阿他们进来，该瞻仰遗容的瞻仰遗容，该装棺的装棺，进行厚葬。辰清的老百姓哭泣着轮流扶棺，送出几十里地。德英将军也累死在黑龙江将军的任上。

§

说到这儿，咱再重点介绍一下黑龙江将军德英这个人。德英，字润堂，姓何图里氏，蒙古镶黄旗人，世居吉林城北沙河。德英是一个穷苦家的孩子。按照清朝的规矩，旗人生下男孩子就是一个兵丁，长大了就得去当兵。德英当兵后，是靠着自己一点点成绩硬干上来的。因此，德英一生中立下了不少战功，后来被皇上封为吉林将军。

前文书讲过，特普钦突发重病，身体累得不行了，向朝廷提出来休治。那到底派谁来接替特普钦呢？后来，朝廷几个大学士商量，觉得还是吉林德英最合适。因为德英在吉林很有成绩。你别看德英是一个将军武将，但他曾经在道光年间考中过进士，而且还做过朝廷的编修。另外，他还有一个让人称奇的是：他是蒙古族人，但是他在汉学和周易的研究上造诣是非常地出名。所以说，德英将军也是受命而来的。

德英为什么考究汉学和周易呢？因为他这个人特别善于思索问题。他对什么问题都研究得非常细，从来都是，到他耳朵的东西，没有过几宿的，到他那儿都是事，几宿睡不着觉，都得想办法把解决它。德英原来有三个夫人，大夫人去世以后是两个夫人。这两个夫人就说："我们这老头子才有意思呢，到晚上总睡不着觉，总有事。一看啥事呢？不是张家什么事，就是李家什么事。谁家出什么案子，到他那儿就是事。"

有人觉得有些判官都判了，就那么的得了。可是到德英那儿，他必须亲自过问。有的案子他感觉不行，就不同意。他总觉得：有的案子判得不行、不公。有的案子判得屈了，被抓的刑人，不一定是贼。那真正的贼人没抓到,不是助长了贼人的气焰吗?不是更让贼人逍遥法外吗?

所以,德英老是和刑司的人较这个劲。因此,人们给他起了个外号叫"德清官""德青天"。

关于"德青天""德清官"的民间故事非常多。在民间流传着许多版本。无论哪些版本,都以赞扬德英为老百姓办案而出名的。无论德英到哪儿,当地的老百姓非常尊敬他,觉得他真替人说话。冤人到他那,他都替人申冤,能主张正义。

就说德英刚接任吉林将军时,发生了一件"蓝衫案"吧。一桩糊涂案,经过德英的亲自了解、侦察,很快就断成了历史铁案,让所有当时涉案人员输得心服口服。

§

同治年间,温德河曾有这么一户人家,老母年高哮喘,儿子来喜儿侍母甚孝,靠采点黄蜂蜜,换点银两度命。

一天清早,来喜儿路过闹市,瞧见饽饽铺掌柜巴六指儿怀抱装着枣泥豆包的柳筐,唱唱咧咧地走来,说:"哟嗬,兄弟,逛集呀?"

来喜儿说:"唉,不瞒六爷,口粮断流啦,去娘舅家讨几升米。"

巴六指儿为人豪爽,半同情半开玩笑地说:"你我都是老邻旧友,何必远求哪。我摘(摘:借)给你几吊,买点粮柴,解解燃眉之急。我呀常去北关卖饽饽,听说何船爷要用个守宅院丁,怎不讨下这桩差事,手头也好宽绰些。嘿嘿,兄弟有福分,老何家有美貂蝉呐!"

来喜儿忙说:"六爷玩笑,瞧我一身穷气,不敢高攀。"

巴六指儿腆着肚皮,说:"找保呀,有我呐!"

巴六指儿打怀里掏出两吊钱,给来喜儿说:"去,先买粮,三天后听信儿!"

第十章　老将军离世

四天头上，巴六指儿笑呵呵地来给娘俩道喜啦，何家差事说妥了，乐得娘俩千恩万谢。巴六指儿还送给来喜儿一件蓝色长衫，让他穿好。

"人在衣裳马在鞍。马上要到何家干活了，你小子打扮得也要精神点。"

"哎！谢谢六爷！"

老太太帮儿子把背后发辫梳理得油黑瓦亮，打扮得干净利落。人真是三分长相、七分打扮。梳洗完毕，打扮一新的来喜儿，的确是一表人才。

巴六指儿看了看也十分满意，点了点头说："小伙子不错。跟我走吧。"

来喜儿拜别老母，跟六爷上北关了。

北关何家，祖上袭过爵位，到何船爷辈上时，是霜打茄子败落啦。中国不是还有一句老话吗，瘦死的骆驼比马大。眼下何船爷是个有渔船百只、帆网满楼的网户达，一生好行善济贫。有一年，松江大水，冲来个小丫头，抱家娇养，取名秀儿。前不久，夫人下世，秀儿十六。何船爷年过花甲，一大摊子家业没人支撑，名曰雇佣院丁，实则想挑选个顶门爱婿。何船爷见了来喜儿，上下端量，好一阵盘问，倒挺称心，厚谢了巴掌柜。来喜儿就算正式留下来了。

来喜儿生来勤快，穷人家孩子出身，老实，聪明伶俐，很讨何家父女喜欢。秀儿更是打心眼里相中了小来喜儿，织网摘菜，老唤来喜儿忙前跑后。何船爷见女儿满意，心里甜如蜜，甭提多高兴了。左邻右舍齐夸何船爷："何船爷，你家真是福星高照，好事临头啊。你就等喝喜酒扎彩轿啦！"

"同喜同贺！同喜同圆！"

谁料乐极生悲，横祸天降。这天，远近知名的何船爷，正在瓜棚里歇凉睡晌觉，突然死了。而且邻居麻花佟二做证，那天隔墙听到殴斗声。佟二扒墙眺望，眼见有个穿蓝大衫的人一闪不见了。佟二跳过墙，吓瘫在地上。何船爷口吐白沫，僵死在瓜架底下。

佟二大喊："来人呀！杀人了！"

人越聚越多。秀儿在上屋扎花，听到闹吵吵，下地出屋，跟烧水的来喜儿推门跑出，挤进人群，一瞧吓得魂飞魄散，扑在阿玛尸体上号啕大哭。这时，早有人报到府衙，刑房师爷和仵作慌忙赶来。刑房师爷，就是指在官衙中掌管刑牍，做刑讯的助手；仵作，是官府中专管检验伤痕和尸体的人，也就相当于是现代的法医。他们问过佟二和众人，查遍院宅，明堂瓦舍，除了死者只有一对小男女，追回来喜儿和秀儿："可有客人进宅？"

两人哭告："没见有生人来过。"

几个衙役在来喜儿房中，搜得一件滴上血迹的蓝布长衫。师爷和仵作见秀儿有姿色、来喜儿年少，像明白了八九，喝问："此衫何人所穿？"

来喜儿没见过这场面，慌张地说："这，这是奴才的。"

秀儿连连帮助解释："但他这衣服已经好久不穿了。"

师爷不容分辩，早让衙役给两人戴上大铁索。他俩喊冤，师爷喝道："证据在此。可恶，掌嘴！"

掌嘴，就是打嘴巴。直打得二人顺嘴角冒血，揪发拧臂押上公堂。何宅贴上了封签。人命大案，府衙理事同知大人责刑房师爷和旗人衙门的刑官合审，秀儿和来喜儿哭喊冤枉，哪能承认杀人之事。

"不认罪，嘴硬就给我动刑。看我的刑具硬，还是你们的嘴硬。"

堂上动用鞭、笞、夹杠和穿火鞋等酷刑，两人筋断骨折，实在挨不住严刑拷打，屈打成招，双双招供画押，判定奸情杀主，女犯枭首，男犯凌迟，册报将军衙门核审秋决。

来喜儿判成死罪，八十岁老母当了破衣被做"输银"，即上吊身死。老太太活了八十岁，没有给邻居红过脸，是一位大好人。邻里们看不下去了，主动凑些钱给老太太买来了一口薄棺材，把老太太发送了。家里只剩下个破马架，没人敢住，这屋里吊死过人，谁还敢来住啊。于是，人放把火把这间破马架子烧成了灰。众人恨饽饽铺掌柜巴六指儿，都怀疑他与何宅凶案有关，是他把来喜儿送进图圄（监狱）。有人还看到何船爷被杀后，巴六指儿往树林里也扔过一件蓝大衫。于是，邻居们请人代写一个呈子，花点

第十章 老将军离世

银两递进府衙，开列巴六指儿杀人大罪。

府衙觉得有理，暗地派衙役四下访探。事也巧，打来喜儿关押死牢后，巴六指儿整天醉酒，疯疯魔魔，言语错乱，再加上他好抱打不平，冷语双拳伤了不少人，有些人捡鸡毛凑掸子，有的也说，没有的也说，越说越邪乎。暗地里，衙役就把巴六指儿的材料都备齐了。

"抓人，把巴六指儿逮捕归案！"

府衙把巴六指儿绑进大堂。巴六指儿开头破口大骂，怒斥衙官昏庸受贿，矢口否认与何船爷的死有关。

刑房师爷和仵作被骂得火冒三丈，也恨他平日卖锋锋不讲情面，棍棒一阵狠拍："我让你嘴硬，我让你嘴硬！让你不招！我让你不招！"

"啪啪啪"，木杖把巴六指儿后背直打得皮开肉绽，昏死在堂上。把他用冷水泼醒，巴六指儿真是条汉子，醒来还是不招。

"行！你死到临头了，还不招。给他使獠牙锯！"

刑房师爷拿来了狼牙锯，锯齿是獠牙犬错。獠牙锯刑太残酷了。巴六指儿后背被锯得血肉淋漓，实在熬不住了，只好招认图银财勒死何船爷，怕事儿露馅，把血衣藏在枯柳树窟窿里。差役在树洞里果然搜得一件蓝长衫。证据确凿，铁证如山。但是，这个案子越审越奇。谁是人命要犯，审谁谁像，越审越是一锅粥。

来喜儿感激何家和巴六指儿，咬定自己是凶犯；巴六指儿性好助人，也独揽死罪，"我就是主犯，跟任何人都没关联"。

更稀奇的是，差役在河边树林，又捡到几件蓝大衫，闹得街市惶惶，一直拖延着，谁都无法结案。

将军皂保催办，又委派副都统衙门司户大人参与审理。于是，何船爷死亡案又重新阅过案卷。口供、证词一一仔细核议，发现证人麻花佟二鬼祟可疑。近日，佟二到处挑着麻花担子，打探案情，还一口咬定来喜儿是通奸凶犯。何家四邻很多，为啥大白天单单佟二一人听到了殴斗声？他证实有个穿蓝大衫杀人犯,为什么搜得十几件蓝长衫,证词是否确凿?佟二跟何船爷交情不厚,为啥肯跳墙查看?越琢磨疑窦越大。于是,府衙又把佟二提拿堂上,先打一百板。佟二两腿血淋淋,哭喊到:"实在冤屈,大人明鉴。奴才生计不愁,素日无怨,我因何要杀何老翁?那日所见属实,句句真言。苍天无眼,正邪不分,世上谁是青天大人?"

说着,头碰画柱,情愿让刑官打死在堂上,也不承认自己是杀人的凶手。佟二哭得众位大人倒消了怒火,鼻对鼻,眼瞪眼,争执不休。有人责怪佟二巧言诡辩;有人怕错押人证,日后吃罪不轻。你一言,他一语,吵得是非难分。最后,只好把佟二拉下大堂,又不敢轻易放回,暂押在轻罪牢里……

§

说来甚巧,阿拉楚喀副都统德英升任署理吉林将军事务。德英诙谐幽默,性格直爽,办事干练。据说,他乍到吉林,一不升堂,二不宴客,闭门览卷七日。德大人这天偶然翻到蓝衫案的呈报文书,倒觉奇巧有味儿,看罢拍案大怒,批曰:"理据不足,冤气恸天。"

德英命人速往府衙发下签子,停止会审,将全部案卷和在押人犯统统送交将军衙门。德英将军要亲办此案。他从将军衙门挑几个有经验的忤作,也就是法医,先随他去城北验尸。正是炎暑之际,天气燥热,撬开棺盖,尸体早已膨胀发臭,"噗"一股"瓦昏"味儿直呛嘴熏鼻。几个随行的忤作看着发臭的尸体直歪头,谁都不愿意靠前。德英让忤作(验尸官)在尸体四周,用火点着苍术、皂角,生烟除秽,苍术和皂角都是野生中药材,有泄泻水肿、消炎的作用。苍术和皂角生烟除秽之后,再让忤作用水冲净尸身,边验边报。几名忤作看过正身,禀报:"不见异常。"

德英说:"验!"

第十章 老将军离世

他们又看侧身,又禀报:"不见异常。"

德英又说:"再验!"

这帮人还是禀报:"不见异常。"

德英耐不住性子了,纵身跳下坑,俯身棺内,吩咐四个仵作轻动尸身,另个差役用树枝轰着尸体周围"嗡嗡"乱飞的绿头蝇。整个腐尸是恶气熏天。刚才验过尸体的仵作,一个个是肝肠翻腾,"呜呕——哗"五脏都快要吐出来了。可是,再偷瞧德大人,头紧挨着尸体,像似一根一根数着头发那样,纹丝不动。他们这帮人也只好猛憋住气陪着。将军大人都在这儿呢,他们敢动吗?

观察多时,德英突然发现腐尸脖颈发辫里有一块黑紫斑,用指一量,是小手指头尖掐肉的伤痕。这还是在发辫里面,就是在外面,尸体一腐烂,你也很难发现它。哎!德英大人就发现了。他再细看发辫上,还粘着一粒小虮子,德大人用小镊子轻轻夹下,放在黑绢子上,仔细一瞧,竟然是一块小面嘎巴儿!德英得到这两处证据后,马上让人封棺,高高兴兴地回将军府了。就这两个小小的证据,让德英乐得一宿没睡。

第二天,德英穿上蓝大衫,挑起鸡血豆腐担子,由老奴跟随,边走边打听,来在北关何家门前树林边上,叫卖吃不够。"吃——不——够——喽!快来买吃——不——够——喽!"

吃——不——够是什么呀?

它就是德英大人擅烹的"五香鸡血豆腐汤"。

这个"五香鸡血豆腐汤"制作工艺看似非常简单,其实里面的门道太有讲究了。

首先,它是先把鲜鸡血嫩煮切丝。鲜鸡血嫩到什么程度呢?就像一两岁小孩脸蛋上的皮肤一样,手一碰粉嘟嘟的,吹弹可破。哎!鸡血煮嫩到这个程度正好,鸡血煮老了也不行。切鸡血那也是需要刀功的,鸡血丝要细如真发,长短精细一致。第二步是再浇上提前熬好的鸡肉汤。第三步是再撒上提前备好的葱、姜、蒜、香菜、海米、虾油,等等。可以说德英大人烹制的这道"五香鸡血豆腐汤"是色香味俱全。德英大人不但煮鲜鸡血火候掌控得好,刀功也好,再加上,他还有一种自己独特配制的鸡肉汤的秘方,这真是谁吃谁叫好,所以叫"吃不够"。

德英微服出行,常好扮个挑担小贩。这次,他还特意穿了件蓝大衫,更招惹过往行人紧瞅他。有个老者心肠好,喝着汤悄声说:"听你语音打外乡来吧?这疙瘩有桩蓝衫大案没破呐,你呀快扒掉这张虎皮,当心裹进去。"

德英揣着明白装糊涂,边添作料边问道:"多谢关照。这家门咋封上啦?"

那老者说:"唉,这正是死去的何船爷宅上。可怜的小姐跟用人全打进死牢,霜降就要问斩啦!"老头瞅瞅四周没人,又说:"世上哪有公道事。我家住佟二后屋,有天半夜我模模糊糊听他老婆吵嚷:没良心……杀人……"

后来老者又听见佟二小声训斥自己的老婆:"你这败家老娘们,瞎说什么?官府又不是夜游神,哪知道啊!再说,我把你这老娘们的臭嘴给打歪了。"

德英不在意地问:"佟二啥时候做面活儿?"

那老者说:"佟二头晌在家和面,下晌老婆炸麻花,佟二出去卖。"

"噢!"

§

日过正午,德英回衙,换好顶戴袍服,忙命差役打扫二堂。然后,命各府衙、官房审过蓝衫案的众大人、仵作,到将军衙门议事。很快传报到齐,依次坐立好。德英稳坐将军椅,又命狱官带上案犯秀儿、来喜儿、巴

第十章　老将军离世

六指儿、麻花佟二，解下枷梏，站立一旁。四人都"扑通通"跪在地上，哭喊冤枉。佟二悲声最高。

德英捋着黑胡笑道："哭哭笑笑，笑笑哭哭，真真假假我分清。哭变笑来笑变哭。"

在座的人都大眼瞪小眼不明其意，只见德英说："我得一宝，能卜吉凶。"说完，抖抖马蹄袖，手掌托起一块黑绢子，绢子里有粒小面嘎巴儿。

大伙都惊异地看着，德英说："这是验尸所获罪证！我已测得，蓝衫案犯是个会做面活儿的。湿面才可粘身，何况正午天热，歹徒定是何宅近邻，趁机跳墙所为！"

在座的人都点头叹服。

德英大声说："案犯就在屋里！"

秀儿、来喜儿、巴六指儿乐得抬头看，只有佟二退缩在方砖地上了。德英走进佟二近前，一把扯住佟二右手，薅下他小手指头上套的铜手箍，大声呵斥："大胆刁徒，尸体紫斑，正是你铜手箍刺伤，还不如实招来！"

佟二早吓得乒乒乓乓叩头，嘴里不停地说："德爷爷活神仙，奴才认罪。因小的贪恋何爷万贯家产，喜爱秀儿美貌花容，想纳秀儿为妾，不想那天遭何爷拒绝和痛骂，怀恨在心。过不久，何爷又招进来喜儿，我妒恨难耐，趁响午人稀，偷越矮墙，要闯进秀儿闺房行歹事。不巧，瓜棚下惊动了何爷，怕他扭送我上旗衙门，也是一时性急，掐住他脖颈辫子，叹他年迈命入黄泉。我猛听到屋里有响动声，大喊装作拿贼。我知来喜儿好穿蓝大衫，假造鬼话，栽赃陷害……"

这时，有两个师爷偷着挤眉弄眼，不太服气。德英那也是眼观六路耳听八方的高人啊。他一看这两师爷挤眉弄眼的小动作就明白怎么回事了，故意清了清嗓子，说道："蓝衫案之说，庸人谬传。死者被掐身亡，没有溢血，哪来血衣？人血咸鲤色褐，蓝衫上的血迹我验过，淡黄无味，定是禽血！"

德英当场问来喜儿和巴六指儿。原来发案那日,巴六指儿来看望来喜儿,帮来喜儿杀鹅溅衣服上血了。那时候府衙里的人也不容他们申辩,就屈打成招了。佟二老婆为帮夫开脱死罪,也乱扔蓝长衫,浑水摸鱼,闹得户户躲蓝衫。

蓝衫案水落石出,在座众人羞得面红耳赤,齐赞德帅神明。德英说:"身居此位,当有怜悯蝼蚁之心。谈何神明啊?我断案不重刑杖,重慎细验查,百索可破。"

德大人裁决,秀儿、来喜儿、巴六指儿无罪,当堂释放。佟二斩首示众,佟二老婆杖责四十。审过此案的诸官,因渎职分别罚俸贬官。德英见来喜儿和秀儿,患难情深,于是由他做主,择吉又给他们俩举行了婚礼。巴六指儿也不再卖饽饽了,跟来喜儿小夫妻操持松花江上的渔业生意。来喜儿小夫妻新婚后,第一件事就是洒酒祭扫了何爷和老母坟茔,从此后,小两口欢乐百年。德英大人初到吉林破解的"蓝衫案"也在当地传为了佳话。

德英办案办得非常细。他能从鹅血和人血里头,辨出来哪个是人血,哪个是鹅血。在现在来说,科学发展了人们也都不一定到德英这种程度,一眼就能辨别出来哪是人血、哪是鹅血。德英很有民心,很受众望。当地老百姓都挺佩服他,朝廷觉得他去哪儿哪儿都能好。另外,德英还经常微服私访,他白天处理公事,晚间常常微服私访。哪家穷哪家富,哪家买卖骗人啦,哪个当差的舞弊了啦,他都清楚。德英在吉林期间还发生过这么一件事情。

§

一天晚上,他又和往常一样,来到吉林大东门外,已是小半夜了。家家户户都吹灯睡觉了,只有路旁一间小房还亮着灯。他觉着奇怪:为什么

第十章　老将军离世

这么晚了,这家的人还不睡呢?

他便轻轻走了过去。这家只有老两口子,无儿无女,开了一间豆腐坊,每天夜晚磨豆子,做豆腐,一大清早挑着出去卖。这时,老头儿正在推磨。他边推磨边对老伴儿说:"都说吉林将军是'德青天',我看不一准儿,咱老两口子都这么大岁数了,全指卖豆腐活着,还得我老头子推磨,他要真是'德青天',就该给咱老两口儿买个小毛驴拉磨,那我才佩服呢!"

老头儿是对老伴儿说的话,可叫窗外的德英听到了。德英也没吱声,悄悄地转身回府了。

到了第二天,德英升堂,发了一支签,叫衙役到大东门外把那个卖豆腐的老头儿找来。老两口子不知出了什么事,怎么将军衙门找自己呢?都吓坏了。老头儿来到大堂前,一见德英坐在上边,急忙跪下磕头,"小老儿,叩见德大人。"。

德英问老头儿:"你昨天晚上为什么骂我呀?"

老头儿说:"小人不敢。"

德英把惊堂木一拍:"嘟!你在将军面前还敢说谎!昨晚你一边推着磨一边骂我,骂的什么我都知道,你要不照实招来,我就处罚你!"

老头儿一听,吓得不由得一激灵,瞬间就出了一身白毛汗,心想,我在家里叨咕他,他在大堂上就听见了,连我推磨他都知道,可真厉害呀!

老头儿就说:"大人在上,小人不敢撒谎。昨晚上我推磨时,怪你不给我买个毛驴,说了将军的坏话,实不应该,小人领罪。"

德英一听说得挺对,就对老头儿说:"你骂大人是有罪的,你是认罚还是认打?"

老头儿问:"不知大人,怎么个打法?怎么个罚法?"

德英说:"认打,打你四十大板;认罚,罚你吃半斤咸盐。"

老头儿一想:我这么大岁数了,要打自己四十大板,不死也得扒层皮;咸盐虽然难吃,但总比挨打好些。

老头儿嘴咧得跟瓢似的,谁让自己嘴欠了,就说:"小人愿罚。"

德英一听,说:"好吧。你到对面那家杂货铺买半斤咸盐来。当着我的面吃。快去吧!"

"哎!"老头儿答应一声,颠颠去了。

不大一会儿,老头儿就把盐买回来了,二次跪到地上,刚想吃,德英说:"且慢!"

德英指着身边的一名衙役:"你到外面借杆秤来,称称它够不够半斤?"

这名衙役借杆秤来一约,不够半斤。德英立刻吩咐衙役去把卖盐的掌柜传来。其实,德英早就访听好了,这个杂货铺掌柜的是个奸商,总是少给秤,早就想惩治惩治他。

衙役把掌柜的传来了,德英问:"这是多少盐?"

掌柜的一听头上冒汗了,哆嗦着说:"回,回禀老爷,是半、半斤。"

德英对衙役说:"你称一下,让他看看是多少。"

掌柜的一看买盐的老头儿站在身边,不用看秤就哆嗦上了。

德英火了,"啪"一拍惊堂木说:"买半斤盐你就少给二两,你每天要少给顾客多少个二两?一年要少给多少个二两?来人呀!"

下边衙役"嗷"的一声,震得大堂山响。这下可把掌柜的吓屁了,跪下一劲儿磕头:"小人有罪,大人饶命!"

德英说:"知罪就得改,可这回不能轻易饶过,你认罚还是认打呢?"

掌柜的问:"认打怎么打?认罚怎么罚?"

德英说:"认打,本将军要重重打你一百大板;认罚,罚你一头毛驴。"

掌柜的一想,我这身子骨哪能抗住一百大板呢,就认可罚一头毛驴吧!便说:"小人愿罚。"

德英说:"好,你赶紧送一头毛驴来赎罪吧。"

不多一会儿,掌柜的牵来一头小毛驴。德英对卖豆腐的老头儿说:"这盐不够秤,不用你吃了。这个奸商欺骗你,罚他的这头小毛驴就归你吧。"

第十章　老将军离世

德英转身又对掌柜的说:"你以后再欺骗老百姓,叫我知道了,可决不轻饶你。滚吧!"

掌柜赶紧爬起来跑了。老头儿一边谢大人,一边牵着小毛驴回家了。从那以后,德青天断案的故事就传开了。

§

你别看德英对穷苦老百姓知冷知热,但是对于敌人来说却是非常地冷酷。德英在当时镇压忠义军时,他真下了狠手。当时朝廷也没这个力量再镇压这些个农民起义了。但是在吉林这块,德英抓得非常细,他亲自参加马队,亲自战斗,亲自部署,很快就把吉林的忠义军给平定下来了。德英是应该强的强,有的不应该强的就不强。所以说,德英是一个非常有智慧的封疆大吏。

德英到黑龙江后,他也仍然如此,依然如故,照样是帮着断案,亲自参加判案。他本来不是搞法官的,但是刑司的事情他都亲自参加。在清代的时候,将军衙门和副都统衙门里有刑、民、法、吏、工,共计五司。他的头领呢,将军级的呢都叫"员外郎"。民司,刑司叫啥,叫司政,副都统级的,都统级的。行政一把手叫政。刑政是第一把手,刑副就是二把手,刑郎中就是三把手。第一把手都是政,吏政,民政,刑政。

另一个,就是下去亲自调查,而且德英是一屯一屯地走,一村一村地实地看,调查得非常细。

到了同治十三年正月,德英七十九,快八十的人了,身体本来不好,但他还不闲着,每个屯都转。平时,德英也从不说自己是将军、一品大员。他从来不讲这个,穿的衣裳非常邋遢,就像一个看猪的老头似的,系着个围裙,头发弄得挺长,梳个大辫子,把辫子盘在自己的脑袋上,到哪儿都好喝点酒,好喝点民间的奴了,就是民间的米酒。米酒说实在的比白酒好

503

喝，养身，但是度数非常大。德英和老百姓经常凑在一起喝米酒。他到哪儿，只要你预备米酒，有没有吃的都行，就咸菜疙瘩喝一口也行。他就是这样一个大将军。到处走，所以他能了解很多问题，有很多事能了解。这个屯子里头谁是嘎达子，谁是最坏的，谁最坑人，谁是真正的大孝人、大善人，别人了解不出来，他上那儿走几天就了解出来了。开始，他从来都上大善人家去，不去坏人家。后来，他变了，专门到坏人家去。谁最闹，他到谁家去，专到他家去，而且准能解决一些问题。所以，德英在社会上非常有影响。

§

单说同治十三年大年头三十前两天。很多屯子都杀年猪。猪都杀完了，而且是为过年呐，各家各户都把屋子收拾得干干净净的，有的鞭炮都预备齐了，有的春联都挂上了，都准备过年的时候，德英没在家待着，自己骑着毛驴，弄个柳条编的篓子，里头装着他那个米酒，走道他喝。这天他就从齐齐哈尔往上走，到了辰清。

德英一进辰清，就看到村头围一些人挺热闹的，正在敲锣打鼓扭秧歌。当时满族秧歌挺出名，扭着秧歌又唱又跳挺有意思的。德英就下了毛驴，走近来看看热闹。他在那里看着看着，就不由自主地跟人家跳起了舞，唠起来了。大家都跳完之后，各回各家了。德英骑上毛驴往村里走。他没走多远，看见几个小伙子和几个老头围在那唠嗑，抽着烟唠，骂人。骂谁呢？骂黑龙江将军呢。这些老头呢，也没看德英穿的衣裳，破破烂烂哪能是将军呢，就是一个放羊的、养猪的，根本就没人想到他就是德英。

德英也跟着他们一块骂："德英这个王八蛋，该骂。"

他们一听这好啊，老头就叫他："来来，下来。"

第十章　老将军离世

德英就从毛驴上下来，从毛驴上下来以后自己从筐篓里拿出米酒让大家喝。

德英说："来，跟我喝口酒。"

老人问："不用，什么酒？"

德英答："奴了（米酒）！"

老人说："我们这有，我们这有的是，喝我们的，我们这度数比你那高。"

"我这也不错，那我先尝尝你们的。"德英"呲喽"喝一口："嗯！真不错！那就喝你的吧。"

他们在一起喝酒。德英就问一个老头："你们什么事啊？为啥骂德英呢？"

"我们说起来肚子里就非常有气。你看都说啊德英那人啊，谁最想他，他到谁那去。你看过年了，他肯定到谁家去了，为啥他没到我们这个辰清来呢？不就是因为我们辰清穷吗？没到咱们这来，没来见见咱们。我看德英他脑袋里没咱们。"

德英一看不是为了自己有什么错，就因为老百姓太想自己了。

德英说："啊，我告诉你吧。德英啊，你别找他。你骂就骂我，我就是德英。"

大家一听，全愣那了。

德英继续说："我这不来了嘛。咱们黑龙江省这么大，有三千多个小屯啊，我一天也没闲着。一年三百六十五天，我天天在跑，我没有在我那个将军府里待一会，除非有事、皇上有事，我要向皇上禀报，我在那儿待着。再不上头来了公公（太监），除非公公来了，传达圣旨我在那，以外的时候啊，我都在外头。咱们黑龙江这块有三千多个小屯，还没算太小的屯子呢，这我都跑不过来。今天，我来你这，还有很多人在骂呢。我告诉你，我到死了以后也会有人骂我。我哪受得了啊。"

大家齐声说:"德大人,我们不敢不敢。这不是我们老百姓太想你了吗?我们错了,喝酒给你赔罪了。"

有人给德英大人张罗住处,而后,转移到屋里继续喝酒。后来,大伙非常高兴,德英就领大伙一块跳舞玩。

有人就问德英:"德大人,你想吃点什么?"

德英说:"我什么也不想,我就想吃点咱辰清的年糕,你就给我几个年糕就行。不要别的,就要咱辰清的年糕。别的地方的年糕,我吃过,就没吃过你们辰清的年糕。我吃你们辰清的年糕,就说明我来你们这块了,我吃不完就带走。"

"德大人,这不简单吗?我马上让孩子们到家去取去。"

这样德英就吃了一大块辰清的年糕,剩下的打包留起来了。

德英一看时间太晚了,就说:"我年纪太大了,七十多岁了,身体也不好,等会儿,我就早点睡觉了。"

"好吧,德大人,你也早点休息吧。"

几个老头搀着德英上炕,招呼他睡觉了。

早晨天刚亮的时候,一般人都知道,德大人他醒得比较早,而且是一大早就要出去溜达。可是,今天,德英大人在屋里没动静,人们都说:"今天德大人真邪了,没有早起。咱们到屋里看看去吧。"

人们进屋一看,德英大人已经死在炕上。

辰清的老百姓哪有心思过年了,赶紧派人到衙门报信。依朗阿和依克唐阿赶到后,把德英装殓收棺。依克唐阿为报德英将军的栽培之恩,亲自派人护送德英将军棺椁返回吉林城安葬。德英死后,同治皇上赐号"庄毅"。随后,朝廷派来丰绅接任德英的黑龙江将军的职务。丰绅将军自同治十三年正月到光绪五年十一月,一直担任黑龙江将军,后调绥远城将军。

第十章　老将军离世

§

后来黑龙江将军跟走马灯似的，换了好几个。丰绅之后是希元，希元之后是定安，定安之后是文绪，文绪之后是恭镗。光绪十年正月，依克唐阿接替恭镗，一直担任黑龙江将军到光绪二十年十月。十五年间，黑龙江将军接连换了六任。最后，又绕一大圈，又绕到了同治十三年刚担任瑷珲副都统依克唐阿身上了。这真是：江山代有才人出，各领风骚数百年。就连依克唐阿本人做梦都没有想自己十年后，能升任黑龙江将军。所以说，富贵险中求，也是有一定道理的。

此时，由朝廷李鸿章的钦点，依克唐阿调任瑷珲副都统。

依克唐阿挺善于治理。他一上任确实改变了过去与俄国人僵持的办法，硬顶起的办法，而是采取了巧妙的、巧斗的办法。

因为中俄两国黑龙江这一段已经成为定型了。人家俄国就站在黑龙江以东，咱们就在黑龙江以西。条约规定得很清楚，现在有些人虽然在天天吵架，他们俄国人挂旗子，咱们大清国人也挂旗子，双方都交涉不完，但是大局大势已经改变不了了。依克唐阿任职时，也是如此，常为很多地方打口水仗。

为什么呢？

因为俄国人占的地方太多。原来我们这个地方有人，他们硬给我们轰走。原来有些大清的国屯，让俄国人给烧了，有的改成俄国屯了。原来清朝的老百姓建了许多地窨子、开垦了许多耕地，都让俄国人给推平了，彻底破坏了。为这件事吵起来了，咱们得保护自己大清国的人啊，两头跟他进行谈判。

有的是，咱们这边屯的百姓气不过，也偷着跑到俄国那边占的屯搞破坏。他们好养奶牛，有的人偷偷地就把奶牛给抢过来，或者是弄点毒药把他们的牛和羊给毒死了。这时候他们又挑起来旗子跟咱们干仗，这事天天不断。

依克唐阿开始想办法。他非常满意过去独臂疯僧倡导的"少械斗，多抱团"的做法。你别看他现在虽然坐床了，但他说的话应验了。人聚到一起，人多力量大。等到俄国人来欺负你的时候，清政府出台给俄国人交涉。依克唐阿多次据理力争："这里原来是我们的地方，老祖宗的坟都在这呢，你们不能挖我们祖宗的坟啊。条约也没规定，你们占着的北边，哪些是你们的，哪些不是你们的。我们也不给你们争了。现在我们占的地方就是我们的，你们占的地方就是你们的。"

俄国人可不是这种想法。他们占上了，还想占其他的。他们是吃着碗里的看着锅里的。原来黑龙江这边屯子挺多的。从黑龙江入海口一直过来，总共五千多里地，到处是咱们大清国的屯子，特别是到同江一带，进入松花江到依兰的地方，江两边的屯子太多了。俄国人破坏之后，都建了俄国屯。现在已经抢占了不少了。为这事，还在天天打仗。

§

俄国人强迫清政府签订不平等的《瑷珲条约》的时候，就特意给清政府留下一个扣子。他们原想是把黑龙江全部占为己有，乌苏里江两国可以通船。往下，他们不讲哪些地方归清朝，哪些地方归俄国。当时，因为是强权，人家逼着你低头签字，你清政府没有说话的权利、你没辩驳的权利。这个《瑷珲条约》是不平等的，是奴才条约。按照这个《瑷珲条约》，人家俄国人怎么辩怎么有理，人家怎么占怎么有理。条约文字在那摆着呢。条约有英文、蒙文、俄文、满文等几种文字。清政府官员都签字画押的。人家强势啊："这些条约内容你认不认，认可不？"

清朝的官员只能点头："认可！"

第十章 老将军离世

弱肉强食，弱国无外交，自古以来皆通一理。所以《瑷珲条约》中的黑龙江以东，是人家俄国人定的。人家给你多少地方，你就要多少地方。地方没有，把你挤走了，你也没办法，大清人原来在江东的居民，只能自己抱团到别的地方去。

这边边民刚稳定下来，俄国人突然又发狠招了。他们强制发行俄贴，强迫江东大清国原居民和中国边民以银易贴，致使"俄贴充溢不下数百万"，并扬言五日内不兑换，逾期银票作废。这招太狠了，严重干扰边界正常贸易和人民生活，边民怨声载道，北疆危在旦夕。依克唐阿闻讯后，是"简从渡江"，亲自与沙俄据理交涉，"始获宽限，争回银票一百数十万两"，江东边民无不啧啧称道。

光绪元年（1875）春，俄军强行占领住有五千余旗户的中国领土苏中阿地区，依克唐阿亲自带兵拒敌，据理力争，保卫了中国的领土和主权。

光绪五年（1879），依克唐阿奉命调任新设呼兰副都统，并被黑龙江将军丰绅保奏为协办夷务（俄国事务）交涉人员之一。在呼兰任内，依克唐阿致力奖学、治盗，为呼兰的发展制定了长远规划。此时，由于中俄两国改议新疆条约之事萌生纠纷，乌苏里江边防紧张。清政府为防不测，决定新设珲春副都统。依克唐阿以"谋勇兼优"被保举，任珲春副都统。

自从依克唐阿走后，瑷珲副都统接替人物轮换太快，所以这段历史记得也比较乱。在这个混乱时期，整个瑷珲副都统衙门的重担又重新落到了依朗阿和常喜他们身上。直到光绪十三年（1887）的一天，一个人的突然出现，彻底打乱了整个瑷珲副都统衙门难得已久的安静。

第十一章　迎迓贵客

尊敬的奶奶、爷爷、师傅、兄弟、朋友，各位好！
我有金子一样的嘴，我有龙马精神，
我有海一样的胸怀，
我把遥远祖先的英雄名字、勋业永远记住。
前事不忘，后事之师。
我现在以虔诚之心，
把感人的富察氏家族的说部，给您讲述出来。
我恭恭敬敬地讲啊，您耐心地听吧。
小学生我有礼了，
各位大喜，吉祥，万福金安！

第十一章 迎迓贵客

光阴似箭，日月如梭，转眼到了光绪十三年（1887）暮春。黑龙江上冰雪刚刚开化，柳林枝梢绽放出了一团团白色毛毛狗。

这天一大清早，琪任格就在富察氏家宅大院里忙碌得不可开交。琪任格虽说是少奶奶，已到富察氏家族二十四年了，自己的畏根依郎阿是长兄，整天忙在副都统衙门里，顾不上家里的事。琪任格属长兄"阿沙"，是嫂子辈分了，当然处处都由她张罗奔跑，真够辛苦的了。全家上上下下百十号老少，都要一一照顾应酬。琪任格与依郎阿婚后先是生了两个女孩，长女伦淑妞妞，次女丹伦妞妞，均得到了清宫赐礼。可惜姐妹俩寿命不永，都未成活下来。这对琪任格是很大的打击。直至同治十二年（1873），癸酉年是吉祥福年，琪任格为依郎阿生下长子德连，清官赐礼，阖门大庆。瑷珲副都统与将军衙门也都送来贺礼，阖族大庆。夫妇俩快三十岁才喜生贵子，所以对德连倍加宠爱。德连"百岁"时，依郎阿和琪任格在孩子前边摆了不少物件，德连顺手就抓了一把勺子，而刀和印等都没要。依郎阿作为阿玛，心里非常不快，认为儿子长大不能承继父祖军旅之业，甚是可惜。可是，琪任格却很高兴，认为孩子长大一定成为执掌财运、治理家族的主人。因为勺子象征舀取财物。事实上，依郎阿终年在外为哨官军务奔波，德连从幼年至青壮年完全是在慈母体贴抚爱下成长起来的。

琪任格爱子但不溺子。按德连自己的说法："德连非常喜欢额姆（母亲），又特别怕额姆。"琪任格专门延请了京中"尼堪色夫"（汉师），为他任教，又请汉人武师授艺。十二岁时，德连习马术摔折了右肋骨，琪任格哭了几天，决心让儿子习文不习武。德连从小便走上与父祖不同的文仕之途。十六岁弓手，十七岁马甲，二十岁瑷珲副都统衙门正护卫、习书笔贴式。二十二岁晋黑龙江将军恩泽公麾下笔帖式，常驻卜魁。黑龙江将军恩泽在光绪二十五年（1899）病逝后，德连继任寿山将军府笔帖式兼内院总管。依郎阿于清光绪二十六年殉国后，德连奉母命以丁忧故，向将军衙门告缺，回籍助诸兄弟整治被焚毁的瑷珲和大五家子两地残破舍，抚恤族亲仆奴亡人家属，重整家业。富氏家族截至琪任格福晋之前，皆由女性任穆昆达并主政。此时琪任格福晋向全族正式指派由德连为穆昆达，继受附近旗屯诸姓遴选，德连兼任瑷珲、大五家子、小五家子、下马厂、四季屯（后撤出）、兰旗沟等村屯满族总穆昆达，承担防匪、祭祀、办学等诸务，直至清室统元年者（1909），德连因疾逊让为止。这都是后话，暂且不提。

§

单说光绪十三年（1887）暮春这一天，琪任格正想着家族的事呢，忽见家奴来顺儿快步从外面进屋，禀告："少奶奶！外面有三个人指名道姓要见少主子，还说没吃饭太饿了，来要饭吃。"

琪任格一听，心里不由得就是一愣，真让太夫人说准了，京城又来人了，就跟来顺说："来顺儿啊！请这三个客人到客厅去吧。然后，你再骑快马到瑷珲衙门把少主人请回来。告诉他，就说家里来贵客了。"

"扎！"

琪任格怎么知道这三个人是京城来的呢？其实他们让家奴来顺儿传的是京城理蕃院的接头暗语：没吃饭太饿了，我来要饭吃。其意思是：我找少主人有要事相告。妙手回春和一阵风他们俩来的时候也是说的这类暗语。

此时，依郎阿正在瑷珲副都统衙门忙着呢，一见家奴来顺儿急急忙忙从家赶来，还以为家里发生了什么事情呢，就问来顺儿："家里有什么事啦？"

"少主子！少奶奶让我请你回去一趟！家里来贵客了。"

依郎阿一听就明白了，问："几个人？"

"三个人，像是一主二仆。"

"噢！我知道了，咱们马上走。"

依郎阿马上把手头的事放下，给常喜说了一声，就骑快马和来顺回到

第十一章 迎迓贵客

了大五家子的老宅。其实依郎阿早猜中了九分：这准是我们要请的贵人到了，军机处已传来了密函。

依郎阿一路上心里格外钦佩琪任格。依郎阿因哨官职任和需要，擅乘集民谟里俗，知道黑龙江沿岸不同部族生存习性、礼仪与禁忌。儿女与家人都盼他得暇回来，每每都能给族众讲述许多有趣的珍闻奇趣。依郎阿常常乔装各部族间，为清政府联络了众多密友和采集重要情报。他还曾在俄国淘金匪帮中生活过半年，俄人直至遭歼时方知上了当。然而，清廷官员腐败昏庸、畏惧沙俄，常将难得的情报层层留中，不予合议，或欺瞒不报，贻误战机。依郎阿盛怒下，曾向军机部、理藩院上疏陈情。这些都得到琪任格福晋的指导帮忙。依郎阿曾到过北海（鄂霍次克海）诸岛屿，住在雅库特老夫妇家两个多月，剥过海鲸鱼。慈祥的主人给他们每人做了一双鲸鱼皮防雨靴，终不知他们是大清国人。夜深，在鱼油灯下记录珍贵的风情、民习、地理形势、物产状况。依郎阿能画能唱，所留遗物弥足珍贵，是清后期重要文化遗产。

就拿今天从北京来的这三个人来说吧，这就是琪任格给依郎阿出的主意。什么事情呢？原来千里外的极北边境有个流入黑龙江的不宽的柳林通溪水沟，水流急，大小石头多，这些石头块里净是黄金，已有几十年了，附近淘金的哪国的人都有，俄国人、日本人、高丽人、大清国汉人、鄂伦春人……鄂温克人也很多。那里山高皇帝远，属瑷珲副都统衙门辖区，但从没去人巡察过。琪任格得知此事后，为了引起朝廷的注意，她特意让人购买大量的黄金，自造小烘炉，砸制吉祥如意金扁方和银扁方，千里献大内京师咸丰皇上和慈禧皇太后，并随礼带去了一封书信进行了详细说明。慈禧皇太后闻之此事后勃然大怒，让李中堂考问黑龙江将军，痛责失职，而身为瑷珲副都统衙门的诸官员也罪责难逃。这不，京城派人来了。

§

依郎阿边想着边跟来顺儿推门进来，刚好发现厅里坐着一个人正和琪任格交谈着。一见依郎阿进来，琪任格站起迎上前笑着说："真是大喜事啊！贵人到来了，你们好好谈吧，我做饭去了。"

琪任格向客人施礼退下，依郎阿忙迎上与来客握手，相互打量，心心相印。只见此人五十开外，慈眉善目，中等身材，一身商人打扮。这人是谁啊？李金镛。他身后还站着两个小伙子，一个黑胖憨厚，一个白瘦清秀。依郎阿拱手说道："在下依郎阿，让李大人久等了！"

李金镛拱手相迎："依大人，名不虚传！在下李金镛，字秋亭，特受李中堂之命，今日到来，多有叨扰了。"说着，李金镛随手从兜里掏出一封信递给依郎阿。

依郎阿边接信边说："哪里的话啊，您的光临，正是及时雨呀，副都统衙门上下早做好准备，万事俱备，只欠东风啦！"

依郎阿拿过信仔细过目一番，信中清清楚楚地交代，李金镛从吉林被调到黑龙江筹办漠河金矿，直属朝廷内务府。黑龙江将军和瑷珲副都统衙门要想尽一切办法，保障漠河金矿筹建事宜。信中再三叮嘱务必保障李金镛人身安全，绝对不能出现任何纰漏。

依郎阿看罢信，吩咐家奴来顺儿把一阵风找来。依郎阿向一阵风面授机宜，命一阵风秘密北上漠河，暗查路线，侦察情况。

一阵风走后，依郎阿让琪任格带着随行二人安排住处。然后手拉着李金镛的手说："此处说话不便，请跟我来。"

两人一前一后，来到后院一个地窖口前。在北方，每家都有菜窖。每年过冬的时候，每家都要把过冬的菜放到地窖里，有萝卜有白菜，摆得整整齐齐的。依郎阿和李金镛把地窖盖一掀，下到里面去了。地窖跟其他家

第十一章 迎迓贵客

小梅舞剑

的地窖别无二致，唯一不同的是，地窖正中央，摆放一个方桌，方桌上置放着油灯，两边还搁着两把椅子，靠墙边的地方，还有一张木质小床，整个儿地窖干干净净的，这也算是依郎阿会见重要客人的一个密室。

依郎阿把油灯点着后，两人在木椅上落座，开始向李金镛汇报北疆严峻的敌对形势。外面谁都不知道他们上哪去了，地窖隔音，谁也听不到。

依朗阿后来就问李金镛："李大人，你们这次总共来了多少人啊？"

"依大人！我此次北上龙江，就只带来我的随从小樊、小梅。"

"李大人，到我这来了，吃饭主人管着，睡觉主人管着，这是瑷珲的土规矩。"

"依大人，给你添麻烦了。"

"李大人，你太客气了。到我这，我自有安排。上头（军机处）已经有安排了，你别信不着我，这地方相对危险。"

517

李金镛一看依朗阿的眼神就知道什么意思了，聪明人说话点到为止。

"一切我都安排好了，你就放心。你的生命安危都在我们这呢，你身边的人，我现在不放心。朝廷军机处给我下的命令，是让我只保住你一个人。别人我不负责，保不住，我也不想保。"

李金镛说："我带来的都非常可靠的，他们都跟我好几年了。"

"李大人，你别急，到我这，你就听我的，这也是朝廷军机处的命令。我给你另派人。"

李金镛想想同意了。

"李大人，我会派我两个师弟妙手回春和一阵风担当您的贴身护卫。他们都是朝廷军机处派下来的，绝对忠诚职守。由我的两位师弟做你的助手，你就放心大胆地干吧。他们武功也高强，对俄国的情况也熟悉。对北边的地理情况也非常熟悉。他们又是你的护卫，又是你的向导。另外，他们俄国语言也相当好，也能帮你与俄国人沟通。我不能经常出面，是因为瑷珲副都统衙门里还有很多事情分身。"

因为李金镛根本就不懂俄语。

"依大人！你忙你的。"

"李大人！你现在就不要以李金镛的名字出现，就叫大掌柜、金掌柜。你也别说你是李金镛，不要让别人知道李金镛已经来了，现在很多人都在惦记你，好人有、坏人也有。我们没有接待李金镛，到现在我都没有接待过李金镛，我接待的是金掌柜的。你千万要记住。"

"好吧！我记住了。"

"从今天起，你就住这了。这里虽然条件艰苦点儿，但绝对安全，李大人就委屈你了。"

他们谈完话的一个礼拜后，一阵风从漠河侦察就回来了，还带来了许多有价值的情报。

第十一章　迎迓贵客

§

　　漠河曾是小兴安岭森林里的一片荒凉之地。由于这里正处于呼玛河的上游，渔猎丰盈，马鹿、野猪也非常多，鄂伦春人经常到这里来狩猎，其他地方的人极少能到漠河这里来。起初，谁也不知道这块儿出金子。

　　有一年，一帮鄂伦春人到这来狩猎，马蹄子无意间踢出来一块金光闪闪的石头。一位鄂伦春人捡起这块金光闪闪的石头一看，也不知道是什么东西，纯粹好奇，也是这块石头的与众不同，就把它放到自己的鹿皮套里收着了。后来他把自己狩猎物品与别人交换时，随意把鹿皮套里的这块金光闪闪的石头拿出来了，问旁边那些人："这是什么玩意啊？样子挺奇怪的。"

　　那些人看过后，异常的惊喜，很肯定地告诉他："这是金子，世间难得的马蹄金。"

　　此言一出，惊动了众人，大家都感到好奇，围拢过来，七嘴八舌地问狩猎者从哪捡到的。

　　这位鄂伦春狩猎人也没有隐瞒，就告诉了众人，说是在漠河哪块哪块捡的，这东西在那儿有不少呢。

　　那些人一听炸锅了，非得让鄂伦春猎人领着他们到现场去看看。猎人也没多想，很爽快地应允了众人的请求。等他们到了现场一看，全傻眼了！呼玛河上游，漠河一带出金子啊，这消息像长了翅膀一样就传开了，一传十、十传百。没多长时间，奔漠河来采金子的人是越聚越多。

　　特别是关里来的那些逃难的人，一来就奔漠河金子那块儿去。另外，黑龙江那块儿的江道非常窄，到了秋天蹚江水就可以过去。这消息越传越远，日本人也寻来了，法国人、德国人也都过来了，也有大清国从关内直接来的人。有人说俄国话，有人说高丽话。这样越聚越多，没到两年，就有三万多人在漠河挖金子。有些人就干脆住在那儿了,还在那儿建了房子。他们每天早上、晚上都在挖,非常热闹。晚上灯火辉煌啊,篝火一个挨一个,整个呼玛河都被照亮了。

当地的鄂伦春人,他们的头领是协领。协领,相当于一个部落的部落长。鄂伦春人以骑马狩猎、畜牧为生,住得不固定,打猎打到哪住到哪,也就无暇顾及这些采金的人。

§

一阵风说:"这六七年,漠河这块儿真兴盛,发展越来越快。在那儿住的人,根本就没有户口,也没有国籍。现在漠河那个地方非常乱,也没有人管,听说死人是常有的事。看来,我们瑷珲副都统衙门把这儿给忘了。总之,是相当乱了。"

李金镛听后,不由得点了点头,转身对依朗阿说:"噢!看来我们要应对的事情还有很多呀。你们能不能再把他们现已盗采的金线情况仔细再侦察一遍?我们也好知己知彼,百战不殆啊。"

"没问题。"一阵风脚力快,也不在乎再跑一趟。

依朗阿说:"窦师弟!这次你把袁师弟也叫上,你们在漠河好好侦察一遍,发现的情况越详细越好,随时回来向我们报告。"

"好!"

一阵风和妙手回春两人出发了,时日不多,缜密侦查完毕,回来复命。

这样一来,李金镛在大五家子又住了半个多月。这半个月,李金镛和依朗阿可都没有闲着。依朗阿让李金镛在地窖里翻阅了妙手回春和一阵风他们的调查:呼玛一带的俄国人已达到一万余人,以及其他人夺金、抢金的一些情况和俄国人建立起的窑子和日本建立起的料理店的情况。那时日本的料理店就是妓院。另外,还有翻阅了漠河一带各条金线的含金情况。

第十一章 迎迓贵客

李金镛天天都看到后半夜才休息。这天李金镛终于把这些调查材料看完了，心中有数了，就问依朗阿："我啥时候能出来啊？另外，朝廷让我在漠河建个金矿，这需要很多钱的，还要请采金的机师啊。我现在还没有机师？"

"那怎么办？"

"我想先见恭镗大人。"

"好吧！我来安排。"依朗阿随即让一阵风给恭镗大人送信去了。

恭镗得到信后，马上就骑马来了。依朗阿把他们见面的地点，安排在距离瑷珲城二十多里地黄旗营子，在一个山坡下面的一间独立的渔房子里。这间渔房子四面进出方便，也不容易引起别人的注意。

随着恭镗大人一块来的，还有新到任的瑷珲副都统依克唐阿和常喜。

恭镗大人见到李金镛后，也非常同意依朗阿的建议："秋亭啊！为了不让人注意你。你对外就是我们请来的一位采金师傅，你会看金线，我们要挖金子而专门聘请的。"

"好吧！我一切都听恭镗大人的。"

恭镗大人转身又对依朗阿说："你陪着李大人去吧。你代表我了，带着八旗兵去，有什么事情，你可以当机立断，军法从事。"

"恭镗大人！你就放心吧。"

此次恭镗大人与李金镛会面后，李金镛就以金老板的名义出世了，身边昼夜保护他的人就是妙手回春和一阵风。依郎阿称呼李金镛为金老板；李金镛称呼依郎阿为"恒毅"，恒毅是依郎阿的字。

这期间，李金镛曾提到了爱绅泰和吉尔洪额。当李金镛得知他们一个被杀害了，一个被烧死了，内心十分难过，慨叹世事无常！

临出发前，李金镛给依朗阿提出了一个小小的要求："恒毅啊，看看能不能让帕尔根同我一起去漠河啊。我们以前都有交情，再说他医术也非常出色，我们到那后，万一有个头疼脑热的，也好有个大夫。"

依朗阿一听，马上说："没问题。我这就通知帕尔根跟你见面，你亲自跟他说吧。我相信，凭你们以前的交情一定没问题的。"

帕尔根与李金镛见面后，甭提多高兴了，一听说自己能跟着李金镛去漠河，他二话没说就同意了。

"秋亭啊！我妻子柳莎是俄国人，她会西医，还会针灸，让她也去吧。另外，米拉爷爷还会做西餐，与俄国人打起交道来，他也能说上话。我们全家都去。"

"行！太好了。"

一切都准备妥当之后，依朗阿挑选了五十多名八旗精兵，乔装成打猎的平民，又带着妙手回春、一阵风、帕尔根、柳莎、米拉爷爷、小樊、小梅和瑷珲副都统衙门挑选出的各司政人员等七八十人，护送着李金镛就出发了。

他们出发前，妙手回春从江东捡的哑巴小黑说什么也要跟着去，不让他去，他就抱着妙手回春的大腿哭。依朗阿说："行！你就跟着去吧。"

"嘿嘿！嘿嘿！"哑巴小黑一听依朗阿让他跟着去，转身又乐了。

妙手回春哭笑不得："这傻孩子，让我说他什么好呢？哎哟！算我上辈子欠他的。走吧。"

§

光绪十三年（1887）四月，依郎阿和李金镛等一行七八十人自瑷珲城北上，经过西岗子，再经嫩江大岭，从嫩江大岭进北山，过老虎沟，深入六百里，奔漠河。这一段路程全是骑马，他们一路打猎，打狍子和野猪，套飞龙和野鸡，钓江鱼。

李金镛走得是非常高兴，他不时对依朗阿说："恒毅啊！我这一辈子，长这么大，还是头一次走这么多的山道。江南一带风光秀丽，跟这完全是

第十一章 迎迓贵客

依郎阿送李大人去漠河，途中吃烤肉串

两番景象。我从来没走过这么险的山路，一片片密林叠嶂，没有人烟。我这次算是开了眼界了。"

最主要的是，依朗阿经常给李金镛做他从来都没吃过的东西。比如：用粗铁条穿上肉，外边再抹上酱，用野花籽当作料，相当于孜然一样。另外，晒肉干，用野玫瑰、山胡椒、野黍子等，用滚子压成面，撒肉干上吃。这些好吃的，让李金镛太兴奋了，总想多干些事。依朗阿总让他先好好休息，养精蓄锐。李金镛总有问不够的问题，看到什么都感觉新鲜，听哪件事都感觉新鲜，总打听不完。

这可怎么办呢？小樊跟随李金镛多年啊，知道他的生活习惯啊，就偷偷地对依朗阿说："依大人，我们大人在南方都养成了固定的生活习惯，你得想办法让他睡觉，要不然会对他身体不好的。那他到北边身体肯定受不了了。"

依朗阿想了想说:"我有办法啦,你不用担心。"

依朗阿就让人给李金镛拿来了"米儿酒"。"米儿酒"(奴勒酒)是满族人自己酿的酒,鄂伦春人和达斡尔人也自酿自喝这酒。这酒喝起来又甜又酸,越喝越好喝,但酒性非常厉害。酒性一上来真让人睡觉啊。

李金镛从来没喝过,不知道这里面的门道啊,他拿起来一喝:"哎!真好喝。又甜又酸的,我喝点儿。"

"金老板,好喝,你就多喝点儿。"

李金镛万万没想到,他不知不觉就喝多了,整整睡了大半宿,一直到了第二天早上。李金镛起来,就不干了,说:"恒毅啊,你不对啊。你让我睡过去了,咱们过了好多山、好多沟,你有许多事都没有给我讲啊。咱们走了多少里了?"

"六七十里了。金老板,你喝多了,我也没好意思叫你。"

"哎!太可惜了。依大人,咱以后绝不能这样了。下不为例。"

"行行行!下不为例。"

依郎阿又就地取材给李金镛做花水(依尔哈木克)饮料喝。花水饮料的做法也非常的简单,用芍药花、黄花、牡丹花、玫瑰花等,晒半个月以后,晒半干了,碾压出水,再加蜂蜜,把这些水放半个月,就变成酒了。同时,依郎阿还变换花样,把山葡萄挤出水来后,放半个月就发酵了,就出酒了。榛子也可以,还把"嘟噜"做成酒喝。一路之上,李金镛明明知道依郎阿是在给他下套,但是他也愿意跟依郎阿学,不停地品尝自己的"作品",是尝一次醉一次。后来,李金镛也乐在其中,就不再埋怨依郎阿了。依朗阿用这些招,让李金镛在赶往漠河的道路上,算是好好睡了不少好觉。就这样,经过三十三天,行程两千余里,终于在五月到达漠河。

§

漠河地方荒僻,背靠兴安岭,面临黑龙江,与对岸俄国伊格那思依诺

第十一章 迎迓贵客

屯遥相对峙,其民风社情错综复杂。依朗阿为什么单选这条路呢?他就是想避开别人,而且这条路是近路,直接能进到有金苗的地方,就是现在的胭脂沟。

他们到了胭脂沟之后,依朗阿没让李金镛住现有的民房,而是自己指挥带来的这五十多个兵,挖地窨子。住下以后,李金镛就有任务了,他日夜忙着实地考查各条金线产金情况。他每天带着妙手回春和一阵风早出晚归,顺着河套子,一条沟一条沟地实地查看。哪块与他在大五家子地窨子里掌握的情况有出入的,李金镛就在随身的小本上,都详细地标记了,做到心中有数。

转眼一个月就过去了。这天晚上,李金镛把依朗阿叫到身边,说:"恒毅啊!我真得感谢你。你在大五家子给我提供的那些材料太珍贵了。我实地查看,走了每一个地方,与你提供的信息资料基本差不多,只是几个地方有点出入,但差别不大。从目前我掌握的情况看,漠河这个地方金子的储存量太大了,而且无论从金沙的成色,还是从金沙含金量上,都超出了我的想象。从正式开工算起,我们如果请几个好机师和进几套国外的先进设备,同时开采的话,每年的黄金产量是惊人的。三年之后,漠河金矿出四五万两黄金根本不成问题。"

依朗阿虽然是搞情报出身,不太懂得开采金矿的门道,但是他听到李金镛亲口说漠河开设金矿三年能产出四五万两黄金,也是大吃一惊。那可是四五万两黄金啊!

"真能为朝廷开采这么多金子啊?"

"那当然了。我能自己糊弄自己吗?来漠河前,我特意到天津、上海去了一趟,还带回来几个金沙样品。把它们跟咱们漠河金沙样品一比,差得不是一点半点。所以,我对咱们开设的金矿很有信心。"

实际上,李金镛还真没有在依朗阿面前说大话,后来实践证明,真如李金镛所说的那样:到了第一年年底,李金镛真给朝廷拿出九千多两金子来了。第二年，他又给朝廷拿出了三万二千两金子来。

"这太好了，金掌柜，现在咱们住的房子都建差不多了，家都安顿了，咱们都可以分头行动了。据我得到的可靠情报：俄国情报头子、大尉巴尔钦克诺夫早就来到了漠河。而且，他早已参加到俄国人私自盗采漠河金子的活动中。由于他的介入，将来他会是咱们在漠河开设金矿过程中，潜在的最大敌人之一，我们必须想一切办法把他这股势力彻底消灭掉。要不然，后患无穷。"

"恒毅老弟！此次漠河之行，如行舟于海，暗礁和更大的风浪还在后面呢。我秋亭就全倚仗老弟你来鼎力相助了。"

"金掌柜！你还给我客气什么啊！咱们都是一家人。"

"恒毅老弟！你看这么的行不？为了咱们早点开矿，下面几条金线我实地查看后，想先拟定好《开办金矿章程》，带着漠河金沙样品南下保定，进行精准化验。然后，依据实情再奏报朝廷，恳请开矿之事。另外，我想再回到淮军一趟，找找我的朋友，找找过去的人脉，多弄钱弄人过来。"

依朗阿说："好啊！我这边派人再秘密调查一下我的老对手俄国情报头子、巴尔钦克诺夫在漠河的活动情况。你南下可以，但是我必须给你派人，让我师兄妙手回春和一阵风跟着。"

李金镛说："不行！他们到淮军那还不熟悉，人多也显眼，我还是只带着小樊和小梅。"

"这个……"依朗阿想了半天，最后点了点头说，"那好吧！咱们现在先把各自手头的活干完再说吧。"

"是啊！咱们的事得一件一件地来，活还得一件一件地干。但是我有你恒毅老弟帮忙，什么事都轻巧多了。这还多亏朝廷李中堂的推荐啊。"

"同为朝廷效力，也是我们应尽之责啊。"

依朗阿告辞李金镛回到暂时住处后，和衣躺在床上，是百思不得其解："巴尔钦克诺夫为什么突然转变对大清国的侦察方向，早早地就来到漠河布

第十一章　迎迓贵客

局？难道他只是为了个人得到一些金子，中饱私囊？绝对不是！他肯定还有一些不可告人的秘密。我必须尽早搞清楚，免得坏了我们在漠河开设金矿的大事。"

说到这，咱真有必要介绍一下，俄国大尉巴尔钦克诺夫来漠河的一些不可告人的险恶用心。

§

原来巴尔钦克诺夫杀害妮娜之后，回到圣彼得堡，被穆拉维约夫臭骂了一顿。但是穆拉维约夫骂是骂，最后他还是告诉巴尔钦克诺夫："我给你的任务到现在还没完成，你最好给帝国献一件宝，这才是你的成绩。献个什么宝呢？不是抓到依朗阿他们这些大清国的人，也不是培养哪个人，而是，你能把大清国里面最值钱的东西，献宝给俄国沙皇。这样的话，你才能将功赎罪。我是不能干了，年岁到了，我现在好在哪儿呢，我把伯力这些地方夺下来了，伯力以后能竖我穆拉维约夫的碑啊！哈伯罗夫就是我的名字。你没有啊。"

巴尔钦克诺夫一听穆拉维约夫这番话，自己真没了主意："我能献什么宝呢？大清国现在也没有什么宝了啊？"

巴尔钦克诺夫虽然没有想清楚，但他毕恭毕敬给穆拉维约夫施了一个礼说："尊敬的伯爵阁下，请仁慈的您，给我指点迷津吧。我巴尔钦克诺夫将永世不忘您的恩情。"

穆拉维约夫用眼角瞟了巴尔钦克诺夫一下，有点恨铁不成钢地说："你好自为之吧。我还是那句话：你应当献宝，你认为什么是最大的宝，你献上去就可以了。你回去吧，以后也别来找我了。送客！"

穆拉维约夫下了逐客令了。

巴尔钦克诺夫回到铁甲船上后，知道再靠穆拉维约夫是不行了："我该怎么办呢？献什么宝呢？"

他苦苦思考了好长时间也没有结果。后来，他还是把主要力量放在铁甲船上了，主要是了解黑龙江的情况。

突然有一天，巴尔钦克诺夫听说漠河有金子，他就乘铁甲船来到了漠河。等他到了漠河一看，真乐坏了，心想：上天助我呀！这真是踏破铁鞋无觅处，得来全不费工夫啊。我给沙皇陛下献宝的机会来了。

随即，巴尔钦克诺夫就把自己的主要力量放到了漠河这边。巴尔钦克诺夫通过关震臣把挖金子的这些人凑到一起，一是自己中饱私囊，二是趁机破坏大清国在漠河开金矿的活动。就在前些日子，巴尔钦克诺夫还干了一件自认为最漂亮的事情。他把自己在漠河盗采来的大量黄金拿出来一部分，让关震臣找人铸成一个大大的双头鹰标识，献给了尼古拉二世。尼古拉二世看到这个黄金铸成的双头鹰，是如获至宝啊！"这个金光闪闪的双头鹰太漂亮了，真是个大宝贝啊！我要把它挂到皇宫最显眼的地方，让所有进皇宫的人都要看到它。大尉先生！我奖励你尼古拉勋章。"

"谢陛下！"

最后，尼古拉二世选来选去，最终把它挂到了皇宫里最显眼的大厅的正中央。

尼古拉二世边看着黄金双头鹰边对巴尔钦克诺夫："大尉先生！你已经出色地完成了你的使命。回到大清国的漠河后，会有一名大清国道长联系你，他是咱们的人。这个人虽然岁数比你小，但他是武艺高深，他会联系你的。"

"是！"

由于巴尔钦克诺夫很多事是没有按照沙皇帝国的目标来完成的，或者是半途而废，所以，尼古拉二世认为巴尔钦克诺夫这个人能力不行，需要换人。但尼古拉二世没告诉巴尔钦克诺夫实底，让他听一位大清国道长的。这些情况，巴尔钦克诺夫自己到现在还都被蒙在鼓里。

第十一章 迎迓贵客

这事发生不久，依朗阿通过军机处海外秘密渠道得到了准确的情报，并火速回报给朝廷。

§

说到这儿，朱伯西我还得简要介绍李金镛此次来漠河前的曲折经历。这事还得从黑龙江将军文绪说起吧。

文绪是光绪七年（1882）十二月，署理黑龙江将军事务的。文绪老迈苍髯，身体素来不好，但办事忠勤，一步一个脚窝儿，非常踏实可靠。都说他在黑龙江将军任上多年虽没有什么大的作为，可他护江保民，一丝不苟，披着一挂老蓑衣，挨家鼓动村屯庶民，要睁亮眼睛小心野狼入室。在大雨中大口大口嚼着苞米面大发糕，蹲守沿江防线，从不偷闲，深得朝廷的赞许。他为人谨慎，凡下面有啥大小事端，不论巨细他都宗宗上报。所以，李鸿章接到奏折最多的地方就是黑龙江。这些奏折都是文绪亲自起草，文绪提的事情最多的就是要钱，主要是救助俄国控制区域江东的大清国的难民。文绪署理黑龙江将军一是年纪大了，二是身体又不好，再加上整个黑龙江所面临的处境太困难了，所以他从内心讲：有点干不动了，也承担不起太重的事务了。文绪心想：你朝廷不能光让驴拉磨，不让驴吃草。你不给我黑龙江衙门拨钱，让我怎么去替朝廷办事啊！

故此，文绪三天两头地向朝廷李鸿章那里上奏折，不是这里缺钱，就是那里缺钱，搞得李鸿章也没有什么好的办法。文绪上奏的奏折多数又是关于瑷珲副都统衙门的，这也是不争的事实。

瑷珲城的对岸江东俄属控区大多数原居民都是大清国的各族人。如果把他们都扔江东，他们真的是无家可归了。这时，俄国人趁机抢人，让居住在江东的大清国人加入俄国国籍，便增加了俄国的力量。俄国的人力加强了，瑷珲这边就少了力量，这些原本大清国的人等于流落到国外去了。

黑龙江瑷珲最早的时候是一片荒凉，没有几个屯子。自康熙年间起才建起了很多屯子，后来就没有再建。但是自从大清国与沙俄签订《瑷珲条约》以后，从江东回来的人越来越多，瑷珲副都统衙门又从江东救回来这么老多人，就开始陆续重新建立了一些屯子。从江东回来的这些人把曾经在江东屯子的名字，又原搬到瑷珲城新建的这些屯子身上，所以，就出现了许多江东与江西重名的村屯。

当时的黑龙江将军特普钦提出来要实业兴邦，就是加强农工两商。这样，他就招收外地的流民和逃民们。过去开过一段禁令，后来又给封禁了。由特普钦正式开始，关内的一些人、黑龙江以北救过来的那些难民等等，过来都必须盖房子，必须给土地和牛。这个担子对于瑷珲副都统衙门是比较重的。另外，俄国人对瑷珲副都统衙门反控制也非常严，时不时培养出像关震臣这样背信弃义的人来帮助他们，在瑷珲做一些烧杀抢夺的坏事，从中捣乱瑷珲的社会秩序。

这么多年来，从特普钦走了以后，最累的就是德英。德英去世后，接任是丰绅。再后来，希元和定安接任，他们都干了一年半载的，一个被调走、一个因病被免。直到文绪续任，这才算是稳定下来。文绪在黑龙江将军任上一干就是五年。

§

光绪初年到光绪十二年前后，作为黑龙江对俄最前哨的瑷珲在很长时间以内，主要问题就是经济更加紧张，国帑也没钱。瑷珲节衣缩食，很多副都统衙门官员，包括黑龙江将军文绪他们一起节衣缩食，把钱都给瑷珲兴家立业用了。但是，文绪带头这么做也都是杯水车薪，根本解决不了瑷珲副都统衙门亟须待解的现实问题。

身为署理黑龙江将军的文绪难，身居大学士的李鸿章面临的处境更难。

第十一章 迎迓贵客

署理黑龙江将军怎能体谅到李鸿章的苦衷啊?

自从1880年以来,大清帝国已到了最危险的时候,西北新疆和东南海疆同时陷入危机。西北方向,沙皇俄国乘西北新疆叛乱之际,"主动帮助"中国从叛军手中"收复"了伊犁地区,历经十年却并不归还,而是索要高额赎金及大片土地。左宗棠率领西征平叛得胜之师,屯兵六万,秣马厉兵,与俄军对峙,全世界的军事专家都预料中俄战争将难以避免。

东南方向,正在飞速崛起的日本,加快了吞并琉球的步伐,此时悍然宣布将琉球撤藩立县,改名为冲绳,下一步的野心就是朝鲜和中国台湾。琉球国王派出的秘密使节,向中国政府"泣血"求援,要求中国尽快出兵。抗日情绪同样充满了大清朝野,主战的奏折雪片般的飞进紫禁城。但是,光有激情不行啊,激情代表不了经济实力,打仗是需要真金白银的。此时,大清国根本没有两线作战的经济实力,只能在陆地与海洋、"塞防"与"海防"、"固疆"与"保藩"的抗俄与抗日之间,做出艰难的抉择。

文绪哪能理解大学士李鸿章的苦衷啊,李鸿章也不能把自己的难处直接告诉文绪啊。文绪反正年龄也大了,有事就上报,大事小事他都上报。你朝廷处理不处理,那是你朝廷大学士们的事,跟我没关系。有时候奏折上多了也不一定是好事,甚至会起到适得其反的作用。文绪最早向朝廷反映过:在黑龙江漠河出金子了,而且出的很多,俄国人靠着船偷渡过来,挖一阵就跑了,也抓不到他们。这些俄国人还雇用了许多英国人、德国人和日本人,他们的技术都挺高。

当时俄国人在工业发展上不是很进步,比较落后,但是他们用的挖金设备都是德国的或者是法国或者是日本的。日本当时在开采金矿方面非常出名。俄国人为了得到更多的金子,一是采取淘沙金的办法,再一个就是用机械开采的办法。用大的机动性铁铲子,把山和地连石头一块挖过去,然后再经过凿碎、过筛和磬,就把金子套住了。这样得到的黄金不但多,而且还非常纯。

黑龙江将军文绪把了解到的这些信息都报上去了。但是，朝廷没怎么重视这件事。

后来，文绪又上报说："俄国现在闹得比较厉害。他们现在不仅仅在抢咱们的地方，而且现在在人烟稀少的漠河，早上来挖金子，晚上就走，把漠河这块地给糟害得一片狼藉。我们不管漠河不行了。他们现在不但抢我们的粮、抢我们的人，而且还抢我们的财宝啊。我们偶尔派人去抓，也抓不到他们，他们每人都带着鸟枪啥的，这个事，我们实在没办法办。漠河可是天赐之福的宝地方啊。朝廷能不能管一下这个事，是不是给我们拨些兵马，帮着看一看、管一下这个事啊！"

最后，还是李鸿章比较重视，回复奏折问："你现在是缺人还是缺啥？"

文绪说："现在我们人、钱都缺，关键是缺钱。我们现在救人活命的房子都没办法建，大冬天没房子住。这些难民挤在地窨子里，很多人都憋死了，活不下去。更主要的是，瑷珲一年四季八个月要烧柴、要睡木床，一年十二个月，仅有三个多月天暖和能过去，其他时间都过不去。现在有很多房子没有盖，很多难民来了以后，都互相将就着住着，有的一个房子里不是一姓一家，都是一房几姓，都是这样过的日子，太难了。这个现在都解决不了，何谈别的事啊！漠河属于瑷珲副都统衙门管理范畴，我们不管还不行。现在朝廷得帮我们想办法了，到时候要实在不行的话，那就把我调走，我不当这个将军了，有能者为之！"

文绪这份奏折写得非常恳切，也下了狠茬子了。再说，他再不这样也不行了。北疆危在旦夕，非个人能力所及。文绪话都到这份儿上了，李鸿章主张解决此事。他当时就想到要派一个人去，准能替朝廷处理好这事。这个人就是李金镛！

但是朝廷其他大学士却提出了不同的意见。有人说："文绪这次无非还是想要让朝廷给他多拨钱罢了，只是这次他换了个名头罢了。说什么'漠河属于瑷珲副都统衙门管理范畴，我们不管还不行。'我看，这纯粹是借

第十一章　迎迓贵客

铭安大人

口。我们大清国只要有山有水的地方，就会有金子，北疆漠河偶尔发现一点金子也不足为奇。我看：他不当这个将军了，纯粹是要挟我们，我们不能全信他的。"

不怕没好事，就怕没好人。再加上大清国国库虚空，危机四伏。最后，李鸿章也是听取了众大学士的建议，把这事给压下了。后来，文绪被逼得实在没招了，又明确提出："钱我也不要了，我听说长春通判李金镛是个难得的人才。中堂大人，你能不能把李金镛派给我们，我们自己想办法。"

李鸿章回复文绪说："我同意你的建议。但是你要做吉林将军铭安的工作，看看他能不能把人放给你。吉林也面临着中俄珲春东界勘定的问题，形势也不容乐观。"

文绪这老头子还真向吉林将军铭安写信要人了。吉林将军铭安怎能轻易把李金镛放走啊？他也找出种种理由推托文绪，不是有这事，就是有那事，就是不放人。后来，铭安在光绪九年二月甲戌病免后，续任的吉林将军希元更是把李金镛当作难得的稀世之才，也是推托文绪，就是不放人。光阴似箭，日月如梭。转眼就到了光绪十二年，文绪也老了，在黑龙江将军任上也感觉自己干得力不从心，身体也病得不行了，便告老还乡了。恭镗接替文绪调任黑龙江将军。

§

恭镗，是满洲正黄旗人，字振魁，博尔济吉特氏，是道光、咸丰年间的大学士博尔济吉特·琦善之子，名门之后。光绪十二年五月，年近五十岁的署黑龙江将军恭镗上任后，第一件事就是向吉林将军希元继续要李金镛这个人。

希元不答应放人。于是这官司就打到朝廷大学士李鸿章那儿去了。

李鸿章说："吉林将军和黑龙江将军同戍北疆，责任重大，再说吉林将军所辖地比你黑龙江将军还多。赞臣，他不借给你李金镛这个人，本是正常之事。手心手掌都是肉，你让我这个大学士给你怎么一个判法？这事啊！你还得听我的，你还得自己好好想个办法，把李金镛要过去。不能硬来，我也不好说。我倒希望李金镛去，但是好料，哪块不要！好马，哪个槽子不愿意养啊！"李鸿章说你应该如此这般、这般如此，让恭镗去找瑷珲副都统的委哨官依郎阿。

李鸿章的意思，一是让依郎阿通过军机处理藩院的秘密渠道，把瑷珲北疆的危情报给皇上和皇太后，从而引起他们的注意。二是李鸿章知道依郎的阿福晋琪任格与慈禧皇太后关系非同一般。每次来京城，慈禧再忙，都得留出几天的时间来与琪任格说上几天的话。

恭镗一听，马上茅塞顿开："好啦，我回去马上办。"

恭镗回到黑龙江后，与依郎阿商量。

第十一章　迎迓贵客

依郎阿说:"我通过朝廷军机处这条秘密的暗线,向朝廷秘报北疆军务堪危,本是理所应当之事。请琪任格到宫中与佛爷太后通融之事,更不在话下,我这就去办。"

"好吧。恒毅啊,我就等你好消息了。"

没承想,依郎阿回家一说明情况琪任格就同意了。

§

琪任格在自造小烘炉制作金扁方的同时,还特意用漠河的金稞子,为慈禧做了一枚纯金的凤簪,做工精美,并随礼带去了一封"凤笺",特意说明了这是用漠河产的金子做的。

慈禧一收到这枚金簪之后,喜欢得是爱不释手,再一看"凤笺",更是喜上眉梢。因为大清国国库里正缺钱呢,漠河产金子这不是好事吗!于是吩咐李鸿章,"这几年大清国是东边东边不太平,西边西边不太平,太平军、捻军,还有什么忠义军,到处闹事,也难为你了。闹得人心惶惶的。既然事已至此,我看当前最主要的还是把漠河这片金矿保护起来为好。我现在谁都信不着了,就信着你了。李鸿章啊!你千万给我把漠河这片金矿看好了。这可是咱大清国的大事啊。另外,你一定要找一个最能办事的人,去漠河。"

"是!"

"你记住两件事。一件事,是要看好咱们自己的家,看好边疆。第二件事,这个人能不能在那开矿,咱们自家的金子不能让人家给挖去。咱们国家现在缺钱啊,这是天赐之福啊。这个金子,咱们要自个收回。你能不能找到这么一个人?你必须要选贤任能,选好人、选可靠的人、选你信任的人。有什么事,直接向我禀报。"

慈禧说这样的话时,李鸿章自然就提起了李金镛。

李鸿章向慈禧推荐到:"李金镛绝对能担当此任。这次派他去吉林,他办成的几件事都非常出色。无论在图们也好,还是在长春也好,都不错。吉林将军铭安、希元和当地的老百姓都比较满意。以前,我让他修河堤,不管干什么都完成得十分出色。可以说是事半功倍。我能信着他,让他干这个事准成。一个,他这个人爱国。他在图们时对俄国人那么硬,去了肯定能看好家,守得住边疆。再一个,他治理商业很有办法,把开矿的事交给他,一定可以的。"

慈禧马上准奏:"派李金镛这个人,我没意见。这事就全权交由你办理了,但是,你不能再出现半点差错,否则,我唯你是问。"

"遵旨。卑臣愿为老佛爷肝脑涂地,万死不辞。"

"下去吧。"

君臣礼毕。李鸿章回到家里亲笔书写了一封密报,上写:"秋亭!见信后,火速赴京受命,国之要事,不得有误。"落款李鸿章。

然后,李鸿章把密报封好了,特命色克飞马千里急报,赶奔长春,命李金镛火速进京受命。后来,慈禧扣下一部分钱建颐和园、做首饰、过大寿等等,就有从漠河金矿开采出来的金子。这是后话。

§

此时,李金镛刚把长春府治理得初有成效,就在这个节骨眼上,李鸿章的密报就到了。李金镛从色克手中接过密报,打开来一看,什么都明白了。朝廷中堂李大人又给自己派急难险重的任务了。至于李中堂要交给自己到底是什么任务,虽然李金镛还不太清楚,但他能强烈地预感到不是什么好活儿。李金镛没有任何怨言,收好密报,赶紧带着小樊和小梅连夜打马扬鞭赶奔京城。路上无话。

这天一大早,李金镛主仆三人就到达了京城。李金镛连口水都没喝,

第十一章 迎迓贵客

赶快更换朝服,风尘仆仆地就去拜谒李中堂李大人。

李鸿章见到李金镛是格外高兴。二人久别重逢,自上次京城一别也好几年了。李鸿章简单询问了一下李金镛在北方生活适应不,随之就话归主题。"秋亭啊!此次火速让你赴京,的确是有要事相商。"然后把慈禧老佛爷口谕向李金镛讲了一遍。

最后,李鸿章说:"我想派你到北边(漠河)去,一个是戍守边疆,一个是开金矿。自己挖金子,不能哪个国家都能来开采,我们的东西怎么能给别人。你建场建房,开采金矿,国库里也不会给你拨钱,你自己想办法。但前提还是你开矿后,一年内必须出金子。"

李鸿章没有明说,这是让李金镛空手套白狼。李金镛坐那半天没吱声,双眉紧蹙,一句话都没说。

李鸿章看着面色非常为难的李金镛问道:"秋亭啊,国之危难,临危受命,你敢接受这个重任吗?"

李金镛突然双眼放出两道电光:"中堂大人!大丈夫生在天地间,本应为国分忧,为民造福,我可以接受,但是我做的一切事情,你得让我做,你得给我权力。"

"秋亭啊!只要你能办到我上面说的这两件事。你怎么做,我都支持你。"

"好!既然有中堂大人的全力支持,我就干。但是……"

"但是什么?不是你又反悔了吧?"

"中堂大人!我李秋亭答应过人的事,从来都没有过反悔的。但是此次北上,可能困难重重。有些东西,我不可能先告诉你,有些事要越权,甚至我会先斩后奏,你也得给我支持。我负责给你拿金子,负责给你保疆,这个我能做到。至于我怎么做,你不能管我。这样,我才能甩开膀子干。"

"行行行!我李鸿章今天也算豁出这条老命了,全都答应了。你让我怎么做,我就怎么做。秋亭,这个行了吧?"

"哈哈哈！中堂大人，咱们可要一言为定，驷马难追！"

"一言为定，驷马难追！"

这事就算定了。李鸿章身上的担子卸掉了一半。因为他相信李金镛绝对有这个能力。李鸿章今天破例，亲自把李金镛送到门外。小樊和小梅早已在门前等候后。李金镛从小樊手中接过马的缰绳，是扳鞍认镫，飞身上马。小樊和小梅也"噌、噌"飞身上马，护卫在李金镛的左右。李金镛在马上拱手说道："中堂大人！请回吧。"

"秋亭啊！你回去后再好好想周全些。在你离京之前，我在京城能给你办妥的，尽量别带到北边，免得路途遥远，再节外生枝。"

"中堂大人，你放心吧，我会想好的。我走了！"李金镛双腿一磕马的肋骨，一抖缰绳，只见他胯下这匹枣红马是马褂銮铃"哗——嘀嗒——"一主二仆三匹马渐渐地远去了。

§

李金镛回到住处后，小樊和小梅赶快给他换上便装。李金镛坐在圈椅之上，双眼紧闭，大脑就高速运转起来了。

李金镛非常聪明。他想：北疆漠河肯定是地荒人稀，条件非常恶劣。那我怎么才能完成这个任务呢？我呀，一是自己要请机师，不能再请当地的土著人了。二是自己不能用土的办法来开金子。这样时间太慢，李中堂只给我一年的时间，就必须出金子，我必须采取洋务派、西方先进的挖金子的新办法。三是自己要尽快出金子。既然李大人提出来了，国家国库肯定缺金子。那么，我要先让李大人满意，尽快拿出金子来。

李金镛把开金矿的每一个环节，想得都非常细，并想好了两项措施：一个是建制；二是请师，就是请西方开金矿的工程师。这也是李金镛能在漠河快速成功，开办金矿的关键之所在。至于在漠河开矿和守疆依靠谁？

第十一章　迎迓贵客

李金镛想：毋庸置疑，那我必须依靠当地。

后来，李金镛了解漠河是瑷珲副都统衙门管着的，他突然想到了自己在淮军时遇到的瑷珲副都统衙门佐领爱绅泰和他的兄弟吉尔洪额。

"哎！我必须让他们兄弟二人当我的助手。另外，我还要让的老朋友帕尔根跟着我，我也少去了寻医问药的环节。这样，我才能安心地建制和请师。没有这个保护，我既不能建制，又不能请师，什么都干不了。"

李金镛想一条，就在纸上列一条，该找李鸿章汇报的都汇报了。李鸿章都不折不扣地给予了相应的布置。另外，李鸿章也是洋务派的主要引领者，他对国外各国的工业发展状况也非常了解，于是，他还特意给德国、法国、英国驻华的商务帮办写了书信，让李金镛到天津和上海后分别找他们协商引进开矿设备和聘请优秀机师等事宜。

李金镛离开京城时，李鸿章还专门找过他一次，给李金镛详细介绍了瑷珲副都统衙门的情况，说："秋亭啊！在瑷珲副都统衙门里还有一个朝廷非常忠诚可靠的人。"

"中堂大人，那太好了。那我这次去瑷珲有事直接找他，不就方便多了吗！他是谁啊？"

"他就是瑷珲副都统衙门的委哨官依郎阿。他是朝廷理藩院直接派到瑷珲去了。他掌握很多的情报，对那里的情况非常熟悉，你有事直接找他就行。现在新委任的副都统都依靠他，他熟悉瑷珲，是那儿的老人。你到那后，他就是你的智囊，你有事就找他吧。我已经通过军机处通知他了。"

"谢谢中堂大人。这次离京，我想先到了天津、上海驻华各国商务处去一趟。我想通过他们先给我物色一些得力的机师，等到我漠河摸清情况后，我再请这些机师过去，免得临时抱佛脚耽误时间。同时，我再筹集些善款，好为开矿做准备。"

"好啊！秋亭，一路多保重吧。"

§

  李金镛从李鸿章住处回来之后，简单给小樊和小梅说了一下，也想听听他们的一些意见。李金镛不听别人的，但他还是非常听小樊的，两人早已情同父子，哪有儿子害父亲的道理啊。"大人！其实我早就想去北边看看。我也借此机会见见老毛子什么样。"

  李金镛问小梅："你愿不愿意去？"

  小梅说："我愿意去。"

  李金镛问小梅："你知道老毛子为啥叫老毛子吗？"

  "哎呀，我对他太熟了。"

  小梅无意漏出这句话，顿时引起李金镛的注意："你咋这么熟悉他们呢？"

  "我、我、我听你讲的多一些。"小梅神色慌张随便撒了个谎，就算应付过去了。李金镛也没太往心里去。事实上小梅最熟悉俄国情况。小梅可不是一般的人！

  "小樊、小梅啊！你们俩可要有个思想准备。据我了解：北疆漠河条件恶劣多了。以后，你俩多替我想着点，看看我还有哪些没想到的地方，免得咱们去漠河的时候，漏下了哪个环节没想到，到时候咱们开矿时受憋，那可是叫天天不应，叫地地不灵了。但我相信，三个臭皮匠顶个诸葛亮。我有你俩在我身边，咱仨人就顶一个诸葛亮了。"

  小樊有事没事总爱给李金镛出主意。这次也是，李金镛话刚说完，他就插话了："大人！咱们应当有自己的人。"

  小梅拉了一个小樊的胳膊说："樊师兄！你说什么呢？"

  小梅的意思是说，小樊你太多事了。而后，转身对李金镛说："大人！你别听他的。不用！有我们俩在你身边就够了。"

第十一章 迎迓贵客

小樊还来了那股犟劲了,说:"大人!你必须要有自己的兵啊。到漠河去,那可是一个非常荒凉的地方,俄国人又占领那里,咱们没有自己的兵保护自己,咱们的命都不一定能保住。"

李金镛考虑了考虑:"小樊啊!我们到后,瑷珲副都统衙门会派兵保护咱们的。你就放心吧。"

§

长话短说。李金镛带着小樊、小梅从天津、上海和江淮一带办完事,就回到了长春府。吉林将军希元早就知道李金镛要走了,虽然心里是一百个不乐意,但是这次是圣命难违,只得同意了,他特意从吉林将军府赶来为李金镛送行。

李金镛离任这天,长春通判的老百姓也不知道从哪得到的消息,纷纷从四面八方赶来了,几千口子人是沿途挥泪相送,感动得李金镛也是热泪盈眶。李金镛走后,长春当地的老百姓还常常思念他,时常念及他的诸般好。

光绪十三年(1887)暮春(指春天最后一段时间,指农历三月),李金镛为早点完成圣旨,连黑龙江将军府衙门府都没去,就直接到了瑷珲大五家子。这就是李金镛自吉林到漠河期间所经历的一波三折的整个过程。

那时的漠河根本就没有什么人,非常荒凉,是一个千里无人烟的地方,这里一直属于瑷珲副都统衙门管辖区域。从瑷珲到漠河有一千四五百里地,山道崎岖难行。当时瑷珲副都统衙门管的地方也非常大,西边管界到罗蟒河;南边管界到德安,后来叫北安;东边管界到黑龙江出海口;整个那么一大片都是瑷珲管的地方,瑷珲只要有能耐、有船,可以管到海里去,整个北边大清国都交给瑷珲了。

在特普钦时代,瑷珲副都统衙门也顾不了漠河那么多,只能顾黑龙江瑷珲对岸了,再说他也没有那么多兵啊。那些兵主要把守黑龙江边上,再有还要防止忠义军北犯黑龙江,哪有那么多人啊。所以瑷珲副都统衙门的人一两年都来不了一趟,俄国人却趁机过来,肆无忌惮地盗抢大清国的金子。现在在漠河开金矿的老板大都是俄国人,他们画地为牢,各自占一块,并疯狂进行开采。到处还有许多金贼,私自开采。作为一大片金矿,谁都想在那淘些金子、占点便宜。有的人是来淘金的,可是有的人却是来掏包的,有的人却想着如何从这些人中间干点别的事,等等。什么人都有,什么行当都有。

来漠河的人相当多,各个地方的人都有,而且俄国人来得更多。一听这里出金子,附近的日本人和高丽人也来不少,高丽人直接从朝鲜半岛到漠河。另外,英国和法国的人也有。这个地方太热闹了!因为有金子,流民也一窝蜂地跑这儿来了,人也是越聚越多、越聚越杂。现在整个漠河乱得像理不开的麻了,每天意外死的人、死了以后找不找主的人,太多了。这真是:人见利而不见害,鱼见食而不见钩。

李金镛在抓紧时间勘察金线的同时,首先让依郎阿在漠河先建立户籍。依郎阿除了带领了七八十名八旗兵外,还专门带来了瑷珲副都统衙门的工司、兵司、户司、刑司部门的一部分人,就长期驻扎在漠河,在漠河建政了,给所在漠河的人进行户口登记,该上户口的上户口。外国人直接轰走,入大清国籍的外国人可以,而且是每天都登记。没有登记的,他就直接轰走。

工司在那建房子,刑司来维护社会秩序,很快就把非常混乱的漠河给治理得相对稳定了。漠河真正建政,是李金镛去了以后,瑷珲副都统衙门才执行建起来的。

这一段时间,是瑷珲副都统帮助李金镛在漠河筹建金矿,治理边疆。兵都是瑷珲副都统衙门的人,依郎阿护送李金镛到位后,是他帮着李金镛建立的户籍制度。说实在的,漠河这里生活也太苦了,气候条件也非常恶

第十一章 迎迓贵客

劣。刚来到漠河的人,开始连吃的水都没有,都是靠吃野甸子、吃江水过日子。现挖水现打鱼,现烤肉吃,连房子都没有,房子都是一点点建起来了。

这样,瑷珲副都统衙门的任务更重了,不但有维持边疆的任务,还有保障漠河开金矿和保护李金镛个人安全的重任。黑龙江将军恭镗和新上任的瑷珲副都统依克唐阿又把这两项任务全部交给了委哨官依郎阿。

§

那时,漠河还有一个特别繁华的行业,就是妓院。明窑暗窑妓院太多了,开一家就是窑子,日本妓院、俄国妓院、法国妓院、朝鲜妓院,这几个国家的妓院都相当挣钱。

李金镛到漠河后,真正干的第一件商业上的事,还不是开金矿,而是听从小梅的极力建议,开设妓院。

光绪十三年(1887)六月,依郎阿护送李金镛到达漠河后。依郎阿做情报工作多年,深知道堤溃蚁孔、猿穴坏山,军机处理蕃院秘旨:必须不惜一切代价都要保护好李金镛个人的人身安全。所以,依郎阿和他的两个师兄每天在暗中观察着每一个能接触到李金镛的人。他甚至连自己从瑷珲八旗水师营亲自挑选的几十多名八旗兵,都是筛了又筛,查了又查,都没问题。但是,依郎阿潜意识里总预感到有好几股极其危险的势力存在。他就让妙手回春和一阵风一是要多提高对李金镛个人安保工作的防范意识;二是让他们对李金镛身边的小樊和小梅也要多留心观察。虽然李金镛对依郎阿多次表态,说:"这俩孩子是自己从小带大的,给自己的亲儿子一样,肯定没问题,你就放心吧。"

但是,依郎阿还是相信自己潜意识中的一种判断:小樊应当没问题,但小梅身上有太多的疑点了,说不定他就是李金镛身边最大的隐患。哎!

543

还真让依郎阿预感对了。

狡猾的狐狸再擅于伪装，总有露出蛛丝马迹的这一天。

§

依郎阿护送着李金镛千辛万苦来到漠河之后，沿途之上，一向表现非常低调的小梅，突然活跃起来。人们都在积极想办法安营扎寨、寻找金线以及如何制止漠河如此混乱的局面时，小梅却突然向李金镛提出来一个奇葩的建议——开妓院。

开始李金镛不同意，说："咱们正事都干不过来呢，哪有那闲心开妓院啊，以后再说吧。"

不去金沟，就坐牢窟

第十一章　迎迓贵客

但是李金镛抵不住小梅老是劝啊："大人，现在咱们筹备金矿，是光花钱还没有来钱的道。咱们应该先开几个妓院。你看现在老金沟哪家妓院不挣钱啊？咱们何不先开几家，先挣上一笔钱呢？一来这个挣钱最快。我简单估算了一下。如果咱们先开一家妓院，不但挣钱能解决咱们现在安家和找金线所需的费用，而且还能陆续安抚住工人们的心。何乐而不为呢？再说，这对以后咱们的采矿工来说，也是一件好事啊。一个个采矿工都是年轻人，长年抛家弃业的，他们哪能没有这方面的需要呢？咱们要是能好好地安顿他们的生活，也需要靠女人来安抚他们。咱不挣这钱，也是让别人挣去了。"

李金镛感觉小梅说得也有道理，也没有太往深处想，就同意了，但是不知让谁来负责这事。小梅又主动请缨，说："大人，我可以负责这事。"

"行啊。你能负责这事，我就省不少心了。你就去办吧。"

在南方的时候，开窑子是正常的事，淮军里面就有。

"大人，您请放心吧！我肯定把它建好管好。"

李金镛问小梅："你建窑子的钱从哪来啊？"

"大人！这个你就不用管了。我自有办法。"

"那你有什么办法？说来我听听。"

"嘻嘻！大人！实话告诉你吧。我特意去了几家妓院看过了。我在一个叫'香姑阁'的妓院里认识了一个非常有实力的'大茶壶'（过去妓院的老板，女的叫老鸨子、男的叫大茶壶）。这个'大茶壶'姓柳，人们都叫他柳老板。听他说：他从关内过来一段时间了，他原来是与俄国人做生意出身，偶然间来到漠河。他一看这里男的矿工太多了，开妓院肯定挣钱，就先开了一家妓院，没想到买卖还真不错，没多久就发了一笔横财。现在，他知道瑷珲副都统衙门的人来漠河，又是看金线又是建房的，以后肯定会在这开金矿。这里的人也会越来越多，所以他就想与官方合作再开一家大的妓院。我问他了，他说：他愿出钱出物出人，只要官方担保入股就行，

545

挣来的钱还可以是二一添作五，二五分成。如果只让他出钱不参与经营的话，他可以二八分成，他占二，咱们官方占八。这不就解决咱们建妓院的资金问题了吗？大人！如果可行，我明天就把这个柳老板领来让你看看。"

"好吧，那就晚上见一见这个柳老板吧。"

§

到了第二天傍晚，天刚要擦黑，小梅从外面领来一个中年男子。这个中年男子是中等个，一表人才，穿着非常阔绰，谈吐之间还带着一股俄国贵族气息。

这个柳姓男子一进屋，妙手回春站在李金镛身后，就先用眼睛上上下下、左左右右仔细打量了一番，就感觉自己眼前的这个柳老板虽然面貌非常陌生，但他隐隐感觉这个人跟自己打过交道，而且彼此之间还应该非常熟。他是谁啊？妙手回春大脑快速旋转，回忆曾经同自己接触过的人，想了半天也没有与这个柳老板对上号的。这个柳老板看到妙手回春时，脸上表情像正常人一样，十分的淡定。主贵仆荣，人家柳老板对妙手回春轻轻地点了点头、微笑一下，算是打过招呼了。

真正的高手过招也就是一两秒的事。

站在李金镛背后的妙手回春还劝自己呢：妙手回春啊妙手回春，你是不是太敏感了，见到谁都像坏人？干好你的本职工作得了。

随之打消了对柳老板的顾虑。

这么说，这个柳老板认识不认识妙手回春啊？他太认识妙手回春了，就算妙手回春化成灰，这个柳老板也能认出他来。因为这个柳老板，不是别人，就是已经消失多年又重新改头换面的关震臣。

关震臣对自己易容可是花费了不少工夫的，他不但在容貌上下不少工夫，连一些举止、说话的语气都下恒心改变了，所以原来的瑷珲副都统衙

第十一章 迎迓贵客

门户司和刑司的那些官员不但没认出他来，而且连妙手回春、依郎阿这些做情报的高手也都没有认出他来。现在关震臣转身变成一个新的阔老板，来了。

小梅给李金镛和柳老板分别引荐后，二人分宾主落座。

柳老板也不客气，就开门见山地说："金掌柜，咱们在商言商。你不是帮着瑷珲副都统衙门看金线和开金矿吗？我们可以强强合作。我在上海、杭州、江淮一带，能给你带来一些美女。我有这个能耐，能帮你选一些人，这个地方的生意肯定兴隆。关于房屋的建设和人吃马喂的钱，我来出银子，但是你得给我选个地方。事成之后，我还能给你们缴一些税金。金掌柜，你看我是不是带着诚意来啊？！"

"柳老板，爽快！既然你如此真诚，我也不能让你亏了，我个人还是可以出一部分钱的。这事以后由小梅全权负责，有事，你就找他吧。咱们合作愉快。"

"金掌柜，你也是我见到的最爽快的一个，你这个朋友我交定了。合作愉快！"

两个人双手紧握，这事就算定了。

李金镛为什么同意建妓院呢？他也是有自己的想法的。一是稳住工人，二是挽留住机师。李金镛请的这帮西方机师，非常开放，即使他们有的带来了妻子，他们也天天逛窑子，夫人们也不管。李金镛感觉：柳老板能帮自己建一个好的大的妓院，是件好事。

但是李金镛万万没想到这件事却是小梅和柳老板给他设下的一个天大的圈套。虽然在胭脂沟，许多妓院表面上说是俄国人、日本人、高丽人在那儿建的，但是他们用的都是大清国人，背后的老板也都是大清国人。但是妓院里的女的，有日本女的、高丽女的，还有俄国女的，等等。这样就让来漠河开金矿的青壮年有了尝鲜的机会。

在李金镛来漠河以前这里多是一些野窑子，现在在小梅的主持下，很

547

快就在胭脂河建起了两个非常出名的大窑子畅春园和如意坊。这两个大窑子里面装饰得非常气派,而且多是江南美女,一个赛一个的漂亮。当然里面也有日本、高丽、英国、法国和俄国的女人,搞着各国的异国风情来招揽人,生意非常火爆。

现在许多电影上和许多资料说得有误,其实李金镛到达漠河后,最先搞起来的不是矿山,而是先建窑子街,窑子的妓女太多了。这些妓女用河水卸妆和洗衣服后,留下的金粉和银粉,把河水染的都有香味了。后来,人们传说这是胭脂河。这趟沟就叫胭脂沟了。

依郎阿看到小梅这些活跃的举动后,就感觉这里面肯定有问题。他就告诉妙手回春:"你现在先得想办法混进去,看看小梅究竟在搞些什么。这里面肯定有问题,你先查一下吧。"

"那李大人的安全怎么办?"

"由我和一阵风保护着呢。"

"好!"

妙手回春不查小梅到好,一查小梅,却从此打开了"潘多拉盒子",李金镛的诸多麻烦是接踵而来,而且是差一点点就命丧黄泉。

其实妙手回春和一阵风早对小梅产生怀疑了。为什么呀?因为小樊曾经给他们唠闲嗑时,无意中讲到他们来北疆之前发生的一件事。

§

前些年,李金镛主仆三人有一天从珲春勘察边界在返回吉林城的途中。小樊看小梅到河边打水去了,他就小心地对李金镛,说:"大人啊,我现在想告诉你有一件非常奇怪的事,你听不?"

"什么事啊?看你神神秘秘的。"

"大人,你说奇怪不奇怪?我和小梅在一块好几年了,做什么都行,就

第十一章 迎迓贵客

是不能在晚上一块睡觉。我想两个人在一个床上睡觉也没有什么，但他就是不干，他非要自己一个人睡。我一到晚上就见不着他，不知道他上哪睡去了。可是，第二天早上，他又会准时返回到我住的屋里来。"

李金镛心想：两个半大小伙子，不在一块睡也没什么。也可能小梅爱干净，不愿和你住而已。于是李金镛就说："你们不在一起住也没什么奇怪的。说不定小梅爱干净，嫌你脏，不好意思明说罢了。你以后多注意点，说不定他就会愿意和你住了。"

"大人，根本就是不是那么一回事。我和小梅在一起跟随你也有好几年了，可以说我就没见过他撒尿。他上茅房从来都是背着我的。我撒尿时他都是背过身去的。大人！我怀疑，小梅是一个女的。"

"虎孩子，说什么呢？难道我男女还分不清吗？别老瞎琢磨了，赶快忙你的事吧。"

这事就算过去了。但是小樊心里总感觉是个事。

说者无心，听者有意。再说妙手回春和一阵风是干什么的啊？他们是专门刺探情报的啊。私下，一阵风就对妙手回春说："师兄啊，我感觉小樊和小梅这俩人中，小樊没啥说的，为人非常忠厚，对李大人也是忠心耿耿。可是这个小梅挺奇怪的，身世也不是太清楚。特别是，听小樊说从没看见过小梅撒尿，不知是男是女。我就觉得，小梅这个小白脸子，应该不是一好玩意儿。"

"窦师弟，你岁数越大反而变得越聪明了。我早就怀疑他有问题，只是碍于李大人的面子，就没有深究他。咱们多留点心就得了。"

"我听师哥的。"

现在李金镛要回关内了，说带着妙手回春和一阵风回淮军不太方便，执意要带着小樊和小梅。依郎阿实在不放心小梅，就让妙手回春和一阵风想办法，试探一下小梅的底细。

妙手回春说："这好办。咱们和小樊联合起来，给小梅演一出双簧戏，不就把小梅留在漠河了吗？等到李大人南下之后，咱们再故意露出一个破绽，暗地里看看小梅到底在干些什么不可告人勾当。"

一阵风一听乐了："高！实在是高！还是师兄你有办法。"

§

当天晚上，妙手回春给小樊一说自己的想法，小樊马上就同意了。他是依计而为，夜里故意把自己穿过的一条内裤偷偷塞到小梅衣服包里了。

第二天早上，小梅回来后，马上就发现小樊塞在自己包里的那条脏兮兮的内裤，他就不干了，黑着脸质问小樊："姓樊的！你做得太过分啦。"

小梅连师兄都不叫了，是真急了。

"姓樊的！我不是告诉你了吗？我的包和东西不能乱动，你昨天晚上干什么了？"

小樊故意装糊涂，说："我没有乱动你的东西。你发什么火啊？"

"你没乱动我的东西，这是什么？"

小梅说着，从他包衣服的包底下，用两个手指头捏小樊内裤一个边，给拽出来了，脸"唰"一下红了，气得他都不会说话了："你、你！这是什么？"

"哎哟！对不起！我给忘了。是这么回事。你晚上不是出去了吗？我正换内裤呢，李大人突然敲门叫我。我一着急，顺手就塞你包里了。其实李大人就是让我给他烧壶水，我一忙活就把这事给忘了，怨我怨我。下次不敢了、下次不敢了。"

"哎哟！脏死了。"

说着小梅把小樊的内裤给扔地下了。这下，小樊不干了："你什么意思啊？你赶快把我内裤给我捡起来，要不然，我跟你没完。"

小樊就接茬跟小梅吵了起来。小梅不知道这里面的门道啊，看到平时

第十一章　迎迓贵客

挺尊敬他的师兄,今天突然翻脸,而且是他也有错在前,也火了。

这时,妙手回春和一阵风装着从门前经过,就进屋了。妙手回春和一阵风现在岁数也大了,平时都把小樊、小梅当孩子看。他们俩一进屋,俩人都不吱声了。

妙手回春就问:"怎么回事?"

小樊也气呼呼地把整个事情的经过说了一遍。妙手回春转过身来又问小梅,"他说得对吗?"

"对!只是,我后来扔他的内裤也不是故意的。他非得让我给捡回来,这简直也太欺负人了。"

"好啦!你俩都别说了。我说今天发生的这事,你俩都不对。两个大小伙子,为这点事吵架多让人笑话啊。你俩还师兄弟呢!明后天李大人还要带着你们俩南下,天天住在一起,你们还不吵翻天了。"

"我、我?"小樊想说话,说了两个"我"字又不说了。

妙手回春故意看看小樊说道:"小樊,你要说什么?"

"袁师父!你是不知道。他小梅天天也不和我住一个屋啊。整天神神秘秘的,跟个大姑娘似的,我早看不顺眼他了。我还要揭露他的秘密。"

"你闭嘴!"小梅真急了,突然打断了小樊的话,"你再说!这次南下我就不去了,你一个人陪李大人回去吧,我看着你就生气。"说完,小梅甩脸子走了。

妙手回春和一阵风相视一笑,知道怎么回事了。

§

这天,李金镛南下回淮军,还要到京城奏禀开矿之事,还真没带小梅同行。李金镛只带着小樊和依郎阿委派的另一个人就出发了,小梅就留在了漠河。小梅为啥不去呢?小梅还真有他自己的事,还真没想去。

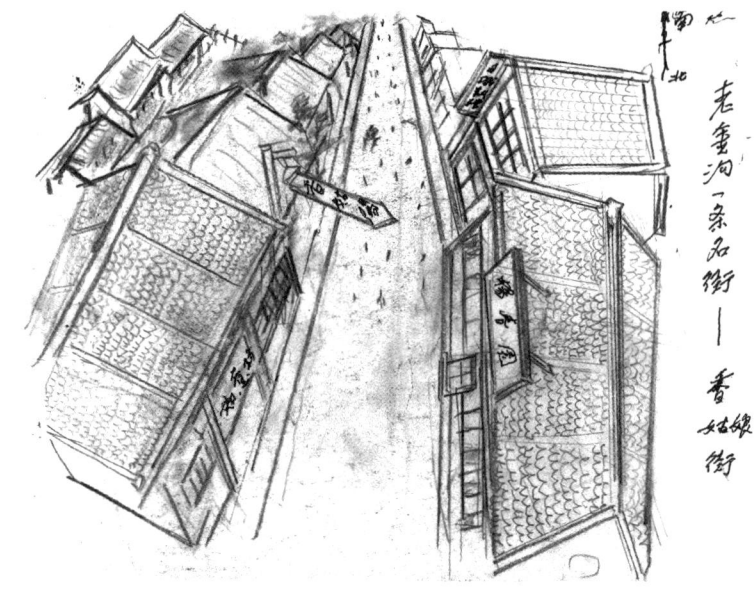

香姑娘街

李金镛走后,妙手回春接到依郎阿的命令后,每天都在暗中跟踪小梅,看看他到底干些什么。

小梅负责的畅春园和如意坊在整条香姑娘街上买卖最为红火,白天晚上都是人流不断。香姑娘街大体是南北走向。畅春园和如意坊位于街的最北头,位置上堪称最佳。它们是临街对门而建,碧瓦朱檐,非常气派。畅春园坐西朝东,南侧紧邻日本人开的日本料理。如意坊是坐东朝西,南侧紧挨关震臣开的香姑阁。再往南,就是俄国人和高丽人开的妓院。它们的买卖也非常不错。

经过一段时间的侦察,妙手回春发现畅春园和如意坊这两个妓院经营确实很有章法。它们不光养了许多国家的妓女窑姐,还兼营着赌场生意。来逛妓院的矿工,没钱不但可以挂账,而且还可以赊账。如果来的人今天手头比较紧,或者说这十天半拉月没钱,又想玩玩俄国洋妞,赌上几把,

第十一章 迎迓贵客

怎么办？这些人只要报个号，姓字名谁，在哪个金沟淘金，畅春园和如意坊登记在册后，就可以给他们挂账、赊账，到月底进行统一的结算。如果矿工能用自己筛出来的金豆子、金沙子付费，还可以打折。另外，推牌九、玩色子、押宝等赌博手法，是花样翻新。有时，两个陌生人互不认识，出手指头就可以赌博。有时，两个赌徒兴致来了，就拿擦肩而过的妓女们开心："看见这洋妞了吗？"

"看到了，怎么样？"

"咱们拿她赌一把？"

"可以啊！你说赌什么吧？"

"咱就赌这洋妞穿没穿内裤。谁赌赢了，这两个金豆子和这洋妞归谁。"

"谁怕谁啊！我同意，我赌这洋妞穿内裤了。"

"那我赌没穿。"

二人把刚经过的那个洋妞叫过来，当场验证。畅春园和如意坊的这些洋妓女，说脱衣服就脱衣服，做的就是皮肉生意。有些洋妞为了与嫖客行事方便就干脆不穿内裤了。所以，赌徒谁输谁赢都具有不确定性。如果两个人都说穿内裤了，哪就赌她穿的内裤是什么颜色的。反正都能找出一个合适的理由来。你说，这么个赌法，钱花得能不快吗！

另外，赌博这玩意给抽大烟一样犯瘾，只要沾上就很难戒掉。小梅就是拿住了赌徒们的这种心理，你赌博没钱还可以赊账；只要你敢先签字画押，小梅就敢提前支付现金给你。到月底，如果这些赊账的人能用金豆子和沙金子结算又有很大的优惠。

许多赌徒和嫖客到月底一算账，一个月三十天，经过畅春园和如意坊的一系列优惠和打折，就有十多天算在小梅开的妓院里白玩，天底下有这好事啊！所以，赌徒们像占了大便宜一样蜂拥而至。还有一个不可忽视的原因就是畅春园和如意坊是官办的妓院，赌徒们到这来玩还不用担心官府来抓差办案。所以，畅春园和如意坊不管白天还是晚上都是客源不断。

小梅勇斗毛酒鬼

俗话说：林子大了什么鸟都有。有些赌徒和嫖客欠下畅春园和如意坊的账，届时不还怎么办？小梅也有高招。

比如有一次，一个俄国金矿的矿主在畅春园连赌带嫖把身上所带的金子都败光了之后，借着酒劲就开始耍上了，谁劝都不管用。小梅身披着一块雪白的斗篷闻讯赶来，他二话没说跳起来，"啪啪"就给俄国矿主两个嘴巴子，说："你砸坏的东西，必须双倍赔偿，如则不然，三日之内必让你暴尸街头。"

"哼！笑话！让我赔没门。你要有胆量，那就到我的地盘来收金子吧！"

"好！既然你敢把话挑明，我也不妨直言相告：如果你胆敢三日之内不把金子送来，你就在自己的矿上，准备好让人给你收尸吧。"

"哈哈哈！天大的笑话。你胆敢在沙皇陛下的土地上动我，我就敢把你的畅春园彻底踏平。告辞！"

第十一章　迎迓贵客

"不送!"

围观的人们都以为,他们二人话赶话都赶到这了。此事过去也算完事了。哪承想三天之内,这名俄国金矿主突然暴死在自己的矿区内。后来,虽然有其他俄国金矿主对畅春园提出过抗议,但是他们没有真凭实证也就只能不了了之了。从此,小梅在整个胭脂街是无人敢与他公开对抗。后来,李金镛问过小梅此事是不是他做的,被他一口否认。

自这事过后,小梅一天也就露一两次面,然后就不知道他做什么去了。更让妙手回春没想到的是,连许多俄国人,包括那些私开金矿的矿主都成帮结伙地从江对岸或各个金矿特意过来,在畅春园和如意坊里纵情玩耍,而且个个挥金如土。

妙手回春暗地里观察到这些后,从他个人内心里来讲还真有点佩服小梅这种超强的掌控能力。小伙儿年纪不大,以前真有点小看他了。每天这两大妓院收上来的金豆子和金沙子那就海了。小梅在众人面前虽然还是装得非常低调,但他无形中也透露出一点傲气。

妙手回春把自己发现的这些情况,同依郎阿简单地一说。

依郎阿说:"行啊!特殊时期,小梅能给李大人筹集一些银两也算是权宜之计,以后你还是专心保护李大人吧。我这几天右眼皮老跳,总感觉要发生什么事似的,你们千万要保护好李大人。这是朝廷的命令。另外,师兄!你再从理藩院健锐营挑选一些人混到队伍里面,暗中保护李大人。"

依郎阿为什么对妙手回春和一阵风说这样的话呀?因为这时候,他的这两位师兄弟岁数也大了,能干一些事,但只能做一些参谋和谋士,冲锋陷阵那已经不行了,只能做个护卫,而且朝廷给他们的任务也是保护李金镛。

"现在理藩院健锐营也缺少人手,我看由我和一阵风在李大人身边,就足够了。"

他们没出错,但其他差错还是出了。

等到李金镛再返回漠河，眼看大清国金矿真要建起来时，真的出事了。

§

光绪十三年十一月这一天，李金镛回到漠河的当天晚上，就和依郎阿详聊了整个南下的喜讯，说："恒毅啊！我这次南下非常顺利。外国机师也找到了，开矿的善款也筹集一部分，足够开工的了。这几位江南商人也跟着过来了。他们亲自来漠河考察回去后，会有更多的资金入股开矿，最主要的是，李中堂李大人和慈禧老佛爷不但同意了咱们拟定的《开办金矿章程十六条》，而且已正式获得朝廷批准在漠河开办金矿的圣旨。李中堂还帮着联系购买了几套外国先进的开矿设备，这些设备和工人随后就到。这下，咱们可以甩开膀子大干一场了。"

"太好了！"

二个人正在说话呢，一个哨兵从外面慌慌张张跑进来了："二位大人，大事不好了！南山着火了。"

"着火了？谁放的？"

"有人说可能是鄂伦春人自己干的。"

"他们疯了？放着官府给他们建好的房子不住，放火烧了，他们想干什么呀？你头前带路。"

依郎阿、妙手回春、一阵风三人一起陪同李金镛就来到了南山跟前儿一看，八旗兵辛辛苦苦为鄂伦春人建造的几座木房子，都给烧塌架了。火苗子还打着旋地往上着呢。

依郎阿把看守房子的人叫过来，问他："怎么回事？"

因为这些房子刚建完，还没有交给鄂伦春人手里，所以，依郎阿就派了几个人晚上进行看守。

其中的一个小头头说话了："依大人！是这么回事，今天晚上我们正看

第十一章　迎迓贵客

守房子呢，突然从树林里冲出一伙人来，不容分说用带着火苗的箭就是一顿乱射，一下子就把房子给点着了。这伙人把房子点着了就跑了。"

"你们看清这帮人长什么样了吗？"

"看清了。虽然他们都蒙着面，但是我们从他们随身穿着服饰，一眼就认出来，他们就是鄂伦春人。其中那带头的人，我上几天还见过他。"

"你没看错？"

"我绝对没看错！就是他。我敢对天发誓。"

"好，知道了。"

依郎阿带人把南山的大火刚扑灭，西山为索伦人建的房子又给点着了，他们又直奔西山救火。依郎阿突然一下子就明白怎么回事了。

这些当地的土著为什么要跟依郎阿和李金镛他们做对呢？

原来凡是李金镛选好的金线，依郎阿都派人把这些地给圈上了。李金镛为了让鄂伦春、索伦人和鄂温克人有房住，还特意为他们修建了一些房子居住。

按说这里的鄂伦春人、索伦人和鄂温克人应该感谢李金镛和依郎阿他们，但是这些原住民并不买他们的账。主要原因是这些狩猎民族，他们过着隐居游走的生活，居无定处，哪有野兽出没他们就会搬到哪里去。他们不希望官府的人进来开矿、建房。别人偷挖金子时，鄂伦春人没反对，是因为他们挖完金子就走了，但是现在不同了。现在大清朝在这开矿又建房子又占地的，野兽都被赶跑了，野猪不会来了。野兽住的地方都没了，这哪能行啊！没有猪的地方也没有豹也没有虎。有豹有虎的话才有野猪，虎豹吃了猪肉剩下骨头后才能引来黑瞎子。一个接着一个的，它们是食物链的关系。因此，鄂伦春、索伦、鄂温克的打猎人，不愿意政府来这儿。人间罕境才会有野兽出现。

这些鄂伦春人的首领们曾经口头上抗议过，没想到，现在他们突然行动上了。

557

依郎阿对李金镛说:"李大人,这里面肯定有事,我们先秘密调查一下后,您再做决定?"

"我也正是这个意思。"

依郎阿一调查才知道了,这些鄂伦春、索伦、鄂温克人背后还有说道。最近,俄国人总在这些人后面挑拨,说:"你们跟他们干,后面有我们呢。你们需要枪,我们提供枪;需要子弹,我们提供子弹。他们建的房子,你们都给他烧了。我们全力支持你们!"

这些鄂伦春、索伦、鄂温克人一想也是:我们在这过得好好的,俄国人买走我们打的猎物,给我们许多钱,还无偿给我们提供枪和子弹。自从瑷珲副都统衙门里来人后,我们的生活全变了,我们必须想办法把他们赶走!"

于是他们听从了俄国人的教唆,开始进行破坏。

当李金镛知道有俄国人在背后挑拨鄂伦春、索伦、鄂温克人与大清政府和瑷珲副都统衙门官兵之间的关系后,非常恼火!李金镛就问依郎阿:"你看这事应该怎么办?"

依郎阿说:"李大人,这件事我们还真不能光怨鄂伦春人。因为鄂伦春人以打猎为生,吃的是野兽的肉,穿的是野兽的皮子。他们觉得离开了野兽,就离开了阿布卡恩都力,离开了神。他们感觉自己是神养着,神养着就是天养着。他们不懂得法制和秩序。我们只要在金线之外,给他们划出来一个狩猎区,让他们随便打猎就行了。另外,给他们建一些房子,再给他们一些钱,这个问题肯定能解决。但是,问题的关键是咱们必须把这些俄国人撵走,不然,现在漠河太乱了。"

"恒毅!你说得对。就按你说的办,给他们重新划出一个狩猎区的事,由我来办;撵走老毛子的这事,就全靠你了。"

"没问题。我现在就派兵去办。从明天起,咱们就开始实行户口登记制。"

第十二章　秋亭遗恨

尊敬的奶奶、爷爷、师傅、兄弟、朋友,各位好!
我有金子一样的嘴,我有龙马精神,
我有海一样的胸怀,
我把遥远祖先的英雄名字、勋业永远记住。
前事不忘,后事之师。
我现在以虔诚之心,
把感人的富察氏家族的说部,给您讲述出来。
我恭恭敬敬地讲啊,您耐心地听吧。
小学生我有礼了,
各位大喜,吉祥,万福金安!

第十二章 秋亭遗恨

依郎阿这招户口登记制,非常厉害。凡是在官方进行户口登记在册的人,可以在漠河继续挖金子。外国人如果不加入大清国一律撵走。

俄国人好不容易在漠河占了个地方,他们能走吗?有的俄国人白天走了,但是夜里又偷偷过来继续挖金子,等到早晨天亮之前就走。挖不完怎么办呢?这些俄国人就找个偏僻的沟里躲起来。依郎阿就派许多兵勇从地沟子里头、山砬子里头、树林子里头,把这些俄国人找出来。然后,把东西留下,把人赶回去。许多过来偷挖金子的俄国人恨坏了李金镛了。因为李金镛是办金矿的头啊。

这些俄国人心想:要是没有这个李金镛,我们该挖金矿的挖金矿,该干啥的该干啥,你挡了我的财路,必须想办法除掉。但是他们没想到妙手回春和一阵风这些人始终不离李金镛左右,始终让他们找不到下手的机会。

俗话说:不怕贼偷,就怕贼惦记。这些俄国人苦思冥想后,终于在李金镛身边找到了突破口。有一个开妓院的俄国人提议:"我听说李金镛身体不太好,还经常吐血。他身边的保健医生柳莎是咱们俄国人。如果我们把柳沙害死了,不就相当于断掉了李金镛的左膀右臂。"

这个主意得到了很多俄国人的赞同。其中有人问:"那这事让谁去做呢?"

开妓院的俄国人说:"这个,你们不用担心,我来找人。我认识一个大清国的'大茶壶'。这个人只要给他钱,他什么事都能办!"

这个开妓院的俄国人说的这个"大茶壶"是谁啊?不是别人,正是现在改头换面后的柳老板——关震臣。

"好吧!那这事你就去做吧。钱的事,我们都替你担着。"

§

李金镛、依郎阿和帕尔根这些人谁都没有想到,对手会先从柳莎身上动手。

帕尔根妻子柳莎,她跟帕尔根一样,是一块过来辅助李金镛的。柳莎会看病能诊断,自然而然就当了李金镛的贴身保健医生。

他们盯上俄籍的柳莎也是有原因的,认为:你一个俄国人怎么能帮着大清国人呢?你还给他们大清国的人看病治病,这不是助纣为虐吗?这不是叛国吗?于是,这些俄国的盗金者决定先杀掉柳莎,同时也给李金镛一个下马威。

关震臣为什么同意俄国人的建议杀掉柳莎呢?这里面还有另外一个非常重要的原因是柳莎也挡了关震臣的财路了。

因为香姑娘街的妓院开多了,没过多长时间,经常去逛妓院的矿工许多人就得了花柳病,也就是现代人说的性病。古人认为这是寻"花"问"柳"之病,故此叫花柳病。这种病从史籍看来,是久已有之,但限于科学发展水平,不太肯定也不太明确,只有个别医家的笼罩着神秘色彩的处方与医疗记录。直至明代,对此才有个较广泛而更明确的说法与诊断。

开妓院的这些老板,也利用给矿工治花柳病的机会,从中牟取暴利。你得了这种病,必须用他们从外国带来的西药。这些西药好使是好使,但是贵得惊人。许多人因为得了这种病昼夜疼痛难忍,只能花高价买药治病。其中,小梅开设的妓院也是如此,也通过卖西药来从中牟取暴利。

有一次,一个得花柳病的矿工由于承担不起用外国药的花费,就找到了柳莎。柳莎出于善意,就用自己从家乡带来的西药按成本价给这个人打了几针,又开了几服中药,就给治好了,总共也没花几个钱。这下好了,一传十、十传百,许多人都来找柳莎治病了。

有道是:挡人财路,犹如杀人父母。许多唯利是图的人,能不恨柳莎吗?

第十二章　秋亭遗恨

§

这天，帕尔根和米拉爷爷刚走出家门，柳莎把家里收拾利索也要准备出门，就在这个时候，一个黑衣人闪身就进屋了。柳莎一看这个人大白天的蒙着面，就知道不是好事！她刚要喊人，这个黑衣人一进身、一把锋利的匕首就顶住了柳莎的咽喉。

"不许喊！只要你一出声，我手中的匕首稍微一动，哼哼！你就死定了。"

"你、你要干什么？我跟你往日无冤近日无仇的。你是不是找错人了？"

"有人要见你。你就乖乖地跟我走一趟吧。"

"找我干什么？"

"你少废话！到地方你就知道了。"

黑衣人说完，用块布把柳莎眼睛一蒙，又把她的嘴堵上，往掖下一夹，出门转身就消失在屋后的树林中。

等到傍晚帕尔根从外面回来，一进屋没看到柳莎就感觉不对："莎莎？莎莎？亲爱的莎莎你在哪呢？"

原本这个时候，柳莎早就应该把做好的饭菜端上来，摆到桌上了。现在饭菜也没做，柳莎人又没在屋里。帕尔根里屋外屋找了一个遍也没有发现柳莎的影子，这下帕尔根心里就慌了，便急匆匆来找李金镛。因为柳莎是李金镛贴身保健医生，帕尔根路上还劝自己呢：说不定李大人有急事找自己亲爱的莎莎。

但是当帕尔根来到李金镛的住处一看，柳莎没在这，就知道出事了，大叫了一声："不好！转身就往外跑。"

依郎阿正从外边进来，正与帕尔根撞了个满怀："帕尔根，你干什么慌慌张张的？"

"莎莎不见了！柳莎失踪了！"

依郎阿问帕尔根："到底怎么一回事，你怎么知道柳莎失踪了呢？"

帕尔根说："柳沙有个非常喜欢的布娃娃，天天不离她左右，从来不离她身边，去哪带哪。家里没这个布娃娃，她人肯定失踪了。"

漠河这里太乱了，依郎阿也意识到情况不妙，转身对李金镛说："李大人，柳莎可能真的失踪了。咱们现在兵分两路。你带着妙手回春和一阵风，再带一些人，从咱们住处往东搜；我带帕尔根、米拉爷爷和一些人从住处往西搜。"

"好！马上行动！"

家里除了留下几个看家的，所有的人都派出去了。大家找了整整一宿，也没有发现柳莎的影子。最后，两支队伍合在一起，往江边找的时候，在离江边不远的一个山沟子里头，发现了柳沙经常带在身的那件小物件布娃娃了。帕尔根捡起被扔弃在地上的这个布娃娃，贴在自己脸上，是抱头痛哭啊。

李金镛、依郎阿和妙手回春也一致判定：通过这个布娃娃就可以充分证明，柳沙是俄国人偷偷给掳走的。也不知道俄国人把柳沙给弄到哪杀了，还是在哪给埋了？柳莎的死成了一个悬案。

帕尔根与柳沙之间的夫妻感情太深了。他们自从结婚后，就没有红过脸，更别说拌嘴了。帕尔根这么大的一个老板，也算是大风大浪闯过来的人，这次因为妻子柳莎的失踪，他的精神上就受了刺激，天天嘴里嘟嘟囔囔的，举止疯疯癫癫的："柳沙，你在哪里啊？柳沙！我看到你了，你快回来吧，咱俩回家吧。"

没过多久，瑷珲的商业大贾帕尔根就成了一个半疯之人，天天在漠河周围的山上找自己的妻子柳沙。

八十多岁的米拉爷爷也是非常痛心。他把柳莎和帕尔根早已看成自己最亲的人了，现在自己两个最亲的人，一个失踪，一个疯了，对他打击也

第十二章 秋亭遗恨

太大了。米拉爷爷一股急火攻心,没过多长时间也去世了。帕尔根怎么能受得了这双重打击呢?病情更加重了。李金镛不惜花重金给帕尔根找名医治病。这精神疾病能那么容易治好吗?帕尔根是刚治好点,没过多久又犯了,一整就说"柳沙回来了,她让我上江边接她去。"说完,有时光着脚就跑了。

后来,李金镛和依郎阿一看实在没办法了,就让人把帕尔根送回了瑷珲城。依郎阿在瑷珲又找人给帕尔根精心治疗,病情略有好转,但也是时好时坏。最后没过几年,帕尔根就病死在了瑷珲城。这是后话,暂且不提。

§

通过柳莎失踪,李金镛也下定决心:"就凭这件事,我也一定要把俄国人给轰过去!这是我们大清国的国地,这些年你们掠走我们多少黄金,我们都没找你算账,你反而还要杀害我身边的人,你们太无法无天了吧。为了给柳沙报仇,也为了保护我们大清国的金脉,我绝不允许你们盗走一粒金子。"

李金镛下了狠茬子了。

他先礼后兵,先跟俄国哨卡的代表进行了交涉。俄国代表还强词夺理地辩解呢,李金镛这嘴茬子能给他们机会吗!以他那雄辩的口才,很快就让对方哑口无言,只有点头同意了。而后,李金镛马上采取果断行动,对这些越境过来偷挖金子的俄国人也不客气,该打的打,该抓监入狱的抓监入狱。这些俄国人也是欺软怕硬,一看李金镛来真的,他们也害怕了,再也不敢来了。但是他们在内心中恨透了李金镛,于是他们感觉明的不行,又在暗地里下手了。

最近几天,依郎阿的右眼皮"突突"直跳,他就对妙手回春说:"这几天我的右眼皮直跳,总感觉要有什么大事发生。现在瑷珲副都统衙门又让赶紧回去。我走后，两位师兄要多加小心才是啊。我最担心的还是李大人的安危！"

"师哥啊，我和老袁在这，你还不放心吗？你就把心放肚子里吧。"

当天，依郎阿就与李金镛辞行，返回去了瑷珲副都统衙门。哎！依郎阿前脚刚走，后脚真的出事了。

依郎阿走的第三天。天刚抹黑，李金镛吃完饭以后感觉今天特别累，回屋简单洗漱一下就睡觉了。

妙手回春是和李金镛东西屋住着，一人一间屋。李金镛住西屋，妙手回春住东屋。虽然妙手回春住东屋，但是他平时并不在那床上睡。他有的时候就在李金镛西屋房顶的某个地方一蹲、一趴。这个李金镛自己都不知道。

可是，今天到了后半夜的时候，妙手回春正在房梁蹲着呢，突然就觉得一道黑影，在窗户那"欻"一闪就过去了。正好有月光，这个黑影在窗户那留下一道黑影就不见了。

那时候房子上有板墙，有天棚木板，有立柱。妙手回春正好藏在李金镛房梁上头，正好斜着能看到窗户。窗户上蒙着薄的鱼皮或者是兔皮，鱼片兔皮刮了毛以后跟纸似的，非常薄，蒙在窗户上，屋里比较暖和，也不透风。这些薄皮比纸还好，当时寒冷的北方都是皮窗，屋里也非常亮。

妙手回春一看有情况，马上悄声从房梁上跳下来，快速闪到屋外，寻找刚才的那个黑影。妙手回春身形多快啊，哎！可他闪到屋外的时候，左右前后仔细打量了一番，根本就没有发现什么人。妙手回春心里还想呢，难道自己眼睛看花了？不能啊，自己行走江湖这么多年，根本就不可能看走眼，刚才肯定过去一个黑影。自己以后还真得加强防范，保护好李大人。

妙手回春百思不得其解的，自己藏得绝对隐蔽，其他人绝对发现不了自己。李金镛来漠河这么长时间了，都没有感觉出一点来，何况其他人呢。哎！这个黑影不知什么原因，他没有动手。他为什么闪一下没有了呢？

第十二章 秋亭遗恨

妙手回春第一次没看见这个人,他可就上了心了。后来,妙手回春在晚上又连着三次在窗前看见黑影一闪,无论妙手回春出去多快,也都没再看见这个黑影。

"越这样,我越得注意保护李大人。对方肯定发现了,我必须要想办法把他引出来。"妙手回春为了让对手出现,故意设计自己不在李金镛身边的假象,认为这样才容易让对手出现。

妙手回春的隐蔽伪装能力是相当好的。

妙手回春和一阵风说了这个黑影,一阵风也上了心。后来他也发现过,那黑影也是一走而过。一阵风对妙手回春说:"师兄啊,看来这个人轻功相当好,速度相当快,跳跃功力也相当好,一点声音都没有。你看咱俩都没追上他,你说他能有多厉害啊!此人绝非等闲之辈。"

"我也是有同感。"妙手回春跟一阵风耳语咱们应该如此这般。

"哎!嘿嘿!好!师兄,我听你的。这次,我看这个猴崽子还往哪跑。"

妙手回春改变策略了,他想:你既然好几次都从这过,消失于房屋的左边。我何不在这隐蔽处埋伏呢?

李金镛住的房子是一座木板房,两边是木板,中间夹着土墙,土墙抹得特别厚,为的是屋子里更暖和不透风。房屋的屋门呐,都悬出一块,在外面修出来一块小门楼、门斗那样的。目的是为了防风。

妙手回春就在门斗的上头找个地方,蹲那儿,藏好了。这下黑衣人再来了,我肯定能看到他。他进来,也只能从我这进。我也让一阵风在屋里准备一下,以防万一。就这样,妙手回春和一阵风都做好了准备。

一连过了好几天都没动静。单这一天,那黑衣人又过来了,看到了为什么没动手呢?是因为妙手回春和一阵风他俩盯得太紧了,这个黑衣人不敢动手。

§

这次这道黑影又来了。妙手回春通过门斗上方木板的空隙间,把这个黑衣人看得非常清清楚楚。这个黑影是从房屋门前的树林子的树上,像黑蝴蝶似的,"唰唰、唰唰",左右飘荡,然后迅速地飘落在李金镛的屋前。那个时候树木非常多,李金镛住的这个房子正好在树林子里,周围都长满了许多成材的树。妙手回春眼睁睁地看着这个小黑影一棵树、一棵树地飘过来的,最后,这个黑影纵身一跃,"唰"飞身下来,正好落到李金镛窗户那儿。

妙手回春看得非常清楚,心说:哎呀!我怎么没想到他能从树上过来呢!

但是今天这个黑衣人没敢从窗户进去,估计这个黑影肯定想到会有埋伏。于是他过来以后,转身就到门斗这儿。他想从门斗这儿看看里面的动静,然后,再从这进屋。

妙手回春太激动了:小兔崽子,今天终于让我看见你了,我看你还给我往哪里跑。一激动坏事了。他蹲在门斗上方,本来地方就不大。他手一颤,正好碰到房檐上边的一块土块,"吧嗒"就这么轻轻地一声,这个小小的失误是妙手回春最不应当出现的,但是他太激动了。黑衣人听到这个细小的声音后就是一个激灵。

这个黑衣人耳朵非常尖、非常好使,即使夜深还有风,树林子刮得树叶声,要是人不特意留心,你根本就听不见妙手回春手微微碰到那小物块的声音,但这个黑衣人却听到了。就见这个黑衣人双脚一点地,又像黑蝴蝶一样,"唰唰"又直接钻到树上去了。

"小兔崽子,你给我往哪里走!"妙手回春赶紧一缩身,"噌"从门斗上跳下来,迅速跟了上去。这个黑衣人一看果然有人跟上来了,"欻欻欻"

第十二章　秋亭遗恨

他三晃两晃就消失在树林深处。他速度太快了。妙手回春轻功也十分了得，他只跟了两三棵树就停了下来。

这个时候一阵风也从屋里快速地闪身出来，问："师兄，人呢？"

妙手回春把手指放在自己嘴上"嘘"，示意一阵风不要出声也不要他动，就静静地站在门口那儿，守着那个门。妙手回春用手语告诉一阵风：天都已经快亮了，我们等会儿看看第一现场。

漠河天亮得比较早。阳光一过来，就照到李金镛住的这个木屋的门框上。这时候妙手回春和一阵风就蹲下了，一看雪地上，在黑衣人落下的地方，有一个小坑。这个小坑也不大也不深，就感觉是一个三四岁小孩子轻轻点了一下，随后就起来的那样。从这个脚印上看，黑衣人穿的不是硬底鞋，而是用软狍子皮包的脚。妙手回春始终盯着这个黑衣的半个右脚印发呆。因为这半个右脚印的小脚趾的位置上，比正常人多出了那么一点点。

虽然雪印非常轻，但妙手回春还是大概判断出来了这个黑衣人的一些信息："嘿嘿！小兔崽子，原来他妈真是你啊。我千算万算，万万没有想到，是你这个王八羔子害死了爱绅泰，现在你又来害李大人。看来，你的死期已到啊。"

一阵风不知道妙手回春自言自语在叨咕什么，就问他："袁师兄，你在叨咕什么啊？什么小兔崽子？王八羔子的？"

"师弟啊，咱俩得赶紧想办法，要不然，会出大事的！"然后怎么怎么一回事儿说给一阵风听。

"啊？是他！我现在就宰了他！"

"师弟，且慢！"咱们应该这么这么办。

"好吧！让这个小王八蛋先多活两天。"

妙手回春和一阵风等到李金镛起床之后，就悄悄地把昨天夜里的发生的事情原原本本地和李金镛说了一遍。最后，妙手回春说："李大人！你得注意啊，有人真要杀你。你应该配合我们把这个黑衣人抓住，要不然，你太危险了。"

李金镛听后，很无奈地摇了摇头，说道："好吧！"

§

几天后，李金镛带着几个外国工程师和妙手回春、一阵风、傻蛋，还有几名八旗兵到野外搞金线调查。傻蛋是妙手回春去哪，他就跟到哪。除非妙手回春对他有交代他才不跟着。

李金镛干事非常认真，即使花钱请了几个有经验的外国工程师，自己还是亲自跟着到现场，也亲自动手干。李金镛心说：我花钱雇你们了，你们得给我好好干活，不能糊弄我。其实，李金镛也是为了多给朝廷弄些金子着急，每件事都亲力亲为。沙金需要买毡子，他就一张一张地检查。

这次李金镛带领这帮人到呼玛河这块的时候，天色就晚了，不能再走了，就住下了。李金镛和这里的工人们唠得也挺好，金子沙多少、金苗子怎么样、现在还有什么发展，等等。这些挖金的老把头说得头头是道，而且他们在劳作中还发明了许多小窍门，对于提高沙金子的产量十分奏效。李金镛想知道的就是这些，所以他们边吃着狍子肉鹿肉边喝着酒，越唠越投机，越唠越有收获，天空中慢慢地升满了星斗，都唠到半夜了。李金镛怕影响明天金把头们继续工作，就让他们休息了。李金镛今天也高兴，就对妙手回春说："我今天就和师傅们一起在工棚睡了，你们都自己找地方吧。"

妙手回春说："李大人，就别在这睡了。这些人又抽烟又打呼噜的，您明天事还这么多，我给您找个小屋休息吧。这里有的是屋，您非挤这儿干什么呀，您事情太多了，休息不好也影响明天的事。再说大人，您让他们好好睡觉啊，您在这睡觉，他们哪个能好好睡觉，光为了照顾您了。"

李金镛一听也感觉有道理，就说："好吧！找个简单的地方睡一会儿

第十二章　秋亭遗恨

就行。"

妙手回春就为李金镛找了一个离工棚不远处的一个小屋。原来有几个人住，让妙手回春一劝，他们也都非常乐意，就主动让出来了。这些工人想，李大人能住我们睡觉的小屋，那也是我们的一种光荣啊。明天我们也有吹的了。

李金镛住进去，简单洗漱了一下，也没让妙手回春陪，说："你们也忙一天了，这个地方荒山野岭的，整个工棚都有放哨的，今天就不用在站岗了，都去休息吧。"

"好吧！我给工棚放哨的交代一下。"

这些随从都下去找地方睡觉去了。

§

简短截说。

到了二更天的时候，突然从远处树林里三晃两晃，一个黑衣人就来到了李金镛睡觉的木屋前。这个黑衣人跟得很紧，也没放过这次机会。

整个工棚放哨的离李金镛睡觉的小屋也远点，根本就没有发现这个黑衣人。只见这个黑衣人先围着小屋转了一圈，发现没有任何可疑之处。黑衣人从兜里拿出来了迷香，把窗户轻轻捅破一个小眼儿，用一个细管往屋里吹迷香。黑衣人感觉迷香药劲差不多了，收起细管，又弯腰从绷腿上拽出来一把一尺多长的攮子，用攮子轻轻把屋门里面的横木拨开，推门闪身进了屋。

此时，李金镛躺在木板搭的床上早就昏睡过去了，跟死人一样。黑衣人没有忙着动手，而是仔仔细细地环视了一下屋内的布局，只见屋里靠墙角的地方有一个衣柜，可能是工人们装衣服用的，屋顶四周都裸露着木板。黑衣人一看这个屋除了李金镛没有第二人，不由得露出一丝冷笑：李金镛

黑衣人

啊李金镛,今天真该着是你的死期啊。前几天几次想对你下手都让那两个老不死给坏了事儿。俗话说智者千虑必有一失。诸葛亮怎么样,他不是还有失街亭的时候吗!今天,那俩老不死的做梦也没想到,我会来。李金镛啊!你说,你好好的江南富裕生活不享受,偏偏来北疆漠河来受罪。你图个啥呀!这真是天堂有路你不走,地狱无门自来投。明年的今天,就是你的忌日。

想着,黑衣人一咬牙,双手就把一尺多长的攮子尖朝下举起来了,二话没说,从上往下带着风,嗯!你给我在这吧!攮子直接插向李金镛的胸口。

就在这千钧一发的生死关头,就听见"哎呀"一声,紧接着"扑通!咣当!哗啦!"

黑衣人把李金镛杀死了?

第十二章　秋亭遗恨

§

没有！

你说奇怪不奇怪？就在黑衣人举起攥子，从上往下攥的时候，突然，从李金镛睡觉的木床底下"砰"伸出来一双细长的大手来，一下把黑衣人的两个脚脖子死死地给拿住了。说时迟那时快，就见床下那双大手，把那脚脖子猛地往里一拉，黑衣人失去重心，"扑通"仰面朝天就摔在地上。黑衣人光注意李金镛了，哪承想脏兮兮的床底下还藏个人啊。"哐当"，一尺多长的攥子被扔了出去。这时，墙角的衣柜门"哗啦"一下也打开了，从里面冲出一个人来，像一阵风一样，近身"啪啪啪"把黑衣人全身的几个主要穴道就给封上了。黑衣人再想动根本就动不了了。

"别动！小兔崽子，你给我在这吧！"

这件事发生得太突然了。你看咱们说了有一两分钟，但现实中连半秒钟都没有，就是一眨眼的工夫。多亏黑衣人有武功在身，要是一般人往后仰这么一摔，不摔个半死也差不多了。

黑衣人从感觉自己脚脖子被抓住就知道自己完了，现在全身穴道又被封上了，就知道自己中埋伏了。反正自己死定，还不如来个痛快呢！黑衣人彻底放弃了反抗。

床底下和衣柜里藏着的都是谁啊？不是别人，正是妙手回春和一阵风。

妙手回春迅速从床底下蹿出来，三下五除二，用绳子给黑衣人来了一个四马倒攒蹄，绑上了。然后，伸手把黑衣人的面罩往下一拽，黑衣人的整个脸全暴露出来。

妙手回春和一阵风一看，谁啊？正是他们从江东救回来的，又跟随他们多年的傻蛋黑子。一阵风一看真是傻蛋黑子，气更大了，上去就是一个大嘴巴，"啪！"

"小兔崽子！果然让我师兄说对了，真他娘的是你！我打死你这个没良心的。"

说完，一阵风抡起肉乎乎的大巴掌这顿大嘴巴子，他边打还边骂呢，"我打死你这个忘恩负义的混蛋玩意。让你忘恩！让你负义！说！谁指使你的？"

"乓！乓！"这顿大嘴巴子啊！黑子被打得嘴角鲜血直流，但他也是一声不吭。

妙手回春看一阵风打了有几十下了，就说："师弟，别打了。别把李大人吵醒了，咱们换个地方收拾他。"

"嗯，行！今天他要是不说谁指使他的，我非打死他不可。"

他们二人先给李金镛使了一些解药，让几名八旗兵门口站岗，避免再发生什么意外。二人就悄悄地把黑子带到了一个秘密的山洞里，开始审问他。黑子开始什么都不说，就一句话："你杀了我吧，我肯定不会说的。"

一阵风指着黑子的鼻子骂道："你还是人吗？我们好心好意收留你，你恩将仇报，我踢死你算了。"

说着，一阵风就要上前，一脚踢死黑子。妙手回春一把把一阵风拉住了："师弟，慢着。等他说完了，踢死他也不迟。"

"师哥，他明知道死了，他还会说吗？"

"你不用急，我自有一种特殊的办法对付他。他要是不说，我会让他生不如死。"

说着，妙手回春一伸手，"嘭"一下把傻蛋的睾丸就给拿住了，问黑子："我最后问你一句，你说，还是不说，到底是谁派你来的，你背后的主子是谁？"

"我还是那句话，你打死我，我也不会说的。"

黑子装聋作哑这么多年，早就知道自己不会有太好的下场，但他万万没想到妙手回春会给他来这手。他忍着疼痛还是嘴硬。

第十二章 秋亭遗恨

"我让你不说。"

"啊——！疼死我啦！"

妙手回春再也没有给黑子机会，双手一用内力，像拧麻花一样，就给傻蛋的睾丸用上刑了。黑子像被杀的猪一样嗷嗷直叫，疼得死去活来。此时他被双手反剪，捆在一个柱子上，顿时脸上的黄豆粒大的汗珠"噼里啪啦"直往下掉。

妙手回春这招也太损了，又点黑子的会阴穴，这下黑子可享受到了天下极刑的痛苦。妙手回春掌控这种行刑力度也十分准确，几个回合下来，黑子就招呼不住了，彻底地交代了。

§

黑子背后的主子是谁啊？

一个是俄国大尉巴尔钦克诺夫，一个是关震臣。黑子早就是俄国东西伯利亚情报站的成员之一。你看他外表傻兮兮的，实际上他可不傻呢，精明得很，还特别会演戏。要不然他能把依郎阿、妙手回春、一阵风这些专门搞情报的人给蒙骗过去吗？

黑子是大清国人。你别看他长得跟十六七岁的半大小子差不多，实际上他都四十多岁了。他天生长了一副娃娃脸，再加上他会易容术，所以给妙手回春和一阵风这帮人一种错觉。黑子最早的时候，他是关特格列秘密从辽阳那一带请过来的影子护卫，他武功非常的了得，他从来都不在外人面前露过自己的武功。关特格列非常信任他，把他当作自己与俄国情报头子穆拉维约夫秘密交换情报的联络员。平时，黑子也不在关府待着，而是经常在巴尔钦克诺夫的铁甲船上。总体上说，黑子是一个飘忽不定的人。关特格列被废除世袭罔替后，就彻底把黑子派到俄国境内的关震臣身边，并写信告诉关震臣：这个人绝对可靠。你以后不是要做买卖、干大事吗，你再不能轻易用别人了，就用他，这个人就归你了。

黑子到了俄国后，也是像以前一样，在暗中为关震臣服务，同时，他也为沙皇收集情报，据有双重身份。当初，妙手回春和一阵风刚到万谷仓比武竞选关震臣随身护卫的时候，黑子曾经在观看的人群里露过一次面，也就是一闪便躲开了。当时，妙手回春在台上曾经隐约感觉到一位高人的存在，他们就是不经意见过那么一面。为什么妙手回春总感觉黑子面熟，也就是因为那次的一面之缘。

黑子交代："前一段时间，关震臣通过手下秘密给我送来情报，让我先杀掉柳莎给你们一个警告，后来李金镛不但没有对俄国人停手，反而更变本加厉，所以，关震臣又让我尽快把李金镛杀掉，关震臣好向接替巴尔钦克诺夫的俄国新主子请功。我看委哨官依郎阿整天不离李金镛左右，还有你俩的保护，就没敢动手。前几天，我看依大人走了，这才动手。"

妙手回春和一阵风一听说关震臣的名字先是大吃一惊，而后马上问黑子："关震臣现在在什么地方？"

"关震臣其实早来漠河了，他就在咱们漠河的窑子街，开了好几家妓院，别人在前面抛头露面主事，他在幕后做大老板收钱。"

"师哥，不对啊？咱们都认识关震臣。他就不怕咱俩和依大人把他认出来，抓捕归案？"

"其实你们想错了。现在关震臣已经改头换面、易容了。你们即便迎面看见他，也不会认出他来。关震臣，为了防止别人把他认出来，把自己的声音都变了。他来过咱们的住处，你们都见过他。"

"我们都见过他？谁啊？"

"就是小梅领来的那个柳老板。"

"原来是他！姓关的，太会演戏了。怪不得，我们见过他一次，就又消失了，这次让我抓住，我非宰了他不可！"

妙手回春听后，禁不住摇了摇头："士别三日，我们真应该对关震臣刮

第十二章　秋亭遗恨

目相看。唉！可惜啊，关震臣把他的聪明劲没用对地方。"

"我来问你：你刚才所说的关震臣要向接替巴尔钦克诺夫的俄国新主子请功，又是什么意思？难道巴尔钦克诺夫不干了吗？"

"恕我直言。我听说巴尔钦克诺夫早让一个大清国的道长给架空了。具体这个道长长什么样我也没见过。关震臣可能知道。"

一阵风审问黑子："李大人和关震臣也无冤无仇，他为何要让你杀他呀？"

"俄国人就是想破坏大清国在漠河开的金矿。他们让我先杀死李金镛，然后再逐个烧掉那些金矿，他们好长期霸占。"

"我们现在在什么地方能找到关震臣？"

"你们可以去窑子街的香姑阁找他。到了香姑阁，你对管事的说柳老板妹妹来了，他就能见你。"

"黑子啊黑子，算你还有点良心。你还做过什么坏事，全说出来吧，我们尽量给你留个全尸。"

傻蛋略微停顿一下，说："妮娜、爱绅泰也都是我杀的。"

"什么？妮娜、爱绅春都是你杀的?!"

"是的。妮娜是巴尔钦克诺夫下令让我杀的；爱绅泰是关震臣下令让我杀的。我知道的都说了，但是在我死之前，我想当个明白鬼。你们能不能告诉我，你们怎么知道刺杀李大人的黑衣人是我？还特意把我引到这里抓我？"

一阵风一听乐了："黑子啊，你真他娘的是聪明一世糊涂一时。其实自从你杀害爱绅泰后，依郎阿就开始怀疑你了，我当时也不能完全相信。你小子还不知道呢，就在前几天，你从树上下来，我看见你留下的半个脚印，马上就断定这个黑衣人百分之百就是你了。所以，我们才和李大人合计好，把你引到这来，抓活的！"

"那我还不明白，我这两次都没留下任何破绽啊？"

妙手回春说："黑子啊！我实话告诉你吧。正因为你杀爱绅泰没有留下任何破绽，我们才怀疑是你。你在黑夜里杀了爱绅泰全家老少十多口子的人，连屋里的一个茶杯都没有碰倒。难道不让我怀疑你吗？因为只有你平时可以随随便便出入爱绅泰家。他们看在我和窦师弟的面子上收留你，待你如自己家人一样。正因为你太熟悉爱绅泰家里所有东西的摆放，你又不想留下任何破绽，都把坏事做绝了，反而是聪明反被聪明误。那时候，我就开始怀疑你了，但万万没有想到真是你。特别是前几天你没穿鞋，用鹿皮包着脚来行刺李大人。你走后，我和一阵风站在门外整整等到了天亮，你知道为什么吗？"

"为什么啊？"

"我就是想看一看你那右脚多长出来的第六趾，在雪地上留没留下印迹。等到天亮，我一看你右脚的几个半脚掌的雪地脚印果然有一点点突出部位。所以，我马上认定这个黑衣人肯定就是你这个畜生，我们这才设计把你引到这来抓你。你现在明白了吧？"

"哎呀呀呀！我服了。我也全交代了，你杀了我吧。"

说着，黑子把眼一闭，把脖一扬，等死了。

最后，妙手回春问黑子："你把柳莎弄哪去了？"

"我把她也弄俄国那边去了，随便找个地方埋了。"

"你真是个畜生。"

黑子以为妙手回春和一阵风会用刀杀了他呢。哪承想，妙手回春真气坏了，伸出大拇指、食指和中指，一扣傻蛋的哽嗓咽喉，"嗯——！"就听见骨头破碎的声音。

傻蛋是绝气身亡。

妙手回春和一阵风把傻蛋尸体往山坡上一扔，让狼掏狗刨，做个孤魂野鬼吧。然后飞身来到胭脂沟香姑娘街。

第十二章　秋亭遗恨

§

一进窑子街不远，他们就看到了关震臣开的"香姑阁"，抬脚就进去了。老鸨子一看客人到了，马上上前搭话："哟！两位大爷！好久不来了，喜欢哪个姑娘呀？"

妙手回春最看不起的，就是干这种拉皮条生意的人，许多良家妇女都毁到这种人手里了。所以，妙手回春连正眼都没看老鸨子一眼，就说："柳老板的妹妹来了！"

这个老鸨子也是老混江湖的主，一听东家的重要客人来了，她哪敢慢待啊，急忙说："哟！两位大爷啊！您跟我来。"

这个风韵犹存的老鸨子在前面一步三摇，那股风骚劲儿就甭提了。他们三人穿过狭长的过道，拐弯抹角，就来到了后院一处非常隐蔽的密室。香姑阁是带密室的，没有人带领，外人根本找不到这个密室。

这个密室不算大，有个二十多平方米，装饰得富丽堂皇，非常的奢侈糜烂。靠窗户有一张做工精制的宽大木床，床周围的立柱上，雕刻着不同的图案。此时，关震臣正勾着腿，躺在木床上，一个金发碧眼的俄国女人正在对面侧卧着服侍关震臣抽大烟。大烟枪的烟锅对着烟灯，关震臣嘴对嘴，"咝——哈"，正过大烟瘾呢。整个密室屋里烟雾缭绕，空气中都散发着一股臭味。

老鸨子一敲门，轻声地说道："主子，你妹妹来了。"

"噢！我知道了。你让他等我一下，我马上出来。"

妙手回春和一阵风一听声音，马上断定这个柳老板的确是关震臣。妙手回春二话没说，一抬脚"哐"就把房门给踢开了，闪身就进屋了。关震臣大烟正抽得过瘾呢，冷不丁闯进一高一矮、一瘦一胖的两个人也吓他够呛。等他一咕噜身子从木床上爬起来，看清楚闯进来的这两个人后，心里说完了！这两个丧门星终于找上门来了，我上辈子是不是欠他们俩的。我苦苦伪装这么多年，还是让他们发现了。这可怎么办？

同床而卧的俄国妓女哪见过这阵势，一看突然撞进两个人来，吓得"哎呀"一声，一慌乱，无意间就把摆放在木床上的烟灯和烟盒给打翻了，烟灯里面装的灯油就洒了一片。烟灯本身就燃着呢，灯头一遇洒在木床上的灯油，再加木床上铺的厚厚的蚕丝被，这火"呼"一下就着了。

金发碧眼的俄国女人吓得"妈呀"一声，抱头就往门口跑，正好迎着妙手回春和一阵风。这事发生得太突然了，谁都没有预料到。关震臣一看机会来了，此时不跑等待何时啊！他一扔大烟枪，转身从床上爬起来推窗户，就想跳窗而逃。

妙手回春和一阵风那是干什么的！他们可是久经实战锻炼出来的武林高手，这点小意外对他们来说简直就是小儿科。关震臣玩命般从床上爬起，手刚摸到窗户扇。他感觉自己够快的了，但是他再快也快不过一阵风啊！只见一阵风身形一动"欻"就来到关震臣的背后，"砰"一把就把关震臣的后衣领子给抓住了。

"姓关的，你给我往哪里跑，给我在这吧！小兔崽子，你的寿命到了。"

站在门口的老鸨子一看苗头不对，转身想喊人。妙手回春哪能给她这个机会啊，一个"脑后摘瓜"，"咔吧"把老鸨子的脖子就给拧断了。然后，他一回身"啪啪"把跑出来的俄国妓女的穴道给封住了，跑什么跑！没两个时辰，这个俄国妓女的穴道根本就打不开。

关震臣在一阵风手里，就跟拎着的小鸡崽没什么区别。一阵风三下五除二，就把关震臣抹肩头拢二背给绑上了。一阵风看关震臣被勒得直叫唤，又随手把俄国妓女的臭袜子拽下来，给关震臣塞嘴里了。

妙手回春这时随手端过一盆水，把炕上的火给浇灭了。外边的人还根本不知道后院发生了什么事呢。

妙手回春和一阵风在别人上趟茅房的工夫，就把关震臣抓捕归案，并

第十二章 秋亭遗恨

从妓院后门带走了,可以说是神不知、鬼不觉。

§

有道是:人之将死其言也善,鸟之将死其声也悲。

妙手回春和一阵风把关震臣从香姑阁带出来之后,转身就进了山了。他们来到一个偏僻的山沟里,二人停下脚步。关震臣知道今天自己落到他们师兄弟手里肯定没有命了。他四下瞅了一圈,周围黑乎乎的一片,静得都瘆人。关震臣"扑通"一下就跪在了地上,他吓得都尿裤子了,不住地磕头。因为嘴堵着呢,只能用凄惨的目光乞求妙手回春和一阵风饶他一命。

妙手回春把关震臣嘴里的臭袜子拽出来,冷笑一声说:"关震臣啊,天作孽,犹可违;自作孽,不可活。最后,给你一个将功补过的机会。你说你为什么要让傻蛋暗杀李金镛李大人?现在接替巴尔钦克诺夫的人是谁?如果你实话实说,我们还能让你保一个全尸;如果你还欺骗我们,我们会拿小刀一点一点把你千刀万剐,活活地把你凌迟而死。你说不说?"

"说!我说、我说!"是怎么怎么一回事。

关震臣就把他所知道的都给妙手回春和一阵风全说了一遍。巴尔钦克诺夫怎么派黑子杀了妮娜,以及他回到圣彼得堡如何挨穆拉维约夫的骂。后来,穆拉维约夫如何点拨巴尔钦克诺夫向沙皇"献宝"等等。

"巴尔钦克诺夫回来后,得到漠河出金的消息,就让我召集人员在漠河盗采黄金。盗采黄金真的暴利啊!没有多长时间,我们就发了。巴尔钦克诺夫让我拿出一部分黄金找能工巧匠,特意为尼古拉二世制作了一座纯黄金的双头鹰雕像。尼古拉二世对巴尔钦克诺夫献上的这个宝贝非常满意,并授予了他尼古拉二世荣誉勋章。尼古拉二世告诉巴尔钦克诺夫:会有一位中国道长在适当的时候联系他。时间都过去多半年了,这个中国道长也没有联系巴尔钦克诺夫。可是,不知道为什么?就在上一段时间,这位中

581

国道长突然找到巴尔钦克诺夫，说：大清国有人正调查他。巴尔钦克诺夫必须交出权力，再一个就是必须派人杀掉李金镛。巴尔钦克诺夫非常生气，说：我权力可以交出去，但杀掉李金镛的事还是你自己干吧！哪想到这位中国道长太狠毒了，说：如果你巴尔钦克诺夫不把李金镛杀掉，就必须把你个人这些年在漠河背着沙皇私自盗采的黄金全部上缴，一粒金沙子都不能留。否则，我会让尼古拉二世治罪于你。最后，我们被逼得没办法了，只好让秘密潜伏多年的黑子，冒险来杀李金镛，事情就是这样的。"

妙手回春问关震臣："你见过这位中国道长吗？"

"没有，绝对没有！这位中国道长和巴尔钦克诺夫都是单线联系。虽然我没见过，但听巴尔钦克诺夫说这位中国道长是一个女的，外号叫'一枝梅'。她人长得非常漂亮，但手段极其阴险，心似蛇蝎。巴尔钦克诺夫对她十分惧怕！"

"女的？一枝梅？这人到底是谁啊？"

妙手回春在快速回想自己见没见"一枝梅"这么一个人，同时追问关震臣："这个'一枝梅'是什么时间给巴尔钦克诺夫和你下命令杀害李金镛的？"

"是黑子杀害柳莎后的事。"

妙手回春心想难道是他？想到这，妙手回春问关震臣："你什么时候开的妓院？为什么还要找小梅合伙开畅春园和如意坊？"

关震臣说："其实，我来到漠河时就开妓院了，开妓院比开金矿来钱还快。我和小梅合作开妓院，说白了，我是想麻痹你们。同时，也是想挣更多的钱。"

"那你以前认识小梅吗？"

"不认识！从没有见过他，是他主动来先找我的。我看官方出地还出面保护，就同意双方合作了。"

"噢！原来是这么回事啊。"

第十二章　秋亭遗恨

"那黑子为什么说是你下的命令,让他杀掉柳莎和李金镛,你好为新主子请功呢?"

"其实,我也想趁此机会表现一下,让这位新老板重视我。"

一阵风看着关震臣巴巴说半天了,气就不打一处来,上来就是一脚,"去你娘的吧!你表现个头,你吃里爬外的东西。你作为大清国的人,你他妈还有良心吗?"

一阵风这一脚还真把关震臣给踢醒了,心说:我现在是俄国人了,我是冈特洛夫。他们只要把我交给官府,大清国的官府是不敢杀我的,我是俄国人。

想到这儿,关震臣眼珠一转,连连哀求:"两位师爷!我知道错了。我罪该万死!你把我交给瑷珲副都统衙门千刀万剐了吧。我认罪!我服法!"

妙手回春眼神多毒辣啊,一眼就看透关震臣的心计了。

"关震臣,水贼过河,你甭给我们使狗刨,我知道你怎么想的。最后,我再问你一句:现在巴尔钦克诺夫在什么地方?"

"他把事交代给我后,就回圣彼得堡了。"

"还有什么交代的吗?"

"没有了,我知道的全都交代了,真的没有了。"

妙手回春心说,关震臣已经加入了俄国国籍,我们就这么把关震臣抓捕归案,自己不是给瑷珲副都衙门和清政府添乱吗?俄国人再一交涉,说不定还得把关震臣给放了。要是这样的话,自己这是忙活个啥呀!我们不如把他点天灯得了,除掉这个祸害,也算给我们的徒弟爱绅泰报仇了。对!就这么办!

妙手回春给一阵风一使眼色,一阵风就明白了。妙手回春和一阵风把关震臣吊在一棵树上,又浇上一桶油,点了天灯了。关震臣也算得到了应有的惩罚。

到了第二天,李金镛醒来,根本就不知道昨天晚上所发生的一切,更不知道妙手回春和一阵风私自处理了傻蛋和关震臣。等到妙手回春和一阵风把这些事情给李金镛一汇报，李金镛还把他们一顿埋怨，不应该如此草率行事，当然李金镛也知道这时候埋怨也没用了，这事就算过去了。

§

过了几天，依郎阿从瑷珲回来了。妙手回春向依郎阿详细汇报了如何除掉傻蛋和关震臣的事。

依郎阿说："我们就应该是好人好办法，恶人恶对待。你们也算给爱绅泰、妮娜和柳莎报了仇，以后朝廷万一追问起这事，我替你们担着。"

"那'一枝梅'的事，我们怎么办？"

"师兄，其实我这次回瑷珲就是为这事。军机处也给我送来的密报，说这个'一枝梅'是神龙见首不见尾，非常的狡猾，连军机处都没有完全掌握他的行踪，让我们在漠河多加小心。"

一阵风说："哎嗨！这个破老道还挺厉害。哪天要是让我逮住了，我非扒了他的皮不可。"

"这个'一枝梅'我会派人去追查的，你们就不用管了，还是安心保护李大人的安全，绝不能在这个时候出现半点差错。"

"恒毅，你放心吧。出现黑子这事，也是对我们提出一个警告！这个黑子竟然在我们眼皮底下潜伏了这么长时间，我们看来真应该再审视一下身边的这些人了。如果我没算错的话，这个'一枝梅'肯定会给咱们制造更大的麻烦。"

一阵风一听乐了："师哥呀！你放心吧。有我一阵风在这，你就放心吧。兵来将挡、水来土掩。实在不行，咱就来个见魔杀魔，见鬼杀鬼，怕他个臭老道什么！有我呢。"

依郎阿和妙手回春一听一阵风这么说，都乐了。

第十二章　秋亭遗恨

这次妙手回春还真想错了。"一枝梅"像是在人间蒸发了一样，过了很长时间根本没出现过，漠河也没有发生过任何事情。而在这一年的时间里，漠河金矿进入了一个快车道。

§

李金镛率领同僚和开矿矿丁近千人，于光绪十四年（1888）十月抵达漠河创办漠河金矿，矿务局正式成立。经过近三个月的筹备，在漠河雪高盈丈、马死人僵的恶劣环境下，李金镛在群山中设漠河金厂、奇乾金厂、洛古河金厂三个金厂。1889年2月12日，三个金厂正式开工采金。

李金镛素有怜才爱士之名。自来到这万里奇荒的漠河，饮食起居、事务工作，百般均苦。李金镛对同来的挚友是加倍优待，以诚相交。同人中遇有疾病，每天一定前往数次探问，并亲自调药，从不厌倦。因此，同来的僚友人人竭智尽忠，辅佐李金镛的办矿事业。对应募来的矿丁、随员，李金镛都一视同仁，奖勤罚懒，关心他们的疾苦，帮助他们解决困难。他的善举，调动了矿工们的积极性，人人尽心竭力地安心工作。

李金镛一方面整顿矿务，精心创业；一方面派人解决水上交通，以避免事事仰仗俄轮，受其牵制，并拨兵开拓漠河至墨尔根（今嫩江）达两千余里的运输道路。另一方面，悉心处理与俄方的交涉事宜，收复被俄方占据的金矿，令其不经允许不得过江采金，不得在华办矿，并在小北沟加强操练军队。俄阿穆尔省总督廓尔夫，因不知我华开办的漠河金矿如何布置，特于6月间，假借巡边为名，乘轮船来到漠河与李金镛会晤，探查我方的虚实。登岸后，廓尔夫携夫人及随员一齐来到居中。

李金镛设宴以酒款待，宴间俄督廓尔夫对李金镛说："今年夏天，正值我方边防军队更调，军队轮船在江上往返络绎不绝，您难道不因此怀疑而害怕吗？"

李金镛爽朗地笑道:"两国和好,又有什么怀疑的呢?如果说害怕,那么,我们在边境上剿除金匪,班师凯旋的时候,骑兵、步兵将近百万,营垒连云,旌旗蔽日,连绵数百里,加之东三省练兵及边防各军多达数万,害怕的应该是你们。我经常在军营里,对于这些,早已习常见惯。哪有对你们边境上调防这点儿小事害怕的道理呢?"

俄督廓尔孚听李金镛如此说,一时语塞无话,一笑了之。他心中不但敬重李金镛的才华,更钦佩李金镛的机智。俄方见李金镛勇而多谋,颇惧李金镛的威势。自此,各遵奉条约,两境相安无事。

§

自漠河金矿开办以来,李金镛处理边塞和矿务内外各事,经常天亮就起,夜深才睡。在百忙中抽时间到工棚问寒问暖,注意改善矿工的生活条件和劳动条件,鼓励他们发挥自己的能力,多劳多得,允许他们发财后可以回乡探亲,还提出了四六分成的办法,调动了矿工的积极性。朝廷要六成,个人能得四成。你来漠河,政府给提供住房,提供工作,因此漠河整个地方发展得相当好。

到了光绪十五年(1889)正月,依克唐阿升任黑龙江将军,更加快了漠河金矿的发展。依克唐阿在担任珲春副都统时与李金镛就有交际,两人是英雄惜英雄,相处得非常不错。

依克唐阿主政黑龙江期间主要处理了两件大事,一是他平定了"乌痣李"的两个徒弟;第二是平定了漠河,彻底建立健全了户口制。

依克唐阿的第一个功德就是把忠义军渗透到漠北"乌痣李"的两个徒弟点了天灯,震撼了龙江,整个漠河所有的匪徒不敢再兴风作浪了。这些匪徒私下都说:"大清国这下真下狠茬子了,不再像以前那样使软的了。真来硬手了,咱们还是别往枪口上撞,先老实一会儿吧。"

第十二章 秋亭遗恨

二是平定漠河，建立健全了户口制。

依克唐阿的马队非常出名，完全是快马。他们的马队和鄂伦春骑马一样，不用马鞍子，人一骑上，两手把鬃一抓，用两只马耳朵摆舵。啥意思呢？驾马的时候不用打马，两腿把马肚子紧紧这么一夹住，一个手抓住了马的马鬃，一个手管马的两个耳朵。往左走，拍一下马的左耳朵；右走，拍下马的右耳朵，这马成习惯了，都知道是怎么。你使劲一抓，马就往起跳，纵越过去。所有人的骑术都非常精湛。依克唐阿把自己的马队都带过来了。

依克唐阿告诉依郎阿，无论想一切办法都要镇住漠河这块。现在的漠河，人太多了，他们早上晚上都是在抢金子，灯笼火把到处是，人喊马叫的非常乱。而且哪国人都有，有大清国人，有蓝眼睛高鼻梁的俄罗斯人，也有高丽人和日本人。

依郎阿问依克唐阿："将军，您说怎么治理好，文治还是武治？"

依克唐阿说："以我专长，以武治为主，现在咱们国家要强盛起来，现在是以武为统，武统为总，不能来文的，现在文的谁也不听，我们必须来强的，以强制强，才能够使社会安宁。治理社会，现在整个瑷珲的兵都可以调到漠河来。"

依郎阿建议依克唐阿，说："平定漠河，最有效的办法就是建立健全户口制。我曾进行过人口登记制度，收效还是非常快的。所有在漠河居住的、在那采金的人，不管是哪个地方的，不管是男人女人，老人小孩，什么时候来的不管，只要到这来，就必须要登记。你来一天走一天，增减消失都必须把这些人记得清清楚楚。先把人口登记清楚，接下来社会治理就好办了。"

"好！这个主意太好了。就这么办。人员全部登记。"

大清国过去从来不查户口，明代也不查。清代的户口，最早查户口就是从清代依克唐阿开始的。

依克唐阿进行人口登记,进行有序的社会治理,就跟小梅吵起来了。

此时小梅已代表窑子、窑姐,各馆各院的馆长、院长这些人了,他的窑子不是一般的土窑子,都是出名的大窑子。畅春园和如意坊像日本的料理,也管吃饭睡觉。

窑子是啥呢?你进去得交窑子费,是戏窑子还是泡窑子。到那戏窑子去,听那窑子唱、听那窑子舞。你钱拿得少呢,窑姐给你上茶,喝点茶、吃点饭,到时候就把你轰走了。你一宿住那块,那是另一个价钱。另外,你要住好的话呢,我不要你钱,不要你银子,你给我拿金子就行,给我金豆子、金沙子呢,还是金块子呢,用这些东西来抵账。窑子他挣钱呐!

小梅这窑子管得非常细啊,窑姐你侍候得好,你金子得的就多;你侍候得不好,金子给得也少。当然,你伺候得不好,那小梅也不能答应你啊,把你拉出去,不让你在这待。

现在漠河的金矿,不是矿工、金工得到的金沙子都交给柜上的。因为他自己有权支配,先给自己生活留下来,自己生活得安乐再说,所以说最先得到金子的,还是妓院。这下社会就乱了。

依克唐阿一治理社会秩序,其中闹得最凶的就是小梅。小梅仗着自己身份挺硬啊,他就公开与依克唐啊叫板。

"我是跟着李大人一块来的。李大人直接受朝廷内务府直管,你黑龙江将军依克唐阿无权干涉漠河金矿的事。说不好听的,李大人让你来协助管理漠河的社会治安,你才能来。要是让你走,你也得马上走。"

依克唐阿武将出身也不轻饶小梅,说:"现事现办,我在这就得按照我的办,要不就给我驱逐出去。"

小梅为了显自己能耐,当着依克唐阿面,第一次露出自己的软气功,顺手"啪"轻轻拍了一下依克唐阿带去的一个八旗兵肩膀头。这个八旗兵立马感觉肩膀头上有一块小手指盖那么大的地方,火辣辣的烧得慌,而且还非常痒。

第十二章　秋亭遗恨

"哎？我这是怎么了!?"这个八旗兵边说边往下拽衣服。等到他把衣服拽下来，众人放眼这么一看，大家清清楚楚地看到一个手指盖大小的粉红色的梅花印，印在了他的肩头，而且梅花印随着时间推移颜色越变越深。

开始依克唐阿并没注意这个，可是等到这个八旗兵的梅花印溃烂流脓，无药可治时，他真的有点害怕了。更主要的是，这个依克唐阿觉得自己没那能耐收拾住小梅。他下面这些兵啊，根本治不了小梅。而小梅不用那些什么玩意，点点穴，手指一划拉，人一走一过，把你的手一摸，你整个人在那块就迷糊了。后来没法办，依克唐阿这才找到依郎阿，问问这到底是怎么一回事。

依郎阿在理蕃院健锐营见过这种"梅花印"，就说："将军大人，这可是一种世间失传多年的武功奇门绝学'无毒梅花烙'。它名起的好听'无毒梅花烙'，实则是奇毒无比。我的师兄独臂疯僧给我详细说过这种武功奇门绝学。他会这种功夫。我知道治无毒梅花烙的解药，配好给这个八旗兵抹上过两天就好了。"

依克唐阿问依郎阿："这个小梅太厉害了，他到底怎么个来头啊？"

"将军，我们也不太清楚他的底细，但是你放心，我会让妙手回春助你一臂之力的。"

等到依克唐阿走后，依郎阿把妙手回春找来，特意交代小梅会打梅花印的事。

妙手回春不听则可，一听小梅会打到梅花印，脑袋不由得"嗡嗡"，暗叫一声："不好！"妙手回春的汗顺着面颊就下来了。依郎阿问妙手回春："你怎么了？"

妙手回春说："恒毅啊，你是有所不知啊。师兄独臂疯僧亲口告诉过我：在世上除了他会这种家传绝学之外，还有一个人就是他失散多年的女儿会这种功夫。难道这个小梅就是咱们师兄独臂疯僧寻找失散多年的女儿不成？"

说到这，有人问：这个小梅到底是谁啊？其实小梅还真不是外人，她还真是独臂疯僧的亲生女儿。小梅出生在峨眉山一带，在她印象里，她知道自己的父亲叫袁明智。这个袁明智就是我们本套书常提到了独臂疯僧，小梅妈妈叫李雪梅，还会一口流利的日语和俄语。

小梅从小就和父亲袁明智学就了一身好武术，会打一套奇特的梅花掌。她要是发功，手掌掌心只要轻轻地打在你的肩上，你的肩头就会留下一个铜钱大小的梅花印。这个铜钱大小的梅花印打在人的身上，开始是粉红色的，慢慢就会变黑，再后来就会腐烂，如果医治不及时，就不治而亡。所以，自从她跟父亲学成之后，轻易就没有对外展露过。

小梅出身背景太繁杂了。要说清小梅的来龙去脉，还得从李雪梅说起。

§

小梅的妈妈李雪梅，原是日本派往俄国的一名间谍，后来她又加入到了俄国情报组织，成为一名双重间谍。洪秀全领导的太平天军起义之后，如潮水般席卷半个中国。日本和俄国政府都想侦察清楚太平天军和大清朝在前线的真正实力，他们就派李雪梅来到了云贵川、湖广、江淮一带侦察。

世上的事，有时真是世事弄人。李雪梅来到云贵川、湖广、江淮一带后，仅用半年的时候，就把日本和俄国政府交给的侦察任务完成了。李雪梅心说：自己的侦察任务都完成了，这下可以彻底放松一下了，都到中国半年多了，也没好好玩玩。这几天，自己不如到峨眉山拜谒一下，也不算白来中国一趟。

她主意打定之后，第二天就起身了，独自一人登上了峨眉山。

正当李雪梅玩的正在兴头上的时候，一件意外的事情发生了。李雪梅正在欣赏峨眉山美景的时候，站她旁边的一个游客脚下一绊，"哎呀"下意识地抓了李雪梅一把。

第十二章　秋亭遗恨

可能李雪梅自己也太放松了，也失去了一名情报人员应当有的警觉性，等到她再反应过来的时候，什么都晚了，与这名游客连滚带爬的摔到了数丈深的山崖之下，游客当场就摔死了。李雪梅幸亏被山崖上伸出来的一棵树给拦了一下，总算保住了性命。虽然她性命保住了，但身上也被摔得多处骨折，躺在地上，站不起来了。此时，李雪梅躲在山谷之中，是叫天天不应，叫地地不灵，只能是听天由命。

谁曾想到，就在李雪梅晕迷了三天三夜，生命垂危的时候，袁明智行医采药来到这里。袁明智，就是后来的独臂疯僧。

"哎！这里怎么还有人啊？"袁明智上前把自己手指放在李雪梅的鼻孔前一试，她还有气息，就把她救下山去，精心医治。

俗话说：伤筋动骨一百天。袁明智凭着自己家传的独到医术，还真把李雪梅给从死亡线上救了回来。人都是感情动物，日久生情，李雪梅在被袁明智医治的整个过程中，两人就产生了爱慕之情。男欢女爱，两人就对上眼了。李雪梅一想：自己来到这个世上图得什么呀？整天钩心斗角的，除了欺骗就是欺骗，除了伪装就是伪装，多累啊！不如自己与这位好心的小伙子隐居深山，也算是幸福一生了。

就这样，李雪梅就和袁明智在她身体全部痊愈的时候，就在深山里，堆土为炉，插草为香，拜了天地了。

婚后，小两口恩恩爱爱，白天袁明智到外面给人医病、上山采药，李雪梅在家收拾屋子、洗衣做饭，过上了男主外、女主内的生活。转眼到了第二年，李雪梅十月怀胎，就生下了一个十分可爱的小女孩。初当父亲的袁明智，天天哼着小曲，干劲就更足了，特意给自己的爱女起名叫袁小梅，小名叫"小梅"。李雪梅就问袁明智为什么给女儿起这么一个名字。

袁明智笑了笑说："你就是我一生不变的那朵美丽的大梅花。女儿就是我一生那最艳丽的小梅花。所以，她就叫袁小梅呀！"

有了小梅之后，袁明智和妻子二人的感情更升温了，天天可以说是如漆似胶、相敬如宾。光阴似箭、日月如梭，一眨眼十年的时间过去了。

有一天，袁明智跟妻子说："为了给女儿一个好的生活环境，我想到五台山一带发展。五台山香火旺，我也能赚点钱贴补家里。"

李雪梅一想，自己都在深山中隐居十年了，日本和俄国情报人员也应该把自己淡忘了。再说，自己容貌也发生了一些变化，应该不会有人再认出自己了。

"好吧！夫君啊！我听你的。"

就这样，袁明智带着妻子和女儿就来到了五台山。到了五台山之后，小日子还真如袁明智想的一样，每天袁明智行医治病的收入翻了好几番。袁明智还给女儿请来了私塾先生，让女儿读书识字。滋润的小日子刚过了有一年的时间，出事了！一向小心谨慎的李雪梅看到自己丈夫在药堂前厅，跑来跑去，忙得满头大汗的，就从后院过来帮丈夫打个下手，分担点活。谁曾想到，当李雪梅刚从后院踏入药房前厅的时候，迎面一双狼眼死死地盯住了她。

呀!？怎么是他？

谁啊？这人正是俄国东西伯利亚情报总头目穆拉维约夫。穆拉维约夫这次来到五台山纯粹是个人游山玩水的爱好，顺便也亲眼看一看大清国国内的情况。没想到，他刚到五台山，就被山下这所"梅君堂"药店给吸引住了。因为穆拉维约夫派李雪梅秘密潜入大清国时，自己特意从元朝诗人王冕的那首《白梅》诗中带来的灵感："冰雪林中着此身，不同桃李混芳尘。忽然一夜清香发，散作乾坤万里春。"正因这首诗，穆拉维约夫才给她起得"李雪梅"这个名字。

"哎！梅君堂、梅君堂，梅君堂里有文章啊？今天也没什么事，不妨进梅君堂看看？"想到这，穆拉维约夫迈步就进来了。

哪曾想到，他前脚刚进屋，消失十多年的李雪梅后脚竟然从梅君堂后院撩门帘进来了，二人正走个面对面。这真是：不是冤家不碰头啊。李雪

第十二章　秋亭遗恨

梅再想躲，早已来不及了。此时，刚十岁多的小梅，头上扎着两个小辫子，乐颠颠从后院跟着妈妈也跑过来了："娘、娘！我要出去玩。"

李雪梅赶紧把小梅抱到怀里。穆拉维约夫看到此情此景，一下就明白了。

穆拉维约夫冷笑了一声，说："外边天气不错！"其实这是穆拉维约夫对李雪梅用的暗语，意思是到外面谈谈。这时候，李雪梅哪有回绝的借口，只能轻轻地点了点。

剪短截说，穆拉维约夫威胁李雪梅，说："如果你不回俄国，我不但会杀了你，还会杀你的丈夫和女儿。"

"你敢！你要是这样做，我做鬼都不会放过你。"

平时温柔贤惠的李雪梅，此时变成了一只凶狠的母狮。

穆拉维约夫狂笑几声，狠狠地说道："只要踏上我们这条船，你就别想再回去。要不然，你和你的家人死得比谁都要惨！即使现在我不杀他们，日本人知道了，他们也不会饶了你们。你还是乖乖给我回去吧！"

最后，李雪梅只好点头同意回到穆拉维约夫身边，但是自己要带走刚懂事的女儿小梅，并请求穆拉维约夫不要杀害自己的丈夫袁明智。

穆拉维约夫点头同意，并限定李雪梅子夜十分，随自己离开五台山，火速返回俄国伯力。

李雪梅返回家中，故作镇静，像往常一样，给丈夫和女儿收拾衣服。等到天黑了之后，李雪梅看着床上熟睡的丈夫和女儿，捂着嘴痛哭流涕。哭罢多时，她给自己的丈夫留下了最后一封信，意思是说：丈夫啊！我对不起你啊。我们夫妻这些多年，恩爱如初。当时，没有你的相救，我早就死了。为感谢你的救命之恩，我甘心以身相许，也是我三生的福分。但是，我有一段不可告人的过去。我的家乡在日本，后又成为俄国一名特务。本想，自己与您隐居深山，以修夫妻百年之好。谁曾想到今日，他们找上门来了，我只能带着年幼的女儿远走他乡，去北边了。否则，我们全家都会被杀死。亲爱的夫君啊！你也不用找我了。家里的钱全部都在柜子里的包裹里，你自己留着用吧。等到咱们的女儿长大成人，我会让她来找你的。永别了！落款为：爱妻雪梅，某年某月某日。

§

第二天，袁明智从睡梦中醒来的时候，一看自己的妻子和女儿都没在身边，就是一愣，她们这么早干什么去了？

等到他看完妻子留给自己信后，脑袋"嗡"一下，当时就傻了，是万念俱灰。袁明智打开柜子，一看妻子和女儿的衣服都没了，只剩下自己的衣服，还有一个包裹。他打开包裹，家里所有钱都在里面，一分都没少。袁明智心说：人都没了，家都散了，要钱还有什么用。

他把信一撕，把所有钱"哗啦"往空中一抛："妻儿啊，你们在哪里啊！"撒脚就跑到街上。

袁明智整个人是彻底地疯了，整天疯疯癫癫的，饿了就捡人家丢弃的东西吃，渴了就找点水，也不管脏不脏，张口就喝。多亏袁明智平时行医救人，积下许多善缘。周围的街坊邻居替他找来郎中，给他治疗了一段时间，时好时坏，郎中说这病只能这样了。

又过了一段时间，袁明智病情稳定后，谁都没想到，他竟然把所有家当都卖了，钱全分给了许多穷苦的人家，自己悠悠达达上五台山的一座小庙里出家了。他平日里苦练武术，研究易经，替人占卜外，什么都不干。后来，不知道他发的什么神经，说山下要出人命了，我不去，非得死两个人不可。

他匆匆忙忙冲下山来，正巧看到两个小伙子在打架，都动了刀了。袁明智光忙着拉架了，没想到一个小伙子失手，把他一只胳膊给砍下来了。双方一看都傻眼了，也不打架了，一起忙着给袁明智止血、看郎中。

第十二章 秋亭遗恨

袁明智说:"我今天要不下山,你俩都得死啊。我一条胳膊换你俩两条命,值了!万世皆有缘。你们好自为之吧!"说完,他简单用布条包扎好伤口,笑呵呵地走了。

从此人们给他起了一个雅号"独臂疯僧万事缘"。

后来,独臂疯僧为什么在军机处理藩院不好好待着,为什么偏偏一个劲地往北边跑?其实,他内心始终没有断了到北边找自己失散的妻子与女儿的心愿。他到死都没有失掉这个念头。

李雪梅回到俄国后,被穆拉维约夫关押到一个秘密的地方,而把小梅逐渐培养成一名出色的情报人员。等到小梅十四五岁时,穆拉维约夫又像当前委派李雪梅一样,把小梅派到了淮军之中,秘密地潜伏起来。小梅表面上是清朝的人、是淮军的人,实际上,她是俄国的特务。这次,她随李金镛到漠河来,是有重大使命的,她就是沙皇尼古拉二世所说的那个中国道长"一枝梅",是接替大副巴尔钦克诺夫的。这就是李金镛身边小梅的真实出身与身份。

李金镛做梦也不会想到小梅竟然是俄国潜伏在自己身边的一名特务。

§

小梅刚到漠河老金沟明面上是跟关震臣合伙创办妓院,其实出资和办妓院的点子全是小梅主意。当年,老金沟最出名的营生,表面看就是黄金,而真正让人们销魂的确是来自各国各地的名妓名媛。

俗话说得好:"名媛一夜情,万两黄金堆满堂。"这话毫不吹嘘,老金沟的各国各式各样的妓馆,像花开千朵天天在锣鼓唢呐声中竞相绽放。各个妓馆专设有鼓吹者,美其名曰"大茶壶"们,嗓音洪亮,唱声如歌,撩得人不由得不随他信步妓馆,饱赏艳容而后快。小梅老板高价雇佣"大茶壶"们,专门在畅春园和如意坊说唱。畅春园和如意坊这两座阔气的妓院里面有许多专门从日本和俄国聘来的女郎。巴尔钦克诺夫万万没想到这位中国道长"小梅"这么年轻精明。小梅以妓院为掩护，在悄悄破坏李金镛开办金矿的同时，也偷偷地接替了巴尔钦克诺夫东西伯利亚情报总站站长的职位。

由于小梅对任何人都是单线联系，所以关震臣临死都还不清楚经常和他联系的小梅，竟然是接替巴尔钦克诺夫的中国道长"一枝梅"。

这真是：道高一尺，魔高一丈啊。

没想到隐藏在李金镛身边如此隐蔽的小梅，却因与黑龙江将军的冲突而显露出了真身。

妙手回春把师兄独臂疯僧曾经给自己所说的事情原原本本跟依郎阿说了一遍。

依郎阿说："不管小梅是不是师兄的女儿，既然她已经背叛了大清国，我们绝不能姑息迁就，放虎归山。今天晚上，我们必须斩草除根把小梅这颗毒瘤给挖掉。"

"恒毅，你放心吧。我现在拼上这条老命也得把她给收拾了，你们在家等消息吧。"

妙手回春不愧是健锐营培养出来的世外高人，他到窑子街畅春园小二楼就把小梅给堵到屋里了。妙手回春怕伤及外人，就对小梅说："李大人让我来叫你有点急事，你马上跟我回去一趟吧。"

小梅也没太意，就跟着出了屋了。等到了无人之处，妙手回春突然对前面走着对小梅说："小梅，我问你点事，不知道当问不当问？"

小梅到现在还在演戏呢，就说："我们都是李大人身边的人，你有什么事就问吧。"

妙手回春苦笑了一声说："小梅啊！实话告诉你吧。我今天不是替李大人来请的，而是替你的父亲袁明智给你来收尸的。你还是自行了断了吧。"

别看妙手回春说话的声音非常小，小梅听后却犹如五雷轰顶一般，知

第十二章　秋亭遗恨

道自己身份彻底暴露了,二话不说,反手一掌就朝着妙手回春的身上拍了下来。她还想用"无毒梅花烙"置妙手回春于死地呢?

妙手回春哪能给"一枝梅"这个机会啊,突然右脚往右前方一个反转,左脚猛然跟上一个扣身,举右手向上,身形"欻啦"一转,来了一个"仙人幻影",眨眼间就转到小梅身后了,双掌一用二挣力,耳轮中就听到"啪!"

妙手回春这一掌,实实在在地打了小梅的身上。这动作太快了,小梅就感觉自己胸口一股热浪"唔、唔、唔"往上涌。小梅使劲往下咽,憋了好几口气,实在是顶不住了,心说:完了!我命休矣。

她一张口"哗"一股鲜血就喷出去了:"你、你、你……"

妙手回春收回双掌,摆了摆手说道:"看在你父亲的分上,留你一俱全尸,逃命去吧。"

妙手回春这一掌用上了十二成的功力,一下就把小梅的五脏六腑都打烂了,知道小梅准死无疑,索性给她留个全尸吧。

小梅也说不出话来,嘴角鲜血不住地往下流。等到她坚持着跟跟跄跄地走到无人的山坡上时,"扑通"一头栽倒在地上,结束了自己黑恶的一生。

当依郎阿将小梅这么多年来的所作所为和妙手回春一掌把她打死在后山坡的事情汇报给李金镛后,气得李金镛是双手颤抖,浑身直哆嗦,脸色蜡黄蜡黄的,一句话也说不出来。说什么呢?自己这么多年把小梅看作自己亲生儿子一般,谁曾想到他却是俄国人安插在自己身边的一个女特务。

这事对李金镛打击太大了。好长一段时间,李金镛都没有缓过这个劲来。

§

朱伯西我说"群芳谱",众英雄各位的故事还有很多。直到1899年,光绪十六年四五月份,李金镛已经为国家献上了两次黄金。一次是九千多两,一次是三万二千多两,一共建了三个金矿。李金镛两次献上的黄金数额都极为巨大,为大清国朝廷做出极其重要的贡献。

李金镛干起活来不要命,有拼命三郎的劲头。他本身在淮军的时候就有病,经常心口疼,他也不在乎。特别是柳莎被害后,李金镛更是过度地透支身体。他在哪儿吃得都非常简单,有时过了饭晌了就不吃了。

快六十岁的李金镛,最近几天总是感觉自己心口疼得越来越重,常吐血。李金镛也是搞药的出身,知道自己要不行了。他不但没有抓紧治疗,而是更加拼命地工作。

李金镛之死

第十二章 秋亭遗恨

这天晚上，李金镛因伤心劳力吐血太多了，知道自己时间不多了，他就让人把画有慈禧皇太后画像的佛龛挂了出来，又从金库里取出大量的金元宝和金块满满登登摆放佛龛左右，前面又摆上了祭祀的物品。李金镛一看都准备好，自己换上了朝服，这才派人迎接依郎阿。依郎阿是闻讯特意赶到漠河的。

依郎阿一进屋，身体极其虚弱的李金镛坐在太师椅上，几次想站都没站起来，只是非常歉意地抓着依郎阿的手说："恒毅啊，大丈夫来到世上，许多事情都没办完，就这样走了，心有不甘啊。上天能不能再给我一点时间，让我完成夙愿多好啊！要不然，让我李秋亭留下终身的遗恨啊。"

"秋亭兄，一切都会好起来的。你别着急。你这是？"

"恒毅啊，你不用劝我了。我的阳寿已尽，许多事还没做完呢，现在阎王爷派来的白马车，已经赶到我的家门口了。"

说到这，李金镛一声大叫，"我、我秋亭——遗恨啊……哇！"

突然间，李金镛一张口，是喷血不止，气绝身亡。

"秋亭大人！秋亭大人！"

§

这正是：

启国开矿历艰任，安边兴利著乾坤。

赈义恤邻德政昭，漠北黄金辟路人。

李金镛病死的时候，依郎阿、妙手回春和一阵风都在他身边。整个漠河金矿的人，闻听李金镛病逝的消息后，是一片的哭声。因为自从李金镛来了以后，这些矿工们再没有受到俄国人和其他土匪的欺负，又由于他制定了股息余利分配方案，自己得到的金子又多，所以，许多人从内心都是非常感激他的。人们感觉李金镛死了，太可惜了！全金沟的人都主动为他披麻戴孝。

依郎阿把李金镛病逝的消息呈报朝廷后，朝廷追认李金镛为二品大学士爵位。这在大清朝也是少见的。李鸿章奏请了皇上，准许在李金镛的老家江苏和漠河这两个地方，都建设了李金镛的祠堂。现在你要是去了漠河，就可以看到李金镛的祠堂，这就是清代朝廷封建的。

这段书为什么叫秋亭遗恨呢？就因为李秋亭抱负挺大。而且，漠河这块儿确实有金子，李秋亭想早点完成朝廷的重任，他到漠河一年多，仅头一年就向朝廷上缴了九千多两黄金，完全是沙金，完全是从沙子淘金，太不容易了！正如有人给李秋亭大人送去的挽联写的那样。

上联是：行善好，行大善更好，一生积德为行善，终生只为善。

下联是：谋德好，谋大德更好，一生弘德为黎庶，平生只为德。

李金镛去世后，漠河金矿由提调袁大化接管。此时，瑷珲对岸俄国人又有了异常举动。委哨官依郎阿接朝廷军机处的密令后，马上带着妙手回春和一阵风急急忙忙赶回瑷珲副都统衙门坐镇指挥，而后，又急忙奔赴江东进行秘密盘查。依郎阿奔赴江东这一盘查可坏了，他竟然发现了俄国人这些年早已精心谋划了"庚子俄难"这一惊天骇闻的巨大阴谋。

§

这正是：

万里龙江涛声疾，长歌悠悠奠忠魂。

江山如画书清史，泪血风云今犹存。

盛世毋忘居安逸，坟间茔草枯犹新。

群芳谱里英灵忆，赤胆忠烈警后生！

后　记

俗话讲："井淘三遍出好水，人从三师学识高。"

2010年8月28日在吉林市松花江大院我与中国评书大师单田芳先生同台相见，到同年的12月28日，在北京人民大会堂我正式拜单先生为师。这段带有传奇色彩的学艺之路让我感悟最深的是"机缘"两字。单派评书的同门师兄弟们，在求师路上大多经历了单先生十几、二十几年的考验，通过者方可入门，而我仅用了四个月的时间，这不得不说是单先生对我极大的信任与偏爱。而我与富育光先生的师徒之缘，也非常富有传奇色彩。

2015年春天，我在为吉林省电视台录制六集个人创编、播讲的传统评书《江城往事》时，姜涵宇导演点化我说："你这么喜欢和善于挖掘北方民族文化，自己又能说，你何不拜咱们省的民族学大家富育光先生为师呢。如果你能拜富育光先生为师，肯定对你未来说书有极大的帮助。"我说："我知道富老，但没有缘相见。再说，我是单先生的徒弟，拜富老为师我要征询单先生的同意；其二还需要中间人的引荐。"姜涵宇导演说："我与富老非常熟悉，我能给你引荐。你先问一下单先生的意见吧。"

我把富育光先生在北方民族学的造诣向单先生一说，单先生二话没说就同意了，并让我好好珍惜这个难得的学习机会。此事经姜涵宇导演的沟通与介绍，富先生就有了收我为徒的意向。

2015年6月15日，姜涵宇导演临时有事脱不开身，我就独自来到富先生家。一进门我就开门见山地说："富老，我叫安紫波，今天我是喊您老师呢，还是师父呢？喊老师，我给您鞠躬；喊师父，我就给您磕头。"富育光先生听我这一说，他先乐了啦，爽快地说："我听涵宇介绍你的情况了，那你磕头吧。"我马上跪地，给富先生行了拜师礼。富先生非常坦然地接受了，但随后他非常认真地讲："紫波啊，今天你虽然给我行了拜师礼，但你还不能算正式入门，现在只能算个学生，我对你还得有一个考验期，考验合格了，你才能算正式入门，届时咱们再正式举办拜师仪式。我们满族拜师是非常严格的，还必须征得族人长辈们的同意，但我相信你是能经得住各种考验的。"我说："师父，我会好好学的。"当天，富先生就给我讲满族说部的宗旨、意义和现代价值以及当前进展情况，并给了我两本书，让我回家好好学习。

又是一个四个月的考验，我于2015年10月15日在长春市富先生家中举行了正式的拜师仪式，成为满族说部传承人，并马上着手富察氏满族传统乌勒本说部《群芳谱》的记录与整理工作。2016年6月9日，富育光先生又按照满族传统祖训举行祭祖拜师仪式，我正式成为满族正黄旗富察氏乌勒本第十五代传人。

《群芳谱》主要讲述的是发生于1860年前后的故事，而主体书路大体成于民国年间。到了1936年，由张佳·窝赫博什哈（张石头）满语口述于族内，1937—1980年由富察·希陆译录，2014—2018年由富育光承袭传述、我做记录整理，完整文本终告成。期间，富艳华协助做了许多工作，谢敏做了部分内容的记录。

有道是：用书的智慧不在书中，而在书外。我们师徒二人传承《群芳谱》用时三年之久，富先生在口传几十万字的内容之后对我说：这些内容还只是个"书梁子"，只是个故事梗概呢！"口述"与"文本"之间是有巨大差距的，"文本"之外的"书外书"，其内容更加宽阔。"书外书"的内容会在朱伯西说书人的"满族说部"说唱展演中，随机而动、随景而呼、随情而出，这可能也是传统满族说部其"活态"传承上的一大特点和亮点。

此书是我记录、整理的第一部传统满族乌勒本说部作品，肯定会有诸

后　记

多的问题和不足，还请各位专家、学者和读者多提宝贵意见。

学生就此搁笔，敬拜！

安紫波

2019 年 11 月 25 日于吉林市

富育光小传

富育光，满族，癸酉（1933年）闰五月初四日生，黑龙江省瑷珲县（今黑龙江黑河瑷珲区）人。自幼父母克严训诲，养成勤奋好学的习惯，分秒不肯少怠，屡试必夺魁乃安。

1939—1942年在父亲任教的孙吴县四季屯小学读书。1943年赴大五家子村姑母家升高小，半载后家父因师资难遂己愿，决意让我转学到孙吴县立高小，1946年冬在孙吴县高小读书毕业。1947年春，孙吴县政府奖励品学优异者，于是被保送至黑河中学寄宿就读，1949年结业。因慈母病逝、家境困难，无力升入高中，幸李瑛校长抚慰，暂在黑河完小任教。1950年被县教育局选拔进省齐齐哈尔师专学校进修，次年秋结业，至黑河中学任教员。1954年考入东北人民大学（今吉林大学）中文系，1958年毕业。

大学毕业后，分配到中国社会科学院吉林省分院文学研究所工作。1959年秋到吉林省委《奋进》杂志社任编辑，1962年到《吉林日报》社任编辑和记者。"文革"将过之时，吉林省社会科学院急需通晓满语言和民俗专业人才，被时任院长佟冬力争要到省社会科学院，在新创建的东北民族文化研究室任主任，以抢救、挖掘、整理和调查以满族为主的东北诸民族文化遗产为研究方向。1980年春至1983年春，于中国社会科学院少数民族文学研究所进修，学习中国民间文艺理论。1988年，吉林省民委拟成立吉林省民族研究所，为筹备工作小组成员。1989年吉林省民族研究所正式成立，兼任吉林省民族研究所党支部书记。

1993年退休，退休以来，笔耕不辍，始终继续从事中国满族等北方诸民族文化抢救、挖掘、整理、翻译与研究工作。主持和参与了国家"八五""九五""十五"萨满文化科研课题和满族东海史诗《乌布西奔妈妈》的整理工作。受省、市、县与大专院校等多部门聘任，为顾问、导师、客座教授，为研究生授课。先后任吉林省民族宗教研究中心（原吉林省民族研究所）研究员、长春师范学院萨满文化研究所名誉所长、吉林省民俗学会名誉理事长、中国民间文艺家协会长春师范学院萨满文化研究中心名誉主任、吉林省文史馆馆员。

研究方向为人类文化学，是北方民族文化研究的学术带头人，是吉林省出类拔萃的文化人类学家、国内率先对萨满文化与满族说部进行研究的学者。1990 年秋完成开山之作《萨满教与神话》，首例披露了鲜为人知的暗藏于民间底层的萨满以中草药和喷酒术医治疑难杂症，首例披露了萨满是氏族生存安宁和社会和谐的勤恳操持者和民众信赖之师，披露了各族萨满神谕中千载绝唱的创世神话与原始卜筮。当时，社会上长期将民间萨满现象视为封建"迷信之尤"，萨满研究处于禁锢状态。该书的问世，令人耳目一新，备受多学科社会学界的关注。之后，又相继出版专著七部；主编及参编著作 19 部；本人口述或整理三批共 21 部满族说部；在《中国社会科学报》《吉林日报》《社科战线》《东北史地》《黑龙江民族丛刊》等发表学术论文 80 余篇。承担国家社科基金科题两项，省部级科研项目十余项，荣获国家与省部级科研奖励五项。多年来，积极组织东北诸民族萨满文化遗存保护工作，包括专题资料片的文稿撰写、整理、翻译等，做民俗指导及参与摄制的录像片有 15 部。是有一定影响的国家级非物质文化遗产满族说部传承人，文化部授予"非物质文化遗产保护"工作先进个人称号。

安紫波自述小传

甲寅出生，自幼尚武，舞象从戎十二载，数次竞技勇夺魁。立功保送军校，基层破格提职，赴京砺剑塞北，主席检阅献礼。转战参谋岗位，纵横白山黑水，铁蹄尘烟遍地，试问男儿多意气，父逝家故萌退役。

甲申之年，戎转从文，青灯作伴十六载，渐品文中淡墨香。工作琐事入手，力求至简尽意，处处留心多记，数年积累成文。静观政经两势，更应扬鞭奋蹄，下派民企锻炼，带薪离岗创业，跋山涉水求真谛，感叹青少未努力。

庚寅冬月，天付良缘，叩拜大师单田芳，方知评书难作艺。赴京家中学艺，形似蹒跚学步，恩师不厌其烦，倾授本门真语。历经三载勤学，方得百中无一，沈阳举办专场，黔桂黑辽献艺，拙嘴卫视说往事，笨舌电波话传奇。

乙未玄月，再结师缘，富察神龛九叩首，传颂神前乌勒本。口传心授家史，愚徒拙笔记忆，四载风雨无误，采集书目五部。故地黑河踏查，漠河祠堂寻遗，祭祖观星游学，问道山川星宇，锤炼天赐金子嘴，爱族爱国续佳绩。

图书在版编目（CIP）数据

群芳谱 / 富育光口述、绘画；安紫波记录、整理. -- 北京：学苑出版社，2020.1

（三足乌文库. 富育光口述满族说部"乌勒本"系列）

ISBN 978-7-5077-5901-3

Ⅰ. ①群… Ⅱ. ①富… ②安… Ⅲ. ①满族 – 说唱文学 – 作品集 – 中国 Ⅳ. ① I239

中国版本图书馆 CIP 数据核字 (2020) 第 012946 号

责任编辑	洪文雄　杨　雷
编　　辑	张敏娜
出版发行	学苑出版社
社　　址	北京市丰台区南方庄 2 号院 1 号楼
邮政编码	100079
网　　址	www.book001.com
电子邮箱	xueyuanpress@163.com
联系电话	010-67601101（营销部）、010-67603091（总编室）
经　　销	全国新华书店
印 刷 厂	河北赛文印刷有限公司
开本尺寸	787×1092　1/16
印　　张	39.5
字　　数	520 千字
版　　次	2020 年 1 月第 1 版
印　　次	2020 年 4 月第 1 次印刷
定　　价	360.00 元（上下册）